U0032627

中國歷史的再思考

杜正勝、劉翠溶等◎著

劉翠溶◎主編

恭祝許倬雲院士

八十五歲壽辰

目次

序

劉翠溶

　　這本書收入十八篇論文，作者包括了曾經在國立臺灣大學歷史學系和美國匹茲堡大學受業於許倬雲先生的學生，以及中央研究院歷史語言研究所的晚輩研究人員。這十八篇論文的主題涉及了史學理論、考古文物、文化思想、君臣關係、地方觀念、社會制度、經濟活動、近代戰爭、殖民經驗，以及城市環境問題；而時間則涵蓋了史前至當代，前後不下五千餘年。就此而言，許倬雲先生給予受業學生和晚輩學人影響可以說是「多樣的傳承」。

　　許倬雲先生在獲得臺灣大學歷史學碩士學位後，即於 1956 年進入中央研究院歷史語言研究所服務，由助理研究員以至研究員（1956-1971），其間曾赴美國芝加哥大學進修，但於 1962 年獲博士學位後回國繼續服務，並在臺灣大學任教。後來赴美國匹茲堡大學任教（1970-1998），於 1999 年退休。許倬雲先生始終關注國內的學術發展，而且著述不輟。

　　在受教於許倬雲先生之後，我們這些晚輩各自以個人的興趣繼續努力進修，從事教學與研究工作，這本書收入的論文呈現的是大家最近的研究成果。我個人是許倬雲先生在臺灣大學任教時的第一班學生，謹代表大家撰此序文，恭賀許倬雲先生八秩晉五壽辰。

劉翠溶　謹識

2015 年 1 月 7 日

史學之空間思維的雜想

杜正勝[*]

緣起小記

　　應該一年多前了，劉翠溶學長發起祝壽徵文，慶祝　許師倬雲八十晉五嵩壽，聞知之後，欣然應命。回憶從 1966 年入學臺大歷史系，迄今將近半個世紀，個人的學術興味固多得自倬師之啟發，而治學風格亦頗受其影響。

　　我已年逾古稀，一度走出學院，參與現實的歷史，退休之後盡捐舊技，對古人所謂「為己之學」稍有體會，更想尋求切入自己生命的歷史研究。雖然想過幾個題目欲寫出來請　許師斧正，有些因為過去幾年授課講過，材料比較現成，譬如晚明流寓臺灣之遺民的處境和心境，或從朱一貴事件看歷史圖像之製作與重建。後者執筆為文，長達五萬言猶未能休止，殊不合祝壽文集體例，乃廢然而罷，不得不另起爐灶。

　　於是想起五、六年前我的一篇演講綱要，即 20 世紀的臺灣史學。西元 2008 年 5 月我正式退休，回歸學院，閉門閱覽，意欲利用僅存的餘生從我的老本行尋找人生迷惘的答案。那時對所謂「讀其書，當知其人」這句話頗覺親切感，初步模糊的概念：一國、一地，或一個時代的歷史其實都是寫史者塑造的，所以讀其史不但要知其人，也要知其時代。概念愈來愈清晰，深知

[*] 中央研究院院士；中央研究院歷史語言研究所通信研究員；長榮大學講座教授。

不能只看史家表面說的，還要看他之所以說的內裡。這是後話。

　　多年來我以一個中國古代史研究者關心我所生長之臺灣的歷史，一些師友時加鞭策，鼓舞我撰寫一部「別開生面」的臺灣史。我尚知臺灣史研究二、三十年來頗有長足進步，非復昔日「吳下阿蒙」。而在我思索「史家書寫的過程更重於其寫出的成果」之初，不及一年，適逢東華大學歷史系舉行十週年慶學術研討會，我應邀發表主題演講，即是「二十世紀的臺灣史學（大綱）」（2009 年 3 月 25 日）。翌年年初，《新史學》二十週年的研討會，我也講了同樣的題目，雖然內容頗有差異。

　　這份提綱至此已有兩種版本，事後我閱讀與思索所及，總會取出定本提綱加注眉批，即使臺灣史研究新秀張隆志先生已發表類似的論文，〈當代臺灣史學史論綱〉（2009.12），直到今日，我的提綱仍然沒有問世。

　　提綱沒能發表，是因有龐大的寫作計畫，欲逐章寫作以成專書。曾經寫了「前近代中國傳統史學在臺灣」、「近代臺灣史學的開端」和「中國新史學的移植」三章，詳略不一，但都未達到可以問世的地步。因此，我只好以提綱為底本，疏通成文，準備向　許師祝壽。想不到大約進行了三分之一，下筆又不能自休，而且有些觀點我還不是很有把握，只好再度作罷。

　　有一天突然想起 2011 年史語所舉辦的「歷史研習營」，我作過一次演講，當時主辦單位作了錄音，並請工讀生逐句謄寫文字稿。歷史研習營早在1992 年由我首創，一年一度，迄今已超過二十幾屆。那次是第 20 屆，由歷史學門召集人范毅軍先生主辦，擬訂的研習主題「歷史中的時間與空間」，請我講中國古代部分。我找出錄音逐字稿，覺得修訂之後還可以拿來祝壽，雖然作了不少刪正，基本上仍維持當時講話的語氣，以存記這段因緣。講稿難免失之蕪雜，只好請　倬師以及諸位學長海涵。

※　　　※　　　※　　　※　　　※

　　今天來跟大家談這個問題，主要是「班主任」范毅軍教授派的，要我講講這次研習主題的古代部分。主題是班主任想的，範圍也是他給的，在這樣一個所謂史學的時間與空間，讓我自己去訂題目。

　　今天在座的張廣達院士是前輩，我也算是年紀較大的人。年紀愈來愈

老，倒有一些好處。好處是我自由了啦，我可以不必受限於現在很多的學術規範，東綁西綁，綁手綁腳。所以，我可以「雜想」，可以胡思亂想。這個你們可不能學啊！你們學了，對你們會有傷害；我無所謂，這是老人的一個好處。但是人老了也有緊張的地方，人老了有什麼好緊張？應該無所牽掛了嘛！但是，有的時候，自己會想一想，不要說一輩子有幾十年的時間，在這個領域裡面，你說是投入也好，說是與自己的生命結合在一起也好；到現階段雖然不能說來日無多，但想像年輕時候的勇猛精進，已經不可能。那會想一想，自己做的這些，如果放在比較高的標準裡面，不曉得能存下什麼。所以，不論碰到任何大大小小的生命問題或學術問題，總會想把幾個我覺得很值得敬佩的傑出人物，或說在我們這一行裡面大家認為標的者，拿來衡量自己的成就。

　　我今天的講話，就從這裡開始，第一部分講「史學和史家的境界」。且先看看東西方史學之父所揭示的理念。

一、史學與史家的境界

　　西方史學之父希羅多德（Herodotus, 484-430/20 BC）的《歷史》（*HISTORIAE*，譯做《史記》也可以）第一卷 *Clio* 開宗明義這樣說：

> This is a publication of the researches of Herodotus of Halicarnassus, in order that the actions of men may not be effaced by time, nor the great and wondrous deeds displayed both by Greeks and barbarians deprived of renown: -- and amongst the rest, for what cause they waged war upon each other.（Bohn's Classical Library, *HERODOTUS*, Literally Translated by the Rev. Henry Cary, M.A., London, George Bell and Sons, 1852, 1904, p.1）

　　這段話大體上就是我們今天所謂的歷史記憶，凡走過的都會留下痕跡。所以歷史記載，重要就是要強化我們的記憶。作者不只要寫他們希臘人的貢獻和成就，同時異邦（所謂野蠻人）的貢獻也要寫出來。所以，他所展現的，是「我族」跟「異邦」（或「蠻邦」）等量齊觀的世界。他覺得歷史的

境界是要探索「我族」跟「他族」(「他者」)之間,為什麼會有紛爭,以及紛爭的原因。不論你對希羅多德評價如何,至少就不同民族之等量齊觀而言,他的《歷史》是充分顯現的。事實上,他對於希臘人以外的歷史的確寫了不少。

東方(或中國)史學之父司馬遷(145-86 BC)如何呢?司馬遷晚年給好友任安的那一封信,聞名的〈報任少卿書〉,有這麼一段話:

> 僕竊不遜,近自託於無能之辭,網羅天下放失舊聞,考其行事,綜其終始,稽其成敗興壞之紀,上計軒轅,下至于茲,為十表、本紀十二、書八章、世家三十、列傳七十,凡百三十篇,亦欲以究天人之際,通古今之變,成一家之言。(《昭明文選》卷四十一)

這幾句話概括他的《史記》,最後三句,凡念點中國史的人大抵都耳熟能詳。天人之際要能窮究,古今之變要能通達,然後寫成一家之言的著作。這是他的人生目標,或是他的史學的最高境界。

我們從最後「一家之言」開始看起。你們現在寫文章也是一家之言啊,一家之言有「大言」,有「小言」,你們自己需要衡量。一個學者寫一本書,應是一家之言。好的書,只要不是抄來的,就是一家之言。學者同樣也有「大言」、「小言」。其次,「古今之變」。上了一點年紀的人動輒回憶幾十年前的過往,像我,雖然1940年代出生,三四歲時已有記憶,往下50年代、60年代,一直到2000年以後,一幅幅圖像會跑出來。在我們短短幾十年的人生裡面就看到個人在變,社會在變,國家也在變。古今所變當然更加巨大。所謂「古今」涵蓋政治、經濟、文化等不同領域,是社會整體在變。只要你活在這個世界上,只要你有一點歷史感,你自然可以體察到世變,不一定非什麼大歷史家不可。但要「通」,則是另一回事,通人可真稀有!至於第一句話「天人之際」,我覺得最難。天是什麼?天道嗎?人是什麼?人道嗎?天道又是什麼?人道又是什麼?不懂啊!又有個「際」字,天道和人道的「際」,是指「分際」嗎?天人分際是怎樣的境界?我不明白,所以說不清楚。

我們且看希羅多德和司馬遷這兩家的理念。這次研習會所要呈現的空間

思維是什麼？談到土地必涉及族群、人群，人離不開土地。另外一方面，有人就有想法，難免會構成該人群的成見。我們看到東西方歷史學之父的《史記》都牽涉到「我族」跟「他者」，也牽涉到特定人群的成見。不論歷史研究，或歷史讀寫，難免存在著基本預設。我們所閱讀的歷史作品，不可不問是誰寫的？他為什麼那樣寫？我們可不能輕易全盤接受。當知道他是從他的觀點出發，所以他的「我族」會充斥在他所寫的內容中，不論顯性或隱性，司馬遷和希羅多德亦不能免。至於另外的「他者」，也許是不相干的，也許是直接關連的；也許是他要攻擊的，也可能是他要維護的。所以我們在讀歷史的時候，是需要有這樣的警惕，寫得愈感人，可能陷阱愈多。

　　總之，我想提醒年輕朋友的，歷史的空間思維不能只限於有形的地理空間，土地上的人群毋寧更重要。

　　再來看看司馬遷的「天道」和「人道」。天道是所謂的「自然」嗎？人道就是所謂的人為嗎？如果一切合乎自然的，就是中國儒家的「王道」嗎？一切都是由人的力量主宰的，就是所謂的「霸道」嗎？我也不清楚。希羅多德和司馬遷都想把他們熟悉的人類活動記載下來，他們的確感受到歷史是在前進，那麼，歷史的動力又在哪裡呢？歷史的動力是掌控權力的人在政治層次推動的嗎？還是所謂的一般人民？我都不敢確定。

　　天道是什麼？我不是哲學家，這類問題非性之所近，但不妨權宜講講。譬如說地球自轉，應該是天道吧，不然會是什麼？《周易》〈繫辭傳〉不就講：「天行健，君子以自強不息。」「天行健」就是每天在那邊轉，當然是天道啊；但是人道就是自強不息嗎？也許可以換別的事例來體會「天道」跟「人道」的關係。我且舉與本屆研討主題相關的時區來談，設定時區即是人道，會反映深沉的政治體制與民族文化。

　　地球圍繞太陽自轉一周，形成人世的一晝夜。地球的經度人為劃分成360度，時間上等於24小時，所以地球儀上每15度就有一小時的時差。以中國來講，中國的極東在東經135度2分30秒，極西在東經73度40分，所以中國的範圍，東西相差61度以上。按照天道，在中國當今政治疆域內，它統治下的人民應該有四小時的時差。民國時代分作長白、中原、隴蜀、新疆西藏和崑崙五個時區，但是現在的中華人民共和國卻只有一個時區而已。令人訝異吧，今天有中國來的學生，是不是？從最東邊到最西邊只有一個時

區。住在北京的人6、7點起床吃早餐,烏魯木齊還是半夜呢,等到新疆的人起床時,卻已10點、11點了。11點吃早餐,不是吃中餐,違反常情,但中國卻硬著幹。

本來地球自轉,太陽出來的快慢、早晚是自然的,人為的時區應該合乎天道,合乎自然,但是,一個政權竟然能將橫跨60度經度的人民,都共同使用一個時間,是不是反映了這個國家的政治體制和民族文化呢?所以太史公想窮究的「天人之際」,是否可以多少從這裡來體會。當然啦,歷史學的「天道」議題應該很多,不會只像我剛剛所舉的簡單例子而已。但是當我們念的歷史(昨天我聽了你們的簡介,多集中在中國史,大概只有一位是學西洋史或世界史),主要集中在中國史時,今天的主題「歷史中的時間與空間」,不妨像時區的劃分,多從中國的政治體制和中國的民族文化,體會天道的自然與人道的塑造之間的關係吧。

不論當今中國或帝制時代的中國,都是廣土眾民的國家,在其疆域之內,生態不同,產業不同,民族(族群)不同,作為史學研究的對象,引進地區觀念,觀察個別空間的歷史文化,並尋找它們之間的關係,毋寧是合乎天道之自然的;如果只側重其共同性,視為鐵板一塊,史學研究的視野就未免被人為的強制力所限。雖然人為強制力也是事實,這可以算做司馬遷「天人之際」的人道嗎?

二、古代中國的宏觀理解──區域多元,還是一體?

「班主任」范先生交代我負責中國古代部分,關於中國古代時間、空間觀念的理解,我是有些雜想敝帚自珍,值得介紹給大家。因為你們的自我介紹,我發現在座沒有以中國古代做志業的,我假設你們對古史比較生疏,因此說的不免要嫌囉嗦。

對中國古代時間和空間的理解,近幾十年來學界風行的一個理論就是「區系類型」,跟它有關的是「相互作用圈」。繼「區系類型」之後,接著提出來的是所謂的「多元一體」,看似補充,其實是作了根本的修正。

中國近代史學一開端,對中國古代宏觀的理解,就試圖要揚棄鐵板一塊的所謂五帝三代大一統的史觀,徹底否定《史記》所建構從黃帝以下的大一

統，而是從不同地域和族群理解傳統文獻，去建構古史的圖像。依年代先後提出來的，蒙文通《古史甄微》（1929），把古代中國劃分作三大區，江漢、河洛、海岱三大群的民族。地理空間的區分，在古代其實也是民族的劃分，至少有高度重疊，可用以理解歷史。稍後傅斯年提出〈夷夏東西說〉（1933），切入點類似，但影響力更大，從「東」、「西」兩大系統理解中國古史。而徐旭生發表「古代民族三集團」（1941），分作華夏、東夷和苗蠻。他們對古代文獻的詮釋以及鉤勒出來的歷史圖像，雖然各有異同，但是基本出發點是很接近的。

　　剛剛講的是從傳統文獻出發的認識，考古出土新資料又如何呢，從考古學文化看中國遠古歷史，1930年代是東西二元論，所謂西邊仰韶彩陶文化和東邊的龍山黑陶文化。此說在考古學界一直延續到50年代，這個年代末出現「中原中心論」，中心的源頭是仰韶文化，之後演變成龍山文化。空間的東西並立變成時間的前後相承，張光直稱作「龍山文化形成期」。

　　中原中心，一元擴散，到80年代才產生改變。這個新的改變是1981年，蘇秉琦發表的「區系類型」理論，當時他是中國考古界的元老，而今天中國考古界的元老多是他的學生。蘇秉琦思想敏銳，勇於突破禁忌。譬如他說：「幾十年來，在我們的歷史教育中，有兩個怪圈：一個是根深柢固的中華大一統觀念；一個是把馬克思提出的社會發展規律看成是歷史本身。」後者就是把某一家的理論，當作史實。「第二個怪圈，在當今中國考古與歷史學界，大概已退潮了吧？但第一個怪圈似乎日正當中。」他又說：「在中華大一統觀方面，我們習慣於把漢族史看成是正史，其他的就列於正史之外。本來不同文化之間的關係，如夏、商、周、秦、漢被串在一起，像串糖葫蘆一樣，一根棍串下來成為一脈相承的改朝換代，少數民族與境外接壤的周邊地區的歷史則被幾筆帶過，這也使中國史與世界史的關係若明若暗。」這些話見於他的《中國文明起源新探》，雖然是1997年他過世不久才在香港出版的，不過核心觀念早在1981年就提出來了。

　　蘇秉琦的「區系類型」，他也叫做「條塊」，「條」指時間先後，「塊」指地區分布。他看過許多出土新資料，終於摸索出自己的理路，擺脫「中原中心」的成見，區域多元的思維遂靠著新史料而形成新的歷史認識，於是「過去那種過分誇大中原古文化、貶低外圍古文化的偏差開始得到糾正。」

他自信「為中華文明起源研究的突破開拓新的思路」，應是事實。他的「區系類型」接著衍生出「滿天星斗」說，以形容中國的古文化、古城和古國之多元性，喚醒中國人不是只有一個地方才產生中國的古文明。

蘇秉琦的中國古代空間，具體分為六大區系，即是：

1. 以燕山南北、長城地帶為重心的北方
2. 以山東為中心的東方
3. 以關中（陝西）、晉南、豫西為中心的中原
4. 以環太湖為中心的東南部
5. 以環洞庭湖與四川盆地為中心的西南部
6. 以鄱陽湖─珠江三角洲一線為中軸的南方

這是根據考古文化的異同而歸納出來的區塊，可見歷史上的空間顯示人類文明的進程，加入空間因素，會改正歷史發展的認識。

其實中國另一位考古學泰斗夏鼐早在1970年代後期利用碳十四測年新資料，亦按區域排列新石器文化發展的順列，分作中原地區、黃河上游（甘青地區）、黃河下游和旅大地區、長江中游下游、閩粵沿海、西南地區和東北地區。夏鼐比蘇秉琦更早為中國考古資料架構一個時空秩序，後於蘇氏者如嚴文明說的「史前文化多樣性」，對上面說的六大區系雖有所修正，但基本思維方式是一樣的，沒有新創。

至於上面說的互動圈是張光直提出來的。從50年代末到70年代，張先生屬於中原中心論，而以「龍山文化形成期」風行於中國以外的學術界。進入80年代，他的觀念也改變，1986年提出「相互作用圈」，在他的《中國古代考古學》（*The Archaeology of Ancient China*）有比較詳細的說明。大概說來，分做西元前七千年、五千年，和四千到三千年幾個時段看，他說，在所知的史前地區，清楚地顯示兩種發展趨勢，一是區域文化愈來愈密集分布，而區域間的互動愈頻繁，至西元前四千年，相互作用圈設下中國古文明的地理基礎。第二個趨勢是每一區域的新石器文化愈趨於複雜，社會文化顯得愈多樣化和階層化，成為這些區域文明的基礎。現在有年輕學者也講區域互動，圖的畫法，跟張先生的不一定一樣，他們都是根據實際資料再去建構的，不過從這個路數去思考古代文明，應該都是時空因素在古史（或考古學）的運用。

　　中國這麼大範圍，以前的想法多是鐵板一塊，三皇五帝嘛，夏商周嘛，一系列下來，以至於各朝代的更替，中國歷史只有一系，政治一統，文化也單一。但考古學的見解給過去的史觀當頭棒喝，政治、文化是多方面的，每個地方都有自己的起源，歷史也是多樣的。據我個人觀察，對現在的中國，這個思潮好像不是那麼搭調，有一點「烏鴉嘴」啦。現在的中國要講大一統嘛，一切要聽從黨的領導，黨中央講甲，不能說乙，以免招惹麻煩。

　　中國學人歷經錘鍊，傑出者往往學得一番本事，既展現學術品質，又能順應主流思潮（上意），社會學家費孝通提出的「多元一體」論述（《中華民族多元一體格局》，1989），可以做為樣板。「多元一體」的概念，當然不是針對考古學而發，而是費氏對秦漢以後兩千年的中國史的總認識。90年代才有費孝通的晚輩，把他的理論跟考古學結合在一起，於是「區域類型」就併入「多元一體」了。

　　「多元一體」到底是玄學還是科學？是需要客觀考察的。那是為顧及現實情況？還是一種意識型態？能不能禁得起學術的檢證？「多元」和「一體」如果都是事實，兩者的關係是怎樣的？並存或是融合？這些恐怕都是中國歷史發展的奧秘吧。我看費孝通提出「多元一體」格局，有學術基礎，也有現實考量。他把民族學所不曾有的「中華民族」當作「一體」，而且位階放在最高層，便充滿現實考慮。他說：「多元一體格局中，五十六個民族是基層，中華民族是高層。從分散的多元結合成一體，在這過程中必須有一個起凝聚作用的核心，它即是漢族。」漢民族居於核心地位，發揮主導作用，五十五族都向漢民族集中啊。容我講一點政治來比喻，中國也是多黨的國家喔，你們不要以為只有一個共產黨（這點臺灣同學需要了解），不過中國是在共產黨領導下的多黨政治。民族也是這樣的，歸於所謂以漢民族做核心的「中華民族」，變成一族了，當然是「一體」。然而學術界都知道「中華民族」是一種人造物，產生的時代很晚。根據多數人研究，不會早於19世紀末到20世紀初，但是百年來中國團聚億萬人的法寶，就是靠著這個虛構的「中華民族」。

　　這個法寶無堅不摧，蘇秉琦的「區域類型」顯然和這法寶不是那麼契合，於是他晚年寫的《中國文明起源新探》遂把「多元一體」結合進來。他說：「到戰國末世，夷夏共同體重組的歷史使命已大體完成，由此奠定了中

華民族多元一體格局的社會基礎，秦漢帝國的歷史，夷夏共同體為主體的中華民族形成，可以說是水到渠成。」為解釋作為一體的核心，他寫了一首打油詩：「華山玫瑰燕山龍，大青山下斝與甕，汾河灣旁磬與鼓，夏商周及晉文公。」這首詩含蓋中國從新石器時代到青銅時代的考古與歷史，我們今天沒有時間講，只就蘇秉琦論述的變化說說。

　　這首詩不但有華山，而且有大青山，一個在關中（他界定作中原），一個在塞北，中間有一條南北走向的汾水，所以他原先的「多元」而今要變成「一體」了，就用這樣的一個所謂「Y」字形連結關中的中原和燕山南北的北方，而其核心則凝結在汾水一帶。這是蘇秉琦歷史解釋的整個用意。這個格局適合什麼樣的歷史呢？念中國歷史的人都知道，燕山南北、長城內外，是傳統時期隔離南邊農業民族與北方草原游牧民族的分界線，也是長久以來中國的邊疆。但是，在他的新史觀裡，這個邊疆變成中心了。這是怎麼樣的一個歷史解釋？如果用清帝國作為範圍的話，倒真是在中心。記得90年代初到太原開會吧，清晨散步時看到蘇先生單獨坐在藤椅上，我趨近敘談，他對我說，中國史上最偉大的皇帝是清初的康雍乾祖孫三人。的確，他們締造的中國版圖是有史以來至明代所未有的。有清朝才有今天的中國疆域，雖然缺了一大塊蒙古國。

　　新石器時代專家嚴文明在多樣性之外還說有統一性，甚至認為統一性從新石器到三代都在進行。（〈中國史前文化的統一性與多樣性〉，1986）不過蘇秉琦，甚至包括費孝通，認為這個統一性，要經歷了新石器時代、青銅時代，到鐵器時代，也就是到春秋戰國以後，才逐漸出來，這倒比較符合歷史的實際。然而「多元一體」，它的本質顯然「一體」重於「多元」，作為一種思想武器，會橫掃80年代以來考古（古史）的多元說，恐怕與現實的中國政治不會沒有關係吧？

　　如果「多元」走向「一體」是中國歷史的實際，那是什麼力量造成這種變化的？不論把這個變化放在三代，或是放在秦漢以後。根據我的認知，蘇秉琦好像沒有提出解釋。他是思想敏銳的人，能夠把複雜的現象歸納出扼要的概念，可惜埋藏在歷史表象下面的那個力量，他卻沒有指出來。費孝通倒提出了，認為就是農業經濟。他說只要游牧民族進入精耕細作的農業社會，遲早就服服貼貼地，就主動地融入漢族之中。中國的少數民族是不是同意這

樣的史觀，我不知道。他顯然是以農業經濟作為造成「一體」的動力。張光直先生則很早就指出動力在於政治。按國家形成的一般理論，城市是古代文明非常重要的指標，他說：中國最早城市的特徵是作為政治權力的工具與象徵。（〈關於中國初期「城市」這個概念〉，1985）換言之，政治決定中國國家的形成，而非如西方的經濟。他在另外一篇文章也講：「〔中國〕在考古學的文明上所表現出來的財富之集中，在我們的說法，並不是借生產技術和貿易上的革新這一類公認造成財富的增加與流通的方式而達成的。」所謂公認也就是包括馬克斯主義的西方理論，都是經濟決定論，財富集中是生產技術改變或貿易革新所造成的。他說，中國不是，因為中國「財富之相對性與絕對性的積蓄是靠政治程序而達成的。」（〈連續與破裂：一個文明起源新說的草稿〉，1986）

我在1991年發表的一篇文章也有類似的看法。我說，新石器晚期的紅山文化和良渚文化，即所謂的古國，考古資料透露宗教信仰、儀式和組織領導的現象頗為一致，其主導力量和夏商周二代的國家機器相當不同，前者是「以人事神」，後者則是「人道設教」。「以人事神」，神是主體，人附屬於神。「神道設教」，人變成主體，神只是被人拿來當作工具而已。三代統治者是神道設教的，「商周國家雖然祭政合一，宗教活動深入政治社會各層面，但本質上宗教脫離不了政治統治工具的性格，夏代國家在從『以人事神』到『神道設教』的轉變過程中，軍政因素恐怕也擔負了關鍵性的歷史任務」。（〈夏代考古及其國家發展的探索〉）所以，中國古代國家形成的動力，社會從以宗教為主導轉而以軍政，恐怕是一個非常重要的關鍵。

個別篇章寫於80年代的《編戶齊民》（1990），我要解釋中國長達兩千年之帝國的形成，肇始於人力的集中控制，人力的集中則是為了軍事的需要。戰爭方式改變了，軍隊的組織也改變了，齊民社會於是形成，帝國的基礎於是穩固。造成編戶齊民的戰國時代，其實延續了早期國家出現的動力，從這個觀點看，封建制到郡縣制的歷史變革其實還是有內在的關連。

所以關於歷史中的時間與空間，在中國古代這部分，我們從區域的理解，到區域之間的互動，逐漸形成古代國家，終於出現所謂的大一統。對這個「帝國」形成過程的認識，關係到以後中國歷史的理解甚大，接下來，我想從具有空間觀念的幾個名詞來跟大家談談，這是中國歷史的基盤，離開這

基盤講中國歷史，恐怕是會落空的啊。

三、家國、四方、九州、中國與天下——統治史觀的基盤

「家國」，我為什麼不講「國家」？因為「家」是一個小的「國」，所謂「千乘之國，百乘之家」，這是採用封建時代的術語。三代貴族的領地及其政權叫做「家」，國君的叫做「國」，雖有大小之別，性質是一樣的，所以稱之為「家國」。這不是我的發明，傅斯年早就使用「家國」這個詞。

古代的歷史地景，要從「家國」、「四方」、「九州」、「中國」和「天下」這幾個詞來理解。古代的國家，是由《周禮》「體國經野」的「國」和「野」這兩種空間構成的。城圈內叫做「國」，城圈外叫做「野」。國就是城，古文字學上的「城」、「邑」、「國」、「邦」的寫法，都由一個方框表示城牆，下面一個坐姿的人便是「邑」；城牆上面有瞭望臺，便是「庸」（墉），即是「城」；在城牆（或單或重）邊加一個戈，便是「國」。簡略說，一座城牆，城牆下面，其實也就是裡面有人坐在那裡，有人住在那裡，表示大大小小的聚落，可見城牆是很重要的。至於「邦」字，甲骨文的重點是封疆，故寫作田上之樹木，金文樹旁加邑，表示邑的更外圍有樹木，這就是邦了。外圍的樹木人為種植，故加個「手」，或「人」，即成「封」，即是封疆。所謂「野」當指城牆以外到封疆間的範圍。

考古出土的城址很多，在龍山時代已經非常密集，大小一般，沒有太大的差距。進入三代，大城小城愈發懸殊。甲骨卜辭亦呈現方國的地景，有「國」，稱作侯、伯或子，還有「方」，多指遠方的敵國。如果你回到三千多年前，觸目所及，看到的景觀便是封疆——田野——城牆——家國邑落。不只是甲骨文或文獻告訴你某個國、某個方而已。董作賓的研究可以幫助我們建構這種地景。

董作賓《殷曆譜》〈帝辛日譜〉重建商紂王征伐人方的路程，以攸侯喜做嚮導，一路經過許多城邑，從接近攸國邊界的永邑到進入國都攸，盤桓數日，最後離開攸國。十日一占的占旬和每晚占卜的占夕，在落腳寄宿的地方都留下紀錄，董先生將流散的卜辭加以綴合，才讓我們知道三千多年前的地景。有這麼好的資料，等於帶著你搭乘時光機回到過去旅行。歸納起來，殷

商的侯國，從邊界到該國都城，大概要走兩、三天。我們由此推斷那時國家的大小。

至於封疆情狀的記載，最詳細的莫過於「散氏盤」，散和井兩國（邑）都有三封，敘明每封的起訖點，或以河、或以山、或以道路、或以樹林為界。封疆利用天然形勢阻隔邦國內外，靠幾條道路對外交通，而在邊境設置關卡，稽察往來行旅，禁絕不法。我寫過〈說古代的關〉，這裡不再詳述。

關於中國古代國家所形成的空間地景，我早年就提出城邦論，像商紂王時代攸這種國家，以前有，以後仍然存在。近年有所謂殷商是「雛形帝國」之說，要看如何界定「帝國」，當時邦國之間的權力關係，大邦小邦的確截然不同。不過回到那個時代，邦國林立的地景毋寧是通相。

一直到春秋晚期，傳統文獻屢見小城邦，我且舉《左傳》記錄的鄖國來說：

> 鄖人籍稻，邾人襲鄖。鄖人將閉門，邾人羊羅攝其首焉，遂入之，盡俘以歸。鄖子曰：「余無歸矣。」從孥於邾，邾莊公反鄖夫人，而舍其女。

鄖是一國，邾也是一國，鄖全國人民到城外舉行種稻籍田禮。邾國人乘機偷襲，鄖人趕緊退回城內，要把城門關起來，但是邾國武士羊羅抓住關門人的頭，門關不了啦，邾國人就進城把鄖國人全部俘虜到邾國去。這個國君鄖子就說：「余無歸矣。」我沒有辦法回去啦，所以成為邾國的罪孥，大概像句踐戰敗做了夫差的奴隸吧。邾國國君邾莊公把鄖國夫人送回去，但是，女兒比較年輕就留下來。

這是一種什麼樣的國家？不只《左傳》，大家耳熟能詳的《論語》「季氏將伐顓臾」之顓臾，也是一例。故事發生在孔子晚年，我判斷大概孔子七十歲左右，孔子的學生冉求向老師報告，「季氏將有事於顓臾」，準備攻打顓臾。孔子不贊成，他說：「顓臾，昔者先王以為東蒙主，且在邦域之中矣。」先王，指周王，顓臾雖是小邦，可是周天子封的，派他一個任務，主祭東蒙山。顓臾坐落在魯國的封域之中，可見魯國範圍內還有獨立的小邦，至少有一個叫做顓臾。孔子說，顓臾是社稷之臣，你怎麼要打他呢？冉有答

得很妙，他說：「顓臾固而近於費。」顓臾這個國家的城牆很堅固，而且靠近費。費是季氏的主要采邑，大本營，根據地，家臣冉求擔心：「今不取，後世必為子孫憂。」從孔子師生的對話，你不得不承認顓臾是一個國吧！不然的話，為什麼會對費產生威脅呢？以至於為季氏籌謀的冉求決定非趁早把它拿下不可。還有其他例證，以前我在討論「封建城邦」時都引證分析過，足以確定即使到春秋戰國之際，城邦還是存在的。

你們當知道我是主張城邦論的，現在學界有人反對城邦論，但是城邦存在是一個事實。鄭玄說過，以前的國就是秦漢以後的縣。大家知道，縣是了解秦漢以下兩千年中國政治社會的基礎，中國的地方行政就是郡和縣，即使後來有府、州等名目，有道或行省，地方政府不論幾級，最根本的就是縣。試問知府的辦公廳設在哪裡？省長的官署設在哪裡？都離不開縣。所以古代的國就是秦漢以後的縣，而秦漢以後的縣是歷史發展的基盤，歷史空間的核心。

那麼「中國」呢？「中國」這個詞是怎麼出現的？又是怎麼擴張的？大概最高統治者所在之處即自視為「中國」，向來中國官方編寫歷史，史家在帝王手下辦事，不論寫史的主觀性或代他們的主子發言，都離不開帝都。換句話說，是從首都看天下，從統治者眼中看世界，以作為中國史觀的核心，直到近現代的歷史教科書都還不容易擺脫久遠以來的窠臼。這個問題牽涉到我的「同心圓史觀」，一種由下而上，由內及外，從個人、社區、地區以至於國家、世界的觀察歷史的角度。這是從人民出發的史觀，關係「誰寫的歷史」和「誰人的歷史」等嚴肅課題，導源於歷史的立足點的空間問題。

什麼時候的最高統治者造出「中國」這個詞來？應有一個歷史過程。甲骨卜辭沒有「中國」，我們今天所知道最早的「中國」見於西周初期的「何尊」：「余其宅茲中或〔國〕，自之乂民。」中央研究院史語所的金文資料庫在《殷周金文集成》的基礎上再收入新材料，得一萬四千餘件銘文，「中或〔國〕」一詞只見於此器而已。從何尊文意看，中國當在成周，今河南洛陽，《尚書》〈召誥〉謂之「土中」。〈召誥〉說：「王來紹（卜也）上帝，自（用也）服（治也）于土中。」且曰：「其作大邑，其自時（是）配皇天。」周公作的大邑即東都成周，而稱作「土中」，大概這裡是關東的「東土」和關中的「西土」交界處吧，居西土周人對付東方諸國的樞紐地位。後代聯繫所謂

周公測景臺，《周禮・大司徒》有「地中」，土地的最中，也說是「土中」。在地球（那時候當然沒有地球的觀念）的最中間建周公測景臺，具體地點是今河南登封一帶，距離洛陽不遠，以測量一年之間太陽的移動。

天子腳下的帝都叫「中國」，擴而及於天子統治的範圍也叫「中國」。《尚書》〈梓材〉說周公旦對弟弟康叔封說：「皇天既付中國民越（與）厥疆土于先王」，老天爺給予文王的土地和人民，也就是周邦之地叫做「中國」。所以「中國」和「四方」成為相對的概念，《詩經》〈民勞〉說：「惠此中國，以綏四方。」毛公注解，中國是京師，但如果對照周初銘文「大盂鼎」，文王受天命，武王繼承文王「作邦」，再「敷有四方，」相對於「四方」的「中國」應該是指整個邦國疆域，不限於京都城圈內而已。

查索史語所金文資料庫，出現「四方」一詞的商周銘文共二十二件，自周初到戰國，殷商銅器未見。不過甲骨卜辭有卜東、西、南、北四土受年，四方受禾，祭祀對象有四方，還有那有名的四方風神。這些「四土」或「四方」的範圍有沒有具體界線？其空間是否就是商王朝的領域？而在此領域內的統治關係是怎樣的形態？這些問題都不容易解答。既然有四方，似乎應該也有相對的「中國」。胡厚宣曾經說過，「中商」就是「中國」，但還不是定論。

「中國」的範圍到哪裡？歷史教科書又念到「華夏」、「九州」等等名詞。我曾考查先秦典籍，到春秋時期，「華夏」等同於「中國」，與之相對的則是「四夷」。《墨子》〈節葬下〉說：越之東有輆沐國，楚之南有炎人國，秦之西有儀渠國，他們葬親之禮天差地別，但「若以此若三國者觀之則亦薄矣，若以中國君子觀之則亦厚矣。」中國不包括輆沐、炎人、儀渠這三國，但包不包括夾在中間的越、楚和秦呢？孟軻批判楚人許行、陳良的農家之學，和北方中國的周公仲尼之道相背，楚不屬於「中國」的範疇。然而如果用儒家所講的〈禹貢〉九州說，楚在九州之內，非「中國」又是什麼呢？凡此看似矛盾，其實都因為「中國」的意涵不斷擴大之故。

我們只要把秦、漢以下的中國疆域（政權所統治的地區），對照〈禹貢〉九州的位置，發現大抵吻合。就像《淮南子》〈人間〉篇說秦始皇築長城，「西屬流沙，北擊遼水，東結朝鮮，中國內郡輓車而餉之。」〈禹貢〉九州並不包括長城以北地區。換句話說，〈禹貢・九州〉規劃了中國歷朝直到清以

前的疆域，或者說，傳統中國疆域不出九州的範圍。然而戰國時候的想法往往是總結三代以來的結果，而三代的結果卻成為秦到明中國歷史的核心。打開譚其驤等人編撰的《中國歷代地圖集》可以證明我們的看法，即使漢唐有些時期，在西域有其勢力，但也只是勢力範圍而已，不是統治基盤的行政區。中國疆域發生徹底的大改變，要晚到17世紀末至18世紀末這一百多年間，因為滿清入主中國了，把東北包括進來，入關前已結合內蒙古（南蒙古），康熙的時候征服外蒙古（蒙古國）。雍正將雲貴世襲的土司改派流官治理，中國西南部進一步編戶齊民化。乾隆的時候征服準格爾部跟回部，新疆於是納入中國版圖，而圖博（西藏）的臣屬也更深化。今日我們腦中所呈現的中國範圍，只是18世紀以來兩三百年的事而已。

　　從秦漢以後到明朝大約一千八百年間，中國政權統治的範圍基本上改變不大，可以說是〈禹貢〉九州的有限延伸，可能是三代摶聚的結果。但進入清朝以後截然不同，現代人的中國空間意識即奠基於此，這個範圍，中華民國的地圖，也是中華人民共和國地圖的主體，只是少掉外蒙古罷了。至於中國本部內，不論是如我說的編戶齊民，傳統說的設官治民，中國政權實際統治的空間，由點而面，而其周邊歷來進退無常，大趨勢看是略有擴張的。

　　就「中國」之凝聚而言，毋寧要注意它的內部改造的過程，答案可能要回到古代去找。古代是中國歷史發展的根源，到底在三代的時候，後來的「中國」概念存不存在？「華夏」的萌芽可能晚到西周甚或春秋，而「中國」的觀念也才逐漸形成。容我借用殷商史、甲骨文學家David Keightley的比喻來說明，當時天下是乳酪或豆腐的問題。二者外表形似，內裡卻不同，乳酪裡面有很多孔，豆腐則扎扎實實。今天看商周統治空間，是扎扎實實的呢，還是裡面有很多空洞？即使在魯國的範圍之內，直到春秋末期還有一個獨立的顓臾啊。我們是要用豆腐的觀念去理解三代夏商周的國家呢？還是要用乳酪的觀念？我這個城邦論者當然是主張乳酪的，不是豆腐。至於有一派人講帝國論的，甚至說殷商就產生了，應該屬於豆腐的啦。我想實際的政治運作遠為複雜，什麼豆腐或乳酪，不過給我們了解歷史的概括而已，應依據討論的著眼點析辨才有意義。

　　至於什麼力量促成「中國」的形成，是軍事呢？政治呢？還是經濟或者文化？我們看秦漢以後兩千年的歷史，其實也可以從三代的歷史得到一些啟

示。要先了解當時的天下觀，即古代典籍所謂的「五服」，《國語》〈周語〉說是甸服、侯服、賓服、要服和荒服（《尚書》〈禹貢〉改賓服為綏服，其餘名稱相同）。傳統五服圖以京城為中心，一個個方框畫出去，這當然是受到〈禹貢〉各服五百里之里程數的影響，實際的權力運作才更重要。

　　〈周語〉說：「甸服者祭，侯服者祀，賓服者享，要服者貢，荒服者王。日祭，月祀，時享，歲貢，終王。」甸服內的人每日要對周王服務，侯服者按月，賓服者按季，要服者按年，荒服則每王在位期間才來服務一次就可以了。〈禹貢〉裡面也有類似的思維。單就甸服的五百里來說：「百里賦納總，二百里納銍，三百里納秸服，四百里納粟，五百里納米。」甸服是京城附近地區，而其中最靠近的百里，賦稅「納總」。總是全部的意思，譬如你田裡收成的稻子，連根拔起，全部所有的稈、葉、穗都一起拿來繳交。但比較遠的地方則不是，二百里「納銍」，銍原是割禾穗的鐮刀，所謂納銍就是納禾穗而已，不需連稈、葉都帶去繳給官府。再遠的三百里地「納秸」。秸是什麼呢？據傳統注解，去穎帶秄，還存穀殼。至於四百里納粟和最後的五百里納米，粟是穀實，米是粟實，都經過不同程度的舂製，成為米就可以下鍋煮飯了。總之，依統治地區遠近的不同，負擔的輕重也不一，愈近天子腳下的地方，全部都拿去，愈遠地區逐漸遞減。其實納粟、納米者還要花時間精製，不見得比納總負擔輕，但設計這套說法的古人沒將時間、勞力算進去，只在乎繳納的數量而已。

　　以上只就甸服的五百里而言，按〈禹貢〉，整個天下還有另外四個服，侯服包含不同身分的邦國，綏服、賓服有的重文教，有的重武衛；要服乃夷狄之所居，也是流放罪犯之地。荒服也類似。過去像馬端臨的《文獻通考》便把五服畫成機械的空間，一層層往外套，如果我們真的死死板板這樣想，那就大錯特錯了。徐旭生的代表作《中國古史的傳說時代》說得好：「五服的分別不過由於待遇上的差異，並不由於道路的遠近。」（頁39）負擔輕重依各地區跟天下共主之間的關係而定，王畿內的人民則視統治者對他們進行什麼樣的統治，予以什麼樣的名分，就有什麼樣的負擔，和機械的里程無關。

　　不論〈周語〉、〈禹貢〉的五服，或者《周禮》〈職方氏〉的九服，可以當作中國古代的天下觀來看待。天下觀的根源，史料上最早可能是《逸周

書》〈王會〉篇。〈王會〉記載周成王在成周會見朝廷重臣、天下諸侯和四方外夷的盛大場面，連很遙遠的外國人都來了。這個典禮先興築一座高臺，臺上建有廳堂，周天子位居中心，其次是重臣，如周公旦在左，太公望在右。堂下也按大臣地位之高下站立，遠近不同；從高臺往外，又有內臺、中臺、外臺之分，各地諸侯該站哪裡都有規定；最外面分東、西、南、北四方，作為外國的位列。這典禮當然以周天子做中心，高臺其實代表周王之都，向外投射出去則是四方諸邦，以及被視作蠻夷戎狄的外國民族。

〈王會〉詳細記述外國人進貢的禮物，而且都是他們國家的特產，非常奇特，這裡只舉少數幾個例子來說說。東方的稷慎國，所獻的禮物叫做大塵，舊注，塵似鹿，尾大而一角；穢人國帶來一種怪物，叫做前兒，像獼猴，能站立行走，哭聲似小兒；而良夷國貢獻的是在子，據說龜身人首，肚子有厚厚的油脂，用豆葉燒牠，會發出「在子、在子」的叫聲。〈王會〉篇有的地方缺字，有的地方整句遺漏，但大致意思仍然可解，其筆下的遠方貢物有若《山海經》的層次，我們寧可相信原來都是真實世界的特產，只是傳述或記錄的人因罕見寡聞而予以神奇化了。其他西方、北方和南方都一樣，好像當時所知道的世界都來朝會了。距離今天差不多有三千年的世界，是不是這個樣子，我們不敢確定，但是，《逸周書》這篇記載以後卻變成作為中華帝國天下觀的基本概念。

〈王會〉篇如果繪製成圖，即是後世的「職貢圖」。歷史上最有名的「職貢圖」，今存最早者首推唐朝閻立本之作，外夷都攜帶他們特產的禮物來進貢。根據文獻，南朝的梁已有「職貢圖」，《南史》載梁武帝（502-549在位）使裴子野撰「方國使圖」，自荒服至海表，凡二十國，而張彥遠《歷代名畫記》記載梁元帝朝（552-554）也有職貢圖，都在閻立本之前。後世到清朝，也來這一套。乾隆時期宮廷畫師謝遂就畫了「皇清職貢圖」。「皇清職貢圖」不只包含今天中國所謂的少數民族，而且把歐洲外國人都畫進來。乾隆十六年（1751）的諭旨說：

> 我朝統一區宇，內外苗夷，輸誠向化，其衣冠狀貌，各有不同。着沿邊各督撫於所屬苗傜黎僮，以及外夷番眾，仿其服飾，繪圖送軍機處，彙齊呈覽，以召〈王會〉之盛。

弘曆的天下觀，追溯到早他兩千八百年的〈王會〉篇。他又說：

> 各該督撫於接壤處，俟公務往來，乘便圖寫，不必特派專員，可於奏
> 事之便，傳諭知之。

記錄不同民族的文化特色（如果正確的話），似有近代民族誌的意味，但追究其實，中國皇帝的天下觀是要四夷來朝，以便彰顯帝國的偉大，不是他對世界「他者」民族真有興趣或尊重。

大家知道，世界觀正反映歷史觀。中國王朝史的空間觀念，向來都以帝都為中心，一層一層的往外發射。那麼，清朝皇帝的世界觀和兩千多年前《逸周書》〈王會〉所反映的沒有二致，就不必驚訝了。中國要到晚近在世界列強的逼迫下才從天下的觀念轉變成列國的觀念，才從高臺上走下來，願意跟洋鬼子國家平起平坐。

四、主導中國歷史發展的北方——中國歷史本質的探索

費孝通和不少中國學者提到中國歷史的發展，強調「多元化」之上的「一統性」，多元化是概括中國各地區的特殊性，一統化則指出中國一體的面目。中國歷史的確有一股一統性的勢頭，而且時代愈晚愈根深柢固；但中國主流意識型態有意無意忽視多元的事實，亦極明顯。我毋寧比較傾向於兩者的交織，成為一支變奏曲，在全國一統的表面之下其實存在著各地的差異多元，只是被管制住，上不了枱面吧了。不過，我更想要探索的是，這樣的交織、變奏，是什麼因素或力量在帶頭、推動？是政治呢？還是文化？這是關乎中國歷史本質解釋的重要問題。

所謂歷史本質不是靜態的物質元素，而是促進歷史發展、改變的動力。早期歷史發展或改變雖然有很多方面，但國家的形成應該是一個總結。具體說，講中國史，早期階段的重要問題是中國國家形成的動力。中國文化起源既然「滿天星斗」，為何進入文明階段，國家機器具備之後，主要的歷史舞臺、權力核心和資源匯集之處多集中在以中原做中心的北方？此一空間轉移，研析中國歷史的人不能不思考吧？

　　中國歷史上的北方是指黃河流域。歷朝定都多在黃河流域，南方少數的幾個例子，不是分裂時期，就是所謂的偏安，朱元璋和蔣介石之建都南京，應該代表全中國了，都證明不算成功。那是不是因為北方的戰略形勢比較強呢？中國傳統的史論喜歡講北方的「建瓴之勢」，漢初婁敬說服劉邦定都關中，就指出「搤天下之亢（喉嚨）而拊其背」的地理形勢。不過近代海通以後，世界形勢改變，中國的戰略思維理當與古代大不相同了，不必像以前要對付北方民族，然而湖南人毛澤東卻還是從陝北出發平定全國，而定都北京。

　　首都之抉擇也許含有太多的偶然因素，我們關注的問題是歷史的重心。經濟因素嗎？至遲到元明清，經濟重心已移到江南，江南的文化也最先進，然而並沒有成為主導中國歷史的舞臺，主要舞臺還是在北方，帝都皇城亦在北方。所以，我們研究古代史的人不禁要問，為何進入三代，原先龍山文化時期的「滿天星斗」，各地都有特殊的輝煌文化，這裡紅山，那裡良渚，怎麼都消失了？變成黃河流域領袖群倫。不只三代，整個中國史的舞臺也是在黃河流域，在北方，這真是四千年來的一大謎題。

　　探索歷史之動力，我跟張光直先生，至少在中國古代部分，都傾向於是政治權力。前面說過張先生認為「中國早期城市作為政治權力的工具和象徵」（《中國青銅時代・二集》，頁5）），換言之，中國社會成熟到國家的出現，主要是靠政治力量。我也比較過中原和南北周邊文明興衰的差異，指出中原政權「神道設教」，故勝過周邊的「以人事神」，根本因素也是政治。（《古代社會與國家》，頁155）

　　政治權力的根源在軍事。我們的教育盡是講一些冠冕堂皇的美麗「愚言」，說什麼文化啦，什麼道德啦等等。你真的要念歷史，可不要輕信，不要聽那些分不清是事實陳述還是理想期待的大話。從湯武革命開始，哪個政權不是打仗打出來的？誰能斷然否決政治權力非出自軍事？上個世紀80年代我研究編戶齊民，發現構成中國傳統兩千年政治社會基礎的編戶齊民，其形成即發軔於軍事的變革。如果我們要掉書袋，回到三代以前，傳說史料的黃帝，據說是中華民族的始祖，他成為共主並不是揖讓而得天下，也不是萬國心悅誠服的歸順，他所領導的華夏集團是跟東夷集團的蚩尤（依徐旭生

說，蒙文通則屬之於江漢集團），廝殺得天昏地暗。《史記》〈五帝本紀〉說黃帝「教熊羆貔貅貙虎以與炎帝戰於阪泉之野，三戰然後得志。」打了很多仗啊。從司馬遷寫歷史開始，這位東方史學之父就明白告訴你，政權是打仗打出來的。歷史就是這麼殘酷，在發展過程中不斷戰爭。

軍事的優勢靠兩方面，一是武器，一是人力。武器，新的優越，今天也一樣，軍事競賽，看誰的科技先進。現在學術界的共識，國家出現之時也就是青銅時代的開始，《越絕書》〈越絕外傳記寶劍〉說：風胡子把歷史分作軒轅、神農、赫胥以石為兵之時，黃帝以玉為兵之時，禹穴以銅為兵之時，和作鐵兵的當代四階段。開始青銅時代大約即是傳統的夏朝，今天考古證據也顯示中原的青銅製作比較先進。最早的青銅禮器見於河南偃師二里頭，遠比其他地方複雜。雖然「國之大事，在祀與戎」，其實「戎」比「祀」更根本，因為無強大軍事力量不可能取得政權，無政權便無從祭祀。同樣擁有製造青銅的原料，也具備先進的冶鑄技術，合理的推測，它不可能不先運用在武器製造上。所以為什麼進入青銅時代，中原的力量會突然強大，而且成為歷史主要舞臺，我判斷是武器先進之故。

其次關於人力。早年在中國的毛澤東和來臺灣的蔣介石都不主張節育，雖然他們的考慮不同，但後來臺灣與中國分別先後採取節育政策。人口多寡和國家經濟發展利弊的關係，近代以來世界主流思潮，認為二者是悖逆的。因為人口多，資源必然分散。然而人口也可以是一種資源，不一定是負擔，從最近二、三十年來中國的崛起，似乎可以證明。常識性地理解，人口多，就有足夠的勞動力，工資於是便宜，可以引進外資。也因為人口多，接下來開展內需的時候，因為有足夠的消費人口，整個社會的消費力就提升。有消費人口，又會帶來不斷的生產。相對的，臺灣的危機是沒有足夠的消費人口，尤其產業西移，資本出走，有強大消費力的人口也出走，造成惡性循環。我沒有資格討論中國經濟之起飛而同時臺灣經濟之停滯，但人口顯然是一因素，當今中國的現象似乎可以提供我們思考古代的問題。

進入三代，中原人力資源是否比其他地區充足？考古也許可以提供一些證據，城邑範圍是比較具體的指標。考古家從城邑面積推測居民人口數，以每平方公里假定居住的人口，按照城牆的範圍，估算全部人數。考古發掘所揭示的安陽殷墟，遺址範圍廣闊，東西6公里，南北5公里，總面積近30平

方公里，周長22公里，歷經八十多年的考古挖掘，安陽迄今仍未發現城牆，也可以說，當時殷都的範圍可能尚不止此。這麼遼闊的範圍，居民當不在少數，有人甚至推測殷都有45萬人，誠然是「大都會」了，姑且備為一說。城邑大小的確可以反映人口多寡，因此，三代時期，北方中原的城邑大於其他地區，其人力資源較居優勢，國力也比較強盛，應該是合理的推測。

人是要吃飯的，有足夠的糧食才能養活更多人口。古代北方有什麼糧食？為什麼會有比較多的糧食以養活較多的人口？也許可以從生產穀子的土壤和工具來思考。中國考古資料顯示青銅沒有用來製造生產工具，所以決定生產優越的重點當在於土壤。上個世紀60年代何炳棣出版《黃土與中國農業起源》，給我們一些啟發，他說：

> 中原的土壤是黃土，黃土的質地稀鬆多空，與其他土壤相較，顆粒甚細，土中有相當多的石灰質，石灰質來自碳酸鈣，故黃土多呈鹼性，相當肥沃，而與長江以南的紅土適成一顯明對照。長江以南，氣溫高，雨量多，森林多，土壤的風化、分解和發育完全，土壤中的各種基鹽大都已被溶解、沖刷、流失，一般皆成酸性，所以貧瘠。

因為黃土土質較鬆，適宜於原始耕墾，使用木、石工具開墾尚無大礙；但卻不能有效開發南方生硬的土石和森林，考古資料證明，直到鐵器使用之前，中國的農業工具是以木、石質材為主，這種歷史條件，也使北方黃土地的農產，比其他地區優勢。因此，北方的中原能有更多的農業產品，可以養活更多的人口。養活更多的人口，國勢自然強大，並且擁有先進的武器，這地方於是變成古代歷史的主要舞臺。

但是，馬上得天下，不能馬上治天下。中國歷來擴張的模式是踵繼軍事征服而建立統治政權，之後便是文化塑造。每獲取一塊地方，便派官統治，接下來便改造思想。改造思想的方法，就是建立標準，什麼是善，什麼是惡，什麼是美，什麼是醜，什麼是人生的目的，什麼是法令所禁止、社會所規範，你得乖乖的按照我這一套來。你按照我這一套來，會飛黃騰達，什麼都有；如果還要維持原來的文化，那你只好等著淪落為社會底層邊緣人。這就是文化形塑；亦即是意識型態的建置和推行。今天叫做「意識型態」的，

傳統的說法謂之「禮制」。歷來優良的地方官都專注於文化的塑造，於是博取「循吏」的美名。

　　禮制起源的研究，我們今天所能憑藉的資料主要是考古出土的遺物和情境，多屬於墓葬跟大型建築基址。雖然「事死如事生」，個人墓葬與國家禮制的實際運作，到底還有相當大差距，而大型建築基址頂多也只如演戲的舞臺而已，看不到所演戲的情節。即使這麼不足，考古材料仍然可以增益我們不少新認識。其實屬於禮制的文物，範圍很廣，我所謂從「以人事神」到「神道設教」的發展過程，紅山文化東山嘴的玉龍璜、玉龜，良渚文化反山、瑤山的玉琮、玉鉞，山東龍山文化的蛋殼陶等帶有濃厚宗教意味者皆是，不過從國家機器的進程來看，我們毋寧尋找更具人世權力象徵的文物。

　　二十多年來有一種看法，把這問題的焦點集中在龍山文化時期（在山西南部，亦屬於中原）的陶寺，不只因為墓葬規格的懸殊，還因為出土了龍盤、鼉鼓、石磬等可以與周代禮樂聯繫之器物。此一認定當然多少因後世歷史而推論，但源起流變、前後相承，本是歷史的特性，所以古今互證也是史學的重要方法。進一步說，即使陶寺出土與後世禮樂可能有淵源的器物，至今仍未發現更具政權象徵的青銅禮樂製品，這現象與多數龍山文化古城的出土是符合的，即是我所稱的早期城邦，蘇秉琦所說的「古國」階段。換言之，雖進入國家的門檻，還不能算是成熟國家。今日所知青銅禮容器，到被推測為夏王朝之都的二里頭三期才出現，而周代認作政權象徵的銅鼎則始見於二里頭文化最晚的第四期，大約歷史上的夏末或商初。

　　自從新石器時代以來，現代考古家所劃分的文化區之間互動日益頻繁，個別的特殊文物如山東龍山文化的陶鬹或良渚文化的玉琮，皆傳布到離原生地甚遠之處，三代之時象徵統治的青銅禮器，區域之間的交流更加密切。然而文化交流與政治統轄不必等同，何況文物散布有多種可能性，不必然反映權力的隸屬關係，以考古文物逆推歷史情境，切莫把同一禮儀文物出土的區域等同於政治實質統治的範圍。

　　中國城邦時代長達將近兩千年，有不同階段的發展，大趨勢是城邦不斷兼併，這些位居中原的城邦共主，國力比其他城邦強大，考古所見可能是作為國都的古城，如夏的二里頭、商的偃師商城或鄭州二里岡都比同時的城大。黃河中游的北方顯然是中國歷史的主角了，其局面和新石器時代截然不

同。

　　殷都當然不是小城邦，殷商也不只一城一國而已，然而城邦論的著眼點是在於城邦的自主性與城邦間的秩序，我曾提出「封建城邦說」以論述周代的國際秩序，可能殷商時期已呈現這種格局。殷王與其他城邦（諸侯與方國）之權力關係的分析，甲骨卜辭資料比器物解釋的精確性為高，但由於文字的隸定、釋讀，以及人名、地名的考訂困難，對商代的國際秩序仍然不易有清晰的圖像。不過，卜辭顯示不少「諸侯方國與王室交惡的紀錄」，據研究，至少發現 54 個方國，「有些是殷室的友邦，有些是敵國，也有一些時而為友，時而為敵，叛服無常。」（張秉權〈卜辭所見殷商政治統一的力量及其到達的範圍〉）這種狀況，所謂侯伯的諸侯國也同樣發生。而殷王向諸侯「登（徵）人」，或諸侯向殷王「共（供）人」以備戰爭，比較類似周代的勤王，不像秦漢以降的徵兵。

　　殷商是具有高度國際性的國家和時代，王陵墓葬出土的人頭骨，保留在史語所的約四百具，據分析，包含很多人種，有蒙古種、海洋黑人種、高加索種，還有愛斯基摩種。出土大海龜版，鑑定是馬來亞所產的；有鯨魚骨，當然不是黃河中下游能夠有，還有產於南海的大海貝。所以考古出土文物顯示商王朝的影響範圍相當遼闊，但甲骨卜辭所見方國與商王的關係卻又是相對的獨立，故知在中國這一大塊「乳酪」上，北方的主導性是有其限度的。

　　漢宣帝告誡太子：漢家制度，「以霸王道雜之。」按儒家說法，霸者以力，王者以德。力就是軍事，德就是文化。兼具軍事和文化的政治，不只漢朝而已，通中國數千年歷史，大抵都是這樣。追溯到古代的語境，文化即是禮樂。象徵統治權力的「禮樂」，向來為人所樂道，其實寄生於軍政，是統治者意識型態的展現。換言之，禮樂是現實權力勝利者所推行的文化，中國傳統史學論周族代取商族為天下共主，強調周公「制禮作樂」，的確熟諳軍事征服、政權治理與文化形塑三位一體之結構關係。

　　這種結構不僅見於三代城邦的整合，從禹執布帛於會稽者萬國，到武王不期而會於孟津者八百，又變成百數十個邦國，最後統一成為秦帝國。秦漢以後兩千年，中國其實也循著這種「軍事征服──政權治理──文化形塑」的模式，既向周邊擴張又向區內落實。北方扮演引領中國歷史發展的角色，即使到非常晚近，猶可見其痕跡。

五、歷史研究的立足點與視野的界限

　　關於本年度研習主題「歷史上的空間」，最後我要說說研究者的立足點與視野。立足點和視野雖不是歷史的空間，卻是歷史研究者的空間。每個研究者都有他的立足點，也有他的視野界線，這裡涉及到正確知識的探索，也會涉及到時代思潮，以及研究者的心態。我且舉20世紀初期古史解釋的例子來說明。

　　《史記》〈五帝本紀〉說：「黃帝東至于海，登丸山、岱宗。西至于空桐，登雞頭。南至于江，登熊、湘。北逐葷粥，合符釜山，而邑于涿鹿之阿。」按照傳統注解，東到瑯琊朱盧，西到隴西，南到長沙益陽，北到懷戎、上谷，範圍是很廣的。這是所謂黃帝時代的中國，也可以說是原型中國（proto-China）的邊界，但是近代民族史學代表的錢穆撰寫《國史大綱》時，卻縮小了很多。他說：

> 崆峒本在河南境，熊湘與空峒同在一省，釜山一名荊山，與華潼為近，阪泉在山西解縣，則黃帝一事最先傳說只在河南山西兩省，黃河西部一灣之圈子裡，司馬遷自以秦漢大一統以後之目光視之，遂若黃帝足跡遍天下。

　　傅斯年講周初華夏區域早就提出同樣的思維，燕在郾城，魯在魯山，齊在宛西呂城，原來也都在成周東南，即今河南西部一帶，不是一下子就到遙遠的山東海邊和燕山之南方。我想，這也許是20世紀初期對於西漢「中國」建構的反省，重新估定傳統古史地理學的反映。如果換在當今21世紀中國崛起之時來看，是否會再回到西漢前期中國盛世的情境呢？

　　人理解歷史往往被自己的意識所左右，近代史學創出許多研究方法以求得一個客觀的史實，仍然無法避免受限於時代思潮，至於個人主觀成見，就更不必說了。這是我所謂的歷史研究的立足點，研究歷史、寫作歷史以及閱讀歷史的人都不能不自我警惕。

　　第二點跟各位談的視野是超越中國政治空間的歷史研究。我的史學思想有幾次改變，繼「新史學」之後還提倡走出中國疆界的中國史，這雖然和上

世紀90年代以後我對政治社會的體驗與實踐密切相關，但思想根源則可推早到學生時代，受到李濟先生的啟發。他論中國上古史之重建說到過：

> 中國最早的文化，即在黃河流域發生的殷商文化，它的背景是一個廣大的區域，包括東經90度以東的大區域。如果進一步尋求殷商文化的來源，則所找到的範圍不是長城以南、長江以北可以滿足的，而必須向四面射到，包括了太平洋群島、南北美洲，從北極到南極。這區域裡一切考古學、民族學的資料，都是中國上古史的參考資料。（〈中國上古史之重建工作及其問題〉）

李先生這些話讓我們看到他的得意門生張光直的確獲得真傳。張先生晚年提出一個史學空間大解放的假說，墨西哥古文化和中國有關係，有共同根源。他說：

> 人類的文化，普遍性是自然的，地方性是偶然的。假如我們說中國上古史所表現的事實，很多部分與別的區域的上古史類似，這個並不奇怪。……假如我們一定要強調這些文化地方性的色彩，或者認為這些文化在這些區域是比較早的，或者與其他區域沒有關係──這些說法，常常可以把我們領到死胡同裡去。

相對於中國學者，大多習慣於閉鎖在中國疆界之內，李張二氏師徒為我們研究中國古代文明的後進開啟無限的空間。

20世紀初期西方學者提出的「文化西來說」當然已經過時，但中國考古學家一直喜歡說，什麼東西都是中國最早，或起源於中國。這種起源領先情結，且讓我徵引我衷心佩服的史學家布洛克（Marc Bloch）的話：「歷史學者部落的偶像崇拜可以被稱為『對起源的偏執狂』。」布氏指出歷史學者都喜歡討論起源問題，我借用他的觀點，發現中國學者的文化起源論，恐怕不只「偏執」而已！當中還參雜許多難以言宣的情結，與近百餘年來中國的處境息息相關。當時西風壓倒東風，西漢人想像遠古的大中國轉而縮小到中原一個角落，即使民族主義情結極濃的傅斯年，並未否定彩陶來自中亞或更

西，卻因山東發現具有中國特色的黑陶而感到欣慰。等到「新中國」成立，
在截然不同的政治環境與排斥西方的思潮下，學者再度回到「萬物皆備於
我」的自大時代，不但強調中國文明之獨自發展，而且許多人類遺產也多起
源於中國；於是自古以來中外文化的交流無形中被忽略了。古代歷史的空間
觀念逐漸造成「中國」這個地區，既獨特，又孤絕。

文化西來說被駁倒了，頌揚中國文明的自發性，當數何炳棣的《東方的
搖籃》（*The Cradle of the East: An Inquiry into the Indigenous Origins of
Techniques and Ideas of Neolithic and Early Historic China, 5000-1000 B.C.*,
1975）。其實，在歐亞這塊土地上，東西方的交流早在絲路開通之前就存
在，我個人以前略有著墨，下一堂張廣達院士，他的專業在這一方面，會給
大家詳細講述。我只提醒，偏處於歐亞大陸東南的「中國」，雖然西、北方
的高原和沙漠使它相對的隔絕，但交通孔道是存在的，文化的交流也自新石
器時代以來沒有阻斷過。

思考歷史研究的空間問題，最後我要問，作為歷史研究者或學習者，你
的基盤要放在哪裡？這個基盤有實質的，也有心理的。要如何突破心理的基
盤？能不能真正的像西方史學之父希羅多德，對待敵人也像對待我族一樣的
平等敘述？史家或讀史者如果敢於坦承不易達到，或許還有救；至於東方史
學之父司馬子長的「天人之際」，已過不踰矩之年的我，不得不承認，仍然
一知半解。

再現傳統中國的思想
——邁向論述化、命題化的哲學？

黃進興[*]

> 中國本沒有所謂哲學。多謝上帝，給我們民族這麼一個健康的習慣。
>
> ——傅斯年（1926）[1]

假如藉著「閱讀來思考」（thinking by reading）不失為一種學習方式的話，已故法籍哲學史名家哈鐸（Pierre Hadot, 1922-2010）對西方古代哲學的重新闡釋，勢必對民國以來中國哲學史的研究有所針砭，甚至對未來中國哲學發展也有所借鑑。

迥異於過去習以為常的理解，哈鐸認為西方古代哲學的精髓，主要是一種「生活方式」（way of life）的抉擇。在西方古典時期，「愛智」（philosophia）的活動主要見諸「精神的錘鍊」（spiritual exercises），「哲學論述」則只是衍生而來的辯護，而非如當代哲學活動這般概由「概念論述」所主導[2]。一如哈

---

* 中央研究院院士；中央研究院歷史語言研究所特聘研究員。

1 傅斯年，〈與顧頡剛論古史書〉，收入傅孟真先生遺著編輯委員會編，《傅斯年全集》（臺北：聯經出版公司，1980），第4冊，頁473（總頁1521）。

2 哈鐸的著作，請參閱兩冊英譯本：Pierre Hadot, *Philosophy as a Way of Life: Spiritual Exercises from Socrates to Foucault*, translated by Michael Chase, edited with an introduction by Arnold I. Davidson（Malden, Mass.: Blackwell Publishing Ltd., 1995）; *What Is Ancient Philosophy?*, translated by Michael Chase（Cambridge, Mass.: The Belknap Press of Harvard University Press, 2002）.

鐸所料，他的洞識復可適用至中國哲學古今演變的軌跡，雖然兩者的步調略有差異。

「哲學」一詞蓋屬舶來品，而晚清以降，中國哲學的發展擺脫不了西方思想的影響，甚至達到形影不離的地步，這已是當今學術界的基本常識。因此，近代中國哲學的發展呈現了兩項特色：其一，外來的歐美哲學思潮變成疏通或衡量傳統思想的準則、或解釋的架構。這與中古時期佛教借徑固有的儒、道思想以方便傳布的手法，截然異趣；好友劉笑敢（b. 1947）特稱之為「反向格義」，不無道理[3]。另項特色，即藉著疏理中國傳統思想，以開發新時代的中國哲學。職是之故，中國哲學史的研究與近代中國哲學的開發，遂密不可分。

賀麟（1902-1992）在1945年發表的《當代中國哲學》裡，談到近五十年中國哲學發展的幾點特徵，以今日逆視之，則尚有兩點見證上述的時代流風。其一，便是西學持續不斷地左右中國哲學的構作；另外，重新整理中國哲學史[4]。二者復交互為用。對於第一點，乃至為顯豁，理無疑義；第二點，則需稍加疏解。民國以來所謂釐理中國哲學史，其概念架構甚為倚重西方流行的哲學，因此呈現新舊輪替的現象。

居間，胡適（1891-1962）的《中國哲學史大綱・卷上》（1919）[5]，乃是最受矚目的先驅作品。流傳至今，他的開闢之功，猶有難以抹滅的貢獻[6]。首先，他截斷眾流劃定中國古代哲學的時限，祛除三皇五帝渺不可知的遠古傳說，從老子、孔子談起。其次，他以新受教的西方邏輯概念，重新條理中國

3　劉笑敢，〈反向格義與中國哲學研究的困境：以老子之道的詮釋為例〉，在劉笑敢主編，《中國哲學與文化》（桂林：廣西師範大學出版社，2007），第1輯，頁10-36。

4　比較賀麟，《當代中國哲學》（嘉義：西部出版社，1971），頁2-3。該書1945年由勝利出版社初版。

5　胡適的《中國哲學史大綱・卷上》初版於1919年，由上海商務印書館印行。爾後在1929年的「萬有文庫」本，改名為《中國古代哲學史》。這段更名因緣，請參見胡適，〈中國古代哲學史臺北版自記〉，氏著，《中國古代哲學史》（臺北：臺灣商務印書館，1958），頁1-8。

6　試比較蔡元培1919年8月3日為該書所做的序。見蔡元培，〈中國哲學史大綱序〉，收入胡適，《中國哲學史大綱・卷上》（上海：商務印書館，1926），頁1；蔡序亦收入更名後的《中國古代哲學史》，頁1。

思想的質素。胡適在日後（1958年）追述道：

> 我這本書的特別立場，是要抓住每一位哲人或每一個學派的「名學方法」（邏輯方法，即是知識思考的方法），認為這是哲學史的中心問題。……所以我這本哲學史在這個基本立場上，在當時頗有開山的作用。可惜後來寫中國哲學史的人，很少人能夠充分了解這個看法。[7]

覈諸史實，胡適的說辭並不準確；尤其他鮮明而清楚的方法論意識，影響後世的哲學史與哲學的寫作，既深且遠。包括站在與胡適對立面、戮力重構形上學的「新儒家」，大多曾在邏輯學（無論是西方文化的邏輯學 logic 或佛教的因明學 Hetuvidyā）下過深刻的工夫，遑論其他。

舉後進的勞思光（1927-2012）為例，他力圖澄清一種「謬誤的俗見」，而這種俗見認為，講中國哲學不能用外國的方法。倘若真是「不能用外國的方法」，那就等於說，我們根本不能運用邏輯思考來處理中國哲學史的問題了[8]。勞氏申言道：

> 中國人不曾建立邏輯解析，因此自己未「發明思想上的顯微鏡」，但不能說，「思想上的顯微鏡」不能用於中國思想的考察；正如，顯微鏡雖非中國的發明，我們也不能據此說，西方發明的顯微鏡看不見中國的細菌。[9]

此處勞思光所謂「思想上的顯微鏡」，無疑就是「邏輯分析」。

7　胡適，〈中國古代哲學史臺北版自記〉，在《中國古代哲學史》，頁3-4。該篇自記係1958年1月10日於紐約寓樓撰成。

8　勞思光，〈序言：論中國哲學史之方法〉，在氏著，《中國哲學史（第一卷）》（香港：香港中文大學崇基學院，1968；臺北：三民書局，1981），香港中大版在頁20，三民版在頁18。勞思光的《中國哲學史》，第1卷初版於1968年、第2卷1971年，皆由香港中文大學崇基學院發行；1981年增加了第3卷（上）、第3卷（下），由臺北三民書局初版，全套共計4冊；1984年增訂版則改名為《新編中國哲學史》，仍維持4冊。

9　勞思光，〈序言：論中國哲學史之方法〉，香港中大版在頁21，三民版在頁19。

　　誠然，有關中國哲學史的研究，胡適所標榜的「邏輯分析」在不久之後，即為繼踵而起的各式各樣西方思潮所取代。依時段先後，試舉三要例，以概其餘：直接與胡適作品針鋒相對的馮友蘭（1895-1990）所撰的《中國哲學史》[10]，便是取新實在論為其解釋架構；侯外廬（1903-1987）等合撰的五卷《中國思想通史》[11]，則全由唯物觀點所籠罩；勞思光的《中國哲學史》不時針砭馮氏前作，卻帶有分析哲學的色彩。上述前後三書之理論雖有異，其學風則頗為一致，均不出西方哲學範疇的啟發。

　　倘若擱置各自所憑仗的西學，他們的著作最醒目而共通的現象，則是由傳統的「修辭」（rhetoric）轉化成模仿西學「論證」（argument）的表達形式。如此一來，古典學問所看重的力行實踐，便受到壓縮而無從彰顯。縱使他們的著作裡面並不乏道德的論述，但也僅止於概念的「論述」或後設敘述而已。至於具體的成德之方，則消聲匿跡。循此，中國哲學史的整理便陷入「論述的陷阱」而不自知。整體的趨向，便是現代中國哲學的發展，變成論述化、命題化的哲學，而欠缺實踐的層面；古典哲學的精髓，遂無由闡發。

　　雖然直覺上，借用西方哲學疏通中國傳統思想，未免會有掛一漏萬的疑慮。胡適的高足——傅斯年（1896-1950）反對胡適把記載老子、孔子、墨子等等之書，稱作「哲學史」，蓋有見於此。傅氏認為：

　　大凡用新名詞稱舊物事，物質的東西是可以的，因為相同；人文上的物事是每每不可以的，因為多是似同而異。[12]

　　雖說癥結在於此、問題存於此；但無可諱言，傅斯年的觀點僅是空谷足

10　馮友蘭的《中國哲學史》共有上、下兩冊，上冊初版於1931年、下冊1934年，初版均由上海商務印書館印行。

11　由侯外廬、趙紀彬（1905-1982）、杜國庠（1889-1961）三人合著的《中國思想通史》計五卷，自1956年至1960年間，由北京人民出版社初版。

12　傅斯年，〈與顧頡剛論古史書〉，頁473（總頁1521）。按，胡適雖已撰成《中國古代哲學史》出版，但他後來撰述中古部分時，卻不取「哲學史」之名，而改冠以《中國中古思想史》，或與傅斯年的意見有關。參見胡適，《中國中古思想史·長編》（據胡適手稿影印朱墨套印本；臺北：胡適紀念館，1971初版）。傅斯年對「哲學」的理解，暫非本文的要點。

音，西方論述化的哲學仍然席捲了近代中國哲學的版圖，中國古典哲學的精神遂只留下繚繞的餘音。在此一節骨眼，哈鐸適時的獅子吼，無論對中、西哲學的反思，遂變得萬分切要。

「哲學」一義，在近代哲學固然變得言人人殊（若維根斯坦或分析哲學），在學術多元化的社會，要求其執一不變，委實不易。在中國的語境，傅斯年極早便敏銳地觀察到：

> 我們中國所有的哲學，儘多到蘇格拉底那樣子而止，就是柏拉圖的也尚不全有，更不必論到近代學院中的專技哲學，自貸嘉、來卜尼茲以來的。[13]

傅氏的說辭，不啻預示了哈鐸對中西古代哲學的匯通[14]，所以哈鐸闡揚古典哲學的範例，勢必導致人們對當下中國哲學的不同領略。例如：審視第二代的新儒家，牟宗三（1909 1995）思辯力特強，治學銳見迭出、涇渭分明；惟論學喜評斷高低。朱熹（1130-1200）受其貶抑為「庶子別宗」而非儒學正宗，便是一例。要之，牟氏所憑藉的，無非是自行改造的康德架構，但底蘊猶不出傳統的「道統」意識，而其行徑則近似釋教「判教」的作為[15]。相對地，唐君毅（1909-1978）的為學風格優柔敦厚，不憚其煩地反覆闡述生命的各種境界與成德的要方。表面上，其論述張力似不如牟氏，但實則較趨近哈鐸「古典哲學」的理想。例如唐氏1944年的《人生之體驗》、《道德自我之建立》，1958年《文化意識與道德理性》，1977年《生命存在與心靈境界》等等，都存有如此的旨趣[16]。

13　傅斯年，〈與顧頡剛論古史書〉，頁473（總頁1521）。按，傅氏這裡提到的「貸嘉」，推測應該是指笛卡爾（René Descartes, 1596-1650）。

14　Pierre Hadot, *What Is Ancient Philosophy?*, p. 279.

15　牟宗三，《心體與性體》（臺北：正中書局，1968），第1冊。

16　唐君毅，《人生之體驗》、《道德自我之建立》，均收入《唐君毅全集》（臺北：臺灣學生書局，1991校訂版），甲編第1卷；《文化意識與道德理性》，收入《唐君毅全集》丁編第20卷；《生命存在與心靈境界：生命存在之三向與心靈九境》，收入《唐君毅全集》丁編第23-24卷。

　　要之，中國上古思想之強調道德實踐，確與古希臘有異曲同工之處。「修身」原本並非只是儒家的專利品，卻是先秦諸子所共享的觀念[17]。《大學》定調「自天子以至於庶人，壹是皆以脩身為本」[18]，適可總括該時思想的意向。中國的古代先賢復不若古希臘先哲之重視「雄辯術」，孔子曾擬諸「天何言哉？」以自況[19]，他只要求「辭達而已矣」[20]。孔子更譴責「巧言、令色，鮮矣仁」[21]，甚至一度宣稱「予欲無言」[22]。孟子也坦承：「予豈好辯哉？予不得已也。」[23]老子則主張「多言數窮，不如守中」[24]，他推崇「行不言之教」[25]。是故，古人視「身教」逾於「言教」。

　　馬克思（Karl Heinrich Marx, 1818-1883）曾標榜他的學說不類之前的西方哲學只顧「理解世界」，他的哲學則是試圖「改變世界」[26]。倘若馬克思的言說可取的話，反觀中國古代的哲學從一開始便戮力於改變人間世，這點與西方哲學顯然有所不同。

　　職是之故，哈鐸側重實踐的論點，當然引起了當代專注中國哲學學者的留意，因此有人即呼籲「將功夫引入哲學」[27]；但要緊的不是將「功夫」納入論述的領域，而是能體知、把握其德性實踐面。例如：《大學》所規約的「定、靜、安、慮、得」的為學步驟，今人或知其彷彿；可是至若孟子善養

17　余英時，〈中國知識份子的古代傳統：兼論「俳優」與「修身」〉，收入氏著，《史學與傳統》（臺北：時報文化出版公司，1982），頁71-92。

18　參見朱熹，《大學章句》，收入氏著，《四書章句集注》（北京：中華書局，1983），頁4。

19　參見朱熹，《論語集注》（收入《四書章句集注》）卷9，「陽貨第十七」，頁180。

20　參見朱熹，《論語集注》卷8，「衛靈公第十五」，頁169。

21　參見朱熹，《論語集注》卷1，「學而第一」，頁48。

22　參見朱熹，《論語集注》卷9，「陽貨第十七」，頁180。

23　參見朱熹，《孟子集注》（收入《四書章句集注》）卷6，「滕文公章句下」，頁271、273。

24　參見朱謙之，《老子校釋》，收入《老子釋譯三種》（臺北：里仁書局，1983），「道經·五章」，頁15。

25　參見朱謙之，《老子校釋》，「道經·二章」，頁6。

26　See Karl Marx, "Theses on Feuerbach（1845）," in Robert C. Tucker ed., *The Marx-Engels Reader*（New York: W.W. Norton & Company, 1972）, p. 109.

27　倪培民，〈將「功夫」引入哲學〉，收入劉笑敢主編，《中國哲學與文化（第十輯）》（桂林：漓江出版社，2012），頁49-50。

的「浩然之氣」[28]或素為宋明理學家所看重的儒家的「靜坐」工夫[29]，今儒業已難以窺曉其究竟，遑論其他。

因此，哈鐸的論點必然陷入進退維谷的兩難局面：即使意識到「實踐作為」與傳統中國哲學的不可分隔性，惟猶不得其奧妙而入；另方面，衡諸當今哲學的判準，哈鐸的論點恐猶招致中、西主流思潮施以「反哲學」（anti-philosophy）之譏；後者執著哲學的活動乃源自或存於純粹理性的思慮[30]。諸如種種疑難，都須有待我們未來在「知」與「行」齊頭並進，繼續探索。

28　參見朱熹，《孟子集注》（收入《四書章句集注》）卷6，「滕文公章句下」，頁271及273。

29　儒家提倡「靜坐」工夫，始於北宋二程，今「靜坐」變成儒門工夫論的要項，故先儒通說儒家的「靜坐」法門起於二程。而朱子也教導門徒「半日靜坐，半日讀書」。朱熹撰，黎靖德編，王星賢點校，《朱子語類》（北京：中華書局，1986）卷116，頁2806。詳論則請參見錢穆，《朱子新學案》（臺北：三民書局，1971），第2冊，〈朱子論靜〉。

30　Gwenaëlle Aubry, "Philosophy as a Way of Life and Anti-philosophy," in Michael Chase, Stephen R.L. Clark and Michael McGhee eds., *Philosophy as a Way of Life: Ancients and Moderns: Essays in Honor of Pierre Hadot* (Chichester, West Sussex: Wiley-Blackwell, 2013), pp. 210-222.

中國歷史寫作中史論的作用及其理論問題

黃俊傑[*]

一、引言

在儒家人文精神傳統中，歷史意識最居首出之地位，對傳統中國史學理論影響至深且鉅。以儒家思想為主流的中國文化中時間感極為深刻[1]，所以歷史意識也特別發達，西周時代（1045-771 BCE）的經典如《詩經》與《尚書》中，就出現大量以殷商（?-1045 BCE）歷史經驗作為鏡鑑的文字，例如《詩經・大雅・蕩》云：「殷鑒不遠，在夏后之世」[2]，《尚書・召誥》：「我不可不監于有夏，亦不可不監于有殷」[3]，均強調以史為鑑。孔子（551-479 BCE）更以「述而不作，信而好古」（《論語・述而・1》）[4]自述他尊重歷史文化傳統的態度。在中國歷史上的政治鬥爭中，歷史解釋權的爭奪，常常是歷代政權更替之際，或政治鬥爭激烈之時的重要戰場。舉例言之，漢（206 BCE-

---

[*] 臺灣大學講座教授兼人文社會高等研究院院長與中央研究院中國文哲研究所合聘研究員。

1 參考 Chun-chieh Huang and Erik Zürcher eds., *Time and Space in Chinese Culture*（Leiden: E.J. Brill, 1995）.

2 鄭玄箋，孔穎達疏，《毛詩注疏》（臺北：藝文印書館，1960，影印宋刊本），頁644上半。

3 孔安國傳，孔穎達等正義，《尚書正義》（臺北：藝文印書館，1960，影印宋刊本），頁222上半。

4 朱熹，《論語集注》，收入《四書章句集注》（北京：中華書局，1983）卷4，頁93。

220 CE）帝國建立後，西元前206年漢高祖劉邦（在位於202-195 BCE）就
置酒雒陽南宮問群臣曰：「列侯諸將無敢隱朕，皆言其情。吾所以有天下者
何？項氏之所以失天下者何？」[5]中國歷代君臣常常從前代的歷史中汲取智慧
的靈感，擬定治國策略的方針。到了唐代（618-907）官修史學的傳統形成
以後[6]，皇帝的左右常常設置史官，以纂寫《起居注》。中國的史官以保存歷
史真相為其天職，褚遂良（596-658）甚至拒絕唐太宗（在位於626-649）閱
讀《起居注》的要求。20世紀文化大革命時期（1966-1976）的中國大陸，
批孔揚秦運動雖然表面是以批判孔子為手段，但是卻以指向批判林彪（1908-
1971）為其現實政治目的。在戰後的臺灣，1947年「二二八事變」的歷史解
釋則成為臺灣朝野人士爭執的重大議題。自古以來中國人的政治的發展，常
常涉及歷史解釋權的爭奪。我們可以說，中國人是歷史意識很強的一個民
族。

　　因為時間意識的深刻，所以在傳統中國學術中史學特別發達。中國史學
家雖然致力於建構「過去」經驗的知識，但是他們的眼光永遠在「現在」以
及「未來」。他們常常美化「過去」的黃金時代（如「三代」）或典範人物
（如堯、舜等聖賢），用以批導「現在」的實況，校正「未來」的方向[7]。在某
種意義上，我們可以說中國的史學是一種道德學，中國史家常常通過歷史敘
事而建構道德或哲學命題，使讀史者知所警惕[8]。正因為傳統中國史學家以歷

5　司馬遷，《史記》（臺北：藝文印書館，1956，據清乾隆武英殿刊本景印）卷8，〈高祖本
　　紀〉，頁175；參考Chun-chieh Huang, "The Ch'in Unification in Chinese Historiography," in
　　Q. Edward Wang and Georg Iggers eds., *Turning Points in Historiography: A Cross-Cultural
　　Perspective*（Rochester: University of Rochester Press, 2002）, pp. 35-44.

6　參考Lien-sheng Yang, "The Organization of Chinese of Chinese Official Historiography:
　　Principles and Methods of the Standard Histories from T'ang through the Ming Dynasty," in W.
　　G. Beasley and E.G. Pulleyblank eds., *Historians of China and Japan*（London: Oxford
　　University Press, 1961）, pp. 44-59.

7　參考Chun-chieh Huang, "Historical Thinking in Classical Confucianism: Historical
　　Argumentation from the Three Dynasties," in Chun-chieh Huang and Erik Zürcher eds., *Time
　　and Space in Chinese Culture*, pp. 72-88.

8　參考Chun-chieh Huang, "The Philosophical Argumentation by Historical Narration in Sung
　　China: The Case of Chu Hsi," in Thomas H.C. Lee ed., *The New and the Multiple: Sung Senses*

史敘事為手段，而以提出道德或哲學命題為目的，所以他們常常在歷史事件或人物的描述之後，附上一段評論。這種史論可以見之於《左傳》的「君子曰」、《史記》的「太史公曰」、《漢書》的「贊」、《三國志》的「評」，司馬光（1019-1086）的《資治通鑑》之「臣光曰」，到王夫之（船山，1619-1692）的《讀通鑑論》、《宋論》，以及北宋文人蘇洵（1009-1066）與蘇軾（1037-1101）等人評論歷史與人物的論文，都即「事」以言「理」，循跡以求本，沿波以討源，呈現中國傳統學術中史哲貫通之特質。本文之主旨在於析論中國歷史寫作的史論中「事」與「理」之複雜關係，並探討史論所發揮之融貫史哲、亦史亦哲之功能。

二、傳統中國歷史寫作中「事」與「理」之關係的演變

在傳統中國歷史寫作的史論之中，史學家在史「事」與史「理」中搭起會通的橋梁。史學家默察歷史潮流的巨變中，帝國的興衰與人物的升沉，而在史論中提煉歷史的「事」中所潛藏的「理」，於是，在中國歷史學家筆下的歷史就不是木乃伊而是圖書館，後人可以進入歷史的圖書館與古人對話，從古人的經驗中汲取歷史的啟示與智慧。

大致說來，在西元第10世紀北宋立國以前，中國的史學寫作中史「理」寄寓在史「事」之中，太史公司馬遷（145-86 BCE）是最具代表性的史學家。

西方史學鼻祖希羅多德（Herodotus, ca. 484-425 BCE）與修昔底的斯（Thucydides, ca. 460-400 BCE）之特別表彰戰爭中的英雄人物，但是，司馬遷在《史記》中特別表彰的則是歷史變遷之際被淹沒的人物如伯夷、叔齊，以及文化英雄如孔子（551-479 BCE）、孟子（371?-289? BCE）等。司馬遷在《史記》中為伯夷、叔齊立傳並置於《史記》的〈列傳〉之第一篇，敘述

---

of the Past（Honk Kong: The Chinese University Press, 2004）, pp. 107-124. Cf. Conrad Schirokauer, "Chu Hsi's Sense of History," in Robert P. Hymes and Conrad Schirokauer eds., *Ordering the World: Approaches to State and Society in Sung Dynasty China*（Berkeley: University of California Press, 1993）, pp. 193-220.

在殷周政權交替之際（1027? BCE），拒絕接受周政權的伯夷、叔齊兩人餓
死於首陽山上的史實。司馬遷從這件歷史事實之中，思考「天道無親，常與
善人」這條古代中國人共認的「理」之可信性。在司馬遷的歷史寫作之中，
「天」與「人」的關係這一條「理」只有在伯夷與叔齊的歷史事實中，才能
被感知、被發現。在這個意義下，史「理」存在於史「事」之中。

　　但是，西元第10、11世紀以後，隨著理學的發展，儒家的價值觀逐漸
影響甚至支配歷史思考，所以，史「理」開始凌駕並超越於史「事」之上，
並影響許多浸潤於儒家價值中的史學家對歷史變遷的解釋。

　　北宋史學家司馬光運用成熟的史學方法與細膩的批判技巧[9]，編纂《資治
通鑑》涵蓋1,392年的中國歷史，以編年之方式敘述自西元前403年以後的
歷史發展至西元959年之間的歷史，但他以一套深具儒家色彩的「名分論」
作為評論歷史事實與人物的標準。

　　司馬光在《資治通鑑‧卷一‧周紀一》記載威烈王二十三年（戊寅，
403 BCE）「初命晉大夫魏斯、趙籍、韓虔為諸侯」這件史實之後，寫下這
段評論：

> 臣光曰：臣聞天子之職莫大於禮，禮莫大於分，分莫大於名。何謂
> 禮？紀綱是也；何謂分？君、臣是也；何謂名？公、侯、卿、大夫是
> 也。
> 夫以四海之廣，兆民之眾，受制於一人，雖有絕倫之力，高世之智，
> 莫不奔走而服役者，豈非以禮為之紀綱哉！是故天子統三公，三公率
> 諸侯，諸侯制卿大夫，卿大夫治士庶人。貴以臨賤，賤以承貴。上之
> 使下，猶心腹之運手足，根本之制支葉；下之事上，猶手足之衛心
> 腹，支葉之庇本根。然後能上下相保而國家治安。故曰：天子之職莫
> 大於禮也。[10]

9　E.G. Pulleyblank, "Chinese Historical Criticism: Liu Chih-chi and Ssu-ma Kuang," in W.G.
　　Beasley and E.G. Pulleyblank eds., *Historians of China and Japan*, pp. 135-166.

10　司馬光撰，胡三省注，章鈺校記，《新校資治通鑑注》（臺北：世界書局，1976）卷1，
　　〈周紀一〉，威烈王二十三年（403 BCE），頁2-3。

　　這一段「名分論」，呈現鮮明的儒家以「禮治」為中心的政治思想，司馬光政治立論極為保守，他反對王安石（1021-1086）新政，批判孟子之不尊周王[11]，他以這一套帝制化儒家的「名分論」，在他所撰的《資治通鑑》中評斷歷史人物，例如秦二世皇帝欲誅蒙恬兄弟，蒙恬兄弟自殺，司馬光認為「恬明於為人臣之義」[12]；唐肅宗（在位於西元762-763）賜陳希烈等七人自盡於大理寺，司馬光認為：「為人臣者，策名委質，有死無貳。」[13]

　　到了南宋理學大興之後，朱熹（晦庵，1130-1200）對歷史的解釋更是完全以超越於歷史之上的「理」作為解釋的基礎。傳統中國史學的道德解釋集中在「理」或「道」之上。「理」既是宇宙自然的規律，又是人事行為的規範，兩者融為一體。因此，以朱子為代表的歷史解釋在這種「理」之哲學的支配下，歷史被超越時空的「理」所統轄，成為人事變遷之支配力量，所有具體的歷史事件都只是為了從正面或反面印證「理」的永恆特質，「理」成為批判歷史之「精神的槓桿」。

　　以朱子為代表的宋儒歷史解釋，採取一種「超時間的」的道德立場，來觀照具有時間性的歷史事實，因而取得了一種「非歷史」（ahistorical）[14]的性格；歷史事實的探討，並非朱子讀史的目的，而只是他的手段而已。就這種歷史解釋之本質而言，歷史知識僅為道德服務，史學之自主性為之晦而不顯，終不免淪為倫理學之奴僕。

　　第11世紀以後，在理學支配下的道德的歷史解釋，隱含著兩個理論上

11　參看黃俊傑，《孟學思想史論（卷二）》（臺北：中央研究院中國文哲研究所，1997），第4章，頁127-190，尤其是頁159-171。

12　司馬光，《新校資治通鑑注》卷7，〈秦紀二〉，始皇帝三十七年（210 BCE），頁251。

13　司馬光，《新校資治通鑑注》卷220，〈唐紀三十六〉，肅宗至德二載（757），頁7050。司馬光評論歷史人物及其行為的所依據的「名分論」，是北宋以降儒者的共同價值觀之一。諸橋轍次（1883-1982）曾將宋儒思想及其志業分為三大領域：正名、經綸、修養，並強調北宋儒者的「正名論」實起於外患之頻仍，而衍生出禦戎論、邊務論、名節論、忠論。參看諸橋轍次，《儒學の目的と宋儒慶曆至慶元百六十年間の活動》，收入《諸橋轍次著作集》第1卷（東京：大修館書店，1975），頁192-278，有關宋儒修史事業與「正名」之討論，參考頁264-278。

14　Benjamin I. Schwartz, "History in Chinese Culture: Some Comparative Reflections," *History and Theory*, Vol. 35, No. 4（December, 1996）, pp. 23-33.

的問題：第一，在理學家的歷史解釋系統裡，「理」既是宇宙之規律
（principle）又是人事之規範（norm），而且具有永恆不滅的性質，那麼要如
何解釋歷史上政治黑暗或文化混濁的時代亦有「理」的支撐？換言之，道德
的歷史解釋無法面對「歷史中的邪惡」這個問題。第二，朱子及宋代理學家
將「理」之闡明與延續的重責，寄託在聖賢與英雄人物身上，如此一來，歷
史就成為少數人的「傳記」，而非廣大群眾所共同締造的紀錄。這種史觀必
然面臨一項嚴重的問題：倘若聖賢英雄無法適時出現，挽狂瀾於既倒，如何
保證歷史的發展一直在合「理」的軌道上進行？

　　總之，雖然中國的史論可以11世紀宋代理學的興起作為分水嶺，在此之
前是「理」在「事」中，在此之後是「理」在「事」上，但是，史「事」與
史「理」的辯證性關係，一直是中國學術傳統中史學與哲學會通的整合平臺。

三、史論的作用

（一）從「殊相」到「共相」

　　傳統中國史學著作中的史論有各種類型，就其評論對象而言，有評論歷
史人物之善惡者，也有評論歷史事件之興衰者。就其論述之內涵而言，有析
論某一歷史事件中所潛藏之意義或教訓者，也有申論歷史事件本身之意義
者。不同類型的史論，發揮不同的作用，但都在史學與哲學之間建構起會通
的橋梁，展現中國傳統學問史哲融合之特質。

　　史論作品的第一種作用就是從「殊相」中提煉「共相」。傳統中國史學
家從來不以史料之收集或史實之重建為史學工作的最高目標，他們重建具體
而特殊的歷史事實，是為了提煉歷史事實後面的抽象而普遍的原理，以作為
經世之依據，章學誠（實齋，1738-1801）說：「史學所以經世，〔……〕，整
輯排比，謂之史纂；參互搜討，謂之史考；皆非史學。」[15]正如司馬遷氣勢磅
礴地宣稱：

15　章學誠，〈浙東學術〉，收入葉瑛校注，《文史通義校注》（北京：中華書局，1994）卷
　　5，頁524。

僕竊不遜，近自託於無能之辭，網羅天下放失舊聞，考之行事，稽其成敗興壞之理。凡百三十篇，亦欲以究天人之際，通古今之變，成一家之言。[16]

　　從司馬遷開始，中國歷史學家以「通」作為史學工作的最高目標，尤其以唐代杜佑（735-812）的《通典》（801）、南宋鄭樵（1104-1162）的《通志》（1161）以及馬端臨（1254-1324/5）的《文獻通考》（1322）這三部制度史的百科全書，最能在歷史寫作上落實「通」的著史理想[17]。貝塚茂樹（1904-1987）曾說，中國的史學理論是修史的理論，而西方的史學理論是考史的理論，確實深具卓識[18]。

　　但是，值得注意的是，在傳統中國史學著作中的史論作品，所發揮的「通」的作用，正是在於從雜然紛陳的、具體而特殊的歷史事實或人物之中，抽離出抽象而普遍的原理、原則或規範，從而貫通歷史敘述與哲學思考，落實以史學經世之鵠的。

　　這種從「殊相」邁向「共相」的史論作品，早已出現在《孟子‧告子下‧15》：

孟子曰：「舜發於畎畝之中，傳說舉於版築之閒，膠鬲舉於魚鹽之中，管夷吾舉於士，孫叔敖舉於海，百里奚舉於市。故天將降大任於是人也，必先苦其心志，勞其筋骨，餓其體膚，空乏其身，行拂亂其所為，所以動心忍性，曾益其所不能。人恆過，然後能改；困於心，衡於慮，而後作；徵於色，發於聲，而後喻。入則無法家拂士，出則

16　司馬遷，〈報任安書〉，收入班固，《漢書》（臺北：藝文印書館，1956，據光緒庚子長沙王氏校刊本影印）卷62，頁1257下。

17　參考 Hok-lam Chan, "'Comprehensiveness' (Tung) and 'Change' (Pien) in Ma Tuan-lin's Historical Thought," in Hok-lam Chan and Wm. Theodore de Bary eds., *Yüan Thought: Chinese Thought and Religion Under the Mongols* (New York: Columbia University Press, 1982), pp. 27-88.

18　貝塚茂樹，〈中國史學理論の特質──劉知幾の史通を中心として〉，收入《貝塚茂樹著作集‧第7卷‧中國の史學》（東京：中央公論社，1977），頁327-332，尤其是頁321。

　　無敵國外患者，國恆亡。然後知生於憂患而死於安樂也。」[19]

　　孟子從歷史人物的特殊事蹟之中，提煉具有普遍必然性意義的「生於憂患，死於安樂」這項命題。這種歷史思維方式，正是中國傳統史學家的思維方式。

　　中國歷史學家從「殊相」的敘述邁向「共相」的提出，最重要的關鍵在於「通則化」（generalization）的建立。中國傳統史家除司馬遷在《史記》的「太史公曰」的史論中，提出許多通則性的看法之外，17世紀的王夫之（1619-1692）《宋論》[20]、18世紀的趙翼（1727-1814）《廿二史劄記》[21]，乃至20世紀的陳寅恪（1890-1969）的《唐代政治史述論稿》[22]，都在對中國歷史的敘述之後，提出許多通則性的看法。

　　從中國史論之致力於從「殊相」邁向「共相」來看，前輩學者中村元（1912-1999）研究中國人的思維方式時，強調中國人重視具體性，抽象思維不發達，只重視特殊性[23]，中村元又說中國人只關心特殊的例證，而對超越個別而特殊例證的「共相」不感興趣[24]。吉川幸次郎（1904-1980）也認為中國

19　朱熹，《孟子集注》，收入《四書章句集注》（北京：中華書局，1983）卷12，頁348。

20　王夫之所撰《宋論》所述雖係宋朝歷代皇帝之相關史實，但亦隨事而說理，例如以商鞅、王莽、王安石之言，而提出「知言者，因古人之言，見古人之心；尚論古人之世，分析古人精意之歸；詳說群言之異同，而會其統宗；深造微言之委曲，而審其旨趣；然後知言與古合者，不必其不離矣；〔……〕」的通則。見王夫之，《宋論》（收入《船山全書》，第11冊，長沙：嶽麓書社，1989）卷6，〈四　溫公明道之善王安石〉，引文見頁160。

21　趙翼的《廿二史劄記》所記雖然是以歷代史事為主，但他也說：「至古今風會之遞變，政事之屢更，有關於治亂興衰之故者，亦隨所見附著之。」見趙翼著，王樹民校證，《廿二史劄記校證》（北京：中華書局，1984），〈廿二史劄記小引〉，頁1。

22　陳寅恪從唐代與諸多外族互動之具體史事，歸納出兩條通則：「一曰外族盛衰之連環性，二曰：外患與內政之關係」，見陳寅恪，《唐代政治史述論稿》（臺北：里仁書局，1981），頁128。

23　中村元，《東洋人の思惟方法》（共4卷）（東京：春秋社，1988）。徐復觀曾節譯該書第2卷為中文：中村元著，徐復觀譯，《中國人之思維方法》（臺北：臺灣學生書局，1991）。Hajime Nakamura, *Ways of Thinking of Eastern Peoples: India, China, Tibet, Japan,* edited by Philip P. Wiener（Honolulu: University of Hawaii Press, 1984）, pp. 175-203。

24　Hajime Nakamura, *Ways of Thinking of Eastern Peoples: India, China, Tibet, Japan,* p. 184.

人的思維方式特別信任感覺，對抽象原理的「統一性」不感興趣[25]。這類說法恐怕都是一偏之見，有待商榷。

　　當然，我們並不是說近代以前中國史學家已經採取某種近似於韓普（Carl Hempel, 1905-1997）式的「法則性的演繹解釋」（deductive-nomological explanation），因為傳統中國史學作品的史論中，「受闡釋端」（explanadum）未必能由闡釋端導衍出來，而且中國的史論也缺少韓普式的「涵蓋通則的假說」（covering law）[26]。傳統中國史學家也許會同意柏林（Isaiah Berlin, 1909-1997）所說：科學注重的是「同」（similarity）與「普遍性」（universality）；歷史學注重的是「異」（dissimilarity）與「特殊性」（particularity）[27]，因此，傳統中國史家所建立的是解釋性的歷史哲學（interpretive philosophy of history），而不是分析性的歷史哲學（analytic philosophy of history），他們所提出的「通則」（general laws）不是一種邏輯的定律，而是一種啟發性的（heuristic）原則。通過這種啟發性的原則，讀者可以追體驗（re-enact）歷史情境，體知（embody）古人之心，攜古人之手，與古人偕行。

　　傳統中國的史論論述，潛藏著另一個理論問題，值得我們探索。傳統中國史學家經由史論而從「殊相」邁向「共相」，但是，他們所建立的正是黑格爾（Georg W.F. Hegel, 1770-1831）所謂的「具體的共相」（concrete universals）[28]。那麼，這種作為「具體的共相」的哲學或道德的命題是否有其

25　吉川幸次郎，《支那人の古典とその生活》，收入《吉川幸次郎全集》第2卷（東京：筑摩書房，1968），頁269-359，特別是頁277。此書有中譯本：吉川幸次郎著，林景淵譯，《中國人之古典學術與現實生活》（臺北：環宇出版社，1996）。

26　Carl Hempel, "The Function of General Laws in History," in Patrick Gardiner ed., *Theories of History* (Glencoe, Ill.: Free Press, 1959), pp. 344-355.

27　Isaiah Berlin, "History and Theory: The Concept of Scientific History," in Alexander V. Riasanovsky and Barnes Riznik eds., *Generalizations in Historical Writing* (Philadelphia: University of Pennsylvania Press, 1963), pp. 60-113.

28　黑格爾認為「具體的共相」（concrete universal）與「抽象的共相」（abstract universal）是一組相對的概念。「抽象的共相」包含三個要素：1.普遍性（universality）。2.規定性（determinateness）。3.兩者的單純統一（the simple unity of the two）；而「具體的共相」（concrete universal）包含兩個要素：1.客觀的共相（the objective universal）。2.顯著的共

普遍性與必然性呢？中國史家從史「事」中所抽離而出的史「理」，因為具有「具體性」的本質，所以中國的史「理」一旦被建立之後，雖有其自主性，但仍不是普遍適用的抽象的原理。這是值得思考的一個理論問題。

（二）以「今」釋「古」，「古」為「今」鑑

　　中國史論作品的第二個作用是：以「今」釋「古」，在「古」與「今」之間搭起會通的橋梁，使歷史經驗為現代讀史者提供歷史的教訓。在傳統中國的史學寫作中，史家個人價值的關懷與時代的投影，常在史著中留下深刻的印記。

　　司馬遷的《史記》是說明這項論點的最具代表性的史著。太史公在《史記》〈高祖功臣侯者年表〉序言中說：「居今之世，志古之道，所以自鏡也，未必盡同」，古今暌違，人物異趣，中國史著中的史論，正發揮克服並拉近「古」「今」之距離之作用。太史公寫〈孔子世家贊〉，寄寓他對孔子人格與風範的無限景仰；寫〈外戚世家序〉歷數自古以來外戚之亂家邦，語雖隱晦，但屢言「可不慎與」、「豈非命也哉」，寄寓他對漢武帝時代外戚擅權之感嘆。〈伯夷列傳〉筆法特異，太史公對「天道無親，常與善人」之質疑，更是對自己遭遇的感懷。寫〈管晏列傳〉稱美管鮑之交，推崇晏子之延越石父為上客，可視為太史公蒙冤下獄後「交遊莫救，左右親近，不為壹言」[29]的慘痛經驗之投射。太史公寫〈屈原列傳〉，對屈原的「信而見疑，忠而被謗」[30]寄寓其無限哀惋之情。太史公寫屈原之所以深扣後世讀者之心弦，

相（singularized universal）。見 Hegal, *The Science of Logic*, translated and edited by George di Giovanni（New York: Cambridge University Press, 2010）, pp. 537, 585。另參見中譯本：黑格爾著，楊一之譯，《邏輯學》（北京：商務印書館，2009），頁276-338。黑格爾認為中國的「五行」就是「具體的共相」，見 Hegal, *Lectures on the History of Philosophy 1825-6*, vol. 1, edited by Robert F. Brown, translates by R.F. Brown and J.M. Stewart with the assistance of H.S. Harris（Oxford: Oxford University Press, 2009）, p. 110。另參見中譯本：黑格爾著，賀麟、王太慶譯，《哲學史講演錄》（北京：商務印書館，1995）第1卷，頁123。

29　司馬遷，〈報任安書〉，收入班固，《漢書》（臺北：藝文印書館，1956，據光緒庚子長沙王氏校刊本影印）卷62，頁1256上。

30　司馬遷，《史記》卷84，〈屈原賈生列傳〉，頁1004。

實與他自己身受「讒諂之蔽明也，邪曲之害公也，方正之不容也」[31]的迫害密不可分。總之，司馬遷的《史記》處處可見古事與今情交融。因為《史記》中「太史公曰」的筆法常以「今」釋「古」，所以才能使「古」為「今」鑑。

司馬遷撰《資治通鑑》，在史實敘述之後的「臣光曰」文字，常將他自己的價值觀或時代背景，投射到歷史事實之中，從而使往事對現實發揮「善可為法，惡可為戒」之作用。前引《資治通鑑‧卷一‧周紀一》周威烈王二十三年（403 BCE）在「三家分晉」之後的「臣光曰」[32]，就是最典型的例證。宋末元初的胡三省（1230-1302）為《資治通鑑》作注，訓詁、名物、制度、地理均極精當，他在〈新注資治通鑑序〉中云：

> 治平、熙寧間，公與諸人議國事相是非之日也。蕭、曹畫一之辯不足以勝變法者之口，分司西京，不豫國論，專以書局為事。其忠憤感慨不能自已於言者，則智伯才德之論，樊英名實之說，唐太宗君臣之議樂，李德裕、牛僧孺爭維州事之類是也。至於黃幡綽、石野豬俳諧之語，猶書與局官，欲存之以示警，此其微意，後人不能盡知也。編年豈徒哉！[33]

胡三省上文所引各項「臣光曰」對特定史實之評論，極為精當，具見司馬光史論文字之有心於會通「古」「今」，在歷史與現實之間搭起溝通的橋梁。

宋明時代許多評論史事或歷史人物的史論文字，更是致力於以「今」釋「古」，發揮「古」為「今」鑑之作用，如蘇洵（字明允，號老泉，1009-1066）的〈管仲論〉[34]、〈辨姦論〉[35]，均有強烈的「當代意涵」（Contemporary relevance），尤其是〈辨姦論〉一文，在敘述晉惠帝與王衍事蹟之後說：

31　司馬遷，《史記》卷84，〈屈原賈生列傳〉，頁1004。

32　司馬光，《新校資治通鑑注》卷1，〈周紀一〉，威烈王二十三年（403 BCE），頁2。

33　胡三省，〈新注資治通鑑序〉，收入《新校資治通鑑注》，頁28。

34　蘇洵，〈管仲論〉，收入《嘉祐集》（上海：上海古籍出版社，1993）卷9，頁261-262。

35　蘇洵，〈辨姦論〉，收入《嘉祐集》卷9，頁271-272。

今有人，口誦孔、老之言，身履夷、齊之行，收召好名之士、不得志
之人，相與造作言語，私立名字，以為顏淵、孟軻復出，而陰賊險
狠，與人異趣，是王衍、盧杞合而為一人也，其禍豈可勝言哉！[36]

這一段嚴厲批評，完全是為王安石而發。

史論作品中的「以今釋古」作用，最大的挑戰有二：第一，如何避免過
度突顯「現在」的主體性，以至於掩蓋過「過去」史實的真相？過度強調
「古為今用」，終不能免於使「古」淪為「今」之奴僕。文革期間中國大陸
「影射史學」之流弊昭昭在目，值得記取教訓。

第二，以「今」釋「古」之史論，在諸多史實中，僅聚焦在與「今」相
關或至「今」仍餘波盪漾之「古」事，類似在歷史隧道中開汽車，其所成就
者終不能免於「隧道史學」（"tunnel history"）之譏[37]，所見不免以管窺豹，
未見其小先遺其大，得失尚未易言也。

（三）融貫「事實判斷」與「道德判斷」

中國史論作品的第三個作用就是：將對歷史事實與人物的判斷，與對道
德的判斷融合為一。因此，以求真為目標的史學與以求善為目標的哲學，在
傳統中國學術中合而為一，呈現傳統中國學術的特質。

傳統中國史論之將「事實判斷」與「道德判斷」合而為一，早已見之於
《左傳》的「君子曰」論述之中。魯隱公十一年（712 BCE）《左傳》作者在
敘述了鄭莊公處理鄭國與許國之間的政治鬥爭過程之後，評論此事說：

君子謂鄭莊公「於是乎有禮。禮，經國家，定社稷，序民人，利後嗣
者也。許，無刑而伐之，服而舍之，度德而處之，量力而行之。相時

36　蘇洵，〈辨姦論〉，收入《嘉祐集》卷9，頁272。此文最早收入於邵伯溫（1057-1134）
　　《邵氏聞見錄》（北京：中華書局，1983，2008）卷12，頁130-131。蘇洵卒於1066年，王
　　安石尚未變法，此文或係他人偽作。

37　這是J.H. Hexter的名詞，參看J.H. Hexter, *Reappraisals in History*（Evanston, Ill.: Northwestern
　　University Press, 1961）。

而動，無累後人，可謂知禮矣。」[38]

在上引《左傳》作者的史論中，呈現兩項特點：第一，史官對鄭國與許國之間的政治鬥爭之歷史事實的敘述是一種手段，提煉史論並施行道德判斷才是歷史致知的目的。第二，歷史事實被置於道德的脈絡中加以衡量並批判。《左傳》作者在紛然雜陳的諸多歷史事實之中，選取最具有道德啟示意義的事件或人物，在事實的描述之後，接著開發事件背後潛藏的正面價值或負面教訓。這種歷史寫作的傳統，正是孔子編纂《春秋》的原則，《孟子·離婁下·21》：

> 孟子曰：「王者之迹熄而《詩》亡，《詩》亡然後《春秋》作。晉之《乘》，楚之《檮杌》，魯之《春秋》，一也。其事則齊桓、晉文，其文則史。孔子曰：『其義則丘竊取之矣。』」[39]

孔子所謂的「竊取」正是從史事中提煉史理，使歷史事實的敘述成為道德推理的手段，並將歷史學與道德學貫通為一，誠如余英時（1931-）所說：「中國傳統中的歷史寫作是一種政治批判與道德批判。」[40]

中國史論作品中從歷史事實中提煉道德命題的例子，可謂俯拾皆是。漢初的賈誼（200-168 BCE）撰寫〈過秦論〉，他在敘述秦國（221-206 BCE）從中國西陲的小國發展成為一統中國的大帝國的過程，然而這個狂飆式的帝國卻在十五年之間灰飛煙滅。賈誼從秦帝國的興亡中提煉歷史的教訓，指出：「仁義不施，而攻守之勢異也」[41]正是秦帝國興亡之決定性因素。在賈誼的歷史解釋裡，秦始皇（在位於221-210 BCE）之不能以「仁」與「義」治國，是秦帝國崩潰的根本原因。這種浸潤在儒家價值理念之中的歷史解釋，

38　楊伯峻，《春秋左傳注》（臺北：源流文化事業有限公司，1982），上冊，隱公十一年，頁76。

39　朱熹，《孟子集注》卷8，頁295。

40　Ying-shih Yü, "Reflections on Chinese Historical Thinking," in Jörn Rüsen ed., *Western Historical Thinking: An Intercultural Debate* (New York, Oxford: Berghahn Books, 2002), p. 161.

41　賈誼，《過秦論》，收入《賈誼新書·揚子法言》（上海：上海古籍出版社，1990），頁7。

建立在一種理論假設之上：「外在範疇」的運作邏輯（*modus operandi*）等同於「內在範疇」的運作邏輯，所以「外在範疇」可以被視為「內在範疇」的擴大與延伸。

中國史論中的「道德批判」，可以分成兩類。第一類是對歷史人物進行「道德批判」。司馬遷在敘述項羽（232-202 BCE）的事蹟之後，也批判項羽說：

> 分裂天下，而封王侯，政由羽出，號為「霸王」。位雖不終，近古以來未嘗有也。及羽背關懷楚，放逐義帝而自立，怨王侯叛己，難矣。自矜功伐，奮其私智而不師古，謂霸王之業，欲以力征經營天下，五年卒亡其國，身死東城，尚不覺寤而不自責，過矣。乃引「天亡我，非用兵之罪也」，豈不謬哉！[42]

在司馬遷眼中，項羽之所以失敗，乃是因他不知自我檢討，缺乏自我反省能力。

司馬遷在《史記‧李斯列傳》批判李斯（?-208 BCE）的作為說：

> 太史公曰：李斯以閭閻歷諸侯，入事秦，因以瑕釁，以輔始皇，卒成帝業，斯為三公，可謂尊用矣。斯知六藝之歸，不務明政以補主上之缺，持爵祿之重，阿順苟合，嚴威酷刑，聽高邪說，廢適立庶。諸侯已畔，斯乃欲諫爭，不亦末乎！人皆以斯極忠而被五刑死，察其本，乃與俗議之異。不然，斯之功且與周、召列矣。[43]

又在《史記‧淮陰侯列傳》批判韓信（?-196 BCE）的為人說：

> 太史公曰：吾如淮陰，淮陰人為余言，韓信雖為布衣時，其志與眾異。其母死，貧無以葬，然乃行營高敞地，令其旁可置萬家。余視其

42　司馬遷，《史記》卷7，〈項羽本紀〉，頁159。

43　司馬遷，《史記》卷87，〈李斯列傳〉，頁1037。

母家，良然。假令韓信學道謙讓，不伐己功，不矜其能，則庶幾哉，於漢家勳可以比周、召、太公之徒，後世血食矣。不務出此，而天下已集，乃謀畔逆，夷滅宗族，不亦宜乎！[44]

凡此種種言論，都是對歷史人物個人的批判。

北宋史學家司馬光的《資治通鑑》所記載的第一件歷史事件是西元前403年「初命晉大夫魏斯、趙籍、韓虔為諸侯」這件事，記載只有一行，但司馬光卻寫了一篇以「臣光曰」起始的史論，申論歷代之興亡皆決定於主政者之德行。司馬光說：

自古昔以來，國之亂臣，家之敗子，才有餘而德不足，以至於顛覆者多矣，豈特智伯哉！故為國為家者苟能審於才德之分而知所先後，又何失人之足患哉！[45]

司馬光另有一段極為明白的文字，論述史學的教化功能，他說：

臣今所述，止欲敘國家之興衰，著生民之休戚，使觀者自擇其善惡得失，以為勸戒，非若《春秋》立褒貶之法，撥亂世反諸正也。[46]

司馬光在上文中強調對歷史施以「事實判斷」，正是以彰昭「道德判斷」為其目的。

除了對歷史人物行止的「道德批判」之外，中國史論文字的第二類「道德批判」，則是對制度的批判。舉例言之，明太祖洪武十三年（1380）以左丞相胡惟庸「圖謀不軌」，罷中書省，廢丞相，以六部直隸於皇帝。黃宗羲（1610-1695）在《明夷待訪錄・置相》中，就強烈批判這項制度變革說：

44　司馬遷，《史記》卷92，〈淮陰侯列傳〉，頁1066。

45　司馬光撰，胡三省注，章鈺校記，《新校資治通鑑注》卷1，〈周紀一〉，威烈王二十三年（403 BCE），頁15。

46　司馬光，《新校資治通鑑注》卷69，〈魏紀一〉，文帝黃初二年（221），頁2187。

有明之無善治，自高皇帝罷丞相始也。

原夫作君之意，所以治天下也。天下不能一人而治，則設官以治之；是官者，分身之君也。孟子曰：「天子一位，公一位，侯一位，伯一位，子男同一位，凡五等。君一位，卿一位，大夫一位，上士一位，中士一位，下士一位，凡六等。」蓋自外而言之，天子之去公，猶公、侯、伯、子、男之遞相去；自內而言之，君之去卿，猶卿、大夫、士之遞相去；非獨至於天子遂截然無等級也。昔者伊尹、周公之攝政，以宰相而攝天子，亦不殊於大夫之攝卿，士之攝大夫耳。後世君驕臣諂，天子之位始不列於卿、大夫、士之間，而小儒遂河漢其攝位之事，以至君崩子立，忘哭泣衰絰之哀，講禮樂征伐之治，君臣之義未必全，父子之恩已先絕矣。不幸國無長君，委之母后，為宰相者方避嫌而處，寧使其決裂敗壞，貽笑千古。無乃視天子之位過高所致乎？[47]

當然，並不是所有的史論中的「道德判斷」都必須出之以褒或貶的語句[48]，有時並非以直接的方式進行褒或貶的事實敘述，卻更具有批判力，最典型的就是司馬遷在描述荊軻刺秦王的事實時，寫荊軻之匕首「不中！中銅柱」[49]，寄寓史家對刺秦王失敗一事之無限的哀惋，更是一種最強有力的「道德批判」。

古代中國將「事實敘述」與「道德判斷」融為一體的史學傳統，實建立在對歷史的行為者的「自由意志」的肯定之上。最經典的是《左傳》宣公二年（607 BCE）的記載：

趙穿攻靈公於桃園。宣子未出山而復。大史書曰「趙盾弒其君」，以示於朝。宣子曰：「不然。」對曰：「子為正卿，亡不越竟，反不討

47　黃宗羲，《明夷待訪錄》（臺北：臺灣中華書局，1974，四部備要本），〈置相〉，頁6上半-7下半。

48　參考 Adrian Oldfield, "Moral Judgments in History," *History and Theory*, Vol. XX, No. 3（Oct., 1981）, pp. 260-277.

49　司馬遷，《史記》卷86，〈刺客列傳〉，頁1024。

賊，非子而誰？」宣子曰：「嗚呼！《詩》曰：『我之懷矣，自詒伊戚。』其我之謂矣。」孔子曰：「董狐，古之良史也，書法不隱。趙宣子，古之良大夫也，為法受惡，惜也，越竟乃免。」[50]

孔子之所以稱讚春秋時代晉國史官董狐是「古之良史也」，乃是因為孔子與董狐都肯定歷史的行為者趙盾「亡不越境，返不討賊」的行為，是出自於他的「自由意志」，因此必須為他行為的後果負起最後的道德責任，接受歷史的審判「趙盾弒其君」的記載。

傳統中國史學家堅持人生而具有「自由意志」，所以，人必須為人的行為負起道德責任，而帝國之興衰，乃至歷史之發展方向，都取決於歷史的行為者的「心」。明末王夫之在《讀通鑑論・敘論四》中有一段文字評論歷史之治亂在於統治者之「心」：

> 然則治之所資者，一心而已矣。以心馭政，則凡政皆可以宜民，莫匪治之資；而善取資者，變通以成乎可久。設身於古之時勢，為己之所躬逢；研慮於古之謀為，為己之所身任。取古人宗社之安危，代為之憂患，而己之去危以即安者在矣；取古昔民情之利病，代為之斟酌，而今之興利以除害者在矣。得可資，失亦可資也；同可資，異亦可資也。故治之所資，惟在一心，而史特其鑑也。[51]

在王夫之以及浸潤在儒家人文精神傳統中的中國史家看來，歷史的變化莫不與人「心」有密切之關係（mind-correlative 或 mind-correlated），因此，「修心」成為統治者最重要的工作。

從傳統中國史論作品之發揮道德裁判的作用而言，我們可以說：中國文化中的「歷史的審判」，可以比擬於並可以取代猶太基督宗教文化中的「最後的審判」。西方文化傳統中的「最後的審判」建立在「人」與「神」的誓約（covenant）之上，但是中國文化傳統中的「歷史的審判」，則是築基於

50　楊伯峻，《春秋左傳注》，上冊，頁 662-663。

51　王夫之，《讀通鑑論》，收入《船山全書》，第 10 冊，頁 1181-1182。

「人」與「人」之間未經明言（tacit）的道德責任（moral duty），因為正如余英時所說：「在中國史學中對於超越於人之上的神蹟或自然律等概念可說完全陌生」[52]。傳統中國史學家心中魂牽夢縈的永遠是人間的血淚與苦難，而不是天上的神國的建立或是歷史中集體性的力量[53]。從司馬遷筆下對於失敗英雄如項羽的同情，對於文化英雄如伯夷、叔齊的悲憫，以及對勞苦眾庶的關懷，我們可以說《史記》這部經典史學名著確實充滿悲天憫人的情懷。

關於歷史研究中是否應該進行「道德判斷」，是20世紀歐洲史學家的一個問題。20世紀英國史學名家巴特菲爾德（Herbert Butterfield, 1900-1979）認為歷史學家的責任是對歷史事實的描述，而不是判斷歷史人物的是非對錯。他主張在歷史研究中進行道德判斷會隱蔽歷史的認知[54]。卡爾（E.H. Carr, 1892-1982）也認為歷史行為者的「私領域」與「公領域」應加以區分[55]。柏林（Isaiah Berlin, 1909-1997）反對上述看法，他認為所謂「主觀」與「客觀」之界限難以區隔，而且歷史的主體是各別的個人，個人應為他的行為負起責任[56]。

傳統中國史學家傾向於同意柏林的說法，而反對巴特菲爾德的立場。司馬遷著史的目標在於「究天人之際，通古今之變，成一家之言」[57]，司馬遷以自己主觀的「一家之言」「通」貫客觀的「古今之變」。在《史記》的歷史世界裡，主客交融，「過去」與「現在」親切互動。歷史研究的所謂「客觀性」，正是通過司馬遷的「歷史的心魂」的「主觀性」而折射地建構而成。

總之，中國的史論將「事實」脈絡化於「道德」之中，使「事實」不再

52　Ying-shih Yü, "Reflections on Chinese Historical Thinking," p. 153.

53　伯克（Peter Burke）曾說西方史學對集體性的力量賦予特別的重視，參看Peter Burke, "Western Historical Thinking in a Global Perspective: 10 Theses," in Jörn Rüsen ed., *Western Historical Thinking: An Intercultural Debate* (New York, Oxford: Berghahn Books, 2002), pp. 15-32.

54　Herbert Butterfield, "Moral Judgments in History," in Hans Meyerhoff ed., *The Philosophy of History in Our Time* (New York: Doubleday & Company, Inc., 1959), pp. 228-248.

55　Edward Hallett Carr, *What Is History?* (New York: Alfred Knopf, 1962, c1961).

56　Isaiah Berlin, "Historical Inevitability," in Hans Meyerhoff ed., *The Philosophy of History in Our Time*, pp. 249-272.

57　司馬遷，〈報任安書〉，收入班固，《漢書》卷62，頁1257下。

是冷冰冰的時空之中的物理現象，而是活生生的、有血有淚的人間活動。「歷史事實」確實是通過「歷史敘述」才能獲得重建，正如李惠儀所說：「只有當我們能夠陳述故事並提出論述時，『過去』才能被解讀」[58]，但是，我想強調的是，「『過去』的可讀性」（readability of the past）只有在「價值」的脈絡性（the contextuality of "value"）之中，才能獲得提升。用司馬遷的話來說，零碎的「古今之變」只有經過史家的「一言之言」的價值網絡的篩選、安排、重組與貫串，才能成為有意義的「事實」群。在傳統中國史家的歷史世界裡，歷史是人之「實存的」經驗世界。在這個世界裡，「事實判斷」與「價值判斷」密不可分，而「主觀性」與「客觀性」也融合無間，中國史家完全可以同意柯靈吾（R.G. Collingwood, 1889-1943）所說：「歷史是在史家心靈中重建過去的思想」（"history is nothing but the re-enactment of the past thought in the historian's mind"）[59]。

　　正是中國史論所發揮的這種作用，造就了中國傳統學術之史哲合一的特質。中國歷史學與哲學以紓解人間苦難，提升人類生命為其目的，所以既求「真」更求「善」，使中國史學成為「以個案建構的哲學」；而中國哲學則因具有強烈的時空性而有其歷史的厚度與視野。

四、結論

　　本文以若干具有代表性的史論作品為例，分析傳統中國史論作品之三大作用：第一是從歷史事實的「殊相」中抽離「共相」，使中國歷史寫作中的「事」與「理」恆處於某種動態的辯證關係之中。第二是以「今」釋「古」，「古」為「今」鑑，「古」「今」如相會於一堂，親切對話。第三是將「事實」置於「道德」脈絡中加以敘述、衡量並批判，使中國歷史寫作呈現主客交融的特質。在史論精神的流注之中，傳統中國歷史家所建構的歷史世界中

58　Wai-yee Li, *The Readability of the Past in Early Chinese Historiography*（Cambridge, Mass.: Harvard University Asia Center, 2007）, p. 1.

59　R.G. Collingwood, *The Idea of History*（Oxford: Clarendon Press, 1946）, p. 228；另參見中譯本：R.G. Collingwood著，黃宣範譯，《歷史的理念》（臺北：聯經出版公司，1981），頁232。

的人物，不是博物館裡的木乃伊，他們是圖書館裡的圖書。現代讀者可以進
入古人所體驗的經驗之中，攜古人之手，與古人偕行，帶著自己時代的課題
向古人叩問答案。傳統中國歷史寫作所描繪的世界，不是一個冷冰冰的概念
遊戲的世界，而是充滿了聖君的德治、賢相謀國的忠誠、暴君專制的邪惡、
酷吏的尖刻與人民的血淚的世界。

　　傳統中國的史論作品中的經世精神的流注，使中國史學寫作中充滿了道
德的教誨，對讀史者提供深思生命的意義與價值的資源；也使得中國哲學家
常常從歷史出發思考，中國哲學家多半身兼哲學史家，他們的哲學論證具有
強烈的歷史的時間性與空間性，呈現中國傳統學術中史哲融貫之特質。

近代史家的研究風格與內在緊張

王汎森[*]

在文章一開始,我想粗略地將民國時期比較活躍的史學家區分為五群:
第一是帶有傳統色彩的史學家,第二是新史家,以胡適(1891-1962)、傅斯
年(1896-1950)及他們所領導的機構、受其學風影響的團體與個人為代
表,第三是左派史家,第四是一批留學西方、但與第二派學問風格不盡相同
的史學家,第五是直接或間接受當時日本史學影響者,由於當時日本學界早
已吸收了蘭克史學、實證主義史學等西方史學流派,所以中國學者往往從日
本、中譯或介紹式文字中得到影響。

在以上五派中,最有影響的兩派,一派是新史學,在思想界可與之分庭
抗禮者則是左翼史學。前者可謂現代中國的「歷史主義」學派,後者可謂新
「歷史哲學」學派。新史學的特色是將歷史中的事與物一一「歷史化」
(historicize)、相對化,將所有物事放在歷史脈絡中。此外,他們主張擴充
史料,打破聖道王功的觀念,追求客觀真理,持「發生學——歷史的」觀
點,主張變動的、變化的歷史觀,打破靜止不動或歸於不變的原點式的歷史
觀念。這一派史學與新文化運動桴鼓相應,其影響所及,不只限於歷史學,
事實上對整個人文學皆產生改變,而且深刻地改變倫理、道德,乃至深層的
意識與世界觀。至於左翼史學是指1920年代後期慢慢崛起的一群史學家,

---

* 中央研究院院士;中央研究院歷史語言研究所特聘研究員。

他們以歷史哲學來駕馭歷史事實，代表人物如郭沫若（1892-1978）、翦伯贊（1898-1968）、侯外廬（1903-1987）等，北伐之後，中國史學界歷經中國社會性質、中國社會史論戰等幾次論戰，左派史學的力量在一般思想界影響愈來愈大，逐漸支配了當時青年學子的歷史觀。在他們看來，如何看待歷史，其實也就是如何把握未來革命道路的問題[1]。這些左派史家在當時的學術界處於較為邊緣的地位，但在現實政治上的影響卻與日俱增，而且到了後來，他們的著作與觀點的吸引力愈來愈大，後面一兩代年輕人的歷史解釋與歷史研究，都慢慢地跟著他們走了[2]。

本文所突出討論的五種特質，基本上是以新史學為主，但是並不以他們為限。一方面是因為表現上述研究風格的並不僅限於他們，而且如果我們僅以學問風格之新舊、或其他相對性的特質來分，也很難對這個時代的學術風格作一個恰當的掌握。譬如王國維（1877-1927），他兼具傳統的心態與新學術的洗禮，他接觸西方心理學等近代學科非常之早，學術思維往往相當新，如認為薛丁山、薛仁貴故事可能與弒父情結有關即是[3]。即使是以傳統史家自期的錢穆（1895-1990），他的學問與思維中仍有許多西方的質素[4]。受到西方訓練的史家中，也有不全以「問題式研究」為主，而偏向縱論大趨勢與大脈

---

1 參考周子東等編著，《三十年代中國社會性質論戰》（上海：上海知識出版社，1987）、陳峰，《民國史學的轉折：中國社會史論戰研究（1927-1937）》（濟南：山東大學出版社，2010）。

2 相關研究甚眾，較新的研究如張劍平，《中國馬克思主義史學研究》（北京：人民出版社，2009）。

3 王國維很多的著作都與現代西方美學、哲學、心理學有關，中國最早三本心理學概論的書，都是王國維編譯或撰寫，在1900至1910年間出版的，所以他對這些學問相當熟悉。在《胡適日記》裡曾提到，王國維跟他討論薛丁山與薛仁貴的故事，問道這是否弒父情節？余英時先生從這一點看出，王國維想事情是很現代的，他很充分運用現代西方的學問。其實如果偶爾讀讀他的著作中對古代歷史所做的嚴肅考證，便可以感覺到他受的哲學訓練在這裡面起了作用。參看余英時：〈從《日記》看胡適的一生〉，收入胡適著，曹伯言整理，《胡適日記全集》（臺北：聯經出版事業公司，2004），第1冊，頁17-18。

4 即便文化立場較為保守的學者，如柳詒徵（1880-1956），也曾去日本做過考察；又比如錢穆雖然沒有出國讀書，但是經由當時新式學報刊物的介紹，閱讀了很多翻譯的西方史學、哲學方面的書。

絡的,如雷海宗(1902-1962)、齊思和(1907-1980)等[5]。即使是在胡適、傅斯年等人領導的新史學陣營中,也有留學法國的學者如凌純聲(1902-1981),其治學風格與興趣和自己的同事都不免有所出入[6],這是要先說明的。

一、近代史家的若干研究風格

(一)由經學到史學

近代史家的風格有一個很重要的轉變,即是由經學到史學過程的轉變[7]。

5　雷海宗雖然著作不多,也沒有很多時間好好地發展學術,但他的學問特色是關心古往今來的大問題,就特定的歷史事實(particular facts)、特定的問題去下手。他關心撰寫的題目,在當時所謂的歷史考證學派裡面很難看得到,如論中國皇帝制度的成立、傳統中國家族制度、中國無兵的文化,這些題目都非常大,也代表當時歷史學界的另外一種風格。因為受《西方的沒落》作者史賓格勒(Oswald Arnold Gottfried Spengler, 1880-1936)影響很大,雷海宗論中國歷史,認為其他古文明都已走完生老病死的過程,西方很多古老文明都只有一個週期,只有中國有兩個週期;到了抗戰時期,第二週期快要結束了,如果抗戰勝利的話,可能就要進入第三個週期。這種論旨在上面提到的新史家裡就絕對看不到。又如雷海宗有一篇文字講中國歷史上南北輕重的變化,我們知道這是錢穆《國史大綱》中最見精采的兩章,當時很多人在談論這個問題,雷海宗卻只用了幾頁,從另一個角度講。他從歷代地方的建置,比如秦代的郡,南方有多少個、北方有多少個,比如說隋代的什麼,南方有多少個、北方有多少個,他將這些數目稍微統計一下得到一個結論,南方已經慢慢超過北方,因為南方那些建置的數目愈來愈多,原本都是在北方,到了隋唐安史之亂以後,到了宋朝以後,那些大的建置,都是南方愈來愈多、北方愈來愈少,這個也是關心大問題、看大變化的一種方式,他雖然沒有像錢穆那樣做很仔細的論證,但也是一種可行的辦法。

6　凌純聲和李宗侗(1895-1974),都是留學法國的。法國訓練出來的史家的風格,跟其他史家並不相同,通常比較具有人類學的以及民俗學的興味,喜歡處理富含想像力的問題或傳說、神秘的信仰等議題。我從李宗侗的《中國古代社會新研》、《希臘羅馬古代社會研究》,及像徐炳昶(1888-1976)的《中國古史的傳說時代》,以及凌純聲先生的著作,都可以看得出來。但是,不管是哪一派史學家,他們的研究和對話的社群都已經慢慢跟傳統史家有所不同。他們對話的社群不斷地擴大,擴及到日本的、西方的漢學圈等等,與傳統傾向孤立思考問題跟看待問題的方式,對話可能只有中國境內的、少數幾個學者不一樣。因此他們所關心的問題也就不能只在內部打圈子,逐漸受到外面的影響或是挑戰,更為多元也更複雜。

7　但是這並不是說經學沒有人研究了,事實上民國時期尚有大量的經學著作,但是無論如何

傳統的知識體系以經學為主體，並不是說所有的學問都是經學，而是說用來涵括所有學問的最高指導標準，其實是以經學為主。然而在民國以後，這個標準逐漸讓位於史學。當時許多有名的人文社會學者或多或少與史學有關，相對而言，經學則慢慢地沒落了。因此這裡面有一個風格上的轉變，經學所留下來的遺產慢慢地被史學所吸收轉化，一個看起來似乎全新的歷史命題，或是一個新的表述的方式，事實上原來都有晚清經學的背景[8]。

1920年代到30年代出現了幾本書，對於當時知識界的震動性是非常大的。這幾本書都提倡中國上古時代是多元的、多種族，在傳統的經學思維裡不可能產生這種想法。在傳統經學的陳述中一定是堯、舜、禹、湯、文、武、周公，從黃帝以來一系相傳下來。可是在1920年代，尤其是後期開始，慢慢地出現主張古代中國是多區域、多種族，文明多元的聲音，其中影響很大的便是蒙文通（1894-1968）的《古史甄微》。蒙文通提出中國古代是三個集團的，所謂中華文明的最早發源地是在東北靠近渤海這一帶，而周人是從西邊來的、甚至可能就是戎狄，然後南方還有另一個系統，因此東方、西方、南方三個系統互相影響。我曾思考蒙氏的想法是哪來的？發現他初步的構想是從他的老師、經學大師廖平（1852-1932）來的。在經歷晚清政局的動盪以後，有作為的經學家不斷地改組自己的經學系統，想要用這種方式來維持古代經學與古代聖人的威信。廖平提出了一個說法，認為古代的經典顯然有兩個系統，而這兩個系統看起來又非常不能相容。他指出這兩個系統都出自孔子，只是一個是早年、另一個是晚年提出的。廖平覺得這樣還不夠，又說孔子早年的弟子是從河南、河北來的，晚年的弟子大多是從山東鄒魯這邊來的。所以，廖平在無形之中將古代的經學遺產多元化，原來還有地域東西、時代早晚的分別。他雖然將這些遺產都歸結至孔子一人身上，但事

它們已經不是時代的主流。

8　錢穆以《劉向歆父子年譜》成名，即是以史學研究方式解決晚清經學遺留問題之典範，他認為：「治經終不能不通史，即清儒主張今文經學，龔定庵魏默深為先起大師，此兩人亦既就史以論經矣。而康長素廖季平，其所持論，益侵入歷史範圍。故旁通於史以治經」，「經學上之問題，同時即為史學上之問題，自春秋以下，歷戰國，經秦迄漢，全據歷史記載，就於史學立場，而為經學顯真是。」見錢穆，〈自序〉，《兩漢經學今古文平議》（臺北：東大圖書公司，1989），頁3。

實上已經指出古代的文獻、古代的史書中有兩個系統，一個是西邊燕、趙等地，一個是東邊山東齊、魯一帶。這兩個系統本來串聯不起來，但他利用這個方式把它們串聯起來。然而在廖平的學生眼中，便發現這兩個系統都跟孔子沒有關係，古代學問本來就存在兩種不同的系統。蒙氏就發現，這兩種學問系統的不同，不但是地理上的，還是種族上的。因為他已經沒有廖平那種一切要尊孔、尊聖的思考模式，所以他並未將這些不同的系統都歸到孔子身上。事實上廖平已經把傳統經學一元的系統打破了，只因廖平是經學家，還要勉強地把這些東西放到孔子身上；而蒙文通是一位史學家，史學家乃從種族和地理的差異來思考這些問題。對我們來說，可能會覺得這是一個很簡單的想法，但是對於長期在經學一元系統下成長的學者來說，這卻是很不容易的轉變。打開這個缺口，把舊的系統粉碎掉的是一個經學家，而他的學生進而用地理與種族差異的角度來進行解釋。蒙氏後來發現〈天問〉裡面敘述的古代歷史跟這兩個系統又不相同，所以最後提出三系統說。以上只是一個很簡單的描述，當然轉變的過程還要複雜得多[9]。

如果我們注意現今考古學的研究，會發現這一主張已經逐漸被證實，古代中國可能的確有三個系統，當然還可以分得更多，如張光直（1931-2001）先生便分成六大區域[10]；而蘇秉琦（1909-1997）提出「區系類型」、「滿天星斗」的說法[11]。無論如何，已經沒有人再堅持華夏一元中心、一線相承的想法，蒙文通就是處在學術從經學轉變至史學的過程中，用史學的角度回頭去觀看經學的遺產，把它碎片化了。從這一過程中，多少便可以看出從經學過渡到史學的痕跡。

種族跟地理的概念是19世紀西方史學發展出來的兩個重要主題，啟蒙時代的史學家對此並不關心。18世紀啟蒙時代的史學家關心的是歷史的普遍性，像伏爾泰（Voltaire, 1694-1778）這些人所撰寫的史書裡面，關心的是人類的共通現象，反而不太關心種族、地理這些會把事情個殊化（particularized）

9　參看拙著，〈從經學向史學的過渡——廖平與蒙文通的例子〉，《近代中國的史家與史學》（香港：三聯書店香港有限公司，2008），頁109-156。

10　參看張光直著、印群譯，《古代中國考古學》（瀋陽：遼寧教育出版社，2002）。

11　參看蘇秉琦，《中國文明起源新探》（香港：商務印書館，1997）。

的東西。啟蒙時代唯一一個小小的例外是孟德斯鳩（Charles de Secondat, Baron de Montesquieu, 1689-1755），因為孟德斯鳩比較注意各地的風俗習慣、各地地理形成的特殊性，所以才會提出不同的國家要設置不同的政治制度的說法[12]。到了19世紀，種族跟地理逐漸成為西方史學中的兩個重要主題，並且大規模地運用在歷史知識之中。這些主張慢慢地透過各種方式傳播到中國來，大部分都是透過日本。西方重視種族、地理、各地風俗習慣，很大一部分的原因是跟當時的浪漫主義有關。浪漫主義時期學者，尤其是赫德（Johann Gottfried Herder, 1744-1803）的思想，從近代的日本輾轉傳到中國，其實有些潛在的影響。不管是從日本還是從西方來，種族跟地理的個殊性造成歷史的特殊性的想法，慢慢地成為人們解釋歷史的重要工具，甚至回頭去應用在古代的經典，因此很多原來經學家留下的問題，到了近代都有相當不同的處理。

這點對原來儒家相傳的價值體系，是一個很大的震撼。這類問題在王國維的身上也可以看得到。王國維對於清代的經學非常了解，他的〈殷周制度論〉也主張古代中國有兩套系統，一套是商代的，一套是周代的。他說周是一個新的革命，重新改造商的文化遺產，變成周的道德主義制度。但他還是認為商跟周都是帝嚳的後代，所以他們是同一個來源。而到了新一代學人手中，則認為商、周其實是兩個不同的種族。也就是說新一代的人已經沒有傳統的經學味道，也不再抱持一元的觀念。雖然商、周是否為不同種族還是一個未定之論，但是可以看得出史學觀念的變化，一代一代慢慢地把原來的經學主張丟掉，援用種族多元的看法。此外，經學在民國以後被慢慢分散到各種學說當中。19世紀西方的「分科之學」傳到中國來[13]，但是分科之後，古代的經學到底要分到哪一科呢？有的歸入文學、有的歸入哲學或史學，對於原來舊的體系，分科之後等於是解放、多元化了，或者用一個比較負面的名詞，就是碎片化了[14]。這是一個不小的變化。

12　關於孟德斯鳩的地理決定論（geographical determinism），參考：Werner Stark, *Montesquieu: Pioneer of the Sociology of Knowledge*（London: Routledge, 2001），pp. 104-121.

13　參考左玉河，《從四部之學到七科之學：學術分科與近代中國知識系統之創建》（上海：上海書店出版社，2004）。

14　當時學者即曾提出批評，如黃侃曾批評說：「經學者，中國特有之大本學說也。……治經

（二）無限擴充史料

　　新史學的第二種風格就是無限擴充史料。解釋這些史料的心態各有不同，最大的特色是脫離古代士大夫的史料觀與對史料的解釋。自1920年代以來，凡能引起注意的著作其實大多與新材料有關。當然比較傳統傾向的史學家不大用新材料，像錢穆、柳詒徵即是如此，但是其他的史學家，凡是在民國初期史學界占有一席地位的，多與新材料有關。正如王國維所說的：「古來新學問，大都由於新發現。……今之殷虛甲骨文字，敦煌塞上及西域各處之漢晉木簡，敦煌千佛洞之六朝及唐人寫本書卷，內閣大庫之元明以來書籍、檔冊。……已足當孔壁、汲冢所山，而各地零星發見之金石、書籍於學術大有關係者，尚不與焉。故今日之時代，可謂之發見時代，自來未有能比者也。」[15]傅斯年的名言「上窮碧落下黃泉，動手動腳找東西」，亦是此種精神最傳神的寫照。

　　在史語所75周年紀念的時候，我曾經寫過〈歷史研究的新視野：重讀「歷史語言研究所工作之旨趣」〉一文[16]，在文章裡討論一位英國女學者Maria Lucia Pallares-Burke新出版的書籍。她訪問了她認為當時英國最好的十位史

　　為四字訣，曰文、曰義、曰制、曰事。蓋明文以通其詞法，知義以宜其意理，核制以觀其典章，稽事以研其故實。然經書文采，不必盡善，制度不必盡備，史事不必盡詳。故治經者，不可以史事求之，不可以制度求之，不可以文采求之。」見尚笏、陸恩涌，〈季剛師得病始末〉，收入程千帆等編，《量守廬學記：黃侃的生平和學術》（北京：三聯書店，1985），頁104。蒙文通亦說：「自清末改制以來，昔學校之經學一科遂分裂而入數科，以《易》入哲學，《詩》入文學，《尚書》、《春秋》、《禮》入史學，原本宏偉獨特之經學遂致若存若亡，殆妄以西方學術之分類衡量中國學術，而不顧經學在民族文化中之巨大力量、巨大成就之故也。其實，經學即是經學，本身為一整體，自有其對象，非史、非哲、非文，集古代文化之大成。」見蒙文通，〈論經學遺稿三篇·丙篇〉，收入《蒙文通文集》第3卷（成都：巴蜀書社，1995），頁150。

15　王國維，〈最近二三十年中中國新發見之學問〉，收入謝維揚、房鑫亮主編，《王國維全集》（杭州：浙江教育出版社，2009），第14冊，頁239。

16　參看拙文，〈歷史研究的新視野：重讀「歷史語言研究所工作之旨趣」〉，《中央研究院歷史語言研究所七十五周年紀念文集》（臺北：中央研究院歷史語言研究所，2004），頁161-176。

家。這十位史家最著名的著作，除了少數靠方法論成名外，其中最有名的作品幾乎都是與新材料有關的[17]。這個時代的最突出的風格之一就是找尋各種新材料，陳寅恪、傅斯年不用說，下面以陳垣為例來說明這個特色。

陳垣著名的《古教四考》收集了四篇文章，分別探討古代中國的基督教、猶太教、摩尼教、祆教，這些問題都是以前正統史學家、士大夫所不大重視的。但是這四篇文章正好符合當時學術界對於問題欣賞的標準，利用的都是以前人所忽略的材料。陳垣的第一篇論文其實受旗人貴族英斂之（1867-1926）的啟發，他是輔仁大學的創辦人，在當時組織了「輔仁社」，提出一些大家所不注意的問題，其中一個問題就是「元也里可溫考」。陳垣看了深感興趣，於是花了半個月寫成這篇文章，因為他原本便嫻熟史料[18]。文章發表後，學界大為震驚，當時日本漢學家桑原騭藏（1870-1931）認為這是近代中國寫得最好的作品。不僅材料豐富、考據精確，而且以中國與外國的關係為研究對象，其成果超過柯劭忞（1848-1933）等舊派元史學者[19]。陳垣在《古教四考》裡用了大量的古代碑刻資料，配合原本大家所忽略的材料，因為這些都是外來宗教，不在儒家傳統之內，以前人人不留意，即使是地方志，也因為受到體例的限制而較少涉及。陳垣後來撰寫《南宋初河北新道教考》，仍然利用大量的碑刻。

陳垣常常把甲材料當成乙題目來用，這是他最聰明、最有手腕的部分。有時候把甲材料當甲材料用，讀者並不感興趣，把甲材料當乙題目來用，反而吸引了很多人。他後來寫的有名的《明季滇黔佛教考》跟《清初僧諍記》，其實也都是拜新材料之賜。這兩本書雖然篇幅不大，可是裡面利用的史料非常多。陳垣曾經擔任故宮的善後委員會，在清查故宮所保存的書籍時，發現一套《嘉興藏》。在他的回憶裡描述到，他每天都要吃奎寧丸以後再進去看，陸續看了七個月以後，大為吃驚，因為《嘉興藏》裡面留下了幾百種當時沒有人知道的晚明清初僧侶的著作。這些材料在今天看來沒有特別

---

17 Maria Lucia Pallares-Burke, *The New History: Confessions and Conversations*（Cambridge; Malden, MA: Polity in Association with Blackwell Publishers Ltd., 2002）。

18 劉乃和等著，《陳垣年譜配圖長編》（瀋陽：遼海出版社，2000），上冊，頁70。

19 竺沙雅章，〈陳垣與桑原騭藏〉，《歷史研究》1991年第3期，頁13-19。

之處，在1930、40年代卻非常罕見，一般人都把《嘉興藏》裡面的材料當作佛教史的史料，陳垣卻把它當作佛教與政治、佛教徒的開墾等課題的史料，這是把甲材料當乙題目來使用的一個例證，寫了《明季滇黔佛教考》跟《清初僧諍記》等文字。至於陳寅恪則大量地利用敦煌遺書、西方所保留的域外材料[20]，史語所在傅斯年的提倡之下，大量蒐集各種材料，挖掘地下材料等等，也都是受同一觀念的導引。這一類的例子非常多，這是當時重視大量文獻，並且跳脫傳統士大夫史料觀念及對史料的解釋，是這一代史家非常重要的風格之一。新文化運動以後，人們不要舊的東西，尋求新的事物，所有文化的格局、審美與學術鑑賞的標準，隨著時代改變。這類新史家的著作若擺在清朝，不一定能夠引起注意，可是在當時是恰如其分，而且很符合當時西方新進來的學術標準。

（三）重視外來文化的影響

這個時代的研究還有一個比較重要的風格：是將中國歷史置於東亞或世界的整體中考察，譬如對古代歷史中非中原成分的重視[21]。草原文化、古代所謂戎夷蠻狄的影響、印度的影響等等，是這些史學家引人注意的特色。抗戰時，美國的副總統華萊士（Henry A. Wallace, 1888-1965）進入中國時，曾講過一句很有名的話：人家都說我從中國的後門進來，事實上我是從前門進來。中國的前門到底是在東邊還是西邊？當時很多人的注意力放到中亞、南亞、東北亞，所以他們看古代歷史發展過程中互動的因素、互動的範圍比傳統史家要寬的多，因此發掘大量古代異族互動留下來的因素，或是不同國家所帶進來的成分。以前的史學家或經學家可能或多或少會注意這一點，譬如在錢大昕（1728-1804）的著作中偶爾也會涉及，但是絕不曾像近代史家把這麼多的精力放到傅斯年所謂的「虜學」上。這種治史風格引起當時很多傳統史家的批評，質疑為什麼要把中國歷史中許多有作為的人物、中國文化中有價值的成分都歸為外來？

20　參考余英時，〈陳寅恪史學三變〉，《中國文化》15-16期（1997年12月），頁1-19。

21　爾後姚從吾進行了擴充解釋，見姚從吾，〈國史擴大綿延的一個看法〉，《大陸雜誌》15卷6期（1957年9月），頁22-32。

　　我想這一方面最有名的是陳寅恪。陳寅恪很多成名的作品都是充分將異族或草原文化影響的部分彰顯出來，尤其是印度文化的部分。陳寅恪看待中國古代歷史的形成，與前人的角度相當不同。他具有一種新的風格，把整個文化互動的範圍看得非常廣，整個東亞、東北亞、中亞都在其中。而且互動因素也是非常多元的，種族的、政治的、地理的、文化的，除了漢人，中國歷史文化中交流影響的參與者非常的多。與陳寅恪並稱「史學二陳」的陳垣，他的《古教四考》也是要告訴我們在中土文化中，有許許多多外來的成分，如祆教、摩尼教、基督教，而且這些成分長期存在中國文化裡面而往往為前人所忽略。他在〈摩尼教入中國考〉中曾指出，在杭州、福建一帶，摩尼教是很盛行的。從陳垣的研究可以看出，元代基督教、摩尼教、祆教、猶太教流行的狀況、教徒分布的區域等等，顯示古代中國的歷史文化並非一成不變，裡面已經夾雜了很多外來的成分，它提醒我們在觀察傳統文化信仰或是價值系統的時候，不能局限於華夏文明的角度。

　　傅斯年在德國也學過一些中亞語文，但是後來沒有學成。我覺得傅先生或許是不大有恆心的人，因為他太聰明、也太忙了。他過世的時候年紀並不大，他遺留的日記本頂多也只是記了寥寥幾頁就停止了。他在德國時候也跟陳寅恪等人一起學中亞語文，雖然在他後來的研究多用不上，但是他也充分注意這方面的問題。譬如他的遺稿〈天問之史料性〉，一開始便說為什麼稱「天問」而不稱「問天」？若照中國的語法，應該是「問天」，問著天如何如何，不應該說「天問」。古往今來對於〈天問〉有各種注解，像最有名的王逸注，便認為「天尊不可問，故曰天問也」[22]。可是傅斯年在這一篇未曾發表的文稿裡卻認為這是藏緬語族的文法，把動詞放在受詞的後面，所以叫「天問」不叫「問天」，因為「楚辭」屬於南方，這地方跟西南地區有很多互動，用的是當地的文法，而古書裡也有不少這種用法，像《墨子》裡說「野於飲食」，其實便是「飲食於野」[23]。類似的例子在傅斯年的未刊稿裡面還有一些，但是都沒有發表。傅先生遺稿中也曾推斷古代西域與中國的交通非常順暢通，且暢通的程度是後人所無法想像，並指出古代的戰車就是從西域傳

22　游國恩主編，《天問纂義》（臺北：洪葉文化事業公司，1993），頁1。

23　傅斯年，〈天問之史料性〉，傅斯年圖書館藏遺稿，檔號：II: 630。

過來的，故稱為「戎車」[24]。中國的戰車從哪裡來？仍然是學界持續爭論的問題，傅先生認為都是從西方過來的，並非中國所本有。這些未發表的文章中充分顯現一種風格，即這個時代一些學者看待中國歷史、中華文明的形成，與過去那種漢族一元的看法已經相當不同了。

　　陳寅恪幾篇有名的文章，如〈四聲三問〉認為古代根本沒有四聲的觀念，是印度來的[25]。他連續寫了三篇關於「李唐氏族之推測」的文章，文章發表之後，陳寅恪便面臨挑戰[26]。仔細讀後可以發現陳寅恪文字簡要，運字遣詞斟酌非常，立場雖然在改變，但是萬變不離其宗，有時候說是少數民族，有時候說與少數民族混血，有時候又說是充分吸收了少數民族生活習慣的漢人。但無論如何，他提醒我們，古代文化中的外來種族因素是非常重要的，連中國歷史上最為強人的唐帝國創始者亦不例外。又如對李白氏族的推測，雖然我們現在大致知道李白出身今日吉爾吉斯共和國，這一些認識也都是從陳寅恪開始的[27]。此外，他對《西遊記》玄奘故事的研究指出，《西遊記》裡面很多故事都是從印度史詩轉變而來的[28]；胡適也曾指出《西遊記》中有中國西北的因素，這個看法在他未發表的遺稿中可以看出。胡適曾認為《西遊記》中的「沙和尚」可能出身新疆一帶的神，敦煌卷子裡面記載一種叫做「深沙大神」的，「沙和尚」便是從「深沙大神」演變而來[29]。但魯迅（1881-1936）反對這個看法，他認為：「作《西遊記》的人並未看過『佛經』」、「中國所譯的印度經論中，沒有和這相類的話」、「作者──吳承恩──熟於唐人小說」、「《西遊記》中受唐人小說的影響的地方很不少」，所以他並不

24　傅斯年，〈「戎商」始用車戰〉，傅斯年圖書館藏遺稿，檔號：II: 636、640。

25　陳寅恪，〈四聲三問〉，收入《金明館叢稿初編》（北京：三聯書店，2001），頁367-381。

26　陳寅恪，〈李唐氏族之推測〉、〈李唐氏族之推測後記〉、〈三論李唐氏族問題〉，收入《金明館叢稿二編》（北京：三聯書店，2001），頁320-352；朱希祖，〈駁李唐為胡姓說〉，《東方雜誌》第33卷第15號（1936年8月），頁67-80、〈再駁李唐氏族出於李初古拔及趙郡說〉，《東方雜誌》第34卷第9號（1937年5月），頁9-12。

27　陳寅恪，〈李太白氏族之疑問〉，收入《金明館叢稿初編》，頁311-314。

28　陳寅恪，〈西遊記玄奘弟子故事之演變〉，收入《金明館叢稿二編》，頁217-223。

29　胡適，〈「深沙神」在唐朝的盛行〉，《胡適手稿》（臺北：胡適紀念館，1966-1970），第8集下冊，頁446。又收入季羨林主編，《胡適全集》（合肥：安徽教育出版社，2003）第12卷，頁454-455。

贊成胡適、陳寅恪之論[30]。陳寅恪的《隋唐制度淵源略論稿》也強調隋唐制度
裡面含有草原文化的成分，隋唐帝國的制度這麼嚴密宏大，但其中有一部分
異族的成分，而且他在《唐代政治史述論稿》的下篇「外族盛衰連環論」裡
就指出，不要隨便稱讚古代盛世，所謂的古代盛世往往是因外族互相牽制，
或是因外族本身之腐朽衰弱而招致中國武力攻取之道，並說「國人治史者於
發揚讚美先民之功業時，往往忽略此點，是既有違學術探求真實之旨，且非
史家陳述覆轍，以供鑑誡之意。故本篇於某外族因其本身先已衰弱，遂成中
國勝利之本末，必特為標出之，以期近真實而供鑑誡，兼見其有以異乎誇誣
之宣傳文字也」[31]。

史語所前些年整理了一篇徐中舒（1898-1991）先生當年遺留下來的文
章，裡面追溯大量古代的文物，考證其成分是商周以前外族傳入的東西[32]。還
有張政烺（1912-2005）先生，他有一篇文章討論《封神演義》裡的哪吒，
認為是從新疆于闐來的，而且認為二郎神也與新疆有關[33]。這類文章顯現當時
治史的一種風格，像哪吒、二郎神等如此家喻戶曉的神話人物，其原型居然
是唐代天寶年間從新疆天山南路傳來的。文學史家鄭振鐸（1898-1958）追
溯中國戲曲來源時，也重視陳寅恪的意見，認為中國戲曲的來源是印度[34]。陳
寅恪還有許多文章都在推測印度文化對中國的影響，其中包括中國中古時期
想像力的變化與印度文化的關係等。

像這一類的例子可以再舉非常多，諸多的研究成果顯示，傳統文化不是
由漢族或華夏民族獨力完成的。陳寅恪對待傳統文化的態度跟胡適非常不
同，他並不滿意胡適對傳統文化的激烈批評[35]，可是他的著作中對於傳統文化

30 魯迅，《中國小說的歷史的變遷》（香港：中流出版社，1973），頁19。

31 陳寅恪，《陳寅恪先生論文集》（臺北：文理出版社，1977），上冊，頁275。

32 徐中舒，〈北狄在前殷文化上之貢獻──論殷虛青銅器與兩輪大車之由來〉，《古今論衡》，
   第三期（1999年12月），頁171-200。

33 張政烺，〈《封神演義》的作者〉，《張政烺文史論集》（北京：中華書局，2004），頁61-65。

34 鄭振鐸，《插圖本中國文學史》（北京：作家出版社，1957），第40章〈戲文的起來〉，頁
   566-568、572-573。學者曾考證此一傳說，參看高山杉，〈陳寅恪與天台梵本〉，《佛書料
   簡》（杭州：浙江大學出版社，2012），頁97-119。

35 參考汪榮祖，〈胡適與陳寅恪〉，收入歐陽哲生選編，《解析胡適》（北京：社會科學文獻

的衝擊其實很大。當然陳寅恪是認為，我們應以傳統文化為本位，充分吸收外來的文化，才能振興古老的文明；以前固守本位、閉關自守的文化觀是應該放棄的。一個強大的文明應以其歷史文化為本位，充分吸收外來新的成分[36]。他想要透過歷史研究告訴人們，凡是一個想像力豐富的時代、強大的時代，都是以本身的文化為本位，充分吸收外來的新的血液、新的文化、新的因素才可能形成。

（四）古史多元觀

　　第四個特色是對古代歷史多元的想像。1920年代後期到1930年代初期，出現了一批論著，逐漸形成中國古史多元的看法[37]。關於古史多元觀，我曾在我的英文書中討論過[38]，故此處只作一點簡單的陳述。最早明顯打破古史一元觀之裂隙的是王國維，他在〈殷周制度論〉中，指出有兩個不同的系統，雖然王氏認為殷、周出自同一個源頭帝嚳[39]，但是他的論說已為石頭敲開了一個縫隙，王國維的學生徐中舒在1927年發表的〈從古書中推測之殷周民族〉，便將殷、周之間的種種不同，用種族不同來解釋，而且認為這兩個種族之間存在著極大的衝突，這個事實被後來周代的歷史所遮掩了[40]。在

出版社，2000），頁361-385。

36　他在評論馮友蘭的《中國哲學史》時明確提出這個主張。參看陳寅恪，〈馮友蘭中國哲學史上冊審查報告〉，收入《金明館叢稿二編》，頁279-281。

37　但是值得注意的是，古史多元的說法並未全被接受。張光直先生的名著《古代中國考古學》共出過四版。前三版主張一元論，以華北為文化中心對外輻射擴散，直到第四版才改成六大核心文化區的互動說，因為後來各地新出土的考古材料實在太多了，逐漸證明當時一位考古學家蘇秉琦所提倡的多元發展的看法比較符合實論。事實上，包括傅斯年在內，早已有人主張中國古代文化發展並非一元，而是多元的；然而，可能是受到民族主義的影響，這個說法得到的重視並不充分，1949年之後大陸考古界的領袖夏鼐（1910-1985）仍然堅持一元的看法。

38　Wang Fan-sen, *Fu Ssu-nien: A Life in Chinese History and Politics*（Cambridge: Cambridge University Press, 2000），pp. 108-125.

39　王國維，《觀堂集林》（北京：中華書局，1959），頁454。

40　徐中舒，〈從古書中推測之殷周民族〉，《國學論叢》（清華國學研究院出版）1卷1期（1927），頁109-113。

1926年《古史辨》第一冊中，顧頡剛（1893-1980）提出要打破「古史一元觀」，由於顧氏文章在當時震盪極大，所以他的口號引起極大的反響[41]；傅斯年於1929年在〈夷夏東西說〉一文中提出：周人在西、殷人在東，東西兩個部族長期劇烈爭戰等一系列的論點[42]。前面提到過，遠在四川的舊學者蒙文通，也在1927年於《古史甄微》中提出古代有江漢民族、河洛民族、海岱民族三集團說[43]，徐旭生則在1943年的《中國古史的傳說時代》中也提出中國古代部族可以分為華夏、東夷、苗蠻三個集團的說法[44]。

（五）「發生學——歷史的方法」

另外一個很重要的研究風格就是所謂「歷史的方法」（genetic method）、發展變化的方法，胡適提倡用歷史的方法或發生學的方法來看待歷史，產生了非常大的影響。而這種方法與傳統經師的態度是大相逕庭的。陳寅恪為陳援庵的《元西域人華化考》所寫的序裡面提道，近二十年來國人論史之作，「漸能脫除清代經師之舊染」[45]，這一句話雖然簡單，但含意很深。古代的經師看待問題、看待歷史現象，基本上是一種固定不變的信仰，而近代學人很重要的風格就是看待歷史隨著時間、各種因素而發展變化。這可以說是影響近代中國史學研究力量最大的一支，認為所有的事物都受時代環境的影響，不斷地發展變化，而不再把它視為固定不動的。而且研究者將所有事物都視為研究的對象，他本身並不是價值的參與者。

除了上述五個方面外，當然還有其他的研究風格，譬如這個時代的史家在處理史料時有一個很重要的特色：先疑後信。他們在處理任何材料時，一定先懷疑，這樣的史料觀念是潛存的，有些人明白講出，有些人雖不如此，但是常常可以在他們的著作及言論中感受到這個意味，而且並非個別現象，是遍布於上文提及的幾群史學家裡。「古史辨」運動的興起，背後的主要精

41　顧頡剛，〈與錢玄同先生論古史書〉，收入《顧頡剛古史論文集》（北京：中華書局，2010）卷1，頁180-186。參看我的《古史辨運動的興起》（臺北：允晨文化公司，1987）。
42　傅斯年，《傅斯年全集》，第3冊（臺北：聯經出版公司，1980），頁86-157。
43　蒙文通，《古史甄微》（上海：商務印書館，1933），頁36-61。
44　徐旭生，《中國古史的傳說時代》（北京：科學出版社，1960），頁37-127。
45　陳寅恪，〈陳垣元西域人華化考序〉，收入《金明館叢稿二編》，頁270。

神便是如此。傳統史家並非沒有懷疑精神，如司馬遷提出「厥協六經異傳，整齊百家雜語」，但最終仍考信於六藝、折中於孔子，基本上比較不會先質疑史料的可信性。先疑後信的風格一直持續到20世紀最後的幾十年，直到世紀末至21世紀初。隨著考古新出土材料的增多，先疑後信的風格慢慢地在轉變中[46]。

二、內在緊張

上述這些研究風格與社會的關係如何，這是反省史學跟社會很重要的一個題目。

在本文一開始我提到過，近代中國的新史學可以說就是廣義的「歷史主義」時期，這個「歷史主義」的定義與德國的「歷史主義」不同[47]。中國的歷史主義是各種西方史學潮流的大匯聚，真正提到德國歷史主義的文字其實非常少，甚至在被認為是「中國的蘭克」的傅斯年筆下，也只是很偶然地提到德國歷史學家之「單體的」——所謂「單體的」，我認為應該是傅氏對蘭克學派所謂歷史是獨特個體的領域這個有趣的主張的迻寫[48]，但是兩者也有很相近之處，尤其「發生學——歷史性」的思維方式便是共有的。但近代中國「發生學」思維主要是受實驗主義的影響。一切「歷史化」的結果，是將一切看成「歷史之流」，每一個事物都是特定時代發展的結果，所以沒有永恆不變的東西[49]。

但是，如同德國的「歷史主義」，中國的「歷史主義」之發展也造成了一些矛盾與緊張，這些內在矛盾或緊張當然引起當時許多人的不滿與不安，

46　但是我擔心現在中國史學界的另一個極端發展，即是轉向過度輕信。

47　關於德國「歷史主義」的定義，參考 Georg G. Iggers, "Historicism: The History and Meaning of the Term," *Journal of the History of Ideas*, Vol. 56, No. 1 (Jan., 1995), pp. 129-152.

48　傅斯年，〈閑談歷史教科書〉，收入《傅斯年全集》，第4冊，頁311。

49　「發生學——歷史性」思維為德國帶來嚴重的價值相對主義，所以如何在歷史中尋找規範，永恆的價值或具有意義的趨勢成為大問題。格奧爾格‧G‧伊格爾斯著，彭剛、顧航譯，《德國的歷史觀》（*The German Conception of History: The National Tradition of Historical Thought from Herder to the Present*）（南京：譯林出版社，2006），頁257-259。

我們可以信手寫下幾種：一、歷史研究失去意義感與目的感，歷史發展不再
是一個有意義的過程。二、人們感覺到歷史研究失去現實致用的功能，失去
對人生或社會導引的功用。三、在不斷「歷史化」的過程中，以前認為永恆
不變的真理感、信仰或價值被瓦解了，一切都「恆轉如瀑流」，使得人們失
去了確定感或信念感。三、新史學強調「問題取向性研究」的另一面，即可
能意味著「零碎化」，失去宏大的敘述格局，這些格局當然也包括道德教化
在內。四、在不斷的考證、辨偽，在純粹客觀真理的要求下，歷史往往不能
提供國族榮耀感，甚至還可能有所損害[50]。如果我們把上述幾點與我直接從伊
格爾斯的《德國的歷史觀》中所錄的德國歷史主義的危機相對比，便會發現
它們何等相似[51]。

　　但是也有一些內在緊張，是在中國這一個歷史文化傳統之下顯得更為突
出的。譬如，第一、主張古史多元的人，可能必須付出很大的心理代價。蒙

50　關於「國族史」／「國史」的討論，參考 Erik Lönnroth, Karl Molin, Ragnar Björk edited,
　　Conceptions of National History: Proceedings of Nobel Symposium, 78（Berlin & New York:
　　Walter de Gruyter, 1994）所收各篇之討論。

51　德國歷史主義所造成的緊張或危機，有許多與近代中國相近。德國歷史主義所造成的危機
　　是一個很複雜的問題，此處我只能根據伊格爾斯（Georg G. Iggers）的《德國的歷史
　　觀》，做簡單的歸納。如：「惟有對於經驗數據的依賴，才能從根本上揭示出一個沒有意
　　義的宇宙」（頁166）、「在價值領域中，出現了嚴峻的危機」（頁167）、「由於信念的無政
　　府狀態，現代人陡然面對著絕對價值的崩塌」（頁167）、「這種新起的悲觀主義的一個重
　　要的方面就在於，認為歷史並不是一個有目的的過程」（頁170）、「歷史學要從倫理學中
　　解放出來」（頁172）、「任何想到歷史中尋找意義的努力都是徒勞。『我們用來表達歷史
　　意義的每一個表白，都不過是對我們擾攘不安的內心生活的一個反映』」（頁182）、「人
　　類價值、世界歷史和人類進步都不再存在。甚至理性也失去了其普遍性」（頁262）、「一
　　切都是毫無意義的流變」（頁262）、「斷裂了的政治與道德之間的關聯」（頁283）、「每一
　　個個體都包含了自身的理想於其中時，我們就避開了『價值的無政府狀態』」（頁288）、
　　「對歷史整體意義的信仰在19世紀的進程中喪失之後，歷史主義就導向了好古癖、失去靈
　　魂的專業化，或者是那種『理解所有的世界觀卻不再擁有自己的世界觀』的相對主義」
　　（頁293）、「歌德的偉大之處在於他既能夠理解暫時性的個體，同時卻又能『從永恆的觀
　　點』來考察它」（頁293）、「將德國唯心主義哲學的基本觀念轉換成了一個更加以科學為
　　導向的時代的語言」（頁327）、「歷史主義的重大貢獻就在於它對於個性和發展的體認，
　　而它的重大失誤就在於把歷史性個體與價值相等同」（頁340）。

文通完成《古史甄微》一書後，在序言裡提及自己的著作時說自己是「非毀
堯舜、譏短湯武」，乃狂悖之論[52]。因為他的著作動搖古代黃金時代的觀念，
粉碎了揖讓而升的政治格局，揭露出禪讓的本質其實都是殘忍的政治鬥爭，
認為夏、商、周三代是相互對立的部族之間的鬥爭，獲得最多諸侯擁護者便
能勝利。「禪讓之事，吾知之矣」——原來就是結合了多少部族之後將對手打
倒推翻，這和傳統對古代的道德想像完全不同。如同西方在文藝復興以後，
復活了對希臘羅馬的古代知識，而與基督教時代的古代知識大起扞格，產生
了極大的震動。蒙文通是非常尊敬傳統文化的人，可是我認為在他完成《古
史甄微》後，內心也感到戰慄，如同打開潘朵拉的盒子，把黃金古代拆散成
一地的碎片，依賴舊古史觀的價值體系、聖賢典範、禪讓政治都消失了。

　　如前所述這些史家即使有的內心非常尊重傳統文化，但他們的研究卻把
古代世界拆散成各個互相鬥爭的集團，古代的聖人都只是部落的首領，互相
之間是權力爭奪，而非禮讓。這種史觀的道德涵義是什麼？人們受到這些著
作的影響，將如何看待現代的生活世界？這些都是很值得注意的。傅斯年曾
在〈夷夏東西說〉一文中認為真正中國文化的中心是在渤海一帶，所以泰山
封禪在古代政治文化中占有重要地位。但是東方集團後來被西方的文王、武
王周人集團壓制，相較於殷商，周人其實是文化較低的蠻族，這跟以前所認
知周人是一個道德團體，完全不同[53]。他後來在一篇文章中寫道：「究竟誰是
諸夏？誰是戎狄？」[54]

　　第二、很多原本被安排在一元脈絡裡面的東西，現在都被丟棄了，人們
原本相信的東西消失了。在這樣的研究風格之下，近代史家面對現實的、道
德的、文化的、信仰各方面挑戰是什麼？這是值得思考的問題。「歷史」研
究的影響不限於歷史，而是烙印在時代心態及思考之上。譬如，漢族中心主
義消失了？黃金三代破滅了，古代是一個以道德築起的國度嗎？還有，宗教
被歷史脈絡化了，孔子只是春秋時代之偉人，而不是歷代的偉人，到何處找

52　蒙文通，《古史甄微》，頁2。

53　傅斯年，〈夷夏東西說〉，收入《傅斯年全集》，第3冊，頁86-157。

54　傅斯年，〈與顧頡剛論古史書〉，收入《傅斯年全集》，第4冊，頁487，相關討論見 *Fu
Ssu-nien: A Life in Chinese History and Politics*, p.109.

「必然」（certainty）。就社會的整體功能來說，新的「必然」（certainty）不一定是要在史學中出現，它也可以是各種信仰，或各種主義。

其實，西方也曾遇到同樣的問題，啟蒙時代的史學家為什麼要從歷史中尋找「通則」，不像我們今天的研究都集中於特定的歷史問題？因為他們正好在一個講究「規範」的時代，在文藝復興以後、18世紀之前，人們開始慢慢開始重視個別的事實之後，挑戰了基督教原來的「天國之城」，挑戰了神學的理性，原來的價值體系崩潰了。新的規範在哪裡？受到歷史事實、歷史態度研究的影響，把所有的東西都當作歷史對象來研究，基督教在中古時代所建立的像「天國之城」那樣龐大的系統不見了。以「歷史的」（historical）態度來研究，對原來合理的信仰系統是一個很大的挑戰，所以在「天國之城」垮了之後，啟蒙時代的史家要尋找一些確定的東西，所以用一種新的辦法研究歷史，要尋找人類歷史的通則，做為人們新的信仰的依據[55]。

第三、晚清以來，經學時代的一套廣義的系統崩潰了，取而代之的是「歷史的」學派。19世紀是一個歷史的世紀，史學在當時是一個很當令的學科，歷史思考瀰漫了人文及科學各個領域，一如艾克頓（Lord Acton, 1845-1902）所說的：「歷史不僅是一門特殊的學問，並且是其他學問的一種獨特求知模式與方法」[56]。在20世紀的中國史學也是一個當令的學科，然而當時中國的史學與18世紀啟蒙史學所走的路並不相同，中國史家並未走上像啟蒙史家那樣尋找man in general的路或尋找通則，而是將歷史事實空間化、時間化——空間無限多元化、時間無限演變化，把確定的東西向時間、空間兩邊發展，重視的是對特定史實（particular facts），是對各式各樣的歷史事實進行客觀的研究。這一歷史潮流打開了潘朵拉的盒子，人生中確定性（certainty）的、可依據的東西到底在哪裡？當然，中國近代「歷史主義」所造成的內在緊張還不止於此數，我曾經將比較具傳統歷史文化心態的批評者的各種論點在〈民國的新史學及其批評者〉中有所討論[57]，此處不再重複，請有興趣的讀

55　Carl L. Becker（1873-1945）, *The Heavenly City of the Eighteenth-Century Philosophers*（New Haven: Yale University Press, 1932）.

56　黃進興，《後現代主義與史學研究》（臺北：三民書局，2006），頁245。

57　收入我的《中國近代思想與學術的系譜》（臺北：聯經出版事業公司，2003），頁377-462。

者參看。

　　最後，前面提到過，德國歷史主義所造成的廣大而深遠的危機，與近代中國新史學造成的內在緊張有所出入。因為篇幅所限，我局限談其中幾點。

　　第一、晚清以來的主流論述是刷新傳統文化、創造新文化，而新史學的打破聖道王功，把思想、價值、信仰等歷史脈絡化，正是這個運動中重要的一環，若就這一點來說，新歷史主義的種種破壞性的主張，毋寧是新史學的旗手們所企求的，套用傅斯年的名言，正是要將史學從聖道王功、道德教化、從人們自造的仁義之中解放出來，所以「打破」正是為了「重建」，「緊張」或「危機」正是這個壯舉中應有的部分。他們正是要肅清黃金古代、肅清漢族中心論，肅清古史中到處出現的一元觀，要將封固於儒家道德教化下的史實解放出來，即使因此而散碎一地，但這才合乎歷史真相。所以在這一個新學術的宏大格局中，危機或緊張感並不必然存在，相反的，大部分時候是洋溢著一種勝利感與成就感。但對傳統心態的學者或一般人而言，上述那些內在緊張與危機的意義就格外不同。

　　像陳寅恪那麼傑出的史學家，一再提醒我們古代文化有很多胡人的成分，但他也只能告訴我們牢守本土文化，並充分吸收外來文化，才能發展新的文化。像傅斯年這樣傑出的史學領袖，一再強調不要以虛構的歷史來鼓舞人們的愛國心，雖然刺痛民族自尊，但是因為它與新文化運動的刷新舊文化、建立新文化的雄圖相呼應。然而這些路途太過迂迴，很多人只想要明確的答案[58]。

　　第二，考慮近代中國的任何問題都不應只是單獨地考量，而應放在當時中西脈絡之下來考慮。衡量一個時代對內在緊張或危機的承受度，應該首先考慮到：那一個時代所認為的最高真理與終極意義的根源是什麼。從晚清以

---

[58] 就像以前基督教盛行的時候，教會的神學體系指導信徒，古代人能從經學找到模範。到了近代，「未來」成為一個宗教，那些了不起的理想主義者總是講未來，好像未來就是一切，未來成為一個新的宗教，未來取代古代的經典世界，可是誰能夠真的知道未來呢？誰能為未來制定原則？朱謙之（1899-1972）寫了不少有關無政府主義的書（如《到大同的路》、《大同共產主義》、〈無政府革命的意義〉，收入《朱謙之文集》〔福州：福建教育出版社，2002〕，第1冊），也是想替未來定準則，也就是說明史家風行草偃之後所留下的價值文化空檔，到底該用什麼方式填補？到現在都還沒有答案。

來，許許多多人的最高真理與終極意義的根源不是傳統歷史文化，而是「西方」、「科學」、「真理」、「理性」，任何與「西方」、「科學」、「真理」、「理性」相聯繫，或任何可以清除舊轍以方便接引「西方」、「科學」、「真理」、「理性」的工作，都得到一種意義感，就好像從事水墨畫的人背後有一個故宮博物院作為一個潛在的支持那樣的感覺。

「西方」、「科學」、「真理」成為無所不包的「乾坤袋」、「百寶箱」，「西方」取代了對「傳統」的信仰，取代了所有古代知識歷史化之後所遺留下的空缺。只要緊緊跟隨著「西方」，則一切問題自會有解答，即使現在的「西方」沒有解答，未來的「西方」也終會提出解答。當時也有許多人把這道習題推給「科學」，相信科學就像古代的經學，能解決所有問題（可是卻忘卻科學留下更多黑暗的角落，而且科學真正能解決的人生問題很少）[59]。當然，後來是將困難與空缺推給「主義」，只要是「主義」就好，因為其中有一整套既確定又有高度延展性的知識與信仰，可以化解種種緊張與內在危機[60]。

在這個思路下產生了一種微妙的心理，即「西方」、「科學」、「真理」、「理性」，有一個尚未全部顯露的宏大格局，在那個格局中，所有緊張最終都會得到解決。而且零碎的史實儘管惱人，但它們只要指向一個傾向、趨勢，或隱約與一個宏大格局有關，最後便可以帶來全面的意義感。過去，我們很少關注史學研究者使用的「措詞」，而從當時一些零散的史學「措詞」看來，上面提到的那些內隱的宏大格局是隱然存在的。而且從晚清以來，進化、進步方面的思潮更起著「大小總匯」的功能，明示或暗示一個光明的大趨向，這也就使得單個的、片斷的、與傳統相矛盾的內在緊張不致爆開，甚至還組成一個有意義的大圖景。相較之下，德國歷史主義造成的危機並沒有內隱的宏大格局作為救援，所以其危機所造成的影響之深、危機之重，一直延續到現代，尚不能完全解決。

59　林毓生，〈民初「科學主義」的興起與涵義：對民國十二年科學與玄學論爭的省察〉，收入氏著，《政治秩序與多元社會》（臺北：聯經出版事業公司，1989），頁277-302。

60　參看王汎森，〈「煩悶」的本質是什麼──「主義」與近代私人領域的政治化〉，《思想史》創刊號（2013），頁85-137；〈「主義時代」的來臨──中國近代思想史的一個關鍵發展〉，《東亞觀念史集刊》第4期（2013），頁3-88。

　　不過，我認為當代華人世界已不再有上面提到的「西方」、「科學」、「真理」、「理性」，或其他形形色色的宏大格局已經不再那麼被視為天然，現在連「理性」都有人要提出懷疑了。而本文所提及的各色各樣的緊張，尤其是意義感、價值感、目的感、現實感的失落，便變得更難以克服了。如今，歷史這門學問對年輕人之所以失去吸引力，其中原因之一便是前述種種危機；如何克服這些危機，成為今後史學工作者的重大挑戰。

史前至夏時期玉器文化的新認知

鄧淑蘋[*]

一、史前玉器研究面臨徹底重整

　　悠久、連續、高度發展的「玉器文化」，是中國歷史文化中很特殊的現象。考古資料顯示，約於西元前6200年，生活在遼西地區的先民，已能在河床中找尋既堅韌不朽又瑩秀溫潤的閃玉[1]，製作工具及裝飾品。換言之，中國的玉器文化已發展了八千二百年。

　　這樣悠久的歲月，超過一半的時光都歸入新石器時代（西元前6200至前1800年），不過在其最後的二百多年，中原已進入夏王朝紀年（西元前2070至前1600年），但周邊還分布著一些約始於西元前2300年的龍山期考古學文化，諸如：山東龍山文化、陶寺文化、石峁文化、齊家文化、肖家屋脊文化（石家河文化晚期）等[2]，各自製作不同的玉禮器，操作不同的祭祀儀

* 國立故宮博物院退休研究員。

1　「閃玉」是礦物學名詞nephrite最合適的中文譯名。鈣和鎂的矽酸鹽，屬角閃石家族。曾被翻譯為「軟玉」，後又有學者採用「透閃石軟玉」一名。目前也有人用「和闐玉」一詞。摩氏硬度約6度，比重約2.9-3.1。

2　此處依照文明探源工程最新資料調整各文化的年代。部分依據2011年11月24日公布於中國社會科學院考古研究所網站公布之「中華文明探源工程（二）——考古學文化譜系年代研究」，部分依據該工程內部整理年表。

軌。此時也正是文獻所載「萬邦玉帛」的時代[3]。

　　20世紀70、80年代以來,中國新石器時代考古迅速發展。但大部分的人力、經費多用在華東地區的發掘。遼西地區、海岱地區、長江下游等地,史前考古成績斐然,而這些考古學文化都有發達的玉器工藝,因此,學界盛行「華東玉器興盛,再傳播至華西」的說法。1992年已經測定並公布了甘肅天水師趙村第七期齊家文化遺址年代上限為西元前2335年[4],但在大家都認為齊家文化偏晚的既有印象下,連發掘者也不敢絕對相信這個資料[5]。所以中國社會科學院考古研究所在其出版的一系列《中國考古學》專書中,還將齊家文化放入該套書的《夏商卷》[6]。因此,很多學者根據偏頗不全的考古資料,堅信玉璧、玉琮的禮制萌芽自華東的良渚文化,在良渚文化衰亡後,璧、琮文化才逐漸向西北方向傳播。

　　筆者曾於1970至1974年擔任中央研究院歷史語言研究所李濟所長的助理,四年內熟悉日照、安陽、濬縣、輝縣出土龍山文化、商、兩周玉器[7]。自1974年起,服務於台北的國立故宮博物院,曾於1979-80年旅行探訪歐美多間博物館,見到大批20世紀初年流散海外的中國古玉,對於玉器在質地、色澤、製作痕、形制、紋飾上所呈現的群組現象,印象深刻。核對各考古報告,了解海外流散史前古玉中,雖不乏紅山文化、良渚文化玉器,但風格明確且數量龐大的是分布於黃河上中游「齊家—龍山系」的素璧、素琮及刀鏟類[8];而色深近黑的牙璋與多孔長刀,也令我印象深刻。通過戴應新1977年、

3　《左傳・襄公七年》:「禹會諸侯于塗山,執玉帛者萬邦。」。

4　師趙村齊家文化的年代參考:師趙村T307（4）的校正年代資料BC2317-2042,或T406（3）H1,校正年代資料BC2335-2044,見中國社會科學院考古研究所編,《中國考古學中碳十四年代資料集（1965-1991）》（文物出版社,1992）,頁282-283。

5　據當年參與師趙村發掘,目前是喇家遺址發掘主持人葉茂林研究員告知,特此申謝。

6　中國社會科學院考古研究所,《中國考古學・夏商卷》（文物出版社,2003）。筆者懷疑大陸考古學界的老輩們,潛意識地要壓晚甘青地區考古學文化的年代,目的是抵制某些文化西來的說法。

7　我在台大歷史系的系主任許倬雲教授的安排下,擔任此一助理工作達四年。後三年同時在台大歷史研究所修習中國上古史,利用史語所的藏品完成碩士論文〈圭璧考〉,《故宮季刊》11卷3期,1977,頁49-91。

8　此處所用的「龍山」是指廣義的中原龍山文化,包括客省莊、陶寺等文化。

1988年的報導[9]，才知道他們是陝北神木石峁的出土玉器。

　　筆者再檢視台北故宮所藏接收自清宮舊藏的玉器，發現故宮雖缺乏石峁風格的牙璋、多孔長刀[10]，卻有大量「齊家—龍山系」素璧、素琮及刀鏟類，雖然它們多已在明晚期至盛清時被染成褐色[11]，甚至被改製成水盛、筆筒、花插等，但從玉料及形制的特徵，還是不難鑑別。

　　筆者於1990年前往西安，從戴應新處得知，文革期間神木地區出土大量玉器都被徵收上繳當作玉料加工成小件玉飾外銷創匯[12]。而他徵集到的多是太薄或傷殘的剩貨，在大陸不可能全彩發表。筆者乃建議他將相關資料儘量撰寫清楚，連同彩圖、線繪圖寄給筆者，以連續六期多彩圖版面的方式發表於1993至1994年《故宮文物月刊》上[13]。筆者另撰六篇〈也談華西系統的玉器（一）至（六）〉，配合刊出[14]。這是筆者首度提出「華西系統玉器」的概念。上距1970年開始在史語所從事玉器文化的研究已達23年之久。

　　結合了玉器風格與古史傳說，筆者於1994至1995年分別以中、英文提出中國古玉三源的論點[15]；2005年起，筆者開始以自然生態的因素解釋史前

9　戴應新，〈陝西神木石峁龍山文化遺址調查〉，《考古》1977, 3。戴應新，〈神木石峁龍山文化玉器〉，《考古與文物》1988, 5-6期。

10　清宮舊藏的集成主要在18世紀後半的乾隆朝。神木石峁遺址大量墨玉製作的牙璋、長刀是在19世紀末光緒年間才被當地居民發現，故多流散海外或中國民間。

11　明晚期至盛清收藏者以為古玉應該呈褐紅色，越紅售價越貴，故導致許多古玉被染色。

12　戴應新，〈我與石峁龍山文化玉器〉，楊伯達主編，《中國玉文化玉學論叢》（紫禁城出版社，2004）。

13　戴應新，〈神木石峁龍山文化玉器探索（一至六）〉，《故宮文物月刊》總號125-130，1993, 8-1994, 1。原本記錄是127件，其中一件出自賀家川，應予以剔除。在石峁（及所屬的新華地區）徵集的共126件，其中包括半坡博物館所徵集的3件。

14　拙作，〈也談華西系統的玉器（一至六）〉，《故宮文物月刊》總號125-130，1993, 8-1994, 1。

15　拙作，〈古玉的認識與賞析──由高雄市立美術館展覽談起〉，《故宮文物月刊》12卷9期，總號141，1994, 12，頁38-65。拙作，〈中國古代玉器文化三源論〉，《中華文物學會1995年刊》，頁44-58。（此文1995年於倫敦大學「中國玉學術研討會」中宣讀，英文論文集1997年出版。）Teng, Shu-p'ing, "A Theory of the Three Origins of Jade Culture in Ancient China," *Chinese Jades, Colloquies on Art & Archaeology in Asia no.18* Edited by Rosemary E. Scott Percival David Foundation. London University. 1997, pp. 9-25.（本注第2, 3論文，為1995年於倫敦大學「中國玉器學術研討會」中宣讀論文的中、英文版）。

華西、華東玉文化的美學差異，分別以網站、光碟的形式出版，亦見於2007
年及以後的論文[16]。2010年起，筆者結合地理學上按照海拔高度所區分第
二、第三階梯的概念[17]，更完善說明華西、華東的文化差異導因於地理及生態
的差異[18]。2006年趙輝教授提出「第一模式」、「第二模式」解釋史前各考古
學文化具有東、西差異，兩個模式的地理範圍也大致相同於筆者所稱的「華
東」與「華西」[19]。

　　在後文的地圖A、B、C上，標示了一條與垂直線略呈20度交角，呈東
北一西南走向的山脈鏈：大興安嶺、太行山、巫山、雪峰山，這就是筆者所
稱的華西（第二階梯）與華東（第三階梯）的分野。「華西」的概念不同於
大陸考古學界所稱的「西北」，後者只包括黃河上中游，加上新疆。「華西」
除了黃河上中游，還包括四川、雲南、貴州，以及一部分廣西。童恩正先生
甚早提出「邊地半月形文化傳播帶」[20]，大致也是從東北向西南的弧形傳播
帶。事實上，從龍山時期開始，牙璋、有領璧也是順著這一傳播帶從陝北進
入四川、再南傳經雲南至越南，有領璧更傳播至馬來半島[21]。

　　雖然自1993年以來，筆者持續撰文論證「華西系統玉器」，但在20世紀
末的數年，並不被大陸考古學界的主流學者認同。所幸中國社會科學院考古
研究所甘青隊、陝西省考古研究院的年輕學者認真從田野發掘中建構真正的

16　拙作，中英文網頁「玉之靈——曙光中的天人對話」，國立故宮博物院。網址：http://tech2.
　　npm.gov.tw/jade/e-ind_01.html，2005。2007年亦出版成光碟。拙作，〈「華西系統玉器」觀
　　點形成與研究展望〉，《故宮學術季刊》25卷2期，2007。頁1-54。亦出版於《玉魄國魂
　　（三）——中國古代玉器與傳統文化學術討論會文集》（北京：燕山出版社，2008），頁92-
　　134（收入《名家論玉（二）》2009, 12）。

17　第一階梯是青藏高原，平均海拔4000公尺，第二階梯平均海拔1000-2000公尺。

18　拙作，〈史前至夏時期璧、琮時空分布的檢視與再思〉，楊晶、蔣衛東執行主編，《玉魄國
　　魂——中國古代玉器與傳統文化學術討論會文集（四）》，中華玉文化特刊（杭州：浙江
　　古籍出版社，2010），頁156-200。拙作，〈從「天地之靈」玉器展談西元前第二千紀的華
　　夏大地〉，孫慶偉主編，《玉器考古通訊》第一期，北京大學文博學院，2013, 10。

19　趙輝，〈中國的史前基礎——再論以中原為中心的歷史趨勢〉，《文物》2006, 8。

20　童恩正，〈試論我國從東北至西南的邊地半月形文化傳播帶〉，《文物考古論集》，1986。

21　拙作，〈萬邦玉帛——夏王朝的文化底蘊〉，許宏主編，《夏商都邑與文化（二）》（北
　　京：中國社會科學出版社，2014, 10），頁146-248。

古史。累積的成果在本世紀初已是碩果累累，完全顛覆了以往的認知。也使得史前玉器研究面臨徹底重整的局面。

　　青海喇家齊家文化遺址在廣場上祭壇內埋有形制特殊的 M17，隨葬十五件玉器[22]。F4 房址靠牆壁的地表「如同供品」般地陳設一白璧、一蒼璧，明顯地具有深厚的禮制意義[23]。證明齊家文化的社會複雜化，以及在文明化進程上不亞於華東諸文化[24]。有學者根據一些碳十四測年，推測齊家文化的年代跨度為西元前 2615-前 1529 年，年代集中在前 2300-前 1900 年[25]。

　　自 1996-1999 年起，陝西省考古研究院持續在陝北有計畫地調查、發掘。新華遺址報告 2005 年已問世[26]，近年石峁遺址的考古發掘震驚世界。石峁居民不但依山勢建築了內部面積逾 400 萬平方公尺的石城，還有計畫地在砌壘石城時成批殺殉生人[27]，成坑掩埋玉器，在牆體石塊內等距離夾埋玉器[28]，玉鉞的刃端向著牆外[29]，筆者認為在築牆過程中等距離夾玉器時，很可能同時舉行某種巫術性祭儀，盼石牆與玉兵發揮禦敵的最大功效。最新的發

22　中國社會科學院考古研究所甘青工作隊等，〈青海民和喇家遺址發現齊家文化祭壇和干欄式建築〉，《考古》2004, 6。

23　中國社會科學院考古研究所甘青工作隊等，〈青海民和喇家遺址 2000 年發掘簡報〉，《考古》2002, 12。「如同供品」是發掘者葉茂林對此一現象的形容。見其〈史前玉器與原始信仰──齊家文化玉器一些現象的初步觀察與探討〉，黃翠梅主編，《南藝學報》第一期，2010 年 12 月。

24　葉茂林，〈齊家文化玉器研究──以喇家遺址為例〉，張忠培等主編，《玉魂國魄──中國古代玉器與傳統文化學術討論會文集（三）》（北京：燕山出版社，2008），頁 141-148。葉茂林，〈史前玉器與原始信仰──齊家文化玉器一些現象的初步觀察與探討〉，黃翠梅主編，《南藝學報》第一期，2010 年 12 月。

25　李水城，〈西北地方新石器時代考古研究〉，嚴文明主編，《中國考古學研究的世紀回顧‧新石器時代考古卷》（科學出版社，2008）。

26　孫周勇，〈新華文化述論〉，《考古與文物》2005, 3。

27　陝西省考古研究院，〈陝西神木縣石峁遺址〉，《考古》2013, 7。

28　2013 年 12 月 24 日陝西省文物考古研究院孫周勇副院長在「良渚論壇‧中華玉文化中心第四屆年會」中報告：外甕牆出土埋有二十多件玉器的祭祀坑，牆體內夾玉器約一米一件。

29　陝西省考古研究院發布資料中，稱之為「玉鏟」，「鏟」是撬土耕作用的生產工具；筆者認為在石牆內的帶刃器應屬兵器性質的「玉鉞」。

掘與測年，不但確知石峁也有置放玉器的祭壇、埋藏玉器的祭祀坑，更確知其年代為西元前2300至前1900年[30]。新的考古發現，令十多年來一直鎖定中原地區的「文明探源工程」，也將範圍擴及陝北石峁遺址[31]。

就在黃河上中游，齊家文化、石峁文化都有了豐碩的考古收穫，測年結果也大大提早了它們的年代時，考古學界又公布了一些高精度的日曆年代資料，許多大家都熟記在腦海中的華東地區考古學文化的年代都向下推遲二、三百年不等。廟二文化、大汶口文化、良渚文化都以西元前2300年為下限。因此，過去認為山東龍山文化的年代是西元前2600-前2000年，現在已降為西元前2300-前1800年。相應地，陶寺文化、石家河文化等也都降晚了年代[32]。

更值得注意的是，山西最南端運城盆地的清涼寺遺址，2003-2005年正式發掘了262座墓，2006年的報導將整個墓地都訂為廟底溝二期文化（2500-2300BC）[33]。M52出土的玉琮，外觀頗相似於齊家文化玉琮，但四個平直邊壁上各刻有兩道垂直陰線（圖一）；因此不少學者認為該玉琮證明良渚玉琮西傳到此中間站後被解構、簡化後，繼續西傳才發展成齊家文化光素玉琮（圖二）。

但是，清涼寺的資料經整理後於2011年再度詳盡報導，出土圖一玉琮的墓52被歸為龍山文化，年代上限約西元前2050年[34]。或因晉南地處廟二文化核心，故文化變遷時核心地區最晚蛻變[35]。

事實上，出土與徵集的資料顯示，玉琮在黃河上中游有萌芽、發展、成

30　孫周勇、邵晶，〈關於石峁玉器出土背景的幾個問題〉，楊晶、蔣衛東主編，《玉魂國魄——中國古代玉器與傳統文化學術討論會文集（六）》（浙江古籍出版社，2014）。

31　2013年7月在陝北神木縣召開「中華文明探源工程石峁遺址研討會」。

32　同注2。但有關廟二文化的下限，依地區而不同。清涼寺遺址發掘人薛新明研究員告知，新的測年資料晉南地區的廟二文化年代下限在西元前2050年。

33　山西省考古研究所、運城市文物局、芮城縣文物局，〈山西芮城清涼寺新石器時代墓地〉，《文物》2006, 3。

34　山西省考古研究所、芮城縣博物館，〈山西芮城清涼寺墓地玉器〉，《考古與文物》2002, 5。

35　筆者請教薛新明研究員，他對晉南地區延遲至西元前2050年才從廟二文化改變成龍山文化的解釋。

a　　　　　　　　b

圖一a, b　山西龍山文化　玉琮　高4.2　長7.3-7.5
孔徑6.2　射高1公分　山西芮城清涼寺墓52出土
（b引自黃翠梅2010）（與圖五四為同一件）

圖二　齊家文化　玉琮　高12.8寬
8.3公分　甘肅靜寧出土

熟的歷程，自始即有清楚的創形理念；西元前2300年以前應已有長期發展史，至晚在西元前2300年已形成特定的宗教儀軌，那就是：以同等數量的璧、琮，埋藏於祭祀坑或墓葬。（詳本文第四章）筆者於2009年夏赴青海、甘肅、寧夏考察齊家系玉器，2014年10月下旬赴太原、侯馬、運城對清涼寺玉器進行考察，從玉器所呈現清楚的風格可知，清涼寺墓地第三期的人群可能是黃河上中游齊家文化居民，或因搶奪鹽湖資源於西元前2050年左右進入晉南地區，並在此延續約二百年。（詳本文第五章）

　　換言之，隨著考古學的快速發展，新石器時代的玉器資料無比豐碩，值得好好深入研究。晚近有關齊家文化、石峁文化的嶄新資料，更令西元前第三千紀的考古學框架必須大幅調整。過去學界根深柢固的舊觀念，諸如：各種先進文化因素多從中原萌芽，「西北地方」自史前以來都是落後於中原與「東方」[36]，都需重新檢討。

　　限於篇幅，本文擬將四千餘年的新石器時代玉器文化，分為四個階段，綜覽每個階段玉器文化發展之梗概。較深入地檢視第四階段，中原及其周圍

36　大陸官方稱黃河上中游為「西北地方」，卻將字義上對應的「東北地區」一詞指稱緯度遠北於黃河上中游的黑龍江、吉林、遼寧。稱緯度與黃河上中游相同的東方為「華北地區」。本人認為不妥。考古學界所稱史前「東方」，主要指山東、河北地區。

各「方國」的玉文化面貌,透過玉禮器解析中原夏王朝的文化底蘊。

二、第一階段──新石器時代中期晚段玉器發展梗概[37]

雖然一些寶貴的考古資料毀於二次世界大戰的戰火,但劫後殘餘及戰後再發掘的資料顯示,南西伯利亞貝加爾湖附近分布的舊石器時代晚期 Mal'ta-Buret' 文化(西元前22000至前21000年)遺址中,曾經出土蛇紋石及閃玉質的小璧,迄今只公布一件小巧的蛇紋石圓璧形飾[38]。

位於貝加爾湖東南方的呼倫貝爾草原上流著海拉爾河與額爾古納河,它們都是黑龍江的上游河流。近年呼倫貝爾草原出土不少哈克文化玉器;除小形玉斧錛外,主要是環璧類,最大的一件玉璧徑達9公分[39]。北京的故宮博物院早年也曾購藏來自內蒙古鄂溫克的一批共11件小玉璧,經對比研究確認為哈克文化玉器[40]。經考古資料測年,該文化上限已到西元前5000年[41]。但分析該地區所徵集的玉器風格,筆者懷疑哈克文化的年代上限可能更為遠古[42]。

事實上,哈克文化以東,松(花江)黑(龍江)地區都出土做工古拙的小型環璧,部分屬新開流文化(西元前5000至前3000年)[43],數量多且集中的是烏蘇里江左岸的饒河縣小南山遺址,在一座墓中出土11件耳飾玦[44],45件

---

37 本文新石器時代分期,依據:中國社會科學院考古研究所,《中國考古學‧新石器時代卷》(文物出版社,2010)。西元前7500至前5000年為中期,西元前5000至前3000年為晚期,西元前3000至前2000年為末期。

38 鄧聰,〈玉器起源的一點認識〉,楊伯達主編,《中國玉文化玉學論叢》(紫禁城出版社),頁195-216。

39 劉景芝、趙越,〈呼倫貝爾地區哈克文化玉器〉,《中國玉文化玉學論叢3》(下冊),紫禁城出版社,2005年9月。一座墓出土7件,徑達9公分的,為其中二件玉璧之一。彩圖發表於:古方主編,《中國出土玉器全集》。

40 徐琳,〈故宮博物院藏哈克文化玉石器研究〉,《故宮博物院院刊》2012,1,頁67-158。

41 劉景芝,〈哈克遺址──2003-2008年考古發掘報告〉,《中國田野考古報告集──考古學專刊》(文物出版社,2010)。

42 從此件風格分析,哈克文化的年代上限可能早於興隆洼文化。

43 劉國祥,〈黑龍江史前玉器研究〉,《中國歷史博物館館刊》2000,1。

44 光緒十五年(1889)吳大澂出版的《古玉圖考》稱如環有缺的玉器為「玦」,20世紀考

玉環。小南山還徵集到一件小璧[45]。值得注意的是這裡的耳飾玦尺寸甚大，外徑10-7.4公分，且形制多為「肉」細「好」大的環形[46]，缺口非常窄。但小南山出土的玉環璧尺寸甚小，外徑多在2-4公分。

　　總之，從海拉爾河、額爾古納河、黑龍江，至松花江、烏蘇里流域的史前玉器主要為環璧類，可能與貝加爾湖地區的史前文化有密切關係。雖然這些微帶透明感的淺黃綠至白色玉器似乎還未檢測質地，但據筆者肉眼觀察，應多為真玉中的閃玉（nephrite）[47]。有學者統計小南山、倭肯哈達墓葬出土玉器尺寸，發現同出的環形玉器，或兩兩成對，或大小略呈等差級數，推測應成對或成串佩戴[48]。筆者懷疑這種從小到大的成串玉環璧，可能就是該地區製作二連璧、三連璧的創形理念[49]。

　　分布在西遼河流域的興隆洼文化（西元前6200至前5200年）[50]，屬新石器時代中期（西元前7500至前5000年）的晚段[51]。出土玉器除了錛、鑿類工具外，主要是耳飾玦、匕形飾，也見彎條形飾，但不見環、璧[52]。孫守道稱此為

　　古學界沿襲成習。但事實上，那種如環而有缺的玉器應是古文獻中所稱的「瑱」。這種如環有缺的玉器多成對出土於墓主耳旁，筆者創「耳飾玦」一詞稱之。見拙作，〈瑱與耳飾玦——由考古實例談古玉鑒定〉，《故宮文物月刊》3卷6期，總號30，1985, 9，頁77-87。

45　佳木斯文物管理站等，〈黑龍江饒河縣小南山新石器時代墓葬〉，《考古》1996, 2，頁1-8。

46　《爾雅》稱環璧類的實體部分為「肉」，中孔部分為「好」。本文從之。

47　綜合地質學、人類學資料，環太平洋周圍的中國、毛利、奧梅克——馬雅等發展了玉文化的古文明，所採用的玉料雖外觀相似，但分屬兩種礦物：閃玉（nephrite）與輝玉（jadeite）。前者多為透閃石（tremolite）與陽起石（actinolite）的固溶體。

48　田華、王承海，〈倭肯哈達洞穴墓葬和小南山M1出土玉器的比較研究〉，《北方文物》2004, 2。頁13-18。

49　拙作，〈璧的故事（上）〉，《大觀》2014年7月號，總號58期，頁24-37。

50　索秀芬等，〈興隆洼文化的分期與年代〉，《文物》2011, 8。

51　分期依據中國社會科學院考古研究所，《中國考古學——新石器時代卷》（文物出版社，2010）。

52　興隆洼遺址出土玉器主要見：楊虎、劉國祥、鄧聰，《玉器起源探索——興隆洼文化玉器研究及圖錄》（中國考古藝術研究中心，2007）。查海遺址出土玉器主要見遼寧省文物考古研究所，《查海——新石器時代遺址發掘報告》（文物出版社，2012）。

「玦匕文化」[53]。部分興隆洼文化玉器曾經鑒定，確知屬真玉中的閃玉類[54]。目前的資料顯示，興隆洼文化碳十四年代資料較為古老[55]，因此被認為是世界上玉器的主要萌芽地區之一。

不少論述都認為前述松（花江）黑（龍江）地區的玉文化是從西遼河傳去的。事實上，興隆洼文化幾乎無環璧類；所出土的耳飾玦可分三類，其一為「肉」細「好」大的環形耳飾玦，但更多則呈「肉」厚「好」小（見地圖A），還有少量有長裂口的長管形耳飾玦。

地圖A顯示西元前22000至前4000年東北亞玉器的大致情況。筆者認為從貝加爾湖區、呼倫貝爾草原，至松（花江）黑（龍江）流域，自舊石器時代晚期至新石器時代中晚期應屬同一個「環璧文化圈」，還有待考古學家填補資料上的缺環。而西遼河為「玦匕文化圈」的萌芽中心，由此傳播至西伯利亞東端、朝鮮半島、日本列島；「環璧文化圈」與「玦匕文化圈」二者不相隸屬，都是下一階段紅山諸文化玉器的先驅與基礎[56]。

三、第二階段——新石器時代晚期玉器發展梗概

到了西元前5000至前3000年的新石器時代晚期，或因區域性玉礦較早被發現之故[57]，在華東地區的考古學文化幾乎都發展了玉雕藝術。比較重要的

53　孫守道，〈中國史前東北玉文化試論〉，鄧聰主編，《東亞玉器》（香港中文大學中國考古藝術中心，1998）。

54　聞廣，〈全世界最早的真玉器〉，《故宮文物月刊》總號123，1993。

55　索秀芬等，〈興隆洼文化的分期與年代〉，《文物》2011，8。

56　「紅山諸文化」一詞，最初是蘇秉琦在1986年首度提出，1992年又再度詮釋，是指從興隆洼文化、紅山文化至小河沿文化。見蘇秉琦，〈與日本富山電視臺內藤真作社長談話〉，《華人·龍的傳人·中國人——考古尋根記》（瀋陽：遼寧大學出版社，1994），頁146。這應是廣義定義。1997年郭大順在其論文中，將「紅山諸文化」一詞只訂為：趙寶溝、富河、紅山三個文化，見郭大順，〈遼寧史前考古與遼河文明探源〉，遼寧省文物考古研究所等，《東北亞考古學研究——中日合作報告書》（文物出版社，1997），頁106-108。此為「紅山諸文化」一詞的窄義定義。本文選擇後者。

57　目前東北地區的玉礦已見諸正式地質報告的有：吉林磐石市扇車山與遼寧岫岩。分別見劉瑞等，〈吉林軟玉寶玉石性質與特徵研究〉，《岩石礦物學雜誌》第30卷，2011，8。王時

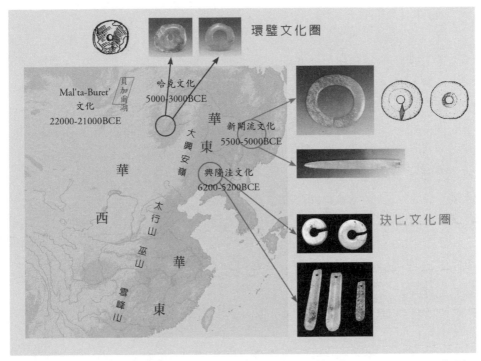

地圖A　西元前22000至前4000年東北亞玉器分布圖（作者編製，中央研究院提供GIS地圖）

有：黑龍江流域的亞布力文化（西元前5000至前3000年）、松花江流域的左家山文化（西元前5000至前3000年）、西遼河流域的紅山文化（西元前4700至前3000年）、遼東地區的小珠山文化（西元前5000至前2000年）、海岱地區的大汶口文化（西元前4000至前2300年）、巢湖流域的凌家灘文化（西元前3600至前3200年）、太湖流域的崧澤文化（西元前4000至前3300年）、良渚文化（西元前3300至前2300年）早期、石峽文化（西元前3300

麒等，《中國岫岩玉》（科學出版社，2007）。遼寧寬甸、內蒙赤峰二處，媒體報導均已尋找到閃玉玉礦。據王時麒教授告知：黑龍江鐵力在河中有白玉籽料，但原生礦尚未找到。江蘇溧陽已尋找到閃玉玉礦，應是良渚文化玉礦之一。見鍾華邦、張洪石，〈江蘇梅嶺玉的基本特徵〉，《岩石礦物學雜誌中國和闐玉專輯第21卷增刊》2002。此外，山東、安徽、廣東境內，尚未找到閃玉玉礦。

至前2300年）早期[58]。

　　除了斧鉞類玉質工具、兵器外，環形玉器（包括：環、璧、連璧、耳飾玦）的老傳統依舊存在。西元前3500至前3000年紅山文化進入第四期[59]。牛河梁為重要的中心遺址。第V地點Z1M1墓主頭的兩側，對稱地放著一對方圓形璧[60]。第II地點Z1M21出了十件璧（一件殘破），尺寸從小到大，大致左右對稱地成組鋪排於墓主肩部至腳端[61]；不排除這些璧中尺寸較小的是松黑地區較早階段的作品。有學者認為這樣在墓主人身旁鋪陳玉璧的情形，相似於某些春秋、戰國時代墓葬中，有規律地在墓主頭、足或身上置放多紐銅鏡的情形，都可能具有薩滿教的意義[62]。

　　松黑地區的小璧、連璧，不但出現於遼西紅山文化遺址，甚至山東半島大汶口文化中期遺址出土的小璧與連璧中很可能也混有松黑地區的古玉。山東鄒縣野店遺址出土的成串玉飾，從質地、兩側「V」形缺口的雕琢特徵觀察，其中幾件小璧及四連璧可能直接來自松黑地區，但其中的二連璧上下等大，器表平整，可能是海岱地區大汶口文化中期先民對外來古玉的仿製（見地圖B）。

　　巢湖地區的凌家灘文化、太湖地區的馬家浜文化晚期遺存、崧澤文化、良渚文化早期，都出土各種尺寸的玉璧。江家山馬家浜晚期至崧澤早期的墓150、墓198，分別在墓主頸胸間、腦下各平放徑約14、厚約4公分的石璧[63]。

58　劉國祥，〈中國東北地區史前玉器發展階段初論〉，收入氏著，《東北文物考古論集》（北京：科學出版社，2004）。趙賓福，〈東北新石器文化的時空框架及文化系統〉，《慶祝宿白先生九十華誕文集》（科學出版社，2012）。張敬國，〈凌家灘聚落與玉器文明〉，劉聰桂、錢憲和主編，《海峽兩岸古玉學會議論文專輯》（臺北：台大理學院地質系，2001）。方向明，《中國玉器通史‧南方卷》（深圳海天出版社，2014）。

59　索秀芬、李少兵，〈紅山文化研究〉，《考古學報》2011，3。

60　遼寧省文物考古研究所，〈遼寧牛河梁第五地點一號塚中心大墓（M1）發掘簡報〉，《文物》1997，8，頁8。

61　遼寧省文物考古研究所，〈遼寧牛河梁第二地點一號塚21號墓發掘簡報〉，《文物》1997，8。

62　同上註。

63　浙江省文物考古研究所、良渚博物院編，《崧澤之美》（浙江攝影出版社，2014）。樓航等，〈長興江家山遺址發掘的主要收穫〉，《浙江省文物考古研究所學刊》第八輯，2006。

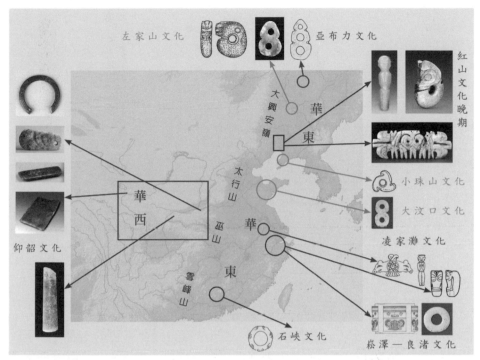

地圖B　新石器時代晚期（西元前5000至前3000年）玉器分布圖（作者編製，中央研究院提供GIS地圖）

東山村崧澤文化遺址出土多件玉璧也有尺寸呈等差級數的現象[64]。

　　大致而言，此階段的玉璧多半都是外輪廓不正圓，厚度不勻。但東北地區玉璧剖面多呈中段厚、兩端薄尖的棗核形；巢湖地區凌家灘文化玉璧中，也有的呈棗核形剖面；太湖流域崧澤文化晚期至良渚文化早期，玉璧才逐漸發展成剖面呈長方形。等到下一階段新石器時代末期早段（西元前3000至前2300年），太湖流域的史前玉璧文化才發展達於高峰，且具有高度禮制意義。

　　除了光素的玉質帶刃器與環璧類外，新石器時代晚期（西元前5000至

64　南京博物院、張家港博物館，〈江蘇張家港東山村遺址M101發掘報告〉，《東南文化》
　　2013, 3。

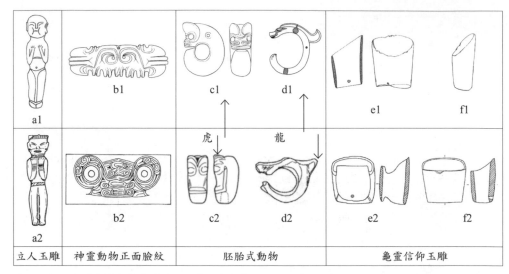

a1	b1	c1	d1	e1	f1
a2	b2	c2	d2	e2	f2
立人玉雕	神靈動物正面臉紋	胚胎式動物		龜靈信仰玉雕	

圖三　新石器時代晚期華東地區的北方、南方象生主題玉雕之比較

前3000年）華東諸文化出現多種動物主題玉雕。相似主題的玉雕可出現於北方的紅山諸文化與南方的凌家灘文化、崧澤文化、良渚文化，甚至嶺南的石峽文化中。當時可能存在「上層交流網」，統治者相互交流一些與宗教信仰相關的資訊，因此出現相似主題、特徵的美術品。地圖二中已列舉各地典型玉器，讀者可發現紅山文化、凌家灘文化都有雙手撫胸的站立玉人（圖三a1、a2）；紅山文化的帶齒動物面紋玉飾與良渚文化玉琮上的大眼面紋都表現神靈動物的正面臉紋（圖三b1、b2）[65]。

　　在多種動物主題玉雕中，以「胚胎式動物」及「龜靈信仰動物」最值得注意。所謂「胚胎式神靈動物」玉雕，是用美玉雕琢未必寫實，但屬觀念中的哺乳動物胚胎模樣。它們頭部已雕出五官及耳、角、鬣等，但身軀光素彎曲，無四肢。在東北地區常見豬龍、C龍兩種造形（圖三c1、d1）。在巢湖、太湖地區，也有長耳朵的與帶角（或長鬣）兩種造形[66]。

65　圖三a1, a2, b1, b2分別出土於牛河梁十六地點M4，凌家灘87-M1-1，牛河梁二地點一號塚M22，瑤山M12。

66　拙作，〈探索崧澤——良渚系「龍首飾」〉，浙江省文物考古研究所主編，《2014年崧澤文

一排短牙

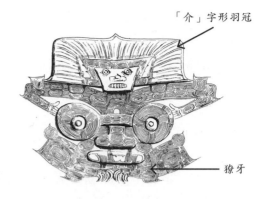

「介」字形羽冠

獠牙

圖四　良渚早期　瑤山墓1出土龍首　　　圖五　良渚早期晚段　反山墓12出土大玉琮
鐲上一個花紋單位線繪圖　　　　　　　直槽上浮雕的「神祖騎神獸」的圖像

　　有學者根據崧澤晚末期墓葬中陶器變化，認為當時這類「龍首玉飾」是
外地傳來的[67]。雖然目前多統稱它們為「龍」，事實上也可細分為二，圖三d2
沒有雕出五官，但有長鼻吻與飄鬣的才是龍[68]。而像圖三c2那般，頭頂有短
立耳的應該是另一種動物。

　　方向明指出，圖三c2這種「小玉龍」經過如圖四有一排短牙的階段，發
展成如圖五「良渚神徽」下半截的口吐獠牙的「大眼面紋」，短耳演變成大
眼的月牙形眼瞼。大陸考古學家多稱「大眼面紋」為「神獸紋」或「獸面
紋」[69]。

　　獠牙是食肉類猛獸的特徵，圖五極可能表現「神祖」騎乘於「虎輴」的
形象。若圖三c2依序發展出圖四與圖五下半截的推論成立，反向思考，圖三
c2就應該是一隻「小玉虎」。筆者建議稱之為「琥龍」[70]。這樣的「琥龍」頭

　　　化學術研討會論文集》（出版中）。

67　劉斌，《神巫的世界》（杭州出版社，2013）。頁150-162。

68　圖三c1, c2, d1, d2, 分別出土於那日斯台、普安橋、三星他拉、趙陵山。

69　方向明，〈良渚文化玉器的龍首紋與神人獸面紋之獸面紋〉，鄧聰、吳春明主編，《東南考
　　　古研究》，第3輯（廈門大學出版社，2003）。

70　「琥」字出現於戰國望山二號墓的竹簡上。該竹簡記錄隨葬品中有「一雙琥」。該墓出土

像也出現於嶺南的石峽文化早期，大約與良渚文化早期相當[71]（見地圖B最下端）。

　　史前龜靈信仰廣布各地，但最受矚目的是海岱地區。在大汶口文化遺址中出土「龜甲器」，將實體的兩片龜殼中的腹甲一端切短，背甲、腹甲均鑽孔，綁繫後放入石子等用以占卜[72]。凌家灘文化受其影響，用玉仿製兩片龜甲（腹甲也切短）[73]，到了該文化晚期則仿製的玉龜甲不再分開，逐漸簡化成斷面呈橢圓形，兩邊高低不同的「龜形器」[74]（圖三e2, f2）。由於器形非常相似於紅山文化晚期的斜口筒形器（圖三e1, f1），所以筆者與其他幾位學者傾向於認為斜口筒形器是玉龜甲的簡化形式[75]。

　　蔣衛東則持相反意見。他依據形制、出土位置、功能等認為二者無關；反而因為紅山文化也出土實心體斜口筒形器，所以認為紅山文化斜口筒形器與該文化的玉蠶蛹取向與功能相同[76]。蔣衛東可能對部分出土於牛河梁的長邊向外撇的斜口筒形器印象深刻，所以有此聯想；事實上，紅山文化可以西拉木倫河分為西北、東南兩區，在陶器、玉器上，二區都有相當的差異[77]。西北

　　一對碧玉雕琢的所謂「龍形佩」，相似的光素「龍形佩」出土於戰國中山王國墓中，器表墨書「它玉虎」「玉虎」。據此，筆者考證自史前至兩漢，龍與虎經常相伴出現，作為協助宗教人物溝通人神的神靈動物。建議將似龍之虎稱為「琥龍」。見拙作，〈璧的故事（下之2）〉，《大觀》2014年10月號，總號61期，頁36-45。

71　石峽M99-5，線圖首發於：朱非素〈試論石峽遺址與珠江三角洲古文化的關係〉，廣東省文物考古研究所編，《廣東省文物考古研究所建所十周年文集》（廣州：嶺南美術出版社，2001），頁24-63。

72　山東省博物館、山東省文物考古研究所，《鄒縣野店》（文物出版社，1985）。

73　安徽省文物考古研究所，《凌家灘——田野考古發掘報告之一》（北京：文物出版社，2006）。

74　安徽省文物考古研究所，〈安徽含山縣凌家灘遺址第五次發掘的新發現〉，《考古》2008, 3。

75　拙作，〈解開紅山文化玉箍形器之謎？〉，《故宮文物月刊》，總號311。2009, 2，頁96-109。黃翠梅，郭大順，〈紅山文化斜口筒形玉器龜殼說——凌家灘的啟示〉，楊晶、蔣衛東主編，《玉魂國魄——中國古代玉器與傳統文化學術討論會文集》（五）（杭州：浙江古籍出版社，2012）。

76　蔣衛東，〈斜口筒形器非龜殼說〉，《文物》2014, 8。

77　拙作，〈試論紅山系玉器〉，許倬雲、張忠培主編，楊晶助理主編，《新世紀的世考古學——文化、區位、生態的多元互動》（北京：紫禁城出版社，2006），頁353-418。

區那日斯台一帶徵集的多件斜口筒形器，長邊不但不外撇，有的口沿還微斂（圖三f1）。東南區如牛河梁，也出土長邊平直不外撇的筒形器（圖三e1）。且筒形器在牛河梁墓葬中，也有出於墓主腹部的例子，與凌家灘07M23相同。

　　事實上，史前通過上層交流網的資訊傳播[78]，在遠距離出現創形觀念相似的文物，必然不會一模一樣。圖三從a至d都可作為例證。在新的文化中發展出新的功能，因而形制有些改變，也是合理之事。筆者懷疑或因紅山先民可取得較大的玉料，所製作斜口筒形器較長，有時可枕在頭下，所以將長邊中段磨凹，上端磨撇。

　　在這二千年內，華東諸文化玉雕高度發達，廣袤的華西地區雖有高度發展的彩陶文化，但玉雕卻不興盛。地圖B所標示的三個仰韶文化出土玉器的地點分別是：甘肅天水秦安大地灣[79]、陝西漢中南鄭龍崗寺仰韶文化早期遺址、河南靈寶西坡仰韶文化中期遺址[80]。前二處出土閃玉製作的錛、鑿，西坡則出土蛇紋石系美石製作的鉞與璜。

　　玉器文化的發展受制於玉料的有無，黃河上、中游是黃土覆蓋區，阻礙玉料的被發現。大地灣、龍崗寺所出的這幾件閃玉質工具，體積小巧，估計是撿拾河中籽料製作。事實上，華西地區蘊藏多種礦體甚大、蘊藏量豐富的閃玉礦，直到新石器時代末期才逐漸被發現。

四、第三階段——新石器時代末期早段玉器發展梗概

　　本文第一章已說明，新的考古發現及精準的年代測定，令西元前第三千紀的考古學年代框架必須重新建構。對於中國古代文明形成的重要階段，即

78　西方學者先提出「上層交流網」的概念解釋史前遠距離地區出現相似的宗教美術品。李新偉較早引用此一觀點解釋凌家灘、紅山二文化之間的交流。見氏著，〈中國史前玉器反映的宇宙觀——兼論中國東部史前複雜社會的上層交流網〉，《東南文化》2004, 3。

79　甘肅省文物考古研究所，《秦安大地灣——新石器時代遺址發掘報告》（文物出版社，2006）。此遺址年代跨度很大，玉器出於西元前4500至前4000年的仰韶文化早期遺存中。

80　陝西省考古研究所，《龍崗寺——新石器時代遺址發掘報告》（文物出版社，1990）。中國社會科學院考古研究所、河南省文物考古研究所，《靈寶西坡墓地》（文物出版社，2010）。

所謂「龍山時期」的年代範圍也一再推遲。

暫不論三、四十年前,「龍山時期」一詞曾是指西元前3000至前2000年;約二十年來,考古學界已按照山東龍山文化的年代,將西元前2600至前2000年稱為「龍山時期」。但2011年11月公布文明探源工程的高精度的日曆年代資料後,當下學界主流看法則認為「龍山時期」或「龍山時代」一詞,宜指稱西元前2300至前1800年這五百年。但此一標準,較適用於黃河流域,對於長江流域或其他地區,還需因地制宜[81]。所以,筆者將社科院考古所在2010年出版的《中國考古學‧新石器時代卷》中所框定的新石器時代末期(西元前3000至前2000年)中的前七百年,稱為「末期早段」。

這七百年間玉器文化的發展,大約可以地圖C作簡要的表達。

(一)黃河上中游發展出「璧琮組配」的玉禮制

筆者從出土器、傳世器及可靠的流散品歸納,史前華西先民採用的閃玉料,從外觀上就明顯分為四種[82]。但是這四種閃玉礦究竟蘊藏何處?華西先民在何時?在覆蓋厚厚黃土的黃河上中游,設法在少數露出石頭的山上找到?尚待地質學界探勘與研究[83]。

目前的考古資料顯示,西元前第三千紀的中期,也就是大約西元前2500年前後,黃河上中游居民已能掌握閃玉料的獲取。分布於甘肅的半山文化(西元前2600至前2300年)[84],已製作:璧、三璜聯璧、玉方筒(或稱「原始

81　近日請教北京大學趙輝教授所得之結論,特此申謝。

82　拙作,〈萬邦玉帛——夏王朝的文化底蘊〉,許宏主編,《夏商都邑與文化(二)》(北京:中國社會科學出版社,2014,10),頁146-248。

83　有學者曾論述黃河上中游因覆蓋黃土,缺乏玉礦,故此處在史前玉作不盛,常見將舊器再切割利用。事實證明齊家系玉器數量多、體積壯碩,石峁玉器也很多,雖不厚實,但多長達四、五十公分。筆者請教王時麒教授,據告黃河上中游黃土多堆積較低平處,凡露出石頭的山上仍可找尋礦脈。在當時可能尚未開採山料,但可收集崩落於山腰的所謂「山流水」玉料製器。聞廣教授曾取樣分析齊家玉器、石峁玉器,確知這些外觀看似不勻的閃玉,多是雛晶緊密堆積而成,故可剖切成薄片不會崩斷。到周代時,常將史前古玉剖切多片,以供頻繁的祭禱儀式後當供品掩埋。

84　或稱為「馬家窯文化半山類型」。

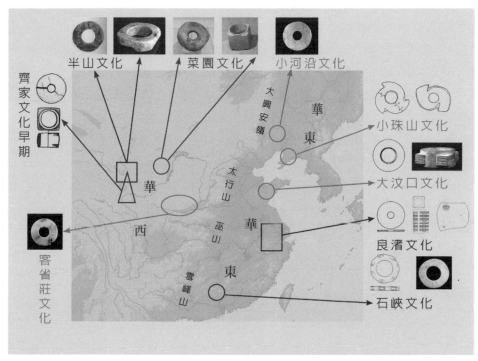

地圖C　新石器時代末期早段（西元前3000至前2300年）玉器分布圖（作者編製，中央研究院提供GIS地圖）

玉琮」）、斧等玉器；20世紀初，瑞典科學家安特生在半山瓦罐嘴採集一批，現藏於瑞典的東方博物館[85]。從其色澤觀察，它們應多為閃玉（圖六至八）。而器身厚實、刃部滿布破碴的青綠色閃玉斧，可能還是早於半山文化的仰韶時期遺物（圖九）[86]。

接續半山文化的齊家文化發展迅速，分布面積廣，並形成幾個區域類。甘肅東部的師趙村類型師趙村遺址曾經科學發掘，在一座二次葬的墓中，隨

85　J.G. Andersson, "Researchs into the Prehistory of the Chinese." 多採集自甘肅寧定（今日改稱廣河）半山瓦罐嘴。謝端琚認為該遺址為單純的半山期遺存。見其〈黃河上游史前文化玉器研究〉，《故宮學術季刊》第19卷第2期，2001。

86　圖六引自袁德星，《中華歷史文物》。圖七至九，攝於瑞典東方博物館陳列室。

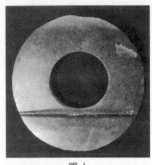

圖六

圖七

圖八

圖六、七、八　半山文化　玉璧、玉璧、玉方筒（原始玉琮）
瓦罐嘴採集

葬一璧、一琮（圖一○、一一），經質地檢測，為閃玉質[87]。此玉璧面積頗大
（徑18.6公分），厚薄甚勻，直條切割痕已被修整不顯，同出的玉琮射口雖稍
歪斜，但器壁平直，孔壁光潤，製作也稱工整。顯然已是工藝成熟的作品。
師趙村是齊家文化早期遺址[88]，碳十四測年數據可達西元前2335-2044年[89]，據
此可知，黃河上游在這段時期雕琢閃玉的工藝已發展甚久，且已形成「璧琮
組配」的禮制。

　　這兩份甘肅出土的資料中，已明顯看出有筆者所稱第一種、第二種典型
華西玉料。

　　第一種華西玉料色澤較輕淺明亮，微帶半透明感，但常夾有大片深褐色
「糖斑」[90]。如圖七玉璧、九玉斧。這種玉料因外觀相似，曾被傳為新疆和闐地
區的崑崙山閃玉，俗稱「和闐玉」。但和闐玉所夾的糖斑多為小面積的淺褐
色。目前有關第一種典型華西玉料的產地說法紛紜，有待地質界勘查。

　　第二種華西玉料是細膩不透明的暗草綠色至藍綠色，常被灰白色的寬頻
包圍。圖六、一○即是。

87　中國社會科學院考古研究所，《師趙村與西山坪》（中國大百科全書出版社，1999）。書中
　　稱為「透閃岩」。

88　同上注《師趙村與西山坪》，頁10。

89　師趙村齊家文化的年代參考師趙村T307（4）的校正年代資料BC2317-2042，或T406（3）
　　H1，校正年代資料BC2335-2044，見中國社會科學院考古研究所編，《中國考古學中碳十
　　四年代資料集（1965-1991）》（文物出版社，1992）。

90　此種糖斑是因含有大量三氧化二鐵所致。顏色接近紅糖，故稱糖斑。

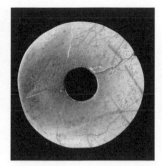

圖九　半山文化？　玉斧　　　圖一〇　齊家文化早期　玉璧　　圖一一　齊家文化早期　玉琮
長9.9公分　瓦罐嘴徵集　　　徑18.4-18.6公分　師趙村M8　邊長5.2-5.5公分　師趙村M8
　　　　　　　　　　　　　　出土　　　　　　　　　　　　出土

　　分布於寧夏南部的菜園文化（又稱為「常山下層文化」），絕對年代約
西元前2800-2200年[91]。圖一二、一三即是該文化較早階段出土的石質璧與
琮。

　　寧夏南部海原、固原、隆德附近可能曾蘊藏體量龐大的閃玉礦，故這一
帶徵集許多玉質斧、錛、鑿、璧、琮、鐲、笄、圍圈片等[92]，其中不乏體積厚
實壯碩者。謝端琚曾將這批玉器歸屬菜園文化[93]，後又根據陶器資料將這些遺
址歸為「齊家文化頁河子類型」[94]。可惜這一帶始終沒有系統地發掘，也無較
可靠的測年資料。

　　寧夏境內同數目璧、琮出土的紀錄有二[95]：1984年海原縣海城鎮山門村

91　謝端琚，〈黃河上游史前文化玉器研究〉，《故宮學術季刊》第19卷第2期，2001。謝端琚，
　　〈寧夏史前考古概論〉，《二十一世紀的中國考古學——慶祝佟柱臣先生八十五華誕學術文
　　集》（文物出版社，2006）。固原當地部分資料顯示，年代上限還可能再早一、二百年。

92　多璜聯璧是半山文化、齊家文化玉器的重要品類。但有的體積甚大，每個單片不刻意修整
　　輪廓，拼接起來外輪廓不正圓，有學者稱之為「玉圍圈」，分散後的單片則稱為「圍圈
　　片」。

93　謝端琚，〈黃河上游史前文化玉器研究〉，《故宮學術季刊》第19卷第2期，2001。

94　謝端琚，〈寧夏史前考古概論〉，《二十一世紀的中國考古學——慶祝佟柱臣先生八十五華
　　誕學術文集》（文物出版社，2006）。

95　羅豐，〈黃河中游新石器時代的玉器〉，《故宮學術季刊》第19卷第2期，2001。

圖一二a, b　菜園文化　玉石璧二件　目測徑約6-7公分，寧夏海原收購，展出於寧夏博物館

圖一三a, b　菜園文化　石琮　高3.8寬4.5公分　寧夏沙塘頁河子徵集　展出於固原博物館

同時出土一璧（徑25.5公分）一琮（高12公分）[96]。1986年隆德沙塘和平村也出土一璧（徑36公分）一琮（高19.5公分）。圖一四、一五是筆者於2009年探訪時所拍；它們不但體大厚重，且玉質、雕工非常相似，顯然是用同一塊大形玉料製作。其特徵為：有明顯沉積岩文理，包括不規則團塊或波浪條斑，無透明感，從淺的牙白、牙黃到灰褐、灰藍都有。這就是筆者所界定的「第三種典型華西玉料」。圖一四、一五屬於第三種典型華西玉料中顏色偏淺的。這種尺寸、玉質的大璧，台北故宮清宮舊藏中有三件[97]，流散歐美博物館也有數件[98]。

　　陝西境內的齊家文化屬川口河類型、有三處出土一璧、一琮的紀錄：寶雞市賈村陵厚村東北土梁上，寶雞扶風縣城關鎮案板坪村、長安上泉村[99]。甘肅靜寧治平鄉後柳河村還發現一個大石板壓著一坑，內埋有四件玉琮、四件

96　現藏於寧夏海原縣文管所。

97　清宮舊藏的這種大璧顯然曾在明晚期至清初用褐色顏料染過。但在切成半璧的剖切面上可看出原色澤文理。見拙著，《國立故宮博物院藏新石器時代玉器》（臺北：國立故宮博物院，1992）。

98　筆者曾於1979-80年查訪流散歐美中國古玉。部分發表於古方、江伊莉，《玉器時代——美國博物館藏中國早期玉器》（科學出版社，2009）。

99　分別見高次若，〈寶雞市博物館藏玉器選介〉，《考古與文物》1995, 1；劉雲輝，《周原玉器》（中華文物學會，1996）；戴應新，〈神木石峁龍山文化玉器探索（一）〉（中華文物學會，1996）。

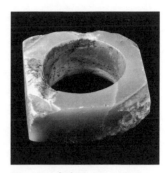

圖一四 齊家文化 玉璧
徑36公分 沙塘鄉和平村出土
承蒙隆德縣文管所同意出版、
特此申謝

圖一五 齊家文化 玉琮
高19.5寬8.1公分 沙塘鄉
和平村出土 承蒙固原博
物館同意出版，特此申謝

圖一六 齊家文化 玉琮
高2寬5.6公分 甘肅甘谷渭水
峪出土

玉璧[100]。

　　甘肅東端、寧夏南端、陝西西部是三個相連的地區，隴山（又稱為六盤
山）為此一大範圍的核心。分布於此的半山文化、菜園文化、客省莊文化
等，後來都發展為齊家文化。所以這三個文化或可暫稱為「先齊家諸文化」。
先齊家諸文化玉器與齊家文化玉器可合併稱為「齊家系玉器」。因為缺乏科
學考古資料，目前還無法確知先齊家諸文化蛻變為齊家文化的時間與歷程。
可確知的是，如圖八、一六這種器壁切割平直，器身歪、射口或無、或很淺
的玉方筒（或稱為「原始玉琮」）為數甚多，散存各公私收藏。因為作工比
齊家文化早期遺址師趙村玉琮（圖一一）拙樸甚多，推估應是「先齊家諸文
化」的作品。國立故宮博物院藏有甚多這類玉器[101]。綜合分析，玉琮在黃河
上中游有它明確的創形理念，那就是「方」。也有其本土的根源及發展歷
程，它從萌芽（圖八），發展（圖一六、一三），到定型（圖四、一一、一
五），四個邊壁一定平直，頂多是轉角磨圓。

---

100 此資料曾報導為四琮、三璧。筆者2009年前往靜寧博物館，才查明當初出土時是四件
　　璧、四件琮，被鄉民瓜分，鄉政府得知後設法追繳並撥交給靜寧縣博物館，但只追回七件
　　完整者，另一件玉璧因已破損成多塊，無法完整復原，因而沒有上繳。
101 拙作，〈圓與方——古人思維中的天地與陰陽〉，《故宮文物月刊》總號2015, 5。

　　由於玉璧、玉琮毫無生活上的實際用途，卻需耗費大量人力時間製作。因此，推估黃河上中游的玉琮，從萌芽起就是為了與玉璧構成組配的禮器，用作溝通神祖的「靈媒」。我們無法知道在將璧、琮掩埋前曾舉行什麼儀式，但儀式結束後，可用掩埋（可能還有「沉於河」、「積柴焚燒」等法）儀式將玉器送給神祇祖先。且多只埋璧與琮，鮮見有同埋其他重要文物的情況[102]。

　　總結本節，西元前第三千紀，尤其是中段以後，很可能隴山周邊的華西先民，在「天圓地方」的宇宙觀、「禮神者必像其類」、「同類感通」的思維哲理下，率先發展出「璧琮組配」的玉禮制。此為中國歷史上最古老的禮儀定制。

（二）長江下游「璧琮組配」玉禮制的確立

　　前文已說明，太湖流域的崧澤文化（西元前4000至前3300年）與良渚文化（西元前3300至前2200年），先後銜接，玉雕工藝極為精進。可能通過上層交流網與遼西地區、海岱地區、巢湖地區、嶺南地區的政治菁英分子，交流各種與神秘信仰有關的資訊。所以擅長雕琢胚胎式動物及神秘的「神祖—神靈動物」面紋。

　　如前文圖五那種被稱為「良渚神徽」及由之衍生的紋飾，幾乎可加雕在良渚貴族所使用的任何玉製行頭上：手鐲、佩璜、管串、梳背、三叉形冠等。也可加雕在象徵權力的玉鉞上，但絕不琢於具最高通神地位的玉璧上。

　　「良渚神徽」常四個一組地雕琢在玉鐲外壁，隨著神祖鼻子逐漸變高，玉鐲就逐漸變方。但良渚先民自始至終都清楚記得，如圖一八、一九的玉器基本上是「玉鐲」。是否在良渚社會中，這種刻了祖宗形象的玉器有個特殊的品名，就是後世文獻裡的「琮」呢？一時無法解答。但為便於討論，本文隨著當下學術界的共識，稱圖一八、一九為「琮」。

　　吳家埠出土一件未完工的方形玉筒（圖一七a），上下器表都以細陰線畫出淺圓弧形的輪廓線，以及中央的圓圈形射口。（圖一七b）證明在良渚文化中，「弧形邊壁」是玉琮的必要條件，必須不怕費工地將切好的平直邊壁

102　喇家遺址不見玉琮，皇娘娘台只見琮蕊。

圖一七　良渚文化　未完工玉琮　吳家埠出土　a. 全器　b. 拓片

（圖右側標注：）
陰線刻畫圓
弧形輪廓線

陰線刻畫圓圈形
射口輪廓線

陰線刻畫圓
弧形輪廓線

再加工成弧壁[103]。如牟永抗所觀察，即或良渚玉琮發展成十餘節的高柱體，每條分節的凹槽也在四個轉角部位特別深切至內部的圓柱體上，若一件高玉琮被切成二節，寧願破壞器表雕好的神祖面紋，也要修治出圓形的上下射口[104]。

　　良渚文化長達千年，在早、中期時，璧與琮是完全無關的兩類玉器。玉架山墓16是迄今唯一一座出土帶刻畫符號玉璧的良渚晚期墓葬，墓中也有一件玉琮及數件玉鉞等，但從隨葬品擺放位置，看不出璧與琮之間有任何關連？

　　良渚文化晚期時（西元前2500至前2200年）玉琮朝向高大多節發展，四個邊壁變得如圖二〇、二一那般厚實又平直。良渚晚期的玉璧也變大。璧與琮這兩種可能本是無關的玉器，到良渚晚期時，除了追求量體感外，少數璧與琮還在器表以極輕淺的細陰線刻畫「鳥立祭壇」「飛鳥」「游魚？」「交互雙L線」等與天象有關的符號。（圖二二、二三）所以牟永抗形容璧與琮是良渚文化裡，既有分別又有內在聯繫的兩種玉器[105]。方向明則提醒筆者注意，在反山12號墓與寺墩3號墓的墓主左肩部位，各出土一件大形玉琮，它

103　王明達，〈介紹一件良渚文化玉琮半成品——兼談琮的製作工藝〉，錢憲和、方建能主編，《史前琢玉工藝技術》（國立臺灣博物館，2003）。
104　牟永抗，〈關於璧琮功能的考古學觀察〉，《東方博物》第四輯（杭州大學出版社，1999）。
105　同上注，頁36。

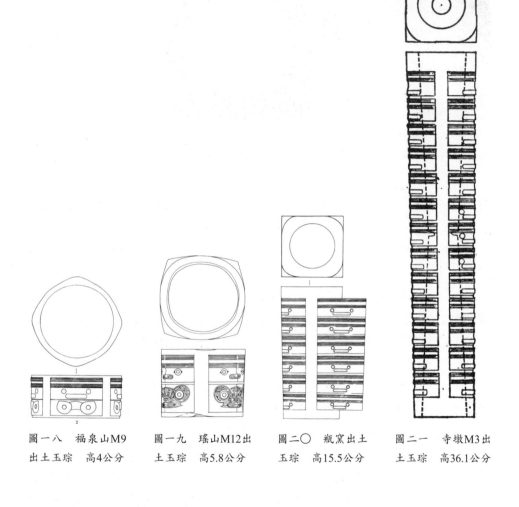

圖一八　福泉山M9
出土玉琮　高4公分

圖一九　瑤山M12出
土玉琮　高5.8公分

圖二〇　瓶窯出土
玉琮　高15.5公分

圖二一　寺墩M3出
土玉琮　高36.1公分

　　們的上下射口部位都形成圓璧形狀，令全器造形好似二圓璧間夾一方琮，或是探索良渚文化璧琮間早有神祕內在聯繫的物證。

　　　為何在良渚晚期時，突然玉琮越變越高、越變越方呢？

　　　筆者懷疑，是否良渚文化的貴族通過上層交流網，從黃河上中游先齊家——齊家文化的政治菁英那兒，獲知「天圓地方」的宇宙觀、「禮神者必像其類」「同類感通」的思維哲理，就將自己已有的刻有神祖紋的玉鐲加高

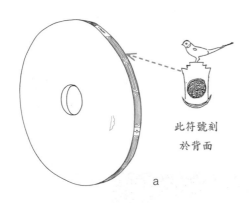

圖二二　良渚文化晚期　玉璧（線圖）
徑23.65公分　兩面各刻山丘、鳥立祭壇
符號，圓周刻：飛鳥、游魚？、交互雙L
線符號　華盛頓弗瑞爾博物館藏

圖二三　良渚文化晚期　玉琮
高38.2公分　直槽上刻鳥立祭壇符號
首都博物館藏　引自《北京文物精華》

變方，再與玉璧共同作為通神秘碼的載體，也就在自己的族內完備了「璧琮組配」的玉禮制。

　　是不是這樣呢？還需要更多的考古發掘與研究來繼續探索真相。

（三）其他地區的玉文化

　　除了黃河上中游、長江下游這兩大片發展出以「璧琮組配」作為溝通神人的禮器外，嶺南的石峽文化（西元前3000至前2300年）[106]、海岱地區的大汶口文化晚期（西元前2800至前2300年）至山東龍山文化早期（西元前2300至前2150年），也有玉石質璧、琮的製作。但遼西地區的小河沿文化（西元前3500至前2000年）[107]，只見玉石璧，而無琮的製作。

106　石峽文化年代請教撰寫《中國玉器通史・南方卷》的方向明研究員。方向明，《中國玉器通史・南方卷》（深圳海天出版社，2014）。

107　小河沿文化的年代有多種說法，本文取較晚進的論證：索秀芬、李少兵，〈燕山南北地區新石器時代考古學文化序列和格局〉，《考古學報》2014, 3。

　　分布於嶺南地區的石峽文化受到太湖地區良渚文化影響甚劇，除有玉石琮的製作外還有龍首鐲等，多屬該文化早期遺物[108]。但在海岱地區，到了大汶口文化過渡至山東龍山文化之際才見一件分節有眼紋的玉琮（圖二四）。筆者從雕琢風格分析，認為徵集自陝北蘆山峁的一件黃綠色閃玉琮，應歸為山東龍山文化（西元前2300至前1800年）[109]。以上四件玉琮應都是良渚文化影響下的作品。

圖二四　大汶口文化末期至山東龍山文化早期　玉琮
高3.5　邊長7.3　孔徑6.6公分　五蓮丹土出土
引自《山東文物精品大展》

　　大汶口文化晚期的墓葬中，常見墓主手腕戴著肉部甚寬，但多為內厚外薄的玉石璧[110]。在遼西的小河沿文化，女性多將玉石璧戴於手腕，男性則常放在墓主的胸頸上[111]。小河沿、大汶口這兩個文化的用璧習俗，或可能是稍晚時山西的陶寺文化、清涼寺墓葬，以及陝西的石峁文化將玉璧用作腕飾習俗的源頭。

108　因石峽文化總報告尚未出版，相關資料請教方向明研究員。
109　拙作，〈楊家埠、晉侯墓、蘆山峁出土四件玉琮的再思〉（山東博物館、良渚博物院），《玉潤東方：大汶口——龍山·良渚玉器文化展》（北京：文物出版社，2014，7），頁13-32。
110　山東省文物管理處等編，《大汶口——新石器時代墓葬發掘報告》（文物出版社，1974）。山東省考古所等，〈山東莒縣陵陽河大汶口文化墓葬發掘簡報〉，《史前研究》1987，3。
111　遼寧省文物考古研究所等編著，《大南溝——後紅山文化墓地發掘報告》（科學出版社，1998）。承蒙郭大順先生提示此一分別，特此申謝。

五、第四階段──龍山至夏時期玉器發展梗概

經過新石器時代中期晚段、晚期，至末期早段，也就是西元前6200至前2300年，長達近四千年的發展，到了新石器時代末段晚期（西元前2300至前1800年），也就是所謂的「龍山時期」，華夏大地上玉器文化高度發展，且形成多個區域風格。區域間風格差異的原因之一是各地固守本土傳統，並由之蛻變出新的內涵；原因之二是，華西與華東先民分別掌握了四種、三種玉礦。雖同是閃玉礦，但玉料的結構特徵不同，導致各地區流行的玉器不同，用玉器溝通神祖的禮制內涵也不同[112]。

大約在西元前第三、第二千紀之交，中原地區以其特殊的「中心」地理位置，逐漸成為四方英豪逐鹿之地。歷史上的夏王朝隱然在此崛起。夏商周斷代工程的結論，以西元前2070年為夏紀年開始，此時及以後的數百年，中原先後為河南龍山文化（王灣三期文化，西元前2100至前1870年）、新砦文化（西元前1870至前1750年）、二里頭文化（西元前1800至前1550年）[113]。二里頭文化第一期與第四期，分別與新砦文化、商王朝的紀年重疊。

地圖D以各地代表性玉器圖片，顯示中原與其周圍六個主要的用玉政治實體（或稱為「方國」）所用玉器的異與同。表一則分「璧類玉器」、「帶刃器」、「神祖像類」三項，檢視這七個政治實體的用玉狀況。

（一）華東玉文化的蛻變與創新

華東地區是玉器文化最先萌芽、繁榮的地區，經過紅山文化、良渚文化的高度發展，這二個文化先後在西元前3000年、2200年走向衰亡[114]。但事實

---

112 拙作，〈萬邦玉帛──夏王朝的文化底蘊〉，許宏主編，《夏商都邑與文化（二）》（北京：中國社會科學出版社，2014, 10），頁146-248。

113 根據：張雪蓮、仇士華、蔡蓮珍等：〈新砦─二里頭─二里岡文化考古年代序列的建立與完善〉，《考古》2007, 8。並請教許宏研究員，以西元前1800年為二里頭文化起始時間。

114 有關這兩個高度發展的文化衰亡原因，說法很多。建議參考：許倬雲，〈良渚文化到哪裡去了〉，浙江省文物考古研究所編，《良渚文化研究──紀念良渚文化發現六十周年國際學術討論會文集》（北京：科學出版社，1999），頁120-132。郭大順，〈東北南部地區的聚落演變與早期文明〉，嚴文明主編，《聚落演變與早期文明》（北京：文物出版社，2015）。

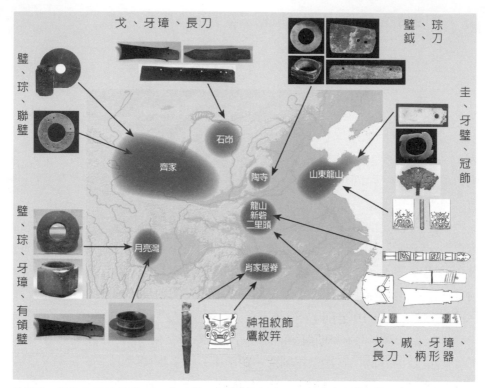

戈、牙璋、長刀

璧、琮、鉞、刀

璧、琮、聯璧

圭、牙璧、冠飾

石峁

齊家

陶寺

山東龍山

璧、琮、牙璋、有領璧

月亮灣

龍山新砦二里頭

肖家屋脊

神祖紋飾鷹紋笄

戈、戚、牙璋、長刀、柄形器

地圖D　西元前2300至前1550年（龍山至夏時期）用玉示意圖（作者編製，中央研究院提供 GIS 地圖）

上文化的底蘊雖歸於沉潛，但並未斷絕，商中期晚段以後，動物面紋以及以鳥、龍、虎為主題的宗教美術品的大量出現，就是華東文化的復興。

　　如地圖D與表一所示，在新石器時代末期晚段至夏時期，也就是西元前2300至前1550年的七百五十年內，華東地區有兩個文化發展了高度且有特色的玉文化。分別是海岱地區的山東龍山文化（西元前2300至前1800年）與江漢地區的肖家屋脊文化（西元前2100至前1700年）[115]。在這兩個文化玉

115　石家河文化（西元前2300至前1800年）的晚期，文化發生劇變，故多位學者建議將石家
　　河文化晚期獨立。筆者按何駑，〈試論肖家屋脊文化及其相關問題〉，《三代考古》第二期
　　（北京：科學出版社，2006），稱之為肖家屋脊文化。再依據陶寺中期（西元前2100至前
　　2000年）墓22出土肖家屋脊文化玉神祖面嵌飾器，作為該文化年代上限。

表一　龍山至夏時期中原及周邊用玉的比較

器類	王灣—新砦·二里頭 2100-1550BC	石峁 2300-1600BC	齊家 2300-1700BC	月亮灣 ??-1550BC	陶寺 2300-1900BC	山東龍山 2300-1800BC	肖家屋脊 2100-1700BC
璧琮類		璧	璧	璧	璧	璧	璧
			琮	琮	琮	琮	琮
			多璜聯璧		多璜聯璧		
		有領璧？		有領璧			
		牙璧？			牙璧	牙璧	
帶刃器	斧鉞（戚）鏟圭	斧鉞鏟圭	斧鉞鏟圭	斧鉞鏟圭	斧鉞鏟圭	斧鉞（戚）鏟圭	
	多孔刀	多孔刀	多孔刀		多孔刀	多孔刀	
	牙璋	牙璋		牙璋		牙璋	
	戈	戈					
神祖像類						神祖面圭、玉嵌飾、神祖像玉笄	神祖面紋嵌飾、佩飾器
	柄形器						柄形器
	海岱式扉牙					海岱式扉牙	
其他	笄簪					笄簪	笄簪

器中出現相似的神祖面紋（圖二五、二六）[116]。

　　經研究這是承襲新石器時代中期沅水上游高廟文化（西元前5800至前4800年）陶器上的「咧嘴獠牙」與成對「鳥翼」紋[117]，以及寧紹平原上河姆渡文化第三層（西元前4500至前4000年）陶盆上刻畫的「介字形冠」、一雙圓眼與一對神鳥[118]。經過凌家灘文化、良渚文化的發展，吸收了紅山文化的

---

116 劉敦愿，〈記兩城鎮遺址發現的兩件石器〉，《考古》1972, 4。湖北省荊州博物館等，《肖家屋脊：天門石家河考古發掘報告之一》（文物出版社，1999）。

117 賀剛，〈湖南高廟遺址出土新石器時代白陶〉，廈門大學人文學院歷史系考古教研室、香港中文大學中國考古藝術研究中心編，鄧聰、吳春明主編，《東南考古研究》第四輯（廈門大學出版社，2010），頁224-243。

118 浙江省文物考古研究所，《河姆渡——新石器時代遺址考古發掘報告》（文物出版社，2003），圖二九-1。

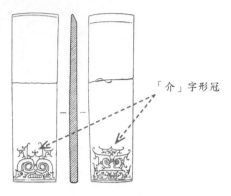

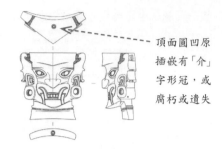

圖二六　肖家屋脊文化　玉神祖面嵌飾器
（正面、側面、頂面線繪圖）　高3.7公分
肖家屋脊出土

圖二五　山東龍山文化中期　神祖面紋玉圭
高18公分　兩城鎮出土

漩渦眼紋而成[119]。筆者稱之為「東夷系神祖面紋」[120]。或因各地區能利用的玉料大小不同，故在黃河流域以鏟（圭）、刀等帶刃玉器為載體，在長江中游則只能雕琢成小件的嵌飾器或佩飾器。

　　值得強調的是，承襲自西元前四、五千年前，先民想像中神祇、祖先的特徵，在西元前2000年左右形塑出較為完整的面貌（圖二五、二六），再於黃河下游發展出「海岱式扉牙」、於長江中游發展出「柄形器」，分別是用來溝通神祖的裝飾元素與器類。二者盛行於夏、商、西周，即西元前2070至前770年的一千三百年。直到禮崩樂壞的春秋時期，此類承載著遠古神秘信仰的裝飾元素與器類才在人文主義的興起浪潮下退出歷史的舞臺。

　　下文分別說明「海岱式扉牙」與「柄形器」的發展：

1、海岱式扉牙

　　自河姆渡文化以來流傳有序的「介字形冠」，在良渚文化時除了作為良

119　拙作，〈新石器時代神祖面紋研究〉，楊晶、蔣衛東執行主編，《玉魂國魄——中國古代玉器與傳統文化學術討論會文集（五）》，中華玉文化特刊（杭州：浙江古籍出版社，2012），頁230-274。

120　拙作，〈論雕有東夷系紋飾的有刃玉器〉，上、下，《故宮學術季刊》16卷3, 4期，1999，頁1-34，頁135-162。

a
b

圖二七　山東龍山文化早期　玉戚　長16.5　最寬12.4　最厚0.18公分　a, 全器　b, 器緣雕琢「介字形」扉牙　丹土採集　山東省博物館藏　引自《玉潤東方》

渚神徽（圖五）的大羽冠外，也裝飾於玉耘田器、玉鐮上[121]，加了「介字形冠」的玉質帶刃器是祭典中使用的禮器。良渚文化在玉器邊緣雕琢「介字形冠」的習俗北傳到海岱地區，因此山東龍山文化玉器上也裝飾起具有通神密碼功能的「介字形冠」。如圖二七玉戚、圖二八牙璧[122]，以及一些玉環上[123]。

臨朐西朱封墓202是山東龍山文化中期偏晚墓葬[124]。墓主所用玉笄上方嵌有寬大的「玉冠飾」（圖二九）。雕作半抽象

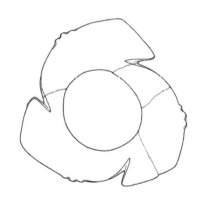

圖二八　山東龍山文化早期　玉牙璧
外徑12　內徑6公分、西朱封採集
臨朐博物館藏

121　王寧遠等，《良渚文化兩件特殊的「耘田器」》，《故宮文物月刊》，總號281期，2006, 8。
　　拙作，〈遠古的通神秘碼——「介」字形冠〉，《故宮文物月刊》，總號286期，2007, 1。

122　山東省博物館等，《玉潤東方：大汶口——龍山‧良渚玉器文化展》（文物出版社，2014）。
　　山東省文物考古研究所等，〈山東臨朐史前遺址普查簡報〉，《海岱考古》第一輯（山東大學出版社，1989）。

123　早年在五蓮丹土採集玉環外緣裝飾數個「介字形冠」。現藏於中國國家博物館。

124　韓榕，〈臨朐朱封龍山文化墓葬出土玉器及相關問題〉，鄧聰主編，《東亞玉器》（香港中文大學，1998）。墓葬分期依據燕生東等，〈丹土與兩城鎮玉器研究——兼論海岱地區史前玉器的幾個問題〉，山東大學，《東方考古》第3集（科學出版社，2006）。

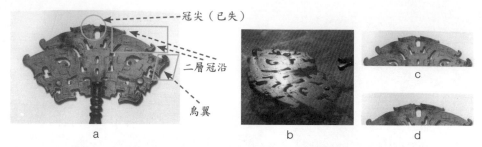

圖二九　山東龍山文化中期後段　玉冠飾　高4.9　寬9　厚0.36公分　山東臨朐西朱封出土
a, 正面　b平放（黃翠梅拍攝）　c, d, 分別擷取局部　a引自《文明的足跡》

的「戴冠神祖」，從細部可看出冠飾正中央上方原有「介字形冠」的冠尖已
失。圖二九b、二九c, d的器緣都作左右對稱的弧尖或弧勾起伏。這種裝飾
元素逐漸形成有韻律感的海岱式扉牙：中央或有三角尖，或為較寬深的凹
槽，左右延伸出二或三組對稱的弧勾。即是「對稱四尖扉牙」「對稱六尖扉
牙」等（圖三〇、三一）。

　　圖三〇牙璧雖徵集自石峁，但整體形制、瑩秀溫潤的黃綠玉質，以及器
緣雕琢戴有韻律感的對稱四尖扉牙、對稱六尖扉牙，完全是山東龍山文化的
特徵。可能是通過戰爭或貿易傳到陝北。圖三一玉戚出土於二里頭二期遺
存，淺弧形刃線，兩端微翹，上下側邊琢磨海岱式對稱六尖扉牙，全器製作
工藝相當成熟精湛。衡量在二里頭二期（約西元前1700至前1650年）以
前，中原地區完全沒有這種風格的玉雕，它很可能是直接從海岱地區被帶到
中原。但到了二里頭三、四期時，就出現二里頭人在自己的玉兵上仿雕這類
扉牙。如二里頭四期編號（1981YLM6:1）的玉戚，甚至將擄獲的齊家文化
風格玉璧改製成璧形玉戚（圖三二）[125]。

2、柄形器

　　林巳奈夫先生甚早就考證流行於二里頭文化、商、西周的玉柄形器，源

125　良渚博物院等，《玉魂國魄——玉器‧玉文化‧夏代中國文明展》（杭州：浙江古籍出版
　　社，2013, 12）。筆者曾於該展場見過本文中圖三〇至三二共三件展品，又於2014年10月
　　向中國社會科學院考古研究所申請檢視圖三〇、三二這兩件實物。

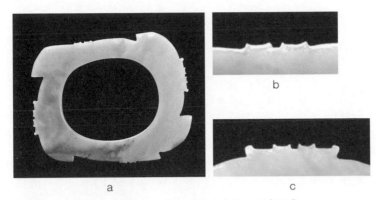

圖三〇　山東龍山文化晚期　牙璧　長11公分　石峁徵集
a, 全器　b, 對稱四尖扉牙　c, 對稱六尖扉牙　引自《玉魂國魄2013》

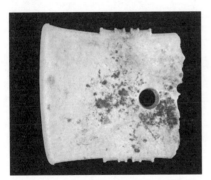

圖三一　山東龍山文化晚期　玉戚
長7.6公分　二里頭出土
引自《玉魂國魄2013》

圖三二　二里頭文化第四期　玉戚
徑8-9.1　孔徑3.6-3.9　厚0.5公分
二里頭出土　引自《早期中國》

自肖家屋脊文化的戴冠神祖嵌飾器。如圖二六戴冠神祖嵌飾器，發展到肖家屋脊文化晚期時，逐漸變得窄長（圖三三），更進一步發展成圖三六這樣的光素柄形器[126]。

　　筆者從紋飾特徵分析，圖三四、三五兩件用浮雕及凸弦紋表現神祖面紋的柄形器，雖然出土於二里頭遺址，但應該是長江中游肖家屋脊文化的玉

126　林巳奈夫，〈圭について（上）〉，《泉屋博古館紀要》第12卷，1996。

圖三三　肖家屋脊文化晚期　玉雕神祖紋嵌飾器
高8.73公分　芝加哥藝術研究院藏

圖三四　肖家屋脊文化　神祖紋柄形器
高17.1公分　二里頭三期遺存出土

圖三五　肖家屋脊文化　神祖紋柄形器
高10.3公分　二里頭二期遺存出土

圖三六　夏晚期　玉柄形器
長9.8公分　二里頭出土（M8-8）

器，直接被帶到中原[127]。圖三七是殷墟後岡墓3出土的六件柄形器，器表以
朱色顏料書寫祖先名號，更證明「柄形器」就是「玉雕神祖」。

127　圖三四見鄭光，〈二里頭文化玉器〉，鄧聰主編，《東亞玉器》（香港中文大學，1998）。
　　圖三五見中國社會科學院考古研究所編，《二里頭（1999-2006）》（北京：文物出版社，
　　2014, 10），彩圖二八八：1-8。

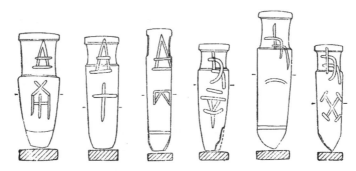

圖三七　商晚期　玉柄形器（六件）　器表朱書祖先名號：（左起）祖庚、祖甲、祖丙、父辛、父□、父癸，高 6.6-8.4 公分　安陽後岡 M3 出土

3、小結

因受限於篇幅，本文無法詳述華東、華西先民採用閃玉玉料的差異。只能就已引用的圖片略作說明。本節圖二七出土於五蓮丹土的玉戚，是斑雜結構明顯，無透明感的黃褐色閃玉。此為筆者所界定第一種典型華東閃玉料，太湖流域良渚文化玉器中很常出現。本節圖三〇、三五為筆者所界定的第二種典型華東閃玉料。以瑩潤、微帶半透明黃綠色為多，有時也有較深的綠色，甚至夾深綠斑。圖三二從玉璧改製的璧形玉戚，是前文已介紹過無透明感深藍綠圍繞大片灰白的典型第二種華西閃玉料，且中央圓孔單面鑽鑿，孔壁傾斜甚，留有旋痕，圓孔底邊一圈因振截取出鑽芯而留下的毛邊。在此時段，閃玉玉料是貴重資源，被各地區統治階層壟斷。很明顯的是，四種典型華西玉料未曾越過太行山至雪峰山這一道山脈鏈，被華東先民採用來製作器用[128]。

總之，「海岱式扉牙」與「柄形器」是華東地區先民在龍山時期，從遠古神秘信仰中蛻變出來的「通神」的裝飾元素與器類。在夏代晚期的二里頭遺址、商早中期的鄭州商城遺址、盤龍城遺址中，柄形器是最常見的玉禮器。即或級別不算太高的墓葬也常見一墓、一人、一柄形器[129]。因為玉柄形

---

128 拙作，〈萬邦玉帛——夏王朝的文化底蘊〉，許宏主編，《夏商都邑與文化（二）》（北京：中國社會科學出版社，2014, 10），頁 146-248。

129 如洹北商城的四個祭祀坑。見中國社會科學院考古研究所安陽工作隊，〈河南安陽市洹北

器被視為玉雕神祖，是擁有者的護身符。海岱式扉牙更是普遍加雕於各式玉器上，應是被認為有增加配戴者、使用者通神能力。西周時，海岱式扉牙也加雕於柄形器的周緣，可說是遠古神秘信仰消亡前的一波高峰期。

（二）華西玉文化的蛻變與創新

地圖D與表一所示，在新石器時代末期晚段至夏時期，也就是西元前2300至前1550年的七百五十年內，華西地區有四個文化發展了高度且有特色的玉文化。從東向西分別是陶寺文化、石峁文化、齊家文化、月亮灣文化。

此時人口膨脹，可能某些區域自然環境發生劇變（如：降溫、季風降雨帶變遷造成南澇北旱）[130]，某些地區發現特殊資源（如：晉南解池產鹽），因而考古遺址中出現殘暴性侵略（如：陶寺中、後期之交），或原居者墓葬區全被侵略者占用，且葬俗大不同（如：清涼寺二、三期之交）的現象。

但因為玉器具有珍貴性、可攜帶性、可改製性，所以，研究此一階段的出土玉器，不能完全依據出土地點、所在層位來判定該件玉器的文化別。必須通曉各種玉料特徵、熟知各種玉雕技術與區域風格，全盤了解玉器發展史；唯有做好微觀檢測實物與宏觀解析考古資訊，才能判定特殊出土玉器的原製作時地，再推測該玉器出土於不屬於它的原做地，究竟是戰爭掠奪的個案？遠征或移民者亡故他鄉？還是透露某個文化強勢侵略的訊息？

總之，新石器時代末期晚段至夏時期的七百五十年（西元前2300至前1550年），太行山—雪峰山山脈鏈以西的華西地區，發生過太多文化交流與資源爭奪，本節擬分三個小單元，從出土玉器歸納各區可能的文化變遷。

1、陶寺文化與清涼寺第二期墓地

陶寺文化分布於山西中南部的臨汾盆地，除陶寺遺址外還有下靳遺址。清涼寺遺址則位於更南方的運城盆地，正是黃河從南北直流轉成由西向東橫流的彎道內。

商城宮殿區1號基址發掘簡報〉，《考古》2003, 5，頁17-23。

130 吳文祥、劉東生，〈4000BP前後東亞季風變遷與中原周圍地區新石器文化的衰落〉，《第四紀研究》第24卷第3期，2004, 5。

　　陶寺遺址範圍大，遺物多。分早、中、晚三期（西元前2300-2100-2000-1900年）[131]。據發掘者分析，陶寺早期與中期王族是不同血緣的氏族。陶寺早期墓出土的木立表和中期王墓（IIM22）出土漆圭尺構成一套完整的圭表測影儀器系統[132]。

　　陶寺遺址先後由高煒、何駑主持發掘。據高煒的分析，陶寺文化墓葬中，鉞、璧、琮主要都是男性墓主的隨葬品。八十餘件璧多出於男性墓，多一墓一件，少數出二件。近五成是平置在手臂上，少數放於胸腹上、壓在臂下，或套在臂部、腕部，個別握在手中。琮多平置在臂上，或套在右臂上，個別平置胸腹間[133]。圖三八是一件滑石作品，圖三九是一件閃玉作品，戴在墓主右臂肱骨上。根據高煒的描述，後者有四個前後左右對稱且較平的窄直槽，夾著四段較寬、弧度較大的寬段，寬段器表磨三道平行寬陰線[134]。根據此一分析，筆者多次在中國社會科學院考古研究所陳列室檢視過實物，推測它可能是齊家系玉琮改製。但四個窄直槽左右各有一道垂直寬陰線，陰線直接劃過射口器表。

　　何駑的發掘成果之一是確認陶寺中期可能屬王者之墓（墓22），雖然墓室中央在陶寺文化晚期時被侵略者破壞嚴重，但墓室周圍陳設，包括多個壁龕內的隨葬品都完整保留。圖四〇即是該墓東壁倒立六把玉石鉞之一「均帶有粉紅底白彩彩繪漆木短柄。柄背帶扉棱，似龍或似鳳」[135]。據研究，陶寺文化雙孔玉刀數量雖較少，但都出於規格較高的墓葬中[136]。

　　值得注意的是玉石璧在陶寺文化中期時，有三種功能，分別是奠基於宗

---

131 何駑，〈陶寺文化譜系研究綜論〉，《古代文明》第3卷（文物出版社，2004）。但2014年10月，承何駑研究員告知，最新的測年資料可能將陶寺文化年代上下限各延伸100年。

132 何駑，〈陶寺文化——中華文明之「中正」觀緣起〉，《中國社會科學報》2014, 11, 5。

133 高煒，〈陶寺文化玉器及相關問題〉，鄧聰主編，《東亞玉器》（香港：香港中文大學，1998），頁196-197。

134 同上注，頁197。圖三八、三九引自《東亞玉器》。

135 何駑，〈山西襄汾陶寺遺址近年來出土玉石器〉，《古代文明研究通訊》，總38期，2008, 9。圖四〇引自《考古》2003, 9。

136 宋建忠，〈山西臨汾下靳墓地玉石器分析〉，《古代文明》第2卷（北京：文物出版社，2003）。

垂直寬陰線通道射口器表

圖三八　陶寺文化　玉琮
高3.2　長7.1　孔徑6.3公分
陶寺M3168出土

圖三九　陶寺文化　玉琮
外徑7.2-7.5　高2.5公分
陶寺M1267出土

圖四〇　陶寺文化　玉鉞
陶寺中期M22出土

廟基址下、蓋於特殊彩陶罐的口部（圖五八）[137]，以及隨葬墓中，且多平放在男性墓主的胸部或手臂上，或套在墓主右臂，多半一墓一件，也有一墓出二件或三件玉璧的例子[138]。圖四〇、四一均展於山西省博物院，筆者觀察實物，應是第一種典型華西玉料製作。除了圓形玉石璧可當腕飾外，陶寺文化墓葬中也見腕部或臂部戴著用多個大小不一、甚至玉質不同的扇面璜所連綴成的多璜聯璧（圖四二）。

承蒙何駑研究員善意提供機會，2014年10月筆者於侯馬工作站檢視部分陶寺玉器，印象深刻的是中期大、中型墓出土的部分精美玉鉞、玉璧，都有剖切後再兩面磨光的現象。如編號（02 J×T II T7254 M22）玉鉞，青綠色帶糖班閃玉，很像是海岱地區玉鉞被剖薄。中期墓26壁龕中蓋在彩陶罐口的璧，青綠色帶糖斑有小黑點的閃玉。還有中期墓33出土的深草綠色閃玉寬頻鐲，也很像是齊家文化厚體玉琮改製的。

除了陶寺文化外，運城盆地近年也有重要發現與發掘。這裡的發掘本導因於當地居民在整修窯洞時意外出土大批玉石璧，而引起連續的不法盜掘。目前通稱當初意外出土與盜掘被劫獲的為「坡頭玉器」[139]，稱正式發掘的為

---

137 何駑，〈山西襄汾陶寺遺址近年來出土玉石器〉，《古代文明研究通訊》，總38期，2008, 9。
〈陶寺文化原始宗教信仰蠡測及其特點試析——陶寺出土的藝術品與原始宗教〉，中國社會科學院考古研究所編，《殷墟與商文化——殷墟科學發掘80周年紀念文集》（科學出版社，2011, 11）。

138 何駑，〈山西襄汾陶寺遺址近年來出土玉石器〉，《古代文明研究通訊》，總38期，2008, 9。

139 陶正剛等，〈山西芮城縣坡頭遺址出土玉器與良渚文化關係的研究〉，楊伯達主編，《中國

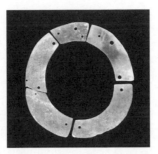

圖四一　陶寺文化　玉璧
直徑15.6　孔徑6.6　厚0.75
公分　陶寺中期墓22出土
引自《中國出土玉器全集》

圖四二　陶寺文化　五璜聯璧
徑10.4公分　陶寺出土
（M2011-5-1）
引自《玉魂國魄2013》

圖四三　清涼寺墓地第二期
墓54出土八件璧套戴一起的
現象

「清涼寺玉器」[140]。據發掘主持人薛新明的觀察，大部分坡頭玉器應屬於清涼
寺三期。

　　因為只發掘成片墓葬區，未能揭開居址區，僅知該區出土陶器呈現複雜
的多元現象，似乎為王灣三期、陶寺、客省莊三個文化的交雜地帶，所以薛
新明嚴謹地暫時不定其文化別，僅稱做「清涼寺墓地」。共分四期，第二期
屬廟底溝二期文化。測年數據約西元前2350至前2050年。第三、四期屬龍
山時期，約西元前2050至前1850年[141]。第二期至第三期之間曾發生社會劇
變。與陶寺文化面貌較相似的是第二期。當時清涼寺居民也流行將圓璧平置
胸頸附近，或套戴做臂飾、腕飾。圖四三為墓82八件璧套戴一起的壯觀景
象，此期的墓54也有類似情況[142]。

　　承蒙薛新明研究員善意提供機會，2014年10月筆者於太原、侯馬檢視

　　玉文化‧玉學論叢（三編）》（紫禁城出版社，2005）。山西省考古研究所、芮城縣博物
　　館，〈山西芮城清涼寺墓地玉器〉，《考古與文物》2002, 5。李百勤、張惠祥編，《坡頭玉
　　器》（文物世界雜誌社，2003）。

140　山西省考古研究所、運城市文物局、芮城縣文物局，〈山西芮城清涼寺新石器時代墓地〉，
　　《文物》2006, 3。山西省考古研究所、芮城縣博物館，〈山西芮城清涼寺墓地玉器〉，《考古
　　與文物》2002, 5。

141　承蒙薛新明研究員告知，特此申謝。內容亦見於薛新明，〈文明起源的橫截面清涼寺史前
　　墓地〉，《大眾考古》2013, 6。

142　承蒙薛新明研究員告知，特此申謝。

了清涼寺第二期墓葬出土隨葬品，得知此期墓葬中流行隨葬厚實的多孔石刀與石鉞，雖出土大量璧，但都是石質，剖面呈內厚外薄的「楔形」，因質地不堅韌，常斷為多截，再於斷口附近對鑽出小孔以便綴聯成圓。

　　總之，山西地區雖在太行山以西，但位於廣大華西地區最東端，可能受到大汶口文化、小河沿文化喜愛將寬肉的璧套戴於腕部，或平置於胸頸間的傳統影響。但是陶寺文化中期時勢力強大，可以獲得優質閃玉製作器用，也可從鄰國獲得玉器成品，改製後使用。如圖四四的青白玉方筒形器，也出於陶寺中期的墓22，筆者在山西省博物院觀察實物，推測它是齊家文化玉琮改製而成，左下角射口被切去重磨的痕跡很清楚。

　　大約在西元前2000年左右，繁榮的陶寺中期文化遭到強力摧殘。許多墓葬被搗毀，但多係毀屍而非斂財[143]。陶寺晚期墓葬多無隨葬品，只有二座墓，其一出土銅鈴，另一墓的墓主腕部套戴一件玉璧與一件青銅齒輪形環（圖四五），胸前有一小牙璧與一管珠[144]。由於陝北神木石峁曾出土一組腕飾：兩個玉璧間套疊多個銅齒輪形器與一個銅箍（圖四六）[145]，因此，可能陶寺晚期的部分入侵者來自石峁文化。真相是否如此？還有待考古發掘與研究。

2、齊家文化與清涼寺第三期墓地

　　第四章第一節已說明，由於考古工作的不足，目前很難了解自先齊家諸文化（半山、菜園、客省莊等文化）發展到齊家文化的歷程，但到了西元前2300年以後，齊家文化分布面積相當廣袤。以陝甘寧交界隴山地區為核心，向西延伸至甘肅中部武威皇娘娘台、向南包到青海宗日，向東應抵達長安附近[146]。學者們已將齊家文化分為五個類型：川口河類型、頁河子類型、師趙

143　何駑，〈山西襄汾陶寺遺址近年來出土玉石器〉，《古代文明研究通訊》，總38期，2008, 9。何駑，〈山西襄汾陶寺城址中期王級大墓II M22出土漆杆「圭尺」功能試探〉，《自然科學史研究》2009, 3。

144　承蒙何駑研究員告知，特此申謝。銅齒輪形環發表於：梁星彭、嚴志斌，〈山西襄汾陶寺文化城址〉，《2001年中國重要考古發現》（北京：文物出版社，2002）。

145　此組係近來盜掘品，但負責石峁遺址發掘的主持者陝西省文物考古研究院孫周勇副院長目驗認為是真品，在2013年12月24日「良渚論壇‧中華玉文化中心第四屆年會」中如上報告。

146　1981年戴應新在陝西長安上泉村徵集到一件高20.7公分的玉琮，得知玉琮與一大如草帽

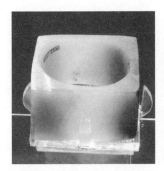
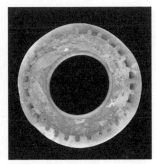

圖四四　陶寺文化　玉琮改製
器　中期墓22壁龕出土（江美
英拍攝於山西省博物院）

圖四五　石峁文化？　一件玉
璧（徑12.4公分）與一件銅齒
輪形器套疊做腕飾

圖四六　石峁文化　用兩個玉
璧中間套疊多個銅齒輪形器、
一個銅箍作為墓主腕飾

村類型、秦魏家類型、皇娘娘台類型，分別為：關中西部、寧夏南部、甘肅
東部至中部[147]。近年青海民和喇家遺址發掘收獲甚豐，或可能屬另一個地方
類型。所以，齊家文化也呈現各區域性的差異。

　　前文已論述璧與琮並無生活上的實用功能，在先齊家至齊家文化時，璧
與琮大量製作，還常出現用同一塊玉料製作的璧與琮，同時埋入祭祀坑
（？）內的情況，前文圖一〇、一一、一四、一五，及圖四七均為筆者目驗
過的實物[148]。除了璧與琮是齊家文化典型玉器外，以每一片大致相同扇形璜
組成的多璜聯璧（以三璜為最常見）也是典型齊家文化玉器，喇家墓17的
墓口上豎插一組三璜聯璧，有學者釋為「墓祭」遺跡[149]。但是，在齊家文化
遺址裡，尚未見到將玉璧或多璜聯璧當腕飾或臂飾的情況。所以，齊家文化

　　　的玉璧同出，1978年已賣掉。該琮現藏陝西省博物院，彩圖發表於戴應新，《神木石峁龍
　　　山文化玉器探索（一）〉，《故宮文物月刊》總號125-130，1993, 8-1994, 1。

147 川口河類型、頁河子類型，分別見張天恩，〈陝西夏商周考古發現與研究〉，《考古與文
　　　物》2008, 6。謝端琚，〈寧夏史前考古概論〉，《二十一世紀的中國考古學——慶祝佟柱臣
　　　先生八十五華誕學術文集》（文物出版社，2006）。後三個類型，見謝端琚，《甘青地區史
　　　前考古》（文物出版社，2002）。

148 圖四七引自劉雲輝，《周原玉器》（中華文物學會，1996）。承劉雲輝局長協助，筆者於
　　　1998年曾前往周原地區目驗實物，特此申謝。

149 閻亞林，《西北地方史前玉器研究》（北京大學博士論文，2010）。

圖四七 齊家文化 一組玉璧、琮 陝西扶風關案板坪村出土

圖四八 齊家文化 玉璧 喇家墓2出土

圖四九 齊家文化 玉璧 徑32.1 孔徑4.4-5公分 甘肅靜甯冶平鄉後柳溝村祭祀坑出土

玉璧常較厚實沉重，剖面呈長方形，中孔單面鑽，因管鑽工具在鑽孔時迅速耗損變細，因此孔壁頗斜，鑽至底端時，再以工具將鑽芯振截取出，故孔徑小的一面，孔周留有毛邊。又因為齊家先民不將玉璧當腕飾戴，所以孔壁所留清晰的旋痕多不被磨光。圖四八、四九分別出自齊家文化墓葬與祭坑[150]，分別以第二種與第一種典型華西玉料製作。圖四九玉璧上大片深褐糖斑已濃得近乎黑色。青海喇家四號房址是一個瞬間災變下保留的房址，在其室內牆邊地面上，如供品般左右並列地陳設著一件白色石璧、一件蒼色石璧，在其左右兩旁又放置打擊成橢圓形的閃玉料[151]。

　　除了璧、琮、多璜聯璧外，齊家文化也有刀、鏟等帶刃器，或是同時具有邊刃與端刃的「玉刀鏟」。迄今已知尺寸最大的齊家文化玉刀鏟，高77.2寬32.5最厚1公分，採集於陝西隴縣王馬嘴，以第三種典型華西玉料製作[152]。前文曾說明這種閃玉保留了變質前的沉積岩文理，如不規則團塊或波浪條斑，但均由很小的雛晶緊密堆積而成，所以可剖成大而薄的片狀帶刃器

150 葉茂林，〈齊家文化玉器研究──以喇家遺址為例〉，張忠培等主編，《玉魂國魄──中國古代玉器與傳統文化學術討論會文集（三）》，（北京：燕山出版社，2008），頁141-148，彩版三頁。圖四九引自：甘肅省文物局編著，《甘肅文物菁華》（北京：文物出版社，2006）。

151 中國社會科學院考古研究所甘青工作隊等，〈青海民和喇家遺址2000年發掘簡報〉，《考古》2002, 12。葉茂林，〈史前玉器與原始信仰──齊家文化玉器一些現象的初步觀察與探討〉，黃翠梅主編，《南藝學報》第一期，2010年12月。

152 王長啟主編，《中華國寶‧陝西珍貴文物集成‧玉器卷》（陝西人教出版社，1999）。

卻不會崩碎[153]。

　　圖五〇是喇家墓12平面圖[154]，墓主胸前放置一件玉璧與一件用第三種典型華西閃玉料製作的帶尖長方玉片，很像是日後周族所用「圭璧組配」禮制的濫觴。

圖五〇　齊家文化　玉璧與戈形玉片喇家墓12出土　承葉茂林研究員提供，特此申謝

　　認識了齊家文化玉器的面貌，就明白晉南清涼寺墓地第三期，不但整個破壞第二期墓葬，且基本採用了不同的隨葬習俗。新到的居民完全不隨葬多孔石刀，也極少隨葬玉石鉞。但是，所用的璧與琮多以典型第一、二類華西閃玉製作，剖面呈長方形，常留有直條切璞痕。完全屬齊家文化風格，不排除其中相當大部分直接從齊家文化核心區帶來。如圖五一、五二的質地是第二種華西閃玉料，與圖六、一〇、一一、三二相同；圖五二的質地是第一種閃玉料中糖斑大片又色深的，與圖四九很相似。

　　因此，我們似乎解開了謎底，清涼寺墓地第三、四期的主人很可能是來自黃河上中游的齊家文化居民。原本的考古資料已證明齊家文化地盤占據關中平原西部，西安附近的長安縣是已知的成組齊家文化玉璧、琮出土的最東地點[155]。那麼，清涼寺三期玉器證明，可能曾有一群齊家文化先民，或是為了爭奪解池的食鹽，曾於西元前2050年左右來到晉南，侵略滅亡（或驅趕？）第二期只會製作內厚外薄石璧的居民。他們戰勝後盤據在此約二百

---

153 聞廣，〈中國大陸史前古玉若干特徵〉，鄧聰主編，《東亞玉器》（香港中文大學出版社，1998）。

154 葉茂林，〈齊家文化玉器研究──以喇家遺址為例〉，張忠培等主編，《玉魂國魄──中國古代玉器與傳統文化學術討論會文集（三）》，（北京：燕山出版社，2008），頁141-148，彩版五-2。

155 戴應新，〈神木石峁龍山文化玉器探索（一）〉，《故宮文物月刊》總號125-130，1993, 8-1994, 1。

圖五一　齊家文化　玉璧
山西芮城坡頭出土
筆者攝於運城鹽湖博物館

圖五二　齊家文化　玉璧
山西芮城坡頭出土
筆者攝於運城鹽湖博物館

圖五三　齊家文化　玉琮
山西芮城坡頭出土
運城鹽湖博物館看板

年。希望考古學界盡早發掘居住區，始能獲知歷史真相。

　　經統計坡頭共出土三件均為光素無紋玉石琮，圖五三為其一。清涼寺三
期出土二件刻有直線紋的玉石琮。圖一為其一，它出土時套在墓52墓主左
手併攏的手指外部[156]，不知是否從腕部滑出？筆者於2014年10月在山西省考
古所陳列室檢視實物，其質地是典型第一種華西閃玉，青白夾青灰、淺褐條
斑，瑩秀溫潤；器形也是典型齊家風格，觀察其鳥瞰面（圖五四 c）完全合
於齊家素琮的方正直壁作法，也確知玉琮每面所刻二道垂直寬陰線都延伸到
射口器表，但只有一面器壁淺磨出與兩道寬陰線成垂直交角的淺寬槽（圖五
四 b），可能原本擬製作如圖三八有平行寬線紋玉琮，但稍嘗試便作罷。另
一件尚未正式發表的石琮，灰青色，橫直寬陰線結構略似圖三八，但作工較
粗糙，出土於第三期已擾動的墓87中[157]。

　　本文圖一、圖五四是同一件玉琮，它的特點就是在原本光素四個器壁
上，各以寬陰線刻劃二道直線。由於在2004年發掘出土時，整個墓地都被
推測為廟底溝二期文化[158]，當時的考古學序列中，廟二文化下限為西元前
2300年，所以它曾被認為是良渚文化西傳，在晉南中途站時，花紋簡化解構
的證明。但是發掘者仔細分析後，確認清涼寺墓地主要分為屬於廟二文化的
第二期，以及屬於龍山文化的第三、四期。二者分界西元前2050年。而出

156 薛新明，〈文明起源的橫截面清涼寺史前墓地〉，《大眾考古》2013, 6。

157 承蒙薛新明研究員示之，特此申謝。

158 山西省考古研究所等，〈山西芮城清涼寺新石器時代墓地〉，《文物》2006, 3。

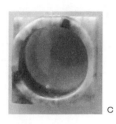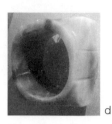

圖五四　清涼寺三期　玉琮（與圖一為同一件）

a, 線繪圖　c, 鳥瞰面　b, d, 每面器表兩道寬陰線刻到射口器表　b面還有與寬陰線垂直的淺寬槽（c, 筆者拍攝　b, 江美英拍攝　a, d, 黃翠梅繪製、拍攝）

十圖一（也就是圖五四）刻有線紋的玉琮的墓52屬於第三期，年代不早於西元前2050年[159]。

　　事實上，四面各加刻兩道寬陰線的齊家式玉琮並非罕見，陝西延安市安塞縣曾徵集一件[160]，春秋早期芮公大墓在墓主腿部放的四件齊家式玉琮，每件每面加刻二道陰線[161]，後者被推測是西周初年芮國被分封時受到賞賜的古玉。類似者還散存於一些博物館中。

　　筆者推測從黃河上中游東遷晉南，且聚居達二百年之久的齊家文化移民，仍延續本族信仰與文化，他們可以從其母鄉獲得優質玉料，在晉南製作璧與琮，因此吸收了東方帶有良渚餘韻的裝飾風格，如圖二四出土自五蓮丹土、圖三八出土自陶寺的玉石琮，才製作出這類筆者稱為「混血兒」風格的玉石琮[162]。

　　此外，來到晉南的齊家人，可能也入境隨俗地學著將玉璧戴作腕飾，所以筆者曾在運城鹽湖博物館仔細觀察這些璧，其孔壁也出現經過久戴而磨得平滑甚至略發光的現象。

---

159 山西省考古研究所等，〈山西芮城清涼寺史前墓地〉，《考古學報》2011, 4。

160 段雙印、張華，〈延安出土史前玉器綜合考察與研究〉，楊晶、蔣衛東執行主編，《玉魂國魄——中國古代玉器與傳統文化學術討論會文集（六）》（浙江古籍出版社，2014）。

161 蔡玫芬主編，《赫赫宗周——西周文化特展》（臺北：國立故宮博物院，2012）。

162 拙作，〈史前至夏時期璧、琮時空分布的檢視與再思〉，楊晶、蔣衛東執行主編，《玉魄國魂——中國古代玉器與傳統文化學術討論會文集（四）》，中華玉文化特刊（杭州：浙江古籍出版社，2010），頁156-200。

3、石峁文化與月亮灣文化

若要舉例說明此階段華西玉文化有什麼創新？那就非「牙璋」莫屬了。

事實上，目前被大家通稱「牙璋」的那種帶刃玉器，在上古時期究竟該叫什麼名字？還是個不解之謎。約在西元前2300年前後，這種奇特造形的玉器登上歷史的舞臺。或許，它不只一個發源地，而且石質、玉質牙璋都曾有數百年的實用階段。但是，綜合考古資料、流散品、傳世器分析，在海岱地區似乎開始得早，但未能長期發展[163]；在中原地區開始得不算早，但因成為夏王朝的重要禮器，曾有一段大型化、精緻化的階段，隨著王朝的結束，牙璋就退出中原地區的歷史舞臺。第六章會再論及。

但是牙璋在陝北神木石峁文化的發展就是既長久又隆盛的局面。自西元前2300年以來，石峁先民除了用前文所介紹的三種典型華西閃玉料製作一般的斧、鏟、鉞，還開採一種含鐵量特多，深綠、深褐近乎黑色的閃玉製作牙璋、長刀，以及少量玉戈[164]（圖五五—五八），推測牙璋是如圖五九的方式，在柄端綁縛木柄使用。這種含鐵量高，色深近黑的閃玉，就是筆者所稱的第四種典型華西閃玉料。石峁先民因發現並壟斷這種玉料的開採，大量製作薄銳牙璋、長刀，因而大幅提升作戰殺伐的能力，逐步取代原本繁榮的老虎山文化，建立起擁有廣大石城的強大政治中心。

回顧十九世紀晚期，陝北榆林府的神木就出土大量深綠、深褐近乎黑色的牙璋、長刀，陸續銷往歐美或進入國內少數收藏家之手。曾於光緒年間擔

---

163 山東地區共出土七件牙璋，但筆者多次目驗實物，認為海陽司馬台出土一件、五蓮上萬家溝出土一件，都應是石峁牙璋被帶到此區。所以只有山東沂南羅圈峪出土三件、臨沂大范莊出土二件，是山東龍山文化先民製作的。詳細論證見拙作〈萬邦玉帛——夏王朝的文化底蘊〉，許宏主編，《夏商都邑與文化（二）》（北京：中國社會科學出版社，2014, 10），頁146-248。

164 礦物的顏色取決於所含金屬離子的種類、價態與含量，據陳東和研究員利用拉曼光譜及加速器PIXE（粒子誘導激發X光螢光光譜）分析技術，研究巴黎的吉美博物館所藏早年流散的石峁牙璋、長刀的檢測，那種深色玉鐵離子含量高達 5 wt% 至 12 wt% 左右；錳與鎳的含量也比較高。成果發表在其法國凡爾賽大學博士論文中，CHEN, Tung-Ho, Etudes physico-chimiques des jades chinois, Centre de Recherche et de Restauration des Musées de France, 2005。

圖五五　石峁文化　牙璋
（引自：1997年山西省博物館舉辦「晉陝豫三
省古玉展覽」手冊）

圖五七　石峁文化　牙璋
長49　寬7.8　厚1公分

圖五八　石峁文化　玉刀
斷為二　短者：長11.6　寬11.2　厚0.3公分
　　　　長者：長40.4　寬7.2　厚0.2公分

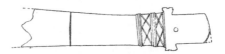

圖五六　石峁文化　牙璋
殘長34.5　首端殘寬7.8　柄厚0.3公分
a全器　b局部

圖五五至五八均為戴應新徵集，現藏於陝
西歷史博物院
圖五六、五七引自《中國出土玉器全集》
圖五八為筆者於2006年在該院庫房拍攝，
經申請獲准發表，特此申謝

任陝甘學政的吳人澂就是當時的藏家
之一。也就是因為吳大澂在光緒十五
年（1889）出版《古玉圖考》，線繪其
藏品，並命名為「牙璋」，才讓這種玉
器與此一器名產生難以分割的連結。
　　1979-1980年筆者在歐美各博物館
檢視的牙璋，主要是清末民初的流散

圖五九　牙璋加裝木柄想像圖

品。2012年10月，筆者又再度檢視流散英、法的中國牙璋。這批早年流散
海外的牙璋，先有林巳奈夫教授的收集研究[165]，1994年筆者又進一步作了整

---

165 林巳奈夫，〈中國古代の石庖丁形玉器と骨鏟形玉器〉，《東方學報》，第54冊，1982。
　　1991年又大幅修改後收入《中國古玉の研究》，吉川弘文館。

理[166]。晚近古方等的專書又披露更多美國博物館的收藏[167]。

　　1966-1976年文革期間，神木出的玉器多被當玉料重新雕刻外銷創匯，據經手徵集上繳的段海田先生回憶統計，十年內上繳約1500件[168]。不知其中有多少墨玉製作的牙璋、長刀？文革結束後，戴應新前往該地徵集百餘件，入藏陝西歷史博物館，並全部發表於1993-1994年的《故宮文物月刊》。這算是比較完整成批的石峁玉器，本文第一章已有敘述，其中有28件牙璋，15件長刀。

　　近來，筆者大致統計早年流散歐美日本，以及輾轉入藏大陸幾個博物館及台北的國立故宮博物院的典型石峁風格牙璋，確知存世者約一百件有餘[169]。石峁牙璋經過三千餘年流傳，又歷經十年浩劫，還能存世百餘件，依此情況推測，當初石峁先民製作使用牙璋的數量應數以千計。分析戴應新徵集的28件牙璋刃部與扉牙的造形變化，就可推估石峁先民製作牙璋的歷史頗為長久。

　　筆者於2006年夏、2011年春，二度在陝西歷史博物館庫房檢視戴應新徵集的石峁玉器多件[170]。確知28件牙璋中，許多都曾經用以砍伐，刃部傷缺嚴重。但凡是刃部還算完整者，多為圓弧刃線；但闌部變化多，從簡單的單牙（圖五五）到複雜的「對稱多尖扉牙」都有。但也有一件刃部呈「V」形（圖五七），該件不但刃部無使用痕，且其柄部的圓穿已移到兩組扉牙之間的器表。顯然不是實用器。

　　四川廣漢三星堆出土商代中晚期牙璋的特徵就是「V」形刃線與柄部圓穿上移兩個特徵[171]。且由該遺址出土執璋銅人可知，約西元前15世紀的三星堆文化牙璋，是用雙手捧持的祭祀用禮器。

---

166 拙作，〈「牙璋」研究〉，鄧聰主編，《南中國及鄰近地區古文化研究，慶祝鄭德坤教授從事學術活動六十周年論文集》（香港，香港中文大學，1994），頁37-50。

167 江伊莉、古方，《玉器時代──美國博物館藏中國早期玉器》（科學出版社，2009）。

168 戴應新，〈我與石峁龍山文化玉器〉，楊伯達主編，《中國玉文化玉學論叢》（紫禁城出版社，2004）。

169 拙作，〈萬邦玉帛──夏王朝的文化底蘊〉，許宏主編，《夏商都邑與文化（二）》（北京：中國社會科學出版社，2014, 10），頁146-248。

170 均經陝西省文物局劉雲輝副局長及該館館長同意，特此申謝。

171 四川省文物考古研究所，《三星堆祭祀坑》（北京：文物出版社，1999）。

　　因此，雖然目前石峁遺址發掘主持者宣布石峁城址的測年資料為西元前2300至前1900年[172]，但根據圖五七牙璋的形制特徵推估，石峁文化真正的下限可能晚至西元前15世紀[173]。

　　圖五六牙璋的刃部已殘，闌部作「寬單牙」，但在近闌部的器表用陰線刻畫「典型石峁式格線紋」。與圖五六相似的刻有「典型石峁式格線紋」的牙璋還有三件，分別典藏於北京故宮、旅順博物館、上海博物館，都是流傳有序的石峁文化牙璋[174]。這樣的格線紋被中原地區夏王朝統治者學習，還由之發展出「典型二里頭式格線紋」（詳第六章）。

　　許多跡象顯示，從龍山晚期征戰頻繁到中原夏王朝興起，多與北方石峁文化的崛起有關。所以在石峁徵集品中，有來自長江中游肖家屋脊文化的玉鷹紋笄、玉虎頭，有來自海岱地區的牙璧等[175]，這些都可能是戰士返鄉帶回的勝利品。陶寺晚期小墓出土一組銅齒輪環與玉璧（圖四五），以及山東海陽司馬台墨玉牙璋與一組套疊的墨玉有領璧與白色牙璧同出[176]，透露這些墓葬主人可能是遠征未歸的石峁武士。

　　河南偃師二里頭遺址應是夏王朝晚期很重要的政治中心，出土華麗的牙璋與長刀。下章還會論及。近年石峁文化進入正式的科學發掘與研究階

172 孫周勇、邵晶，〈關於石峁玉器出土背景的幾個問題〉，楊晶、蔣衛東主編，《玉魂國魄——中國古代玉器與傳統文化學術討論會文集（六）》（浙江古籍出版社，2014）。

173 因為分析圖五七「V」形刃牙璋與三星堆「V」形刃牙璋不同，二者闌部的造形也不同，排除圖五七牙璋是從三星堆帶至陝北的可能性。

174 北京故宮徐琳研究員告知，該院藏編號178289牙璋（出版於《故宮藏品大系》2011）來自陳大年收藏。旅順、上海二博物館藏品則分別接收自羅振玉、吳大澂收藏。見孫傳波，〈旅順博物館藏刀形端刃器及分期研究〉，《中原文物》2008, 1。張尉，《上海博物館藏品研究大系——中國古代玉器》（上海人民出版社，2009）。

175 戴應新，〈神木石峁龍山文化玉器探索（六）〉，《故宮文物月刊》總號125-130，1993, 8-1994, 1。

176 司馬台牙璋最先報導為：王洪明，〈山東省海陽縣史前遺址調查〉，《考古》1985, 12。王永波調查報告其出土地點的考古訊息及公布彩圖，見王永波，〈關於刀形端刃器的幾個問題〉，《故宮文物月刊》1994, 6，總號135。後來曾公布偏綠過綠的彩圖，有誤導讀者之嫌。色澤較正確的見林仙庭主編，煙臺市博物館，《煙臺考古》（濟南：齊魯書社，2006），頁82-83。

段[177]，考古界的努力應對研究中國早期國家形成的歷程，起到積極功效。

　　在此需強調的是，石峁文化的傳播路徑主要是沿著「邊地半月形文化傳播帶」進行[178]。順著這一傳播帶從陝北進入四川、再南傳經雲南至越南，可能還有馬來半島。主要的傳播內涵是牙璋，可能還有有領璧[179]。但是傳播到四川成都廣漢一帶時，二者還共存共榮；繼續南下時，二者就分別在不同時間、空間各有發展了。

　　四川廣漢月亮灣一帶，可能在西元前1650至1550年左右，曾發展了擅用牙璋、有領璧的月亮灣文化。令人扼腕的是，西元1927年[180]，月亮灣居民燕道誠在自家院子發現一大批窖藏玉器；除了從大到小依次排列的石璧以及石斧外，還有玉質的琮、有領璧、牙璋等。該批出土玉石器被燕家散賣或分贈友人，甚至引起仿冒贋品的製作[181]。目前在四川省博物館、四川大學博物館分藏了五件牙璋，可能有五或六件有領璧（圖六〇、六一）[182]。

　　月亮灣文化牙璋的扉牙接近於二里頭三期、四期出土牙璋的扉牙，華麗複雜，最下端兩側雕作向外侈出的獸頭（六〇b）[183]。河南新鄭望京樓、鄭州楊莊曾在早年各徵集一件牙璋，被認為是商早期玉器[184]。河南許昌大路陳村

177　陝西省考古所，《神木新華》（北京：科學出版社，2005）。陝西省考古研究院，〈2012年
　　陝西省考古研究院考古發掘新收穫〉，《考古與文物》2013, 2。陝西省考古研究院，〈陝西
　　神木縣石峁遺址〉，《考古》2013, 7。

178　「邊地半月形文化傳播帶」的概念由童恩正提出，見氏著〈試論我國從東北至西南的邊地
　　半月形文化傳播帶〉，《文物考古論集》，1986。

179　筆者懷疑有領璧可能是在石峁文化到月亮灣文化間發展成熟，但這還需更多的考古發掘來
　　檢驗與證實。

180　有關燕家院子發現窖藏的年代說法不一，許杰作了詳盡的資料對比，認為應是1927年。
　　見許杰，〈四川廣漢月亮灣出土玉石器探析〉，《四川文物》2006, 5。

181　馮漢驥、童恩正，〈記廣漢出土的玉石器〉，《文物》1979, 2。

182　圖六〇，引自鄧聰主編《東亞玉器》（香港中文大學，1998）。圖六一引自《中國美術全
　　集．玉器》（文物出版社，1986）。

183　二里頭發掘者鄭光研究員稱之為「獸頭」。香港中文大學的鄧聰教授稱之為「龍頭」。見
　　鄧聰主編，香港中文大學《華夏第一龍展覽圖錄》2012, 2。

184　發表於：《中國美術全集．玉器》（文物出版社，1986）、《中國玉器全集．商、西周》
　　（河北美術出版社，1993）。

a   b

圖六〇　月亮灣文化　牙璋　殘長36　寬12.9　厚0.5公分
四川省博物館藏　a全器　b一側的龍頭式扉牙

圖六一　月亮灣文化　有領璧
外徑10.4　孔徑7.2公分　月亮
灣出土　四川省博物館藏

一座商早期墓中出土一件淡草綠色石牙璋，過去也被訂為商早期[185]。事實上，這三件牙璋都是夏王朝的玉禮器。它們的扉牙也雕成獸頭，很接近月亮灣風格[186]。

　　遺憾的是，典藏月亮灣出土牙璋的學術單位，不清楚月亮灣文化與以1986年所發掘兩個大祭祀坑為主要內涵的三星堆文化[187]，雖有相似處，但分屬兩個不同階段的文化。近年來將月亮灣山上玉器也併入三星堆文化。顯然降晚了月亮灣文化的年代，也模糊其內涵。引起後續一連串的不正確報導與研究。

六、結論

（一）四張地圖代表四個階段

　　本文第二、三、四、五章，分別以地圖A、B、C、D勾勒出西元前6200至前1550年，華夏大地上主要玉器的分布狀況。簡言之，從地圖A可知，或受到貝加爾湖區舊石器時代晚期文化影響？再加上松（花江）黑（龍江）地區、遼西地區玉礦較早被發現，故華夏大地玉器文化較早開始於人東北地區。

185　河南省文物研究所，〈許昌縣大路陳村發現商代墓〉，《華夏考古》1988, 1。

186　筆者於2014年11月分別在河南省博物院陳列室、許昌市博物館庫房檢視楊莊、大路陳村出土牙璋。望京樓牙璋正外展，未能檢視實物，但圖片清晰。

187　四川省文物考古研究所，《三星堆祭祀坑》（北京：文物出版社，1999）。

　　從地圖B可知，西元前5000至前3000年，華東地區自北至南都發展了玉器文化。或因藉由上層交流網，在政治菁英間傳遞了有關「玉是含精（能量、氣）物質」[188]以及「巫覡可藉神靈動物通神」等觀念[189]，所以此時段華東地區盛行以動物為母題的各式玉雕，且常南、北具相似的造形或紋飾。

　　從地圖C可知，西元前3000至前2300年，華西地區逐漸找到優質閃玉礦，以陝、甘、寧交界為核心，周邊的先齊家諸文化（半山、菜園、客省莊文化等）都有玉璧與玉方筒（或稱「原始玉琮」）出現的蹤跡，較確定的是早年在瓦罐嘴採集半山文化玉器（圖六至八）。齊家系玉石琮有明確的創形理念，那就是「方」。齊家系玉方筒無實用功能，陝、甘、寧又出現多處以同數目璧與琮掩埋於墓葬或祭坑的現象；清晰表達先民「天圓地方」宇宙觀，「制器尚象」、「同類感通」的思維哲理。若然，是否經由上層交流網影響太湖地區良渚文化先民，將已有承載神徽紋飾，與裝飾腕部功能的玉手鐲，拔擢為與璧組配的方形玉禮器；導致良渚晚期（2500-2200BC）的玉琮朝向高、方發展，更以「鳥立祭壇」等符號將玉璧與從玉鐲發展而成的方琮，作了神秘的內在聯繫（圖一八至二三）。此雖屬筆者的新論點，卻最可能是歷史真相。

　　無論是齊家系先民？還是良渚先民？是「璧琮組配」禮制的發明者，總之，「圓璧與方琮」是西元前第三千紀中期以後最重要、最普及的成組禮器。清楚說明純樸的古人將其對生存空間的直觀印象：「圓形天穹」與「方平大地」認定為「天神」「地祇」的具體形狀；又在「禮神者必象其類」[190]的思維指導下，製作與天神、地祇特徵相似的圓璧、方琮來祭祀天、地，冀求能產生溝通感應的效果，讓神祇了解自己的需求。

　　地圖D則清楚顯示西元前2300至前1550年的「萬邦玉帛」現象。本文用較多篇幅（第五章）論證這七百多年內華東、華西玉文化的蛻變與創新。了解當時有四種典型華西閃玉料，三種典型華東閃玉料，分別屬壟斷性資源。在華西，深綠、深褐近乎黑的墨玉更被石峁文化先民壟斷，連他們的鄰

188　限於篇幅，前文並未討論古人的太陽崇拜與精氣觀，但學界相關論述很多。

189　張光直教授發表過多篇相關論文：〈商周青銅器上的動物紋樣〉，《考古與文物》1981, 2、〈連續與破裂——一個文明起源新說的草稿〉，《九州學刊》，第一期，1986。

190　見漢代鄭玄對《周禮·春官·大宗伯》的注。

居齊家文化先民可能也無法採用。可能在西元前1650至前1550年，蜀地的月亮灣文化的統治階層還能通由半月形傳播帶獲得這種墨玉[191]？中原夏王朝統治者雖受石峁文化影響，將牙璋、多孔長刀作為最高級的玉禮器，也只能用各類似玉美石製作[192]。

（二）玉禮器改製透露夏族的文化底蘊

　　值得注意的現象為，由於玉禮器是通神的「重器」，不同的氏族有不同的信仰，奉行不同的禮制。所以經由征戰獲得異族玉禮器時，多半會將之當玉料改製他用。因此可循此一線索，解析該王朝統治階層的文化底蘊。

　　分布於中原的新砦文化與二里頭文化大致先後銜接，在其遺存中已發現三件有刃玉器是用齊家系玉璧改製而成（圖六二、六三、三二）[193]。從這些現象可推測，夏王朝統治者應屬於完全不使用玉璧，也不相信玉璧有通神法力

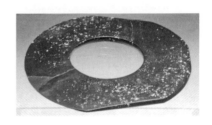

a　　　　　　　　　b

圖六二　新砦文化　用璧改制的玉鉞　長11.7　頂寬8.9　刃寬11.6公分　花地嘴出土　a, 2013展覽圖錄 b, 黃翠梅在良渚博物院展場拍攝

圖六三　新砦文化 用璧改製的玉鉞 宋家嘴遺址祭祀坑出土 黃翠梅在良渚博物院展場拍攝

---

191 目前僅根據目驗實物，推測月亮灣牙璋玉料與石峁牙璋可能相同，尚須進一步做科學檢測。但稍晚的三星堆文化牙璋就是用白色玉石製作後，外表加染一層黑色顏料。見蘇永江，〈廣漢三星堆出土玉器考古地質學研究〉，《四川考古論文集》（北京：文物出版社，1996）。

192 新砦文化花地嘴遺址出土二件牙璋，二里頭遺址出土四件牙璋，多件長刀。筆者均目驗過實物。希望發掘者能一一給予科學鑒定。

193 筆者曾於2013年12月在良渚博物院展場檢視實物，又蒙顧萬發院長同意，於2014年11月在鄭州市考古院庫房檢視二件新砦文化玉鉞。蒙朱乃誠主任同意，於2014年10月在社科院考古所檢視二里頭文化玉戚。

圖六四　二里頭文化四期　牙璋　a全器　b局部　全長46-48　柄長6寬4　厚0.4-0.5公分
二里頭出土　引自《偃師文物精粹》

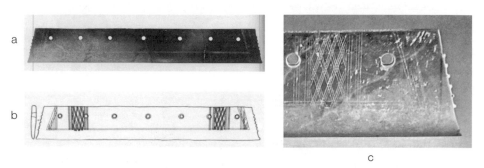

圖六五　二里頭文化四期　七孔大玉刀　長60.4-65寬9.5厚0.1-0.4公分　二里頭出土
a, 紋飾較少的一面　b, 紋飾較多的一麵線繪圖　c, 紋飾較多一面局部
a引自《中國文明》2010　c引自《中國美術全集》

的氏族。

　　圖六四牙璋、圖六五長刀均出土於二里頭遺址第四期遺存，均展於洛陽市博物館。造形、紋飾均堪稱華麗氣派，但具筆者目驗其質地可能均非真正閃玉，至少均不屬於筆者所界定的四種典型華西閃玉料[194]。圖六五長刀的兩面都以雙陰線鉤出梯形線紋，但只在一面刻以「二里頭式格線紋」。這種格線紋與圖五六「石峁式格線紋」不同，後者是兩個並排的交叉格線，但前者是先將「擬裝飾器面」的兩邊用一或二組平行線框住，再在其間器面鋪滿較密集的交叉格線。除了圖六五外，二里頭還出土一件編號「IV 朱3:21」的石

---

194 二里頭遺址出土玉器的質地，多未經科學鑒定。

圖六六　商早期　玉戈（二里頭文化格線紋玉刀改製）鄭州白家莊出土、57.2公分
中國國家博物館藏　a全器　b局部　引自《中國國家博物館藏·文物研究叢書·玉器卷》

圖六七　商早期　玉戈（二里頭文化格線紋玉刀改製）許昌大路陳村出土　長43　內寬7.9
援寬8.9　厚0.4公分　a,彩圖　b,局部　（分別為鄧聰、黃翠梅在河南省博物館陳列室拍攝）

刀，上面也有同樣結構但較簡率的「二里頭式格線紋」[195]。此外，還有三件刻
有「二里頭式格線紋」的玉石刀，已於20世紀前半流散歐美[196]。

　　估計這種刻有「二里頭式格線紋」的大刀是夏王朝最高級的玉禮器之
一，商人克夏後，多將之改製成玉戈。圖六六、六七分別出於鄭州白家莊、
許昌大路陳村。它們都是用第三類典型華西閃玉料製作，改製成的玉戈。不
但器身過長[197]，且在柄端一面器表留有「二里頭式格線紋」。因為這格線紋對

195 展出於中國社會科學院考古研究所的陳列室。

196 大英博物館、芝加哥藝術研究所、華盛頓的賽克勒博物館各藏一件。

197 戈本是綁繫木柄，用作勾殺或啄殺敵人的兵器，無論是玉戈或銅戈，均應以長20公分左

商人而言，毫無意義，所以也不會顧及紋飾的完整性，任由製作玉戈的工匠將紋飾一端切殘。類似的商早中期殘留「二里頭式格線紋」的特長玉戈，還見於李家嘴出土，編號PLZM2-28盤龍城四期玉戈，長45.6公分[198]。清末陝西寶雞出土西周初年天子賞賜給召公太保的太保戈，長66.5公分，上面也有「二里頭式格線紋」，只是局部在西周初年被磨掉，加刻銘文[199]。目前典藏於美國弗立爾博物館。

這四件曾為二里頭文化刻紋玉刀，夏王朝結束後，就慘被改製成戈，它們不但器身長大、厚實，且均以筆者所界定的第三種典型華西閃玉製作。由此推測，夏代晚期可能還有比二里頭更高規格的城址，城中貴族使用真玉製作的大刀。

第五章表一「龍山至夏時期中原及周邊用玉的比較」清楚列出代表夏王朝的新砦文化、二里頭文化的玉器類別：主要是帶刃器類：斧鉞（戚）、鏟、圭、刀、牙璋、戈，以及與神祖像有關的柄形器。而無環璧類。雖然大量的柄形器與經常裝飾在帶刃玉器上的「海岱式扉牙」都屬華東文化因素，但從夏朝結束後，大玉刀與牙璋退出中原舞臺，多件大刀還被改製他用的現象可知，牙璋、大玉刀應是夏族最高級別的禮器。夏文化的底蘊有強烈的石峁文化內涵。

《史記・六國年表序》：「禹興於西羌。」《詩・商頌・長發》：「洪水芒芒，禹敷下土方。」這些文獻記載夏族起源自黃河上中游，與近日所認知的石峁文化的內涵是相當契合的。

（三）玉禮制萌芽早，運作長久

20世紀晚期以來考古學高度發展，累積資料已能建構起古玉發展的時空框架。已可將玉器在中國的歷史上推至西元前6200年，換言之，在進入

右為宜。青銅兵器普及後，玉戈已漸朝向禮制化發展，但若用新料製作，不可能製作太長的玉戈。

198 湖北省文物考古研究所，《盤龍城》（北京：文物出版社，2001）。圖一一九-3，彩版一九-3。筆者附記，此報告中對玉器質地鑑定非常拙劣，完全不可靠。

199 劉雲輝，《周原玉器》（中華文物學會，1996）。

「三代」以前，玉器已有四千年的發展史。在這漫長的過程裡，玉器已從簡單的工具與飾品發展成溝通神祖的禮器。

推估在西元前3500至前2500年間，在紅山文化、凌家灘文化、良渚文化中，各自發展以神秘信仰主導的初期禮制，當時，動物崇拜可能是主要內涵。約在西元前第三千紀中葉，也就是西元前2500年以降，在黃河上中游與長江下游逐步形成以古人宇宙觀與感應哲理為主要內涵的「璧琮組配」玉禮制。

換言之，青銅鑄造技術成熟前，在華夏大地各階段，多個考古學文化中，玉器可能與絲、羽、石、陶、竹、木等器類聯合運作各種禮制。當時玉器主要作為「依附神祖之靈」的實體及參祭者的「權杖」，也就是「祭器」與「瑞器」。

約夏代中晚期，銅器加入禮器行列。銅器主要取代陶質容器功能，以及玉石質的樂器、兵器功能。但因為銅器可冶鑄銘文，具文字史料價值，北宋金石學興，經千年已累積為治三代古史不可輕忽的門類，所以當下學界某些褊狹人士，常以為只有自己研究的銅器才是禮器。事實上，當銅器的使用非常興盛時，玉禮器仍是「依靈實體」及參祭者的「權杖」，從河南安陽侯家莊1001大墓墓底九個腰坑隨葬的玉戈、銅戈的配置即可知，商周禮制上，玉禮器的位階高於銅禮器[200]。進入漢代後，銅器逐漸降低在禮制運作中的重要性，但是玉器依舊是歷代禮制核心，除了玉圭、玉璧等傳統玉禮器外，舉凡傳國玉璽、封禪玉冊、象徵官階高低的玉帶、玉帽頂等，都在禮制運作的範圍中。總之，玉禮制的歷史基本上以帝制結束為終點。而今只有國家「玉璽」象徵這個悠久又典雅的傳統。

附記：圖片資料來源，分別註明於圖下、註中或文中。未註明者，多引自考古報告。

---

200 侯家莊1001大墓墓底共九個腰坑，四個角各有二個腰坑，這八個腰坑中，各埋一人、一犬、一銅戈，但中央腰坑則埋一人、一犬、一玉戈。見梁思永遺稿，高去尋輯補，《侯家莊・第二本・1001號大墓》（臺北：中央研究院歷史語言研究所，1963）。高去尋教授生前常對筆者口述，他認為這九人是一個小隊，埋於中央腰坑的是小隊長，所以執拿玉戈。

瑤環百疊，瑜珥琤瑽
——雲南滇文化的玉耳玦[*]

黃翠梅[**]

　　西元前第一千紀後半，雲南先滇文化[1]和滇文化除了在青銅工藝的表現極為突出之外，各類玉石飾品的使用也非常興盛，其中又以器身極為扁薄、製作精緻並經常大小有序的成套玉質耳玦最為引起筆者注意。

　　早在西元前第六千紀，玉質耳玦即已出現於中國東北地區，隨後數千年間佩戴玉玦的風尚又分別向南及向北擴散至長江中下游和嶺南地區以及東北亞的俄羅斯遠東地區和日本列島[2]。然而即使擁有如此綿長的發展歷史和廣袤的分布區域，滇文化狀似月牙的薄片形玉玦既罕見於其他時期和地區出土的玉玦之中，它們動輒由數十件玉玦組合成套的盛大規模也遠非其他文化所能企及，因此不僅滇式玉玦的組合及佩戴方式令人感到相當好奇，它們的來龍

---

* 　本文之得以順利完成，承蒙雲南省文物考古研究所劉旭所長和衢州博物館柴福有館長於筆者赴雲南昆明和浙江衢州研究考察期間提供的各項協助，不僅惠允提供參觀考古出土的耳玦等玉石飾品，又慷慨同意筆者發表相關照片，特此申謝。

** 　國立臺南藝術大學藝術史學系教授。

1 　本文所稱的「先滇文化」，係指滇國建立以前雲南滇池四周及其鄰近地區的考古學文化遺存。

2 　鄧聰，〈潤玉細無聲——八千年玉玦擴散之路〉，中國社會科學院考古研究所、香港中文大學中國考古藝術研究中心編，《玉器起源探索：興隆窪文化玉器研究及圖錄》（香港：中國考古藝術研究中心，2007），頁125-127。

去脈也值得深入探究。

一、滇式玉玦的考古分布與形制發展

　　滇式玉玦具有器身扁薄（厚度大約介於0.1至0.2公分之間），大多以淺色閃玉製作[3]，出土時呈牙黃或米黃色澤，外廓為圓、橢圓或橢方形的月牙狀薄片，中孔偏於玦口一側，兩端收尖，以及大小有序疊合成套等特徵。依據目前的考古材料可知，滇式玉玦大約始見於西元前第5、6世紀之間，並持續使用到西元1世紀初左右，期間隨著漢武帝降滇（109BCE）與中原漢文化影響的加深，它們的數量逐漸減少。整體而言，其興盛期大致與滇國的歷史相始終。

（一）雲南滇文化遺址出土的「滇式玉玦」

　　迄今已知的滇式玉玦主要出土於雲南先滇和滇文化遺址，下文將針對其中最具有代表性的幾處遺址分別敘述（圖1）[4]：

1. 曲靖八塔台、橫大路

　　八塔台墓地位於雲南東部素有「滇喉鎖鑰」之稱的曲靖市，自1977至1982年間在此進行了7次的考古發掘，共清理春秋早期至西漢後期的豎穴土坑墓葬353座。橫大路墓地也位於曲靖市，1997至1998年間發掘春秋早期至西漢晚期的小型豎穴土坑墓185座[5]。從考古報告內文及墓葬登記表可知，八塔台出土玉玦的墓葬共計30座，出土玉玦61件；橫大路出土玉玦的墓葬共計11座，出土玉玦13件。可惜各墓出土玉玦之具體數量不僅未明確標示，

3　王麗明，〈石寨山、李家山出土玉玦、玉鐲礦物成分X射線衍射儀分析報告〉，《雲南文物》，2002：1（昆明，2002），頁19-22；荊志淳，〈雲南晉寧石寨山M71出土部分玉、石器的礦物學鑑定〉，雲南省文物考古研究所、昆明市博物館、晉寧縣文物管理所編著，《晉寧石寨山——第五次發掘報告》（北京：文物出版社，2009），頁230。

4　圖1所列各地出土滇式玉玦圖片來源，參見下文各相關段落註解。

5　雲南省文物考古研究所編，《曲靖八塔台與橫大路》（北京：科學出版社，2003），頁1-9、151。

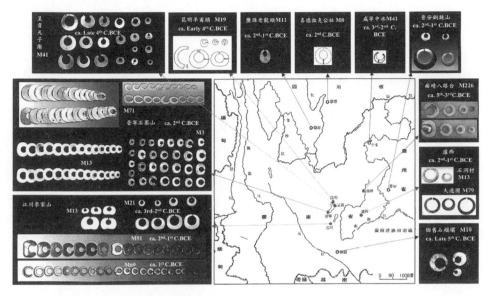

圖1：滇文化及鄰近青銅文化遺址出土的滇式玉玦及其分布

迄今也只見少數線圖和照片發表[6]。此外，由於二處墓地墓中人骨和葬具多已朽壞，只能從墓中隨葬器物推斷墓主性別[7]，並據此知悉男女均流行佩戴玉玦的風尚。

　　八塔台玉玦始見於第一期（春秋早期[8]；約西元前7至6世紀）的296號墓（有銅戈隨葬，推測屬於男性），但該玉玦的圖片並未發表。第二期（春秋中晚期；約西元前6至5世紀）的206號和265號墓均有耳玦出土，其中265號

6　雲南省文物考古研究所編，《曲靖八塔台與橫大路》，頁15、180、190-207、219-225。

7　雲南省文物考古研究所、玉溪市文物管理所、江川縣文化局，《江川李家山──第二次發掘報告》（北京：文物出版社，2007），頁11。

8　有關雲南青銅文化的年代問題學界一直存在較大的爭議，尤其滇文化墓葬中年代較早者之斷代往往是通過與其他墓葬出土物的比對間接進行的，而證據源頭又僅來自少數墓葬中有限的碳十四測年數據。曲靖八塔台墓葬年代的推斷即是如此，因此發掘者將八塔台279號及296號墓之年代訂在春秋早期，部分學者認為其可靠程度不高。參見楊勇，〈石寨山考古的新成果和再認識──讀《晉寧石寨山──第五次發掘報告》〉，《文物》，2011：8（北京，2011），頁94。

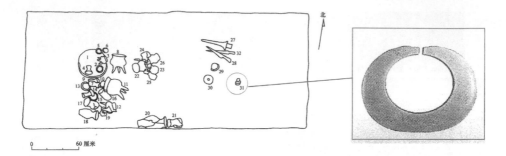

圖2：八塔台M265平面圖及墓中出土的月牙狀玉玦

（《八塔台與橫大路》圖16、彩版8-30）

墓（有銅劍和銅戈隨葬，推測屬於男性）出土的1件耳玦為具有微橢圓形外廓的月牙狀薄片，外徑6.7公分，孔徑大於外徑的二分之一，中孔略偏於玦口一側，兩端未見穿孔（圖2）[9]。

第三期（戰國至西漢早期；約西元前5至3世紀）143號墓（有銅戈隨葬，推測屬於男性）出土的2件玉玦均為具橢圓外廓的月牙狀薄片，外徑均為4.3公分，孔徑分別為2.4公分和2公分，中孔也更偏於玦口一側，其中一件兩端有孔，一件僅一側有孔（圖3）[10]。

另一座不明期別的226號墓（有銅削隨葬，推測屬於男性）出土的玉玦目前僅發表其中2件，2011年筆者幸獲同意在雲南省文物考古所提件觀察並拍攝該墓出土的2組玉玦，每組4件、大小有序，它們都是具有圓形或微橢圓形外廓的月牙狀薄片，玦口窄細，兩端均未穿孔，外徑大約介於2.5至7公分之間（圖4）。其中外徑最大的2件玉玦外廓略顯橢圓，孔徑較大，形制與265號墓所見者較為相似，但外徑較小的3件完整玉玦之孔徑均小於外徑的二分之一，偏心的表現越發明顯。

八塔台墓地出土的玉玦目前已發表或曾經筆者檢視的玉玦數量雖然有限，然因其時代偏早，又分別出自不同期別墓葬，對於了解滇式玉玦的形制發展極具參考價值。

9　雲南省文物考古研究所編，《曲靖八塔台與橫大路》，彩版八-3a。

10　雲南省文物考古研究所編，《曲靖八塔台與橫大路》，頁197。

圖3：八塔台M143出土的月牙狀玉玦
（筆者攝於雲南省文物考古研究所標本室）

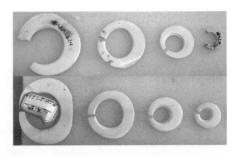

圖4：八塔台M226出土的月牙狀玉玦
（筆者攝於雲南省文物考古研究所標本室）

2. 呈貢天子廟

　　天子廟位於雲南滇池東側的呈貢城北3公里處，1975年和1979年先後發掘滇文化豎穴土坑墓葬53座[11]，其中以41號墓規模最大，其餘都是中小型墓葬。

　　41號墓是一座年代大致為戰國中期偏晚（約西元前4世紀後葉）的大型長方形豎穴土坑墓，位於墓群中部，墓上可能原有封土堆。該墓葬具為一棺一槨，木棺位於槨底板中部，僅存板灰。墓主骨骼殘朽，埋葬情況無法辨明，但據其隨葬品及墓中發現的臼齒推斷，墓中除男性墓主外，另有一兒童殉葬。

　　此墓隨葬青銅兵器生產工具、生活用品、鐵器、陶器、漆器以及青銅和玉石飾品等各類器物310多件，另有貝1500枚，綠松石珠數以萬計，全部分布於槨蓋板和槨底板上[12]。墓中出土的31件玉玦，分為兩組置於墓葬中部偏東處，其中一組為10件玉玦由小到大疊置。從已發表的20件玉玦的彩圖可知，它們均為單面琢磨的月牙狀薄片，色澤米黃或牙黃，外徑介於1.3至4.9公分間，孔徑介於2至3.7公分之間。個別玉玦一端略殘，一端或兩端有孔（圖5）。

　　此外，另有2座中型墓（33號及12號墓）中共出土玉玦9件，其中有青

11　雲南省文物工作隊，〈雲南呈貢天子廟古墓葬的清理〉，《考古學集刊》，第3輯，1983年（北京，1983），頁507-508；昆明市文物管理委員會，〈呈貢天子廟滇墓〉，《考古學報》，1985：4（北京，1985），頁508。

12　昆明市文物管理委員會，〈呈貢天子廟滇墓〉，頁508-512。

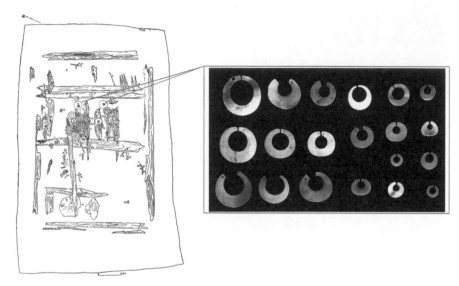

圖5：天子廟M41平面圖及墓中出土的月牙狀玉玦

（《考古學集刊》3，頁510；《中國出土玉器全集（12）雲南‧貴州‧西藏》，圖23）

銅容器和兵器隨葬的33號中型墓出土了8件一組上下疊置的玉玦，至於有多件陶器隨葬的12號中型墓則僅出土1件玉玦[13]。

3. 昆明羊甫頭

　　羊甫頭墓地位於雲南昆明官渡區大羊甫村，該墓地共發掘時代介於戰國中至西漢末年（約西元前4世紀初至1世紀末）的滇文化豎穴土坑墓葬810座（6座大型墓，28座中型墓，餘為小型墓）和漢式墓葬28座。滇式玉玦共出土於32座滇文化墓葬中，每墓1至6件不等，部分墓葬中的玉玦因已殘碎，無法統計數量。3座出土玉玦的大型墓葬中僅M19未經盜擾，另兩座（M113和M30）盜擾嚴重[14]。

　　屬於一期一段（約西元前4世紀初）的M19為一座男性大型墓葬，葬具

13　昆明市文物管理委員會，〈呈貢天子廟滇墓〉，頁528、531、539、543。

14　雲南省文物考古研究所、昆明市博物館、官渡區博物館，《昆明羊甫頭墓地》（北京：科學出版社，2005），頁16-17、877-988墓葬登記表。

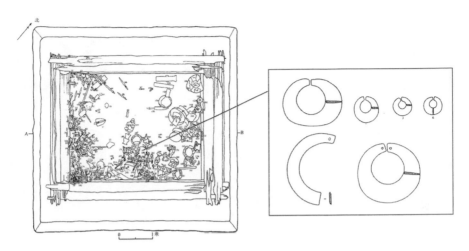

圖6：羊甫頭M19平面圖及墓中出土的月牙狀玉玦

（《昆明羊甫頭墓地》，圖108、137）

為一棺一槨，葬式不明，墓中出土銅鼓、大量青銅兵器和工具、銅甲片、陶器和裝飾品。裝飾品多見於墓主身上，包括多件外廓略為橢圓的扁薄月牙狀玉玦，其中5件完整、1件半殘，外徑介於1至6公分之間，多數孔徑小於二分之一外徑，厚度均不足0.2公分，個別於兩端穿孔（圖6）；其餘皆殘碎[15]。

4. 瀘西石洞村、大逸園

　　石洞村和大逸園墓地位於雲南東南部瀘西縣內，2007至2008年在大逸園墓地發掘了戰國末至西漢中晚期到東漢初的豎穴土坑墓190座，又在石洞村發掘了西漢中晚期到東漢初的豎穴土坑墓93座，這兩處墓地發掘的墓葬多數為隨葬品數量不多的中、小型墓葬[16]。

　　大逸園墓地出土玉玦26件，隨葬於9座女性和1座男性墓葬中，其外形

15　雲南省文物考古研究所、昆明市博物館、官渡區博物館，《昆明羊甫頭墓地》，頁120-
　　122、154。

16　雲南文物考古研究所等，《瀘西石洞村　大逸園墓地》（昆明：雲南科技出版社，2009），
　　頁1、5、49。

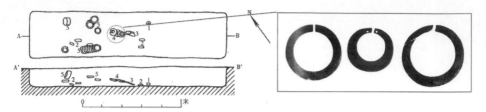

圖7：大逸園M79**平面圖及墓中出土的月牙狀玉玦**

（《瀘西石洞村 大逸圍墓地》，圖79、彩版12-4）

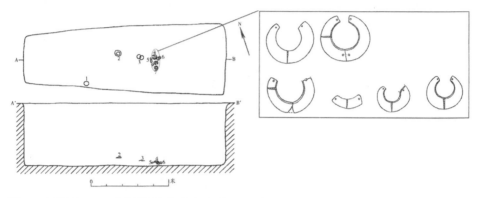

圖8：大逸園M164**平面圖及墓中出土的月牙狀玉玦**

（《瀘西石洞村 大逸圍墓地》，圖81、82）

均為近圓形的月牙狀薄片。其中第二期（西漢中期）79號女性墓在墓室中部
出土3件大小相次的玉玦，直徑介於4.2至5.5公分，器形完整，玦口窄細，
兩端無孔（圖7），同墓另隨葬銅鐲、銅飾和玉石珠管；第二期（西漢中期）
164號女性墓在墓室中部偏東處出土了6件大小相次的玉玦，直徑介於3.5至
4.8公分，各件玦口處均有大小不一的斷缺，兩端皆有穿孔，可能曾經修補
（圖8），同墓另隨葬銅腰扣、銅鐲、銅飾和玉石珠管；163號男性墓則出土
了7件銅鐲和2件銅劍鏃，以及5件大小相次的玉玦，其中2件器形完整、玦
口窄細，另3件玦口處有斷缺痕，兩端有孔[17]。

　　石洞村墓地出土玉玦9件和殘碎玉玦若干，外形均為近圓形的月牙狀薄

17　雲南文物考古研究所，《瀘西石洞村 大逸圍墓地》，頁15、19-20、69、72-74、126-158。

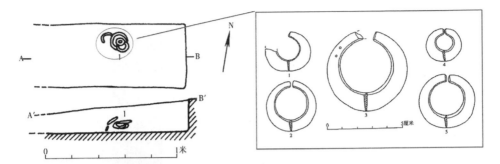

圖9：石洞村M13平面圖及墓中出土的月牙狀玉玦

（《瀘西石洞村 大逸圃墓地》，圖17、18）

片。分別隨葬於5座女性墓葬中。其中西漢中晚期到東漢初的13號墓西邊已遭破壞，墓中未見任何銅器或陶器，但隨葬了大小有序的5件玉玦，包括3件為玦口窄細的完整器和2件玦口處有缺損者，其中1件於一側穿有2孔（圖9）。

5. 晉寧石寨山

石寨山遺址位於雲南中部滇池南岸和東南岸的晉寧城西5公里，先後於1955年、1956至1957年、1958年以及1960年於石寨山遺址進行了四次的考古發掘[18]，1996年又進行了第五次發掘，總計清理發掘春秋時期至東漢時期滇文化土坑豎穴墓葬87座，其中大、中型墓葬的年代多為西漢時期[19]。這些墓葬中山上玉玦數量眾多，可惜山上時多數殘碎，無法詳細統計各組數量。

1996年發掘的M71是石寨山墓地迄今發現墓壙最大的墓葬[20]，該墓葬具

18　雲南省博物館考古發掘工作組，〈雲南晉寧石寨山古遺址及墓葬〉，《考古學報》1956：1（北京，1956），頁43-63；雲南省博物館，《晉寧石寨山古墓群發掘報告》（北京：文物出版社，1959）；雲南省博物館，〈雲南晉寧石寨山第三次發掘簡報〉，《考古》，1959：9（北京，1959），頁459-461、490；雲南省博物館，〈雲南晉寧石寨山古墓第四次發掘簡報〉，《考古》，1963：9（北京，1963），頁480-485。

19　雲南文物考古研究所、昆明市博物館、晉寧縣文物管理所，《晉寧石寨山——第五次發掘報告》（北京：文物出版社，2009），頁10-11、149-157。

20　雲南文物考古研究所、昆明市博物館、晉寧縣文物管理所，《晉寧石寨山——第五次發掘報告》，頁102-103。

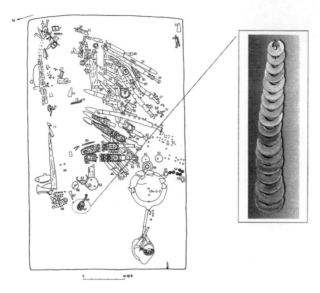

圖10：石寨山M71平面圖及墓中（上層）出土的月牙狀玉玦

（《晉寧石寨山——第五次發掘報告》，圖7、彩圖93-1）

為一棺一槨，出土文物高達410件（組），其中月牙狀玉玦共8組72件，分別出於墓葬上層和中層，但除了少數幾組在平面圖上有所標示外，其他各組具體出土位置不詳。這些玉玦的外徑介於0.9至5.2公分之間，表面呈米黃或白色，磨製光滑，部分出土時依大小順序疊置（圖10、11）。其中出土於棺內上層的M71：65和下層的M71：117（1, 2）三組皆為橢圓或橢方外廓，偏心明顯，兩端各有一穿孔。此外，墓中出土器物以銅鼓、銅貯貝器、銅俑、銅傘蓋、銅兵器和工具等大量滇式青銅器為主，尤其又以代表滇國貴族身分的銅鼓、銅貯貝器和銅俑最為引人注目。而漢式器物則除了銅鏡外，未見其他中原器物及錢幣。顯示此墓之時代應處於與漢地交往相對較少之時，發掘者推測它可能是西漢早期某代滇王之墓[21]。

1956至1957年發掘了多座大型墓葬，其中13號墓之葬具為一棺一槨，其

---

21   雲南文物考古研究所、昆明市博物館、晉寧縣文物管理所，《晉寧石寨山——第五次發掘報告》，頁25-26、104-105、152-155。

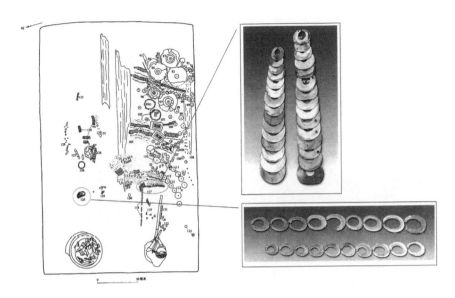

圖11：石寨山M71平面圖及墓中（中層）出土的月牙狀玉玦

（《晉寧石寨山——第五次發掘報告》，圖92、彩圖93-2）

上有朱黑色漆皮及木板，出土文物673件（套），包括橢圓與橢方月牙狀玉玦31件（圖12）、銅鼓、銅貯貝器、銅俑、銅傘蓋、銅兵器和工具等大量滇式銅器，以及漢式銅鏡一面和小半兩錢；至於3號墓之葬具為單棺，棺上亦有朱黑色漆皮，出土橢圓與橢方月牙狀玉玦一包（圖13）、銅鼓、銅貯貝器、銅俑、銅兵器和工具等大量滇式銅器，以及漢式大銅鏡一面[22]。因兩座墓的隨葬品以滇式為主而少見漢式器物，推測入葬時間略早於出土滇王金印的6號墓而略晚71號墓，墓主則可能是西漢文景時期（180-141 BCE）的兩代滇王[23]。

　　另一座大型墓為6號墓，葬具為單棺，棺內出土玉玦一包，唯詳細數量不明，圖片也未曾發表。由於墓中除出土豐富的編鐘、銅鼓、銅貯貝器、銅俑、銅傘蓋、銅兵器和工具等滇式器物外，同時又發現漢鏡一面、玉覆面一

22　雲南省博物館，《晉寧石寨山古墓群發掘報告》，頁138、140。

23　葉葵，〈論雲南晉寧石寨山第6號墓的史料價值〉，《南方民族考古》，第1輯，四川大學出版社，1987年，頁116；雲南省博物館，《晉寧石寨山古墓群發掘報告》，頁153。

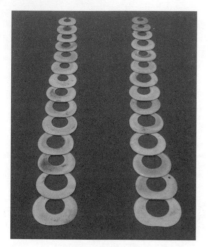

圖12：石寨山M13出土的月牙狀玉玦
（筆者攝於雲南省博物館）

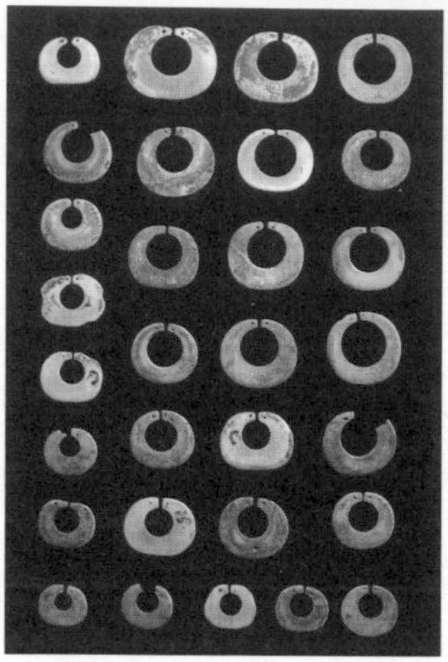

圖13：石寨山M3出土的月牙狀玉玦
（《中國出土玉器全集（12）中國出土玉
器全集12-雲南‧貴州‧西藏》，圖60）

組、銅薰爐、烹爐、多種銅質生活容器、銅鎏金耳杯，以及滇王金印等漢式
器物[24]，而該枚滇王金印與《史記》所載漢武帝「賜滇王王印」一事又可相互
印證，故一般推測該墓應為西漢武帝後期（約109-87 BCE）降漢的末代滇王
墓葬[25]。

6. 江川李家山

　　李家山墓地位於雲南昆明南方的江川盆地，北距石寨山墓地約40公
里。1972年進行了第一次發掘，清理豎穴土坑墓葬27座，其中大型墓7座，
全部集中於山頂正中[26]。1991至1992年間的第二次發掘以及其後的零星清
理，又清理了豎穴土坑墓葬60座，其中大型墓7座、中型墓18座，其餘為

24　雲南省博物館，《晉寧石寨山古墓群發掘報告》，頁14-16、141。

25　葉葵，〈論雲南晉寧石寨山第6號墓的史料價值〉，頁117。

26　雲南省博物館，〈雲南江川縣李家山古墓群發掘報告〉，《考古學報》，1975：2（北京，
　　1975），頁98。

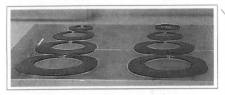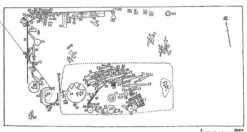

圖14：李家山M21平面圖及墓中出土的月牙狀玉玦

（左：筆者攝於雲南省博物館；右：《考古學報》，1975：2，頁103；圖5）

小型墓[27]。

　　在1972年的發掘中，共有11座年代為戰國末至西漢武帝以前（約西元前3至2世紀）滇文化特點突出的第一類墓葬出土玉玦17組，每組數件至20餘件不等，其外廓多為圓形或橢圓形，呈米黃色或牙黃色。例如：在21號大型單人單棺墓中，有10件牙狀玉玦出於銅枕東側（圖14）；在23號大型兩女合葬墓中隨葬玉玦3組23件，分別置於相當於北側墓主雙耳處以及南側墓主右耳處。其中完整者16件，呈黃白色，外徑介於1.9至9.7公分之間；在24號大型單人一棺一槨墓中出土玉玦2組，每組6件，分別發現於相當於墓主的左、右耳部位置。目前其中一組的5件已經發表，外廓為圓或橢圓形，兩端均各有一孔，外徑介於1.4至5.6公分之間；13號單人無棺墓出土玉玦1組10件，外形完整，呈米黃色。通體近橢方形，上緣平直，下緣內凹，兩側各有一孔，外徑介於2至4.8公分之間，目前已發表其中5件（圖15）[28]。

　　在1991至1992年的發掘中，則有10座不同期別、性別和等級的墓葬出土331件玉玦，每墓件數不一[29]。例如，屬於第二期（西漢中至晚期；約西元前1世紀前半）的51號墓是一座一槨一棺的大型墓，槨內壁曾髹漆彩繪，隨

27　雲南省文物考古研究所、玉溪市文物管理所、江川縣文化局，《江川李家山——第二次發掘報告》（北京：文物出版社，2007），頁8。

28　雲南省博物館，〈雲南江川縣李家山古墓群發掘報告〉，頁102-104、144、151-153。

29　雲南省文物考古研究所、玉溪市文物管理所、江川縣文化局，《江川李家山——第二次發掘報告》，頁236-245。

圖15：李家山M24平面圖及墓中出土的月牙狀玉玦

（《考古學報》，1975：2，頁100、圖版22-12）

葬有銅鼓、貯貝器、銅俑、銅傘蓋、銅編鐘、銅兵器和工具、銅鐵合製器、金器以及大量的扣飾、珠管等玉石飾品，其中包括53件型態各異的多組玉玦，除少數為圓環形外，其他皆為具橢圓（32件）或橢方外廓（16件）的月牙狀玉玦，其中後者已經發表，色澤黃褐或米黃（圖16）[30]。

　　屬於該墓地第三期（西漢晚期至東漢初期；約西元前第1世紀後半）的69號墓是一座二女合葬的一銅槨二木棺大型墓，墓內隨葬銅鼓、貯貝器、銅俑、銅兵器和工具以及大量的扣飾、珠管等玉石飾品等器物數百件，其中僅玉玦即高達126件，共分為7組放置在墓主和其殉人的頭部附近，以及墓主下身右側。目前已發表者為其中的1組22件，這些玉玦外廓近圓或橢圓，玦口窄細，兩端均有穿孔，色澤米黃或牙黃（圖17）[31]。

30　雲南省文物考古研究所、玉溪市文物管理所、江川縣文化局，《江川李家山——第二次發掘報告》，頁208、239。

31　雲南省文物考古研究所、玉溪市文物管理所、江川縣文化局，《江川李家山——第二次發掘報告》，頁26-27、208、圖一五。

**圖16：李家山M51
出土的月牙狀玉玦**

（《江川李家山——第
二次發掘報告》，彩
版165-4）

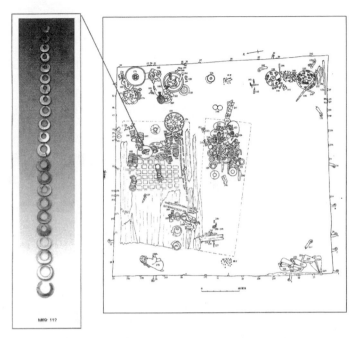

圖17：李家山M69平面圖及墓中出土的月牙狀玉玦

（《江川李家山——第二次發掘報告》，圖15、版165-4）

（二）滇文化外圍青銅文化遺址出土的滇式玉玦

　　除了上述滇文化墓葬外，另有少數位於滇文化範圍外圍，並與滇文化關
係密切的遺址也有滇式玉玦出土（圖1）。

1. 雲南箇舊石榴壩

　　石榴壩墓地位於滇南箇舊石榴壩村西北2公里處，其北距滇池兩百餘公
里，南距越南百餘公里，元江從其西南流過，下游流經越南，自古為滇池至

越南的必經之路[32]。

1987年共發現小型豎穴土坑墓葬24座，墓中隨葬玉玦18件，出土時多以2至3件大小不一的玉玦為一組，分別放置於墓主兩耳處。其中10號墓出土玉玦2組，每組3件，均為外廓近圓形的月牙狀薄片，外徑分別為1.8、2.9及3.8公分，玦口窄細，兩端皆未穿孔，同墓另隨葬青銅戈、鑿、鏟和陶盤等，推測墓主是一位男性[33]。

這批墓葬中出土的帶翼長胡銅戈器形較李家山和石寨山所見者更為原始，且既未見銅鏡、錢幣等中原器物，又沒有發現鐵器，發掘者推定其年代應介於戰國初至戰國末年之間。此外，由於元江古稱「濮水」，石榴壩距元江僅幾十公里，因此可能也是古代濮族居地[34]。另有研究者主張滇南地區青銅文化應為古越人所創[35]。

2. 四川鹽源老龍頭

位於四川涼山彝族自治州鹽源縣毛家壩的老龍頭墓地，在2001年發掘的11號豎穴土坑中型墓中，墓主右耳處出土了外廓橢圓的月牙狀耳玦1件，同墓另有青銅兵器工具鐵器共出，推測其年代可能為西漢中晚期[36]。

3. 四川喜德拉克公社

1976年在涼山喜德拉克公社8號二次葬大石墓中，出土了銅飾品、銅印、文帝四銖半兩錢、玉管以及7件扁薄月牙形骨質耳玦等，其中M8:62外徑3.8公分，厚0.2公分，發掘從此墓的地理位置、二次葬俗及隨葬品推測其為西漢前期的濮人墓葬[37]。

---

32 黃德榮，〈雲南箇舊石榴壩青銅時代墓葬〉，《考古》，1992：2（北京，1992），頁137。

33 黃德榮，〈雲南個舊石榴壩青銅時代墓葬〉，頁131-135。

34 黃德榮，〈雲南個舊石榴壩青銅時代墓葬〉，頁136-137。

35 張增祺，〈絢麗多彩的滇、昆明青銅文化〉，頁19-20。

36 成都文物考古研究所、涼山彝族自治洲博物館，《老龍頭墓地與鹽源青銅器》，（北京：文物出版社，2009），頁32、36-37、184。

37 涼山彝族地區考古隊，〈四川涼山喜德公社大石墓〉，《考古》，1978：2（北京，1978），頁99、102。

4. 貴州威寧中水

1978和1979年在貴州威寧中水梨園生產隊發掘了22座戰國中期至西漢末年的墓葬，共發現2件石質的月牙形耳玦，其中一件（外徑1.6公分）出土於41號淺穴土坑墓（約戰國中至西漢中期）中，同墓另隨葬有銅戈、銅髮釵、陶瓶和瑪瑙耳墜等。由於梨園墓葬出土的陶器中發現多個刻畫符號，發掘者推測其族屬為古代氐羌民族[38]。

5. 貴州普安銅鼓山

1980年在貴州普安銅鼓山發掘的洞穴遺址也出土了30件西漢中晚期的玉石玦，包括黑、白、黃、灰等色，基本完整者有7件，尺寸大小有別，其中1件外徑3.3公分，均為具有圓形外廓的月牙形薄片[39]；2002年又在銅鼓山發現了數件月牙形玉玦（圖18）[40]。由於銅鼓山數次發掘均出土較多的石範，此發掘者推測此地應是一處鑄造銅器的手工作坊遺址，又據文獻記載可知應屬古夜郎國之範圍，其族屬則為濮人[41]。

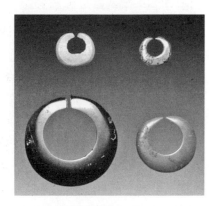

圖18：銅鼓山出土的月牙狀玉玦
（《中國出土玉器全集（12）雲南・貴州・西藏》，圖214）

從上述的整理可知，滇式玉玦主要盛行於雲南滇文化的分布範圍之內，其中又以滇池一帶最為集中。位於滇文化

38　貴州省博物館考古組，〈貴州威寧中水漢墓第二次發掘〉，《文物資料叢刊》，第10卷，1987年（北京，1987），頁125-127。

39　劉恩元、熊水富，〈普安銅鼓山遺址發掘報告〉，《貴州田野考古四十年》（貴陽：貴州民族出版社，1993），頁70-71。

40　國家文物局主編，《2002中國重要考古發現》（北京市：文物出版社，2003），頁47-51；葉成勇，〈貴州西部青銅文化發展的階段性特徵及其格局變遷〉，《貴州民族研究》，2007：6（貴陽，2007），頁170。

41　程學忠，〈普安銅鼓山遺址首次試掘〉，《貴州田野考古四十年》，頁64；劉恩元、熊水富，〈普安銅鼓山遺址發掘報告〉，頁85。

外圍的雲南箇舊石榴壩、四川涼山箇舊、喜德和貴州威寧、普安等地雖然也
有月牙狀玉玦的出土，但年代多屬戰國至西漢以後，而且材料及色彩多元，
數量也相當零星，四川喜德更以骨玦取代玉玦，與滇地出土規範性高且數量
龐大的玉玦顯有差距，顯示這些耳飾應是滇文化影響下的產物。

　　四川涼山鹽源、黔西威寧中水和普安銅鼓山青銅文化與雲南滇文化的互
動不僅透過玦飾反映，也表現在當地出土的青銅器上。曾有研究者指出，鹽
源出土的青銅器具有多元文化的特徵，其中銅案與滇文化銅案有共同之處，
而覆瓦形編鐘、銅鼓和蛇首無格劍更與滇文化關係深厚，甚至可能係自原地
傳入[42]。而中水出土的銅戈、蛇頭紋銅劍、貯貝器和漩渦紋扣飾等，以及銅鼓
山出土的一字格劍、尖葉形鋤、長條形鋤、羊角鈕鐘等也具有濃厚的滇文化
色彩，顯示貴州西部長期受到來自滇文化的影響[43]。

二、追本溯源：薄圓環狀玉玦的傳播與滇式玉玦的萌芽及發展

　　自西元前第二千紀後葉開始，缺口窄細的器形扁薄的圓環狀玉玦已見於
中國長江中下游地區和珠江三角洲等地（圖19）[44]，例如江西新淦大洋洲大
墓[45]、湖北宜昌楊家嘴5號墓[46]、湖南寧鄉黃材王家墳、湖南雙峰金田鄉[47]、湖
南衡陽杏花村[48]、福建漳州虎林山13號與19號墓[49]，以及和香港大灣[50]和東灣

42　成都文物考古研究所、涼山彝族自治洲博物館，《老龍頭墓地與鹽源青銅器》，頁180。

43　葉成勇，〈貴州西部青銅文化發展的階段性特徵及其格局變遷〉，頁168-171。

44　圖19所列各地出土滇式玉玦圖片來源，參見下文各相關段落註解。

45　江西省文物考古研究所、江西省博物館、新淦縣博物館，《新淦商代大墓》（北京：文物
　　出版社，1997），彩版40、圖版55。

46　李天元、祝恆富，〈湖北宜昌楊家嘴遺址發掘簡報〉，《江漢考古》，1994：1（武漢，
　　1994），頁40-41、圖版三。

47　2007年7月筆者見於湖南省博物館「湖南商周青銅器陳列」展。

48　鄭均生、唐先華，〈湖南衡陽發現商代銅卣〉，《文物》，2000：10（北京，2000），封三彩
　　圖。

49　福建博物院編，《21世紀初福建基建考古重要發現》（福州：福建人民出版社，2009），頁
　　42。

50　鄧聰編，《東亞玉器》（III）（香港：中國考古藝術研究中心，1998），彩版298。

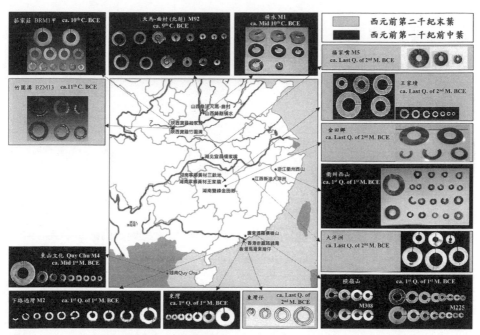

圖19：考古出土西元前第二千紀後葉至第一千紀前中葉大小有序的薄圓環狀玉玦及其分布

仔[51]等，此外河南安陽殷墟[52]和山東前掌大商代墓葬[53]中也有零星出土。這些玉玦的外形均為孔心位於玦體正中的圓環形薄片，外徑大致介於1.5至10公分之間，厚度多在0.2公分以下，其中新淦大洋洲、宜昌楊家嘴（圖20）、黃材王家墳、雙峰金田鄉以及香港東灣仔出土的玉玦皆已具有多件一組、大小有序的組配關係。

　　進入西元前第二千紀末至第一千紀之初，前述大小有序的薄圓環狀玉玦除了持續在珠江流域發展外，更進一步向東傳播至錢塘江上游的浙江衢州，

51　鄧聰，〈環狀玦飾研究舉隅〉，《東亞玉器》（I）（香港：中國考古藝術研究中心，1998），圖10.6。

52　中國社會科學院考古研究所，《殷墟婦好墓》（北京：文物出版社，1980），圖版106-3。

53　中國社會科學院考古研究所，《滕州前掌大墓地》（下），（北京：文物出版社，2005），圖版160。

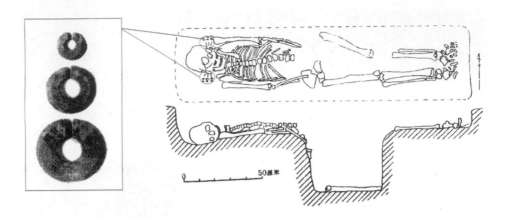

圖20：宜昌楊家嘴5號墓平面圖及墓中出土大小有序的薄圓環狀玉玦

（《江漢考古》，1994：1，圖6、圖版3）

並且沿著漢水北上黃河中游的寶雞地區再向西進入晉南山地。

　　例如，位於珠江流域的廣東博羅縣橫嶺山墓地發掘的多座西周中晚期墓葬（124號、225號和308號墓）都隨葬了大小有序的薄圓環狀玉質或石英質玦飾，每組4至8件不等，出土時均位於墓主耳際（圖21）[54]；香港馬灣島東灣[55]和赤鱲角下路過灣[56]也可以見到大小有序的扁薄圓環狀玉玦。

　　浙江衢州西山土墩墓位於大墩頂頂端，墓底平鋪圓形或橢圓形鵝卵石，中部鋪14塊不規則青石片，應為棺床位置，上面放置玉玦及骨飾。玉玦共出土22件，包括2件大型玉玦和20件小型玉玦，大型玉玦外徑分別為3和4.9公分，小型玉玦外徑介於1.1至2.1公分之間，其中有4件外廓裝飾3組突飾（圖22）。發掘者依據墓中出土的青瓷豆判斷此墓之年代為西周早期[57]。

　　除了東向衢州外，大約在西元前11世紀，使用大小有序的薄圓環狀玉

54　廣東省文物考古研究所編著，《博羅橫嶺山——商周時期墓地2000年發掘報告》（北京：科學出版社，2005），頁161、189、199、圖版30。

55　陳公哲，〈香港考古發掘〉，《考古學報》，1957：4（北京，1957），圖版4-15。

56　鄧聰，〈環狀玦飾研究舉隅〉，《東亞玉器》（I），圖10.7、頁94。、

57　金華地區文管會，〈浙江衢州西山西周土墩墓〉，《考古》，1984：7（北京，1984），頁591-593。

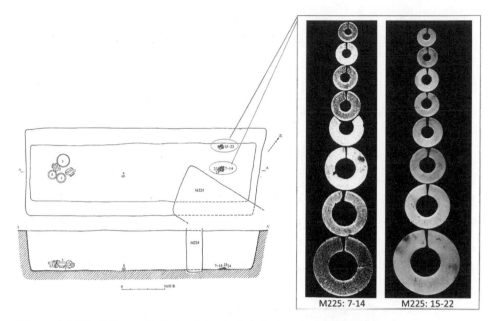

圖21：羅博橫嶺山225號墓平面圖及墓中出土大小有序的薄圓環狀玉玦

（《博羅橫嶺山——商周時期墓地2000年發掘報告》，圖279、圖版30-1、彩版19-2）

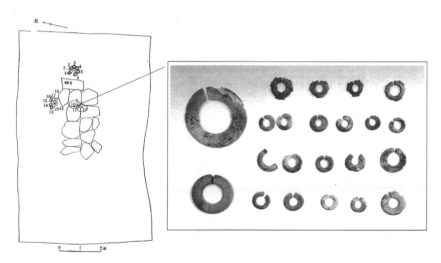

圖22：衢州西山土墩墓平面圖及墓中出土大小有序的薄圓環狀玉玦

（左：《考古》，1984：7，頁591；右：感謝衢州博物館柴福有館長提供）

玦的風尚也沿著漢水河谷北上，影響了渭河上游的寶雞地區。

　　寶雞竹園溝和茹家莊多座西周初期至中期墓葬中（BZM13、BZM7、BZM20、BZM9、BZM5、BRM1甲、BRM2）都出土了成對或大小相次的成組玦飾，其中茹家莊BRM1甲室隨葬了玉玦、煤玉玦、石英玦和綠松石玦共80件，它們一部分位於墓主頭端，另一部分則成堆疊置於墓主下腹部兩側，可能分別作為耳飾及胸腹佩飾使用[58]。

　　相對於長江中下游地區和珠江流域盛行使用玉質或石英質耳玦，寶雞地區用於製作耳飾的材料更為多元，色彩也豐富多變，而這個風氣也影響了晉南地區。例如，山西絳縣橫水1號西周中期倗伯夫人墓中，出土了多件大小相次的石英玦和煤精玦[59]；山西天馬曲村北趙晉侯墓地92號西周晚期晉侯夫人墓中在墓主頭部兩側也出土了玉玦14件，左側一組6件，右側一組8件，出土時均由上而下依次排列，然而這些玉玦樣式不甚一致，其中2件還具有卷龍狀外形[60]。

　　到了西元前第一千紀中葉左右，大小成套的薄圓環狀玉玦更到達了越北的東山（Dong Son）文化 Quy Chu 遺址[61]。

　　從前節的整理可知，滇式玉玦大約始見於春秋時期的先滇文化墓葬之中，在戰國末至西漢晚期（西元前第3至1世紀）達於興盛，並持續使用到東漢初期（西元1世紀）左右。其中又以春秋初期的八塔台296號墓時代最早，到了戰國時期以後，羊甫頭和天子廟等地也陸續開始流行月牙形的滇式玉玦，高階貴族墓葬中使用的數量也明顯增加；進入西漢以後，佩戴玉玦的風氣大興，而以石寨山和李家山滇國貴族大墓中的出土數量最為驚人，單墓出土玉玦數量甚至高達126件。

58　盧連成、胡智生，《寶雞國墓地》，（北京：文物出版社，1988），頁48、95、190、237、254、274-275、323-325、363。

59　山西省考古研究所、運城市文物工作站、絳縣文化局，〈山西絳縣橫水西周墓發掘簡報〉，《文物》，2006：8（北京，2006），頁9。

60　北京大學考古學系、山西省考古研究所，〈天馬—曲村遺址北趙晉侯墓地第五次發掘〉，《文物》，1995：7（北京，1995），頁15、18。

61　Nguyen Kim Dung, "Ancient Jade-manufacturing Tradition in Vietnam,"《東亞玉器》（II），p. 393；鄧聰編，《東亞玉器》（III），圖版412-414。

此外，隨著時間的推移，滇式玉玦的外廓逐漸從圓形或微橢圓形發展為明顯的橫橢圓形，西漢中期以後更出現了與玦口相對的一側平直或上弧的橢方形；玉玦的中孔從最初的些微偏向玦口一側，逐漸發展成明顯的偏心造形；而玉玦兩端也從最初的不具穿繫孔（少數位於殘斷一端的穿孔為修補孔），發展為戰國時期的部分穿孔，以及西漢以後的幾乎全面穿孔。

整體而言，到了滇式玉玦的臻於興盛的西漢時代，每組玉玦的數量不僅逐漸增加，同組玉玦間大小尺寸變化也越見規律，外形更日益朝向一致化的趨勢演變，充分反映了滇國社會為因應玉玦需求數量的增加，而在製作上力求規範化和組套化的現象。然而值得注意的是，相對於滇墓中各種豔麗多彩的珠管串飾、扣飾和鑲嵌飾等，無論滇式玉玦的形態如何變化，它們以米黃或牙黃色作為耳飾主色調的審美品味卻始終維持。這種持續和改變，一方面說明滇式月牙狀玉玦與興起於西元前第二千紀末葉的薄圓環狀但孔心位於玦體正中的玉玦之間關係密切，另一方面也反映出玉玦之於滇人應具有不同於其他飾品的特殊意義。

三、金玉交融：滇式玉玦與中國北方的月牙狀和卷雲狀金耳飾

如前所述，長江中下游地區和珠江三角洲青銅時代的玉玦不僅形體扁薄，玦口也相當平直窄細，與新石器時代厚實飽滿的玦飾明顯有別。鄧聰稱呼此種玉玦為「新淦式玦飾」，並認為新淦扁薄的玉切割技術是繼承自中原龍山文化玉器的工藝傳統，而此種玦飾的傳播反映了開料切割技術的擴散[62]。

此外，楊建芳也指出，新月形（本文稱之為月牙狀）玉玦濫觴於越人地區，雲貴高原的新月形玉玦可能淵源於兩廣地區乃至中國東南地區的古代越人玉雕，甚至是越人西徙直接傳播的結果。楊氏的主要根據之一，是香港屯門湧浪新石器時代遺址出土的1件兩端有孔的月牙形玉玦[63]。可惜除楊氏勾繪的簡單線圖外，該件玉玦的相關照片均未發表，具體出土情況也不明朗，因此它是否確為新石器時代遺物，仍不無疑義。

62　鄧聰，〈從新干古玉談商時期的玦飾〉，《南方文物》，2004：2（南昌，2004），頁4-12。

63　楊建芳，〈雲貴高原古代玉飾的越文化因素〉，《考古》，2004：8（北京，2004），頁50-52。

　　滇式玉玦與早一階段的薄圓環狀玉玦雖然關係深厚，而扁薄的玉切割技術，也確實是前述此二類玉玦的共同特色，然而更令筆者關注的是隱藏在薄片玉切割技術和月牙狀造形背後的審美意圖，以及引發此種意圖的可能觸媒。

　　滇式玉玦和薄圓環狀玉玦都具有如金屬飾件般平薄俐落的特殊美感，但是相較於薄圓環狀玉玦的剛直規整，滇式玉玦的偏心月牙狀造形更顯柔美多變，因此如若薄圓環狀玉玦具有硬質金屬的剛性美感，滇式玉玦的靈感來源則應是軟質金屬飾件，其中關鍵的影響，很可能是來自北方草原地帶的卷雲狀和月牙狀金耳飾。

　　自1950至1980年代，山西石樓桃花莊、石樓后蘭家溝、永和下辛角、陝西清澗解家溝和淳化黑豆嘴等地晚商至商周之際的墓葬中，陸續了一種狀似卷雲的黃金片飾，一端作螺旋形，另一端為細長金絲，金絲上多穿綴有綠松石。其中石樓桃花莊的一座兩人合葬墓中在墓主頭部出土了2組8件大小有序的金耳飾（圖23）[64]；石樓后蘭家溝一座墓中出土大小有序的金耳飾3件[65]；永和下辛角一座墓中出土大小不一的金耳飾2件[66]；陝西清澗解家溝一座墓中在墓主兩耳處共隨葬金耳飾6件[67]；淳化黑豆嘴1號、3號和4號墓中各出土金耳飾1件、4件和1件。其中3號墓的金耳飾為大小不一的2組2件（圖24），出於墓主頭骨兩側[68]。

　　另外，1990年青海化隆縣卡約文化中期（距今約3000年或更早）的下半主洼墓地21號和42號也各有一件外廓為圓弧形的偏心月牙狀金飾片出土。其中21號墓的金飾片外徑4.1公分，一端殘斷（圖25）；42號墓的金飾片外徑5.8公分（圖26）。這2件金飾片的兩端均各有一孔，整體造形與滇式

64　謝青山、楊紹舜，〈山西呂梁縣石樓鎮又發現銅器〉，《文物》，1960：7（北京，1960），頁51-52。

65　郭勇，〈石樓后蘭家溝發現商代青銅器簡報〉，《文物》，1962：4、5（北京，1962），頁33-34；郭政凱，〈山陝出土的商代金耳墜及其相關問題〉，《文博》，1988：6（西安，1988），頁9、30-32。

66　石樓縣文化館，〈山西永和發現殷代銅器〉，《考古》，1977：5（北京，1977），頁355-356。

67　高雪，〈陝西清澗縣又發現商代青銅器〉，《考古》，1984：8（北京，1984），頁760-761。

68　淳化縣文化館、姚生民，〈陝西淳化縣出土的商周青銅器〉，《考古與文物》，1986：5（西安，1986），頁12-21。

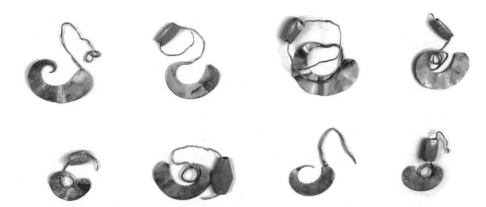

圖23：石樓桃花莊墓葬出土大小有序的卷雲狀金耳飾

（《中國金銀玻璃琺瑯器全集・金銀器（一）》，圖3a）

圖24：淳化黑豆嘴3號墓出土的卷雲狀金耳飾

（《中國金銀玻璃琺瑯器全集・金銀器（一）》，圖5、6）

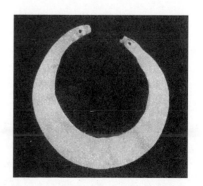

圖25：（左）化隆下半主洼墓地21號
墓出土的月牙狀金耳飾

（《故宮博物院院刊》，2003：5，頁47）

圖26：（右）化隆下半主洼墓地42號
墓出土的月牙狀金耳飾

（《故宮博物院院刊》，2003：5，頁47）

玉玦的較早階段的樣式極為類似。此外，21號墓的金飾片出土位置未見報導，42號墓的金飾片則位於墓主胸部，一般認為是墓主項飾[69]。然而相較於中國北方長城地帶青銅時代至早期鐵器時代常見的金屬璜形項飾[70]，下半主洼金飾片之器身弧度較大，外徑尺寸則遠小於璜形項飾，推測其實際功能應非項飾而是耳飾。

　　林澐曾經主張，陝西中部淳化黑豆嘴類型青銅兵器和工具如條形有穿帶孔刀、單孔直內鉞、半月形有銎鉞和有銎斧等，明顯與青海卡約文化甚至更遙遠的西亞地區有關[71]，據此可知兩地文化交流密切。因此不排除青海下半主洼的月牙狀金耳飾與陝中、陝北和晉西出土的卷雲狀金耳飾也具有某種淵源關係。

　　雲南位處中國西北、西南、華南地區以及中南半島之間的橋梁地帶，自早期青銅時代（約西元前1700-1200年）起，即先後受到甘青地區齊家文化、卡約文化、辛店和寺窪文化的強烈影響[72]。直到滇文化時期，來自北方草原文化的影響依舊強烈體現在滇墓出土的多種青銅兵器、工具、動物紋牌飾以及金珠和金飾片上[73]。由於春秋至戰國末年的圓形和微橢圓形滇式玉玦與青海下半主洼的月牙狀金耳飾極為類似，而西漢中期以後明顯偏心的橢圓形和橢方形滇式玉玦不僅近似陝中、陝北和晉西出土的卷雲狀金耳飾，二者又都是以大小有序的方式組合佩戴，因此滇式玉玦極具特色的月牙狀薄片造形，極可能是在繼承長江中下游和珠江流域薄圓環形玉玦傳統的同時，又先後吸

69　王國道、崔兆年，〈青海卡約文化出土的金器〉，《故宮博物院院刊》，2003：5（北京，2003），頁46-47。

70　烏恩岳斯圖，《北方草原考古學文化比較研究——青銅時代至早期匈奴時期》（北京：科學出版社，2008），頁210。

71　林澐，〈黑豆嘴類型青銅器中的西來因素〉，《考古》，2004：5（北京，2004），頁69-72。

72　李昆聲、閔銳，〈雲南早期青銅時代研究〉，《思想戰線》，2011：4（昆明，2011），頁102-105；陳葦，《甘青地區與西南山地先秦時期考古學文化及互動關係》，（吉林大學文學院博士學位論文，2009），頁146-150。

73　張增祺，〈絢麗多彩的滇、昆明青銅文化〉，《中國青銅全集》（北京：新華書店，1993），頁34-35；邱茲惠，〈雲南青銅文化的騎馬紋樣〉，《性別研究與中國考古學》（北京：科學出版社，2006），頁235-250。

收了來自青海月牙狀金耳飾和陝晉卷雲狀金耳飾的文化刺激，進而將二者糅合改造的結果。

四、滇式玉玦的組合及佩戴

　　玉玦雖是滇文化元素中非常突出的一個項目，然而迄今學界對於滇式玉玦的組合及佩戴方式仍未有足夠的認識。尤其前述滇文化墓葬中墓主骨骼多已朽壞不存，玉玦也經常殘碎不全。此外，相對於數量龐大且外觀醒目的銅器，墓葬中出土的玉玦因其尺寸微小又屢屢成組疊置，故考古報告中或僅擇要報導，或直接略而不論，相關線圖或照片的發表也非常有限，因此對於判斷玉玦的配戴方式、數量和組合都造成一定的難度。

　　過去曾有學者推測，雲南滇文化墓葬出土大小有序但兩端無孔的成組玉玦，在佩戴時可能是採取將下一個與上一個彼此呈垂直交角的方式，勾掛而成，至於在玉玦兩端鑽有小穿孔的玉玦，則或許可以再用線穿連，輔以勾掛[74]。然而根據考古報告的記載可知，滇墓中的成組玉玦多是由小至大上下疊置，例如：個舊石榴壩出土玉玦18件，「成組置於死者兩耳位置，每組為大、中、小三件（有的僅二件）」[75]；李家山24號墓耳環「出二組，每組六件，分別放死者左、右耳部」[76]。此外，從石寨山戰國末至西漢中晚期的1號墓中共出土玉玦7組，每組「至少為二十片以上穿成，故越在下面的片子越大」[77]。從墓葬平面圖可知，其中多組玉玦兩兩並置，推測原應佩戴於墓主左、右耳際（圖27）。

　　玦飾不僅大量出土於滇國墓葬之中，也是滇墓出土的樂舞人物、搏牛人

74　鄧淑蘋，〈中國古玉之美（下）〉，《故宮文物月刊》，17卷5期，1999年（台北，1999），頁54-80。

75　雲南省博物館，〈雲南個舊石榴壩青銅時代墓葬〉，頁134-135。

76　雲南省博物館，〈雲南江川縣李家山古墓群發掘報告〉，頁144。

77　出土報告內文雖記載1號墓出土「石耳環1包」，然依據該墓平面圖及編號說明可知，墓中出土之耳玦分屬13個編號，可知其出土數量當為13組。參見雲南省博物館考古發掘工作組，〈雲南晉寧石寨山古遺址及墓葬〉，頁58、圖版貳。

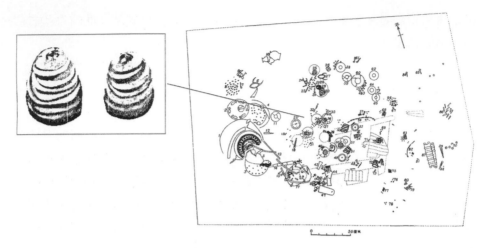

圖27：石寨山1號墓平面圖及墓中出土的多組月牙狀耳飾

（《考古學報，1956：1，圖版2、7-7》）

物、獵豬人物、跽跪人物和執傘人物等青銅人像上經常佩戴的耳飾造形[78]，其中在石寨山和李家山出土的執傘人像的兩耳上更可清晰見到前大後小疊合佩戴的成組玦飾（圖28、29）[79]。由此可知，石寨山和李家山那些成組疊置的玉玦原本應如執傘銅女俑的耳飾一樣，以大小有序的方式疊合佩戴在墓主耳下，而玉玦兩端的穿孔，正是為了以細線固定動輒十數件甚至數十件的玉玦，先將它們綴合成組，以便於成組穿掛佩戴。我們幾乎可以想像，當佩戴著成組玉玦的滇人在祭典之中翩然起舞或與牛豬相搏之時，其步履所到之處必有如清泉擊石、琤瑽作響，並且藉由玉玦的撞擊聲，讓那些佩戴華麗耳飾的舞人和鬥士吸引全場的目光。

在中古及近古世紀，類似滇文化這種佩戴多件成組耳玦的現象，也可以在吳哥王朝（約9至13世紀）興建的吳哥窟迴廊牆面上的神像雕刻上見到，

78　中國青銅器全集編輯委員會編，《中國青銅全集》第14卷（北京：文物出版社，1993），圖58、59、61、62、123、124、127-131、133、134、155、167、168、218。

79　中國國家博物館、雲南省文化廳編輯，《雲南文明之光——滇王國文物精品集》（北京：中國社會科學出版社，2003），頁124-124、132、134-135。

圖28：石寨山M18出土佩戴整組玉玦的執傘人像正背面

（《雲南文明之光──滇王國文物精品集》，頁134、135）

圖29：李家山M69出土佩戴整組玉玦的女性執傘人像正背面

（左：筆者攝於李家山青銅博物館；右：《雲南文明之光──滇王國文物精
　品集》，頁124）

例如印度教Apsara女神即佩戴著前小後大依次並懸的圓環狀耳飾（圖30）。
直到1970年代以後，緬甸北部的Kayan-Kenyah族婦女和越南中部的
Montagnard族婦女仍然保有佩戴多件並懸的金屬玦飾（圖31）或多層螺旋形
金屬耳飾（圖32）的風尚。但是由於金屬耳飾頗具重量，經長年佩戴使用，
耳垂竟至長及肩胸部位。這些東南亞地區的雕像和當代實例，對於了解中國
西南、華南地區青銅時代成組玦飾的使用及其發展餘緒，提供了極有價值的
參考。

圖30：吳哥窟佩戴多件一組、大小有序圓
環狀耳飾的Apsara女神

（Michel Tranet, *L'origine de la civilisation et de la
religiosité khmères*," S.l.: s.n., 1981，圖22-B-6）

圖31：緬甸北部佩戴多件並
懸金屬玦飾的Kayan-Kenyah
族婦女

（《珠海文物集萃》，頁152）

圖32：越南中部佩戴多層螺旋
形耳飾的Montagnard族婦女

（*L'origine de la civilisation et de la
religiosité khmères*，圖22-B-5）

從《太平經》論生死
看古代思想文化流動的方向

邢義田*

　　風吹草偃，移風易俗之說，由來久矣。古人幾乎一致相信為政者的一言
一行，足以左右天下，因此治人者不可不謹言慎行，為天下的風範。《後漢
書·馬援傳》馬廖條說：

> 時皇太后躬履節儉，事從簡約，廖慮美業難終，上疏長樂宮以勸成德
> 政，曰：「……夫改政移風，必有其本。傳曰：『吳王好劍客，百姓
> 多創瘢，楚王好細腰，宮中多餓死。』長安語曰：『城中好高髻，四
> 方高一尺，城中好廣眉，四方且半額，城中好大袖，四方全匹帛。』
> 斯言如戲，有切事實。……」

　　馬廖的上疏無非是以城中統治者的衣飾好尚為例，對舉君王、宮中和百
姓，城中和四方，表達「上有所好，下必甚焉」的觀點。長安人說城裡人所
好的高髻、廣眉和半額，城外人會誇大模仿，這雖是戲言，卻切合事實。因
此他勸勉皇太后要保持節儉的美德，以勸四方。
　　他的話從社會學的角度看，非常具體地透露出東漢社會風尚由上而下，
由宮中、城中向城外四方流播的現象。類似的文化思想流播現象，其實在其

* 中央研究院院士；中央研究院歷史語言研究所特聘研究員。

他許多方面也可看到。過去百年，不少西方學者從社會上下階層區分文化，並注意階層間的區隔和流動。許師倬雲早年即以研究春秋戰國的社會階層與流動著名。本文順著同樣的理路，換一個切入點，感覺思想文化的流動，不論由上而下或由下而上，由中而外，由外而中，幾乎都能找到證據。

本文不可能去談這個現象的方方面面，只擬暫以先秦諸子之說代表社會上層知識精英的思想，對照很可能是由東漢中晚期士大夫參與，並由較低層道教先行者編寫纂輯的《太平經》，指出先秦諸子以及若干漢代士大夫對生死的看法，可以證明由上而下，如同衣飾好尚，曾是一個古代思想文化流動的方向。由下而上也是一個方向，但有趣的是《太平經》中的若干觀念，如承負之說，卻無法在上層士大夫掌握的文獻中找到痕跡。

一、先秦與兩漢士人看生死

中國古代的人曾費了不少心思去想像生和死，卻沒有共同一致的答案。大體說來，漢代人承先秦之說，通常相信人之所以「生」是基於「魂」和「魄」的結合，或者說是由氣或精氣、元氣、精神、魂神與形體、形骸或形魄相結合。由於氣、元氣或精神在形體內作用，才有了生命。氣之有無或聚散是生死的關鍵：

1.《管子·樞言》：「有氣則生，無氣則死，生者以其氣。」

2.《莊子·知北遊》：「人之生，氣之聚也；聚則為生，散則為死。若死生為徒，吾又何患？故萬物一也，是其所美者為神奇，其所惡者為臭腐，臭腐化為神奇，神奇復化為臭腐，故曰：通天下一氣耳。聖人故貴一。」

3.《韓詩外傳》卷八：「然身何貴也，莫貴於氣，人得氣則生，失氣則死。」

不過，另有一種看法認為魂魄或精神才是關鍵：

4.《越絕書》卷十三：「越王問於范子曰：寡人聞人失其魂魄者，死；得其魂魄者生。物皆有之，將人也？范子曰：人有之，萬物亦然。……問曰：何謂魂魄？對曰：魂者，橐也；魄者，生氣之源也。故神生者，出入無門，上下無根，見所而功自存，故名之曰神。神主生氣之精，魂主死氣之舍也。……」（李步嘉校釋本）

5.《文選六十‧弔魏武帝文》注引鄭玄《禮記》注曰：「死，言精神盡也。」

6.《禮記‧祭義》：「眾生必死，死必歸土，此之謂鬼。骨肉斃于下，陰為野土，其氣發揚于上為昭明，焄蒿悽愴，此有物之精也，神之著也。」（焄謂香臭也，蒿謂氣烝出貌也，上言眾生，此言百物，明其與人同也，不如人貴爾。）

7.《禮記‧檀弓下》：「骨肉復歸于土，命也，若魂氣則無不之也。」

8.《禮記‧郊特牲》：「魂氣歸于天，形魄歸于地，故祭求諸陰陽之義也。」

不論如何，精氣、精神、魂魄與形體，經過一段時間，會耗竭或分散，耗竭或分散則生命終結，也就是死亡。

漢代士人論述生死，大體因襲先秦的觀念如精、氣、形、神、魂、魄，做出不同的組合和解釋：

9.《史記‧太史公自序》：「凡人所生者神也，所託者形也。神大用則竭，形大勞則敝。形神離則死，死者不可復生，離者不可復返。故聖人重之。由是觀之，神者生之本也，形者生之具也。不先定其神，而曰我有以治天下，何由哉？」

10.《漢書‧楚元王傳》劉向上疏諫曰：「延陵季子適齊而反，其子死，葬於嬴、博之間，穿不及泉，斂以時服，封墳掩坎，其高可隱而號曰：骨肉歸復於土，命也，魂氣則無不之也。」夫嬴、博去吳千有餘里，季子不歸葬，孔子往觀曰：「延陵季子於禮合矣。」

11.《漢書‧楊王孫傳》：「且夫死者，終生之化，而物之歸者也……且吾聞之，精神者天之有也，形骸者地之有也，精神離形，各歸其真，故謂之鬼……」

12.《白虎通‧情性》：「魂魄者何謂？魂猶伝伝也，行不休於外也；主於情；魄者，迫然著人主於性也。魂者，芸也，情以除穢；魄者，白也，性以治內。」

13.《論衡‧論死》：「人之所以生者，精氣也，死而精氣滅。能為精氣者，血脈也。人死，血脈竭，竭而精氣滅，滅而形體朽，朽而成灰土……神氣之生人，猶水之為冰也，水凝為冰，氣凝為人，冰釋為水，人死後神。」

14.《後漢書・趙咨傳》:「遺書敕子胤曰:夫含氣之倫,有生必終,蓋天地之常期,自然之至數。是以通人達士,鑒茲性命,以存亡為晦明,死生為朝夕,故其生也不為娛,亡也不知戚。夫亡者,元氣去體,貞魂游散,反素復始,歸於無端。既已消仆,還合糞土,土為棄物,豈有性情?而欲制其厚薄,調其燥溼耶?但以生者之情,不忍見形之毀,乃有掩骼埋窆之制。」

15.《後漢書・崔駰傳》崔瑗條:「臨終,顧命子寔曰:夫人稟天地之氣以生,及其終也,歸精於天,還骨於地,何地不可藏形骸,勿歸鄉里……」

16.《西京雜記》卷三:「杜子夏葬長安北四里。臨終作文曰:魏郡杜鄴立志忠款,犬馬未陳,奄先草露。骨內歸於后土,氣魂無所不之,何必故丘?然後即化封於長安北郭此焉……」

精、氣、形、神、魂、魄的意義在古代文獻裡,有時概念上似乎分別地十分清楚,有時又相互混雜,甚至時見矛盾,難以完全釐清。漢代不少士人認為人死後,回歸到最原始的狀態(反素復始,歸於無端),或者骨朽成灰土,氣魂游散,其與糞土無異,楊王孫謂「死者,終生之化,而物之歸者也」,又漢人習稱死為「物故」,人與牛馬器物皆同,適足以見一種十分物化的生死觀。《史記・匈奴列傳》:「初,漢兩將軍大出圍單于,所殺虜八九萬,而漢士卒物故(《索隱》漢士物故。案:《釋名》云「漢以來謂死為『物故』,物就朽故也」。又《魏臺訪議》高堂崇對曰「聞之先師:物,無也;故,事也。言無復所能於事者也。」)亦數萬,漢馬死者十餘萬」;「匈奴大圍貳師將軍,幾不脫。漢兵物故什六七。」以物故稱死之例,遍見漢代典籍及出土文書,不備舉[1]。

本文無意全面考察古人如何看待生死,以上僅僅是從先秦和秦漢典籍中摘錄若干代表性的意見,希望能夠概括古代士人階層看法的大致樣貌,並希望有助於以下和《太平經》所見到的相對照。

---

1 關於出土文獻中的「物故」,請參邢義田,〈讀居延漢簡札記〉,《地不愛寶》(北京:中華書局,2011),頁102-104。

二、《太平經》裡的生死

《太平經》對生死的解釋，不論語彙或概念，有很大一部分和上述類似，例如：

1.《太平經合校》卷三十六，〈事死不得過生法〉：「夫人死，魂神以歸天，骨肉以付地。」

2.《太平經合校》卷五十八，〈四行本末訣〉：「神者乘氣而行，故人有氣則有神，有神則有氣，神去則氣絕，氣亡則神去，故無神亦死，無氣亦死……」

3.《太平經合校》卷九十，〈冤流災求奇方訣〉：「夫人死者乃盡滅，盡成灰土，將不復見。今人居天地之間，從天地開闢以來，人人各一生，不得再生也……今一死，乃終古窮天畢地，不得復見自名為人，不復起行也……」

4.《太平經合校》卷七十一，〈致善除邪令人受道戒文〉：「精神消亡，身即死矣。」

5.《太平經合校》卷七十三至八十五，〈闕題〉：「萬民失氣故死。」

6.《太平經合校》卷八十六，〈來善集三道文書訣〉：「夫氣者，所以通天地萬物之命也。天地者，乃以氣風化萬物之命也。」

7.《太平經合校》卷一二〇至一三六，〈太平經鈔〉辛部：「天道以死氣為鬼，為物凶咎，子欲使後世常謹常信，自親自愛，神明精氣，不得去離其身，則不知老不知死矣。夫神明精氣者，隨意念而行，不離身形，神明常在，則不病不老，行不遇邪惡，若神明亡，病者立死，行逢凶惡，是大效也。人欲不病，宜精自守……故天地之道，據精神自然而行。故凡事大小，皆有精神……精神減則老，精神亡則死，此自然之分也，安可強爭乎？凡事安危，一在精神，故形體為家也，以氣為輿馬，精神為長吏，與衰往來，主理也。若明形體而無精神，若有出宅城郭而無長吏也。」

8.《太平經合校》卷一三七至一五三，〈太平經鈔〉壬部：「形者乃主死，精神者乃主生……無精神則死，有精神則生。」

以上解釋了人的生和死。照上引例3.〈冤流災求奇方訣〉的說法，人一死，就不再是人，也不能自名為人。那麼成為什麼呢？這有幾種可能：一是

有極少數得道的人，能上天成仙，所謂「不死得道，則常上天」（《太平經合校》頁450，以下僅引頁碼）。或說得道者亦須先一死，唯死後又能復生成仙，謂之尸解。〈不用大言無效訣〉說：「人居天地之間，人人得壹生，不得重生也。重生者獨得道人，死而復生，尸解者耳。是者，天地所私，萬萬未有一人也。故凡人壹死，不復得生也。」（頁298）

　　能得道成仙的萬萬未有一人，絕大多數凡人的歸宿為何？曰成為鬼，居於地下。〈包天裹地守氣不絕訣〉說：「故得道者，則當飛上天，亦是其去世也；不肯力為道者，死當下入地」（頁450），〈大壽誡〉說：「死為鬼」（頁617），〈太平經鈔〉辛部說：「天道以死氣為鬼」（頁698）。〈努力為善法〉說：「守善學，遊樂而盡者，為樂遊鬼，法復不見愁苦，其自愁苦而盡者為愁苦鬼，惡而盡者為惡鬼也」（頁73），又〈經鈔〉辛部說：「地下官舍，舍太陰、善神、善鬼」（頁698），可見人生前不論為惡、為善，只要為善的程度尚不足以成仙上天，或者成舍於「八表遠近名山大川官舍」之「天地間精神人仙未能上天者」（頁698），都只有入地下成鬼。〈大壽誡〉還提到無棺槨之鬼，凡人死未以棺槨埋葬，其魂「浮遊於人間，亦無復食之者……餓乞求食，無有止時」（頁617）所謂浮遊似非浮遊於地下，而是浮遊於人間，成為能害人之厲鬼。

　　《太平經》未曾交代清楚的是鬼和人死後的形骸、精神或神魂的關係。漢代人通常認為人生時精神與形體合一，死後精神或神魂離肉體而去，前引〈事死不得過生法〉也有此說。一般也認為精神離開肉體以後，有兩種不同結局。一是魂神歸於天，飛散或無所不之，而骨肉下地，「盡成灰土」（前引〈冤流災求奇方訣〉）；一說離去的魂神又會回到形骸，與形骸合一，開始新的地下生活。《論衡》卷二十一〈死偽〉：

> 且死者精魂消索，不復聞人之言，不能聞人之言是謂死也，離形更自為鬼，立於人傍，雖人之言，已與形絕，安能復入身中瞑目闇口乎？
> 〔孫人和曰：雖人之言，文不成義，雖下蓋脫聞字〕（頁426）

　　人們多相信鬼能再進入人身。漢有招魂復魄的說法，參《禮記》。《論衡‧明雩》：「既死氣絕，不可如何，升屋之危，以衣招復，悲恨思慕，莫其

悟也。」我懷疑「莫」應作「冀」，形近字壞而訛。前者傾向於相信人死後無知，一切也都不再存在；後者則以為人死後有知，他們不但需要衣、食、經營另一個生活，他們還能作弄或造福活人的世界。在《太平經》裡，兩說雜然並存。

　　不過《太平經》作者似乎像絕大多數漢代人一樣，基本態度較傾向於一個有知的死後世界。這從《太平經》對人死後的描述可以知道。第一，〈葬宅訣〉提到，人死後，飛離的魂神還會回到埋有屍骨的墳墓或宅地裡：

> 葬者，本先人丘陵居處也，名為初置根種。宅，地也，魂神復當得還，養其子孫。善地，則魂神還養也；惡地，則魂神還為害也。（頁182）

　　前引〈大壽誡〉則提到無棺槨之鬼則浮遊無家。這種鬼和形骸、魂神的關係如何？《太平經》裡沒有清楚交代。一個合理的推測是人死後，並不立刻化為鬼，先是形骸與魂神分離，等魂神再回到墓中與形骸相合，才成為鬼。《後漢書‧孝明八王傳》劉暢上疏中有云「魂魄去身，分歸黃泉」，從「分歸」二字可見是先離而後復合。又遼南蓋縣九壟地一號漢墓出反書模印文字磚銘有「魂歸棺槨，勿妄飛揚，萬歲之後乃復會」之句[2]，復會者應是魂與魄。

三、《太平經》裡的死後審判

　　在形骸與魂神分離的階段，要受到死後審判。《太平經》裡有幾段對死後審判模糊且不甚一致的描述：

　　1.〈努力為善法〉：「魂魄居地下，為其復見樂。何謂也？地下得新死之人，悉問其生時所作為，所更，以是生時可為定名籍，因其事而責之。故事不可不豫防，安危皆其身自得之也。真人慎之，見此誡耶？」（頁72-73）

　　2.〈努力為善法〉：「其為人君者樂思太平，得天之心，其功倍也。魂神

2　許玉林，〈遼南地區花紋磚墓和花紋磚〉，《考古》9（1987），頁833。

得常遊樂，與天善氣合。其不能平其治者，治不合天心，不得天意，為無功於天上。已到終，其魂神獨見責於地下，與惡氣合處……愚人不深計，故生亦有謫於天，死亦有謫於地，可駭哉！」（頁74）

3.〈大功益年書出歲月戒〉：「簿疏善惡之籍，歲日月拘校，前後除算減年，其惡不止，便見鬼門，地神召問，其所為辭語同不同，復苦思治之，治後乃服。上名命曹上對，算盡當入土，愆流後生，是非惡所致邪？人何為不欲生乎？」（頁526）

4.〈有過死謫作河梁誡〉：「大陰法曹，計所承負，除算減年，算盡之後，召地陰神，并召土府，收取形骸，考其魂神。當具上簿書，相應不應，主者為有姦私，罰謫隨考者輕重，各薄文非天所使，鬼神精物，不得病人。」（頁529）

5.〈不孝不可久生誡〉：「汝善得善，惡得惡，如鏡之照人，為不知汝之情邪？故有善惡之文，同其文墨，壽與不壽，相去若何？生人久視有歲數，命盡乃終。後為鬼，尚不見治問。惡人早死，地下掠治，責其所不當為，苦其苦處，不見樂時……惡行之人，不可久視天地日月星辰，故藏之地下，不得善鬼同其樂，得分別也。」（頁598-599）

6.〈不可不祠訣〉：「先人復拘閉祠，卜問不得，得當用日為之。天聽假期至，不為不中。謝天下地，取召形骸入土，魂神於天獄考，更相推排，死亡相次。是過太重，故下其文，使知受天誅罰不怨，可轉相告語，可令不犯先。」（頁605-606）

7.〈不用書言命不全訣〉：「為惡不止，與死籍相連，傳付土府，藏其形骸，何時復出乎？精魂拘閉，問生時所為，辭語不同。復見掠治，魂神苦極，是誰之過乎？」（頁615）

從以上可見，人死似乎須受到審判。審判的對象似乎限於人的魂神或精魂，形骸只是被收取或取，並不在受審之列。但是〈不孝不可久生誡〉說「後為鬼，尚不見治問，惡人早死，地下掠治，責其所不當為」似乎審判又是發生在成為鬼以後。這一點和其他各條有了出入。另一點模糊難解的是魂神是在地下土府受審，還是在天上的天獄受審？說法不一致。《太平經》多處提到天獄，並且明白說天獄在天上，不在地下。例如〈來善集三道文書訣〉說：

見到宿星流入天獄中。夫列宿者，善正星也，乃流入天之獄。獄者，天之治罪名處也。恐列士善人欲為帝王盡力，上書以通天地之談，返為閒野遠京師之長吏所共疾惡，後返以他事害之，故列宿乃流入獄中也。（頁313）

這一段意思不很清楚，如果列宿為善正星，代表列士善人，為何要流入天獄這個上天治罪之處？又此天獄是治活人之罪或死人之罪，也不很明白。從該訣前後文看，似應以治活人之罪為是。但是上引〈不可不祠訣〉中的天獄卻是死後魂神的治罪處。《太平經》在其他篇章中，對人生前與死後的審判，也頗多糊模不清之處。例如〈七十二色死尸誡〉曰：

惡者不失其文，輒舉上白，積過眾多。太陰主狀，賞直法輕重，皆簿領過，人不自知，以為無他。太陽明堂錄籍數通，復得部主，神亦數通。天神部上死亡，減年減人世，不可詳念……會欲殺人，簿領為證驗，乃令入土，輒見考治，文書相關，何有脫者。努力遠惡，無以為伍，可小活竟年之壽……小有過失，上白明堂，形神拘繫，考問所為，重者不失，輕者減年，神不白舉，後坐其人，亦有法刑，非但生人所為，精神鬼物亦如是，古者知不敢犯之……（頁568-569）

根據《太平經》裡的陰陽觀念，天屬陽，地屬陰，因此太陽似應主活人之善惡，太陰似應主地下死人，但是以上一段分別的並不很清楚。從「非但生人所為，精神鬼物亦如是」看，人不但生前所作所為受到審判，化為鬼物以後，在死後世界的作為，仍要受到審判。

《太平經》裡有關死後審判最渾沌不清之處在對善者是否上天？惡者是否下地？交代不清，甚至矛盾。大致上，《太平經》將世界分成四個部分，分別讓不同的人居住：

天上官舍，舍神仙人；地上官舍，舍聖賢人；地下官舍，舍太陰、善神、善鬼，八表遠近名山大川官舍，以舍天地間精神人仙未能上天者。（《太平經鈔》辛部，頁698）

另外還有北極崑崙舍於雲中風中，此非人所居，可以不計。前文曾提到能得道成仙，則當飛上天。如何得道呢？簡單說，曰：「皆以孝善，乃得仙耳。」（〈不承天書言病當解謫誡〉頁623）換言之，行善是成仙上天的重要法門。但是前文也提到，《太平經》認為真能成仙的少之又少，因此不能不在天地之間另外安排一個「舍天地間精神人仙未能上天者」的地方。

四、審判與善惡

這樣一個地方能安頓多少人居舍呢？《太平經》毫無交代。這些居於名山大川的應是屬於「肯力為道」已成「人仙」，卻還不足以飛天的，如果不肯奮力為道，絕大部分人只有歸於地下。但是矛盾在於地下卻有善神善鬼，善人之鬼也在地下。前引〈努力為善法〉也說「守善學，遊樂而盡者，為樂遊鬼」，和愁苦鬼，惡鬼等同居地下。因此，如果說古代埃及和基督教天堂地獄觀念的核心在於死後審判和賞善罰惡，《太平經》裡的死後審判和賞善罰惡都頗多曖昧不清之處。這種曖昧不清在漢代送喪的〈蒿里曲〉中反映得更為清楚：

> 蒿里誰家地，聚斂魂魄無賢愚；鬼伯一何相催促，人命不得少踟躕。
> （《文選》卷28〈陸士衡挽歌詩三首〉李善注引崔豹《古今注》）

蒿里在地下為死人歸宿，人死歸蒿里是不分賢與愚的。這裡清楚反映漢代人並沒有好人上天堂，壞人下地獄的觀念。蒿里或黃泉或幽廬，都在地下，絕不是只有壞人才去的地獄。因此漢代墓碑和墓志裡才以這些地方為死者必然的歸宿，例如：

> 〈夏承碑〉：「永歸蒿里，痛矣如之……」
> 〈許阿瞿畫象石左側墓志〉：「年甫五歲，去離世榮，遂就長夜，不見日星，神靈獨處，下歸窈冥，永與家絕……」
> 〈鮮于璜碑〉：「踰九九，永歸幽廬。」
> 〈嘉祥宋山漢安國墓祠題記〉：「闇忽離世，下歸黃泉，古聖所不勉

（免），壽命不可諍（爭）……」[3]

　　從這些題記和碑志可知，漢人並不認為自己有太多成仙的機會，死入黃泉地下，不論生前善惡，結局是相同的。他們幻想的地下世界十分類似地上世界，一樣有帝王郡縣統治，一樣完糧納稅，一樣須要耕耘勞作和衣、食生活，甚至一樣須要賄賂地下的小吏，求取方便。這樣的死後世界是無所謂天堂或地獄的[4]。

　　《太平經》中即使有「天堂」或「地獄」，其賞善罰惡的作用也被《太平經》裡極重要的承負觀念所稀釋了。承負觀念不見於其他漢代文獻，是《太平經》中相當核心和特殊的部分，須要另文詳論[5]。簡單來說，人現世的命運並不完全由一己行為的善惡所決定，而受到先人善惡的影響，自己的惡行不但損及自己，也會殃及子孫。能成為神仙上天，不但須要自己一心學道向善，更須要能免於承負之謫。換言之，一個人不論如何努力，如果祖上曾為惡，後世承受其殃，則一切也將徒然。這樣一來，個人生前善惡和死後的命運就不是那麼完然明確了。

　　人死後，由誰審判善惡？《太平經》裡提到很多掌理人命長短，計算加減人壽以及審查監視人行為善惡的大小官員，包括北極天君（真人）、天上太陽、地下太陰、司命、命曹、計曹、壽曹、天曹等等，但誰是真正的審判者，卻不十分明確，或者說不曾有統一的說法。

五、小結

　　總結以上《太平經》作者對生死的觀察，可以證明：第一，《太平經》非成於一時，也非出於一人之手，和先秦以來文獻所反映的主流思想沒有根本的差別，可以證明上層知識菁英的想法應曾因《太平經》成為道教的經典

3　濟寧地區文物組、嘉祥縣文管所，〈山東嘉祥宋山1980年出土的漢畫像石〉，《文物》5（1982），頁63。
4　參吳榮曾，〈鎮墓文中所見到的東漢道巫關係〉，《文物》3（1981），頁87。
5　關於承負觀念，請參邢義田，〈太平經對善惡報應的再肯定——承負說〉，《天下一家》（北京：中華書局，2011），頁589-597。

而往社會中下層流播。此外《太平經》經常提到的承負概念，完全不見於先秦和兩漢其他思想家或士人的著作，可證在《太平經》成書的過程裡，也曾吸收了士大夫階層以外，某些潛存於兩漢社會底層而為一般庶民所接受的思想。

其次，《太平經》流露的生死觀多種多樣，矛盾和曖昧處處可見，明顯不曾經過有意的整理，理不出「一套」成系統的解釋。這種情形和兩漢墓葬所反映的複雜情況頗相符合。

第三，《太平經》沒有受到魏晉以降佛教思想的影響。雖然現在已有較多的證據可以證明佛教在東漢初，甚至西漢中晚期最少已存在於現在的敦煌地區[6]，但《太平經》不見受到影響的痕跡。前賢將《太平經》纂輯成書的時代大致定在東漢末，可以成立。

第四，《太平經》明顯沒有清楚的天堂地獄觀念。雖然偶爾提到人身前所作所為在死後會受到某種形式的審判，但由誰審判？標準何在？會有什麼不同的後果？都相當模糊。特別值得指出的是絕對沒有西方宗教或佛教中那樣善者上天堂，惡人下地獄的審判。曾有學者懷疑佛教中具有懲惡勸善意義的天堂地獄觀已於東漢進入中國，甚或影響了《太平經》的作者，這些說法都嫌證據不足。

6　郝樹聲、張德芳，《懸泉漢簡研究》（蘭州：甘肅文化出版社，2009），頁185-193。

漢高帝如何從白登之圍脫困的？

孫鐵剛*

　　世傳漢高祖的白登之圍是因陳平的「美人計」而脫困的。這篇論文論證
這個傳聞是不可靠的。漢高祖之所以能從白登之圍脫困，是因他接受了陳平
的「投降」建議。漢高祖向冒頓單于「投降」，因此冒頓「乃解圍一角」，
讓漢高祖帶著軍隊從白登離開。

一

　　漢高帝七年（200 B.C），冬，十月，平明，在長安城長樂宮，叔孫通制
定的一套朝儀正式舉行。由謁者主持，文武百官依次領入殿門，功臣、列
侯、將軍站在西邊而面向東方，丞相至六百石的文官站在東邊而面向西方，
侍衛官兵手持兵器、張開旗幟，有的夾立在階梯，有的站立在中廷。各就各
位之後，皇帝傳警，輦車出房，諸侯以下至六百石官吏依次朝拜皇帝，無人
不莊敬肅穆。朝禮行畢，設置正式酒宴。在殿上侍坐的諸侯文武大臣，無不
俯首仰視，按地位高低次第向皇上敬酒祝福。斟酒連敬九次之後，謁者宣告
酒宴結束。御史執行禮法，不從規定的人就被領出廷外。整個典禮和酒宴的
進行，沒有喧譁失禮的。這時候，漢高帝對左右說：「我今天才知道皇帝的

* 國立政治大學歷史學系退休教授。

可貴。」就在這漢高帝志得意滿的時刻，傳來韓王信造反的消息。漢高帝決定親自帥兵征討[1]。

起初戰事順利，很快地在銅鞮（今山西沁縣南）擊潰韓王信，韓王信逃入匈奴。接著，漢軍在晉陽（今山西太原西南）擊敗匈奴的援軍，又追至離石（今山西離石），匈奴軍又不敵漢軍，轉至樓煩（今山西寧武）西北，又為漢軍所敗[2]。

漢高帝進駐晉陽，得之冒頓單于在代谷（今河北蔚縣東北），就想攻打冒頓，於是派遣偵察覘視，那知冒頓使詐，隱匿精壯，暴露老弱。雖劉敬一再勸阻，但躊躇滿志的高帝哪聽得入耳。劉敬的逆耳忠言，換來了沮軍之罪，械繫廣武（今山西代縣西），打入牢房。果其不然，劉敬的話靈驗了。高帝在平城外白登，就被冒頓大軍團團圍住[3]。七天之後，高帝才得脫困。這就是歷史上著名的白登之圍。

二

漢高帝究竟怎樣從白登脫困的呢？今把《史記》與《漢書》中，有關白登之圍的相關記載抄錄於後：

《史記·高祖本紀》

> 七年，匈奴攻韓王信馬邑，信因與謀反太原。白土曼丘臣、王黃立故趙將趙立為王以反，高祖自往擊之。會天寒，士卒墮指者什二三，遂至平城。匈奴圍我平城，七日而後罷去。令樊噲止定代地。立兄劉仲為代王。[4]

《漢書·高帝紀》

1　《史記·劉敬孫叔通列傳》，《史記》，三家注（北京：中華書局，1997），頁2723。
2　《史記·韓信盧綰列傳》，頁2633。
3　《史記·劉敬孫叔通列傳》，頁2718。
4　《史記·高祖本紀》，頁384-385。

七年冬十月，上自將擊韓王信於銅鞮，斬其將。信亡走匈奴，（與）其將曼丘臣、王黃共立故趙後趙利為王，收信散兵，與匈奴共距漢。上從晉陽連戰，乘勝逐北，至樓煩，會大寒，士卒墮指者什二三。遂至平城，為匈奴所圍，七日，用陳平秘計得出。使樊噲留定代地。[5]

《史記‧陳丞相世家》

乃復賞魏無知。其明年，以護軍中尉從攻反者韓王信於代。卒至平城，為匈奴所圍，七日不得食。高帝用陳平奇計，使單于閼氏，圍以得開。高帝既出，其計秘，世莫得聞。高帝南過曲逆，上其城，望見其屋室甚大，曰：「壯哉縣！吾行天下，獨見洛陽與是耳。」顧問御史曰：「曲逆戶口幾何？」對曰：「始秦時三萬餘戶，閒者兵數起，多亡匿，今見五千戶。」於是乃詔御史，更以陳平為曲逆侯，盡食之，除前所食戶牗。[6]

《史記‧韓信盧綰列傳》

七年冬，上自往擊，破信軍銅鞮，斬其將王喜，信亡走匈奴。（與）其將白土人曼丘臣、王黃等立趙苗裔趙利為王，復收信敗散兵，而與信及冒頓謀攻漢。匈奴使左右賢王將萬於騎與王黃等屯廣武以南，至晉陽，與漢兵戰，漢大破之，追至離石，復破之。匈奴復聚兵樓煩西北，漢令車騎及破匈奴。匈奴常敗走，漢乘勝追北，聞冒頓居代（上）谷，高皇帝居晉陽，使人視冒頓，還報曰「可擊」。上遂至平城。上出白登，匈奴騎圍上，上乃使人厚遺閼氏。閼氏乃說冒頓曰：「今得漢地，猶不能居；且兩主不相尼。」居七日，胡騎稍引去。時天大霧，漢使人往來，胡不覺。護軍中尉陳平言上曰：「胡者全兵，請令彊弩傅兩矢外嚮，徐行出圍。」入平城，漢救兵亦到，胡騎遂解

5　《漢書‧高帝紀》，《漢書》，顏師古注（北京：中華書局，1997），頁63。
6　《史記‧陳丞相世家》，頁2057-2058。

去。漢亦罷兵歸。韓信為匈奴將兵往來擊邊。[7]

《史記·樊酈滕灌列傳》

以太僕從擊代,至武泉、雲中,益食千戶。因從擊韓信軍胡騎晉陽旁,
大破之。追北至平城,為胡所圍,七日不得通。高帝使使後遺閼氏,
冒頓開圍一角。高帝出欲馳,嬰固徐行,弩皆持滿外向,卒得脫。[8]

《史記·劉敬叔孫通列傳》

漢七年,韓王信反,高帝自往擊之。至晉陽,聞信與匈奴欲共擊漢,
上大怒,使人使匈奴。匈奴匿其壯士肥牛馬,但見老弱及羸畜。使者
十輩來,皆言匈奴可擊。上使劉敬復往使匈奴,回報曰:「兩國相
擊,此宜夸矜見所長。今臣往,徒見羸瘠老弱,此必欲見短,服奇兵
以爭利。愚以為匈奴不可擊也。」是時漢兵以踰句注,二十餘萬兵已
業行。上怒,罵劉敬曰:「齊虜!以口舌得官,今迺妄言沮吾軍。」
械敬繫廣武。遂往,至平城,匈奴果出奇兵圍高帝白登,七日後得
解。高帝至廣武,赦敬,曰:「吾不用公言,以困平城。吾皆已斬前
使十輩言可擊者矣。」迺封敬二千戶,為關內侯,號為建信侯。[9]

《史記·匈奴列傳》

是時漢初定中國,徙韓王信於代,都馬邑。匈奴大攻圍馬邑,韓王信
降匈奴。匈奴得信,因引兵南踰句注,攻太原,至晉陽下。高帝自將
兵往擊之。會冬大寒雨雪,卒之墮指者十二三,於是冒頓詳敗走,誘
漢兵。漢兵遂擊冒頓,冒頓匿其精兵,見其羸弱,於是漢悉兵,多步

7　《史記·韓信盧綰列傳》,頁 2633-2634。
8　《史記·樊酈滕灌列傳》,頁 2666。
9　《史記·劉敬孫叔通列傳》,頁 2718。

兵，三十二萬，北逐之。高帝先至平城，步兵未盡到，冒頓縱精兵四十萬騎圍高帝於白登，七日，漢兵中外不得相救餉。匈奴騎，其西方盡白馬，東方盡青駹馬，北方盡烏驪馬，南方盡騂馬。高帝乃使使閒厚遺閼氏，閼氏乃謂冒頓曰：「兩主不相困。今得漢地，而單于終非能居之也。且漢王亦有神，單于察之。」冒頓與韓王信之將王黃、趙利期，而黃、利兵又不來，疑其與漢有謀，亦取閼氏之言，乃解圍之一角。於是高帝令士皆持滿傅矢外鄉，從解角直出，竟與大軍合，而冒頓遂引兵而去。漢亦引兵而罷，使劉敬結和親之約。[10]

從上面抄錄的記載，首先看到《史記‧高祖本紀》、《陳丞相世家》、《滕公列傳》以及《漢書‧高帝紀》都說是高帝受圍於平城。但是《史記‧韓信列傳》、《劉敬列傳》、《匈奴列傳》都說高帝在白登受圍。究竟該稱「白登之圍」，還是「平城之圍」？哪一種稱法比較妥當？在〈韓信盧綰列傳〉記載了高帝解圍後，「徐行出圍，入平城」。照此看來高帝是由白登而後進入平城，因此用白登之圍比較妥當。《資治通鑑》就採用「圍高帝於白登七日」[11]。

其次，《史記‧高祖本紀》與《漢書‧高帝紀》的記載亦微有不同，《史記》言「七日而後罷去」，《漢書》言「用陳平秘計得出」。司馬遷的「罷去」是放棄離開的意思，而班固的「得出」是能夠出來的意思。從這兩個詞比較，司馬遷比班固更小心謹慎。至於司馬遷沒提「用陳平秘計」，司馬遷不是不知道的，只是沒寫在〈高祖本紀〉中，他在《史記‧陳丞相世家》寫下「高帝用陳平奇計，使單于閼氏，圍以得開。高帝既出，其計秘，世莫得聞」。這裡有一點可以注意：既是「奇計」，為什麼秘而不傳？還一點可以注意：在〈陳丞相世家〉，陳平的奇計是「使單于閼氏」。在〈韓信盧綰列傳〉是「使人厚遺閼氏」，在〈樊酈滕灌列傳〉是「使使厚遺閼氏」，在〈匈奴傳〉是「使使閒厚遺閼氏」。除在〈陳丞相世家〉多了「單于」一詞，其他的只有「閼氏」。這個「單于」一詞，非常關鍵，該怎麼解

10　《史記‧匈奴列傳》，頁2894。

11　《資治通鑑》，胡三省注（北京：中華書局，2007），頁378。

釋？韓兆琦在《史記箋記》把「單于閼氏」解為單于夫人[12]。恐怕值得商榷。或許是司馬遷故意留下「單于」一詞讓後人推敲。因為照《史記》在多處留下「高帝使使厚遺閼氏」，順藤摸瓜，很容易讓人聯想到陳平的奇計，就是世間傳聞的美人計。

裴駰在《史記‧陳丞相世家》的〈集解〉中，就引了桓譚《新論》：

> 「或云：『陳平為高帝解平城之圍，則言其事秘，世莫得而聞也。此以工妙踔善，故隱藏不傳焉。子能權知斯事否？』吾應之曰：『此策乃反薄陋拙惡，故隱而不泄。高帝見圍七日，而陳平往說閼氏，閼氏言於單于而出之，以是知其所用說之事矣。彼陳平必言漢有好麗美女，為道其容貌天下無有，今困急，已馳使歸迎取，欲進與單于，單于見此人必大好愛之，愛之則閼氏日以遠疏，不如及其未到，令漢得脫去，亦不持女來矣。閼氏婦女，有妒媢之性，必憎惡而事去之。此說簡而要，及得其用，則欲使神怪，故隱匿不泄也。』劉子駿聞吾言，乃立稱善焉。」[13]

顏師古注《漢書》時，引用了應劭的話：

> 應劭曰：「陳平使畫工圖美女，間遣人遺閼氏，云漢有美女如此，今皇帝困厄，欲獻之。閼氏畏其奪己寵，因謂單于曰：『漢天子亦有神靈，得其土地，非能有也。』於是匈奴開其一角，得突出。」鄭氏曰：「以計鄙陋，故秘不傳。」師古曰：「應氏之說出桓譚新論，蓋譚以意測之，事當然耳，非紀傳所說也。」[14]

從這兩則的記載，漢代的人認為閼氏怕失單于之寵，所以力勸冒頓網開一面，讓漢高帝逃出。當然這個美人計並不怎麼光彩，所以桓譚評為「此策

12　韓兆琦，《史記箋證》（南昌：江西人民出版社，2005），頁3550。
13　裴駰，〈集解〉《史記‧陳丞相世家》，頁2057。
14　顏師古〈注〉，《漢書‧高帝紀》，頁63。

乃薄陋拙惡，故隱而不泄。」陳平的奇計真是世上所傳的美人計嗎？恐怕不是。

三

我們先認識一下冒頓是怎樣的人物。

冒頓的父親頭曼單于想立少子，所以把冒頓送到月氏當人質。而後頭曼急擊月氏，月氏要殺冒頓，冒頓逃回匈奴。頭曼認為冒頓勇氣可嘉，任命冒頓將領萬騎。冒頓嚴格訓練他的軍隊，軍紀嚴明，聽從指揮。為了測試他的軍隊是否服從，有一次以鳴鏑指令射殺他的寶馬，又一次以鳴鏑指令射殺他的愛妻。在他的軍隊完令聽從他的指揮的情況之下，在一次和頭曼一同打獵的時候，下令射殺他的父親，又殺盡後母、弟弟及不服從的大臣，自立為單于。當時東胡強盛，知冒頓殺父自立，派使者要頭曼留下的千里馬，冒頓把千里馬給了。東胡得寸進尺，要冒頓的閼氏，他把所喜愛的閼氏，又送給了東胡。東胡又派使者要匈奴的棄地。於是冒頓大怒，「地者，國之本也，奈何予之！」冒頓上馬，立刻向東襲擊東胡，在東胡毫無防備下就把東胡滅了。西擊走月氏、南併樓煩、白羊河南王，盡收復為秦將蒙恬所奪取匈奴的土地[15]。

冒頓可以把自己喜愛的妻子作為訓練軍隊的箭靶子，可以殺自己的父親而奪權。為等待時機可以把自己國家的寶馬送與東胡王，也可以把自己喜愛的閼氏送與東胡王。但當東胡向冒頓要土地時，他二話不說，立刻發兵襲擊，消滅東胡，然後，西擊月氏，南併樓煩、白羊河南王，收復為秦國所占全部故土。像這樣的冒頓，怎可能勝利在握的時候聽閼氏的話，放給高帝一條生路？由冒頓的性格看，不會受閼氏的影響，放不放全由冒頓決定，閼氏是沒有置喙的餘地。陳平的美人計是不可能成立的。

至於應劭所說：「陳平使畫工圖美女，間遣人遺閼氏，云漢有美女如此，今皇帝困厄，欲獻之」云云，更是禁不起分析。漢高帝出征討伐，那有帶畫工的道理？這是一個非常大的破綻，然而從無人起疑的。還不如桓譚所

15　《史記‧匈奴列傳》，頁 2888-2890。

說：「彼陳平必言漢有好麗美女，……以馳使歸迎出，欲進單于……不如及其未到，令漢得脫去，去，亦不持女來矣」云云，比較合理。所以說陳平的奇計為美人計，不可能成立的。

四

陳平的奇計究竟是什麼呢？胡三省注《資治通鑑》時，就不太相信「陳平使畫工圖美女」的美人計，他說：「余謂秘計者，以其失中國之體，故秘而不傳。」[16]什麼事情「失中國之體」？胡三省心中應有答案，但他沒有明講。什麼事情「失中國之體，故秘而不傳」？除了「投降」之外，還有什麼事情「失中國之體」？陳平向漢高帝獻了「投降」走為上的一計。堂堂的高皇帝怎能投降呢？當然是「秘而不傳」的。

陳平為什麼敢向漢高帝獻上「投降」走為上之計？一是陳平知道漢高帝信任他。高帝信任他，因為他為高帝立下兩樁大功。他離間了項羽和范增及其他大將他們離開項羽[17]。而范增的離去讓項羽失去了大腦，是劉邦與項羽相爭取得勝利的一大關鍵。他又為高帝設計，不費一兵一卒，只派位力士就把韓信活捉了，解除高帝的心頭大患[18]。二是陳平非常了解漢高帝是能屈能伸不拘小節的性格。楚漢相爭初期，項羽在彭城大破漢軍，高帝為了逃命，躲避追兵，為了減輕負擔，棄子女於不顧，把他們推下車，夏侯嬰常下車收載，反使高帝十分生氣，好幾次要斬掉夏侯嬰，好在脫險[19]。有一次楚漢對峙，項羽要烹殺高帝老父，高帝竟厚顏向項羽分一杯羹[20]。又高帝在滎陽受圍，以將軍紀信冒充高帝投降，結果犧牲了紀信，他和陳平數十騎兵遁逃[21]。因此，陳平敢向高帝獻上「投降」之計。當高帝在白登向西望去盡是騎白色馬的匈奴騎兵，向東望去盡是騎青駹色馬的匈奴騎兵，向北望去盡是騎烏黑色馬的匈

16 《資治通鑑》，頁378。
17 《史記·陳丞相世家》，頁2055-2056。
18 《史記·陳丞相世家》，頁2056-2057。
19 《史記·樊酈滕灌列傳》，頁2665。《史記·項羽本紀》，頁322。
20 《史記·項羽本紀》，頁327-328。
21 《史記·項羽本紀》，頁326。又《史記·陳丞相世家》，頁2056。

奴騎兵，向南望去盡是騎紅褐色馬的匈奴騎兵。冒頓的這樣的騎兵陣式，令高帝心驚膽戰，況且圍內糧食短缺，而外面的援糧又無法進來。在這種情況下，高帝就接受了陳平的「走為上」的「投降」之策。因為高帝投降，所以冒頓決定「開圍一角」。

當漢高帝得知冒頓單于「開圍一角」，就一個勁地往外跑，只想逃命，全不考慮其他，還是夏侯嬰這位在戰場前方出生入死的將軍，頭腦冷靜，制止了高帝這種逃法，夏侯嬰命令漢軍的弓弩手拉滿了弩，兩邊朝外，慢慢撤退，終於進入平城[22]。漢援軍亦到，高帝與大軍會合，冒頓率領匈奴騎兵離開。從高帝逃出時狼狽的樣子，不難知道當時情況的危急，讓高帝真正感到危險，還是趕快「走為上」吧！

等到漢高帝出圍之後，《史記·匈奴列傳》這樣寫道：「冒頓遂引兵而去，漢亦引兵而罷，使劉敬結和親之約」，也就是說高帝到廣武，赦免劉敬，加官晉爵，封關內侯之後，立刻遣劉敬前往匈奴締結和親之約。「使劉敬結和親之約」，過去為人忽略，忽略了結和親之約是高帝脫困的根本原因，如果高帝不答應締和親之約，恐怕是無法脫困的。什麼是和親之約？和親之約是每年要送給匈奴一定數量的絮帛贈酒食等物，和宗室女冒充公主嫁給單于為閼氏。這樣的和親之約算不算是「投降」？尤其在城下之盟時締結這樣的和親之約算不算是「投降」？由和親之約看陳平的美人計更是不可靠。

五

白登之圍已讓高帝的莫名蒙塵，居然落入冒頓所設計的陷阱。雖然，陳平的遊說閼氏的「美人計」並不光彩，但總比「投降」要強得多。當白登突圍後，就放出遊說閼氏使用「美人計」的煙幕，掩蓋真相，所以陳平的「美人計」就流傳下來。司馬遷不敢秉筆直書，不敢明目張膽記下漢高帝採行了「投降」走為上之計。因為秉筆直書，會帶來禍患，但又不願歷史的真相遭淹沒，只能費盡心思，留下一些蛛絲馬跡，供後人追尋。陳平的「投降」之計，雖不能說是鐵案如山，但八九不離十了。

22　《史記·樊酈滕灌列傳》，頁2666。

唐代的身分制社會

高明士[*]

　　國家統治原理的實施，必須以當時社會結構為前提。秦漢以來已建立小農經濟型態，所以可實施「人頭統治」（或曰「個別人身支配」）。到唐代，國家權力是依禮而建立身分制社會。此即將全國人循由下列二種機制相互結合而賦予某種地位：一為依據政治權力運作所規定的身分，政府根據全國人年齡多寡，區分為黃、小、中、丁、老五種身分，承擔國家給與的權利與義務；一為社會關係的身分，此即親屬關係、義合關係以及主奴關係等，這些社會關係身分同時又交叉存在。政治與社會兩者的身分關係，呈現等差秩序，均由當時的律令法制加以規範，也就是將個人的身分藉由國家權力予以制度化，成為國家認定的身分，所以稱為身分制社會，違律有罰。

一、前言：身分、身分法、身分制

　　所謂身分，《中文大辭典》說：「凡人在社會上的地位，法律上的資格，統稱為身分。」戴炎輝在《中國身分法史》第一章第一節〈身分法之意義〉說：

---

* 國立臺灣大學歷史學系名譽教授。

泛稱為身分者,指各人社會上之地位而言。……我國法制史,亦可分
為身分法史與財產法史。身分法者,乃規律身分的結合關係之法。

同書第二節〈身分關係之規範〉說:

國家制定法中關於身分關係者,雖亦不乏其例;但多為傳統與習慣之
明文化。換言之,有後二者之支持,制定法始能收效。且國家之制定
法,亦僅摘其重要事項,用以維持傳統道德與處罰犯法者。[1]

仁井田陞在《中國身分法史》中,對「身分法」作如下定義:

規範身分結合關係的法律,而以統率、保護、服從、扶養、互助共存
等關係或者共同意識等作為基礎。身分結合關係的維持,不只依據國
家的制定法,同時也需要傳統的道德與習俗的配合。[2]

據此可知所謂「身分」,如戴氏所云,是指各人在社會上之地位而言;
所謂「身分法」,如戴氏、仁井田氏所云,簡單說,是指規範身分結合關係
的法律。這個法律大多是傳統與習慣之明文化,並處罰犯法者。

堀敏一在《中國古代の身分制──良と賤》的〈序章〉,一開始就對該
書所說的「身分」,作如下定義:

指在近代以前的諸國家所共通的地方,但在國家統治體制之中,依法
所設定而規定為固定化的社會地位。根據劃定這些地位,而規定上下
的尊卑、貴賤等級,以維持統治體制。這樣的身分,大致都是先天性
的世襲,但是如貴族與平民、官僚的位階,可經由後天的取得而變動。[3]

1　參看戴炎輝,《中國身分法史》(臺北:司法行政部發行,1959),頁1-2。

2　參看仁井田陞,《中國身分法史》(東京:東京大學出版會,1942年初版,1983年復刻版
第1刷),第一章〈總論〉,頁1-2。

3　參看堀敏一,《中國古代の身分制──良と賤》(東京:汲古書院,1987),〈序章〉,頁3。

　　其意指「身分」是依法而產生的社會地位，大都是先天性的世襲，但也有由後天取得，這一點，與前述戴氏看法相近。只是堀氏書是以「身分制」為名，且強調「依法」取得，所以此處的「身分」定義，也可視為「身分制」的定義。

　　高橋芳郎在《宋─清身分法の研究》的〈はしがき〉（序言），以為中國社會不是封閉的身分制社會，雖然就某一橫切面時期看來，常出現上下、貴賤的身分差序，但也頻繁出現身分間的流動。國家的制度在公的方面、制度方面是有設定君臣關係、良賤關係、官庶關係的身分，該書即取由良民當中出現階層分化而產生私的社會關係，即身分差序，而由國家作法制的規範這一部分論述[4]。足見高橋氏的「身分法」說明，較偏向制度化的身分差序，實是「身分制」意義。惟若由國家制定法加以規範時，即屬於「身分法」。

　　由此看來，傳統中國社會是否可稱為「身分制社會」，不免見仁見智，一概而論，固然欠妥，但至少就唐代而言是如此，也是拙稿所要討論的地方。

　　在傳統時期，如《禮記・禮運》曰：「故禮達而分定。」孔穎達疏曰：「分，謂尊卑之分。」此即「分」指尊卑的身分。《禮記・禮運》又曰：「男有分，女有歸。」鄭玄注曰：「分，猶職也。」孔穎達疏曰：「分，職也。無才者耕，有能者仕，各當其職，無失分也。」此處的「分」，指各盡其職，也就是各盡本分，這個「分」也當含有身分之意。易言之，依自己的身分而盡自己應該做的事。另外，《管子・七主七臣》曰：「律者，所以定分止爭也。」定分，就是確定名分；止爭，就是止息紛爭。所以先秦以來已經有以「分」來表示名分，也就是尊卑、貴賤、親疏、長幼、男女的差序名分，這個時候的名分，有類於近代所說的身分，而成為身分等差的秩序。

　　但隋文帝開皇十七年（597）六月，曾派遣親衛大都督屈突通前往隴西檢覈群牧，發現有隱匿馬二萬多匹，帝大怒，要斬太僕卿慕容悉達及諸監官一千五百人，通以死諫，曰：「臣一身分死，就陛下匄千餘人命。」（《資治通鑑》卷一七八）胡三省注曰：「分，扶問翻。」此處雖直接使用「身分」一詞，但宜解為自身或本身，「分」乃成為贅詞，其與前述的名分稍有距離。

4　高橋芳郎，《宋─清身分法の研究》（札幌：北海道大學國書刊行會，2001），〈はしがき〉，頁2-3。

「匃」通匂，為乞求之意。結果，文帝感寤，而將悉達等減死論。再者，新近發現的《天聖・田令》唐20條規定：

> 諸因王事沒落外藩不還，有親屬同居者，其身分之地六年乃追，身還之日隨便先給。即身死王事者，其子孫雖未成丁，身分之地勿追。其因戰傷入篤疾、廢疾者，亦不追減，聽〔終〕其身。[5]

此處也使用「身分」兩字，但所謂「身分之地」，日本《令集解》卷十二《田令》「王事」條注引《令釋》曰：「其身分之地，謂口分田也。」即指國家授與這個人的田地，屬於應還受的田地；而口則指丁中制下的丁男、中男，「分」亦成為贅詞，指這一部分。所以「身分」一詞，具體指社會地位，當是明清時期以後之事[6]。

從當今刑法來看「身分」定義，乃指行為人本身所具有之社會資格、性質以及與他人之關係而言。其關係，有出於自然事實者，例如男女、父子者；有來自法律規定者，如公務員、仲裁人、證人等；亦有源於法律行為者，如持有人等。一般說來，現代刑法對於犯罪之成立，與行為人之身分無關，但在若干情形，法律將「身分」或「其他特定關係」規定為構成要件或為刑罰加減或免除之原因者（如《刑法》31條），此種犯罪稱為「身分犯」，又稱「特別犯」，實則身分亦可包含於特定關係中，特定關係之範圍較之身分為廣，係用於補充「身分」之不足者，在本質上，兩者間並無不同。所謂「其他特定關係」，即除身分外，其他附隨行為人本身之特定事實、特殊狀態或地位者。也可說係用以泛指行為人與被害人間於法律上之相互地位，如承攬工程人、監工人、公務上或業務上之持有等[7]。

---

5   參看中國社會科學院歷史研究所天聖令整理課題組，《天一閣藏明鈔本天聖令校證・附唐令復原研究》（北京：中華書局，2006），頁257。

6   參看呼叙利，〈「身分」源流考〉，《衡水學院學報》12-2（2010.4），頁54-57。惟此文只由文學作品及佛經作解析，缺乏引證史書及法制文獻，不免降低說服力。

7   參看黃仲夫（黃源盛）編著，《刑法精義》（臺北：犁齋社公司出版，元照出版公司總經銷，2013年修訂29版），頁213。狄世深，《刑法中身分論》（北京：北京大學出版社，2005），頁45。

　　基於以上的說明，拙稿此處對於身分制社會所要討論的「身分」，是藉用明清以後至今日的概念，但與現代刑法所規定的「身分」法理則有極大差異。如前所述，現代刑法一般說來，對於犯罪之成立，與行為人之身分無關，但在固有法時期，是具有某種程度的身分制社會特質，尤其是唐代。如前所述，唐代的全國人，在身分制社會的情況下，均具有兩種身分：一為政治身分，一為社會身分。所以拙稿此處所謂的「身分制」，指由制度規範「身分」[8]，這個制度除行政制度外，也包括法律制度，尤其刑律的規範。但「身分法」，是由法律層面規範「身分」，範圍少了行政制度，在唐代，即少了政治性的「丁中制」身分的考量，故拙稿不曰「身分法」。至於政治上的特定官僚族群以及社會習俗上的士庶關係，因拙稿著重於全國人的法制身分關係，所以暫時不作討論。

二、政治身分的等差秩序

　　政治身分的等差秩序，是根據皇權的運作所規定的身分，也就是根據政府頒行的律令，而將全國人按照其年齡多寡區分為黃、小、中、丁、老五種男女身分，來承擔國家賦予的權利與義務。由於丁與中的人口為最多，又是國家賦役的主要承擔者，所以簡稱為「丁中制」。

　　唐朝的丁中制，就高祖武德七年（624）所頒行的《武德令》而言，規定男女從出生到三歲為「黃」，四歲到十五歲為「小」，十六歲到二十歲為「中」，二十一歲到五十九歲為「丁」，六十歲以上為「老」。（《舊唐書‧食貨志》、《通典‧食貨七‧丁中》）這樣的制度，實施到玄宗《開元二十五年令》。（《宋刑統‧戶婚》「脫漏增減戶口」條引《戶令》）其後丁中年齡有放寬（《唐會要》卷八五「團貌」），此即政府放出更多的勞動力，以示德政。

　　茲將西晉至隋唐的戶籍年齡制度作成下表：

8　大陸從1984年起，公安部門頒發的「居民身份證」是用「份」而不用「分」，自此以後，社會多用「身份」一詞。（參看前引狄世深，《刑法中身份論》，頁15-17。）這是與台灣、日本地區的使用法不同，但傳統文獻仍使用「身分」，拙稿自亦不例外。

表1：晉至唐丁中制一覽表

		身分	年齡	出處
280年	西晉《戶調式》：男女	小	12以下	《晉書·食貨志》
		次丁	13-15 61-65	
		正丁	16-60	
		老	66以上	
564年	北齊《河清令》：男子	小	15以下	《隋書·食貨志》
		中	16-17	
		丁	18-65	
		老	66以上	
582年	隋《開皇令》：男女	黃	3以下	《隋書·食貨志》
		小	4-10	
		中	11-17	
		丁	18-59	
		老	60以上	
624年	唐《武德令》：男女	黃	3以下	《舊唐書·食貨志》
		小	4-15	
		中	16-20	
		丁	21-59	
		老	60以上	

　　唐朝這種五個等級的丁中制，是近承西晉至隋制，遠祖《周禮》、秦漢法制。蓋西晉平吳，統一天下後，頒行《戶調式》，根據全國人年齡多寡，以四個等級賦予一定的身分，北齊《河清令》亦同。至隋《開皇令》，始將全國人分為五個等級，唐朝建國，即沿襲隋《開皇令》規定，仍定為五個等級。

　　所謂遠祖《周禮》、秦漢法制，指以身高與年齡規定其身分，文獻上首見於《周禮》，其《地官司徒·鄉大夫》曰：

以歲時登其夫家之眾寡，辨其可任者。國中自七尺以及六十，野自六尺以及六十有五，皆征之。

賈公彥疏曰：

案《韓詩外傳》「二十行役」，與此國中七尺同，則知七尺年二十。云「野自六尺以及六十有五」者，六尺謂年十五，故《論語》云：「可以托六尺之孤」，鄭（玄）注云「六尺之孤，年十五已下。」

此即以七尺為年二十，六尺為年十五。鄉大夫在司徒指導下，要按時查明男女人數，以了解其中有多少可以勝任王役。王城中自二十歲至六十歲，郊野自十五歲至六十五歲都要服勞役。若依《禮記·曲禮上》說：「男子二十，冠而字。」鄭玄注曰：「成年矣，敬其名。」則以為二十歲是成年。但是就《周禮》所規定的服役起始標準，顯然是根據身高，並非年齡，只有免除服役，才依據年齡。所以周代的身分制是以身高為據，輔之以年齡，全國並非一律，國中與郊野有別。

從雲夢秦簡所見，秦國及其後的秦朝與《周禮》規定相近。秦簡《倉律》對刑徒給廩規定如下：

隸臣妾其從事公，隸臣月禾二石，隸妾一石半；其不從事，勿稟。小城旦、隸臣作者，月禾一石半石；未能作者，月禾一石。小妾、舂作者，月禾一石二斗半斗；未能作者，月禾一石。嬰兒之毋（无）母者各半石；雖有母而與其母冗居公者，亦稟之，禾月半石。隸臣田者，以二月月稟二石半石，到九月盡而止其半石。舂，月一石半石。隸臣、城旦高不盈六尺五寸，隸妾、舂高不盈六尺二寸，皆為小；高五尺二寸，皆作之。

根據《倉律》此段記載，作成如下表：

表2：秦簡《倉律》刑徒給稟一覽表

類別	身高	月糧
嬰兒		禾半石
未能作	五尺二寸以下	禾一石
小隸臣、小城旦	五尺二寸～六尺五寸	禾一石半
小隸妾、舂	五尺二寸～六尺二寸	禾一石二斗五升
大隸臣	六尺五寸以上	禾二石（田者二～九月禾二石半）
大隸妾	六尺二寸以上	禾一石半

　　根據上表，可知刑徒給稟的標準是根據身高，隸臣大小之分際在六尺五寸，隸妾大小之分際在六尺二寸。若根據前引《周禮·鄉大夫》賈公彥疏說：「七尺年二十」、「六尺謂年十五」，按比例計算，則六尺五寸應當是年十七八歲[9]。秦簡《編年紀》記載墓主「喜」在秦昭王四十五年（前262）生，到秦始皇元年（前246）「喜傅」，所以喜傅籍的年齡是滿十六，虛十七歲，這個年齡恰與高六尺五寸合。依此看來，秦簡所見的男子成年標準是身高六尺五寸[10]。此外，《倉律》有「其老當免老」，《法律答問》也有「免老告人」問題的規定，此處之「老」，根據漢·衛宏撰《漢舊儀》（《漢官舊儀》）卷下曰：

　　　　秦制二十爵，男子賜爵一級以上，有罪以減，年五十六免。無爵為士伍，年六十乃免老。[11]

9　參看栗勁，《秦律通論》（濟南：山東人民出版社，1985），頁467。高恆，《秦漢簡牘中法制文書輯考》（北京：社會科學文獻出版社，2008），頁121。

10　石岡浩根據秦簡《法律答問》第5條「甲盜牛」曰：「甲盜牛，盜牛時，高六尺」、同56條「甲謀遣乙盜殺人」曰：「問乙高未盈六尺」、同139條「甲小未盈六尺」曰：「甲小未盈六尺」云云，以為良民身高是以六尺為基準，而六尺五寸或六尺二寸是刑徒「大」、「小」區別的基準。這也是值得注意的說法，附誌於此供參考。參看石岡浩，〈戰國秦の良民「大」「小」區分と身長六尺〉，《法史學研究會·會報》11號（2006），頁42-56。

11　此據《四庫全書·史部十三政書類二儀制之屬》，但清·孫星衍校本將「老」字改為

　　所以一般是指六十為老，可免除刑責。

　　以上所述，秦所實施的身分制規定，應當是將全國人分為嬰兒、未能作、小、大，以及老共五個等級，其中未能作、小、大的身分認定，是據身高，老則依據年齡。也就是說身分的劃分是以身高為主，年齡為輔。但是秦簡《編年記》記載秦始皇十六年實施「自占年」，《史記‧秦始皇本紀》也記載十六年（前231）「初令男子書年」，此即在這一年規定所有男子不論成年與否，均自報年齡，並登錄於名籍。因而有可能自此以後放棄身高的身分認定而改用年齡，例如從里耶秦簡J1（16）9所提到的「年籍」、「年數」，以及張家山漢簡《傅律》記載傅籍年齡，根據本人及其父爵高低而有不同，大抵低爵及無爵者傅籍早，反之則晚，由二十歲至二十四歲不等。已傅者，亦依其爵之高低而有不同待遇[12]。

　　漢初，《二年律令‧金布律》記載：「諸內作縣官及徒隸，大男……大女及使小男……未使小男及使小女……未使小女……」等身分。池田溫根據西北居延漢簡當中，被推定為建平四年（前3）前後的戍卒家屬稟名籍，計有二十四戶（戶口四人者十二戶，三人者五戶，二人者七戶），依其年齡區分如下身分表[13]：

表3：居延漢簡戍卒家屬稟名籍一覽表

身分		年齡
小男、小女	未使男、未使女	六歲以下
	使男、使女	七歲至十四歲
大男、大女		十五歲至五十五歲
老男、老女		五十六歲以上

　　「者」。（參看清‧孫星衍等輯，《漢官六種》所收《漢舊儀》卷下，北京，中華書局，1990，頁85。）根據前述《倉律》、《法律答問》皆有「免老」一詞，所以原文當無誤。

12　參看曹旅寧，《張家山漢律研究》（北京：中華書局，2005），頁206-208。

13　參看池田溫，《中國古代籍帳研究》（東京：東京大學出版社，1979），頁24；但表中無含老男老女，根據楊聯陞，〈漢代丁中、廩給、米粟、大小石之制——勞榦《居延漢簡考釋》錢穀跋〉，收入《楊聯陞論文集》（中國社會科學出版社，1992），頁6補之。

　　大男、大女之「大」，指成年傅籍，在漢簡中，除居延漢簡外，鳳凰山漢簡、懸泉置漢簡以及張家山漢簡中，均有關於大男、大男子、大女、大奴、大婢的記載。史籍方面的記載，關於傅籍的年齡存在差異，主要分為十五歲、二十歲、二十二歲、二十三歲、二十四歲等多種，一般是將漢代傅籍以二十（或二十三）作為「大」和成人的的年齡界線[14]。

　　以上是就唐朝丁中制的淵源，探討遠祖《周禮》以及秦漢法制，從兼用身高與年齡規定身分，到秦始皇十六年（前231）開始全用年齡來區別身分，經漢代到西晉、北齊至隋唐而完備，成為黃、小、中、丁、老五個等級的身分制結構。全國每一個良民，依據丁中制身分，承擔國家所賦予的權利及義務，尤其是均田法的授受與賦役法的施行。至於賤民層，也是以丁中制區分其身分，私賤民對主人、官賤民對政府，盡其義務。

　　就制度而言，丁中制的身分，自北齊到隋唐都是由令典加以規定，丁與中的年齡身分占全國人最大的比重，也是國家最需要的田土授受與承擔賦役的人口，若有違令則由律懲罰。《舊唐書‧食貨志》記載《武德七年令》有關均田法實施辦法，曰：

> 武德七年，始定律令。以度田之制：五尺為步，步二百四十為畝，畝百為頃。丁男、中男給一頃，篤疾、廢疾給四十畝，寡妻妾三十畝。若為戶者加二十畝。所授之田，十分之二為世業，八為口分。世業之田，身死則承戶者便授之；口分，則收入官，更以給人。

新近發現的《天聖令》有關唐朝《田令》之唐1條曰：

> 諸丁男給永業田二十畝，口分田八十畝。其中男年十八以上，亦依丁男給。老男、篤疾、廢疾各給口分田四十畝，寡妻妾各給口分田三十畝。先有永業者兼（通）充口分之數。

14　參看劉敏，〈張家山漢簡「小爵」臆釋〉，收入中國社會科學院簡帛研究中心編，《張家山漢簡「二年律令」研究文集》（桂林：廣西師範大學出版社，2007），頁97-100；原刊《中國史研究》2004-3。

以上是均田法的基本規定。

賦役之法方面，《舊唐書・食貨志》記載《武德七年令》相關規定，曰：

> 每丁歲入租粟二石。調則隨鄉土所產，綾絹絁各二丈，布加五分之一。輸綾絹絁者，兼調綿三兩；輸布者，麻三斤。凡丁，歲役二旬。若不役，則收其傭，每日三尺。有事而加役者，旬有五日免其調，三旬則租調俱免。通正役，並不過五十日。

《唐律疏議・戶婚律》「差科賦役違法」（總第173條）《疏》議引《賦役令》曰：

> 每丁，租二石；調絁、絹二丈，綿三兩，布輸二丈五尺，麻三斤；丁役二十日。

此條類似內容亦見於《唐六典》卷三「戶部郎中員外郎」條、《舊唐書・職官志》、《宋刑統・戶婚律》，但不見於《天聖令》唐宋《賦役令》。

此處無意檢討均田法與賦役法內容，學界在這方面的論述（包含敦煌吐魯番文書的分析）甚夥，擬予省略。在此只是要強調均田法與賦役法的實施，是以丁中制的身分秩序作為前提，所以戶籍必須詳實，家長、里正及州縣長官也都要負連帶責任。若有違法，刑律有罰。例如《唐律疏議・戶婚律》「脫漏戶口增減年狀」（總150條）規定：

> 諸脫戶者，家長徒三年。……脫口及增減年狀，（注曰：謂疾、老、中、小之類。）以免課役者，一口徒一年，二口加一等，罪止徒三年。

《疏》議曰：

> 謂脫口及增年入老，減年入中、小及增狀入疾，其從殘疾入廢疾，從廢疾入篤疾，廢疾雖免課役，若入篤疾即得侍人，故云「之類」，罪止徒三年。

　　此即對家長申報戶籍時，必須如實填寫家口之身分，注明如上所述的黃、小、中、丁、老身分，包括有「疾」者，違法者家長有罰，最重為徒三年。

　　《唐律疏議‧名例律》「老小及疾有犯」條（總30條）曰：

> 諸年七十以上、十五以下及廢疾，犯流罪以下，收贖。（注曰：犯加役流、反逆緣坐流、會赦猶流者，不用此律；至配所，免居作。）八十以上、十歲以下及篤疾，犯反、逆人、殺應死者，上請；盜及傷人者，亦收贖。（注曰：有官爵者，各從官當、除、免法。）餘皆勿論。九十以上，七歲以下，雖有死罪，不加刑；（注曰：緣坐應配沒者不用此律。）即有人教令，坐其教令者。若有贓應備，受贓者備之。

　　這是對老小、有疾者在量刑時的優遇規定，再參照《疏》議的解說，可知依據年齡分為如下三個等級減免：

1. 七十至七十九歲、十五至十一歲及廢疾者。（第一等級）
2. 八十至八十九歲、十歲至八歲及篤疾者。（第二等級）
3. 九十歲以上、七歲以下。（第三等級）

　　從現代刑法學看來，有謂此條唐律的刑事責任能力規定，是含有犯罪能力與受刑能力二個觀念的未分化，第一個等級是特指受刑能力，第二、三等級則有較濃厚的犯罪能力（現代刑法學所謂責任能力）要素[15]。但也有認為第一、第二等級為相當於現代刑法學的限制責任能力，第三等級除緣坐應配沒者外，相當於無責任能力[16]。再者，有認為唐律此條除以年齡與健康狀態分為絕對無責任能力（指第三等級）與減輕責任能力（指第一等級）之外，復承認一種相對無責任能力，須藉「上請」的方法，就其具體情形加以斟酌，以決定應否科處刑罰（指第二等級），似不失為一種折衷辦法，其立法可說相

15　參看律令研究會編、滋賀秀三譯註，《譯註日本律令五：唐律疏議譯註篇一》（東京：東京堂出版，1979），《名例律》三十條「解說」，頁181。

16　參看桂齊遜，〈唐律「刑事責任能力」規範溯源〉，《元培學報》4（1997.12），頁4。

當先進[17]。上述諸說，從不同角度解說，都有它的道理，看來最後一說較具說服力。

　　此處要再說明的，唐律30條是針對老小有疾者的特別規定，但整部唐律，則為規範全國人的丁中制身分。易言之，占人口最多的丁與中身分的行為規範（此即絕對責任能力者），散見於整部唐律。例如《唐律疏議・賊盜律》「謀反大逆」條（總248條）曰：

> 諸謀反及大逆者，皆斬；父子年十六以上皆絞，十五以下及母女、妻妾、（注曰：子妻妾亦同。）祖孫、兄弟、姊妹若部曲、資財、田宅並沒官，男夫年八十及篤疾、婦人年六十及廢疾者並免；（注曰：餘條婦人應緣坐者，準此。）伯叔父、兄弟之子皆流三千里，不限籍之同異。

《唐律疏議・鬥訟律》「強盜殺人不告主司」條（總360條）曰：

> 諸強盜及殺人賊發，⋯⋯當告而不告，一日杖六十。

《疏》議曰：

> 「當告而不告」，謂家有男夫年十六以上，不為告者，一日杖六十。

　　以上兩處的「年十六以上」，即指中男以上，當然包括丁年，甚至老年部分年歲。248條還要追溯到老年的七十九歲。再如《唐律疏議・名例律》「共犯罪有逃亡」條文（總44條）當中，規定：「若枉入人徒年者，即計庸，折除課役及贖直。」《疏》議曰：

17　參看蔡墩銘，《唐律與近世刑事立法之比較研究》（臺北：中國學術著作獎助委員會，1968年初版，1972年再版），頁135-136；黃源盛，〈唐律責任能力的規範與理論〉，收入黃源盛，《漢唐法制與儒家傳統》（臺北：元照出版公司，2009），頁288。

> 或有中男十六以上應贖，犯杖一百，官司處徒一年，亦以役日計庸，
> 折充贖直。盡與不盡，皆同上解。

　　本條是規定審判官枉判徒刑的折抵法，《疏》議對這部分的解釋，具體指出如果有中男年十六以上的人，應該用贖法贖所犯的杖一百之罪，但審判官誤判徒刑一年。這種情況，要按照枉服徒役的日數計算工庸，折抵贖金（銅）。抵盡或抵不盡，都用上述解釋的辦法處置。

　　以上有關「年十六以上」的規範，相當於現代刑法學上的絕對刑事責任能力的人，若配合上述《名例律》30條，可知唐代將全國人除少數要特別處理者外，都依據年齡大小設定在刑事責任能力的範圍，這是有史以來在法制上建立最為詳備的身分制規範，可簡化如下表。

表4：唐律刑事責任能力身分表

身分	年齡	刑事責任	備註
中男、丁男	16-59（特定情況如248條，到69）	絕對責任能力	依據248條，婦女另案優減。
老、中、廢疾者	70-79、15-11	減輕責任能力	犯加役流、反逆緣坐流、會赦猶流者除外。
老（耄）、中、篤疾者	80-89、10-8	相對無責任能力	犯反、逆人、殺應死者，上請；盜及傷人者，亦收贖。
老（耄）、少、黃（悼以下）	90以上、7以下	無責任能力	緣坐應配沒者除外。

　　根據這樣的唐律刑事責任能力規範，國家所要落實的是「個別人身支配」，或說人頭統治。另一方面，從《戶婚律》看來，家內戶口登錄有問題時，法律還要追究家長，乃至里正及州縣長官，而非家口本人，這又是國家實施家父長制統治的具體表現。易言之，唐朝所要建立的身分法制統治，是人頭統治與家父長制統治，雙管齊下，但要落實的還是人頭統治。理論上而言，相較與秦漢以來的法制發展，可說非常細密完備，而且淵源流長。相較與外國法制歷史，歐陸各國刑法典關於責任能力的法制，直到中世紀始成明

文[18]，所以8、9世紀的唐律所建立的身分制規範法理，實具有其先進性。

三、社會身分的等差秩序

　　所謂社會身分的等差秩序，包括二層意義，一為社會關係的身分，此即親屬關係、義合關係以及主奴關係等身分，這些社會關係身分同時又交叉存在，例如作為父親，可以為師，也可以作為主人；一為依此社會關係的身分而呈現等差秩序，即嚴辨尊卑、貴賤、親疏、長幼、男女等倫理差別，犯罪時同罪不同罰，並非現代社會所說的法律之前人人平等。前者為橫向身分等差，後者為縱向身分差序[19]。理論上這樣的身分秩序，是基於禮的原理而成立，然後由律令法制加以規範。其目標，在於將整個國家建立為一個大家庭的結構，皇帝成為最高的家長，可稱為君父，而進行家父長式的統治。

　　關於社會關係的親屬身分，就唐律的規定而言，如親屬相犯，以卑犯尊者，處罰重於常人，關係越親，處罰越重；若以尊犯卑，則處罰輕於常人，關係越親，處罰越輕。親屬相姦，處罰重於常人，關係越親，處罰越重。親屬相盜，處罰輕於常人，關係越親，處罰越輕。民事方面，如財產轉讓時有犯，則關係越親，處罰越輕。隋唐律令制度基於親屬關係所規定的立法原理，尤其是依身分定罪的立法原理，已經非常完備，學界在這方面論述已

18　參看前引蔡墩銘，《唐律與近世刑事立法之比較研究》，頁130-135；前引黃源盛，〈唐律責任能力的規範與理論〉，頁262。

19　費孝通有所謂「差序格局」說，對傳統農村社會的特質提出波紋式的同心圓人際親疏關係，影響社會學界、人類學界深遠。（參看費孝通，〈差序格局〉，收入費氏著，《鄉土中國》〔北京：北京大學出版社，2012〕，頁37-48。）對拙稿亦有參考價值，惟拙說是從較多角度思考，所以不用「差序格局」一詞。大陸學界對費氏說有頗多引伸討論，亦可參考，其綜合整理，參看杜堞，〈國內「差序格局」研究的文獻綜述〉（《河海大學學報‧哲學社會科學版》8-1，2006.3）；個論值得注意者，如閻雲翔，〈差序格局與中國文化的等級觀〉（《社會學研究》2006-4）；馬戎，〈「差序格局」──中國傳統社會結構和中國人行為的解讀〉（《北京大學學報‧哲學社會科學版》2007-3）；翟學偉，〈再論「差序格局」的貢獻、局限與理論遺產〉（《中國社會科學》2009-3）；吳飛，〈從喪服制度看「差序格局」──對一個經典概念的再反思〉（《開放時代》2011-1）等。

多[20]，此處亦不贅詞。

　　國家的大家庭結構，除基於血緣的親屬（含姻親）外，尚有非依血緣而依「義」結合的所謂「義合」族群，包括君臣、官吏、夫妻、朋友、師生、僧道等。傳統所謂五倫：父子、君臣、夫婦、長幼、朋友（《孟子‧滕文公上》），其實是對血緣與非血緣族群的簡約概括。「義合」相反的觀念是「義絕」，班固《白虎通》卷八「瑞贄‧論子無贄臣有贄」曰：「臣之事君以義合也」；同書卷十「嫁娶‧論妻不得去夫」曰：「（夫）悖逆人倫，殺妻父母，廢絕綱紀，亂之大者也，義絕，乃得去也。」這是「義合」、「義絕」一詞首次出現，前一例為君臣義合關係，後一例本在說明夫妻齊體，即使「夫有惡行，妻不得去者，地無去天之義也。」但因夫殺妻父母，已是廢絕綱紀，罪大惡極，所以夫已與妻義絕，妻可以離去。在程序上，仍有待官府判決，屬於強制離婚，此在唐律《戶婚律》已有明文規定。論「義合」、「義絕」觀念的起源，恐在先秦既已存在[21]，到漢代，如前引《白虎通》所示，已是社會的共識。

　　至於主奴關係，先秦以來既已存在，只是不同時代有其不同的內涵。到唐代，賤民身分，主要是指奴婢，但在奴婢之上的賤民，尚有部曲、客女、太常音聲人等。唐律對這些賤民的行為均有規範，以奴婢（含官私奴婢）而

20　參看仁井田陞，《中國身分法史》（東京：東京大學出會，1983復刻版，1942初版），尤其第三章〈親族法〉第五節〈親族關係の效果〉。戴炎輝，〈論唐律上身分與罪刑之關係〉（收入戴炎輝文教基金會發行，《傳統中華社會的民刑法制：戴炎輝博士論文集》，臺北，1998。原刊《社會科學論叢》11輯，1961），頁351-408。鄭定、馬建興，〈略論唐律中的服制原則與親屬犯〉，收入中國人民大學書報資料中心，《法理學、法史學》2004-1，頁73-82；原刊《法學家‧京》2003-5，頁41-50。馬建興，《喪服制度與傳統法律文化》（北京：知識產權出版社，2005），第五章論述甚詳，尤其頁204。丁凌華，《中國喪服制度史》（上海，上海人民出版社，2000），第三章。馬建紅，〈親屬‧服制‧法律〉，收入林明、馬建紅主編，《中國歷史上的法律制度變遷與社會進步》（濟南：山東大學出版社，2004），頁115-128。

21　詳細探討唐律的「義合」與「義絕」及其淵源關係，可參看拙作，〈義合與義絕——兼論唐朝律令的非血緣法制秩序〉，收入曾一民主編，《林天蔚教授紀念論文集》（臺北：文史哲出版社，2009.12.），頁156-166。劉燕儷，《唐律中的夫妻關係》（臺北：五南圖書出版公司，2007），頁81-83、171-172。

言，其身分同於「資財」（《賊盜律》「謀反謀大逆」條，總248條，《疏》議）、「畜產」（《名例律》「官戶部曲官私奴婢有犯」，總47條，《疏》議），也就是「半人半物」，但當其為行為主體而有犯時，法律上除特別規定外，仍準良民之法[22]。唐朝後半葉，這些賤民身分，逐漸雇傭化，至宋代更普及。就社會結構而言，相對於賤民層，就是良民，學界因而稱為良賤制，這也是一種解釋方法[23]。惟拙稿著重於等差性的社會身分制，只以良民相對於賤民，是以無法凸顯這一特質，所以暫不採用良賤制作說明。

唐律對主奴關係的規範，如《唐律疏議‧賊盜律》「部曲奴婢謀殺主」條（總254條）曰：

> 諸部曲、奴婢謀殺主者，皆斬。謀殺主之期親及外祖父母者，絞；已傷者，皆斬。

《疏》議曰：

> 稱部曲、奴婢者，客女及部曲妻並同。此謂謀而未行。但同籍良口以上，合有財分者，並皆為「主」。謀殺者，皆斬，罪無首從。「謀殺主之期親」，為別戶籍者及外祖父母者，絞，依首從科。「已傷者皆斬」，謂無首從。其媵及妾，在令不合分財，並非奴婢之主。

此條規定「謀殺主」，指「謀而未行」，就要斬；已傷者也斬。但《鬥

---

22 參看仁井田陞，《中國身分法史》第8章〈部曲、奴婢法〉（東京：東京大學出版會，1942年初版，1983年復刻第一刷），頁860-861、頁900-949；仁井田陞，《補訂‧中國法制史研究：奴隸農奴法、家族村落法》（東京：東京大學出版會，1962年初版發行，1980年補訂版第1刷），頁11、341-342；戴炎輝，《唐律通論》（臺北：國立編譯館，1964初版，1977四版），「官戶、部曲、官私奴婢之行為主體性」，頁442-443。

23 戰後日本學界對於「良賤制」問題，有過一段爭辯過程，參看拙著，《戰後日本的中國史研究》（臺北：明文書局，1996.03，修訂四版），頁42-43，〈良賤制的研究〉。最近的研究，參看李天石，《中國中古良賤身分制度研究》（南京：南京師範大學出版社，2004），全書各章節，尤其第一章有關研究史的討論。

訟律》「主殺有罪奴婢」條（總321條）曰：

> 諸奴婢有罪，其主不請官司而殺者，杖一百。無罪而殺者，徒一年。
> 期親及外祖父母殺者，與主同。下條部曲準此。

即主人殺奴婢，還要看是否有罪，若無罪，是徒一年。《鬥訟律》「主
毆部曲死」條（總322條）曰：

> 諸主毆部曲至死者，徒一年。故殺者，加一等。其有愆犯，決罰致死
> 及過失殺者，各勿論。

由於部曲身分高於奴婢，所以毆死部曲徒一年，即罪加一等（上條主人
殺奴婢為杖一百）。但如果部曲有「愆犯」（過錯，並不一定限於法上的犯
罪[24]），施予處罰致死或者過失殺者，皆無罪。反過來看部曲、奴婢殺傷主人
時，《賊盜律》「部曲、奴婢過失殺傷主」條（總323條）曰：

> 諸部曲、奴婢過失殺主者，絞；傷及詈者，流。（下略）

《疏》議曰：

> 部曲、奴婢，是為家僕，事主須存謹敬，又亦防其二心，故雖過失殺主
> 者，絞。若過失傷主及詈者，流。不言里數者，為止合加杖二百故也。

即使過失殺，也是處絞刑，即連傷或者詈（責罵），仍處流刑，刑責相
當重，其與主人之刑責相較，不啻天壤之別。這樣的身分差序，就是因為奴
婢身分同「資財」的緣故。

24　參看律令研究會編、奧村郁三譯註，《譯註日本律令七：唐律疏議譯註篇三》（東京：東
　　京堂出版，1987），《鬥訟律》二十一條註2，頁323。

四、身分差序的源流：禮

　　唐代的身分制社會淵源流長，其基石在於禮。禮所要遵循的法則有二：一為天地自然之序，一為儒教倫理之序[25]。

　　就天地（宇宙）自然之序而言，指天地、陰陽、四時的自然秩序。《禮記・樂記》曰：「禮者，天地之序也。」《禮記・禮運》又曰：

　　　是故夫禮，必本於大一，分而為天地，轉而為陰陽，變而為四時，列
　　　而為鬼神，其降曰命，其官於天也。

《禮記・喪服四制》又曰：

　　　凡禮之大體，體天地，法四時，則陰陽，順人情，故謂之禮。

　　基於諸典籍規定，所以《唐律疏議・名例律》《疏》議序曰：「夫三才肇位，萬象斯分。稟氣含靈，人為稱首。」此即唐律一開始就重視天、地、人三才的自然秩序原理。這個道理，也可說源自《易經・說卦》曰：「立天之道曰陰與陽，立地之道曰柔與剛，立人之道曰仁與義，兼三才而兩之，故易六畫而成。」《中庸》也說：「致中和，天地位焉，万物育焉。」

　　凡此都在強調天、地、人的和諧發展，就唐律而言，如《名例律》「十惡，一曰謀反」（總6條）《疏議》曰：

　　　王者居宸極之至尊，奉上天之寶命，同二儀之覆載，作兆庶之父母。
　　　為子為臣，惟忠惟孝。

25　參看拙作，〈東亞傳統法文化的理想境界——「平」〉，《法制史研究》23（臺北：中國法制史學會、中央研究院歷史語言研究所出版，元照出版公司總經銷，2013.06），頁4-8；亦收入高明士編，《中華法系與儒家思想》（臺北：臺灣大學出版中心，《東亞儒學研究叢書》18，2014.6），頁3-8。

　　此即對王者（至尊），也就是皇帝的地位，給予明確定義。其用語宸極、上天、二儀，即以為王者擁有天命，而成為大地之統治者，也就是天地（二儀）所寄託者。

　　唐律所見夫妻關係，象徵日月、陰陽相對，也可以比附男女，甚至父母關係。例如《戶婚律》「居父母夫喪嫁娶」條（總177條）《疏》議曰：「依禮：日見於甲，月見於庚，象夫婦之義。」此處的「禮」，指《禮記·禮器》，曰：「大明生於東，月生於西，此陰陽之分，夫婦之位也。」鄭玄注曰：「大明，日也。」「甲」，《說文解字》釋為東方；「庚」，釋為西方。所以南宋·范遂良的《唐律釋文》曰：

> 「日見於甲」，謂日出於東，象夫也。「月見于庚」，謂月出於西，象婦也。日之與月，陰陽相對；夫之與婦，男女相齊也。此皆取陰陽位正，方可為夫婦，如不正則以姦論。

　　再者，妻是以夫為天，見於《名例律》「十惡，八曰不睦」（總6條）《疏議》曰：「依禮：夫者，婦之天。」此處的「禮」，是依據《儀禮·喪服》傳曰：「夫者，妻之天也。」類似規定，又見於《職制律》「匿父母及夫等喪」條（總120條）《疏》議、《戶婚律》「居父母夫喪嫁娶」條（總179條）《疏》議等。

　　就儒教倫理之序而言，如《荀子·富國篇》說：

> 禮者，貴賤有等、長幼有差、貧富輕重皆有稱者也。

《禮記·曲禮上》曰：

> 夫禮者，所以定親疏，決嫌疑，別同異，明是非也。

　　《禮記·樂記》曰：「禮義立，則貴賤等矣。」鄭玄注曰：「等，階級也。」孔穎達疏曰：「義，宜也；等，階級也。若行禮得其宜，則貴賤各有階級矣。」再如《禮記·哀公問》記載孔子曰：

> 丘聞之，民之所由生，禮為大。非禮無以節事天地之神也，非禮無以
> 辨君臣、上下、長幼之位也，非禮無以別男女‧父子‧兄弟之親、昏
> 姻‧疏數之交也。

　　所謂天地、君臣、父子、上下，即尊卑、貴賤之序；父母、夫妻則為男女之別，親屬、姻親有親疏、長幼之義。秦律已容納部分儒家思想，漢武帝時期是初步奠立儒教主義建國原則，具體實施恐晚至西漢末東漢初。漢律之「不道」已包含隋唐律「十惡」之「謀反」、「謀大逆」、「謀叛」、「惡逆」、「大不敬」等條目[26]。曹魏新律則有「雜抵罪七」、「大逆無道，要斬，家屬從坐，不及祖父母、孫」、「除異子之科，使父子無異財也。毆兄姊加至五歲刑，以明教化也」等規定[27]。此處已包含所謂「八議」、親親，以及隋唐律之《戶婚律》禁止「子孫別籍異財」等。此等發展，較漢律更具儒家化，而為晉泰始律令的儒家化奠基。

　　西晉泰始律令（268）是初次完成儒家化的法典。《晉書‧刑法志》曰：「峻禮教之防，準五服以制罪」，此即泰始律令是依禮教而制定，同時依據五服倫常關係來定罪。明法掾張裴注律，上表亦曰：「禮樂崇於上，故降其刑；刑法閑於下，故全其法。是故尊卑敘，仁義明，九族親，王道平也。」（同前引《晉書‧刑法志》）這是泰始律令成為儒家化法典最實質的說明，雖然今日已經無法窺知該律令的全貌，但由此可推知其內容就是要具體實現禮經所規定的秩序。此後隋唐完備的律令，被認為是基於禮，當即繼承西晉泰始律令這個立法原理而來。也就是說儒家化的法典，基本精神在於表現親疏、尊卑、貴賤、長幼、男女等差秩序，初步完成於晉泰始律令，到隋唐律令而達於完備[28]。

26　參看戴炎輝，〈唐律十惡之溯源〉，收入中國法制史學會編，《中國法制史論文集》（中國法制史學會出版，1981），頁7-38；大庭脩，〈漢律における「不道」の概念〉，收入大庭脩，《秦漢法制史の研究》（東京：創文社，1982），頁101-198。

27　《晉書‧刑法志》。

28　關於秦漢律到唐律，依服制原則制罪的探討，可參看前引丁凌華，《中國喪服制度史》，第三章第二、三節；前引馬建興，《喪服制度與傳統法律文化》（北京：知識產權出版社，2005），第五、六章。

這樣的倫理秩序是有差序，並非齊頭式平等，所以對犯罪量刑時，依據身分之不同，常是同罪不同罰。就唐律而言，貴賤、尊卑、長幼、親屬等相犯，是各依本犯加減為罪，通常卑犯尊、賤犯貴加本罪二等；反之尊犯卑、貴犯賤，減本罪二等。《賊盜律》「畜產觝蹹齧人」條（總207條），《疏》議曰：

> 其「故放令殺傷人者」，謂知犬及雜畜性能觝蹹及噬齧，而故放者，減鬥殺傷一等。其犯貴賤、尊卑、長幼、親屬等，各依本犯應加減為罪。

《賊盜律》「親屬為人殺私和」條（總260條）曰：

> 諸祖父母、父母及夫為人所殺，私和者，流二千里；期親，徒二年半；大功以下，遞減一等。受財重者，各準盜論。雖不私和，知殺期以上親，經三十日不告者，各減二等。

《疏》議曰：

> 其有五服內親自相殺者，疏殺親，合告；親殺疏，不合告；親疏等者，卑幼殺尊長得告，尊長殺卑幼不得告。其應相隱者，疏殺親，義服殺正服，卑幼殺尊長，亦得論告；其不告者，亦無罪。

再如《鬥訟律》「兩相毆傷論如律」條（總310條），《疏》議曰：
「鬥兩相毆傷者」，假有甲乙二人，因鬥兩相毆傷，甲毆乙不傷，合笞四十；乙毆甲傷，合杖六十之類。或甲是良人，乙是賤隸，甲毆乙傷，減凡人二等，合笞四十；乙毆甲不傷，加凡人二等，合杖六十之類。其間尊卑、貴賤，應有加減，各準此例。

《鬥訟律》「毆兄姊等」條（總338條），《疏》議曰：「戲殺傷人者」，謂以力共戲，因而殺傷人，減鬥罪二等。若有貴賤、尊卑、長幼，各依本鬥殺傷罪上減二等。

另外，夫妻關係，如前所述，妻是以夫為天，但妻對夫的法律地位則同於卑幼，《鬥訟律》「毆傷妻妾」條（總325條）曰：「諸毆傷妻者，減凡人二等；死者，以凡人論。」《疏》議曰：「妻之言齊，與夫齊體，義同於幼。」就是說明這樣的夫妻關係。

所以整部唐律的立法精神，是依禮嚴辨親疏、尊卑、貴賤、長幼、男女之別，建立倫理秩序，也是順應天地之自然法則，不能等量齊觀，否則是亂天下，誠如孟子所說：「夫物之不齊，物之情也。……子比而同之，是亂天下也。」（《孟子·滕文公上》）

五、結論

唐代的身分制社會是依禮而建立，分由政治身分的等差秩序與社會身分的等差秩序所構成，其淵源流長。法制上要建立嚴密的身分制社會，若要做到人頭統治，前提是小國寡民、戶籍登錄詳細，才有可能。自戰國到隋唐基本上是朝這方向發展，到唐朝集其大成。唐朝的身分制社會，透過政治權力，在戶籍上是建立「見居為簿」的土著原則（或謂本貫原則），同時將全國人口依據年齡大小，建立黃、小、中、丁、老共五個等級，進行授受均田以及承擔賦役，因為丁與中的身分占全國人口的最大部分，所以簡稱為丁中制。這樣統治方式，拙稿稱為政治身分的等差秩序。但因大一統之後，帝國版圖擴大，戶口增長與流動，商品經濟發達，這樣的身分差序控制方式便窒礙難行。唐朝自高宗、武則天以後逃戶問題逐漸嚴重，就是這個問題沒能克服的關鍵所在。安史亂後，逃戶問題依然嚴重。至德宗時，實施兩稅法，取消土著原則，而以「貧富為差」（即建立私有制度）的戶籍政策後，正式宣告終止這種政治身分的等差秩序，也就是終止人頭統治。

兩稅法實施以後，國家依然是一個大家庭，皇帝仍為最高的家長，而更具體實施家父長式的統治。理論上，庶民可從土地獲得解放，擁有遷徙、置產乃至勞動等自由。只是唐朝自此以後，政局動盪不安，經過唐末五代的動亂，社會變動加速。自魏晉以來的門閥社會風尚，經此動亂後，也為之一變。至宋代，又大力推行科舉，社會重編，已非為唐代的身分制社會，而是

庶民社會。過去實施禮不下庶民[29]，自唐朝後半葉以後，隨著書儀的普及，禮
也逐漸流通於庶民，南宋《朱子家禮》的出現，並非偶然。另一方面，自宋
迄清，由於唐律仍被奉行為制律藍本，基於法制，在社會結構所建立的社會
身分等差秩序，此即嚴辨尊卑、貴賤、親疏、長幼、男女的倫理秩序，仍然
繼續存在。只有奴婢賤民層的地位，隨著庶民社會的變動而成為僱庸化。所
以探討唐宋間的變革，身分制社會的變動，也是重要的一環。

附記：

筆者於大學時期曾修習許倬雲師與李濟先生合開之「中國上古史」課
程，1968 年 8 月筆者回到臺大歷史系擔任助教，許老師正是系主任。這段期
間，受到許老師教誨良多。1973 年秋，在許老師推薦下，獲得美國哈佛燕京
學社資助，赴日本東京大學進修，奠下此後學術研究生涯的基礎與方向，迄
今永懷感念，而無以回報。茲逢倬雲師八十晉五華誕，草此一文，聊表寸
衷。祈望吾師
　　壽比南山，松柏常青。
　　又，拙稿承蒙彭麗華博士指正，亦於此特申謝忱。

29　例如《大唐開元禮》一百五十卷，分為吉、賓、軍、嘉、凶五禮，只見規定皇家（主要是
　　皇帝）及官人的禮儀，並無庶人禮儀。另外，可參照拙作，〈「天聖令學」與唐宋變革〉
　　一文關於「從身分制社會到庶民社會」一節（《漢學研究》第 31 卷第 1 期，2013.03，頁
　　86-89；亦收入黃源盛主編，《中國法制史論衡》〔臺北：中國法制史學會出版，2014.04〕，
　　頁 132-136）。

五代吳越國末代君王
錢俶（928-988）的歷史地位

趙雅書[*]

一、引言

　　錢俶（928-988），字文德，第二代吳越王錢元瓘第九子，嗣王錢倧異母弟，後漢乾祐元年（948），錢倧為大將胡進思所廢，錢俶被迎立為王，成為吳越國第五代也是最後一代君主。

　　五代後漢、後周時，錢俶襲封為吳越王，周世宗征討淮南，命錢俶出兵攻打常、宣二州以牽制李璟。錢俶整頓兵馬，隨時待命。李璟聽到後周討伐南唐消息，積極備戰，並派遣使者安撫諸州，邊境一時戒備森嚴。吳越國蘇州營田副使陳滿誤以為後周已攻下南唐，派出使者騷擾邊境，於是立刻告訴錢俶，請舉兵響應，錢俶命國相吳程調兵攻常州，被李璟大將柴克宏擊敗，吳越軍士傷亡慘重，吳程僅以身免，至周世宗舉兵渡過淮河後，錢俶不得不從百姓中徵兵，擴充軍隊。後派大將邵可遷，以戰船四百艘，水軍一萬七千多人與後周軍隊在通州會合。周世宗討平淮南後，派遣使者賞賜錢俶兵甲旗幟、駱駝羊馬，吳越此時亦「傾其國以事供獻」。

　　北宋建立，錢俶出兵助宋滅南唐。太平興國元年（976），宋太宗下詔令錢俶入朝，錢俶盡獻所據土地舉家遷汴京（開封），吳越滅亡，入宋後，錢

* 國立臺灣大學歷史學系退休教授。

俶被拜為淮海國王，只是虛名而已。端拱元年（988）病卒[1]。

二、得位的緣由

　　錢俶為第二代吳越王錢元瓘第九子，本來是輪不到他繼位的。三世王弘佐卒，弟弘倧以次立。初，元瓘質於宣州，以胡進思、戴惲等自隨，元瓘立，用進思等為大將。弘佐既年少，進思以舊將自恃，甚見尊禮，及四世王弘倧立，頗卑侮之，進思不能平。弘倧大閱兵於碧波亭，方第賞，進思前諫以賞太厚，弘倧怒擲筆水中曰：「以物與軍士，吾豈私之，何見咎也！」進思大懼。歲除，畫工獻〈鍾馗擊鬼圖〉，弘倧以詩題圖上，進思見之大悟，知弘倧將殺己。是夕擁衛兵廢弘倧，囚於義和院，迎弘俶立之，遷弘倧於東府。時為後漢天福十二年（947）十二月三十（陽曆為948年2月12日）[2]。錢弘俶嗣位三十餘年，期間恭事後漢、後周和北宋。他的一生要分成三個時期來說，第一個時期是在947年以前，他十九歲時被擁立為吳越王開始。他生於後唐明宗天成四年（929），名為九子，實為錢傳瓘（元瓘）第四子，排行是弘傳、弘佐、弘倧、弘俶、弘億，後晉高祖天福四年（939）被授為「內衙諸軍指揮使」、「檢校司空」、「特進檢校太尉」，由於時年僅十歲，應是虛職，後晉出帝開運四年（947）三月，時年十八歲，為台州刺史，任數月，有僧德詔語俶曰：「此地非君為治之所，當速歸，不然不利。」俶從其言，即求歸國，弘倧立，徵為「同參相府事」，此事有點古怪，但可以解釋台州民風悍，一個十八歲的青年，不宜久居台州刺史[3]。果然他九月自丹邱（台州）回杭州，僅三個月，十二月，杭州發生政變，內衙統軍使胡進思、指揮使諸溫、斜滔等幽廢弘倧於義和院後。乃召諸大校，及率中外軍庶奉迎弘俶於南邸，弘俶見府僚將校，於帥府之外簾，謙讓者三。諸將校以弘俶宿有德望，俯伏稱賀，即日，弘俶以鎮海、鎮東節度使、檢校太尉、兼侍中，涖事

1　《宋史》卷480，世家三，吳越錢氏。另參考baidu.com。
2　拙作〈吳越國的第三代——守成時期的兩位君主錢弘佐（928-947）、錢弘倧（928-971）兩兄弟〉。
3　同註1，並見《吳越書》（宏文藝苑編）。

於元帥府之南序[4]。後漢高祖乾祐元年（948），弘俶即王位，赦境內租稅，班賚有差，以弟弘億為丞相[5]。

三、錢俶的性格

　　大約第一代的創業者都是比較霸氣的，錢俶當然不能跟其祖、父相比，基本上錢俶的性格是屬於一種孝子賢孫型的，五代列國多內亂，吳越國的情況則好多了，這跟對子弟的教育注重有關，大體上錢俶的性格是比較溫和的。有兩件事情可以看出其溫和的一面。第一件是：一國不能有二主，弘俶既立，弘倧只有幽居。漢高祖乾祐元年（948）元月，吳越王錢弘俶遷故王於衣錦軍私第，遣匡武都頭薛溫將親兵衛之，俶潛戒之曰：「若有非常處分，皆非吾意，當以死拒之。」二月，進思屢請殺廢王弘倧以絕後患，弘俶不許。進思詐以王命密令薛溫害之，溫曰：「僕受命之日，不聞此言，不敢妄發。」進思乃夜遣其黨方安等二人踰垣而入，弘倧闔戶拒之，大呼求救；溫聞之，率眾而入，斃安等於庭中，入告弘俶，弘俶大驚，曰：「全吾兄，汝之力也。」弘俶畏忌進思，曲意下之。進思亦內憂懼，未幾，疽發背卒。弘倧由是獲全。弘倧被囚禁三年以後，先移至越州，弘俶算是頗善待這一位只大一歲的兄長。後周太祖廣順元年（951），「吳越王弘俶徙廢王弘倧居東府，為築宮室，治園圃，娛悅之，歲時供饋甚厚。」《宋史》吳越世家也記：「後左右屢有以倧為言，俶終拒之，倧居越州二十餘年卒。」弘倧在越州住了二十年，死於宋太祖開寶四年（971），弘俶也就這樣地容忍了二十年。第二件事是建隆二年（961），「俶舅寧國軍節度使吳延福有異圖，左右勸俶誅之，俶曰：『先夫人同氣，安忍置於法？』言迄嗚咽流涕，但黜延福

4　見《吳越書》。

5　弘億雖年輕，但有見識。初，對閩用兵，弘佐一度思鑄鐵錢，當時列國多鑄鐵錢，但鐵錢是劣幣：「弘佐議鑄鐵錢以益將士祿賜，王弟弘億諫曰：『鑄鐵錢有八害：新錢既行，舊錢皆流入鄰國，一也；可用於吾國而不可用於他國，則商賈不行，百貨不通，二也；銅禁至嚴，民猶盜鑄，況家有鐺釜，野有鏵犁，犯法必多，三也；閩人鑄鐵錢而亂亡，不足為法，四也；國用幸豐而自示空乏，五也；祿賜有常而無故益之，以啟無厭之心，六也；法變而弊不可遽復，七也；錢者國姓，易之不祥，八也。』弘佐乃止。」並見註2。

於外，終全母族。」[6]

四、錢俶的功勳

　　錢俶的第二個時期是從947年他被擁立為吳越王開始，978年降於宋，吳越國亡時止，約三十年，是他實際在政治上尚有一些作為的時候，但他繼續採取祖父所建立的「子孫善事中國，勿以易姓廢事大之禮」的政策，在對外方面他也有屢建功勳。第一件事是取得福州，洗雪父親錢傳瓘在六年前，於閩國用兵失敗的恥辱[7]。吳越國取得福州是在錢弘佐在位時，但治理福州大部分卻是在錢弘俶時。

　　五代時期福州的轄地很廣，約相當於清代的福州府和福寧府，另加尤溪、德化二縣。福州與吳越國的關係較為密切，兩地間的交通主要靠海路，如果順風，福州的帆船在幾天之內，就能到達杭州，是以兩地人物來往頻繁，錢鏐曾與王審知聯姻，王審知之女曾嫁錢鏐之子錢傳珦。閩國內部的失意者，經常逃入吳越國境內謀生，例如，永和元年（935），王繼鵬殺死大將李倣，李倣部下千餘人集體逃入吳越國。再如泉州人劉甫，原在閩國內部任官，因看不慣閩國官場的黑暗，便離開閩國，投入吳越任職，最後終老於浙江[8]。閩人在吳越國做官最有名的是福州人沈崧，他是唐昭宗乾寧三年（896）進士，金榜題名後，在返閩途中被錢鏐邀任鎮海軍書記，吳越國成立後，他成為首任丞相[9]，又如侯官人林鼎他也在吳越國任官，最後升任丞相[10]，仰仁銓攻閩之役，吳越官員都認為易如反掌，唯有林鼎反對出兵，後來吳越軍大敗，死亡兩萬餘人，人們都佩服其有先見之明。大體來說，吳越國對於福州的情況是比較了解的，福州百姓對吳越國也抱有好感，當李弘達與南唐鏖戰之際[11]，福州城裡流傳著兩句民謠：「風吹楊葉鼓山下，不得錢來不得罷。」

6　同註1。

7　錢元瓘兵敗福建之事，見拙作〈吳越國的第二代君主——錢傳瓘（887-941）〉。

8　《十國春秋》卷85，劉甫傳，頁1241。

9　《吳越備史》卷3，頁6-7。

10　《吳越備史》卷3，頁11。

11　李弘達之亂，見註2。

「錢」便是指吳越，當吳越軍隊進入福州，得到了久已厭戰的福州百姓歡迎，很快便在福州站穩腳步，吳越國對福州最大的貢獻便是和平[12]。

李弘達降吳越後，便留在杭州成為人質，但李是一個反覆及不安分的人，廢王錢弘倧犯了一個非常嚴重的政治錯誤，就是他把李弘達放回了福州，因李以金錢賄賂吳越權臣胡進思，而錢弘倧也居然聽進了胡進思的話，李弘達是個典型的陰謀家及野心家，果然，十二月杭州與福州同時發生政變，但結果卻不同，在杭州，胡進思廢了錢弘倧，但在福州，吳越鎮守福州的大將鮑修讓搶先動手，率兵誅殺了李氏一家，當時福州城內李弘達的軍隊不過一、兩萬，而吳越有三萬浙兵，所以有效地控制了福州，誅殺李弘達，有利於福州社會的安定。

因福州戰略地位重要，所以吳越一向派遣元老重臣鎮守福州，李弘達兄弟死後，吳越丞相吳程出任福州威武軍節度使。吳程離任後，吳越王錢弘俶之兄錢弘儇繼任節度使，以後的幾任及福州刺史也大多是錢氏宗親出任[13]，錢弘儇待人寬弘，「福州初歸附，將校有仇隙者率多相誣，弘儇謂左右曰：『人各有憾，誣構一啟，疑懼交至，豈國家推心懷遠之道邪？』悉置不問。」[14]可見，吳越對福州降將是很講策略的，福州兵將中確有許多人和南唐將領陳誨通消息，陳誨第二次進攻福州時，就曾對查文徽說過：要招徠親朋故舊，問明福州城內情況[15]？

在乾祐三年（950）的這一場福州之戰，吳越完全擊敗南唐，《吳越書》：

> 乾祐三年（950），春，二月，庚寅，金陵以偽永安軍節度使查文徽取福州，甲申，遣劍州刺史陳誨，泉州刺史留從效，率兵犯我無諸，執我守將馬光進等。王命指揮史潘審嶠率師禦之，遂生擒查文徽，及行軍判官楊文憲等三十餘人，斬馘萬計。陳誨、留從效等，走之。初，

12　徐曉望《閩國史》，頁127-128。

13　《八閩通志》卷30，秩官，頁622-639。

14　《十國春秋》卷83，錢弘儇傳，頁1203-1204。

15　陸游《南唐書》卷9，陳誨傳，頁2。

> 福仁告文徽曰：「吳越兵已棄城去，請公為帥。」文徽信之，乃遣陳
> 誨率水軍，下閩江，文徽自以步騎，繼至城下。閩州刺史吳誠，詐遣
> 兵數百，出迎文徽。誨諫曰：「閩人多詐，未可圖也，宜立寨，徐徐
> 圖之。」文徽曰：「疑則生變，不若乘機據其城。」乃引兵徑進，誨整
> 眾鳴鼓，還于江湄。吳誠與潘審燔等，勒兵擊賊，大敗之，遂執文徽
> 等。士卒戰，溺死者一萬餘人。陳誨等率親部而遁。[16]

不過沒有多久，吳越就釋放查文徽，是與被俘的馬文進交換，也表示了吳越與南唐再度言和[17]。

錢弘俶還是一個很好的地方官，他雖貴為王親國戚，但生性簡約。他到福州就職時，原任靜海軍管轄範圍的百姓都捨不得他走，一路跟行啼哭，有些人甚至跟他遷到福州，人們稱之為「隨便百姓」或「隨使戶」。這在當時吏治普遍黑暗的時代，弘俶這類人是很難得的，他到福州作官，有利於吳越在福州局勢的穩定[18]。

對閩國舊臣中有才華的人，吳越也是盡量招攬的，福州人黃延樞是王延鈞的女婿，吳越占領福州之後，黃延樞降於吳越，任光祿卿，他的兒子黃夷簡很受吳越王錢俶的寵愛，曾出使宋朝[19]。吳越國很重視文教，據福州府志，吳越在福州曾擴修學校，培養官員後備人才，這對爭取福建的知識分子起了很好的作用。閩王王審知在福州民間有很高的聲望與威信，吳越國「遂命以公舊第為忠懿王廟，仍參常祀之數。」迨至宋開寶七年（974），吳越王大修境內祠廟，忠懿王廟再次得到重修，福州次使錢昱「乃命衙直將躬授人工，旁捄材植，補遺跡而皆備，易舊物以咸新」，並將閩國早期功臣陳孟威等二十六人，列入祠廟配享[20]，這類措施都有利於爭取福州民心。

吳越對福州最大的貢獻，便是帶來和平。歐陽修認為吳越歷代國王是五

16　見《吳越書》，頁129-130。

17　見《吳越書》，頁130。

18　同註14。

19　《十國春秋》卷88，黃夷簡傳，頁1241。

20　錢昱《忠毅王廟碑文》，其碑原存於福州「忠懿王祠」，今毀。《唐文補遺》第33卷亦載此文。

代十國時最為精明的統治者，他們善於在南北對立的局勢中投機取巧，維護吳越國的利益。在五代後期，吳越坐觀南唐與中原各朝交戰，偶爾發兵幫助北方政權，但對南唐的威脅不是很大。在吳越統治福州的三十多年裡，吳越將領以守境保土為主，從未主動出擊，南唐幾次來襲，也被他們擊退，因此三十年間，福州大致保持著和平局面，和平給福州百姓帶來莫大的好處，在閩國後期的戰亂中，福州百姓損失極大，近郊的房屋悉被焚毀，墳墓被挖掘，一片淒涼景象，尤其是王延政從福州調走一萬五千名甲士，最終一個人也沒有回來，這給他們家屬留下甚多的悲哀。和平回復後，百姓得以休養生息，生活才能勉強過下去。在三十年時間內，福州經濟緩慢恢復，乃至後期，出現了「時和歲豐，家給人足」的現象[21]。

　　吳越對福州的第二個貢獻，便是削減了官僚機構。福州原為閩國小朝廷盤據之地，地方不大，卻擁有一整套中央政府級的官僚機構，它的開支可觀。而閩國後期的統治者又大搞建設，大蓋宮殿、園林，常常調發民伕從事各類工程，給百姓帶來無窮的災難。吳越占領福州後，恢復了原來威武軍機構，官員人數大大削減，從而也使百姓對官僚機構的負擔減輕。吳越統治福州期間，賦稅還是相當沉重的，鄭文寶寫道：「兩浙錢氏偏罷一方，急徵苛斂，科賦凡欠一斗者，多至徒罪。」[22]「吳越舊式，民間盡算丁壯錢，以增賦與，貧匱之家，父母不能保守，或棄於襁褓，或賣為僮妾，至有提攜寄於釋老者，真宗一切蠲放，吳俗始蘇。」[23]可知吳越的重賦直到北宋初年才有改變，吳越統治福州期間，百姓仍要負擔重稅，不過其賦稅再重，也應較閩國時為低，吳越晚期，錢俶還採取一些通融辦法，例如，後漢乾祐二年（949），錢俶宣布：「以境內田畝荒廢者縱民耕之，公不加賦。」[24]「王募民墾荒田，勿取其租稅，由是境內無棄田。或有請糾遺丁以增賦，王命杖之國門。」[25]這一政策實行後，百姓可以通過開墾新田增加收入，當時福州境內荒田甚多，所以福州百姓受惠最大。總的來說，吳越對福州的統治，雖非什麼

21　同註20。

22　鄭文寶，《江表志》卷2，頁137。《文淵閣四庫全書》，466冊。

23　釋文瑩，《湘山野錄》卷上，頁11。

24　《吳越備史》卷4，頁4。

25　《吳越備史》卷4，頁4。

了不起的治世，但和閩國晚期殘酷的統治相比較，老百姓尚能過著安定的生活，農業生產上能維持，這和北方常打仗的一些地區相比，已有天淵之別，因此，福州百姓接受了吳越的統治[26]。

第二件事情是收復常州，常州的爭奪是五代初期，楊行密與錢鏐彼此重要的戰爭。在光啟三年（887）時，乘鎮海節度使周寶之亂時，錢鏐曾短暫地取得常州，鎮海六郡曾全被錢鏐占領，但只保有兩年。龍紀元年（889）十月以後，江淮之爭的局勢，逐漸明朗化，變成了楊行密與孫儒二雄對立，楊行密為擴充地盤，及鞏固自己的勢力，乃遣田頵攻常州，時杜稜守常州，碰到強悍的淮南兵，乃敗陣下來。十一月，田頵攻常州，為地道入城，中宵，旌旗甲兵出於制置使杜稜之寢室，遂虜之，以兵三萬戍常州。杜稜為鄉紳長者，故不久就被放歸杭州，鏐令稜築東安城自固。十二月，孫儒自廣陵引兵渡江，逐田頵，取常州，以劉建鋒守之；儒還廣陵，建鋒又逐成及，取潤州。成及奔歸。大順元年（890）二月，潤州、常州又從劉建鋒手落到楊行密手中，八月，楊行密將李友又攻拔蘇州，沈粲歸杭州，鏐欲以殺杜孺休之事歸罪沈粲，粲奔歸孫儒。九月，孫儒又回軍取常州，十二月，再取蘇州、潤州。錢鏐、楊行密、孫儒三人為了爭奪常、潤、蘇三州，而兵連禍結不止。大順二年（891）十二月，孫儒焚掠蘇、常，引兵逼宣州，鏐復遣兵據蘇州，自是蘇州遂為錢氏所有。孫儒屢破楊行密之兵，旌旗輜重互百餘里，行密求助於錢鏐，鏐以兵食助之。鏐肯助行密，主要是懼怕孫儒攻杭。孫儒的蔡州兵本就強於楊、錢，只是缺糧。景福元年（892）二月，楊行密又從孫儒手中奪回常州、潤州。自是潤、常二州遂為楊氏所據，錢鏐乘周寶之死，一舉攻占潤、常、蘇三州，現僅得蘇一州，當然深憾楊，此為錢、楊之爭端，錢氏數攻常州，便是此原因，失去常州是錢鏐深切之痛。錢鏐一場辛苦，雖獲得了周寶歿後鎮海節度使的位子，但實際地盤，只得到了蘇州一州，而失去了潤、常二大州，不但開始與淮南楊氏結仇，並且亦深受刺激。錢鏐稱吳越王，不肯丟掉「吳」這個字，其原因在此[27]。

錢鏐並非不想重新取回潤、常二州，但實力上不敵南唐。一直到了他的

26　徐曉望《閩國史》，頁130-131。

27　參考〈五代吳越國的創建者──錢鏐〉一文。

孫子錢俶時，方才獲得機會。周世宗征淮南，顯德三年（956），令錢俶以所部分路進討，時距吳越失去常、潤州已有六十四年，但這次戰役吳越先勝後敗，《宋史》世家〈吳越錢氏〉載：「俶遣偏將吳程圍毗陵（常州），陷關城，擒刺史趙仁澤，路彥銖圍宣城，俄俶軍戰敗，復失常州。」[28]為什麼會打敗仗呢？見《吳越書》的補充說明：「顯德三年（956）……周少主東征。詔：王以國兵，分路進討。……王命邵可遷等，以戰船四百艘，水軍萬七千人，至于通州，以會期。二月，周師入淮。南唐靜海軍制置使姚彥洪，率家屬、軍士、戶口等一萬餘人，奔於我。時營田副使陳滿，言於丞相吳程，曰：『周師南征，舉國驚擾，常州無備，易取也。』吳程如其言，請王從之。丞相元德昭上曰：『唐大國，未可輕舉也。若我入唐境，而周師不至，能無慮乎？』吳程固爭，王遂遣程，取常州。……先是，南唐遣中書舍人喬匡舜，來使。至是，克宏（唐右武將軍）幕船，以匿甲士，聲言迎匡舜。程曰：『兵交，使在其間』。殊不為備。唐兵登岸，徑薄我兵營。會羅晟、鮑修讓與程，福州有隙。晟以此不力救，且縱之趨程帳，程稗將邵可遷力戰，子死馬前，猶戰不顧，程僅以身免，死者萬計。程遁歸，王怒，悉奪其官。……路彥銖攻宣州。不克，聞程敗，亦引還。」[29]這一次敗仗，其實無關國力，就是錯置統帥，領兵無能，加之內部不和，導致敗因。直到十九年後，宋太祖開寶八年（975），錢俶助宋攻南唐，始收復常州，算是得到一次精神上的勝利，但吳越國已到了尾期。

五、歸順宋朝的經過

根據《宋史》錢俶本傳的記載：「建隆元年（960），授天下兵馬大元帥。……自太祖受命，俶貢奉有加常數，二年（961），遣使賜俶戰馬二百、羊五千、橐駝三十。乾德元年（964），以白金萬兩、犀牙各十株、香藥一十五萬斤、金銀真珠瑪瑁器數百事來貢……是冬，郊祀，遣其子惟璿入貢（實是人質之意）。開寶五年（972）遣幕吏黃夷簡入貢，上（太祖）謂之曰：

28　《宋史》卷480，世家三，吳越錢氏，頁13898。

29　見《吳越書》，頁134-135。

『汝歸語原率,常訓練兵甲,江南彊倔不朝,我將發師討之,元帥當助我,無惑人言云:皮之不存,毛將安傳。特命有司造大第於薰風門外,連亙數坊,棟宇宏麗,儲偫什物無不悉具,因召進奉使錢文贄謂之曰:『朕數年前令學士承旨陶穀草詔,比來城南建離宮,令賜名「禮賢宅」,以待李煜及汝主,先來朝者以賜之。』詔以草示文贄,遂遣文贄賜俶戰馬及羊,諭旨於俶。七年五月(974),賜俶襲衣、玉帶、玉鞍勒馬、金器二百兩、銀器三千兩、錦綺千段。是冬,討江南,遣內客省使丁德裕齎詔,以俶為昇州東面招撫制置使,賜戰馬二百匹,旌旗劍甲;令德裕以禁兵步騎千人為前鋒,盡護其軍。李煜貽書於俶,其略曰:『今日無我,明日豈有君?一旦明天子易地酬勳,王亦大梁一布衣耳。』俶不答,以書來上。」[30] 李煜的話本不錯,但是形勢已很明顯,天下一統逐漸形成,宋太祖早有示警,錢俶是一個明白人,統一是遲早必來之事,錢俶根本無從選擇。

> 八年(975)俶率兵拔常州,加守太師,詔俶歸國,俶遣大將沈承禮等率水陸隨王師平潤州,遂進討金陵。上(太祖)嘗召進奉使任知果,令諭旨於俶曰:『元帥克毗陵有大功,俟平江南,可暫來與朕相見,以慰延想之意。即當遣還,不久留也。朕三執圭幣以見上帝,豈食言乎?』江南平,論功以俶大將沈承禮、孫承祐並為節度使,為防禦使者一人,刺史六人。[31]

宋太祖的態度並不急,他視錢俶為盟友態度,當然錢俶也無從選擇。開寶九年(976)他令錢俶來開封入朝,《宋史》本傳:

> 九年(976),俶與其妻孫氏、子惟濬、平江節度使孫承祐來朝,上遣皇子興元尹德昭至睢陽迎勞。俶將至,車駕先幸禮賢宅,按視供帳之具。及至,詔俶居之。對於崇德殿,貢白金四萬兩、絹五萬匹,賜襲衣、玉帶、金器千兩、白金器三千兩、羅綺三千段、玉勒馬。即日宴

30　同註28,頁13898-13899。

31　同註28,頁13899。

長春殿，俶又貢白金二萬兩、絹三萬匹、乳香二萬斤。賀平江左，貢
白金五萬兩、錢十萬貫、綿百八十萬兩、茶八萬五千斤、犀角象牙二
百株，香藥三百斤。車駕幸其第，又貢白金十萬兩、絹五萬匹、乳香
五萬斤，以助郊祭。[32]

　　雙方互有賜、貢互動，但似乎錢俶貢得多一點，錢俶勤貢的目的，當然
是希望能夠對吳越維持和平狀態。宋太祖是同意的，下詔「咨爾吳越國王錢
俶，德隆宏茂，器識深遠，撫奧區於吳會，勒洪伐於宗彝。昨以江表不庭，
王師致討，委方面之兵柄，克常、潤之土宇，輔翼帝室，震疊皇靈。而執圭
來庭，垂紳就列，罄事君之誠愨，為群后之表儀。爰峻徽章，以旌元老。可
特賜劍履上殿，書詔不名。」以俶妻賢德順穆夫人孫氏為吳越國王妃，令惟
濬詔齎賜之。宰相以為異姓諸侯王妻無封妃之典，太祖曰：「行自我朝，表
異恩也。」俶獻白金六萬兩、絹六萬匹為謝[33]。雙方都是在演戲，只是錢俶一
再地獻金、絹，令人費解，稍微做得過火一些。宋太祖對錢俶地方法是採欲
擒故縱，《宋史》本傳：

　　太祖數詔俶與其子惟濬宴射苑中，惟諸王預坐。每宣諭俶，俶拜謝，
　　多令內侍掖起，俶感泣。又嘗一日召宴，獨太宗、秦王侍坐，酒酣，
　　太祖令俶與太宗、秦王敘昆仲之禮，俶伏地叩頭，涕泣固讓，乃止。
　　會將以四月幸西京，親雩祀，俶懇請扈從，不許，留惟濬侍祀，令俶
　　歸國。太祖宴餞於講武殿，賜窄衣、玉束帶、玉鞍勒馬，玳瑁鞭，金
　　銀錦綵二十餘萬、銀裝兵八百事，謂俶曰：「南北風土異宜，漸及炎
　　暑，卿可早發。」俶涕泣言願三歲一朝，太祖曰：「川陸迂遠，當俟
　　詔旨，即來覲也。」俶將發京師，特賜導從儀衛之務，率皆鮮麗，令
　　自禮賢宅陳列至迎春苑。自俶之至，逮於歸國，太祖所賜金器萬兩、
　　白金器又數萬兩、白金十餘萬兩、錦綺綾羅紬絹四十餘萬匹、馬數百
　　匹，他物不可勝計。俶既歸國，嘗視事功臣堂，一日命坐於東偏，謂

32　同註28，頁13899-13900。

33　同註28，頁13900。

　　左右曰：「西北者神京在焉，天威不違顏咫尺，俶豈敢寧居乎？」[34]

　　不管錢俶是如何的低調，宋太祖自有其步驟與主張，在這一階段宋太祖還是放錢俶回杭州，但「密封黃綾包袱一封，謂曰：『卿至途中，宜密視之。』……王在舟中，再拜，乃密開所賜黃袱。視之，皆群臣乞留王，章疏也。王既入朝，文武群臣屢上疏，乞留王。宋主知王，忠厚謹慎，小心敬畏，固不允。及王啟行時，密以賜焉。」宋太祖為何不扣留錢俶呢？有其想法，「王初來朝，將歸。朝臣上疏，請留勿遣者，數十人。上皆不納曰：『無慮，俶若不欲歸我，必不肯來。放去，適可結其心。』及王辭，力陳願奉藩之意。上曰：『盡我一世，盡你一世。』乃出御封，王臨別，面敘感戀。願子孫世世奉藩。上謂曰：『盡吾一生，盡汝一生，令汝享有二浙也。』王以上，賜重約，既得歸，喜甚，以為大保其國矣！」[35]

　　宋太祖是天下一家，臥榻之側豈容他人鼾睡的人，其所以容忍錢俶是因時機未到及戰略理由而已。《續資治通鑑長編》曾記宋太祖面對南唐史者徐鉉：「鉉言李煜事大之禮甚恭，徒以被病，未任朝謁，非敢拒詔也。乞緩兵以全一邦之命。其言甚切至，上與反覆數四，鉉聲氣愈厲。上怒，因按劍謂鉉曰：『不須多言，江南亦有何罪，但天下一家，臥榻之側，豈容他人鼾睡呼！』鉉惶恐而退。」[36]事實上錢俶也明白，當江南戰事起時，吳越臣沈倫早對錢俶說過：「江南是兩浙之藩籬，堂奧豈得而安耶？大王指日獻土矣！」[37]錢俶雖傾其國以事貢獻。但宋太祖仍曰：「此吾帑中物爾，何用獻為！」[38]錢俶是開寶九年（976）離開汴京，而宋太祖也在同一年（976）十月去世，由太宗繼位改元太平興國，三年（978）錢俶再度入覲，他似有預感，「王最後入覲，知必不還，離杭日，徧別先王陵廟，泣拜以辭。詞曰：『嗣孫俶不孝，不能守祭祀，又不能死社稷。今去國脩覲，還邦未期。萬一不能再掃松

34　同註28，頁13900-13901。

35　見《吳越書》，頁153-154。

36　《續資治通鑑長編》卷16，頁350。

37　見《吳越書》，頁147。

38　見歐陽修，《新五代史》。

櫬，願王英德，各遂所安，無恤墜緒」，拜訖，慟絕，幾不能起，山川為之
慘然。」[39] 這一次入覲太宗，一切行禮如儀，但四月，漳、泉的陳洪進納土，
應該是被迫也是一種自覺，錢俶兩次上表，重要的是五月的第二次上表，
《宋史》本傳：

> 臣慶遇承平之運，遠修肆覲之儀，宸眷彌隆，寵章皆極，斗筲之量實
> 覺滿盈，丹赤之誠輒茲披露。臣伏念祖宗以來，親提義旅，尊戴中
> 京，略有兩浙之土田，討平一方之僭逆。此際蓋隔朝天之路，莫諧請
> 吏之心。然而稟號令於闕庭，保封疆於邊徼，家世承襲，已及百年。
> 今者幸遇皇帝陛下嗣守丕基，削平諸夏，凡在率濱之內，悉歸輿地之
> 圖。獨臣一邦僻介江表，職貢雖陳於外府，版籍未歸於有司，尚令山
> 越之民，猶隔陶唐之化，太陽委照，不及蔀家，春雷發聲，兀為聾
> 俗，則臣實使之然也，罪莫大焉。不勝大願，願以所管十三州獻於闕
> 下執事，其間地里名數別具條析以聞。伏望陛下念奕世之忠勤，察乃
> 心之傾向，特降明詔，允茲至誠。[40]

太宗當然高興，立即，「所請宜依」，並「其以淮南節度管內封俶為淮海國
王，仍改賜寧淮鎮海崇文耀武宣德守道功臣，即以禮賢宅賜之。」惟濬為節
度使兼侍中，惟治為節度使，惟演為團練使，惟願暨姪郁、昱並為刺史，
弟、信並為觀察史，將校孫承祐、沈承禮並為節度使。體貌隆盛，冠絕一
時。」「是歲（976）七月中元，京城張燈，令有司於俶宅前設登山、陳聲樂
以寵之。八月，令兩浙發俶緦麻以上親及管內官吏悉歸朝，凡舟一千四十四
艘，所過以兵護送。杭州貢俶樂人凡八十有一人，詔以三十六人還杭州，四
十五人賜俶。俶上表謝，上親畫『付中書送史館』。」[41]

39　錢濟鄂，《吳越國武肅王紀事》，頁403-405。
40　同註28，頁13902-13903。
41　同註28，頁13903-13904。

六、錢俶的死

錢俶降宋以後，是他人生第三階段，從976到988年，又活了十三年之
久，端拱元年（988）突然逝世，享年六十。關於他的死，卻有中毒的說
法。按《宋史》本傳記：「端拱元年（988）春，徙封鄧王。會朝庭遣使賜生
辰器幣，與使者宴飲至暮，有大流星墜正寢前，光燭一庭，是夕暴卒，年六
十。俶以天成四年（929）八月二十四日生，至是八月二十四日卒，復與父
元瓘卒日同，人皆異之，上惟廢朝七日，追封秦國王，諡忠懿……命中使護
其喪歸葬洛陽。」[42]其所以引人注目是「暴卒」這兩個字，其所以多有「異
聞」是因為有兩件事情，一為：「趙普再入相，盧多遜罷為兵部尚書。一
日，普召王世子惟濬至，謂曰：『朝廷知盧多遜，求取元帥，財物極多，今
未鞫劾者，恐累元帥耳！請具所遺之物，列狀上之！』惟濬歸，白王。王
曰：『主上英明。凡大臣有過，即自行，何用狀上？』惟濬懼普，因與僚吏
等，再三堅請曰：『若不預言，事恐不測！』王曰：『且姑休矣！我當取案
籍，考視之！』于是盡取當時簿籍，命火焚之，即召惟濬至，謂曰：『我入
朝之初，荷蒙主上，殊常之遇。故左右大臣，咸有饋物。非獨盧相也！豈可
見人將溺，而加石焉！汝等少年，慎勿為此！禍福我自當之！』惟濬等惕懼
而退。普聞之，召惟濬至，深自歉服！稱王，寬洪大度，事遂寢。」這事總
有陰影；又「綜合《後山詩話》、《十國詞箋》曰：吳越後王來朝，太祖又
嘗為置宴宮中，出內妓（一作伎），彈琵琶。王俶獻詞（一作辭）云：『金
鳳欲飛遭掣搦。情脈脈、看即玉樓雲雨隔。』帝太祖遽起，拊其背曰：『誓
不殺錢王！』」[43]故錢俶本人就有陰影。第二件事則是《吳越備史補遺》所
載：「屬久病家居。一日，有內臣黃門趙海，常被酒造其（一有詣王府）第
求見。將吏以為傳詔者，亟稟于王。即進寢室見之。海因問王疾何如？王
曰：『足疾，已久沉痼，今又加之風眩。海探懷中，因出藥數丸（一作百
粒），以奉王。謂俶曰：『此頗療目疾，願王即餌之。』時王方命茶，俶即盡
餌之焉。諸子孫及左右，家人皆惶懼駭不測，計無所出。海既去，家人皆

42　同註28，頁13906。

43　錢濟鄂，《吳越國武肅王紀事》，頁216-217。

泣。蓋有所疑也。俶曰：『此但醉耳。又合疑哉（一作笑曰：主上待我甚厚，中貴必良藥也）！』後數（一作翌）日，上聞大驚！即遣中使撫慰。捕海繫獄。決杖，流海島（一作乃杖海脊二十。桎梏坐海，於王第門者三日。然後流海島）。王遣世子惟濬，陳謝。太宗撫問久之。又賜湯藥一金盒。」[44]

　　許彥《周詩話》、《十國春秋》都有毒斃之說，然核對史實，卻有疑點，「然前人所疑，亦未必無言之鑿鑿。如《因樹屋書影》云：『南唐李後主以七月七日生，亦以七月七日死；吳越王俶以八月二十四日生，亦以八月二十四日死。兩王生死，相同如此。海鹽姚叔詳云：後主以故國不堪回首句，及徐鉉所探語，賜牽機藥死；忠懿荷禮最優，宜無他顧。兩王皆以生辰死者，蓋銜忌未消，陰斃之耳！』是說或出自《稗史彙編》，乃宋邵伯溫語。所不同者：『太宗於是日，遣中使，賜以器幣，與之宴飲。皆飲畢卒。蓋太宗殺之也！』孫應鏘《吳越紀事詩》嘗有註，以記此事，且曰：『余按野史，李後主以七夕誕辰，命歌妓于賜第，作樂侑酒，聲聞於外。太宗聞之大怒。又傳其小詞，有小樓昨夜又東風，故國不堪回首夢魂中之句，由是怒不可解。是李之禍，詞語促之也！因記錢鄧王，有句云：帝鄉煙雨鎖春愁，故國山川空淚眼。其感時傷事，不減於李。然其誕辰之禍，豈亦緣是耶！』今悉已不可考矣！事本離奇，所言不無道理，遂記於此。」[45]

　　毒斃之說事出有因，但證諸史實，李煜與錢俶之死是不盡相同的事，無論太祖與太宗都無殺錢俶的心意，《宋史》本傳記錢俶隨太宗攻伐北漢時，「會劉繼元降，上御連城臺誅先亡命太原者，顧謂俶曰：『卿能保全一方以歸我，不致血刃，深可嘉也。』俶頓首謝。」[46]太宗於太平興國八年時（983）曾公開表揚錢俶：「淮海國王錢俶方岳炳靈，風雲通感，奄有勾吳之地，不忘象魏之心，掃境來朝，舉宗宿衛，籍其土宇，入于朝廷，式昭職員，胙之淮海，居天子二老之任，啟真王萬戶之封，併加寵章，用答忠順。」[47]錢俶是宋廷第一個活榜樣。錢俶的死，從《宋史》本傳看來，應與兩件事情有關，一

44　同註43，頁217-218。《宋史》本傳亦有相同記載，然比較簡略。
45　同註43，頁223。
46　同註28，頁13904。
47　同註28，頁13905。

是多病，「俶被病拜不能起」、「俶被病」、「又被病」、「俶久被病」；二是飲酒，「上手酌酒以賜俶，俶跪飲之」、「與使者宴飲至暮」都是多次記載。俶卒年已六十，在那個時代算是高壽，錢俶的父、兄壽都不永，毒斃之說應屬不實。

七、錢俶的子孫[48]

紀錄中，錢俶有妻妾三位：

1. 孫妃（孫太真）

2. 俞妃（俞氏）

3. 黃妃（黃氏）：傳說雷峰塔為錢俶慶祝寵妃黃氏得子而建。

《宋史》本傳記其子有：

惟濬（安僖世子）

惟治（彭城郡王）

惟渲（濰州團練使）

惟演（英國文僖公，另有傳）

惟灝（昭州刺史）

惟溍（武衛將軍）

惟濟（平江宣惠節度使）

惟漼（本傳無，法名淨照）

女有

1. 長女，夫河東裴祚

2. 次女，夫錢塘元象宗

3. 第三女，夫汝南慎從吉

4. 第四女，夫富春孫浦

5. 第五女，富春孫誘

6. 第六女

7. 第七女

48　見註1。

這裡所要提的，有幾個人，第一是錢惟濬，他是錢俶嫡子，一直隨父出入，也領高官。但史載其「放蕩無檢」，淳化初，得疾暴卒，得年三十七。第二個是惟治，他本是廢王錢弘倧的長子，俶愛之，養為己子，幼好讀書。俶器重惟治，一再俾權國務。嘗一夕俶暴疾，孫妃悉斂符籥付惟治，後惟濬知之，甚恚恨。洎入朝，惟濬止奉朝請，而委惟治藩任焉。惟治善草隸，尤好二王書，嘗曰：「心能御手，手能御筆，則法在其中矣。」家藏書帖圖書甚眾，太宗知之，嘗謂近臣曰：「錢俶兒姪多工草書。」因命翰林書學賀丕顯詣其第，徧取視之，曰：「諸錢皆效浙僧亞栖之跡，故筆力軟弱，獨惟治為工耳。」惟治嘗以鍾繇、王羲之、唐玄宗墨跡凡七軸為獻，優詔褒答。惟治好學，聚圖書萬餘卷，多異本，慕皮、陸為詩，有集幾十卷，書跡多為人藏祕，晚年雖病廢，猶或揮翰。真宗嘗語惟演曰：「朕知惟治工書，然以疾不欲遣使往取，卿為求數幅進來。」翌日，寫聖製詩數十章以獻，賜白金千兩。惟治是錢俶子姪中最有才者。第三個是錢惟演，錢俶歸朝時，「子惟演、惟濟皆童年」。作為錢家後人或有關係者，都不喜歡歐陽修的《新唐書》及《新五代史》這兩本書，因為這兩本書充滿了對吳越錢家批評，甚至於攻訐，是否歐陽修過當，論者有不同角度的看法及論述，但從錢氏角度，當然是完全否定歐陽修的，其恩怨都與錢惟演有關。

錢濟鄂《吳越國武肅王紀事》記載：「有謂為仇家所誣，即奪愛之恨也。故有此一說也。據《丹鉛錄》云：『予按宋代別記，載歐陽永叔為推官時，昵一妓，為錢惟演所持。永叔恨之。後作五代史，乃誣其祖，以重斂民怨之事。若然，則挾私怨於褒貶之間。何異於魏收輩邪』，收仕北魏、北齊，為人輕薄，著有《魏書》。時有穢史之稱。」按此事，亦載於《野客叢談》、《錢氏私志》。題：〈臨江仙〉。小序：妓席。前一書，無梅聖諭，至微諷不恤，此一段文字；亦無在座相視之句；戒歐以下，一段文字，則刪去；餘文，大致相同。為錄《錢氏私志》云：「歐文忠任河南推官，親一妓。時先文僖罷政，為西京留守。梅聖諭、謝希深、尹師魯同在幕下，惜歐有才無行，共白于公。屢微諷，而不之恤。一日，宴於後園。客集，而歐與妓，俱不至。移時方來。在座相視以目。公責妓云：末至何也？妓云：中暑，往涼亭睡著，覺失金釵，猶未見。公曰：若得歐推官一詞，當為償汝。歐即席云：柳外輕雷池上雨。云云。略。坐皆稱善。遂命妓滿酌，賞歐。而令公

庫，償釵。戒歐當少戢。不為不恤，翻以為怨。後修五代史十國世家，痛毀
吳越。又於《歸田錄》中，說文僖數事，皆非美談。根據上載，妓女之事，
並沒有什麼大不了，但論者卻謂：「如歐之性好貪杯，狎妓弄甥，屢犯色
慌，不勤政事。遂自號醉翁，以釋羞，則庶幾為何。就歐〈又乞外郡第一箚
子〉云：『為臺官，誣臣以陰醜之事。臣文詩曰：中冓之言，不可道也！所
可道也，言之醜也！君子之所深惡，猶不可自道於口，而況上達君父之聽，
污黷朝廷，驚駭中外。事雖起於誣罔，然本因臣而發。此臣所以夙夜漸
（見）懼，而無地自容也。』然論者卻引王安石評歐之言：『到一郡，則壞一
郡；在朝廷，則壞朝廷。』」

　　然亦有為歐論述者：「然按以時之歐，極力鋪陳，盡心歌頌，〈上隨州
錢相公惟演啟〉。則此說，未必盡合也。文並見《文忠集》，歐陽修對錢惟
演極盡歌頌之能。「每臨風而結想，徒零涕以懷恩。相公以彝鼎之勳，及公
台之重。獨立不倚，群言互興。……徒有戀軒之心，未知報恩之所。」這些
句子，那像仇家？按《歐陽修年譜》，歐於天聖九年（1031）三月，至洛
陽，為錢惟演幕府，歐時年二十五歲，距惟演死，約三至四年，故不太可能
為仇家也[49]。

　　錢惟演這一個人，在政治上是毀譽參半的，《宋史》本傳：「博學能文
辭，召試學士院，以筍起草立就，真宗稱善。改太僕少卿，獻《咸平聖政
錄》，命直祕閣，預修《冊府元龜》，詔與楊億分為之序。除尚書司封郎
中、知制誥，再遷給是中、知審官院。……仁宗即位，進兵部。王曾為相，
以惟演嘗位曾上，因拜樞密使。故事，樞密使必加檢校官，惟演止以尚書充
使，有司之失也。初，惟演見丁謂權盛，附之，與為婚。謂逐寇準，惟演與
有力焉。及序樞密題名，獨刊去準，名曰『逆準』，削而不書，謂禍既萌，
惟演慮并得罪，遂擠謂以自解。宰相馮拯惡其為人，因言：『惟演以妹妻劉
美，乃太后姻家，不可與機政，請出之。』……惟演雅意柄用，抑鬱不得
志，及帝耕籍田，求侍祠，因留為景靈宮使。太后崩，詔還河南。惟演不自
安，請以莊獻明肅太后、莊懿太后並配真宗廟室，以希帝意。惟演既與劉美
親，又為其子曖娶郭后妹，至是，又欲與莊懿太后族為婚。御史中丞范諷劾

49　錢濟鄂，《吳越國武肅王紀事》，頁403-405。

惟演擅議宗廟，且與后家通婚姻。落平章事，為崇信軍節度使，歸本鎮。未
幾，卒，特贈侍中。太常張瓌按，諡法敏而好學曰『文』，貪而敗官曰
『墨』，請諡文墨。其家訴於朝，詔章得象等覆議，以惟演無貪黷狀，而晚節
率職自新，有惶懼可憐之意，取諡法追悔前過曰『思』，改諡曰思。慶曆
間，二太后始升祔真宗廟室，子暟復訴前議，乃改諡文僖。惟演出於勳貴，
文辭清麗，名與楊億、劉筠相上下，於書無所不讀，家儲文籍侔祕府。尤喜
獎勵後進。」[50]

　　綜上所言，我們很難說他是君子或小人，頂多是一個世故與戒慎的人，
人緣可能不太好，說他與歐陽修之間有仇恨是不可能的。又一種推測或可以
勉強說得過去：「或許是歐，自不量力，欲求史名，或圖發洩褒夷之論，初
不求問世也。或為宋仁宗之授意，或君臣嘗有商略。故歐斃，立下聖旨，詔
取刊印。未必是不知史，晉迄五代，向由朝廷詔修，從無私人撰述之事。」[51]
歐陽修有他的新史觀，非僅著意於吳越，他對十國的態度是一致的。「歐氏
所謂中國，只指五代，而十國與五代間，雖有朝貢、封爵等儀式，實乃處於
不相統屬之獨立局面。因此，五代諸君對於只知保境安民，無心問鼎割據的
吳越倍加榮寵，甚至尊稱尚父，其理在此！歐氏為宋臣，宋繼承五代，欲顯
宋室『順天應人』，只能以五代承襲唐室為正統。為否定十國政權之合理
性，只能從貶抑十國之政績著手。吳越為十國首善之治，『譽滿天下，謗亦
隨之』，其理甚明。」[52]

八、錢俶佛教之緣[53]

　　錢俶喜佛法，年二十繼承王位，即位奉天台德韶大師為國師，並從道潛
律師受菩薩戒，號慈化定慧禪師。後周顯德二年（955），以慕阿育王造塔一
事，鑄八萬四千小寶塔，中納寶篋印心咒，廣行頒施，世稱錢弘俶塔，甚而

50　《宋史》卷317，頁10341-10342。

51　錢濟鄂，《吳越國武肅王紀事》，頁407。

52　見《吳越書》，頁250。梁天瑞，〈吳越史實辨正〉。

53　同註1。

遠傳至日本。宋建隆元年（960），復興杭州靈隱寺，請智覺延壽大師為中興第一世。又迎請螺溪義寂大師講《法華經》，特賜「淨光大師」號。復遣使赴日本、高麗求取天台論疏，致令天台教觀盛然而起！「因《天台智者教》五百餘卷，已殘闕。賈人言，日本有知。王致書日本國王，奉黃金五百兩，求寫原本。盡得之訖。」[54]且於杭州建普門寺，於錢塘建兜率院等。

　　還有雷峰塔的故事，與詩情畫意、美麗傳說無關，雷峰塔原本只是錢俶建造的佛塔。錢俶畢生崇信佛教，為吳越國王時，在境內廣種福田，建造佛塔無數，著名的六和塔、保俶塔皆為其例。雷峰塔同樣只是錢俶崇信佛教的體現。

　　在風雨飄搖的亂世中，錢俶仍在大興土木，是否也寄託了對國泰民安的祈禱，想來也是一個有趣的話　。這一猜測無論真假，事實上雷峰塔落成僅一年左右，吳越即亡國。富麗的雷峰塔，沒能保佑虔誠的主人平安歸來。錢俶篤信佛教，也可看出其溫和的性格。

九、結言

　　《宋史》本傳論謂：「然甚儉素，自奉尤薄，常服大帛之衣，幃帳茵褥皆用紫綈，食不重味，頗知書，雅好吟詠。在吳越日，自編其詩數百首為《正本集》，因陶穀奉使至杭州，求為之序。性謙和，未嘗忤物。在藩日，每朝廷使至，接遇勤厚。所上乘輿、服物、器玩，製作精妙，每遣使修貢，必羅列於庭，焚香再拜，其恭謹如此。」[55]

　　《吳越書》亦載：「王、任太師，尚書令，國王，凡四十年；為元帥三十年。位極富貴，善始善終。福履之盛，近代無比。……為人寬洪大度，嘗大會賓客，食鼈。而得庖人濡血紙，於器中，王遽藏之。顧左右曰：『勿令掌膳者知。』初，廢王嘗于山亭，擊鼓聲聞於外，守衛者遽以聞王。王曰：『吾兄，以閒適為懷，非鼓樂不歡。』乃命裝金魚水鼓四面，奉之。國人聞之，感王孝友。有涕出者。由是，廢王無憂廢之恨，終以疾卒。王為人，敦

54　見《吳越書》，頁167。並見《皇朝類苑》。

55　同註28，頁13909。

大博厚，重倫誼，以廢王子惟治，養為世子，付以國事。意在傳賢，尤人所難。……天禧四年（1020），惟演忝機衡之命，特詔：尊王，為尚父。王歸宋後，小心畏慎。故寵榮備至，賞賜珍寶，充牣府庫。……王立時，民物阜康，一時稱盛，生性孝友，眷戀庭闈，親愛昆素，禮敬臣民。為治仁惠，且存心忠順謙和，不戀勢位。境有災，即岫。令墾荒田，不徵逋賦。邊民賣子，官為贖還。且屢蠲稅租，永為定式。他如：沮進思使廢王遠禍，擒文徽遂國人聳觀。不誅同氣意圖，不失同根舊志，攻武進禮遇萬誠，下金陵迫降李煜。從車駕不避風雨，讓元帥豈貪兵權。皆大者也。雖窮極富貴，珠寶充牣府庫，而自奉儉素，衣不過華，食不重味。不恃己才，不彰人過。節用愛人，尤為難得。為遵祖訓，不忍斯民，永罹兵革，常陷水火。遂頃國助趙宋，平蜀、南唐、北漢。一統功成，挈數千里之國，獻上稱藩，不存一絲得失心，去國若傳舍。民知易姓，不知國改，有堯、舜揖讓之德。俾民永安農桑，免於兵燹干戈。其功德豈可量哉！豈偶然哉！不亦皇皇大哉！」[56]

　　以上所述，除了說明錢俶的為人與人格之外，亦點出了他的歷史地位，誠如王夫之所謂的「天命」，可解釋成「潮流」與「形勢」，錢俶對於這一點是認識得非常清楚。

56　見《吳越書》，頁166-168。

略談五代宋初君臣
關於讀書的記載

張元[*]

　　宋興之後約七十年，士大夫的自覺開啟了新的時代精神，歷史上的宋代才算真正出現。這是錢穆在《國史大綱》中的著名論斷，也是今天講述中國歷史，經常援引的重要觀念，談及「唐宋變革」時，特別擲地有聲。錢先生此書限於體例，不可能就宋初部分再加深究，此後學者對於太祖、太宗的研究，多能指出其間之不同。其中一項，太祖之時，仍屬「國初好武，人不悅學」，於文化之促進，殊少貢獻；而太宗之時，則由於科舉取士人數大增，進士及第所任之職務亦較前為優，以致士子向學，文風趨盛。其時情況如何，不妨從「讀書」觀點略作描述。

　　我們不妨再向前追溯，五代之時，情況如何。「五代之亂極矣，傳所謂『天地閉，賢人隱』之時歟！」[1]這句歐陽修的名言，是讀史者所熟知，也無異議；但大家都知道，整個時代的五十幾年，是無法用一句話全然概括。歐陽修著史，於春秋筆法之外，也記了不少官員好讀書、喜談論的事，儘管零零散散，卻不能視為毫無意義。五代之時，民間的文化教育活動，不論見於書院、佛寺、道觀等，影響宋初甚巨，論者已多，茲不再贅述，朝廷官員的「文化」表現，或許亦是宋代初期，乃至於宋代中期學術文化的淵源之一，

---

* 新竹清華大學榮譽退休教授。

1　〔宋〕歐陽脩，《新五代史》（中華書局，新校標點本）卷34，頁369。

或亦值得稍作探討。

一、五代君主對讀書的態度

我們可以先觀看五代之時，君主對於學問的態度。

朱溫的父親，讀過書，以五經教授鄉里，早卒，朱溫幼時在劉崇家做工餬口，劉崇的母親說：「朱三不是普通人」，要劉崇好好待他。朱溫因為破黃巢立功，當到節度使，對母親說：「朱五經平生讀書，不登一第，有子為節度使，無忝於先人也。」[2]這句話甚為自負，對於讀書，顯然不屑一顧。朱溫其人，如同馬奎斯所說「有著與生俱來的精明」[3]，不可小覷，史書中的許多記載已經清楚表明。朱溫的首要謀士是敬翔，他問敬翔，聽說你在讀《春秋》，這本書記什麼事？敬翔回答：諸侯之間打仗爭戰的事。他又問：書中所說的用兵之法，我們用得上嗎？敬翔說：兵法，是要隨時應變，方能出奇致勝，《春秋》中的古代兵法，不能用於今日。朱溫聽了，十分高興[4]。這個故事也多少反應了朱溫對讀書的態度，即「讀書無用」。

朱梁為唐莊宗李存勗所滅。李存勗，「稍習《春秋》，通大義，尤喜音聲歌舞俳優之戲。」[5]李存勗勇於戰陣，精於歌優，死於嬉戲，歐陽修在〈伶官傳〉中，感慨良深。但我們注意的是他讀過《春秋》，還能把握大要，只是未能用於國政。繼立的李嗣源，即五代在位最久的唐明宗，他不識字，卻崇尚學問。他問其子從榮：「你在處理軍政事務之餘，做些什麼？」從榮回答：「有空我就讀書，與儒士講論經義。」他說：「經書中講君臣父子之道，你要親近有學問有品德的讀書人。先帝（李存勗）喜歡作詩，沒什麼益處。你是將家子弟，寫文章這些是做不來的，寫出來的東西，只會讓人當作笑話。我老了，不能理解經書大義了，但總是喜歡聽人們談論，經義之外，都

2　〔宋〕歐陽脩，《新五代史・梁家人傳文惠皇后王氏》卷13，頁128。引文之後又言：「后惻然良久曰：『汝能至此，可謂英特，然行義未必得如先人也。』」

3　彼得・蓋伊著，劉森堯譯，《歷史學家的三堂小說課》（台北：立緒出版社，2004.10），頁221。

4　〔宋〕歐陽脩，《新五代史・敬翔傳》卷21，頁208。

5　〔宋〕歐陽脩，《新五代史・本紀第五》卷5，頁41。

不值得學習。」[6]這個故事是五代少有的美談。

石晉瑭死，子重睿年幼，由侄重貴即位，是為晉出帝。重貴少年時，相當安分，及長，善於騎射。石晉瑭要博士王震教他《禮記》，讀了一段時間，他還是讀不懂，就對王震說：「讀這種書，不是我們家該做的事。」[7]石重貴的話，最能反映皇族的心態，時代的氛圍，讀書是沒有用的，我們將家子，擅長打仗最重要的。到了後漢，史弘肇的話：「安定國家，在長槍大劍，毛錐子有什麼用！」也就成了標誌五代的另一句名言了。

後漢是長夜的盡頭，時至後周，曙光展露，天漸漸亮了。《通鑑》最後一卷，世宗顯德五年（958），記曰：「帝欲均田租，丁亥，以元稹《均田圖》遍賜諸道。」胡三省注曰：「時詔曰：『近覽元稹《長慶集》，見在同州時所上〈均田表〉，較當時之利病，曲盡其情，俾一境之生靈，咸受其賜，傳於方冊，可得披尋，因令製素成圖，直書其事。』」[8]胡三省寫這一條注記時，想到什麼？首先，元稹的〈均田表〉很重要[9]，將之推行，是一件利民的大事，不可不記。其次，讀到世宗居然「近覽《長慶集》」、「嘗夜讀書」這樣的文字，受到感動；國君秉燭夜讀，深有所悟，這是多麼動人的情景，怎能不記？再說，我們還可以想像，世宗在朝廷提出，與大臣討論商議，再擬定方案，下詔執行，是一個必然的過程，所引詔令內容，多少已能窺知。

朝廷大臣的表現如何呢？他們會建議君主讀書，再加以討論嗎？不大可能。政局動盪，貪腐成風，有為有守之士，幾無立足之地；烽火滿天，狼煙遍地，戰報頻傳之際，讀書討論已無可能。更為根本的原因，仍在大臣本身學識修養，似嫌貧弱，所言所行，大抵猥瑣浮薄，甚至對於朝廷禮儀，典章制度，均甚生疏，只能從事記錄簿書，出納錢糧等吏職，難以獲得君主尊敬，也就不堪有所建樹了。歐陽修《新五代史》卷54至57，從馮道至趙延

6　〔宋〕歐陽脩，《新五代史‧唐明宗家人傳秦王從榮》卷15，頁163。

7　〔宋〕歐陽脩，《新五代史‧晉本紀第九》卷9，頁89。

8　亦見《新五代史‧周世宗本紀》：「嘗夜讀書，見唐元稹〈均田圖〉，慨然歎曰：『此致治之本也，王者之政自此始！』乃詔頒其圖法，使吏民先習知之，期以一歲大均天下之田，其規為志意豈小哉！」頁126。

9　關於元稹〈均田表〉，范文瀾《中國通史簡編》（修訂本），第三編，第1冊，頁232，有所解說，其結語：「這就成為元稹的著名政績。」可以參看。

義，基本上都屬於這樣的大臣，這些讀書人，對於時代的推移，文化的積澱，助力殊為有限。

然而，我們還是可以見到朝廷君臣關於閱讀的記載。《通鑑》卷278，記唐閔帝時：「帝自終易月之制，即召學士讀《貞觀政要》、《太宗實錄》，有致治之志，然不知其要，寬柔少斷。李愚私謂同列曰：『吾君延訪，鮮及吾輩，位高責重，事亦堪憂。』眾惕息不敢應。」[10] 看來，君主雖有致治之心，但無法掌握要點，臣下深知徒具形式，敷衍應付，並無成效；這或許就是五代之時，君臣讀書討論的一般情況。

朝廷之上，君臣之間，非但讀書討論，既屬少有，又乏成效，就是臣僚以所學論時事，亦不多見。《通鑑》卷276，唐明宗天成三年，記：「史館脩撰張昭遠[11] 上言：『……諸皇子宜精擇師傅，令皇子屈身師事之，講禮義之經，論安危之理。……』帝賞歎其言而不能用。」胡三省寫了一條較長的注釋，可以看出他對這條資料，感觸很深，也就有所發揮，他寫道：「自梁開平以來，至于天成，惟張昭遠一疏能以所學而論時事耳。不有儒者，其能國乎？惜其言之不用也。史言賞歎而不能用，嗚呼！帝之賞歎者，亦由時人言張昭遠儒學而賞歎之耳，豈知所言有益於人之國哉！」胡三省感慨其時大臣多不能以所學論時事，而「以所學論時事」正是朝廷君臣議政的傳統做法，其意義無非是政事需由學問中來，不讀經史，不知足以知治道之本，也無以論安危之理。胡三省將學問與政事之間的關係作了精要的聯繫，也讓我們知道，儘管此一傳統在五代之時已是不絕如縷，然而並未消失殆盡。

10　亦見於〔宋〕薛居正，《舊五代史‧李愚傳》（中華書局，新校標點本）卷67，頁894。〔宋〕司馬光，《資治通鑑》（中華書局，新校標點本）的另一個例子見於卷289，漢隱帝乾祐三年。「宮中數有怪，帝召司天監趙延乂，問以禳祈之術，……延乂歸，帝遣中使問：『如何為脩德？』延乂對曰：『請讀《貞觀政要》而法之。』」頁9425。

11　張昭遠，學識淵博，而且聚書甚豐，其墓誌銘中記有：「府君博覽群書，富於詞藻，器量宏廓，不拘小節。至於周文、漢史、道書、釋典、天文、地理、律曆、醫牒、惣三萬九千三百一十二卷，聚於私家；張茂先三十車，不相上下矣。」五代之時，動亂不已，亦有這樣的人物、事跡，最值得記述。此一墓誌銘，係2014年8月，參加宋史研究年會時，承李偉國先生告知，並慨然贈予該墓誌銘之照片，謹致謝忱。

二、五代武夫中的好學崇儒現象

　　我們大概不容易想像，五代之時，馳騁戰場的武將之中，不時見到好學、崇儒、談論、聚書等與他們的身分職位很不相襯的作為。請讀歐陽修《新五代史》中的若干記載：

> 謝彥章，好禮儒士，雖居軍中，嘗儒服，或臨陣御眾，肅然有將帥之威，左右馳驟，疾若風雨。[12]
> 史匡翰，史氏世為將，而匡翰好讀書，尤喜《春秋三傳》，與學者講論，終日無倦。[13]
> 烏震，為人純質，少好學，通《左氏春秋》，喜作詩，善書。及為刺史，以廉平為政有聲。[14]
> 王思同，為人敢勇，善騎射，好學，頗喜為詩，輕財重義，多禮文士，然未有嘗有戰功。[15]
> 羅紹威，好學工書，頗知屬文，聚書數萬卷，開館以延四方之士。[16]
> 趙匡凝，為人氣貌甚偉，性方嚴，喜自脩飾，頗好學問，聚書數千卷，為政有威惠。[17]

12　〔宋〕歐陽脩，《新五代史》卷23，頁243。
13　〔宋〕歐陽脩，《新五代史》卷25，頁269。〔宋〕薛居正，《舊五代史‧史匡翰傳》卷88，記有：「匡翰剛毅有謀略，御軍嚴整，接下以禮，與部曲語，未嘗稱名。歷數郡皆有政聲。尤好《春秋三傳》，每視政之暇，延學者講說，躬自執卷受業焉，時發難問，窮於奧，流輩或戲為『史三傳』。」頁1151。
14　〔宋〕歐陽脩，《新五代史》卷26，頁279。
15　〔宋〕歐陽脩，《新五代史》卷33，頁359。〔宋〕薛居正，《舊五代史‧王思同傳》記有：「思同好文士，無賢不消，必館接賄遺，歲費數十萬。在秦州累年，邊民懷惠，華戎寧息。」卷65，頁869。
16　〔宋〕歐陽脩，《新五代史》卷39，頁416。〔宋〕薛居正，《舊五代史‧羅紹威傳》記有：「紹威形貌魁偉，有英傑氣，攻筆札，曉音律。性復精悍明敏，服膺儒術，明達吏理。好招延文士，聚書數萬送，開學館，置書樓，每歌酒宴會，與寶佐賦詩，頗有情致。」卷14，頁191。
17　〔宋〕歐陽脩，《新五代史》卷41，頁447。

王師範，頗好儒學，聚書至萬卷，為政有威愛。[18]

這樣的記載，怎麼解讀呢？大概不能只說，五代之時，武將之中亦有好學之人而已吧。我們應該想到，是什麼因緣讓這些武夫也能親近儒生，接觸儒學？只有他們身旁不乏習經史、誦詩書，而且讓他們佩服欣賞的讀書人，他們才會興起學習的念頭，進而身體力行，好學崇儒。我們似乎可以說，就是在戰事頻仍的五代，主帥身旁總有一些熟悉經史的文士，這些人，造詣不深，名氣毫無，卻把學問的種子飄散出去，儘管未能開花結果，然而對於文化慧命的延續，不能謂之無功。

再說，武將讀書，多喜《春秋》，尤其是《左氏傳》最得青睞。《左傳》一書，固然描述戰爭之事為多，但春秋車戰，事屬上古，正如敬翔所說，古兵法不能用於今日，參考價值不大。但武將何以仍然偏愛此書，應該不在其實用性，而是喜歡書中的「故事」，有打仗的故事，有施政的故事，更有許多講到人世道理的事例。這是一本可以一讀再讀，也可以反覆談論，終日無倦的書。這樣看來，這些武將的好學崇儒，不是只圖這方面的名聲而已，況且，在那個時代，這樣的名聲究竟是好、是壞，也是難說。

我們還可以看到，這些武將，禮敬文士，喜與學者談論。談論的內容，《春秋左氏傳》應是主題之一，吟詩作對，酬唱應和[19]，則是另一重點。這個風氣或許得自君主的獎掖，李亞子是著名的例子，然亦沿襲昔日大唐風華的文化生態，就是烽火滿天的歲月，依舊絃唱不輟。所以，我們讀到資料中「喜作詩」之類的文字，恐怕不能認為只是某人「喜歡作詩」而已，不妨想像當時情景，把它視為一種文化活動，如同資料中所見的「聚書」[20]，都是具有延續文化意義的活動。

最後，我們還可以注意到「為政有聲」、「為政有威惠」之類的句子，

18　〔宋〕歐陽脩，《新五代史》卷42，頁453。

19　例如：羅紹威，「紹威嘗有公讌詩云：『簾前淡泊雲頭日，座上蕭騷雨腳風。』雖深於詩者，亦所歎伏。」〔宋〕薛居正，《舊五代史・羅紹威傳》卷14，頁191。

20　陳登原，《國史舊聞》（台北：明文書局，1984），第一分冊，第一五七條，「收遺書」，錄彭大翼《山堂肆考》、《後唐史》、馬令《南唐書》所記，案語曰：「即在五代亂離之候，收書之事，亦所經見」，頁368。

說明這些好學習、敬儒生、禮文士的武將官員，治理地方，不致過於苛虐，民生得到照顧，雖然不能以偏概全，部分有此表現，見於記載，即有其一定的義意。

如果我們再看看某些武將，在生活中呈現的人生態度，我們也許不易相信這是見於五代的記載，是發生在那個時代的事情。諸如：

郭延魯的父親郭饒，後晉時擔任沁州刺史九年，照顧百姓，州人感懷不已。延魯以攻入汴州有功，任復州刺史，想到父親在沁州的治績，一心效法，勤政廉潔，惠加百姓。延魯父子均以善於治理地方，留名青史。歐陽修特別加以表揚，寫道：「嗚呼，五代之民其何以堪之哉！上輸兵賦之急，下困剝斂之苛。自莊宗以來，方鎮進獻之事作，至於晉而不可勝紀矣。……蓋自天子皆以賄賂為事矣，則為其民者何以堪之哉！於此之時，循廉之吏如延魯之徒者，誠難得而可貴也哉！」[21]

張廷蘊，是唐莊宗手下的猛將，野戰攻城，身先士卒，金瘡滿體。劉皇后隨軍，手下的人劫掠擾民，他人敢怒不敢言，廷蘊抓到就依法處死。他是武人，識字不多，而敬重文士，隨唐明宗破梁鄆州，見到判官趙鳳，就說：「我看你的相貌，必定是讀書人，你不必隱瞞。」並推薦給明宗，趙鳳後來當到宰相。他生活廉潔，曾擔任七個州的長官，死後未留下什麼錢財[22]。

翟光鄴，歷仕後唐、後晉、後漢、後周，周太祖時任樞密副使，知永興軍，卒於官。他為人沉靜，思慮細密，長於謀略。盡心服侍繼母，是人們眼中的孝子。當了高官，不經營產業，住在官舍裡，簡簡單單，僅能遮蔽風雨；親族往來，和睦相處，同樣過著粗茶淡飯的儉僕日子。他一點不以這樣的生活為苦，最高興的莫過於賓客來訪，喝酒談天，說說買書讀書的心得感想。他治理地方，以寬靜為政，予民休息，深得百姓愛戴[23]。

我讀這些故事，不禁想起唐玄宗初期，與姚崇齊名的盧懷慎。《通鑑》記曰：「懷慎清謹儉素，不營資產，雖貴為卿相，所得俸賜，隨散親舊，妻子不免飢寒，所居不蔽風雨。」姚崇能力很強，子喪請假，懷慎主政，事不

21　〔宋〕歐陽脩，《新五代史》卷46，頁516。

22　〔宋〕歐陽脩，《新五代史》卷47，頁530。

23　〔宋〕歐陽脩，《新五代史》卷49，頁554。

能決，只得向玄宗告罪請辭，玄宗說：「天下的事，我交給姚崇處理，你當宰相，可以作為朝野的典範。」[24]王夫之在《讀通鑑論》中，對盧懷慎這樣的風格，大加稱讚，寫道：「開元之世，以清貞位宰相者三，宋璟清而勁，盧懷慎清而慎，張九齡清而和，遠聲色，絕貨利，卓然立於有唐三百餘年之中，而朝廷乃知有廉恥，天下乃藉以乂安。開元之盛，漢、宋莫及焉。」[25]

　　為政者生活清儉，可以溯自大禹，載籍所見，史不絕書，儼然成為中國實際政治中所強調的美德，浸浸然也成了一項傳統，唯君臣上下，多不能信守。但其核心價值，人們始終肯定不疑，身體力行者，更是屢見不鮮，就是在天地已閉，賢人隱去的五代，也不乏其人。船山先生以「知有廉恥，天下以安」標舉其義意，最得其肯綮。我們可以進一步發揮，為政者心乎國、心乎民，而不為身計，國家社會必然安定發展，若上下交征利，階層對立，鬥爭必起，動亂、災難等禍害將不能免。也許，我們可以把為政者的清儉，視為政治安定的一項「因子」，五代是一個動亂的時代，安定的因素至為少見，但從郭延魯、張廷蘊、翟光鄴等人的表現，仍可以在某些官府的角落，察覺到潛存著的此類因子。

三、宋太祖喜讀書重實用

　　宋代出現，歷史舞台角色大易，文士昂首登場，武夫黯然退出。正如柳開所言：「我國家有天下之年，將以文綏萬民，不以武靖四方。」[26]宋太祖如同後周世宗，多少發揮承前啟後的轉型關鍵作用。

　　宋太祖趙匡胤個性嚴肅，沉默寡言，從來就喜歡看書，雖然在軍中，只要有空暇，總是一卷在手。聽到有人說起什麼好書，就要設法購置，不論價格多少。隨周世宗出征淮南，有人對世宗說：「趙某取得壽州，他的好幾輛車都載著珍奇寶物。」世宗派人查看，只是幾千卷書，沒有其他東西。世宗把他找來，說：「我要你當將帥，帶兵打仗，開疆拓土，主要工作是訓練士

24　〔宋〕司馬光，《資治通鑑》卷221，頁6708。

25　〔明〕王夫之，《讀通鑑論》（北京：中華書局）卷22，頁759。

26　〔宋〕柳開，《河東集》（臺灣商務，文淵閣四庫全書本）卷3，〈李守節忠孝論〉，頁7。

卒，增強戰力，這些書有什麼用？」他回答：「我沒什麼奇謀善策可以貢獻，既擔任這樣的要職，只想多讀點書，可以增廣見聞，也可以思慮精細。」世宗對這樣的回答，十分滿意[27]。從這一則記載中，我們可以看到，趙匡胤在軍中好讀書的表現，雖然有其淵源，但仍是十分少見，也為其他官員側目，以至向主帥周世宗進讒言，經過調查，世宗知道他的車中所載只是書籍，第一時間也是不以為然，反映了當時對於武將的一般看法。經由他的仔細說明，世宗贊同他的想法，可以說是他與世宗對於讀書，態度是較為一致的。

趙匡胤即大位後，仍然喜好讀書，也建議大臣多讀書，要趙普讀《論語》，是大家熟知的例子。不過，他的讀書效果如何？似乎仍欠高明，無法與儒臣相比；君主的此　愛好，還會被臣下利用，藉以奪權。開寶元年，盧多遜知道皇帝好讀書，常派人到史館取書，盧多遜就叫史館員吏告知書目，徹夜把它讀完，果然皇上問起書中的事，只有他應答如流，他就更得寵幸[28]。

太祖的讀書，恐怕知識上的興趣不如實際上的需要。即位未久，建隆三年，他對身旁大臣說：「今天我想要武將都讀書，這樣他們才知道治民的道理，這是很重要的。」身旁的大臣們都低下頭來，沒有回應。李燾引述了這段記載，加上按語，說：「蓋創業致治，自有次第。今太祖欲令武臣讀書，可謂有意于治矣。近臣不能對，識者非之。」[29]平情而論，太祖心意固然可以讚賞，衡諸當時實情，或許稍嫌躁急。多年之後的開寶七年，太祖對趙普說：「我想選派若干有能力的儒臣去治理重要的府州，縱令他們也會貪腐，比起武臣來，總要好得多。」據之可以推知，建隆之時就要下令武將讀書，身旁的人心知不可，也只有默然不語了。

乾德元年，朝中出現一場關於歷代武臣孰褒孰貶的討論。事起於太祖到武成王廟，看到兩廊所畫名將，就指著白起說，這個人濫殺降者，怎麼可以供奉在這裡，命令把白起除去，其他大臣有的說這個人不應該，有的說那個人沒資格，所以就重新商定，取「功業始終無瑕者」，除去了23人，新加了

27　〔宋〕李燾，《續資治通鑑長編》（中華書局，新校標點本）卷7，頁171。

28　〔宋〕李燾，《續資治通鑑長編》卷9，頁201。

29　〔宋〕李燾，《續資治通鑑長編》卷3，頁62。

22人[30]。我們看看這個「名單」，多少會對於宋初文臣歷史知識之貧弱，感到
驚訝。就在當時，也有人看不下去，上疏表達不滿。這是一位學問不錯的官
員梁周翰，他的意見亦記於《續長編》中。梁周翰提到幾點，一、所有的傑
出人物都有其瑕疵，就是周公、孔子亦不能免，那有「功業始終無瑕」這件
事？二、為武將立廟供奉，表示對於兵戎一事的重視，過去列於廟中的人
物，基本上都有一定共識，今天除名的理由，只注意到小地方的缺點，遺漏
了十分傑出的表現，並不妥當。三、歷史上的名將，有的下場悲涼，有的犯
錯不小，但他們都是英雄豪傑，其謀略、氣勢、功業，傳頌一時，留傳後
世。若將這些傑出人物換掉，必將讓人困惑不已，況且典範功用喪失，使人
無所取法。最後，若要強調戎政，激勵武臣，還是不要更換，也就是仍供奉
原來的人物要好得多。太祖並未採納梁周翰的意見，其理由是用新的取代舊
的，可以有所「懲勸」[31]。我們可以看到梁周翰的學問，顯然比朝中的一群文
臣都要好得多，但太祖的懲勸，主要還是強調武將必須忠於朝廷，不可叛
逆，而這也正是宋初對於武夫最不放心的地方。

　　太祖讀書的記載中，可以看出他的理解是較為膚泛淺薄。乾德四年，他
從容對翰林學士陶穀說：「武則天是一個女皇帝，雖然濫用刑罰，殺了很多
人，但她不殺狄仁傑，這是她享國長久的重要原因。」從這個話題，談到了
前代帝王的得失，談了好一會兒[32]。我們可以看到，太祖對於談論前代帝王的
作為很有興趣，不過他並不了解武則天濫用刑罰的原因，以及對狄仁傑敬
重，可知他的議論，顯然有欠深入。

　　太祖對執法的官員選取，特別慎重。開寶六年，有一次，他對馮炳說：
「我每次讀《漢書》，讀到張釋之、于定國的治獄，執法公正，使天下沒有人

30　新加的是漢灌嬰、後漢耿純、王霸、祭遵、班超、晉王渾、周訪、宋沈慶之、後魏李崇、
　　傅永、北齊段韶、後周李弼、唐秦叔寶、張公謹、唐休璟、渾瑊、裴度、李光顏、李愬、
　　鄭畋、梁葛從周、後唐周德威、符存審等23人。退出的是魏吳起、齊孫臏、趙廉頗、漢
　　韓信、周亞夫、後漢段紀明、魏鄧艾、晉陶侃、蜀關羽、張飛、晉杜元凱、北齊慕容紹
　　宗、梁王曾辯、陳吳明徹、隋楊素、賀若弼、史萬歲、唐李光弼、王孝傑、張齊丘、郭元
　　振等22人。見〔宋〕李燾，《續資治通鑑長編》卷4，頁91-92。

31　〔宋〕李燾，《續資治通鑑長編》卷4，頁91-92。

32　〔宋〕李燾，《續資治通鑑長編》卷7，頁172。

感到冤屈，這就是我所期望於你們的。」[33] 二年後，他對身旁近臣說：「我讀《尚書‧堯典》，感歎堯舜的時代，四凶犯了這麼大的罪，只是投竄異地，那有像近代這樣刑罰嚴苛啊！」這些話顯示他希望治獄寬緩[34]，也有改進五代惡習的意味。簡言之，太祖讀書，切於實用，既給予他施政的理念，也是他指導臣僚的依據，至於書中的道理深精義，大概還是無暇及之。

四、宋太宗讀史書的心得與表現

宋太宗趙光義，作詩作賦，寫字論字，聚書編書等等人文方面的素養遠勝乃兄，這是大家所熟知，我們就不必述說了。他也勤於讀書，尤其讀了不少史書，表現出怎樣的特點，或可藉以一探其時朝廷的文化水平。

太宗讀書很勤奮。太平興國八年，他在禁中讀書，從巳時讀到申時，方才掩卷休息。也就說，他從上午9、10點讀到下午3、4點才罷手，真是勤學苦讀，於是出現了蒼鶴飛上殿鴟吻的祥瑞[35]。雍熙元年，他對宰相說：「我每天的行事都有一定時程，辰巳間處理朝政，完了就看書，一直看到深夜才就寢，五鼓起身，又是一天。」[36] 看來他讀書時間更長了，似乎更用功了，不過，這是他自己說的。然而，我們也可以想像，他一定時常對大臣說，我時時讀書，我用很多時間在書本上，對於身旁的大臣來說，往往會形成一股壓力，逼迫自己也要在書本上下點工夫。當然，這不是壞事。

端拱元年，太宗對戶部侍郎李惟清說：「我讀《漢書‧賈誼傳》，讀到半夜也不覺疲累。賈誼在漢文帝時，評論時事，十分激切，又是長太息，又是流涕痛哭，就是為了感動文帝，不怕君主不高興，真是為國家的好臣子。今天，我們有這樣的大臣嗎？」李惟清說：「陛下即位以來，親自選拔的官員都很優秀，如果他們論事合乎道理，陛下加以獎賞，像賈誼這樣的人物就會出現了。」太宗說：「我的聰明，雖然比不上漢文帝，可是，我對大臣論

---

33 〔宋〕李燾，《續資治通鑑長編》卷14，頁302。
34 〔宋〕李燾，《續資治通鑑長編》卷16，頁337。
35 〔宋〕李燾，《續資治通鑑長編》卷24，頁562。
36 〔宋〕李燾，《續資治通鑑長編》卷25，頁588。

事的奏疏，卻是一讀再讀，看看有沒有道理。只要稍稍利國便民，我都會要宰相實施。有些見識淺薄，道理欠缺的，我就擱下，也未加以處罰，就是為了廣開言路，增加見聞。如果有人講得很好，我會特別加以拔擢。」[37]我們從君臣的對話中可以看到，太宗對賈誼論事的心意，頗為感動，於是想到目前的朝臣表現；經李惟清稍稍點撥，他就大談自己的傑出作為，似乎有意與漢文帝媲美並肩，忘了今天是否也有一些可以令人痛哭、流涕，或者長太息的情勢，可以與大臣深入討論一番。也就是說，看來賈誼〈治安策〉的精義，似乎並未進入君臣的心中。

然而，太宗書讀得多，也就不會只停留在事情的表面了解，而是較能進入文本陳述的肌理。就像他對輔臣所說：「我讀前代的書，必將深深體會其中的道理（朕歷覽前代書，必深味其理）。」[38]他對唐太宗的認識，顯然就是採用這樣的讀法。淳化五年，太宗對左右說：「帝王的言行舉止，應該自然不做作。我讀唐史，看到唐太宗的作為，可以知道他是好虛名的人。每一件事，必先大張旗鼓，宣揚一番，才會去做，目的只是留名史冊，這怎能說是順其自然呢！」[39]唐太宗的事蹟固然不能用這句話概括，但多少也揭露了唐太宗好虛名的一個面向，不是講到唐太宗只會大肆歌頌的人所能觀看得到。再說，太宗這番對唐太宗的評語，應是讀史之時，體會當時情景，進入人物內心，方能得到這樣認識的。比起五代、宋初，朝廷君臣，手捧《貞觀政要》，行禮如儀似的照本宣科，逐字逐句，大聲朗誦，對於讀書意涵的掌握，已是不可同日而語。

至道元年，已到太宗統治的末期，一天，他對侍臣說：「自後晉、後漢以來，朝廷權勢低落，君主昏庸，大臣跋扈，紀綱、規矩都被破壞，只能算是一個小邦。我承繼這樣敗亂的局面，統治天下，即位的開始，研讀記載先王統治的典籍，參照五代以來的弊政，感到這樣的習俗為時已久，必須改革，於是決定大肆更張，重作朝廷法制。可是反對的意見很多，甚至二、三位名聲很高的老臣，也不贊同。我一心去做，絕不動搖，堅持下去，於今已

---

37 〔宋〕李燾，《續資治通鑑長編》卷29，頁650。

38 〔宋〕李燾，《續資治通鑑長編》卷34，頁757。

39 〔宋〕李燾，《續資治通鑑長編》卷35，頁779。

二十年了。你們認為今天的治理如何？雖然不能上比三代，也做到海內清平，法令明確，四裔來朝貢，百官勤職事，比起前代，我不再感到有所慚愧了。」[40]讀太宗的這段話，令人想起更有名氣的太宗，晚年對大臣所說：「我的才能雖然比不上古代帝王，但是，有些地方，我看不比他們做得差，這是什麼道理，我不清楚，你們說說看。」大臣只有說，陛下天縱英明，功德如天地，意思是古代帝王，誰也比不上[41]。我們沒有任何證據說，宋太宗此言，緣自唐太宗；可是，宋太宗晚年自滿，似乎不比唐太宗為少，則是可以斷言的。至於太祖的治績，已不在他的眼中，猶餘事也。

　　李燾在《續資治通鑑長編》太宗死後，記一個故事。太宗曾對錢若水說：「讀書人像古人一樣為學入仕，運氣好當大官，生活榮華富貴，出進前呼後擁，門楣生耀，夠光榮了，這時能夠不想到如何報效國家嗎？」錢若水說：「高尚的人，固然不會以位高名重為無比光榮，忠貞之士，也不會以時運有無改易節操，如果只是因為得到高官厚祿就效忠朝廷，這是下等人的作為。」太宗點頭，說：「你講得很對。」劉昌言罷官，太宗問身旁趙鎔等人：「看見劉昌言了嗎？」趙鎔說：「常見到他。」太宗說：「他哭了嗎？」趙鎔回答：「他談到就哭。」太宗說：「人們就是這樣。給他一個重要的職位，不能盡心盡力做好，一旦被罷斥，就哭哭啼啼。」錢若水說：「劉昌言從來沒哭過，這是趙鎔為了迎合陛下，才這麼說啊。」呂蒙正罷官，太宗又對錢若水說：「當大臣就應該盡已所能以保富貴，呂蒙正過去是一介平民，我提拔他為宰相，今天又他遭到罷黜，他一定很想重回這個相位。」錢若水說：「呂蒙正任宰執，固然顯貴無比，但他的學養德望足以當之，罷相而為僕射，也是百官之長，地位崇榮，並非僅是閑差。況且，呂蒙正並沒有因為退罷相職而抑鬱憂傷。今天世上不求爵祿，不想做官，居山林的高士，為數不少，像我們這樣，貪圖朝廷俸祿，一直做官，是不值得炫耀的。」太宗沉默不語。錢若水因此想到，君主這般對待輔佐的大臣，主要在於從來沒有一位重臣，高舉風節，不貪名利，以進退之道感動君主，決定做滿一年，以身體不適，請辭告退。只是因為春季天旱，太宗十分焦慮，錢若水不敢提出，

40　〔宋〕李燾，《續資治通鑑長編》卷38，頁824。

41　〔宋〕司馬光，《資治通鑑》卷198，頁9247。

接著西邊用兵，一年後，太宗過世，一直未能提出[42]。

　　李燾是在真宗即位之初，錢若水罷知樞密院事之後，加上了這段記載，主要描述錢若水的風骨，也反映太宗對待大臣的態度。太宗的態度固然來自他的性格，然亦出於他的學養，特別是他喜讀史書，應該會把他的讀史心得表現在實際政事的處理上。太宗對待大臣的態度，見於記載，可知流傳於士人之口，而為人所熟知。我們不論李燾記於太宗死後，是否具有總論太宗之意，但傳達讀書人的普遍觀感，應屬無疑。張詠說：「為政之道，府吏曰治，未也；庶民曰治，未也；僧道曰治，未也；若識見無私，學古之士曰治，斯治矣。」[43]我們若以張詠的標準加以衡量，宋太宗儘管讀書勤奮，但在有識見的士人眼中，他的為政表現，其去人們心中的「治世」，仍有一段並不很短的距離，這是需要後人繼續努力前進的。

　　我們可以說，雖然太祖、太宗對學問的理解尚屬浮薄，但他們重視讀書的態度卻為後來的朝廷政治、社會文化指出了方向，也開闢了道路。

五、小結

　　第一、大變動的時代，萌現的新事物中，往往有其舊因素。任何創新的事物，必有其淵源、來歷，加以追究梳理，可以看到若干明確的聯繫，可使因果解釋的網更趨細密。我們解說一個新時代的到來，有些重要概念已經掌握，並且清楚陳述，取得共識，成為堅實的歷史知識；或許仍有可待補充的細節，若從舊因素中尋覓，應可有所發現。

　　第二、研究材料的蒐集與運用，與其只重數量，毋寧稍重品質。前輩學者告誡初學，對於材料，要「竭澤而漁」，盡可能地掌握，進而運用；這當然是研究歷史的基本態度，不容懷疑。但若全面掌握材料，只是蒐集齊備，既多且全；運用材料，只是表面解讀，泛泛而談，所得必將有限。相對而言，材料蒐集不全面，卻能就其所採之材料，陳述其時之氛圍、心態，人物之思想、情感，其解釋效果應該勝過前者。當然，量、質兼重，最為理想。

42　〔宋〕李燾，《續資治通鑑長編》卷41，頁868。

43　〔宋〕張詠，《乖崖集》（臺灣商務，文淵閣四庫全書版）卷12，〈語錄〉，頁1。

　　第三、讀書很重要，讀書可以增進知識，也可以陶冶身心。一個重視讀書，具有閱讀風氣的社會，利於培育優質公民；一個國民不閱讀的國家，沒有前途可言。讀書之中，向古人學習，十分要緊。20世紀初，有人說：「雖然人類生活表面上發生了很大的變化，人類內心世界的變化卻很小，而且人類的經驗是我們永遠也無法學完的一門課程。」[44] 今天看來，依然有理。我們閱讀五代、宋初歷史，觀看變動時代中人們的處境與因應，提供我們許多有價值的參考。特別是讀到為史家所推崇，令我們很欽佩的人物言行，諸如好學、讀書等，稍加體會，有所感動，學習、仿效之念，油然而生，正是可以得到切身的好處。

44　依迪絲・漢密爾頓著，葛海濱譯，《希臘精神——西方文明的源泉》（遼寧教育出版社，2005），頁2。

什麼是近世中國的「地方」？
——論宋元之際「地方」觀念的興起

李弘祺*

一、「地方」觀念的抽象化

什麼是近世中國的「地方」？這是一個有趣的問題。中國人是從什麼時候開始發現有一個所謂的「地方」的？什麼時候開始有「地方」的意識的？

首先,「地方」這個字顯然不是中國歷世上常用的詞。當然,它的出現很早,只是用的時候,就好像許多中國名詞一樣,沒有抽象的,「概念化」的意思。它作為「概念化」的意思,也就是說類似於英文的「local」或「regional」這樣的字,相當晚起。

在傳統中國的用語裡,地方通常也跟「方」通用,或者說,中國人往往把「地方」簡寫為「方」,意義上相通[1]。最有名的例子當然是「地方志」了,它通常就簡稱為「方志」。在這個意義上言之,「地方」可能帶有屬於政府行政管束的意思。當然,這是「地方志」開始廣泛出現之後的事,也就是說大約是在南宋時期。到了元朝,由中央政府管屬的行政區域,大量編輯

---

* 北京師範大學特聘教授;國立清華大學(新竹)榮休講座教授;紐約市立大學榮休教授。

1　「方」本身的意思還包括算學上的「平方」。因此最常看見的「地方千里」這樣的用法,指的是「土地的大小有一千方里」。在這種用法裡,「地」和「方」不應連讀。因此,「地方千里」如果簡寫為「方千里」,這個「方」不是「地方」的簡寫。

刊行「方志」，代表了中國是一個十分多元、各地區有歷史上、文化上、物產上的種種區別，但是它們都屬於中國政府的管轄。當然，傳統中國的世界觀是認定天下都屬中國天子的領土（率土之濱，莫非王土），只是並非所有的地區都已經由中國直接管轄，「方」在古代的用法就常常是指尚未受中國天子管轄的地域[2]。古代這樣的觀念，顯然與後代「方志」的觀念有一點出入。這個差異有一定的意義，下面我會談到。

　　進一步說，在方志大量出現以前，「地方」這個名詞的意思和指謂則常常是作為一個量度的觀念：在中國古書，地方常常與「千里」或其他數目的「里」連在一起，而且往往指的是中國不直接管轄的蠻夷之邦。例如《史記》〈始皇本紀〉：

> 丞相綰、御史大夫劫、廷尉斯等皆曰：「昔者五帝地方千里，其外侯服夷服諸侯或朝或否，天子不能制。今陛下興義兵，誅殘賊，平定天下，海內為郡縣，法令由一統，自上古以來未嘗有，五帝所不及。」[3]

　　換句話說，在早期的用法，地方其實並不成為一個單獨的詞；關於這一點，下面會再做進一步的分析和討論，這裡只是先把它提出來，方便我們了解「地方」原先並沒有我們現在了解的意思。

　　就許多現代中國人言之，地方和中央是對立的觀念[4]。我認為在這一點，孫中山先生所提倡的「地方自治」扮演了一定的角色，它是近代中國人了解「地方」這個觀念的基礎。「地方自治」這觀念本來是孫中山從觀察美國「聯邦政府」的運作而發展出來的。他發現美國各州都是獨立的政治團體，但由於要推翻英國政府的雜科重賦，所以聯合成為一個「聯邦」，來和英國殖民地政府討價還價，最後以革命戰爭解決。但是雖然組成了聯邦政府，接受美國只是一個國家、一個主權的想法，各州還是繼續擁有相當大的獨立權利。

2　例如商朝的「人方」。這個名詞在甲骨文上面也常常出現。它是商人征伐的對象。其他還有鬼方、工方、土方等等。因此我們得到了「方國」的說法。

3　司馬遷，《史記》（北京：中華，1959）卷6，頁236。

4　毛澤東在《論十大關係》中就說：「中央要發展工業，地方也要發展工業。」這裡雖然不是拿中央來和地方對立，但是顯然至少是一個對稱的觀念。

美國各地方政府也都在這樣的模式上規劃它們與州政府或聯邦政府的關係，認為這關係必須用法律規定，也就是說必須建立在「契約」的關係上面。中央不可違反「契約」來越權管理地方的事務。

　　但是在現代中國人的思維和經驗裡，「地方自治」卻是一個必須向中央政府爭取的權利。這就在形成的過程上面與美國有了極大的差異。而尤其重要的是中國的「地方自治」往往得不到真正的契約或憲法的徹底保障。充分反映了中國人對「地方」觀念的特色。他們在使用「地方」時，通常是指屬於所謂的「地方政府」處理的事務的地理範圍，而很少能從獨立自主的分割或讓渡主權觀念著眼，也極少是認為地方與中央是一種契約關係。我這裡用「地理」這個字，其實有點勉強。因為「地方」往往帶有超過地理疆界的觀念，差不多經常包括了它的行政意義[5]。行政這個觀念在中國人的理解裡十分特別，它本來是一個現代名詞，但在中國人的想像裡，它總是被放在一個帶有十分強烈的、19世紀的「國家主權」的脈絡裡來思考。「行政」的意思因此通常指替擁有主權的中央政府來推行其決策。「行政」不是和「立法」對立的，因為中國傳統政府並沒有真正的「立法」的機構，而由皇帝來定奪一切的政策和法律。因此所謂「行政」，它的意涵就是替皇帝來宣導和執行他的命令。中國從早就有「教化」的觀念。地方官吏主要就是擔負這樣的責任[6]。他們不向地方的立法機構（「獨立議會」）負責。事實上，也沒有地方議會這樣的東西，頂多只有「地方士人」構成的、能產生道德勸說，施行有限督導權的團體。他們通過非正式的管道來迫使地方行政官員做好「行政」的責任。

　　從這樣的歷史事實看，我們可以認為「中央」或皇帝與地方的行政長官在理論上或想像的空間裡都應該是連成一氣的。我上面說他們是「對立」的，主要是從語詞使用的脈絡上面著眼，而在政府的運作上來說，那麼，無疑的，地方是附屬於中央政府的；它執行的是中央的政策、必須向中央政府負責。這一點，中國的傳統的確與美國或西方相當不同。當然，我上面所說

5　例如民國以來，對於大的獨立或自治行政特區，稱之為地方。例如蒙古和西藏都稱為地方。

6　參看周振，《中國地方行政制度史》（上海：人民，2005）。

的中央與地方的關係主要是在理論上作分析和想像。實際上，地方會發展成為一個觀念，就是因為在日常的行政上，中央政府不能不注意到、也不能不關心到各地區的不同需要和問題。因此，各地對中央的期待也就往往不同，形成對中央的不同的壓力。中央和地方作為對立的觀念，遂很難說沒曾存在。但是抽象化來描述這樣的對立關係，發展出與中央對立或至少相對的觀念，其開始比較晚。總之，這裡所謂「對立」，指的不外是一種運作上的實際需要，不是說中國政府從一早就已經在理論的層面上了解或規劃這種互為牽制、相互對立的機制。

但即便如此，中國人是什麼時候開始了解到中央和地方之間有一種「運作上」的對立關係呢？就是說，什麼時候在政府的統治過程裡，警覺到「地方」的需要必須有特別的照顧呢？對「地方」的這個字眼應該採用一種「運作的」思維呢？這是一個有意思的問題。因為這樣的「運作的」觀念並不是傳統中國一向就有的。它是在一定的時候才發展成形的。

很幸運的就是我們現在很容易對這樣的問題作出答案。我們如果察看《宋史》，那麼就會發現「地方」這個詞並不常出現，只有八次。而出現時，它大致是上面所提到的史書裡常用的「地方千里」的意思。實際上，《宋史》出現的八次，除了兩次是用來指祭祀「地方」的禮儀之外，可以說是地靈（地神），其餘（六次）都是用來指地方的大小。例如：

> 其後陝西用兵，詔轉運司度隙地置營田以助邊計，又假同州沙苑監牧地為營田，而知永興軍范雍括諸郡牛頗煩擾，未幾遂罷。右正言田況言：「鎮戎、原、渭，地方數百里，舊皆民田，今無復農事，可即其地大興營田，以保捷兵不習戰者分耕，五百人為一堡，三兩堡置營田官一領之，播種以時，農隙則習武事。」[7]

這裡的「地方」是非常傳統的用法。這種用法至少可以上推到戰國時代[8]，完全沒有用來指行政上的與「中央」對立的行政地理單位的意思。也就

7　托托，《宋史》（北京：中華，1975）卷176（食貨志卷129），頁4267。

8　《禮記》「明堂位」，「成王以周公為有勳勞於天下，是以封周公於曲阜；地方七百里，革

是說，它不帶有英文所謂的「local」的意思。

《宋史》如此，其他的《遼》、《金》史也是如此。這三部正史都是在元朝修的，所以時代大約相同，它們所收錄的史料或檔案都是10到13世紀的。「地方」只在《遼史》出現一次，用的意思也是傳統的。在《金史》出現五次，其中四次用的是傳統的意思，而有一次則值得注意。因為它似乎已經帶有我們現在人所使用的意義。這是在一篇上奏文出現的：

> 先造二十貫至百貫例，後造二百貫至千貫例，先後輕重不倫，民益眩惑。及不得已，則限以年數，<u>限以地方</u>，公私受納限以分數，由是民疑日深。[9]

從這段引文看來，「地方」還不完全是與中央政府相對的觀念，也就是說，這裡不帶有地方有它自己的關心，或「地方本身」可以更方便地做中央政府做不到的事這一類的意思。因此它只是指一個特定的地理位置或區域[10]。然而，它不免引申為帶有一定的地理特色、需要個別的考量的含意。「地方」因此多少已經發展成為一個抽象的觀念，而這是從前不常見的。換句話說，在中國的正史傳統裡，「地方」作為一個有別於普遍的、天下的、帶有獨特的文化、行政和地理背景的抽象觀念在第12世紀時、在金人統治的地方正式登場了。

到了元朝時，「地方」不僅出現頻繁，而且常常帶有上引《金史》用法的意義。這裡只舉一個例子（下面會再提到其他的例子）：

> 監察御史陳守中言：「請凡仕者親老，別無侍丁奉養，<u>不限地方名</u>

車千乘。」《戰國策》「齊策」卷8：「今齊地方千里，百二十城，宮婦左右，莫不私王；朝廷之臣，莫不畏王；四境之內，莫不有求於王。」案，《戰國策》同樣的用法多次出現。《孟子》「梁惠王」：「地方百里而可以王：王如施仁政於民，省刑罰，薄稅斂，深耕易耨，壯者以暇日修其孝悌忠信，入以事其父兄，出以事其長上，可使製梃以撻秦楚之堅甲利兵矣。」

9　托托，《金史》（北京：中華，1975）卷46（志27），頁1029。

10　與下面注12引的《漢語大詞典》定義7或8相同。

次，宜從優附近遷調，庶廣忠孝之道。」[11]

換句話說，就在金元之際，地方作為一個可以想像、可以了解的觀念出現了。它開始被用來「概念化」了，被認為是有別於中央的一個行政的地理觀念；它假定「地方」的文化和歷史背景必然使它的行政需要與中央的全盤性的政策有所不同。抽象化了的觀念對政策的制定一定會產生影響。從此，中國政府不能不時時刻刻對「地方」有獨特的考量。中國思想史上的「概念化」活動究竟特色如何，這是一個比較複雜的論點。不過在討論「概念化」的「地方」觀念之前，我必須補充說這裡所看到的「地方」，他雖然還沒有清楚的近乎英文所說的「local」的含義（形容詞），但是它近似英文的area、district或region一類的名詞。這樣的用法在宋代以前比較少見[12]。它是指一個具體的地理空間。翻察《續資治通鑑長編》[13]，會注意到「地方」偶爾出現時，意思大致都非常具體，指具體的地理空間。這樣的用法在中國的史書裡，很少看見，至少宋代以前幾乎沒有例子[14]。它是一個十分抽象的觀念，

11　托托，《元史》（北京：中華，1975）卷35（本紀35），頁786。

12　參看下面所引的佛經。另外，《管子》形勢：「桀紂貴為天子，富有海內，地方甚大」，《晉書》懷帝紀：「蒲子地方馬生人」都是指稱place，但也可以解釋為「領域」或「領土」。後者接近英文的region或area。1979年北京商務印書館出版的《辭源》，把這樣的「地方」，定義為「領域，區域面積」。不在領域和「一定的空間」（即英文的place）再做分別。1993商務版的《漢語大詞典》，對「地方」的定義，則多達八個，其中的「處所、地點」（第七定義）及「部分、部位」（第八定義）就是合適的定義。但是這本最新的大辭典，卻沒有把「地方」定義為「領域」，可見在現代漢語裡，「地方」已經很少或甚至不再帶有這個意思。

13　李燾，《續資治通鑑長編》（臺北：世界，1965影印1881浙江書局本）計出現28次（包括李燾自注）。其中有四次顯然是指一定的地理空間，也就是這裡所說的近乎region或district，或area的意思，其他則仍然是傳統的意思。

14　佛經中用「地方」的倒有一些例子，指的是抽象的「place」，比較接近這裡我們討論的意思，而與傳統的用法不同（參看上注）。（吳）維祇難，《法句經》卷上（無常品第一）卷21：「有此四弊，為自侵欺：非空非海中，非入山石間。無有地方所，脫之不受死。是務是吾作，當作令致是。人為此所擾，履踐老死憂。」見《大藏經》210：559。（隋）闍那崛多，《佛本行集經》精進苦行品，卷29：「爾時菩薩，從善生女，乞得食已，於空靜處，如法而食。食已經行，漸到一處，地方平整。清淨可喜，心樂欲觀。」《大正藏》，

雖然不是一種經過反省而得到的觀念。

　　現在回來講概念化。請從中國思想和文字的特質講起。即中國人有一個傾向，就是不喜歡「概念化」（generalization）。這種傾向在史學史上面也極為明顯。一般史書對個別事件的時、地都相當具體而清楚。反映了中國人對個別事物的興趣與堅持，但也反映了中國人普遍認為歷史事實少有可以概化的「共名」，更不用說「大共名」[15]的思維方式。換句話說，中國思想史的特質一向只關心個案，至於普遍性的真理和概念則老早已經有聖人發明了（例如禪讓），不再需要後人的創造製作。當然，不是說後人從沒有「概念化」或「抽象化」的努力或工作，例如「士族」、「寒人」或者「（時）勢」、「道統」、「正統」。但嚴格言之，就是這幾個詞也都很難說是含有強烈「概念化」傾向的好例子。宋儒的「太極」、「理」、「氣」等觀念因此才算是開展重要的新格局的「抽象化」概念。至於從社會學的角度來試圖創造「概念」的（例如西方學者說魏晉南北朝是「寡頭政治」）幾乎絕無僅有。可見「抽象化」對中國人的生活是多麼缺乏意義。

　　以上簡單地把我的論旨做一個交代。由於這是一個比較複雜的討論，因此不在這裡做更詳細的探討。我的意思很簡單，就是中國人比較少做「抽象化」或「概念化」的思維工作。

　　「地方」這個詞因此是在宋、金、元更遞的第13世紀變成了泛指中央政府屬下的、卻不同於中央政府本身的行政區域，是一個在地理上帶有特色及獨特行政需要的抽象觀念。這就是我所說的「抽象化」或「概念化」的結果。這樣的新用法在馬端臨身上可以看出來。《文獻通考》卷267：「按：漢之所謂封建本非有公天下之心。故其予之甚艱，而奪之每亟。至孝武之時，侯者雖眾，率是不旋踵而褫爵，奪地方。」[16]這裡所用的「地方」簡單地說，是指諸侯所擁有的屬地（封邑，用英文講就是territory或patrimony），十分具體。不過我們也可以把它看作是帶有與中央政府對立的意思。雖然察看

　　190：810。案，同經同樣用法多處出現。可見翻譯佛經時，已經開始用「地方」來指空間的所在。不過這樣的用法雖然出現在佛經裡，外典似乎並不太常見。

15　對「共名」、「大共名」的定義，請看《荀子》卷16（〈正名〉）。

16　馬端臨，《文獻通考》（臺北：商務，1987影印1935「十通」本）卷267，頁2123。

《漢書》，我們看不到班固對「地方」採用相同的用法[17]，但是對一個活在第13世紀末的馬端臨來說，這裡用「地方」（勉強用英文講就是 "local"，這是形容詞，意指屬於地方而非中央或全國的，但英文實在是沒有合適的相對用法，下面我們再討論），卻也能表達了當代新興的觀念，非常貼切地描繪了漢武帝對侯國採行褫爵「奪地方」的政策。

二、「地方」的崛起

一個像「地方」這樣的名詞，它的抽象化，並變成一觀念用語，其過程當然反映歷史時空的脈絡和需要。我認為從唐末到南宋的這三、四百年中，「地方」的觀念的確經過了相當長的醞釀。現在容我簡單討論這些歷史的脈絡，好了解為什麼在南宋及金元之際時會產生抽象的「地方」觀念。

第一個應該指出的就是中國社會結構的改變，而這個改變又和科舉的施行產生相互為用的影響。從第9世紀以後，中國的貴族社會結構已經大概完全消失。由科舉產生的新進士逐漸取代舊世族，進入權力的核心。當然，這個改變的過程並不只限於科舉官僚。只是科舉考試實施之後，牽動了所謂「考試的策略」的產生。所謂「考試的策略」就是如何使家族能有許多的子弟參加考試，並中舉出身。宋代人對「家族」的研究在北宋時相當流行了一陣子，歐陽修、范仲淹、蘇洵、蘇轍、甚至於韓琦都寫過關於宗族組織的文章或下過這方面的工夫。對家族結構和修譜活動的興趣，其原因固然是受到貴族社會的解體所影響，但也是因為科舉考生需要有一個根據，好回饋自己的家族和地方。所以說中國社會結構在唐宋之際的改變與科舉考試的興起有相當的關連。這一點在近年來許多研究宋代考試制度的書中都可以看出來[18]。

考試制度當中有一個措施對地方意識的覺醒有比較大的影響。這就是

17　「地方」在《漢書》計出現23次，其中22次都屬「地方千里」一類的用法。另外一例是「修治長安獄，穿地方各數丈」，其「地」與「方」不應連讀。「方」指的是「平方」的意思，仍與「地方千里」的用法相同，「地」與「方」不應連讀。

18　參看我的〈中國科舉制度與家族結構的改變〉，登於《科舉學論壇》，2009年第二輯，頁2-9。現在也收入我的《卷里營營》（臺北：允晨，2012），頁159-187。

「解額」的辦法。「解額」是宋代的用語，但是在考試時，採取按照地方的情況或需要（例如參加本地考試的考生數目、地方的先進或後進等）來決定一個地方究竟可以送多少考生到京城參加第二級考試的方法，早在唐代時已經出現。「解額」制度對中國的地方「共同體」意識有相當重大的影響[19]。簡單地說，由於施行「解額」制度，宋代政府必須對各州縣（解額一般以州為單位，但也有縣級的解額）的需要有一定的了解，而各州縣不免也要爭取更寬的解額，於是政府含有社會公義的目標的制度變成了造成各地方競爭的動因。所以說從唐代以來，解額制度就開始成為政府操控地方社會的工具；但是另一方面，爭取解額也變成是地方要爭取政府認許的途徑。它的發展固然與科舉考試本身有關，但也在相當程度上促成了地方「共同體」自我意識的崛起。

想要操控解額制度的地方士人很多，因為解額的多寡在在影響地方的教育。北宋時歐陽修和司馬光就為解額制度的實施細節爭論了一番。這裡不詳述這一場爭論[20]。但是可以指出一點：宋代的解額制度對於地方的發展有相當大的關係和影響，而中央政府也利用它來遂行政治控制和教育控制的目的。

元朝所實行的蒙古人、漢人、南人分卷的制度以及明代的南北分卷都是政治控制的產物，思考的方向與解額制相同。而且各地的舉人額數也都按時代、需要和地理等因素來決定。可見科舉制度對中國社會的地方意識有多麼大的影響。

中國人口的南遷也造成了近世中國地方宗族組織的形成。北方人遷徙到南方，遇上的種種問題，有自然環境的，也有人文的，但是要到唐代時，南北中國的差異才真正突顯出來。這主要是因為在魏晉南北朝時，雖然晉室南移，不免產生土（南）、客（北）或土著、僑居的分野，但是由於入主北方的外族在文化上的不同似乎大於南方土著，因此南方的土著與僑人之間，相對沒有產生太大的認同歧異。南方人不像北方的外族。他們沒有能力組織國家，而對漢族文化的認同似乎遇到比較少的困難。因此甚至於可能是北方背

19　參看我的 "The Social Significance of the Quota System in Sung Civil Service Examinations," *Journal of the Institute of Chinese Studies, CUHK*, vol. 13（1982），pp. 187-218.

20　看上注所引文。

景的王羲之或顧愷之也都自稱是南方人。遷居南方的漢人很快地就被南方同化了，而南方的土著似乎也很快就接受北方的漢文化。總之，就是在這個時候，地理的差異所造成的文化的不同還沒有提升到意識的層面[21]。《隋書》〈經籍志〉編撰的時候，對南北學風的不同算是開始有一些初步的討論，但是我認為這樣的意識還是在萌芽的階段。

　　到了唐代，貴族社會式微，北方恢復漢人的統治，南北的差異逐漸明顯。這種警覺在當時的地理書上開始出現。系統地方志的著作反映了這樣的警覺[22]。我用「系統」這兩個字十分重要。因為各朝〈河渠志〉、〈地理志〉都不免會記錄各地不同的物產，而〈五行志〉也一定記錄各地氣候的差異。換句話說，地理上的南北差異或地域差異是人類與生俱來就有的經驗和知識，因此歷朝都有記載。但是在地理書上「系統的」記錄各地不同的物產（貢物）這就要等到貞觀時李泰編的《括地志》才有意識地從事這樣的努力。從此，唐朝政府也規定每三年要造圖經上繳中央。唐代這一個發展充分地反映了對地理或南北差異的警覺，把這樣的警覺提升到了意識和政策的層面。

　　這種地理上的差異的意識在唐宋時，由於北方人大量南徙，更變成了日常談話的重點，甚至於開始支配人們的思維方式。程民生在《宋代地域文化》一書裡，舉了一些例子。茲轉引如下：

　　　　南方之人，謂水皆曰江；北方之人，謂水皆曰河。
　　　　大地南人嗜鹹，北人嗜甘。

21　唐長孺的名著〈讀抱朴子推論南北學風的異同〉（看氏著《魏晉南北朝史論叢》[北京：三聯，1955]，頁351-381）對這裡的討論很有幫助。我們應該可以注意到該文沒有引任何當代人的說法，讓我們可以拿來證明當時人對這裡所說的異同有所警覺的。當然，葛洪非常懷念自己的南方文化和習俗，對許多模仿「中國」風氣或學風（例如「中國書[法]」）的人多所「譏惑」，似乎反映了人們對文化差異的警覺，但是他並沒有進一步系統地把這些差異「抽象化」，來作為一種普遍的現象，更沒有提出系統的理論來合理化這樣的差異。同時，葛洪寫《抱朴子》時，他自己已經是一個徹底漢（中國）化的「吳國」的人了。
22　當然，從上古時代就已經有各樣的地理著作，從《山海經》到南北朝的《水經注》，進步很多，但是系統的著作還是要到了唐代才真正出現。

　　大率南食多鹹，北食多酸。

　　南人尚左，北人尚右。

　　這些例子可以看出這種南北差異的意識已經成為一般生活的經驗話題[23]。於是就有比較系統的討論，想要解釋地理差別的原因：

　　大抵人性類其土風：西北多山，故其人重厚朴魯，荆揚多水，其人亦明慧文巧，而患在輕淺。肝鬲可見于梅睫閒。不為風俗所移者，唯賢哲為能爾。[24]

　　這段話是南宋初寫的。作者顯然沒有感到氣候或其他自然條件對不同地方經驗的影響，而且還認為賢哲應該可以克服這樣的地理因素，不受其支配。不管如何，宋代人應該是對地理環境的影響力有了相當深刻地感受。雖然有些人在意識的層面上，認為人不應受自己所處的客觀環境的影響，但是至少他們已經無法逃避對地理或環境因素的警覺。等到地方志大量出現之後，地方的特色和地方文化的重要性就變成了可以公開讚揚和鼓吹的東西。程民生說唐代的全國性的圖經，基本上是政治的著作，站在中央的立場來描繪各地區與中央的經濟及行政關係，而宋代的地方志「是以地方為出發點，……具有維護地方利益的意圖。……表明自強自立新氣象，成為地方自我意識」[25]。程民生的說法很有意義。宋代這樣的發展固然表明了地方志大量出現的原因，但更重要的就是它準備了「地方」作為一個「共同體」的抽象觀念的崛起。

　　第三個對地方意識的興起產生重大影響的應該是征服王朝的出現。我這裡用「征服王朝」沒有特別的深意，只是認為它們至少在行政的體制上面模仿漢族的儒家王朝，而得到中國人（或漢人）接受為中國的「正統」朝代。遼、金、元三代都是外族統治中國的全部或部分，都參與了建設和改變中國

23　程民生，《宋代地域文化》（開封：河南，1997）。

24　莊綽撰，《雞肋篇》，蕭魯陽點校（北京：新華，1983），上，頁11。

25　程民生，《宋代地域文化》，頁397-398。

歷史文化的工作，因此簡稱他們為征服王朝。但是我們必須記得他們在征服的過程中是被認為是外族的。特別是蒙古人，雖然他們接受了中國是天下文明的中心，卻同時不能不認為中國是他們統治的領土當中的一部分而已。這種對土地遼闊的感受可以認為是征服中國的外人帶給中國人的。現在舉一個《元史》的例子：

> 至正三年七月，中書省奏：「闊端阿哈所分地方，接連西番，自脫脫木兒既沒之後，無人承嗣。達達人口頭匹，時被西番劫奪殺傷，深為未便。」遂定置永昌等處宣慰使司都元帥府以治之。置宣慰使三員、同知二員、副使二員。首領官：經歷、知事、照磨各一員，令史十人，蒙古譯史四人，知印二人，怯里馬赤一人，奏差八人，典吏二人。

這裡的「地方」指的是很簡單的行政區域，也就是英文所說的area或region。然而，它反映了當時蒙古人的一個十分重要的問題，就是如何有效管治許多新政府的「地方」。我相信在中國歷朝政府裡，元朝的政府一定碰到最多這樣的問題。無怪乎，從元代開始，「地方」作為一的抽象的、形容詞似的、所謂"local"的觀念就大量出現了。事實上，我這裡用"local"這個英文字，其實帶有一定的危險性。在英文裡，我想它並沒有強烈地帶有與中央對立的含意。對大英帝國而言，帝國和「殖民地」的分別當然存在，但是local並沒有發展成為一個統稱「殖民地」的觀念。就美國而言，華盛頓和各州之間的關係並不是"central"對"local"的關係。事實上，只有漢學界才大量使用"local"這個字來翻譯中文的「地方」。西方有使用"the provinces"來描述中國的「地方」的。我懷疑這個用法恐怕也是漢學家承襲羅馬帝國的用法，才使它大為通行吧。它的意味很像中國過去所說的「郡縣」。

地方與中央對立的觀念大約是在宋代的征服王朝的政治需要下登場。征服王朝的最大的特點就是他們是以外族征服了中國。他們所引介統治中國的制度都帶有外族的風格和特色，也當然是按照他們所構想的政治理想來推行。在「地方」行政的運作上，地方和中央的對立就當然遠比以前尖銳。我現在舉幾個例子來說明當時人對這樣問題的說法：

據河間運司申：「本司辦課，全藉<u>郡縣行鹽地方</u>買食官鹽。去歲河間
等路旱蝗闕食，累蒙賑恤，民力未蘇，食鹽者少。又因古北口等處，
把隘官及軍人不為用心詰捕，大都路所屬有司，亦不奉公巡禁，致令
諸人裝載疙疸鹽於街市賣之，或量以斗，或盛以盤，明相饋送。今紫
荊關捕獲犯人張狡群等所載疙疸鹽，計一千六百餘斤。自至元六年三
月迄今犯者，將及百起。若不申聞，恐年終課不如數，虛負其咎。」
本部具呈中書省，照會樞密院給降榜文禁治之。[26]
調四川省蒙古、漢軍四千人，命萬戶囊加部領，赴雲南鎮守。其四川
省言：「<u>本省地方</u>，東南控接荊湖，西北襟連秦隴，阻山帶江，密邇
蕃蠻，素號天險，古稱極邊重地，乞於存恤歇役六年軍內，調二千人
往。」從之。[27]
延祐四年四月，河南行省言：「<u>本省地方寬廣</u>，關係非輕，所屬萬戶
府俱於臨江沿淮上下鎮守方面，相離省府，近者千里之上，遠者二千
餘里，不測調度，卒難相應。況汴梁係國家腹心之地，設立行省，別
無親臨軍馬，較之江浙、江西、湖廣、陝西、四川等處，俱有隨省軍
馬，惟本省未蒙撥付。」[28]
夫有土有人有財，然後可望軍旅不乏，餽餉不竭，今寇敵已至之境，
固不忍言，未至之處，尤可寒心，如此而望軍旅不乏，餽餉不竭，使
天雨粟，地湧金，朝夕存亡且不能保，況<u>以地方有限之費</u>，而供將帥
無窮之欲哉。其為自啟亂階，亦已危矣。陛下事佛求福，飯僧消禍，
以天壽節而禁屠宰，皆虛名也。今天下殺人矣，陛下泰然不理，而曰
吾將以是求福，福何自而至哉！潁上之寇，始結白蓮，以佛法誘眾，
終飾威權，以兵抗拒，視其所向，駸駸可畏，其勢不至於亡吾社稷、
爐吾國家不已也。[29]

26　《元史》卷97（志45下），頁2489。
27　《元史》卷99（志47），頁2548。
28　《元史》卷99（志47），頁2549。
29　《元史》卷186（列傳73），頁4267。

　　從上面的例子可以看見元朝在統治中國時，「地方」這個詞已經廣泛地用來指一種觀念，即與中央對立（對稱），但仍然是中央管轄的地域。同時，這樣的觀念反映了強烈的統治者和被統治的中國百姓之間緊張對立的關係。無論如何，元朝時，「地方」顯然已經是一個通用的觀念。

　　由於統治世界上最大的一塊土地，蒙古人當然發展出一套政策（或至少是一套想法）來規劃各個不同領地的「地方」制度。最近俄國史家Charles J. Halperin對蒙古統治俄羅斯期間的地方制度有新的看法，認為蒙古人採行的政策嚴格言之，還是十分的寬鬆，對俄羅斯現代的地方行政有一定的貢獻。而我們所說帝俄暴政的源頭，不應算在蒙古人頭上[30]。相同地，最新Jack Weatherford所寫的一本有關成吉思汗與現代世界的書[31]，也強調成吉思汗對各地風俗（特別是宗教）相當敏感，採行寬大的政策。Weatherford主張成吉思汗對現代價值的形成有相當的貢獻。

　　這些新的意見雖然表面上似乎是主張蒙古人的統治很寬大，但更重要的是它們更證明了蒙古人的統治機構相當靈活，對他們游牧民族的政府應該如何在農耕社會或其他不同的社會推行，有適當的警覺，並且對各地的宗教活動能一視同仁、平等寬待。或許我們甚至於可以這麼說：「地方」這樣的觀念是蒙古人統治中國時，得到真正加強而固定下來的觀念。

　　現在從蒙古人在中國的地方行政制度做出的安排，簡單也談這個問題。這就是所謂的「達魯花赤」的建制。按照Elizabeth Endicott-West的研究，蒙古人統治中國，對中國地方行政，混軍事統治與文官體制為一，產生了像「達魯花赤」這樣的官。同時，因為不信任中國人的地方官，蒙古人大量依賴胥吏。胥吏一般比較熟悉行政程序及規章條例，比諸地方文官有效率，一般中國文官因此更為忌刻。就地方行政的組織研製，蒙古人也推動了所謂「社」的組織，對傳統中國的地方行政作了一些改動。但是，蒙古人不能說是成功地把地方社會作有效的控制，即使在忽必烈定都大都以後，其情形也

30　Charles J. Halperin, *Russia and the Golden Horde: The Mongol Impact on Russian History*（Bloomington: Indiana University Press, 1986）.

31　Jack Weatherford, *Genghis Khan and the Making of the Modern World*（New York: Three Rivers Press, 2004）.

是如此[32]。Endicott-West 同意蕭啟慶的說法，認為蒙元的地方行政說不上中央集權，而是相當的分權[33]。但是在推動地方控制的方略上，蒙古人不能不盡量依據中國傳統的制度。不過有許多改動，也相當抵拒，這是他們無法完全達成有效的控制的原因。

從 Endicott-West 的說法我們可以看出，蒙古人所統治的疆域十分廣大，因此雖然不免用他們的傳統統治觀念來管理帝國，但是在忽必烈以後，四大汗國已經各自採行自己的統治方式，因應各自的「地方」需要，談不上中央集權，也更談不上一致的地方行政制度和策略了。這也就是說，對各地方的不同需要和風俗習慣，至少到了忽必略的時代，已經認識非常清楚，而在中國地區，元朝的地方制度相當反映了統治者的統治心態：中央和地方的對立。事實上，這也就是 Endicott-West 會注意到統治者必須大量使用胥吏，越過傳統中國文人地方官的這個現象的背景。

蒙古人統治疆域遼闊，因此在各地區的行政當然一定要因地制宜，不能求其統一，這是完全可以了解的事情。在中國，由於中國的地方行政制度，歷史非常悠久，所以蒙古人要推動他們的地方制度，當然比較困難。這是 Endicott-West 的看法。另一方面，有的學者就指出至少在蒙哥時，蒙古人為了繼續他們征服世界的雄心，他們是相當有效地動員各地的資源，按照各地的風俗及生產，來充實軍備，有效地達成補給的需要，造就了人類史上最大的帝國。這樣的說法可以充分佐證蒙古軍隊的效率，好像頗能由中央來統一、集權。但是也可以當作是蒙古人非常了解各地的風土人情，知道利用各地的特色，設計各不相同的機制，來替蒙古軍事作出最有效的服務[34]。換言之，就是對地域的差異相當能了然於心。他們的日常談話和政策的制定當中，一定常常帶有必須能分梳「中央與地方」的語詞。

「地方」這樣的詞逐漸地取代了傳統的「州郡」正好反映上面所說的蒙古人對傳統中國地方行政的疑慮。

32　Elizabeth Endicott-West, *Mongolian Rule in China, Local Administration in the Yuan Dynasty*（Cambridge, MA: Harvard University and Harvard-Yenching Institute, 1989）.

33　同上書，pp. 115, 123.

34　Thomas T. Allsen, *Mongol Imperialism, The Policies of the Grand Qan Möngke in China, Russia, and the Islamic Lands, 1251-1259*（Berkeley: University of California Press, 1987）.

　　總之，「地方」這樣的觀念在蒙古建設其偉大的帝國時，就因此成了一個流行的、一本受過教育能寫字的人的平常用語。

　　我這樣說，或許稍嫌浮誇，缺乏根據，但是略查遼代的石刻，則會發現連遼人都早已有「地方」這樣的抽象觀念。而且，這樣的用法，還存在於非政府的文字裡！遼朝留存的一些碑文可供參考：

> 大遼景州陳宮（公）山觀雞寺碑銘并序：「土俗傳說，曾觀山峰有金雞之瑞，因以名焉。載考刱修，不詳何代。地方沃爽，路概虛通。北依遵化城，實前古養馬之監；南臨永濟院，乃我朝煮鹽之場。九岈十峰，縈迴左右；甘泉仙洞，潛列東西。」[35]
> 釋迦定光二佛舍利塔記：時經四十九年，教演一十二分。所應度者，皆以隨宜方便度訖。其未度者，亦已與作得度因緣。顧此土之緣周，念地方之化益。於是就力士生地之內，詣堅固樹林之間。[36]

　　從這兩篇碑刻文字，我們可以看見在遼時，抽象的「地方」觀念已經浮現。這樣的警覺到了南宋時就變得相當清楚。外族的入侵的確豐富了中文文字裡的「地方」這個觀念。

　　以上從科舉考試的興起，中國人口的南移，以及征服王朝的入侵，我們看到了「地方」的觀念逐漸形成，代表了統治者意識到被統治地域的風俗、人情、需要和文化歷史的各有特色。這個觀念又常常是放在中央政府的統治這個脈絡裡使用。「地方」這個概念就這麼崛起了。

三、「地方」：事實與抽象的概念之間

　　唐宋之際中國人口和文化開始大量往南遷徙，大概在宋朝期間，南方正式成為比北方更為發達的地區。這不只是在經濟上如此，文化上也是如此。

35　《遼代石刻文編》，頁452。觀雞寺原作觀？寺，又陳宮山原作陳公山。據陳述，《全遼文》
　　（北京：中華，1982），8:18a改。
36　同上註，頁628。並見《全遼文》，11：314。按，這裡講的是佛的生平。

中國社會的發展從此就以南方為重心。朱熹在第12世紀時已經注意到這個現象，他說：「豈非天旋地轉，閩浙卻是天地之中也耶！」[37]換句話說，南宋備受外族欺凌，在12世紀初，人口再一次大量南移，本來已經開始有的「地方意識」再一次強烈地浮現。但是查考當時南宋人的筆記一類的材料，「地方」這個名詞仍然很少出現，而即使出現時，其意思也還主要是根據傳統的用法。這就是說，當時的宋人還沒有把這一個重要的事實抽象化。他們可能用各種不同的名詞來表達這個意念。例如「州郡」[38]、或列舉行政地名[39]，但是沒有發展出一個文化上或歷史上能成為一個可以認知的觀念。的確，「州郡」是最接近我們這裡所說的「地方」觀念。但是，「州郡」畢竟是一個行政單位，缺乏地方的廣泛含義，更缺乏「地方」作為一個可以認同的單位的意涵。

最後這一點比較重要，因為「認同」是一個因素，它是傳統中國政治地理所比較缺乏的觀念。我們可以拿《宋史》一兩個「州郡」為例，看看它們是不是可以用「地方」來完全取代：

> 熙寧三年五月癸巳，詔并邊州郡毋給青苗錢。[40]
> 大觀元年秋七月壬寅，班祭服于州郡。[41]
> 建炎二年冬十月甲寅，命揚州濬隍修城・閱江、淮州郡水軍。[42]

相同地，我們也可以拿《元史》一兩個「地方」為例，看看它們是不是可以用「州郡」來完全取代：

> 至正十二年三月癸丑，中書省臣請行納粟補官之令：「凡各處士庶，

37　朱熹，《朱文公文集》續集卷二，〈答蔡季通〉。

38　《宋史》、《遼史》及《金史》計出現了313次。可見這是傳統的觀念。

39　或把方位舉出來，如「南人」、「北人」，「南方」、「北方」。即使這樣的用法，也還不像「地方」的帶有與中央對立的行政含義，更沒有「地方」的全稱（universal）意涵。

40　《宋史》卷15（本紀15），頁276。

41　《宋史》卷20（本紀20），頁378。

42　《宋史》卷25（本紀25），頁457。

果能為國宣力，自備糧米供給軍儲者，照依定擬地方實授常選流官，依例陞轉、封贈；及已除茶鹽錢穀官有能再備錢糧供給軍儲者，驗見授品級，改授常流。」從之。[43]

至正三年七月，中書省奏：「闊端阿哈所分地方，接連西番，自脫脫木兒既沒之後，無人承嗣。達達人口頭匹，時被西番劫奪殺傷，深為未便。」遂定置永昌等處宣慰使司都元帥府以治之。[44]

延祐六年，部呈：「福建、兩廣、海北、海南、左右兩江、雲南、四川、甘肅等處廕之人，如父祖始仕本處，止以本地方用。據腹裡、江南歷仕陞等遷往者，其子孫弟姪承廕，又注遠方，誠可憐憫。今將承廕人等量擬用，福建、兩廣、八番官員擬江南廕，海北、海南、左右兩江官員擬接連廕，雲南官員擬四川廕，四川、甘肅官員擬陝西廕。」[45]

　　我認為這些例子中看到的「地方」，其意涵的確與傳統的「州郡」有了一些不同，可以讓我們看到「地方」這個觀念的內容已經比「州郡」大了許多，而且多少帶有與中央政府相應而又似乎對立的意思。這樣的發展實際上在北宋還不明顯（上舉《遼史》的例子自然不可以當作是宋朝的官方材料），不過到了南宋，官府文書就偶爾會出現以「地方」代替「州郡」的現象。例如李心傳的《建炎以來朝野雜記》就有這樣的話：

祖宗時蜀中上供，正賦之外惟有三路絹綱三十萬匹、布綱七十萬匹、每匹為直三百文。而茶鹽酒皆未有管榷。是上供之外，一歲供於地方僅三十萬緡也。[46]

　　這裡的「地方」就可以完全當作是「州郡」的替用詞。可見到了南宋

43　《元史》卷42（本紀42），頁896。
44　《元史》卷92（志41下），頁2338。
45　《元史》卷83（志33），頁2061。
46　乙集／卷16，頁1041。

時，中央政府的官方文書裡，終於開始出現具有蓋括性的、抽象義的「地方」了。

近二十年來，西方及日本學者多注意到宋代地方意識的興起。西方學者，主要是狄培理（Wm. Theodore de Bary）相當重視朱熹（1130-1200）所提倡的種種書院或社倉之類的機構，目的在助長地方上的人應該一同建設它們。換言之，朱熹提倡要在政府（國家）與個人的家庭之間的「地方（空間space）」建立一個相應的共同體[47]。這樣的議論在日人竺沙雅章的作品中得到了佐證[48]。簡單地說，在地方上，大家族、書院或專業團體（例如「行」、「社」組織）就是代表地方色彩的團體。這些團體往往由所謂的「士人」所領導，他們不同於政府的官員，也不同於地方的老百姓。他們是地方文化的塑造者。他們往往選擇經營自己「地方」（家鄉）的產業、領導宗族組織，與政府達成相當程度的相互諒解，扮演宣傳政令、安定地方社會的角色。但是他們對地方有一定的感情，勤於參與地方的事務，影響地方的文化和歷史感。這樣的現象在宋朝時發達得特別清楚。

包弼德（Peter Bol）對宋元之際的地方歷史有相當的研究，他在考察各地方史地的差異之後，覺得不能了解中國的國家又是如何維繫在一起的[49]。這是一個十分重要的問題。這個問題自然不能單純只用地理、風俗人情，或甚至於經濟政治的力量來加以解釋。如果我們從「地方」作為一個文化的、抽象的觀念來看，那麼，包弼德的問題是有意義的。我這篇文章雖然不是寫來答覆他的這個問題，但是，我認為從「地方」作為一個抽象觀念的興起這個角度來看，特別是從「地方」作為是一個在征服王朝下面產生的文化觀念看時，那麼或者會了解在蒙古人統治之下的漢人如何凝聚了所謂的「地方」觀

47　參看 Wm. Theodore de Bary 與 John W. Chaffee 合編的 *Neo-Confucian Education, the Formative Stage*（Berkeley: University of California Press, 1989）。

48　竺沙雅章：「北宋士大夫の徙居と買田」，《史林》54卷（1971），頁28-53。並請參考下注所提到在日本會議的各種論文。

49　Peter Bol, "On Local History and the Later Imperial Nation—The Jinhua Case," 2005年1月8-9日在東京大學 Symposium on *Everyday Space in Traditional China* 發表。此文之日譯文出版於《中國—社會と文化》（2005），頁364-389，題為「地域史と後帝政國について—金華の場合」。

念，而產生一種不同於傳統中國的「天下」的政治秩序或共同體的想法（觀念）。這是一個充滿辯證性的回答，因為蒙元帝國的「地方」乃是建築在對文化的多元性的意識上面而成立的，但是它在被統治者的心中卻成為抵抗這種普世性原則的意念符號。

地方做為一個抽象觀念是在「地方」成為一個歷史的事實（現實）之後的產物。它反映了「郡縣」作為一個文化或歷史觀念的不足。就這樣，「地方」興起了。

四、結論

以上從「地方」觀念的抽象化談起，來討論宋、金、元之際的中國政治地理以及史學的一個轉折。過去學者多重視唐宋轉型期的社會及經濟變革。但是最近的學者也注意到所謂宋元的轉型。宋元的轉折可能帶有更深遠的世界史的意義，因為蒙古人在制定有關中國的政策時，不免會把它放在他們所同時統治的歐亞大陸的脈絡來考量。這就說明了「地方」作為一個觀念會有這樣的發展。當然，唐宋以降的中國社會，其發展也準備了一個新的「地方」觀念的浮現。這些變動包括了北方人口的大量南移以及科舉制度對地方文教的影響。這兩個因素加上了征服王朝對中國地理的認識，自然造成了中國政府的官方文書開始出現抽象化的「地方」這個詞。

而事實上，中國從唐代開始就已經有了比較明確的地方觀念，只是從政策的，或者歷史紀錄（也就是說「史學」）的層面上看，這個觀念並沒有凝聚成一個真正的名詞。唐代以後，全國的總志（圖經）和地方志都開始出現，而地方志到了宋代更是成為地方官的政績的一部分。於是地方觀念受到了重視，使許多地方士人和思想家更關心地方的事務。上面說陸九淵提出「中間空間」的理念，其實朱熹也十分重視地方士人的中介角色。他們都對建設一個「地方性」的空間有一定的看法和憧憬。南宋時，這個「地方」共同體觀念已經正式登場。到了蒙古人把中國當作是他們歐亞帝國的一個「地方」時，這個觀念就更為成熟了。

中世以降中國的「地方」觀念於焉完成。

13世紀桂學釋奠二圖的新發現

陳芳妹[*]

序

　　中央研究院傅斯年圖書館收藏拓片一幅，不只碑額自題名為〈釋奠牲幣器服圖〉（圖一），且自名年代：元大德二年（1298），更自名地緣：靜江儒學，正屬大元西南邊陲。此拓片以圖為名，以儒學儀物圖像為其特色。這種有時與地的記年的特殊圖像拓片，在1989年出版的《北京圖書館藏中國歷代石刻拓本匯編》[1]一百巨冊中，元代雖占有三冊，可惜並未收錄。1998年，更有以中國邊陲大地區為主的匯編出版，以中國西南地區為主的《中國西南地區歷代石刻匯編》，不只有二十巨冊，特別是，廣西桂林一地，獨占五大冊，所幸，與本拓片成套的另一拓片〈釋奠位序儀式圖〉碑（圖二）[2]，業已收錄其中，但圖像文字多已風化。唯同屬桂林文物圖像，而文圖更為清晰的史語所拓片仍闕如，當然更沒有說明二碑的成套關係。

---

* 台灣大學藝術史研究所兼任教授。

1　北京圖書館金石組編，《北京圖書館藏中國歷代石刻拓本匯編》（鄭州：中州古籍出版社，1989）。

2　重慶市博物館編，《中國西南地區歷代石刻匯編》，第11冊廣西桂林卷（天津：天津古籍出版社，1998），頁4。

圖一　廣西桂林府學〈釋奠牲幣器服圖〉拓本

中央研究院傅斯年圖書館藏

圖二　〈釋奠位序儀式圖〉碑

現存廣西桂林中學　作者自攝

　　近年來學界雖然陸續出版有關碑刻的大部頭彙編，如2000年十巨冊《中國西北地區歷代石刻彙編》[3]、2009年巨冊《三晉石刻大全》[4]，但類似的13世紀儒學儀物圖像碑刻，在其他地方的碑刻彙編中，目前似乎仍罕見。

　　13世紀儒學儀物圖像碑，為學界所漠視的現象，在兩年前筆者到桂林中學訪查殘留的桂林府學碑林時，得到部分的理解。原來史語所拓片所由自的〈釋奠牲幣器服圖〉碑已不見，只剩風化已深的相關的另一碑，〈釋奠位序儀式圖〉。此現象不只說明何以西南石刻匯編中，史語所拓本闕如之因。更顯示此拓本因不見於現代圖像彙編的稀珍性。

　　〈釋奠牲幣器服圖〉、〈釋奠位序儀式圖〉二碑圖像的珍貴性，更可從比較清人的訪查紀錄，進一步識得。康熙三十九年（1700）曾任桂林府通判的汪森[5]（1653-1726）輯錄的《粵西文載》，收有此二碑資訊。唯既以文載為名，只錄碑文[6]，不只圖像闕如，撰文的年代及作者的官銜、碑的地點也省略，使得記文的時間與作者身分訊息消失了。嘉慶四年至七年[7]（1799-1802）任廣西巡撫的謝啟昆（1737-1802）為重撰《廣西通志》，請人親訪摹拓並先行刻印成《粵西金石略》，不只補足了記文年代、撰文者官銜、記文在碑面的部位，並明記碑的地點在桂林府學。可見史語所拓片所出自的碑在19世紀初葉仍存在。同時另一碑〈釋奠位序儀式圖〉碑記亦被收錄[8]。但是很可惜的是碑上的圖像亦從略。

　　筆者曾在2008年，正想將臺灣臺南孔廟所藏乾隆紀年祭器從釋奠儀物圖像發展史的角度進行了解之際，發現目前現存的相關圖像資料，主要以明清所輯錄的為主，包括朝廷禮書及與闕里志系列有關的明清多種版本[9]。唯宋元

3　趙平編輯，《中國西北地區歷代石刻彙編》（天津：天津古籍出版社，2000）。

4　劉澤民總主編，《三晉石刻大全》（太原：三晉出版社，2009）。

5　（清）金鉷修、（清）錢元昌纂，《廣西通志》（四庫本）卷58，頁45。

6　（清）汪森，《粵西文載》（四庫本）卷26，頁6-8。

7　趙爾巽撰，《楊校標點本清史稿》卷203，疆臣年表七（台北：鼎文，1981），頁7740、7743、7744。

8　（清）謝啟昆，《粵西金石略》（嘉慶辛酉〔1801〕銅鼓亭版）卷14，頁4-6、9-10。

9　（清）孔令貽彙輯，《聖門禮誌》（濟南：山東友誼書社，1989）、（清）金之植編輯，《文廟禮樂考》（濟南：山東友誼書社，1989）、（清）藍鍾瑞纂，《文廟丁祭譜》（濟南：山

者殊少，以朱熹為名的《紹熙州縣釋奠儀圖》，卻只有清代版本傳世[10]。中央研究院史語所傅斯年圖書館珍藏此拓片，圖文並茂，人時地資料俱全，2009年筆者曾對該拓片進行研究，但僅聚焦於四種釋奠儀物中的一種，即器物的部分，試從朱熹與釋奠儀圖的關係角度討論此資料[11]。唯相關資料及近日所作桂林田野調查的結果，皆提出仍有另外三大研究角度，有必要給以再詮釋。

第一，〈釋奠牲幣器服圖〉碑拓片包括四類圖像。誠屬特殊而罕見。相對的，在流傳至今的有關釋奠圖像資料中，特別是朱熹為地方祭祀孔子的專著《紹熙州縣釋奠儀圖》，則僅存的清四庫本，只有器物圖像而已。前者提出當代釋奠儀物可能四類「成套」的具體圖像，其題名正與圖像相互指涉。〈釋奠牲幣器服圖〉拓片，不只是拓自高達219公分巨碑（圖一），由上而下，第一至第五層，圖文並列，文與圖示相互說明，幾乎占碑面近三分之二。相對的，第六、七兩層則為題記，說明立碑的原委、時間與地點。先前我根據題記，僅從朱熹對釋奠祭器關注與影響的角度，孤立的談到〈釋奠牲幣器服圖〉四種圖像中最大宗的「器」（第一、二、三層）而已。至於「牲」（第一層）、「幣」（第四層）、「服」（第四、五層）則尚未齊觀。本文想進一步探索的是，該拓片提出祭拜孔子的禮儀用物，事實上是被細緻的以四種文物立碑圖示，正發生在題記所明說的宋元之際，而與明清有關釋奠儀物圖像有所區隔，為什麼有此不同？其有傳統根據否？這種對祭孔釋奠儀物圖示的詳細度與重點類別，其如何形成？其是否有地方官的選擇或自主性？

第二，事實上〈釋奠牲幣器服圖〉碑拓片顯示，成套儀物不只被圖像化，羅列展示成一碑。儀物在儀式空間中的部位關係，亦經圖像化，而展示在另一碑，〈釋奠位序儀式圖〉碑。二者形成宋元時期祭孔釋奠「儀物」與「儀式」「二圖」搭配成套的可能性。去年本人赴廣西桂林田野調查，目驗發現

東友誼書社，1989）、（清）梁詩正撰，《西清古鑑》，收入《文淵閣四庫全書》，第841-842冊（臺北：臺灣商務印書館，1983）、（明）李之藻撰，《頖宮禮樂疏》，收入《文淵閣四庫全書》，第651冊（臺北：臺灣商務印書館，1983）。

10　（宋）朱熹撰，《紹熙州縣釋奠儀圖》，收入《文淵閣四庫全書》，第648冊（臺北：臺灣商務印書館，1983）。

11　陳芳妹，〈「與三代同風」：朱熹對東亞文化意象的形塑初探〉，《國立臺灣大學美術史研究集刊》，31期（2011），頁61-150。

後者〈釋奠位序儀式圖〉碑仍立於中國廣西桂林中學中，雖風化嚴重，仍可見其題額及殘存儀物在儀式中擺示的部位圖（圖二）。說明〈釋奠牲幣器服圖〉碑在宋元歷史情境中是與〈釋奠位序儀式圖〉碑[12]成套被圖像化的，〈釋奠牲幣器服圖〉碑題記中，至少出現七次的「二圖」詞彙，是有其緣由的。

第三，根據題記，此二碑被稱為「桂學釋奠二圖」，立碑題銘者，與南宋廣南西路靜江府學以及元代靜江路儒學有關。不只說明二圖出自地方，而非中央，且說明出自西南邊陲的瘴癘之區，而非中心。其與地方儒學官吏相關。邊陲官吏如何移植，並將「寓乎器物」的祭孔釋奠禮的儀物與儀式，不只圖像化，且巨碑化。其立於南宋，在元戰火中消失，二十一年後再立。至今，一碑仍立於桂林中學，另一碑則以拓片形式珍存中研院史語所，展現邊陲地方儒官在煙瘴之區推動「儒教」的近似傳教士的作為與價值觀。

一、提典刑獄吳純臣的釋奠禮儀觀——圖像化與立碑化

根據第六七層碑文題記，吳純臣，是將釋奠儀物與儀式圖像化，而立碑於帝國西南邊陲的碑文的為文者與發起者，見於碑面第六層。值得注意的是，他並不像署名於其後立碑的許正大，為靜江府府學教授，身分與儒學釋奠等事直接相關。相對的，吳純臣官銜，則為廣南西路提點刑獄公事，是專知糾察該路州軍的刑獄公事[13]。因此他在記文中則為其作為地方的掌刑獄者，何以要「圖像化」與「立碑」的具體作為，建立出地方刑獄官的釋奠禮儀觀。

首先他說明釋奠禮，所使用的儀物，所執行的儀式，一年只春秋兩次。典禮一結束，儀物，則復收藏於有司；儀式，則事過境也遷。作為靜江府的刑獄官，他對釋奠禮對地方的重要性有新的認識。他以為釋奠禮是唯一通行於地方且中央也執行的儀式，是地方得以理解朝廷各種宗廟等中央級禮典的唯一有具體相通的管道。所謂「容典多存於朝廷宗廟間，獨釋奠通行於郡

---

12 重慶市博物館編，《中國西南地區歷代石刻匯編》，第11冊廣西桂林卷（天津：天津古籍，1998），頁4。

13 （元）脫脫等撰，《新校本宋史并附編三種 五》卷167，職官七（台北：鼎文，1978），頁3967-3968。龔延明編著，《宋代官制辭典》（北京：中華書局，1997），頁485-486。

邑」。因此他以為釋奠禮是地方必須要重視的，甚至是唯一重要的禮典，將釋奠禮的儀物與儀式的暫時性改變成永恆性的作法，是「圖像化」，與「立碑化」。所謂「儀文纖悉」、「圖而示之」，此圖像化方法的採用，正因為視覺所展示的對象，「閭巷田野之民」「得諸目擊」，以收易懂之效。其目的，他以為目擊者必然會「中心起敬」、「遷善為君子」。此地方官員選擇釋奠儀儀物與儀文，作為「教化」的主要內容，為了一日也不能缺乏，以視覺語言以與田野之民溝通，其媒介與形式，為立「碑」在學校，所謂以「登庠序之版」。這種場域，既公共化，也比暫時的典禮具永恆性。這種暫時性，一如上古周官公布法令於象魏，雖為公領域，但挾日而收。吳純臣記文，正道出點獄官以禮代刑，以達於天下的公共教化理想。此具體化的南宋士大夫的釋奠禮儀觀，為文書碑的時間為嘉定丁丑（1217）十月。

二、碑面圖像化的手法與圖文關係

〈釋奠牲幣器服圖〉碑，圖像化「牲幣器服」四類，包括祭拜用的「牲」與「器」以及祭祀者的佩戴飾「幣」與「服」，反映13世紀初地方釋奠儀物圖像的核心類別。較早的朝廷禮書如《大唐開元禮》[14]雖有州縣釋奠儀，但無圖。宋代禮書如《禮書》[15]、《三禮圖》[16]雖圖文對照，依經而附圖。而《政和五禮新儀》[17]則是有文字而無圖像。較晚的明代《闕里志》[18]，「圖」則與

14　（唐）蕭嵩撰，《大唐開元禮》（四庫本）「諸州釋奠于孔宣父」，卷69，頁1-6；「諸縣釋奠于孔宣父」，卷72，頁1-6。

15　（宋）陳祥道撰，《禮書》（四庫本）「牲」寫於卷77；「幣」於卷58-59；「器」於卷95-104等；「服」於卷4-6、10、14、16、19-20、23等。

16　（宋）聶崇義撰，《新定三禮圖》（北京：北京圖書館，2006，淳熙二年，鎮江府學刻公文紙印本），「幣」，《新定三禮圖四》卷11；「器」，《新定三禮圖四》卷12-14；「服」，《新定三禮圖四》卷1-3、8。

17　（宋）鄭居中等奉敕撰，《政和五禮新儀》（四庫本），「牲」：卷5，頁8-10；「器」：卷5，頁3-8。

18　（明）陳鎬輯，《闕里志》（北京：書目文獻出版社，1988，明嘉靖三十六年應明德刻本），「牲」於卷1提及，頁39-42，無圖僅有文字；「器」於卷1，頁21-39，有圖有文；「服」於6，頁2-3，無圖僅有文字。

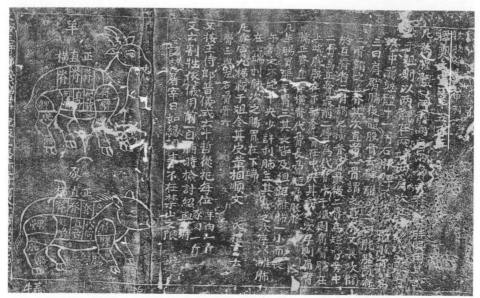

圖三　廣西桂林府學〈釋奠牲幣器服圖〉拓本（「牲」圖像與文字部分）

中央研究院傅斯年圖書館藏

「文」，往往在內涵上，或相互指涉，或互補，各有所長。甚至「牲幣器服」
詞彙，在有些宋元著錄中[19]，似乎是國家郊祀等祭典的代稱。桂林府學〈釋奠
牲幣器服圖〉碑，正是把「牲幣器服」此四類與釋奠禮相連，不只給以「圖
像化」，更圖文對照，建立與上古文獻及當代朝野有關禮書及禮制的研究。
呈現地方官為地方重要禮儀的理解、研究、選擇、輯錄與學養。

　　「圖像」展現執禮時所用儀物的具體選擇，「文字」說明「圖像」有上古
多元文獻根據，呈現南宋地方官為釋奠儀物圖示，是經慎重選錄相關古文獻
與當代研究相互參照的結果。圖與文在碑面的部位安排上，或並列，或相隔
不遠。如「牲」圖在右，與左文並列（圖三）。牲的圖像，只畫出羊與豚，並
不包括牛[20]。右邊文字則明說「釋奠文宣王羊五豚五」。顯然，圖像明示用牲

19　（宋）陳祥道撰，《禮書》（四庫本）。（宋）聶崇義撰，《新定三禮圖》（淳熙二年，鎮江
　　府學刻公文紙印本）。（宋）鄭居中等奉敕撰，《政和五禮新儀》（四庫本）。

20　根據《政和五禮新儀》（四庫本）卷5，頁16。「凡祀昊天上帝，羊豚之外始用犢」。

廣西桂林府學〈釋奠牲幣器服圖〉拓本	《禮書》（四庫本）
羊	
豕	

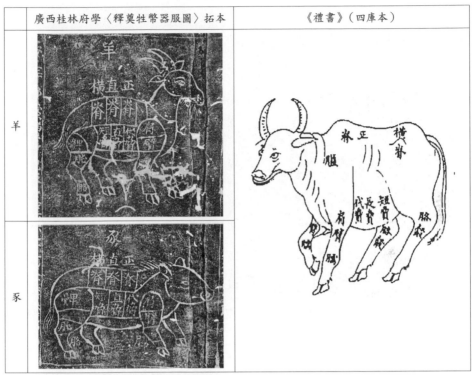

圖四　廣西桂林府學〈釋奠牲幣器服圖〉拓本（「牲」圖像部分）與《禮書》比較

種類，卻可能或受版面所限，並無意明示用牲數量。數量，則賴文字輔助說明。這種對孔子祭禮所安排的禮數，正與《政和五禮新儀》的規定與文字[21]同，雖然在碑上並未如此明說。「圖像」明示牲體部位專稱，如「正脊」、「直脊」、「橫脊」、「代脅」、「直脅」、「短脅」；前足分別稱為「肩」、「臂」等，後足則為「髀」、「肫」、「胳」。這種圖像的表達重點，與宋陳祥道《禮書》[22]（圖四）相近，可能不是此釋奠圖的新創，而是綜合北宋禮書圖像傳統，應用到釋奠儀圖中的結果。碑面圖像，對照右邊文字說明，知牲體祭祀時，各部位的數量及盛放於俎。

21　（宋）鄭居中等奉敕撰，《政和五禮新儀》（四庫本）卷5，頁9。
22　（宋）陳祥道撰，《禮書》（四庫本）卷77，頁1。

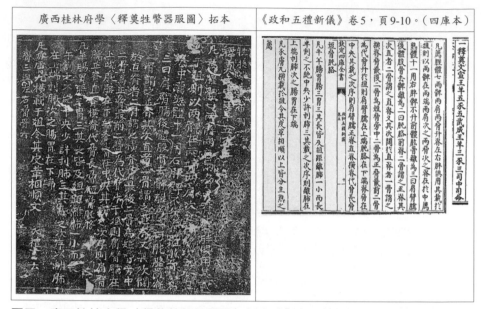

廣西桂林府學〈釋奠牲幣器服圖〉拓本	《政和五禮新儀》卷5，頁9-10。（四庫本）

圖五　廣西桂林府學〈釋奠牲幣器服圖〉拓本（「牲」文字部分）與《政和五禮新儀》對照

　　至於有關「牲」的文字內容與用詞，皆與《政和五禮新儀》[23]同（圖五），很可能直接從中央禮典取錄而來。文與圖不只相互說明，且一齊提供行儀時，中央直通地方的清楚而具體的可行圖文。必須注意的是，直接取錄的朝廷禮書禮制，是否因理所當然，而在碑文中並未言明出處？倒是碑文有關「牲」的主體文錄的終結後，又附有包括陳祥道《禮書》對祭豚的具體數[24]等的可參考的不同說法。同時，對從祀的確切用牲數方面，《政和五禮新儀》並未提到，碑文引王普研究加以補充，王普是高宗朝的禮官[25]，其研究當在《政和五禮新儀》之後，反映吳純臣此地方官充分參考士大夫及禮官對北宋到南宋朝廷禮制的研究成果與變遷。

23　（宋）鄭居中等奉敕撰，《政和五禮新儀》（四庫本）卷5，頁9-10。

24　（宋）陳祥道，《禮書》（四庫本）卷77，頁3。「脊骨三與左右脅骨六」。

25　（元）脫脫等撰，《新校本宋史并附編三種》卷152，輿服四（台北：鼎文，1978），頁3546-3547。王普於紹興四年上奏關於冕服的改制。

	廣西桂林府學〈釋奠牲幣器服圖〉拓本	《禮書》（四庫本）
佩玉		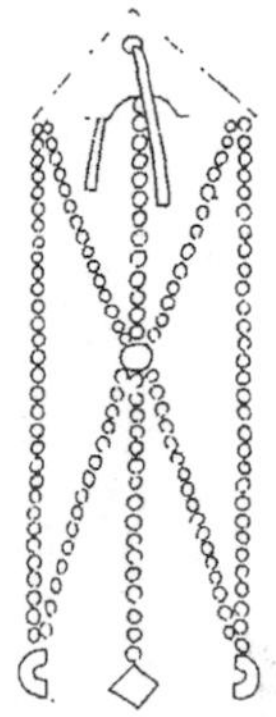
組綬		

圖六　廣西桂林府學〈釋奠牲幣器服圖〉拓本（「佩玉」、「組綬」圖像部分）與《禮書》比較

　　「幣」的圖像，在碑面第五層中間，也與陳祥道《禮書》[26]（圖六）幾乎大同小異，再度證明此釋奠儀圖圖像的形成，與北宋《禮書》的圖像系統傳統有所關聯。碑上「幣」圖像，如「璜」，形制相同，而「衝牙」卻互異，但更詳實地將圖示的個別玉飾，標上周禮的名稱，而使圖像與專稱的對應關係更明白易懂，加強閭里巷民藉由釋奠儀物圖像與上古經典繫連的可能性。

　　就桂林府學「釋奠牲幣器服圖」碑有關「器」的圖像，在碑面第一、二、三層，計器物十九類。每類明示圖像，包括類名、形制紋飾尺寸（隨附

26　（宋）陳祥道撰，《禮書》（四庫本）卷19，頁1。

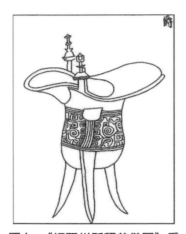

圖七　《紹熙州縣釋奠儀圖》爵

（宋）朱熹，《紹熙州縣釋奠儀圖》，頁44。

圖八　《新定三禮圖》爵

（宋）聶崇義，《新定三禮圖》卷12，頁4。

量尺）。在此項，吳純臣以文錄下朱文公訂正的新禮器系統的形制與器類時
的申請文，已超越北宋初以來到南宋仍流行的聶崇義三禮圖，以文字說明此
碑的圖像事實上乃根據朱文公訂正而來。因為這是考三代器物遺法制度而
來。紹興十五年（1145）雖有聖旨，依其樣制印造，並頒付州縣遵用，可惜
在吳純臣立碑之際，聶氏禮制依然盛行。查朱文公為引入有三代古器根據的
州縣釋奠禮器圖像如爵（圖七）等，以取代聶崇義的與三代缺乏關聯的爵制
（圖八），確實有過三次（1179-1194）向朝廷申明[27]重新頒布州縣釋奠儀圖。
吳純臣立碑時則已在朱熹最後申明的三十四年後。依碑文所述，聶氏禮圖仍
行於州縣。吳純臣因此在碑中第一層第一件禮器圖開始之前以文說明其選擇。
按碑上十九件禮器圖像，與朱熹《紹熙州縣釋奠儀圖》大體相近[28]（圖九）。

　　此外，吳純臣在釋奠牲幣器服的「服」方面，將「服」圖像安排在碑面
的第四、五層，從「冠」（圖十）到「服」（圖十一）到「屨」（圖十二），
基本上與《禮書》大同小異（圖十三）。值得進一步注意的是，在第四層第

27　陳芳妹，〈「與三代同風」：朱熹對東亞文化意象的形塑初探〉，《國立臺灣大學美術史研究
　　集刊》，31期（2011），頁61-150。

28　陳芳妹，「與三代同風」：朱熹對東亞文化意象的形塑初探〉，《國立臺灣大學美術史研究
　　集刊》，31期（2011），頁61-150。

	廣西桂林府學〈釋奠牲幣器服圖〉拓本	《紹熙州縣釋奠儀圖》（四庫本）
簠		
簋		
豆		

圖九　廣西桂林府學〈釋奠牲幣器服圖〉拓本（「簠」、「簋」、「豆」圖像部分）與《紹熙州縣釋奠儀圖》形制比較

圖十　廣西桂林府學〈釋奠牲幣器服〉拓片（「冠」圖像部分）

中央研究院傅斯年圖書館藏

圖十一　廣西桂林府學〈釋奠牲幣器服圖〉拓片（「服」圖像部分）

中央研究院傅斯年圖書館藏

圖十二　廣西桂林府學〈釋奠牲幣器服圖〉拓片（「履」圖像部分）

中央研究院傅斯年圖書館藏

	廣西桂林府學〈釋奠牲幣器服圖〉拓本	《禮書》（四庫本）
冕		
衡		
笄		
裳		

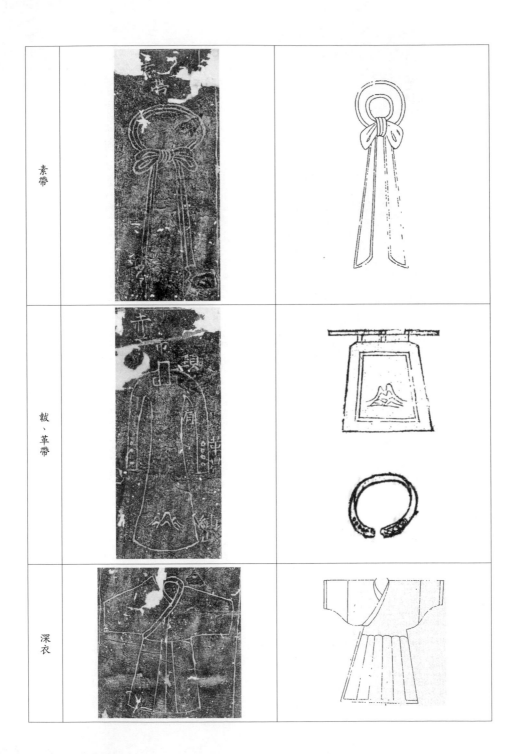

履	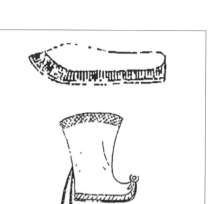

圖十三　廣西桂林府學〈釋奠牲幣器服圖〉拓片（「冠」、「服」、「履」圖像部分）與《禮書》比較

圖十四　廣西桂林府學〈釋奠牲幣器服圖〉（「冕服王侍郎普儀式」文字部分）

中央研究院傅斯年圖書館藏

一圖開始之前，即有一文與之對照。開宗明義，言明再度採用的是禮部王侍
郎普的有關冕服（圖十四）的論點。與牲圖時引用王普有關從祀的論點不
同，王普論從祀用牲數，目前我們尚找不到文獻紀錄，但王普有關冕服制的
論點，我們有幸在元脫脫《宋史》[29]中找到了，時間是紹興四年的奏言。

　　總之，〈釋奠牲幣器服圖〉碑的圖與文，反映了13世紀初州縣釋奠儀的
中央定制不彰中，重視此禮此儀的地方官吏的學養與選擇的自由程度。

三、〈釋奠位序儀式圖〉碑的新發現──「桂學釋奠二圖」的意涵

　　值得進一步追問的是，史語所拓片所僅保存的〈釋奠牲幣器服圖〉自成
一碑，何以在最底一層的元代魯師道及臧夢解的記文中皆提到「二圖」（圖
十五）？若另有一圖，圖像內容為何？與此圖是何樣的關係？桂林中學的殘
存的桂林府學的碑林中，有另一碑〈釋奠位序儀式圖〉碑（圖二）。唯〈釋
奠位序儀式圖〉碑石已甚風化，卻隱約仍見儀式中禮器陳設的方式。

　　此碑碑面及碑文格式與廣西桂林府學〈釋奠牲幣器服圖〉碑相當的另一
碑，可識出題額名為〈釋奠位序儀式圖〉碑。查《粵西金石略》[30]，記錄有碑
記，但沒有記錄釋奠儀式的儀文及儀式的圖式。該碑記在現存碑中已極斑
駁，有賴謝啟崑啟請人在18世紀末的訪查登錄，得知此碑碑記為廣西道肅政
廉訪司照磨金曠所撰，時間在延祐五年（1318）。文中即紀錄，釋奠「儀式」
「器服」圖成，「案二圖乃宋嘉定丁丑─吳公輯勒朱文公訂正本」而來，證實
史語所拓片題記中魯師道「二圖」（圖十五）更包括〈釋奠位序儀式圖〉碑。

　　從可辨識的、到模糊的、到完全不見文圖的碑面，參考核對宋至清以來
留存的文獻，包括《粵西金石略》[31]、金鉷《廣西通志》[32]、朱熹《紹熙州縣釋

29　（元）脫脫等撰，《新校本宋史并附編三種》卷152，輿服四（台北：鼎文，1978），頁
　　3546-3547。

30　謝啟崑，《粵西金石略》（嘉慶辛酉〔1801〕銅鼓亭版）卷14，頁229。

31　（清）謝啟崑編撰，《粵西金石略》，收入《歷代碑誌叢書‧第22冊》（南京：江蘇古籍出
　　版社，1998。嘉慶辛酉〔1801〕銅鼓亭版）。

32　（清）金鉷修、（清）錢元昌纂，《廣西通志》，收入《文淵閣四庫全書》第565-568冊（臺
　　北市：臺灣商務印書館，1983）。

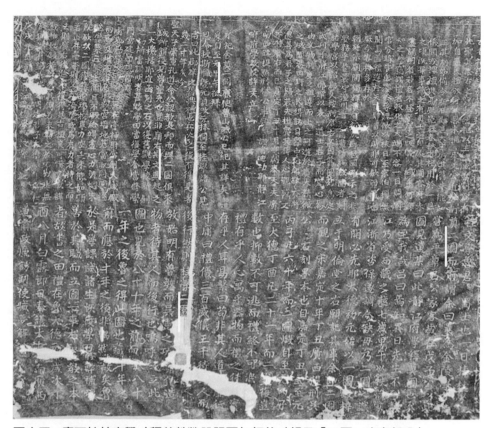

圖十五　廣西桂林府學〈釋奠牲幣器服圖〉拓片（提及「二圖」文字部分）

中央研究院傅斯年圖書館藏

奠儀圖》[33]等有關儀式儀文的紀錄，以及《越中金石記》[34]、《成化新昌縣志》[35]
的另一釋奠碑圖的文獻紀錄，已得到初步的新發現。

33　（宋）朱熹撰，《紹熙州縣釋奠儀圖》，收入《文淵閣四庫全書》第648冊（臺北：臺灣商
　　務印書館，1983）。

34　（清）杜春生編，《越中金石記》，收入《石刻史料新編‧第二輯‧地方類‧10》（臺北：
　　新文豐，1979）。

35　（明）李楫修、（明）莫旦纂，《成化新昌縣志》，收入《著名圖書館藏稀見方志叢刊系
　　列‧上海圖書館藏稀見方志叢刊‧106》（北京：國家圖書館出版社，2011。明成化13年
　　〔1477〕修正德16年〔1521〕刻本）。

圖十六　〈釋奠位序儀式圖〉碑 作者自攝

　　〈釋奠位序儀式圖〉碑隱約仍見儀式中禮器陳設的方式，就可辨識的部分進行復原，經仔細比對，估計至少有五層。

　　第一層為標題：「釋奠位序儀式圖」，為雙勾刻寫，與中研院史語所傅斯年圖書館所藏之〈釋奠牲幣器服圖〉標題的書寫方式相同，或為說明二碑成對存在的證據。

　　第二層可分為中間、左側、右側三部分（圖十六）。石碑圖像所標示的方向是以祭祀對象為準，在祭祀空間裡，以至聖文宣王為中心、向南，四配與十哲位於左側（東側），向西，亦即，觀者的右側為石碑表示的左側，觀者的左側為石碑表示的右側。第二層中間為：器物陳設圖，位於標題第二至六字（即「奠位序儀式」字下之位置），是祭祀器物與祭祀對象的相對關係圖，祭祀對象包括至聖文宣王、四配、十哲，可辨識出至聖文宣王、薛公冉雍、兗國公、梨公端木賜、沂國公等文字。在圖像外圍以刻線圍出一方形的空間作為區隔，是神聖的祭祀空間，在石碑上用以表達空間的相對關係、祭

祀空間與文字有所間隔。第二層左側為：〈時日〉與〈齋戒〉的文字，與《紹熙州縣釋奠儀圖》比對後，發現文字內容主要為〈時日〉與〈齋戒〉之部分，碑面雖因風化未能完全釋讀，然大體上相同。值得注意的是，不同之處在於，本碑所根據的為〈紹熙州縣釋奠儀圖〉所稱的「新潭本」。而第二層右側依稀能見「案服位」、「豆」、「長吏學官」等文字，但過於模糊，內容仍有待辨識。

　　第三層中間部分因風化嚴重無法辨識，參考〈越中金石記〉，懷疑為犧尊等器物的陳設。第三層左側為：殿下西廡神位圖，文字可辨識的有金鄉侯、任城侯、汝陽侯、萊蕪侯、須昌侯、平陰侯、東阿侯等七位。第三層右側為：殿下東廡神位圖，可見十分密集的文字分布，然尚未能清楚辨認。

　　第四層的文字，經比對，與《四庫本》《紹熙州縣釋奠儀圖》之〈陳設〉、〈省饌〉、〈行事〉內容相同，由右至左依序刻寫，段落之間似乎無標題分隔，且不另起一行，直接接續上段文字結尾書寫。

　　而第五層，可辨識的文字則與《四庫本・卷二十六》《粵西文載》[36]之〈重鐫桂林府學釋奠圖記〉接近，為刻石立碑的題記，內容提及〈釋奠牲幣器服圖〉，又為二碑成對存在的證據之一。

　　總之，二碑不能獨立看待，說明13世紀初吳純臣為地方釋奠儀所立的碑，不只是各類儀物的圖像化，更將儀物在儀式中與孔子及陪祀的部位關係皆加以圖像化。形成明白易懂利於執行的地方釋奠二圖，在邊陲桂林確立。

四、碑與拓片的形式轉換與位移

　　吳純臣的將其圖像化立碑化於西南邊陲的靜江府學，此至清朝仍視為瘴癘之區的邊陲畏途[37]，是否能成為「定式」，「田野之民得之目擊」？「推廣其傳人新觀感」，「又不特廣右而已」（圖十七）？

　　吳純臣所立的碑，田野之民得以目擊的僅六十年，事實上在宋末元初時已毀於兵火。史語所拓片第六層吳純臣記文之後魯師道及第七層臧夢解記文

36　（清）汪森輯，《粵西文載》（四庫本）卷26。

37　（清）汪森輯，《粵西文載》（四庫本）原序。

圖十七　廣西桂林府學〈釋奠牲幣器服圖〉拓片（「田野之民得之目擊」、「推廣其傳人新觀感」、「又不特廣右而已」文字部分）

中央研究院傅斯年圖書館藏

皆提到此事（圖十八）。史語所拓片所拓，已不是吳純臣原先所立，推測吳純臣所立碑者，當比較小。二文都提到碑毀（1276）後在大德二年（1297）再在原址立碑。其成功再立，乃得力於碑與拓片的形式轉換與位移，關鍵人物為魯師道。史語所拓片所由自的石碑應是魯師道所立者。

　　誠然，吳純臣〈釋奠牲幣器服圖〉碑雖毀於兵火，但在未毀前，可能已轉化成拓片的形式，因此得以遠離靜江，在碑已毀的約十年後的戊子年（至元二十五年，1288），為正任職金陵學官的魯師道所得到的禮物。七年後的甲午年（1294）魯師道由「江浙省咨保」調任靜江路儒學教授，乃捧圖拓片出示給時任「廣西道肅正廉訪副使」臧夢解。二者皆為篤信儒家禮教的士大

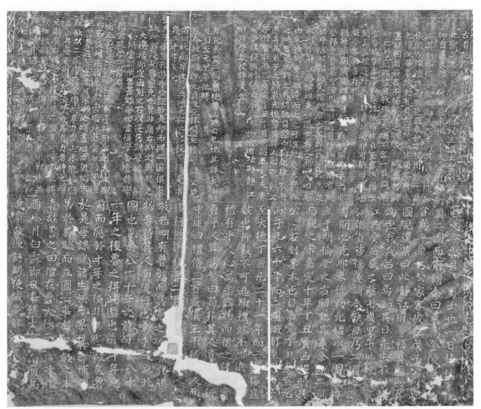

圖十八　廣西桂林府學〈釋奠牲幣器服圖〉拓片（第六、七層題記部分）

中央研究院傅斯年圖書館藏

夫，所謂「禮存乎人心，寓乎器物」因此決定此圖碑再立，使「嶺右斯文興起」、「復見魯靈光」（圖十九）也。這種碑轉換成拓片，再轉換成碑，時代轉換，已是13世紀末葉，人事變遷，為記者愈多，碑面或許比13世紀吳純臣初立時增廣篇幅。中央研究院史語所在20世紀30年代收集西南拓片，該碑拓片，隨史語所移臺，筆者到桂林田調時，不知何時碑已不可見了。至於另一碑〈釋奠位序儀式圖〉碑的重立，則在14世紀初葉了，目前碑仍存在，但已剩下一些器物在儀式的中的擺飾圖，及依稀仍可辯釋的「至聖文宣王」字樣。史語所拓片與桂林風化已深的碑，一齊為13世紀初，刑獄儒臣如何相信，以禮代刑，而將儀物儀式圖而示之，為西南的邊陲瘴癘之區，留

下歷史記憶的殘存物證。無論如何，二者可能是目前存在的罕見的13世紀
地方釋奠儀圖的碑面圖像。

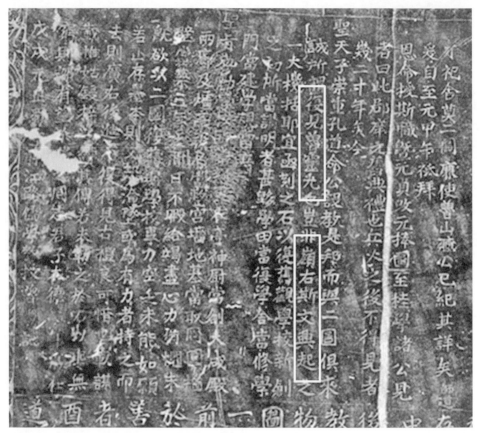

**圖十九　廣西桂林府學〈釋奠牲幣器服圖〉拓片（「嶺右斯文興起」、「復見魯靈光」
文字部分）**

中央研究院傅斯年圖書館藏

明代河東鹽銷區的爭執

徐泓[*]

一、前言

　　明代沿襲宋元，實行鹽官專賣制度，嚴格控制鹽的生產與運銷；為防止私鹽，全國十個產區，每個產區生產的鹽劃定特定的銷區，不得越區販賣，以便於統制鹽的運銷與私鹽的稽查[1]。

　　明代河東鹽銷區據《萬曆大明會典》為陝西之西安、漢中、延安、鳳翔四府，河南之懷慶、河南二府及汝州，山西之平陽、潞安二府及澤、沁、遼三州[2]。但這不是明初就確定下來的，由於河東鹽銷區與其他銷區犬牙相接；因而常與其他銷區發生爭奪行鹽地的情事，而使銷區發生變動[3]。本文旨在討論河東鹽與相鄰鹽區爭奪行鹽地的情事。

* 暨南國際大學榮譽教授；廈門大學終身講座教授。

1　何維凝，〈明代鹽務政策概觀〉，《人文月刊》，第4卷第9期（1933），〈第二項經濟政策概觀，（五）銷路之分配〉。

2　《萬曆陝西通志》（萬曆39年刊本），卷8，頁8。《萬曆大明會典》（萬曆45年司禮監刊本），卷33，頁5。《續文獻通考》（商務《萬有文庫》本），卷20，頁2956。

3　孫晉浩，〈明代解鹽行銷區域之變遷〉，《晉陽學刊》，2003年第4期。

圖一：明代鹽產區銷區（行鹽地）圖

二、河東鹽的產額與行鹽地

　　明代承繼宋元，仍實施行鹽地制度，將每個產區生產的鹽劃定特定銷
區，規定了行鹽地界，限定行銷於某區域，有一定疆界，不許越雷池一步。
越界有禁，出境受罰。疆界之劃分，並非嚴格根據地理環境，似乎沿襲慣
例。此種慣例始於何時，無確切證據。張謇（1853-1926）認為這種制度始
於唐代後期，近人多以為始於五代，當時群雄割據，各自為政，不相侵越。
但這種說法也無確實的證據。據戴裔煊先生的研究，這種制度其來也漸，要
說確實始於何時，是很困難的。不過可以確定的是到了宋代，這個制度才告
完成。以後陳陳相因，殊少變更。
　　行鹽地制度形成之原因，一方面由於地理環境，因鄰近產地而定其為銷
區，但其間又有絕不合理者，如江西、湖南南部地方，在地理上接近廣東，

應食粵鹽，卻為淮鹽銷區。其所以致此的原因，與宋代的官賣制有極大的關係。江、湖、淮、浙等地漕米至淮南，漕船載鹽以歸，分撥各州縣。鹽之銷售有關於地方歲計，如果可以越境侵銷，課利便不免攪越。因為運費的關係，各州縣鹽價，高下不齊，若下者侵高，高者滯銷，其歲計從何而出？只有規定銷區，不許越界販賣，以免影響地方財政收入[4]。

明王朝建立之初，於洪武二年（1369）十一月設置河東陝西都轉運鹽使司，統轄解池東、西二鹽場，歲額304,000小引[5]。據《（正德）大明會典》，河東的行鹽地為：陝西西安府、漢中府、延安府、鳳翔府，河南懷慶府、河南府、汝寧府、南陽府，山西平陽府、潞州、澤州、沁州、遼州。成化二十二年（1486），解池鹽場再添一中場，增歲額116,000引，於是河東鹽產額增至420,000引[6]。正德九年（1514），為備日益增加的宗室之用，於常額之外，再添200,000引，總產額增至600,000引[7]；在全國各大鹽場中，僅次於兩淮的705,180引，居第二[8]。其後鹽產日減，萬曆十七年（1589），歲額降為420,000引，在全國各大鹽場中，除次於兩淮外，僅次於兩浙的444,769引，居全國第三位[9]。產量增加，行鹽銷區勢必要調整。因此，向鄰近鹽區爭奪行鹽地盤。

三、河東與兩淮行鹽地的爭執：河南汝寧府與南陽府

河東與兩淮的爭執在河南汝寧府與南陽府。明初承襲元制，南陽、汝寧二府為淮鹽行鹽地，但兩地與兩淮鹽場，距離遙遠，淮鹽「到者絕少」。成

4　參閱戴裔煊，《宋代鈔鹽制度研究》（上海：商務印書館，1957），頁73-78，〈銷鹽區域〉。齊濤，〈行鹽地界制度探源〉，《鹽業史研究》，1991年01期。黃國信，《區與界：清代湘粵贛界鄰地區食鹽專賣研究》（北京：三聯書店，2006）。

5　《明太祖實錄》（台北：中研院史語所校印本，1961），卷47，頁9，洪武二年十一月庚寅條。《河東鹽法考》，國家圖書館藏明抄本。

6　《河東鹽法考》。

7　《明武宗實錄》，卷47，頁9，洪武二年十一月庚寅條。

8　《明宣宗實条》，卷33，頁5，宣德二年十一月丙申條。

9　《萬曆大明會典》，卷32、33。

化十年（1474），河東巡鹽御史王臣遂奏請：「暫准河東鹽越界與淮鹽兼
賣，待後淮鹽日多，仍舊禁止。」南陽、汝寧二府從此兼賣淮鹽與河東鹽。
成化十七年（1481），戶部員外郎袁江進一步提議：行鹽地方，「河東窄
狹，兩淮寬闊，況汝寧等府淮鹽少到，人多缺食」，其地去兩淮遙遠，「去
河東不遠」；「乞令汝寧、南陽二府永為河東行鹽地方」，終獲批准[10]。因此，
徐溥等奉敕撰，李東陽等重修的《（正德）大明會典》便把南陽、汝寧兩府
劃入河東鹽行鹽地，不列入兩淮鹽銷區[11]。

但嘉靖二十七年（1548）爭議又起，僅將原屬南陽府之直隸汝州及所屬
魯山、郟、寶豐、伊陽四縣改行河東鹽，其餘南陽府屬十三州縣仍兼行河
東、兩淮鹽[12]。四十年（1561），鄢懋卿總理鹽法時，定議將汝寧府及南陽府
屬舞陽縣改屬淮北銷區，南陽府屬其他十二州縣專屬河東銷區[13]。但這並不能
滿足雙方的要求，隆慶元年（1567），巡按直隸御史蘇朝宗便引《銅板與鹽
法志》說：河南之南陽、汝寧二府及陳州本係淮北行鹽地，近來南陽府十二
州縣「為河東所侵，迄今未復」；因此，請求「將南陽所屬地方悉行淮鹽」[14]。
接著山西巡鹽御史趙睿提出反對意見說：「河東課少利微，宜定議南陽十二
州縣仍行解鹽。」[15]而總理屯鹽都御史龐尚鵬站在兩淮一邊說：南陽府是淮北
行鹽故地，當初是因為淮鹽少到，才暫許解鹽兼行的；而且淮北離南陽路雖
稍遠，而舟行甚便，當地人喜食淮鹽，以為「食貨之珍」。至於解鹽之路雖
稍近，而陸路交通甚難，每遇雨雪載途，連月不到，於是價直高漲，復攙和

10　《明憲宗實錄》，卷213，頁5，成化十七年三月乙未條。《明世宗實錄》，卷516，頁2-3，
　　嘉靖四十一年十二月壬戌條。《明神宗實錄》，卷50，頁2，萬曆四年五月丙申條。《河東
　　鹽法考》。

11　（明）徐溥等奉敕撰；（明）李東陽等重修，《（正德）明會典》（收入《景印文淵閣四庫全
　　書》，617冊），卷35，頁24b-25a。

12　《萬曆大明會典》，卷33，頁5。

13　《明世宗實錄》，卷501，頁3-4，嘉靖四十年九月甲午條。《明穆宗實錄》，卷42，頁12，
　　隆慶四年三月辛卯條。

14　《明穆宗實錄》，卷6，頁13-14，隆慶元年三月甲申條。

15　張茂炯等，《清鹽法志》（民國九年鹽務署鉛印本），卷293，《援證6．河東》，頁33，引
　　《河東舊志》。

沙土，南陽人多怨之。妥協的結果，於隆慶三年（1569）定議，將南陽府二州十縣（舞陽縣已屬淮鹽銷區，不在內），一半分給河東，一半分給兩淮，南召、內鄉、新野、浙川、裕州、葉縣專行解鹽，南陽、鎮平、唐、泌陽、桐柏、鄧州專行淮鹽[16]。可是河東方面仍然反對，巡鹽御史郜永春說：雖然《銅板》上記載南陽、汝寧二府是淮、解鹽兼行之區，但是《大明會典》則載二府專行解鹽；而且中分南陽之議是「續淮商之一指而斷解商之肩背」，而「解商告急者相屬於道，鹽引日壅，額課日損」。終於隆慶帝採取郜永春的建議，令：「南陽所屬州縣仍隸河東行鹽，以後不得紛更」，並改鑄《銅板》，載之《會典》，才解決了這場紛爭，而人情「翕然安」矣[17]。

四、河東與山東、長蘆、兩淮行鹽地的爭執：河南開封、歸德二府

此外，銷鹽區域的紛爭還有兩處，一個是河南開封、歸德二府[18]，一個是陝西鳳翔與延安二府。開封府、歸德府位於山東、河東、長蘆、兩淮四銷鹽區域之交界處，共領五州三十八縣，「戶口繁多」[19]。

嘉靖以後，山東、長蘆發生官鹽嚴重滯銷的現象，「長蘆之鹽止行順天、大名、衛輝三府，山東之鹽止行於兗州、東昌二府，徐、宿二州；其餘州縣官鹽一引不用」[20]。河東也發生「課漸增而地漸減」的現象[21]。於是開、歸二府成為三運司爭奪的對象，以輕減鹽課的虧損現象。

16　龐尚鵬，《龐中丞摘稿》（《皇明世文編》〔崇禎平露堂刊本〕卷357），卷1，〈清理鹽法疏〉，頁32-33。《明穆宗實錄》，卷37，頁10，隆慶三年九月壬辰條。

17　《明穆宗實錄》，卷43，頁12，隆慶四年三月辛卯條。《明神宗實錄》，卷50，頁2，萬曆四年五月丙申條。《萬曆大明會典》，卷33，頁7。

18　歸德府原為歸德州屬開封府，嘉靖二年，升為府。

19　蘇昌臣，《河東鹽政彙纂》（康熙二十九年刻本），卷6，頁18，吳達可，〈奏復開歸流〉（萬曆十六年）。《明史》（臺北：商務印書館百衲本二十四史，1967），卷42，〈地理志三〉。

20　查志隆，《萬曆山東鹽法志》（萬曆四十一年刊本），卷3，頁17-18。御史王舜耕，〈陳膚見以裨治道疏〉（嘉靖八年）。《明世宗實錄》，卷108，頁5，嘉靖八年十二月甲戌條。

21　《萬曆大明會典》，卷33，頁7。《明英宗實錄》，卷30，頁5-6，正統二年五月丙午條。

　　開、歸二府原屬山東行鹽地，成化以後，因解鹽產量大增，正德前後，又由於黃河改道，河南省地貌發生改觀，交通狀況隨之出現變化。於是，原屬山東鹽運司行鹽的開封府，改歸河東鹽運司行鹽，解鹽行銷區域又增一府。隆慶四年（1570），「解州鹽池遭水，鹽花不生」，而且「鹽味苦劣，民惡悉委充，鹽價照糧攤陪」[22]。於是四運司間展開一場開、歸二府的爭奪戰。河東方面堅持「河東池鹽盛生，民皆樂食」[23]，又說河東行鹽地比之明初已漸減，課額反而增重，「猶恃開、歸戶口繁多，可通解鹽」，若將開歸割與其他銷區，則河東之地愈蹙，課額更難完納了[24]。長蘆方面希望開歸二府改行長蘆鹽，願以增加的引目，補河東的課額。或者割黃河以北之地隸長蘆，黃河以南之地復還山東。兩淮方面說：「開歸二府逼近黃河，舟楫直達；若行淮鹽，視之長蘆更易為力。」山東方面則說：開歸二府地接齊魯，原來就是山東的行鹽地，而且山東十九場鹽產「俱充盛」，足夠供應，應該改屬山東[25]。幾經折衝，至萬曆十六年（1589），戶部決定：自次年起，除開封府襄城縣，因為是解鹽通往河南等府的「必經之途」，仍行河東鹽，「以通運道」外，其他地方改食長蘆、山東鹽。「長蘆鹽行開封府屬祥符等二十三州縣，山東鹽行歸德府九縣並開封屬儀封等五縣」，其河東原有四萬八千兩課銀，由長蘆、山東二運司分認。從此解決了這場紛爭[26]。

五、河東與靈州與四川行鹽地的爭執：陝西鳳翔、漢中二府

　　陝西鳳翔、漢中二府的爭執，發生於河東、靈州與四川三運司之間。靈州鹽課行鹽地極狹，本來止行於平涼、慶陽二府。成化二十年（1484），才

---

22 《明神宗實錄》，卷172，頁7，萬曆十四年四月甲戌條；卷152，頁3，萬曆十二年八月壬子條。吳達可，前引疏。

23 《明神宗實錄》，卷174，頁7，萬曆十四年五月辛亥條。

24 吳達可，前引疏。

25 《明神宗實錄》，卷152，頁3，萬曆十二年八月壬子條；卷142，頁六，萬曆十一年十月丙寅條。《萬曆山東鹽法志》，卷3，頁49-52，李輔，〈開歸二府行鹽諸部議稿〉。

26 《明神宗實錄》，卷195，頁12，萬曆十六年二月戊寅條；卷201，頁5，萬曆十六年七月壬申條；卷209，頁10，萬曆十七年三月甲戌條。《萬曆山東鹽法志》，卷2，頁26。

擴及鞏昌府、秦、徽等州[27]。嘉靖四年（1525），即有人建議戶部將陝西鳳翔、漢中等府改行靈州鹽，立刻遭巡按山西御史初杲的反對說：「河東鹽課專供宣府邊儲，見今堆積甚多。其行鹽地方惟陝西鳳翔、漢中等府，道兼水陸，商販頗利。今若以靈州池鹽於鳳、漢二府行發，則河東所積之鹽阻滯。」[28]戶部才打消原議。到了隆慶二年（1568），又有人重提鳳翔、漢中歸靈州的問題說：「靈州大池額鹽二萬零六十餘引，以供延綏；小池二萬三千一百零五引，貯府以備客兵，其利甚饒，但止行于平、慶二府，鳳、漢二府；以有解鹽禁弗得達，是損額額以資私販也。且解鹽隔省，而靈鹽在邦域之中；令鳳、漢行靈鹽故不便耶？」這個建議為朝廷採行[29]。四年（1570），山西巡按御史郜永春以河東通往延安府的道路崎嶇難行，商人運費太重，望之卻步；而延安離靈州大小鹽池僅四百八十餘里，驟駝車運，往來俱便，乃請求將延安府割予靈州[30]。河東既已放棄延安府，接著便要求收回鳳翔、漢中二府，巡鹽御史陳用賓說：「花馬二池產鹽有限」，不足供應，「解池積充盛，即於鳳、漢等府地方食用為便」。萬曆六年（1578），經戶部「報可」[31]。然而鳳翔府究竟離靈州近，離解池卻有「千有餘里」，且「山險難行」；以致人民仍皆買食靈州私鹽，不但解鹽難行，而且「私販拒捕，無日不聞」，影響地方秩序。萬曆三十八年（1610），遂採巡鹽御史陳於庭的建議改行靈州鹽[32]。

接著又有人於崇禎五年（1632）提出漢中府的銷鹽問題說：漢中人民雖納河東鹽課，實則多食四川鹽，從四川到漢中不過七百四十里，各商販川鹽俱由水路；河東鹽到漢中，水陸共計一千七百里。以四川與河東相較，則河東遠九百餘里，且皆山險棧道。因此，從交通與安全的觀點，應行川鹽[33]。七

27　《明憲宗實錄》，卷254，頁7，成化二十年七月辛亥條。

28　《明世宗實錄》，卷57，頁1，嘉靖四年十一月己未條。

29　《明穆宗實錄》，卷27，頁5，隆慶二年十二月戊子條。

30　《明穆宗實錄》，卷52，頁3，隆慶四年十二月甲辰條。《陝西靈州鹽法考》，台北國家圖書館藏明抄本。

31　《明神宗實錄》，卷72，頁3，萬曆六年二月庚寅條。

32　《明神宗實錄》，卷477，頁8，萬曆三十八年十一月辛未條。

33　畢自嚴，《度支奏議》（崇禎六年刊本），《山東司》，卷7，頁3-4，〈題覆瑞藩贍鹽河東折

年（1634）又有人提議漢中行靈州大池鹽[34]。時天下已亂，流寇四起，陝西且為流寇之根據地，更是動亂；漢中府的銷鹽問題遂擱置一旁，至於明亡仍未有決定。

六、結語

　　明代各鹽運使司為確保鹽課的足額，對行鹽銷區的疆域之消長，十分在意；因此，與緊鄰的行鹽地常起爭執。明初，河東鹽的行鹽地為：西安府、漢中府、延安府、鳳翔府、懷慶府、河南府、平陽府、潞州、澤州、沁州、遼州等七府四州。成化至正德年間，河東鹽產與鹽額大增，行鹽地隨之擴增。成化末，增加了原屬淮鹽銷區州南陽、汝寧兩府，而為九府四州。正德年間，又增開封、歸德二府，是為極盛期。

　　但嘉靖中期，河東與兩淮起爭端，各不相讓，後來汝寧府復歸兩淮，但南陽府之歸屬一直有爭議，直至隆慶四年才定案，「南陽所屬州縣仍隸河東行鹽」。嘉靖以後，山東、長蘆發生官鹽嚴重滯銷的現象，而河東鹽產質與量也俱減，課額卻反增。此時行鹽地已較前縮小，汝寧府割還給兩淮；開封、歸德二府又為鄰區所覬覦。面對這一危機，河東便與兩淮、長蘆、山東展開開封、歸德二府的保衛戰。結果不敵強鄰的圍攻，開封、歸德二府幾乎全失，只保留開封府襄城縣。

　　幾乎在同一時段，河東鹽銷區西部的陝西鳳翔、漢中、延安等府，也和東部的開封、歸德二府一樣，遭到鄰區靈州鹽的覬覦。一度失去鳳翔、漢中、延安等府，其後，延安永遠爭不回來，鳳翔得而復失，只爭回漢中府。明末，連好不容易爭回來的漢中府，也遭到川鹽與靈州的爭奪，只是明朝不久亡國，失去漢中的事才沒實現。

　　總之，河東鹽的行鹽地，明初有陝西西安府、漢中府、延安府、鳳翔府，河南懷慶府、河南府、山西平陽府、潞州、澤州、沁州、遼州。到正德

　　價買供川鹽疏〉。
34　《河東鹽法考》。

年間，鹽額及行鹽銷區極盛，總產額增至 600,000 引[35]；在全國各大鹽場中，僅次於兩淮的 705,180 引，居第二。行鹽地亦較明初增加了南陽、汝寧、開封、歸德四府。嘉靖以後，產額銳減，行鹽銷區亦與鄰區爭端四起，遂處於劣勢，相繼失汝寧於兩淮，失開封於長蘆，失歸德於山東，失延安、鳳翔於靈州，只勉強保住南陽和漢中兩府。明代河東鹽之盛衰由此可見一斑。

35　《明武宗實錄》，卷47，頁9，洪武二年十一月庚寅條。

檔案所見清代社會夫妻關係的斷裂與終止

劉錚雲*

　　一般認為，在傳統中國社會，男女兩性關係是建立在「男尊女卑」的基準上。這個「男尊女卑」的道德規範落實到行為上，就成就了後世奉為禮教的「三從」之義與「男女內外」之分。前者是未嫁從父，既嫁從夫，夫死從子，而後者則指的是男不言內，女不言外，或是男主外，女主內。本文旨在利用本所典藏內閣大庫檔案中的刑案資料，主要是近三百件夫妻失和的案例，來檢視這個道德規範是如何在社會上被實踐的。本文將以「三從」，尤其是其中的第二從，即「既嫁從夫」，與「男女內外之分」兩個觀念來檢視這些案件，希望透過夫妻衝突癥結的分析，了解雙方對「三從」與「男女內外」之分奉行的程度，藉以說明清代婚姻關係中兩性認知的複雜性，以及「男尊女卑」在釐清清代夫妻關係的局限性。

　　這些失和案例都是涉及人命的家庭暴力事件，多數是丈夫殺死妻子，但也有不少是妻子與姦夫共謀殺死丈夫的案子，也有妻子獨自殺死丈夫的例子。由於是命案，有一方當事者已不存在，刑案口供就成了另一方當事者的獨腳戲。這當然不利於我們對案情的全盤掌握。另一方面，當事人在陳述案情時多少會避重就輕，或選擇對自己有利的方式陳述，往往造成口供內容過於偏頗，旁人難以了解事件的真相。然而，如果我們不求斷定雙方是非，只

* 中央研究院歷史語言研究所研究員。

在乎了解婚姻出狀況的原因；只求觀察當事人對案情的陳述，以釐清導致雙方衝突的導火線，這些案例仍有可取之處。

依據大清律，謀殺人與誤殺、過失殺傷人的刑罰不同；同時，丈夫若毆死有罪妻妾，毋需償命，只杖一百。所謂有罪妻妾，是指毆罵丈夫之祖父母或父母之妻妾[1]。為了減輕刑責，涉及命案的男性當事人在堂上往往採取將命案導向誤殺或過殺的策略；他們一般會在口供中指出，因為妻子行為不當，未盡為管家之責，或是出於一時氣憤，或是為了教訓對方，以致失手殺人，絕非故意殺人。另一方面，殺夫的女性當事人則多會供稱原本無意謀殺丈夫，都是受姦夫唆使妁做長久夫妻，而協同謀害丈夫。但無論是為求脫罪，或諉過他人，當事人的目的只有一個，即設法合理化自己的行為，只是出於一時衝動的過殺，而非蓄謀已久的謀殺。這些當事人的說辭雖然可能有所偏袒、誇大，但不論他們的說法如何有利於自身，他們對對方的指控必須很明顯的顯示對方行為有違當時夫妻相處之道，如此方能合理化自身的行為，以避免更重的刑罰。而我們從這些當事人為自己行為辯護的言辭中，從夫妻雙方對彼此不滿的陳述中，應該可以分梳出當時社會認可的夫妻關係，掌握到當時夫妻雙方對彼此的期待。

其實，大陸學者王躍生曾在其分析清代中期婚姻的專書第三章，利用中國第一歷史檔案館收藏的366件刑科題本處理過同樣的問題[2]。他是從「夫權的表現方式」與「妻子對夫權的違抗」兩個角度，以夫妻衝突案件為主的方式來討論。本文捨棄「夫權」這個現代學者發明的概念，而是考慮到夫妻關係既然不對等，故將導致雙方衝突的導火線，分成「丈夫的不滿」與「妻子的抱怨」兩部分來觀察，並將妻子外遇造成夫妻失和的案例納入討論，以突顯夫妻雙方對彼此期待的差異。

一、丈夫的不滿

夫妻朝夕相處，日常身邊瑣事往往成為引發衝突的來源，而一旦感情生

1　《大清律例》，〈刑律・人命293，夫毆死有罪妻妾〉。

2　王躍生，《清代中期婚姻衝突透析》（北京：社會科學文獻出版社，2003），頁67-94。

變，即使芝麻細事都會引爆爭端。不過，在檔案中，就日常家事而言，丈夫對妻子不滿的比例遠高於妻子對丈夫的怨懟；而在夫妻感情問題上，妻子情變的比例相對較高。在我所見的案例中，丈夫對妻子的不滿大致有幾種情形：不順從自己或父母、不安分持家或家事失當、心向本家、嫌棄妻子、妻子與人通姦。前面二種情形多與日常細事有關，而後面三種則多涉及夫妻感情生變。以下分別討論：

（一）不順從自己或父母

在這些婚姻失和案件中，引起爭執最多的起因是丈夫認為妻子不聽話，不順從自己或父母的意見，約占總數的四分之一。在這些案例中，丈夫的指控極為多樣性，如不肯做飯[3]，不肯燒洗臉水[4]，不肯燒茶水[5]，不肯熱茶[6]，不肯縫補褂子[7]，不肯下田割禾[8]，不肯生火[9]，甚至不願與丈夫同房[10]，不接受丈夫白日求歡[11]，反對丈夫娶妾[12]，都是爭執焦點。這些爭執的發生大多是由於妻子未依丈夫的囑咐做事，夫妻口角，丈夫失手殺死妻子。乾隆十年二月間，江西雩都縣民胡廷器因妻子不願遷往莊上居住，一時氣忿，把妻子打死了。他的口供詳細的描述了夫妻間口角的經過[13]：

3　張偉仁編，《中央研究院歷史語言研究所現存清代內閣大庫原藏明清檔案》（以下簡稱《明清檔案》）（台北：聯經出版公司，1986-1995），044539-001，A160-077；《明清檔案》，032763-001，A081-127；〈中央研究院歷史語言研究所藏明清史料〉（以下簡稱〈明清史料〉），052432-001。

4　〈明清史料〉，070938-001。

5　〈明清史料〉，065093-001。

6　〈明清史料〉，059028-001。

7　《明清檔案》，043233-001，A156-036。

8　〈明清史料〉，053696-001。

9　〈明清史料〉，049314-001。

10　《明清檔案》，018097-001，A137-063。

11　〈明清史料〉，073884-001。

12　〈明清史料〉，062795-001。

13　《明清檔案》，012884-001，A140-069。

小的是本縣人，今年五十五歲，平日與妻子王氏和好，並無什麼嫌怨。只因小的向有莊田一所，離家三里路遠，耕種不便。今年二月十六日，小的與妻子王氏商議說，如今春耕時候，我與你搬到莊上去住，就近好耕田。妻子不肯，與小的鬥嘴。小的原罵他懶婦，他就回罵小的。小的正要打他，他就摸取門邊糞把先向小的打來，小的拿過糞把隨手打去，不覺傷著他左耳輪連左耳根。他越發亂罵，連及小的父母。小的一時氣忿，又把糞把掉轉柄來打去，不覺傷著他頂心偏左，倒地擦傷左眉叢并墊傷右腮脥。後是鄰人謝利才們走來勸解，小的就把妻子扶到床上。不料，妻子傷重，救不好，到十七日早上就死了，是實。

另一個例子是，乾隆二年六月十七日早晨，陸勝先向正在洗衣服的妻子林氏要飯吃，好下田去拔草。林氏答以飯還沒有煮，要他吃些酒去，回來再吃。陸勝先依言吃了碗酒，就去田中上工了。可是當他因為「喫了餓酒，酒湧上來，就回家要飯吃」時，發現林氏還未煮飯，不禁說了林氏幾句，「這時候怎麼還不煮飯？」林氏遂以「餓鬼」回罵。陸勝先聞言「惱起來」，趕進房去打林氏，正好桌上放著一把劈柴斧頭，他「酒醉了，一時模糊，看不清是什麼家伙，就拏起來打他幾下，不想竟把妻子砍死了。」[14]

第三個例子是，乾隆二年六月初一日，湖北安陸府荊門州人車君儒夫妻倆同在田裡耨草。車君儒因為肚子餓要妻子張氏先回去做飯，張氏以天色還早不肯回去，二人發生口角，張氏言語中還辱及車君儒的父母，車君儒「一時氣不過」，就用鋤頭朝張氏頭上打去，張氏哭著回去，不久傷重而死[15]。

在上面三個例子中，陸勝先強調他是「因一時酒醉模糊」，把妻子砍死了，不是「有心要把他致死的」。胡廷器表示，他是「一時氣忿」，才掉轉糞把將太太打成重傷，不治身亡的。車君儒也說，他是「一時氣不過」，「原只想打他去做飯，不期適打著他頭上右邊，打重了些。」根據檔案所見，這幾乎是所有「生活細事」類案件丈夫口供的模式。他們都會表示因為

14　《明清檔案》，032763-001，A081-127。

15　〈明清史料〉，052432-001。

妻子不僅不聽話，而且回罵，也有的會像胡廷器一樣，強調妻子的辱罵甚且
「連及父母」，也有些甚至指出妻子潑悍，先動手打人，他們才還手，只是一
時失手，打傷妻子身死。他們也都會指出他們不是有意殺人，而是一時迷
糊，或一時氣忿，才會打死妻子的。雖然我們無法確定這些丈夫是否要利用
《刑律》〈人命〉第二百九十三〈夫毆死有罪妻妾〉條減輕刑責，但衡諸當時
兩性關係，這是極有可能的。然而，對大多數的男子而言，在傳統禮教的影
響下，作妻子的絕對服從乃天經地義之事。藍鼎元的《女學》第一卷〈女學
總要〉開篇即引孔子曰，「婦人伏于人也[16]。」而我們翻閱《女誡》、《閨範》
一類的書，映入眼簾的不外「敬順」、「孝敬」、「曲從」等字眼，要求婦女
絕對的順從。同時地方上也有「天字出頭夫作主」的諺語[17]。對丈夫而言，妻
子必須「敬順無違，以盡婦道」。如果他們所作所為有虧婦道，丈夫理應勸
戒。例如，一位縣官問道[18]：

> 你妻子就是于王公林的妻子吵鬧過也是小事，你怎麼就毆打他多傷以
> 致身死呢？明有別故，有心要致死他的了，快實供來。

這位丈夫答道：

> 妻子與人吵鬧雖是小事，小的因他在家不賢良，一味悍潑，要打他一
> 頓，儆戒他下次的。不想他反混打、辱罵，小的纔氣極亂打他幾下，
> 那知他就被打傷死了。實出無心，並無別故。

另一位丈夫對類似問題的回答是[19]：

> 小的買驢肉回來，叫妻子張氏煮著。妻子先吃了些，原是小事，但他

16　藍鼎元，《鹿州全集》下（廈門：廈門大學出版社，1995），頁606。

17　顧頡剛，〈舊中國之婦女〉，《顧頡剛讀書筆記》第10卷（台北：聯經出版公司，1990），
　　頁7720.

18　《明清檔案》，013192-001，A078-078。

19　《明清檔案》，013870-001，A130-105。

不該背地先偷吃。小的回家看見鍋裡驢肉剩得不多，故此罵他偷嘴，原是要他學好的意思。不料，他不但不聽，竟回罵小的。故此小的氣起來，拾了柳棍要打他，因他轉身走避，小的隨手打去，誤打著了他腦後的。小的與他夫妻情分一向相好，並沒別的緣故，為什麼有心要打死他呢？

　　他們都是要妻子規過向善，孰料妻子並不領情，反而「一味悍潑」，竟然回罵，導致他們氣極而生事。

　　如果妻子「潑悍」的對象是自己的母親，做丈夫的更有理由教訓妻子了，因為她們忤逆不孝。二十歲的詔安縣民張寧就說：「肆月初陸日傍晚時候，母親叫老婆挑水下缸，老婆把缸揬裂，母親罵他不小心，他就與母親鬥嘴。小的見他忤逆，用拳打他髮際壹下，他和小的撒潑，小的氣忿，拾起搗衣木棒打他額顱壹下，不想他倒在地下救治不活。……」[20] 其實，檔案中可以看到不少這樣因為婆媳不和而導致夫妻衝突的例子；多數是不理會婆婆的吩咐，如不肯替婆婆洗衣服[21]，不理婆婆要他煮飯的要求[22]；或是像張寧的妻子一樣，對婆婆出言不遜[23]。有趣的是，檔案中較少見到翁媳不睦的案例。惟一的例子是，公公和五個兒子都是硝皮生理，媳婦不滿公公連著兩天向兒子借皮硝使用，口裡咕咕噥噥地說：「供著他的飯，還連日使俺的硝」，而且還「娘長娘短的」咒罵。公公因為耳聾聽不見，丈夫趕集去了，可是同父異母的叔公聽不下去，出面指責姪媳婦。姪媳婦不服，不斷咒罵，還說：「你是後老婆生的，管不著我。」這一說，把叔公給激怒了，推了姪媳婦一把，姪媳婦就上去撕抓他，還說：「你手裡現拿著斧子，敢殺我嗎？」叔公因為姪媳婦她罵得刻毒，一氣之下，就照她胸膛上砍了一斧子。姪媳婦跌倒在地，口裡又是一陣胡罵，叔公性起，決心把她砍死償命，就照她咽喉食氣顙連砍了五斧子，姪媳婦當場斃命[24]。

20　〈明清史料〉，066487-001。
21　〈明清史料〉，073122-001。
22　〈明清史料〉，121022-001。
23　〈明清史料〉，071515-001。
24　《明清檔案》，043257-001，A165-090

　　其實，很多時候妻子不是不聽使喚，只是一時忙不過來，不能應命。例如，雲南廣西府人李忠秀只因妻子彭氏要哄啼哭的娃兒，分不出手來替他盛飯，要他自己盛飯，心生不滿，不斷詈罵，彭氏回嘴理論，就大打出手，最後弄出人命[25]。而不少時候丈夫更是有錯在先，弄得妻子心情不佳，與其鬧彆扭，堅拒所求。直隸人賈三槐在參加伯父娶媳婦的喜宴後回家，講起伯父家新娶的媳婦來。賈三槐取笑妻子李氏說：「新嫂子比你生得齊整，你那裡如人家那樣好呢？」妻子有些嗔怒地說：「這也是各人的命，你命裡不該娶好老婆，說他做甚。」賈三槐隨走到院裡餵羊，回到房裡，妻子已睡下。賈三槐想要與妻子行房，李氏推說「身子不乾淨」，賈三槐他「不曉得什麼乾淨不乾淨，就拉開他褲子硬爬在他身上。」李氏把他推下來說：「我原是醜陋的，你看誰家的女人好，就往誰家睡去罷了，來纏我做什麼？」一陣扭打，賈三槐為了不使李氏喊叫，驚醒母親，掐住李氏咽喉，沒有想到就這樣把新婚一個月的妻子給掐死了[26]。

　　在口供檔案中常見一句話，「你合他女人吵什麼呢？」[27]顯示出當時人所有的一種俗話所謂「男不跟女鬥」的心態。有些人也在公堂上作同樣的陳述，表明不會與女人一般見識[28]，但以上的例子顯示，許多男子一旦與自己女人起爭執時，又是另外一回事，儘管有時還是自己有錯在前。唐甄（1630-1704）就曾指出，「今人多暴其妻」[29]。這些檔案中的故事證實其所言非虛。

　　當然，莽夫固然是家庭暴力嚴重的原因，但家中悍妻恐怕也需負部分責任。這裡所用「悍妻」一詞是套用檔案中涉案當事人的用語。在口供中，常見男子用「悍潑」或「潑悍」二詞形容他們「不賢良」的妻子。這固然有可能是當時人的策略，但無可否認檔案中可以看到有些婦人的確「潑悍」。例如，「姜氏平日極悍潑，常嫌小的家窮，每日合兒子吵鬧，不安心過日子」[30]；

25　《明清檔案》，031692-001，A147-007。

26　《明清檔案》，041682-001，A168-105

27　〈明清史料〉，073868-001。

28　《明清檔案》，043626-001，A147-079；032286-001，A170-111；046790-001，A158-059；045385-001，A168-107；〈明清史料〉，065982-001。

29　唐甄，〈內倫〉，賀長齡編，《皇朝經世文編》卷60，禮政七，家教。

30　〈明清史料〉，070355-001。

又如，「因王氏性賦悍潑，向日夫婦也常口角」[31]；又如，「劉氏心多不足，性復潑悍，時常吵鬧」[32]；又如「妻子潑悍，以致常被房東攆走」[33]。現在我們就以這常被房東攆走婦人的故事為例，看一看丈夫口中的「悍妻」是如何潑悍。

這位婦人姓劉，曾是吳姓人家的妾，因為常與大婦吵架，吳家不要了，改嫁給王得府，時年二十一歲。以下是王得府對劉氏的描述：

> 小的是本縣人，三十六歲，小的父母都死了，並沒兄弟、子姪。劉氏是吳得宣的妾，後嫁與小的，有九年了，並沒生有子女。他性子潑惡的。小的先賃姬宗玉家房子住，因女人偷了姬宗玉家兩包煙，向貨郎擔換布，被姬宗玉見了，對小的說過，就叫小的騰房。小的又搬到姬熬子家房子裡，因小的外邊掉了一件布衫，女人只是混吵，小的打了他右胳膊上一柳棍。姬熬子見了，把小的喝住；姬熬子怕鬧出事來，也不叫小的們住。乾隆七年七月二十一日纔賃張興福家房子住下。二十三日晚，小的往家裡取衣服穿，見女人和張興福的母親李氏在院裡說閒話。女人說小的偷聽他說話，就罵小的；小的說你們說什麼話我並沒有聽見，與他辨白了幾句。小的又怕房主聽見不像模樣，就躲進屋裡去了；女人嗔小的與他回嘴，就拿著一個尿罐子進屋，照小的劈面打來；小的閃躲，沒有打著，把罐子打爛了。小的就去睡了，總不理他，女人就叫罵了一夜。到天明時，小的心裡暗氣，想自娶了他連房子也住不穩，又聽見房主李氏臨走說，像這樣就不敢留你們住的話，眼前又是要攆的了，窮人家如何當得起，越想越氣要這潑悍女人做什麼，不如害死他倒得乾淨。

那天，王得府就把劉氏勒死了。

31　《明清檔案》，017159-001，A087-087。

32　《明清檔案》，045068-001，A170-070。

33　〈明清史料〉，062626-001。

（二）不安分持家或家事失當

　　如果妻子對丈夫必須敬順無違，才算盡婦道，那麼對大多數的丈夫而言，妻子必須安分在家，且勤於家事，方能不負男女內外有別的禮教規範。直隸景州州民郁士林因妻子常趁他在外傭工時出外「閒晃」，甚為苦惱。他曾向縣官透露心中想法，「他是箇女人，常在外邊去幹什麼？」他也曾向妻子表示，「你一個女人整日在外邊，有什麼好處呢？」這也許不是妻子有無好處的問題，而是對他這個作丈夫的可能有什麼傷害。郁士林的一句辯白，其實將他心中疑慮表露無遺，「張氏乘小的出去做活，整日在外邊，不知幹些什麼營生？」

　　郁士林的案子並非孤例。直隸衡水縣民魏洪濟長年在京城做生意，聽到妻子孫氏在家裡供著仙姑，且常外出替人治病，一氣之下得了「氣迷瘋病」。病癒返家，就「把女人供的神像燒了，不許女人出外行走。」可是郁士林因為與小兒子時常生病，他懷疑是孫氏作法所致，不得已又給她畫了一幅神像，只是不許她出外行走。然而，江山易改，本性難移，孫氏仍然乘其出外傭工時，外出給人治病。魏洪濟雖然氣憤，但尚未有殺妻之心。直到有一天受雇給人家作長工時，突然「又覺得身上不好，睡在炕上，疑心又是邪神作祟，看那掛的神像心裡一發氣惱，只想殺了孫氏逃走。」到了晚上，「睡到半夜後醒轉來，心裡只是生氣，耐不住，就拏屋裡放的鍘刀把他連砍了兩下死了。」他說：「砍的時節心裡原是迷糊的，直到天明時心裡定了，纔知道砍在他腮頰咽喉上的。」[34]魏洪濟的案子涉及到神仙巫術，雖然較郁士林的複雜，但他們對妻子的「不安分」心懷不安的心態是一致的。

　　這些男人要婦人「安分」在家，當然不是要她們在家享清福，而是要她們在家煮飯灑掃，好讓他們回家有熱飯可吃，有乾淨的炕可睡，有熱水洗澡。龔雲在海邊官灶上做鹽墩過活。乾隆十九年六月十九日晚上從海邊回家，看見妻子在門前閒坐，隨叫她拿飯來吃。他妻子答道，還沒有煮。龔雲說[35]：

34　《明清檔案》，048291-001，A067-087。

35　《明清檔案》，045377-001，A165-004。

我已餓了，怎麼這時候還沒有煮夜飯，要你在家做什麼？

在山地做活的孫三晚上回家，吃了晚飯，天有一更多時，要上炕去睡覺，摸了一手雞糞，不禁怒罵道[36]：

你在家做什麼？被雞來到炕上，你都不管，有你這樣懶物嗎？

乾隆十三年六月十三日晚上，朱介玉要洗澡，妻子金氏燒遲了浴水，氣得在家裡大聲辱罵。由於罵得太過「粗鹵不堪」，同屋居住的房東朱二出面斥阻[37]：

我家也有女眷的，怎麼這樣罵法，難道還成個人麼？

朱介玉認為朱二多管閒事，二人由動口演變成動手，最後朱介玉賠上性命。

其實不僅做丈夫的認為妻子理當在家做家事，連妻子的本家也有同樣的觀念。山西遼州人連文珠由於女兒不願做家事且常逃家，不時叮嚀她不可偷跑回家，以免惹人恥笑，說道[38]：

做媳婦的，凡是〔事〕勤謹，我不信他還要打罵。

連文珠因為出嫁的女兒不願幫做家事，遭婆婆責罵，丈夫毒打，常常「私跑回家」，而備感困擾。很不幸，雖然他苦口婆心地把女兒勸回婆家，但不久他的女兒還是因為不願做家事被丈夫打死了。

婦女常往本家跑，或長住本家，其實也都會引發丈夫不滿，造成夫妻不和的因素，而這就是我們下節要討論的。

---

36 〈明清史料〉，070466-001。

37 〈明清史料〉，055294-001。

38 〈明清史料〉，075286-001。

（三）心向本家

　　婦女與本家的關係傳統禮教並未規範，二者的實際關係應視二家姻親的互動情形而定。有清一代，一如歷代各朝，女子在嫁入夫家以後仍然保持與本家，也就是出嫁以前的本生家庭的聯繫。就檔案所見，逢到新年、父母壽誕、村子演戲的場合，出嫁的女兒都會回本家；很多時候本家會差兄弟或傭人，有時候甚至丈人親自來接女兒返家。就在平日，父母親或兄弟姊妹也會到女婿或姊妹夫家中探望。此外，女兒如果自覺在夫家受了委屈，往往會跑回娘家哭訴。也有本家在女兒生病、女婿離家與女婿亡故時將女兒接回家。山東益都縣人劉瑞因為女兒有病把她從女婿家接回家，延醫調養，花了幾千錢把病治好，才把女兒送回去。但由於劉瑞要親家幫些藥錢，親家表示，「糶了豆子後給錢」；劉瑞表示，他「等著還人家，給我纏好」；親家說他「不知事」，弄得不歡而散，埋下日後致命衝突的因子[39]。山西平遙縣人喬氏因為女婿到京城做買賣，丈夫剛過世，家裡冷清，就把女兒從女婿家接回家作伴；沒有想到，三個月後，女兒因為被街鄰強暴羞忿上吊自盡[40]。湖南安仁縣人段萬生，乾隆五年正月初十前往親家去接贅居的女兒歸寧。親家翁以家裡有事為由要段氏晚個五、六天才回去。然段萬生因擔心親家要把女兒改嫁給故去女婿的郎舅，次日動員兄弟叔侄強把女兒帶回，結果弄出人命[41]。

　　親家間其實存在著一種不容易說清楚的緊張關係。女兒一旦嫁為人婦，在名分上已是夫家的一分子，但父女或母女間的親緣關係並未因此而改變。本家如何在維護女兒權益與親家顏面上取得平衡，其間分寸著實不易拿捏。根據檔案資料，丈夫對於妻子與本家的關係其實心存戒心，惟恐妻子拿了好處回娘家。乾隆二年九月二十七日，福建龍溪縣人張珠明，一時找不到先前所存的預備買米的三百文錢，竟懷疑妻子「偷去外家」。後來雖然證實冤枉了妻子，但很不幸，他已把前來理論的丈人打死[42]。乾隆十九年三月初五日，

39　〈明清史料〉，066430-001。

40　《明清檔案》，012043-001，A120-039。

41　《明清檔案》，029436-001，A104-007。

42　〈明清史料〉，052418-001。

李珣問女人李氏要布衫穿，李氏說給她母親穿了。李珣說：「我的衣服為什麼不向我說，就私自與你娘穿？」李珣又罵了幾句。第二天，李氏回她娘家把布衫拿回來，劈面擲向李珣。李珣於是說：「你去把布衫要來，必然又翻下老婆舌了。」李氏開口就罵，又用頭撞向李珣，夫妻倆就這樣打了起來[43]。

除了以不告而別，錢財接濟本家外，就檔案所見，丈夫通常不會同意妻子無故往本家跑，尤其是家裡有事時。廣東英德縣人張如麟因為母親患病在床，需要人照料，所以當丈人差人來接妻子巫氏回娘家時，強留妻子在家服侍母親，不許她回去。巫氏不依，爭鬧不休。張如麟憤而用木屐把巫氏打死[44]。另有一例，陳五城因為得了痰火病，夜裡要妻子原氏作伴到糞坑出恭，原氏嚷說：「天氣寒冷，我日夜服侍辛苦，也不得好睡，我明日要往娘家去。」陳五城罵道：「小淫婦，我有病，你倒要往娘家去。」原氏回罵他是「沒良心的病死鬼」。陳五城隨手拾起坑邊的壹根柴棒，三兩下就將妻子打死了[45]。

其實，檔案資料顯示，丈夫更在意妻子不告而別，私自回娘家。如直隸清苑縣的孫文顯，四十歲，娶妻李氏。乾隆四年四月十五日，李氏乘著婆婆到母舅家，丈夫到田裡做活的時候，偷偷跑回本家。孫文顯晌午回家知道了，就趕到丈人家，把李氏叫回來，對她說：「你要回去，也該合我娘說聲，或對我說聲，怎麼就私自逃回去了呢？」[46]這段話應是所有有此困擾丈夫們的心聲。另一位孫漢卿，因為孫媳婦常常跑回娘家，甚至不回家過年，疑心是娶過門的日子不好，於是又另擇日子，叫他兩個重新拜天地。可惜，並無效果[47]。

當然，妻子無故久居本家，更是做丈夫的不願見到的事。如袁兆臣與妻子梁氏結婚後感情一直不好，梁氏時常跑回家。乾隆四年三月間，回本家住了將近一年，仍不願隨丈夫回家上墳；袁兆臣氣她總是「不從夫訓」，一怒

43　〈明清史料〉，075868-001。

44　《明清檔案》，032142-001，A184-068。

45　〈明清史料〉，073618-001。

46　《明清檔案》，012285-001，A092-018。

47　〈明清史料〉，071512-001。

之下，就把妻子打死了[48]。又如李常發的妻子黃氏，在回娘家住了將近二個月後才返家。李常發現了，說她「不該久住娘家，豬隻沒人照管。」她聽了不服說，偏要回娘家去，轉身就走。李常發隨手拿起磚塊一擲，沒有料到擲中黃氏左腰眼，不一會兒傷重而亡[49]。

　　再一例是，四十歲的李昌節，鰥居後，於乾隆三十五年續娶劉氏為妻。由於劉氏素性懶惰，不理家務，李昌節不時訓斥。劉氏於三十六年正月初七日私回娘家，李昌節去到丈人家接過幾次，總不肯回，直到八月十四日纔回家。李昌節罵她，「不該久住母家」，劉氏出言挺撞。李昌節隨即用木棍連打她兩胳膊、兩膝及兩腳面。十七日劉氏又私自回去，經其母親鄢氏送回家。十九日夜，李昌節因為劉氏屢次私自跑回娘家，在房裡用言開導她。劉氏反而說她不願在李昌節家做人。李昌節氣忿難忍，又用木棍連打劉氏兩手腕、右臂膊並兩手背，用以警誡。二十日早，李昌節要出門，叫劉氏早些做飯；走到廚房，見她坐在那裡，還不動身。李昌節罵她幾句，劉氏啼哭與李昌節爭鬧，李昌節氣惱把她扯倒在地，拾起灶前鐵火鉗戳傷劉氏左右臁肕，延至九月初二日殞命。李昌節強調，「這實是他屢次私自走回母家，不聽教訓，以致打傷身死，並不是有心要致死他的。」[50]

　　而廣東普寧縣人許耀先，於乾隆五年八月間娶羅氏為妻，平日夫妻和好並無嫌怨，但羅氏常往父家跑。乾隆六年十月二十九日，羅氏又往父家，至十二月初九日方纔回家。十一日晚間，許耀先做工回家，未見羅氏炊飯，夫妻起口角，為其父喝止。許耀先自己煮飯，羅氏賭氣不吃。三更時候，許耀先望見羅氏點燈在房裡坐著，於是問她為何不睡。羅氏答道：「等開寨門，就要回父家去。」許耀先問道：「纔到家兩日，怎麼又要回去？」羅氏罵道：「你何不早死，等我去改嫁。」許耀先一時氣忿，起身拾柴棍朝羅氏右後脅打下，羅氏轉身把頭向許耀先撞過去，許耀先用棍回擋，把羅氏打跌在地，不久氣絕身亡[51]。

48　《明清檔案》，014543-001，A095-069。

49　〈明清史料〉，066640-001。

50　《明清檔案》，015808-001，A215-063。

51　《明清檔案》，018890-001，A114-068。

　　又一例是，乾隆九年四月間，婦人田氏因為不會服侍，惹得病中的婆婆生氣，被丈夫余朝棟打了一頓，丈人田瑞就把女兒接回家調養；一年四個月後，想到「女兒終是他家的人，總要到他家裡去的」，才將女兒送回女婿家。但親家母在一年前就已過世，田瑞未去弔唁，田氏也未回去穿孝服。田氏回家後的第二天晚上，余朝棟責問她：「從前婆婆死了，為什麼不回家來穿孝？」夫妻倆言語不合，打了起來。余朝棟氣極拿起「壹根破臉盆架木檔子」朝田氏身上一陣亂打，直到田氏不嗔聲才停手，但田氏已被活活打死[52]。

　　對不時要面對妻子不告而別窘境的丈夫而言，妻子的不告而別，或長期離家，不僅他們身為一家之主的地位受到挑戰，也造成生活上的不便。就人情而言，做丈夫的不願見到妻子私自跑回本家，或久住本家，是可以理解的。然而，檔案中有個例子顯示，更讓他們難堪的是，必須面對鄉親鄰里的嘲弄。這可能也是造成丈夫對妻子心向本家反應如此激烈的原因。山東城武縣人景四的妻子有一回出外拾柴，恰遇下雨，就在親戚家過了兩夜。景四疑心她是逃家，直到妻子回了家才放心。不久，又有一個下雨天，景四向友人曹道遠借傘，曹取笑說，是否要去尋妻。景四頗不以然，與曹吵了幾句。次日傍晚，景四喝醉了酒，到曹的門前叫罵，說曹「不該譏誚他」，而與曹的堂姪子大打出手[53]。雖然我們無法確定景四的妻子是否常私回娘家，但她顯然有過離家出走的紀錄，而景四也深以為恥，不願他人重提往事。曹道遠藉此取笑他，無疑觸著了景四心中的痛處，才會酒後說曹「不該譏誚他」。

　　不過，如果夫家沒有錢，生活困難，本家可以接濟，則又另當別論。十九歲的趙扁頭就是一例。他的丈人寧世榮簡述了經過：「小的女兒是乾隆七年十二月二十八日嫁給趙扁頭，娶過門有一年了。女婿家窮，女兒常在小的家住；這一年內在小的家住了八個月，上年十二月二十日就回去了。他家沒有飯吃，女兒又回來要幾升糧食去，纔好過年，小的拿了幾升糧食，二十八日又送他去的。……」[54]顯然，在填飽肚皮以前，面子問題可以暫時擱著。古

52　〈明清史料〉，074920-001；雙方供詞不一，照田瑞的說法，女婿不來通報，也不接妻子回去；女婿則怪罪妻子未回家穿孝服。

53　〈明清史料〉，070062-001。

54　〈明清史料〉，066497-001。

人所謂,「倉廩實而知禮節,衣食足而知榮辱」,應該指的就是這個意思。

(四)嫌棄妻子

如果妻子離家讓丈夫臉面無光,那麼妻子行為失檢,對丈夫而言,會是更直接的傷害,更會讓他覺得羞於見人而大動肝火。妻子一旦回罵,一場夫妻大戰似乎無可避免。檔案中可以看到不少這樣的例子。雲南廣西府夷人王世昌,因為妻子朱氏偷了鄰人頭巾、針線、銅鐲首飾等物,東窗事發,把朱氏吊在堂屋樑上,拷打逼問贓物下落致死[55]。另一件類似的案子是發生在一位年僅十二歲的童養媳李氏身上。李氏因為偷摘人家樹上的核桃,被丈夫張勞兒用麻繩面向柱子綁著,用長葛條四折紐住抽打背脊致死[56]。湖北人李公雅看見妻子景氏在門前池塘洗滌她的「污穢衣服」,告訴景氏說:「這樣衣服應該在屋裡洗」,並罵道:「不知羞恥」。景氏回家後氣忿難平,夫妻因此起衝突,李公雅失手將景氏打死[57]。廣東人鄭名進的妻子李氏替妯娌黃氏裁衣少了一塊布彎,黃氏來問有無遺失,李氏認為被誣侵吞布塊而與黃氏相爭。鄭名進自外回家後,責罵李氏「應守婦道,不該與黃氏爭打」[58]。最後是一個較極端的例子。田士奇的妻子孫氏得了瘋病,時常哭笑,無端罵人;醫治無效[59],田士奇只得把孫氏關在空倉裡。乾隆十一年五月初六夜裡,孫氏瘋病發作,打破倉板,跑到山上,「赤身在那裡坐著啼哭,拉他總不肯回家」。田士奇「看他赤身光景,怕人見了恥笑,一時氣忿,就拔身邊帶的解手小刀,把他心坎上戳了一下,往下一拉,他還翻眼,又把他咽喉上抹了一刀。」就這樣把妻子給殺了[60]。妻子發瘋,赤身亂跑,讓丈夫深以為恥,為了避免受人譏諷,拔出身上小刀,一戳,一拉,再加一抹,就把妻子給殺了。這是怎麼樣的一個心態?夫妻關係走到這個地步,所關係的應該已不是妻子行為是否敬

---

55 《明清檔案》,044301-001,A144-104。

56 〈明清史料〉,051743-001。

57 《明清檔案》,028685-001,A176-004。

58 《明清檔案》,045376-001,A163-061。

59 醫生說他妻子得的病是,「痰迷心竅」,治療的方法是「先用沉香化痰丸,後用清心養血湯」,不過,醫生說:「吃了幾劑,總不見好。」

60 《明清檔案》,031693-001,A146-005。

順的問題，而是夫妻感情已生變，妻子的行為讓丈夫覺得羞於見人，不惜以殺人來解決問題，無怪乎我們會看到上述如此激烈的反應。

（五）妻子與人通姦

在以「敬順」為夫妻關係主軸的基調下，妻子對於丈夫不僅心理上要「卑弱」、「謙和」，身體上也要「從一而終」，出軌行為是絕對不可的。有些時候疑心生暗鬼，可能只是一個無心的動作就讓丈夫心頭起疑。例如，穆香周只是撞見妻子拿了一包棉花走出過道，一見他就轉身走回房裡，因此懷疑妻子不端。他說：「他若是偷給女人，也還不妨；若偷給男人，我還成得人嗎？」[61]而在檔案中也不乏沒有掌握到任何通姦的證據，丈夫就對妻子大動干戈的例子。

趙碩一直嫌妻子蔣氏貌醜，也懷疑她偷人，就以初生兒不像他為由，要把妻子休了，為其父所阻而作罷。不久蔣氏又有身孕，某個夜裡，他問蔣氏：「這可是我的骨血嗎？」蔣氏說：「也定不住是不是。」趙碩就摸起腳踏木凳照蔣氏身上亂打，蔣氏在床上滾轉，連說「打死我罷」，直到蔣氏不作聲了，他才打燈照看，不一會兒，蔣氏就死了。趙碩在庭上承認，「小的女人不端，原沒見有實據。那夜小的問他身孕，他回說定不住的話，想他也是生氣說的，只因小的疑心已久，又見他說話蹺蹊，一時兜起氣來，把他打死，有何辯處。」[62]

而趙桂只是因為乾隆五年十月間去趙州考童生，在住處聽到同縣人談笑，好像是在說他妻子趙氏不正經，他心裡就起了疑。十一月初，回到家裡，因為「不得進學，心裡發迷」，又想起聽到的閒話，就屢屢向趙氏盤問，趙氏極力喊冤，夫妻倆就吵了起來，還是鄰居勸散的。雖然如此，趙桂「心裡總然發疑」。十二月十三日早飯後，趙桂又向趙氏審問。趙氏就說：「你儘著胡言亂語，我也不願與你過日子了，不是我殺你，就是你殺我。」趙氏一面說一面就去拿了切菜刀，走到趙桂跟前，作勢要砍他。趙桂問：「你要殺我麼？」趙氏回答：「你再胡言，我就殺你。」趙桂怕她真動手，就

61　〈明清史料〉，062793-001。
62　〈明清史料〉，071120-001。

奪過刀去,隨手一砍,砍斷趙氏項頸筋骨[63]。

另一件發生在乾隆十五年八月十四日,宋大鴨在外傭工,聽得女兒大姐患病,趕回家看望。夜間收拾床鋪準備睡覺時,驚見妻子李氏枕頭下放有一把尖刀。他問女兒,也不得要領,於是懷疑李氏與人有姦,要謀害他。三更時分,宋大鴨悄悄起來,拏刀插在腰裡,叫醒李氏,哄她同去偷穀。到了任家岡傳成禮穀地內,李氏坐下掐穀穗,宋大鴨拏刀子問她:「這刀是那裡來的?」李氏說是在任家岡地裡拾柴火拾的。宋大鴨又嚇問:「你放在枕頭下,是想害我不是?不說實話,定要殺了。」李氏怒罵:「你快把我殺了罷。」宋大鴨忿而起殺機,左手掐住李氏項脖,按倒在地,右手拏刀在她咽喉上抹了一刀,見李氏手腳還動,又在肚腹上扎了壹下,李氏就斷了氣[64]。

另外,檔案中也可見到幾例,徐讓只是因為妻子常到鄰家走動,就懷疑她與鄰家主人有姦[65]。馬八豬兒因為出門做生意,回家後發現妻子下身生瘡,於是懷疑她做了「沒臉面的事」[66]。楊柱因為妻子待在主人上房裡久不出來,就疑心她與主人有姦情[67]。他們三人的妻子也都因此而命喪丈夫的刀下。

如果沒有證據,丈夫對綠雲罩頂的反應就如此激烈,那捉姦在床的後果就可以想見。在檔案中不乏丈夫就在案發現場,打死妻子或姦夫的例子。例如,乾隆四年五月十六日,鄭奇興砍柴回家,走進房去,只見親戚危友生與妻子在床上行姦;一時氣忿,拿起棍子,把跳下床要跑的危友生打昏在地,又將躲在房後的妻子亂刀砍死。鄭奇興是同年二月初一日出外做工,四月回家。沒有想到妻子二月二日就與危友生通姦[68]。

又如,直隸大興縣人金二賣菜度日,懷疑常在他門口貨賣餑餑的簡二與他妻子及岳母有姦。某晚,佯裝醉酒回家,睡臥炕上,三更時分,窺見簡二赤身逕入伊妻被內行姦;金二起身從被內揪住簡二髮辮,拉出拖至炕邊,拿起木墩狠擊簡二身死。當時金二原想將妻子與岳母一併殺死,因為她們跪地

63　《明清檔案》,013063-001,A106-012。

64　《明清檔案》,045240-001,A172-121。

65　〈明清史料〉,072096-001。

66　《明清檔案》,018054-001,A117-107。

67　〈明清史料〉,055742-001。

68　〈明清史料〉,074483-001。

哭求，一時心軟，而未下手[69]。

　　另一例是直隸大城縣人劉三元，到滄州姊姊家裡去看母親，二天後返家，約莫有二更天的時候回到家，推開門進去，聽見炕上有人跳起來往外跑；他一隻手把那人髮辮揪住，只聽他說：「你撒了手罷。」纔知道是隔壁鄰居王七。原來劉三元的女人王氏先前向王七借錢買麵，兩人就有了姦情。這天夜裡，王七喝了酒，打聽到劉三元不在家，就跑來找王氏，他沒有想到劉三元會突然出現，被逮個正著。劉三元抓不住王七，讓他跑了，但在村頭上趕上逃跑的妻子王氏，拿起地上的磚頭，兩下就把王氏打死了[70]。

　　再舉一例，劉竹修是直隸平鄉縣田村人，一直在廣宗縣東召村的賈家做長工。乾隆二年四月十五日天未亮，劉竹修因為妻子楊氏獨自在田村過日子，家裡沒有糧食，拿了二百個工錢，走回田村去。天剛亮時，走到大柏村外，遠遠見到兩個人在前面走，看起來像是他的女人和趙馬墩。劉竹修連忙趕上前去，看清楚了，問說：「你兩個做得好事，往那裡走？」原來劉竹修早就聽過村裡人講說妻子楊氏與村子裡的趙馬墩有姦情，曾經把楊氏打過幾次，還想要休了她，但由於她娘家沒人可靠，而他自己也沒有「親見他們行姦，只得忍著。」現在親眼看見「他們兩個一早同路行走」，證實村人的傳言屬實；如果「不是有姦的，為什麼一男一女黑早在路上行走呢？」摸黑趕路為妻子送錢，沒有料到會撞見她與姦夫同行，劉竹修「一時氣得慌，就在旁拔了根柳桿，在楊氏腦後合右耳根一連打了兩下，楊氏就跌倒地上死了。」[71]

　　然而，碰到妻子外遇時，不是每個人的反應都像上述幾位一樣，選擇用暴力結束妻子或姦夫的生命。有人選擇告官，但為了面子，送官時改換名目，不料弄巧成拙，讓自己做不得人。這個例子發生在江蘇吳縣。乾隆六年六月初六日，許善長午後自外歸家，發現遠房親戚章能竟然在床上與妻子行姦。一氣之下，以繩子縛住章能的頸項說：「省得出醜，只說是賊，解到營汛去。」沒有想到，章能在路上，為了擺脫賊名，當著滿村人說，許善長「央他包養兒子」，讓許善長自覺「做不得人了」，自縊在祖墳樹上。三天

69　《明清檔案》，020585-001，A194-053。

70　《明清檔案》，028929-001，A100-024。

71　〈明清史料〉，049026-001。

後，他妻子也上吊死了[72]。

　　不過，也有人發現妻子的姦情後，第一時間就選擇自我了斷。王有禮是河南睢州人，自幼與梁三的女兒梁氏訂了親。乾隆十一年十二月二十九日，王家娶梁氏過門，與兒子完婚。過門當天，王父見梁氏腹大，即已起疑，但梁家都說梁氏有腹脹病。為此，王家還找了些治脹病的藥給梁氏服用，卻未見好轉。次年閏三月二十九日，王家因為見到梁氏的肚子愈來愈大，懷疑她有了身孕，就送她回娘家。但是四月初四日，梁家的人又把梁氏送回王家，理由是梁氏實在有病，應該在王家調治，如何能送到梁家去。王家無奈，只能留下梁氏。第二天夜裡，梁氏就產下一名女嬰，距當初進門日不到四個月。原來梁氏的父親已過世四年，她與母親無依無靠，只好投奔叔父梁玉。梁玉沒有兒子，家裡住著他的堂姪孫梁二小。乾隆十年七月初八日，梁二小的妻子回娘家，梁氏到二小的房中「尋火喫煙」，二小笑著拉她的手，她「沒有主意，就依他成了姦。」論輩份，梁二小應叫梁氏嬸嬸。弄清楚了事情的原委，王有禮生氣的向父親表示，他是不要這樣的女人，叫他父親把梁氏送回去。不料，當他父親送完媳婦回家後，發現王有禮已「在家羞忿自縊身死」。另一方面，梁氏的叔叔聽說姪女生產，就生氣說：「這可見不得人了。」隨即離家出走，再也沒有回家[73]。

　　同樣選擇自我了斷的，還有河南新鄭縣人孫蛟。乾隆五年，孫蛟與妻子李氏搬到葉縣紙坊店居住。他的堂姪孫蘭如，三十五歲，乾隆八年搬到鄰近的板張莊住，常到孫蛟家走動。自乾隆十年四月起，孫蘭如就與小他一歲的堂嬸李氏有了曖昧關係；後來甚至把自己女人送回原籍，搬去與孫李氏和她男人孫蛟同住，一得空，就與嬸子睡在一起。十五年五月二十五日夜，孫蛟因為天熱，在院子裡睡。到半夜時，孫蘭如乘空又跑到孫李氏床上，但兩人沒有料到，這次兩人事後都睡著了；天將明時，被早起的兒子看見，姦情敗露。孫蛟聞訊，拿了棍子去打人，反而被李氏與孫蘭如打傷。孫蛟進城告狀後，就沒有回家，後來被發現吊死在莊西樹上[74]。

---

72 《明清檔案》，027450-001，A127-008。

73 《明清檔案》，043939-001，A150-011。

74 《明清檔案》，032140-001，A180-041。

　　梁玉自覺日後見不得人，選擇離家出走；王有禮與孫蛟選擇上吊結束生
命，應該也是基於同樣的理由，擔心日後沒臉見人。不過，不是所有人發現
妻子不貞後都會有如此激烈的反應，都會立即斷絕夫妻關係。就檔案所見，
有人以為這是醜事一樁，不願聲揚，選擇遷居，離開是非之地，既可避開鄰
人異樣的眼光，也可以隔絕妻子與姦夫的來往。這些人不會與妻子大打出
手，讓左鄰右舍看笑話，而是默默地離開，期望異地而居，可以重新開始。
陳玉就是一例。陳玉，山東齊河縣人，平日以撐船為業，常不在家。他說[75]：

> 只因乾隆五年五月裡，小的撐船回家，聽得莊裡人說女人合李盛有
> 姦；小的留心捉拿，沒有拿著。小的因女人有了姦情，不便在本莊上
> 住。到八月二十六日，小的就領著王氏，搬到歷城西關外，賃了姓員
> 的兩間房子住著，賣糖度日。

　　不過，陳玉未能如願，因為李盛後來還是乘著他出去賣糖的時候，去到
西關把王氏帶回家。三個月後，當他獲報在李盛家西首空屋裡找到王氏時，
氣血攻心，三棍子就她打死了。陳玉的故事並非孤例。安徽桐城縣人楊功臣
曾與王紹江同居一屋。他因疑心妻子與王紹江有姦，於是搬家另住。王紹江
不死心，乘其外出時，找上門去，將其妻子帶走[76]。也有婦人蕭氏通姦被逮，
不滿丈夫遷居，限制其行動，又宿店不歸，憤而先殺幼女，再殺兒不成後，
縱火焚屋後自盡[77]。
　　這些例子顯示，走到這個地步夫妻感情已生變，妻子感情大多另有所
屬，無可挽回；一旦另一個男人找上門來，就跟著走了；走不了的就走上自
絕之路。我們在下節會有較詳細的討論。不過，她們的故事其實預示了另一
種更委曲求全做法的失敗。相對於上述激烈與低調的反應，根據檔案所見，
有些人，無論是事前或事後，對妻子的越軌行為不僅不加反對，而且採取贊
同的態度，有些甚至可以說鼓勵妻子與姦夫來往。這些男子何以能夠不顧顏

75　〈明清史料〉，065083-001。
76　《明清檔案》，019412-001，A113-080。
77　《明清檔案》，015082-001，A188-135。

面，容忍妻子不貞的行為？更何況，他們的行為觸犯了大清律中的「縱容妻妾通姦」，與姦夫、姦婦都要各杖九十。

李友章與妻黃氏因逃荒離家，借住曾達鄉莊房分娩，與曾的女婿楊漢生來往熟識。李友章曾向楊漢生借了四錢銀子、五斗高粱。某日，楊以討銀為由，進門捏住黃氏的手調戲他。事後，黃氏將此事告訴李友章。李友章說[78]：

> 他是好人。上年若沒他周濟，我們餓死了。他是無心的話，你何必認正罵他。

李友章數落了黃氏一番，又叫楊漢生只管到家中走走。隔了幾天，楊漢生又拿了幾十文錢送去，仍要調戲黃氏，但黃氏不依。楊漢生說是李友章叫他去的，要她不必撇清。黃氏說：

> 小婦人聽見這話，也就不便拒絕，一時愚昧，就失節曲從了，以致時常往來。丈夫是明知的。

李友章雖然一意曲從，討好楊漢生，但楊漢生為了與黃氏「做長久夫妻」，最後還是把李友章給殺了。其實，黃氏曾警告丈夫楊漢生有置他於死地的意圖，但他不信，還說楊是「有義氣的人」。顯然，李友章因為生活貧困，貪圖姦夫金錢與物質的接濟，利令智昏，枉送性命。

同樣的情況也發生在宋麥兒身上。宋麥兒與朱四是在雍正十二年逃荒在河南沁陽縣秦八店的時候認識的，因為同是天涯淪落人，所以結為乾親，朱四常在家裡走動。當宋麥兒發現妻子陳氏與朱四有姦後，只說一句，「賣柴難過，不如把你與朱四夥著罷。」雍正十三年三月裡，宋麥兒又搬到遂平縣張虎家住。四月裡朱四也尋到那裡，不時幫他銀錢。可是，當朱四要宋麥兒把陳氏讓給他的時候，宋麥兒不肯，朱四變了臉，賞了宋麥兒兩個嘴巴，宋麥兒就領陳氏回上蔡縣去了。朱四因為捨不得陳氏，又找到上蔡縣化皮集尋見宋麥兒，與他講和，給他一百七十個錢，並糴了些糧食，又與他們同住。

---

78 〈明清史料〉，052682-001。

到了乾隆元年六月間，宋麥兒要投奔王家店親戚家去，在路上向朱四說：「你與陳氏在一處，外觀不雅，我到了親戚家，你先回去罷。」朱四明白宋麥兒要斷絕他和陳氏的關係。一日夜裡，朱四用計就把宋麥兒給殺了[79]。

李永吉也有個類似的故事。李永吉有一個好朋友馬德奇，常在他家走動。乾隆六年二月間，馬德奇與李永吉妻子張氏有了姦情。四月間，馬德奇就搬去與李永吉同住，合夥種地，也常與張氏通姦。五月間，李永吉撞見他們通姦時，只說張氏「沒臉面」，就算了，仍與馬德奇同住。七年八月二十四日，兩人因為一句無心的話鬧僵，李永吉表示，「明日我們分夥，你各人自己去住罷。」馬德奇心想，「他從前靠著小的替他養活妻子，如今有地耕種，好過日子，就變了念頭。」馬德奇恨李永吉「沒良心」，決心「不如打死了他，好長與他妻子過活。」他就在李永吉的後腦上狠狠打了一下[80]。

張文玉及妻子方氏的案子情況則稍有不同。洪二與張文玉同莊居住，又同是金萬維的佃戶，常到張家走動，與方氏說笑全不避忌。在與洪二通姦一年後，方氏叫洪二管她喫穿，許他姦宿一年。洪二表示，怕她男人知道。方氏說：「男人知道，也不妨。」洪二此後就常到張家住歇，陸續與方氏做了五件衣服，還時常買些物件送給方氏喫用。張文玉對方氏與洪二的姦情起初一無所知。他是後來注意到洪二常給方氏做衣服，買喫用，才看出來，但考慮到「因家裡窮，要他照看，就隱忍，沒有說破。」

其實，在同一時間，方氏與屠夫陳玉章也有姦情，只是張文玉一直沒有看出。某日傍晚，陳玉章鄉裡買豬回來，從方氏門首走過，方氏叫他進去喫煙，坐了一會，見洪二來了，他就走了。陳玉章走後，洪二因為張友玉不在家，想留下同宿，方氏堅持不依。洪二因為沒有錢，已有兩箇月未給方氏東西。他懷疑陳玉章在方氏屋裡喫煙，必是方氏與陳玉章有姦約，陳玉章夜裡要在她家睡，纔打發他走開的。他想把陳玉章拏住，方氏就再不能拒絕他了。洪二於是在二更時帶了防身庫刀，走到方氏家敲門，不料陳玉章並不在那裡。洪二就要與方氏行姦。方氏問他要二百錢，洪二表示沒有錢。方氏說：「既沒有錢，你走罷，以後再不要來。」把棉被蓋上，自己睡了。洪二

79　《明清檔案》，030365-001，A080-113。

80　《明清檔案》，014757-001，A127-036。

和衣睡了一覺，五更時醒來，見身旁方氏這樣情薄，想起替她做衣服，買喫用，花了多少錢，如今卻把他一腳丟開。一時氣血上衝，就用庫刀一刀扎死方氏[81]。

上述四個例子顯示，或許是迫於無奈，丈夫為了生活，委曲自己，默許妻子與人通姦，但都沒有好結果。他們都忽略了男女關係是有強烈獨占性的，不容他人分享。無論如何低調，當楊漢生起意與黃氏「做長久夫妻」，李友章又不聽信妻子的警示時，已注定被殺的命運；當宋麥兒拒絕朱四要他讓妻的要求時，就已埋下殺身之禍的種子；當李永吉威脅要馬德奇分夥另住時，就已難逃一死；張文玉雖然性命保全，但卻失去妻子。這四個例子與前面提到的幾個激烈與低調反應案例，形成強烈的對比；這種強烈的反差讓我們認識到，「男尊女卑」的概念落實到實踐層面是有前提的，即做丈夫的要能養家活口，維持妻子的溫飽；也就是，要能確實做到「男女內外」之分的「男主外」。這項認識在下一節「妻子的抱怨」中可以看得更清楚。

二、妻子的抱怨

就檔案所見，妻子對丈夫的抱怨只限於個人品性與生活層面，未見挑戰他們在家中的權威，也就是「夫為妻綱」的傳統規範；她們的怨言大致可歸納為以下幾種：未聽從妻子、不讓回本家、嫌棄丈夫。

（一）未聽從妻子

乾隆元年四月二十三日，梁氏的丈夫章瓊「去趕街買鹽，把錢買酒吃了，沒有買得鹽回家。」梁氏問他：「買鹽的錢那裡去了？」章瓊答道：「街上撞見朋友，買酒吃用完。」梁氏聽了，就與章瓊「吵鬧」，把他的「衣裳緊扭不放，口裡只是辱罵不休。」章瓊那時已有醉意，一時性發，拿起根柴棍亂打，又踢了兩腳，正中產門，梁氏當場身亡[82]。

雍正十三年十月十一日晚間，丈夫白貴金自市集回家，陳氏坐在地上燒

81 〈明清史料〉，071360-001。

82 〈明清史料〉，052676-001。

炕，問他要先前囑買的褲子、膝衣。白貴金答以「那裡來的錢，沒有與你買回來。」陳氏即刻惱怒，開口罵他「貧窮，與他拿不來東西」，並罵他父母「窮老忘八」。白貴金「一時受不得他罵」，搶下陳氏手上燒火棒打了幾下，「不過叫他以後再不許破口罵人的意思」，當天晚上，陳氏就死了[83]。

　　王士珍因為家裡窮，當了妻子任氏的一件棉襖。乾隆三年九月二十二日，任氏對他說，十月初一日是城裡的廟會，要回娘家去，叫他去贖回棉襖。王士珍說：「今日沒有錢，等我拾了柴火回來，賣了錢，給你贖罷。」任氏不依，與他頂嘴。王士珍「一時氣忿，順手拾起挑火木棍」打了任氏左腰眼一下，又用拳頭在任氏左耳根上擦了一下，動了任氏的胎氣，當晚腹痛不已，次日身亡，一屍兩命[84]。

　　這三個案子有一特色，即都與金錢有關，也都是妻子先對丈夫抱怨而引發紛爭的。一個是把買鹽的錢拿去買了酒喝，一個是無力替妻子買衣物，一個是無錢替妻子贖回棉襖。換言之，這三位當事人的家境都不富裕，以致引起妻子抱怨，甚至開口罵人。這是否意味著在家境較差的家庭中，做妻子的比較敢於主動表示對丈夫的不滿？

（二）不讓回本家

　　對期盼歸寧的妻子而言，無論丈夫或婆婆用什麼理由拒絕她歸娘家的要求，她總是覺得夫家的人不體恤她的感受。乾隆八年五月間，廣東省高州府茂名縣民陳秉燦有妻湛氏，因為父親病故回娘家奔喪，才過兩天，她的婆婆就二度遣人接她回家，幫忙收割。湛氏心生不悅，在田裡使性子，不割，也不挑，並出言頂撞她婆婆，「譬如你家女兒有了這樣事情，也要在家多住幾日，有什麼不該呢？」陳秉燦見狀，隨即掌摑湛氏，湛氏就用鐮刀砍傷秉燦，秉燦奮力用拳回擊，將湛氏擊倒在地，當晚即因傷重而亡[85]。湛氏對他婆婆的一句話讓掉了性命，但也真是道盡了為人媳的委屈。

83　〈明清史料〉，053886-001。

84　〈明清史料〉，055402-001。

85　〈明清史料〉，053696-001。

（三）嫌棄丈夫

妻子嫌棄丈夫的情形可以歸類為以下幾種：

1、妻嫌夫蠢陋

杜玉仕，浙江金華縣人，三十五歲。乾隆三年正月十四日與蔣伯貴的女兒成婚。妻子蔣氏年僅二十一歲，因嫌杜玉仕「年長貌醜，家中又窮」，百般不願，天天在家吵鬧；二月二十一日就私自跑回本家。杜玉仕因為「屢接不歸」，四月間就具呈告官，蒙批丈人送回完聚，但直到十月二十四日才接回家。十二月二十日晨，蔣氏乘丈夫往田裡鋤麥的時候又逃家，被杜玉仕趕去抓回家。這回蔣氏無法再逃了，因為在家「撒潑跌賴不休」，被杜玉仕一棒打死[86]。

王敬，河南裕州人，三十三歲。他因元配過世，乾隆八年八月裡又續娶了也是再婚的蕭氏為妻。他說[87]：

> 先前兩月還相和好，到後來不知蕭氏怎麼嫌起小的蠢陋來；白日不與小的說話，夜裡也不與小的同睡。小的因想為人娶妻原為接續後代，他不與小的同睡，心裡原有些惱他。乾隆玖年參月裡，記不清日子，因蕭氏倔強，原用火石尖鋒扎了他壹下，已經平復了。到捌月拾參日夜裡，小的要與蕭氏在壹頭同睡。他說小的你什麼東西，要與我睡，敢是做夢哩。小的聽了這話，心裡恨的慌，就想殺他。……

2、床第不合

任美，山東歷城縣人，三十三歲，先在小魯家莊住，後移居雒口東紙房住，一向在鹽船上做水手。他說[88]：

86　《明清檔案》，012078-001，A084-031。

87　〈明清史料〉，066661-001。

88　《明清檔案》，029356-001，A150-087。

小的父母都早死了。女人張氏是乾隆十二年十月初十日娶的，平日沒有別的不和好，就是做親後張氏每夜憎嫌小的不濟事，不肯合小的睡覺。起初，是小的央他，纏繞不過，他還肯依。後來，小的要去同睡，張氏就開口罵小的，已不是一次了。小的忍著氣，不理他。到十二月初六日夜裡，有二更多時候，張氏先脫衣服睡了，小的要去同他睡覺。他又罵小的，還說你這一個人就不該起心討老婆，坑害別人，我如今是不肯同你做兩口子的了，你早些把我休了罷。小的聽了這話原氣忿起來，小的家裡有一把斧子放在房裡，那時還點著燈，小的就拿起斧子來說，你不同我做兩口子，我就砍你。他又罵小的說，你敢砍我嗎？小的就用斧子把他右額角左眉叢右腮胅等處砍了幾下，把他砍傷了，……。

張氏當天就死了。她要求丈夫早日把她休了，顯然希望能另尋伴侶，開始新生活。她的願望落空了。不過，在檔案中，其實可以見到不少婦人在沒有休書的情況下，已先一步另尋人生伴侶了。

雍正十三年五月十六日，毛濟先的妻子曹氏託弄船的鄰居楊四升替她買絲線，但沒有給錢。二十二日，楊四升向曹氏要線錢時，曹氏不還錢，只是望著他笑。楊四升見曹氏如此反應，而她丈夫又不在家，就會意了；以後毛濟先不在家時，楊四升就會到他家去。七月間，楊四升向曹氏表達要弄死毛濟先，娶她為妻，曹氏沒有答應。一個月後楊四升行船回來，再度表示要娶她，這次曹氏同意了。三個月後，楊四升與曹氏就在毛濟先熟睡時把他給殺了[89]。

雍正十三年十二月三十日，安徽蒙城縣人丁氏嫁入傅好學家作繼室。乾隆元年九月初九，姪子傅生到他家，丈夫正巧趕會去了，丁氏就「拉姪子去行姦」；十二日又一次；十八日又到傅生家藏了八日；十月二十四日，丁氏要傅生帶她「逃走，出外過日子去。」一個多月後，縣差在河南商邱縣傅生的遠房表兄家找到他們。丁氏在解回蒙城縣的路上自縊身死。傅好學表示，對於傅生與丁氏的姦情不曾撞見，只是九月間見「傅生與丁氏有些眉來眼去

89　《明清檔案》，017385-001，A070-078。

的光景」，「心上生疑，因無憑據，未曾聲揚，只把丁氏說了一頓。」[90]

　　直隸阜平縣甄成美每日在外邊做活，晚上又替人看守店物，不常在家，女人與人有姦也不知道。他的妻子甄氏就是乘他晚上替人看店的時候，與乾親家一起逃走的。甄氏供稱，她是因為家裡「沒得喫的，丈夫又不在家。不知那一日，賈福君到小的家來，小的原問他借了三百個錢，自此通姦起，丈夫是不知道的。」而後她又對賈福君說：「丈夫不成人，我們到別處去罷。」從此不斷地慫惥賈福君帶他逃走。賈福君先是害怕犯法，後來才應允。但逃走才三天就被官差拿住了[91]。

　　河南人陳氏與丈夫感情不好，在娘家向其外甥訴苦，表明不願再跟丈夫過活的意思，讓外甥覺得「話裡有勾引他的意思」，他們就在南屋裡發生關係。後來陳氏又問她外甥，「何時得空？」他們在南屋裡又約會過兩次。最後東窗事發，陳氏當眾自承與人通姦，父親氣得在勒斃她後，上吊自殺[92]。

　　這些例子是否意味著清代婦女在解決婚姻問題上並非完全被動？

3、丈夫久病

　　夜珠光，雲南大姚縣夷人，三十三歲，娶妻何氏十有二年，有一四歲的兒子。他供道[93]：

> 因小的染患失血弱病臥床，何氏無心服侍。小的叫他傳遞茶水，他不願意還說，這些家財被小的吃藥費完了。這病若好，也該好了；若死，也該死了；必要弄個精窮，日後累我合兒子過不得日子的話。小的因是夫婦也不理論。乾隆七年十月十三日早起，何氏拿小的裁紙小刀在床上剔腳，將刀放在床邊上，他下床來，將小的一根杵手竹棍跐折了。小的罵他一句，他就將小的咒罵了一頓，領了兒子，就往他娘家去了，小的要碗茶吃，也沒人遞，直到午上回來。小的氣悶說，他

90　〈明清史料〉，053622-001。

91　〈明清史料〉，049316-001。

92　《明清檔案》，025402-001，A206-079。

93　《明清檔案》，014261-001，A123-002。

來遲。他又咒罵起來，叫他拿水吃，勉強遞了一碗，倒在床上合面睡
著，將小的不住的咒罵。……

廣東南海縣人馮殿長也和夜珠光一樣因為長期臥病在床，不能「傭工賺
錢」，備受妻子「怨罵吵鬧」。不得已，他只好帶著兒子住在巷口祖祠內養
病；妻子與女兒住在巷尾，各理食宿，長達四年。一個五月天的夜裡，馮殿
長自覺病好些了，想回家與妻子同宿。他說明了當時的情形[94]：

二更時分，往叫妻子開門，妻子總不開門。小的走回祠內拿了壹把切
菜小刀，把門撬開進去。妻子就起身來說，我不是你妻子，你久已不
顧我的了，如今又來做甚麼，把手推小的出門。……

4、不事生產

無論是力有不逮，或是不長進，凡是不事生產的丈夫都會受到妻子的鄙
夷。龔來因為「不會耕種」，受到妻兒聯手欺侮，他說[95]：

妻子同兒子不憤，常與小的陶氣，還要把小的趕出去另住，又把小的
種的田奪去種了，不與小的經管。

趙元侯因為「閒著，沒有個事業做，喫慣了幾杯酒，坐喫山空，把些田
地陸續典賣出去」，妻子屢勸不改。一日在街上喫酒醉了，回到家裡，妻子
見了就罵[96]：

天殺賊砍的，終日只是喫酒，田地也喫完了，將來賣人也不穀你喫的。

楊天倉平日放蕩，敗光了分得的田產，家裡常無米下鍋。某日「因連日

---

94 《明清檔案》，016942-001，A109-072。
95 〈明清史料〉，075007-001。
96 〈明清史料〉，075562-001。

陰雨」，「借不出口糧」，兒子、女兒餓得一邊啼哭，他「正不耐煩」時，妻子卻向他埋怨說[97]：

> 女人埋怨小的說，從前原有分的田地，俱是小的花費了。既然養活不起妻子，何苦著他同孩子們受餓，不如將他同孩子殺了，省得跟著小的受罪。小的一時氣忿要將他殺死，把家裡的幾件家伙打爛，隨手拾起桌上放的一把小刀，向他說你既叫我殺你，我就將你殺死，不過與你抵償就是了。……

楊天倉果真把他妻子殺了，也扎傷了兒子。

5、貧難度日

　　楊天倉等人的妻子怨恨丈夫敗光家產，使他們生活無著。然而，如果無力養家活口，男人即使循規蹈矩，或無產可敗，一樣受到妻了的奚落、埋怨。而檔案資料顯示，不少家庭糾紛都是因此而起的。

　　孫聖良是江蘇當塗縣人，四十二歲，與妻于氏結婚超過八年了，夫妻倆開個豆腐店過活，沒有子女。于氏平日常埋怨日子窮苦。夫妻二人都嗜杯中物，酒後常爭吵。乾隆元年正月初三，于氏抱怨，「別人家過年，吃好的，穿好的。我家如何沒有？」問孫聖良要吃，要穿。孫表示：「我家是個開豆腐的小本生意人，如何學得別人家？」于氏聽了，賭氣睡了一天不起來。到了初八，于氏又抱怨：「受這樣的苦，到了新年裡，還沒有好處。」孫聖良就買了四個錢燒酒，安撫于氏。沒有想到酒後，于氏氣仍未平。孫聖良一句「小心火燭」，引發于氏不滿，沒好氣地說，那裡就得燒起來。夫妻倆因而打了起來[98]。

　　蔡關保，廣東東莞縣人，三十一歲，與妻子結婚十年，育有兩個女兒。有一天喫了晚飯，妻子磨洗鍋頭手重。他聽見聲音太響，恐怕損壞了鍋頭，

97　〈明清史料〉，073717-001。
98　〈明清史料〉，065918-001。

就數落妻子做事不該如此粗魯。妻子不服，反諷他「不長進」說[99]：

> 弄不得飯來喫，要鍋何用？

陝西長武縣人王趙氏，三十五歲，乾隆十二年三月間改嫁王充。十五年四月十一日，王充沒有買好米麵就趕早往酒房替人做酒去了。王趙氏餓得慌，不得已向房東的女人要了二頓飯吃，感到很沒顏面。晚上王充回家要趙氏漿洗衫褲，趙氏罵道[100]：

> 你要把我餓死，我也不管你這閒事。

王充回罵她是「不賢潑婦」，趙氏反擊說：

> 你討了婦人養活不過，反來罵我。我的命不好，嫁了你這窮鬼，那有
> 出頭日子，倒不如死了。

王充就拿了塊磚進屋裡，要趙氏自己撞死。趙氏隨手把磚往外一撩，撩到王充的額角上，血流不止，十多天後傷重身亡。

顧彩，湖北孝感縣人，十九歲，父母久亡，亦無兄弟。家裡貧苦，與妻子賀氏紡線度日。他因為線紡粗了，在集上賣不掉，回來埋怨了賀氏幾句。賀氏不甘示弱，把紡車打碎，並罵公婆道[101]：

> 沒遺產業，養出不才的種類，要人受苦。

廖得忠一向在右玉縣城裡以木匠為業，因為妻子李氏堅持要為與前夫生的兒子和童養媳婦成親，一時湊不上錢來，原把李氏的幾件衣服拏去當了兩

---

99 〈明清史料〉，070796-001。
100《明清檔案》，045237-001，A170-100
101 〈明清史料〉，024124-001。

串多錢，沒有贖得出來。某日，李氏要出門去看她的親戚，沒有衣服穿，就和廖得忠吵嘴，隨後向鄰舍家借了兩件衣服穿了出門，到天晚了纔回來。廖得忠買了一壺燒酒，正在那裡喝著，遂向李氏說[102]：

> 借得人家衣服該蚤些回來，挐去送還，省得人家說閒話，怎麼到了這時候纔回來。

李氏氣極道：

> 我並不是沒有衣服的，都是你挐去當了，纔去借人家的穿，如何還該說（我的）不是。（你）若怕人家說話，何不把買酒喫的錢挐來贖了當，為什麼又做這烏龜樣子，好簡不識羞恥，虧你還想人家叫什麼老子公公。

　　賈同琮，陝西長武縣人，二十七歲，與孟氏成婚半年後，即私自離家打工。由於未賺得錢，自覺無面目回家，六、七年間未曾歸家，還是他叔父央人把他找了回家。他說，一回到家，孟氏只管問他：「出門六、七年，趂得多少銀錢回來？」當得知沒有錢時，孟氏就追問，「你沒本事掙錢，在外幾年做什麼吃？」問得賈同琮心裡不耐煩。數日後，招待了來看他的親友後，晚間睡醒，賈同琮突然想抽煙，就叫孟氏起來取個火。孟氏頗不以為然，說[103]：

> 你（沒賺多）少銀錢回來，日間忙了一天，到夜裡，還要我拿火伺候你吃煙。

孟氏滿口的抱怨，就是不動。賈同琮只得自己到走院子，因尋不著火，摸著土基上放著一條馱水的牛皮繩，拿進房裡，教訓孟氏。次日一早，賈同琮要

---

102 〈明清史料〉，051398-001。
103 《明清檔案》，014298-001，A091-009。

孟氏起來做飯。孟氏說：

> 你打了我，還要我做飯嗎？我是斷不起來做飯的了。

賈同琮為了不為她所制，只得又進房去，作勢要打她。孟氏說：

> 還要打我，我與你拚了命。

猛地站起來，撲扭上去。

賈彭年與妻子余氏婚後的前五、六年二人關係和睦。但自雍正十年他父親出門之後，「家裡漸漸做不來」，余氏時常和他吵嚷。最後他母親見鬧得不成樣子，領了他七歲的兄弟，搬出去另住。某日，下午沒有吃的，到了晚上，余氏與他「咕噥說」[104]：

> 有力量討老婆，偏是這樣窮，叫人來受餓，現什麼世。

賈彭年回答說：

> 我要做生意，沒有本錢，家裡又沒東西當賣。你這樣受不得窮，我明日同你到別處去尋間房子，接起客來，就天天有得吃了。

賈彭年表示，這本是氣她的玩笑話。但沒想到他妻子聽了這話，把它當真，發飆罵個不停，並堅持要把逼妻為娼的話，往娘家告訴她哥子，好把他「處治個死」。他一時心裡迷糊，就把妻子殺了。

顧尚臣，江蘇吳縣人，三十四歲，父母早故，無親弟兄，也沒有親伯叔。乾隆七年，入贅姨夫黃忠家。乾隆九年上，他纏領妻子回蘇州家裡住了一年，因無可營生，把妻子的妝奩用完了，家裡窮苦不堪，妻子因而常與他吵嘴。七月裡他丈人把妻子接了回家，他也就一同回去，住在丈人後層屋

104〈明清史料〉，073276-001。

內。由於沒有本錢，做不成生意，日子不好過，他說[105]：

> 小的曾到楊橋親戚店裡去尋生意，因生意不好，又沒本錢，耽擱得個把月，自今年正月空手回到丈人家裡。妻子見小的毫無活計，不常唧唧噥噥。小的因自己不能養活妻子，也有忍耐的時節，也有時與他爭論幾句，爭論過仍與妻子是相好的，並沒有十分不和睦。今年六月十一日，小的因冒了風寒，身子不好，問妻子要碗湯喫。妻子不理，倒把小的憎厭起來說，你這樣人住在這裡怎了。小的說，貧苦也是常事，你自己命也欠好，何用怨恨。他反一面牽著小的父母罵說，若是好爹好娘，如何生出這的人來害人家，一面走了開去。……

　　河南登封縣人劉氏，四十歲，十七歲與丈夫周士珍成婚，生有一子。由於周士珍終日喝酒游蕩，莊房土地都當賣光了，沒處棲身，親戚朋友也都無力接濟，夫婦倆只好扁擔挑著鍋碗家伙，在村外空廟裡暫時棲身。沒有想到，半夜周士珍領著一個人到廟裡表示：「我們窮苦，不過這人肯養活我家，只要你同他睡覺。」劉氏拚死不肯，並堅持要回娘家。第二天，在回娘家的路上，劉氏想：「嫁著這不成人的男人，吃酒游蕩，把自己莊房地土花盡，流落在外，連住處也沒有。如今反叫我做沒廉恥的事，掙錢養活他。」她越想越氣，就指著周士珍說：「你這樣人還不如早些死了，免得在世上受罪。」周士珍不甘示弱，立即回罵。儘管劉氏哭嚷，周士珍只管挺在地下不動，嘴裡牽著丈人丈母娘辱罵。劉氏「心裡氣極了，原想不如將他打死，拚著與他抵命，倒還乾淨些。」主意既定，乘著周士珍躺在地上，沒有防備，劉氏隨手拾起地上一塊石頭，照周士珍額角、頂心、太陽穴連打三下，就把她男人打死了。劉氏向堂上表示，她既未想要另外嫁人，也未與人通姦，實在是因為周士珍「已經起了這個念頭，如今雖然歇手，終久不肯干休。」[106]
　　從這些妻子的抱怨中，可以清楚看到，她們從未否認丈夫的權威，也不挑戰丈夫一家之主的地位；她們所關懷的都是個人身心的滿足與生活上的溫

105《明清檔案》，043954-001，A148-009。
106《明清檔案》012461-001，A105-089。

飽。就她們的認知，丈夫既是一家之主又主外，理應提供家人生活所需。一旦做丈夫的做不到，她們的話語就不中聽了，衝突於是發生；更極端的，甚至以逃家或殺夫手段來結束夫妻關係。

三、結論

　　本文透過史語所藏內閣大庫檔案中的夫妻失和案件，從「丈夫的不滿」與「妻子的抱怨」兩個角度來檢視這個道德規範是如何在社會上被實踐的。從以上的討論，我們可以看到明顯的對比。從丈夫不滿的角度，我們看到丈夫對妻子敬順的要求，幾乎完全合乎依照「男尊女卑」禮教規範的要求。然而，在妻子外遇的案例中卻讓我們看到那些無力養活妻小男子的窘境。他們默許妻子的外遇行為，以換取姦夫接濟；有些人甚至要讓妻子賣姦來過日子。顯然，迫於生計，這些人放棄了對妻子從一而終的要求。這些例子顯示，男性尊嚴的維持往往必須與生活壓力放在一起衡量。而從妻子抱怨的角度，我們卻看到她們的怨言只限於生活層面，她們從不挑戰丈夫在家中的權威，但當需求不能滿足時，不論是生理上的或生活上的，她們的反應是直接的，可說極盡嘲諷之能事；有些人甚至化言語為行動，以逃家或殺夫表達她們的不滿。因此，就清代的夫妻關係而言，男尊女卑的道德規範落實到執行層面是有前提的，作丈夫的必須有一定的經濟能力，必須能養家活口。

關鍵的一年
——蔣中正與豫湘桂大潰敗

陳永發[*]

陳永發[*]

1940年，抗戰進行到第三年，國民政府完全喪失了沿海的精華地區，戰前引以為財政支柱的關稅、鹽稅、統稅收入都急遽消失，另一方面戰爭經費以驚人速度增加，財政嚴重入不敷出，加上日本侵略軍禁止法幣流通於其占領區，並沒收國家銀行的部分準備金，促使法幣急遽貶值。政府雖然將田賦從各省收歸中央，並開始實行田賦徵實政策，但是財政官員逼於現實，還是不得不大量印行貨幣，從而加速通貨膨脹，百物因而騰貴，民不聊生，尤其是仰賴國家薪資的階級，苦不堪言。到1943年，連主管財政一向唯唯諾諾的孔祥熙，也因為財政的壓力太大，而要求蔣中正裁減軍隊，但是蔣中正認為軍事第一，拒絕採納其建議。1943年底，即將出任總稅務司的Lester Little，發現房東在押金十萬法幣之外，又調高月租四倍，從一個月一萬漲到四萬元。他覺得匪夷所思，詛咒房東跳長江去[1]。次年2月，海關華籍人員要求立即預支該月薪資，並考慮隨後增加薪資。Little認為增加薪資不屬於權限，但年關將屆，物價又飛快上揚，大家缺錢，所以同意立即支付2月薪資，並於3月7日支付一半的3月薪資，3月20日再支付另一半；4月15日支付一半的4月薪資，4月底再支付另一半。2月9日他說物價上漲了20%到

---

* 中央研究院院士；中央研究院近代史研究所特聘講座。

1　Lester Little 日記，1943, 12, 5。

30%。兩天後他又告訴財政部次長說，上漲了30%，四天後再度改口說是上漲了30-40%[2]。3月14日，官定米價上漲一倍，白糖從46元漲到76元法幣[3]。這個月月底重慶居民必需的渡船票價從8元漲到14元，最便宜的餅乾也從1943年9月的每英磅46元漲到1943年年底1944年年初的68元，再漲到3月的88元，4月1日的115元，半年內上漲一倍有餘[4]。這種通貨膨脹的速度為基本上離自然經濟不遠的陝北所無法想像，也說明軍費成長的龐大壓力。

在這種通貨膨脹失去控制的日子，軍隊的薪資遠遠趕不上物價。同年8月，徐永昌根據第六戰區副司令長官郭懺的發言說，物價過去至少漲了五百倍。以軍隊少不掉的擦槍油來說，一個連（實際應有150人）至少有五十枝槍，每月一小瓶絕對不敷使用，猶不包括擦槍布費用，就必須支出250元。然而每一個士兵拿到的經費是每月每一枝槍8分錢[5]。這只是擦槍油而已，更重要的是薪餉。當時軍人待遇不如文職人員，前方不如後方[6]，其實不分前方還是後方，士兵根本沒有副食費可言，所拿到的薪水嚴重不敷支用，不僅吃不到豬肉，連起碼的雜糧也不足以果腹，經常挨餓，都渴望打仗，只是很多時候並不是想要與敵人拚命，而是有了打敵人的名義可以任意食用民家的糧食和牲畜。

士兵如此，軍官的薪水也是嚴重不足，大多數人都靠吃空缺維持消費和彌補虧空。低級軍官如此，高級軍官更想方設法，一方面是多報軍隊名額，另一方面則自己做生意，最多的是經營與日本占領區的貿易。陸軍大學非常資深的教官周亞衛曾對第六戰區司令長官陳誠說：現在除了蔣中正一個人以外，沒有一個人不做生意；有一位財政部官員甚至點名軍政部部長何應欽，

2　Lester Little日記，1944，2, 4；2, 6；2, 9；2, 11；2, 15。

3　Lester Little日記，1944, 3, 15；3, 17。糖價銷售單位不詳。3月30日，在成都雞蛋一顆法幣十元。

4　Lester Little日記，1944, 4, 1。Lester Little的解決方案，是要財政部以實物配代替現金支付。

5　徐永昌日記（台北中央研究院近代史研究所數位資料庫），1944, 8, 25。郭懺是第六戰區司令官陳誠的副手，以「重調查研究，重事實根據；不輕聽匯報，不武斷下結論」的工作作風為陳誠所信任。見百度百科郭懺條。

6　徐永昌日記，1944, 8, 18。

說他也不例外，在老家貴州做鹽生意，1943年賺了數億法幣[7]。軍訓部部長白崇禧或許本人不做生意，但他的弟弟在桂林開汽車公司，其夫人的司機盜買美軍汽油，所使用的卡車即為汽車公司之物，並曾從該公司搜出汽油桶等贓物[8]。戴笠的情報機關更是有計畫的從事與敵占區的貿易。上行下效，地方黨政軍機關從事商業，成為一般現象，反而不做生意者成為稀有例外。

　　國軍和共軍不一樣，基本上不重視群眾武力，也不重視群眾動員和組織，但其所需物力和人力仍然仰賴民間提供。國軍將領經常直接兼任地方首長，所以其田賦徵實與徵集壯丁，以及其他勞役常由軍隊代為執行，為了達到上級需要，不惜使用暴力，何況軍隊的素質不高、訓練不精，更容易淪為橫徵暴斂，而地方政權壟斷當地的工商業機會，也造成民怨。經常，橫徵暴斂與腐敗無關，單純是為了養軍和作戰，財政需索過多，以致人民離心離德。中共的高層很了解這個問題，所以會計算農民的負擔，避免產生問題。也為了減少負擔，有大生產運動以及其他開源辦法。國民黨沒有，軍隊人數在1944年高達570萬人，還不包括政府以及其承擔的經費。戰爭的人力和物力不斷上升，政府只好悉索敝賦，難怪軍民關係惡劣，民眾面對軍隊的需索，怒目以對。

　　日軍從1941年秋以後，把軍事進攻重點放在中共占領區，1943年以後，同盟國在歐洲和太平洋戰場都展開大規模反攻，所以國軍內部普遍有一種想法，日本軍隊此時不可能再對國民黨大後方大舉進攻。國民政府的高層更不免有此想法，幾乎沒有人料到，在1944年抗戰進入第七年的時候，日軍猶能動員約50萬士兵、10萬匹戰馬、1,500門火礮、800輛坦克和15,000輛汽車，以及大量飛機，展開抗戰以來所未見，甚至日軍戰史上都沒有先例的所謂一號作戰，也就是國軍戰史上的豫湘桂作戰，最重要的目的是摧毀美

7　陳誠日記（台北中央研究院近代史研究所藏），1944, 3, 13；3, 26本星期反省錄。據海關總稅務司Lester Little的日記1月14日與1月23日條，財政部顧問Arthur Young建議以信貸方式購買美國生產的民生物資，求助於當時已大幅改善的駝峰空運，以便壓抑已成脫韁野馬的物價。他這個建議獲得孔祥熙支持，但蔣中正堅決反對。他認為駝峰運輸只能用來運軍事物資，不能做生意。他完全無法想像，物價若不壓抑下來，通貨膨脹只會加快，而激烈的通貨膨脹有時比軍事失敗更加致命。

8　徐永昌日記，1944, 2, 25。

國空軍在華中和華南的基地，並打通平漢、粵漢和湘桂鐵路，建立從中南半島到日本本土的陸上走廊[9]。但對當時的中國派遣軍總司令畑俊六和其他一些現地將領而言，即使打通了這三條鐵路，所產生的價值也不可能太大，而摧毀空軍的基地必須首先摧毀國軍的地面部隊主力，否則很難達到目的：其實他們最盼望的是，這將是一場能夠扭轉局勢的大戰役，在捕捉和摧毀國軍的主力部隊後，能進而摧毀國民政府抗戰到底的意志[10]。無論如何，日本的一號作戰規模不僅是抗戰以來最大的一次，而且是日本戰史上空前絕後的一次，日本動員了當時可能動員的最大兵力和無數戰爭資源，雖然戰果輝煌，但是僅產生短暫效果，最終仍不能挽回在華日軍投降的命運。對領導對日抗戰的蔣中正而言，這是一場遍及河南、湖南和廣西三省的戰役，也是國民政府從1938年以來所從來沒有遇到過的絕大考驗。國軍大潰敗，不僅喪失當時人力和物力最重要來源的國土，而且引起國內外輿論的交相抨擊，用以坐實蔣中正政府腐敗無能的指控，孫中山的兒子孫科更迎合國內外對蔣中正專制獨裁的批評，有彼可取其而代之之勢，除主張繼續聯美之外，更公開鼓吹親俄聯共，開放國民黨的政權，進行大規模改革。至於一般知識分子，其中更有一大批人對國民政府表示失望，連久不問政治的西南聯大教授聞一多都因此公開抨擊蔣中正的統治，執輿論牛耳的《大公報》總編輯王芸生更要求國民黨開放政權，容納共產黨共同抗日[11]。大後方的地方軍人本蠢蠢欲動，更有攜貳跡象，成都則發生學生請願運動[12]，當地袍哥和地方紳士，像河南西部民間武裝一樣，居然也有膽量搶奪中央軍的槍械，國民政府的統治有分崩離析之

9　賴德修譯，日本防衛廳防衛研修戰史室編撰，《湖南作戰：一號作戰》（原書名為《湖南の會戰》，日本朝雲新聞社，1974；台北國防部史政編譯局，1987），頁72-75；曾清貴譯，日本防衛廳防衛研修戰史室編撰，《河南作戰：一號作戰》（原書名為《河南の會戰》，日本朝雲新聞社，1974；台北國防部史政編譯局，1987），頁17-19、35-37、51-55、76-86、149-156。一號作戰的構想在1943年12月初形成，一個月後定案。1944年元月中旬經天皇認可後，由中國派遣軍的華北方面軍司令官岡村寧次負責其中華北部分的執行。

10　曾清貴譯，《河南作戰：一號作戰》，頁49、74、76。

11　蔣中正日記（中國大陸地下版），1944, 5, 15；7, 22；徐永昌日記，1944, 5, 11。蔣中正認為孫科有意取他而代之。

12　蔣中正日記，1944, 11, 13。蔣中正認為此運動是國家主義派和地方軍閥勾結的結果，背後有中共操縱其間。

勢。中國的許多知識分子對蔣中正和國民黨失望透頂之後，開始把希望轉寄
到毛澤東及共產黨身上，認為只有在他們的領導之下，抗日才有前途，國家
也才有希望。

　　關於這一場戰役的經過，已經有一些記載，只是我們不了解蔣中正是怎
麼面對這一場史無前例龐大的日本攻勢，為什麼他會一而再、再而三的慘
敗，他是如何認識日本的攻勢，如何因應，又怎麼度過他這一生從未面臨過
的困難，面對國內紛至沓來的抨擊，又做出什麼軍事改革？這篇文章將大量
應用剛公諸於世的蔣中正日記以及其他一些最近發表的有關資料，分兩部分
來撰寫。第一部分將豫湘桂作戰、也就是日本戰史上的一號作戰，分河南、
湖南和廣西三次戰役，逐一扼要敘述蔣中正如何指揮。第二部分則分三小
節：闢謠、祈禱和軍事改革來討論蔣如何熬過這一次史無前例的敗仗，以及
提出什麼因應措施。在開始這一個工作之前，首先必須強調：國民黨當時名
義上是執政黨，掌握全國政權，面對優勢日軍的攻擊，守土有責，共產黨則
不一樣，它的軍隊雖然名義上是國軍的一部分，卻沒有人期望他們守土有
責，因此可以用避實擊虛的游擊戰，繼續發展實力。面對國內外更高的期
望，蔣中正面對的挑戰並非毛澤東所能比擬。

一、商業化對抗機械化[13]：河南會戰

　　1944年初，陸軍大學最資深的教官周亞衛，批評國軍經商，更形容正在
展開之中的豫湘桂之役說，這根本是一場經濟化對抗機械化的戰爭。所謂經
濟化就是商業化，軍隊以莫大的精力賺錢，豈有餘力注意軍紀和訓練？相形
之下，日本軍隊在這一次戰役中動用前所未見規模的車輛、重礮、坦克和飛
機，根本是機械化的部隊，不僅火力之強前所未見，而且機動性之大，簡直
難以想像，戰爭尚未開打，就已注定中國失敗，只是他沒談到將會失敗到什
麼地步。當時中國面臨的更大問題是，中國的軍事部門始終以為戰爭已經拖
了七年，日本軍隊不可能發動什麼了不起的進攻，尤其當時日本一方面在中
國東北要防備宿敵蘇軍大舉侵襲，另一方面在太平洋戰場又已面臨美軍的猛

13　陳誠日記，1944，5, 19。

烈進攻，很難想像有足夠能力動員和集中四、五十萬大軍，尤其是調動東北
關東軍來打通北京、武漢和廣州之間的鐵路交通。軍事情報機構未善盡職
責，適時提出充分和正確的情報，蔣中正及其軍事幕僚因為有先入之見，對
日軍的動向，也總是判斷錯誤，並不能針對日軍的可能挑戰做出適當的軍事
布置和指導[14]。

　　日軍為發動河南攻勢，總共動員了約十萬大軍，包括一個坦克師團和一
個騎兵旅團，以及1,500輛汽車、250輛坦克與16,000馬匹[15]。這種規模的動
員絕非一朝一夕可以奏功，尤其這些裝備都需要大量油料和運輸人力，更容
易為國軍所偵知，但是國軍始終認為日軍的進攻不可能太大規模。其實，日
軍為了發動攻勢，不僅動員了東北關東軍和內蒙的蒙疆軍，還事先停止對中
共占領區的掃蕩，並主動放棄敵後的許多據點和工事。2月25日，徐永昌的
軍令部得到情報，日軍增兵搶修黃河鐵橋，並宣稱即將渡過黃河，打通平漢
鐵路，建立河北和湖北的直接聯繫[16]。3月3日，軍令部又獲悉南京偽組織派
偽軍每師一千人，在淪陷區的武漢、九江、蕪湖修建機場[17]。國軍於是斷定，
日軍將展開攻勢，有意打通平漢路，但是還沒有人預見，日軍的進攻目標將

14　關於1944年蔣中正與美國的關係，齊錫生，《劍拔弩張的盟友：太平洋戰爭期間中美軍事
　　合作關係，1941-1945》（台北中央研究院和聯經出版公司，2011）是必讀之作。史迪威為
　　了一雪1942年第一次緬甸戰役失敗之恥，一直要蔣中正投入大量兵力進行反攻：但蔣中
　　正總是認為，除非美國和英國以大批軍隊配合作戰，則此舉殊屬多餘。史迪威則以其掌握
　　美國租借物資的大權，逼迫蔣中正就範。1944年3月，日軍在緬甸發動印普哈（Imphal）
　　戰役，史迪威乘機擴大準備出國作戰的中國遠征軍兵力，並派中國駐印軍攻打緬北重鎮密
　　支那。所以蔣中正在日軍發動一號作戰後，面對國內和國外兩個戰場對軍力的爭奪，國內
　　將領要他派兵增援，而史迪威也要他派兵增援緬北。

15　曾清貴譯，《河南會戰》，頁158-169、328。這是根據日軍編制和實際通過鐵橋的日軍數
　　字推算出來的。據賴清發譯，《湖南會戰》，頁72。日本為河南會戰的人力和物力更大，
　　另外還包括第1軍和第13軍的一部分兵力，全部為兵力為兵丁15萬、馬匹3萬、坦克700
　　輛、火礮270門和汽車1,600輛。

16　徐永昌日記，1944, 2, 24。

17　徐永昌日記，1944, 3, 3；3, 4；3, 8。軍令部於3月4日至6日連續三天接獲情報，有日軍
　　兩萬餘，攜帶60餘門礮，經安陽搭乘平漢路列車南下黃河。3月4日，徐並從空照和情報
　　中得悉，平漢路黃河鐵橋已修復到可以通汽車的地步，但他認為這只是故作疑兵，至於日
　　軍宣稱要打通平漢路，也是「眩惑伎倆」，並非全面進攻之前的警訊。

不限於平漢路,而動用的軍隊將是抗戰以來未曾見過的龐大。

　　面對日軍龐大攻勢的第一線指揮官是第一戰區司令官蔣鼎文及其副司令官兼魯蘇豫皖邊區總司令湯恩伯。蔣鼎文的長官公署位於洛陽,直接指揮一支包羅陝軍、川軍、豫軍和嫡系中央軍的部隊,負責保衛黃河以南、平漢路以西沿隴海鐵路的狹長地帶。湯恩伯則駐節河南南部的葉縣,他原來率領一支隊,鎮守魯蘇豫皖邊區,由重慶大本營直接指揮,任務是沿淮河和隴海路建立防線,防止華中和華北日軍銜接,但同時也阻止中共八路軍和新四軍會師,把根據地連接成片;湯出任第一戰區副司令長官後,把勢力伸入黃河以南的豫中和豫西一帶,防止日軍沿平漢路南下。河南戰役開始,日軍情報估計國軍的總人數是35萬,最多不過40萬,其中能戰的中央嫡系軍隊約占半數,其餘都是作戰能力次一等的前地方軍。但是河南戰役後,軍政部長陳誠前往調查,卻發現當時帳面上的軍隊高達150萬,實際才60萬人[18]。1943年7月,也就是河南戰役爆發前十個月,湯恩伯就在公開的軍事場合坦承過,他的軍隊普遍一個師七、八千人,實際能上戰場的頂多四、五千人。他同時批評自己的軍隊有六多:空額多、雜兵多、附員多、廚房多、外行多、眷屬多。所謂空額多,就是吃空缺多,為六多之首[19],只是他沒有同時討論,這六多現象出現的原因,所以對戰費的龐大迫切,以及附帶而來的法幣急劇貶值,並沒有任何批評。如前指出,當時中國的大後方因為七年的戰爭,軍費占國家歲出的八成以上,而每年歲出早已遠遠超過歲入,加上日本軍的貨幣戰,法幣加速度貶值,重慶物價比1939年高約100倍[20],河南的情形一樣,恐怕有過之而無不及。無論軍官還是士兵,大多數人都生活在飢餓邊緣,軍官要靠吃空缺才能維持部隊運作,以及個人起碼生活。一位當時參加過1943年年底常德戰役的老兵告訴我,他們因為缺油缺鹽,餓得只盼望上面有作戰命令,因為伴隨著作戰命令的是比較充裕的伙食,更可以有藉口隨意抓拿農民的牲畜和糧食。當時湘西的情形算好,河南的情形似乎更糟。

18　曾清貴譯,《河南會戰》,頁75;王世杰日記(台北中央研究院近代史研究所數位資料庫),1944, 11, 9。

19　湯恩伯,〈加強射擊能力、養成戰鬥力量〉,見《湯恩伯先生紀念集》(台北:自印,1964),頁丙75;湯恩伯,〈部隊的缺點在那裡〉,《湯恩伯先生紀念集》,頁丙61。

20　徐永昌日記,1944, 3, 21。

　　軍隊的士兵無力養家，一般都沒有眷屬，但軍官就不一樣，尤其在日本停止大規模的攻擊以後，很多人都想過家庭生活，享受天倫之樂。如果薪水不足以養家，軍隊主管就要想方設法，湯恩伯便為軍眷建立子弟學校，甚至設立工廠，讓軍眷謀得額外收入。當時，湯恩伯還設法派經理人員到大後方建立眷舍。這些照顧軍屬的做法都需要在國家撥下來的經費範圍外想方設法，做生意是最簡單的做法，做生意需要人，就要動用原有部屬或安置文職人員。湯恩伯如此，軍隊各級長官，尤其是師級以上的長官就有樣學樣。各級軍官發現國家不能滿足其日常生活需要，便直接調派士兵或僱用其他人員，同時為了照顧逃難的親友，更隨便安置於自己的部屬裡面。不少軍官和文職人員還帶著妻小在戰地附近。蔣鼎文手下的川軍第22集團軍司令李家鈺，是河南戰役中戰死的惟一中將，日軍在其屍體旁邊發現女屍三具，其中一人為參謀長夫人。軍令部長徐永昌的反應是，即便李家鈺沒有攜帶女眷，但參謀長如此，軍官豈可能不加效尤[21]。如果有志一同，又誰來全力訓練部隊和拚命作戰呢？徐永昌似乎並不知道，湯恩伯在批評自己軍隊有六多之病後，還批評自己軍隊因此而不免有三差三亂；三差是訓練差、紀律差和精神（風氣）差；三亂是人事亂、經理亂和賞罰亂，三差三亂，軍隊作戰能力的低落，可想而知。

　　國民政府從1941年以後，實行田賦徵實政策，河南並不例外，各地駐軍公然介入徵收過程。然而從這一年以後，河南天災連連，乾旱、水澇和蝗蟲連番肆虐，農民本來很多便一年到頭不吃油不吃鹽，這時更有人吃草根樹皮。湯恩伯的軍隊發動節約賑災，但是他為了保證軍隊至少有糧食可吃，仍然催促農民上繳糧食，表面上是針對仍有餘糧的農民，實際上卻因為有餘糧的農民，不是地主，就是土劣，很容易便把負擔轉嫁到欠缺糧食或是沒有餘糧的農民身上。軍隊不時以暴力手段介入徵糧過程，以致人民對軍隊恨之入

21　徐永昌日記，1944, 6, 1。李家鈺著《軍人精神教育》、《治軍心得》、《精神講話》等書，在洛陽戰死後不到一個月，也就是1944年6月22日，蔣中正追晉其為陸軍上將。據云在國軍陣亡的高級將領中，李家鈺的民間聲望僅次33第集團司令張自忠。見維基百科，李家鈺條。湯恩伯檢討河南戰役時，批評軍隊不把眷屬安置在遠處，以致戰事爆發後，必須臨時張羅撤退運輸工具，擾民殊甚。見湯恩伯，〈勇敢負責、徹底覺悟——中原會戰的檢討〉（1944, 8, 13），見《湯恩伯紀念集》，頁丙99。

骨，仇官仇兵的心理十分普遍。軍隊在徵糧徵伕以外，也與民爭利，尤其是與日本占領區進行走私貿易，更成為熱門行業。據說河南戰役兵敗後，湯恩伯撤退到豫省西南內鄉的黨政軍機關人員共約三十萬人，其中有許多留守處和辦事處，實際就是為湯恩伯走私的單位[22]。蔣鼎文做生意的規模不遑多讓，他在軍隊內部辦有「福利」事業，以「搶運物資」為藉口，走私貨物於大後方和日本占領區之間，但是賺到鈔票以後，手下軍長抱怨從未分享到任何福利。他兵敗撤職以後，更要新任第一戰區司令、也是曾經在其麾下任職的陳誠，任由他自行清算結束，並不得理會來自任何方面的檢舉和告發[23]。軍隊從事商業，為公為私，難以分辨，當然迅速成為腐敗和罪惡淵藪，更不可能有時間訓練[24]。軍隊撤退時，高級長官經常下令這種做生意機構的人員先行撤走，以致軍隊的運輸能力大減，官兵憤怒不滿，怨氣衝天。姑不論這些河南軍隊的裝備如何原始，只要忙於做生意，就難想像其如何對抗相當現代化的日本軍隊了。

　　尤其糟糕的是，蔣中正的情報大有問題，竟致完全錯誤判斷日軍動向。遲至3月4日他才知道日本修復黃河鐵橋，汽車已可勉強通行，因此考慮請求美國在華空軍進行戰略轟炸[25]。當時，他猶以為鐵橋全部修復完工，將是5

22　陳誠日記，1944, 6, 3；諸葛容，〈我所知道的湯恩伯〉；陳宗虞，〈我所知道的湯恩伯將軍〉，武義縣政協文史與學習委員會，《湯恩伯史料專輯》（北京：中國文聯出版社，2000），頁33-34、57-59。湯恩伯秘書諸葛容回憶說，豫皖邊界的界首集是戴笠的走私中心，湯恩伯也在這裡有機構專門從事與淪陷區的走私貿易。陳宗虞曾任湯恩伯的軍需主任，對湯比較同情，認為湯恩伯做生意，並不是為貪圖享受或累積財富，而是為了照顧所部。他當時收編了一、二十萬地方游擊隊，政府不提供薪餉，完全要他自己設法張羅。

23　陳誠日記，1944, 7, 9；7, 10；7, 17；7, 30。陳誠為了順利移交，還千交代萬交代，負責員不要讓蔣鼎文下不了台，老羞成怒，尤其要注意不可有損蔣鼎文政治生命之舉。

24　丁治磐日記，第4冊，頁1，1944, 1, 1。1944年丁治磐的26軍在江西，他的軍隊直屬軍委會，補給比較充分，而他在部隊嚴禁經商。1944年新春，竟然發現有8名軍官為了經商而開小差。不過，為了改善部隊生活，他在軍中辦有合作社。他說這種合作社實有類於國營貿易，必使大家發大財也。當時合作社似乎相當流行，唯詳情不明。1943年中共的軍隊也從事其他生意，譬如走私，中共軍隊以這種方式賺來的錢為「小公」，內戰爆後嚴令繳出。國民黨好像沒有同樣命令。即便有同樣命令，恐怕也無法化小公為大公。

25　蔣中正日記，1944, 3, 4。據曾清貴譯，《河南會戰》，頁78、138。日軍計畫在4月上旬完

月下旬之事，應有足夠時間接洽美軍助戰，即便日軍提前發動攻擊，他也可以在日軍渡過黃河之後以湯恩伯的兵力遲滯其攻勢[26]。3月18日，蔣中正根據徐永昌所得消息，認為黃河鐵橋修修停停，停停修修，不過既然已可以通行汽車，則表示日軍確實有意打通平漢路，但目的是為武漢地區的日軍準備後撤路線，並未想到日軍的企圖不是這麼簡單，還要捕捉湯恩伯主力，而且為了達到此一目的，已經準備利用修復的黃河鐵橋渡過大量坦克和騎兵[27]。3月23日，軍令部根據各方面情報發現，經由平漢路開往河南的敵人數量龐大，「似非原在華北各部隊中所可調者」，其實日軍為了展開攻勢，已經在豫東北中共占領區收縮防衛，由戰力不強的偽軍接替防務，並從東北關東軍調來人馬，所以判斷日軍「似有準備大舉進犯企圖云云」[28]。「似有」，不能確定之謂。儘管敵後情報顯示，日軍利用平漢路運兵已經到了必須迅速採取對策的地步了。

這時，軍令部長徐永昌發現日軍在華中也是調動頻繁，並在武漢地區集結了大量武力，所以懷疑日軍究竟是渡過黃河打通平漢路，還是想在華中打通粵漢線。4月3日徐永昌認為，日軍的目的應該是準備中南半島的局勢萬一逆轉，當地日軍可以在美、中、英三國軍隊的聯手打擊下，利用粵漢路撤入中國，並對鐵路東西兩側的空軍機場進行嚴重打擊。三天後，軍令部發現華北戰場日軍已經停頓增兵，華中戰場則仍在積極調入軍隊[29]，由於人數不多，不夠全面發動攻勢之用，於是懷疑華中日軍是否真有決心打通粵漢線[30]。一天不到，河北安陽方面來的情報卻明白顯示，日軍不僅沒有在華北停止運兵，而且運馬匹，運重砲、戰車、汽車、飛機，數量之大，前所未有[31]，在黃河北岸集中了至少四個旅團以及兩個砲兵聯隊，共約三萬人，並揚言兵力調

成修復，實際3月25日已經修復，可通輕型列車及中型戰車。

26　蔣中正日記，1944, 3, 8。

27　蔣中正日記，1944, 3, 18；3, 18上星期反省錄；徐永昌日記，1944, 3, 18。

28　徐永昌日記，1944, 3, 23。據之，第一戰區司令部蔣鼎文與副司令湯恩伯的情報不如另外的諜報機關豐富。

29　徐永昌日記，1944, 4, 6。

30　徐永昌日記，1944, 4, 12。

31　徐永昌日記，1944, 4, 13。

齊以後，將立即分三路侵犯鄭州、洛陽，打通平漢線[32]。對日軍的揚言，湯恩伯認為是虛聲恫嚇。4月16日深夜，湯恩伯才感覺形勢緊張，匆匆召回到安徽太和視察當地中學的手下大將王仲廉。王仲廉為第31集團軍總司令，所轄是湯部主力。湯恩伯的參謀長告訴他，日軍將渡過黃河，目的在打通平漢路，頂多可能動用兵力四到五個師團，所以除集中一小部分精銳在黃河南岸附近的丘陵地帶以外，仍根據軍令部指示，把大部分軍隊分散至各個縣城，而且兵力部署主要偏向離黃河比較遠的南方。當時王仲廉不以為然，主張敵情既然不明，便應集中更大的兵力於一點，並視戰況調整作戰部署，但建議未為上級所採納[33]。4月24日，日軍已經渡過黃河展開攻擊後一個禮拜，即便如此，軍令部部長徐永昌還是相信，日軍是「聲北擊南」，真正的意圖在粵漢線，河南的攻勢是防止國軍從華北抽兵，用於防衛湖南[34]。他始終沒有想到，日軍出動兵力遠遠超出預估數目，更出動戰場上從未出現過的龐大坦克師團和騎兵旅團，全力捕捉湯恩伯部的主力，希圖全殲。湯恩伯軍隊既不能形成反擊日軍的力量，也因為分散部署，僅方便日軍各個擊破而已。

　　蔣中正基本上都是透過軍令部指揮部隊的，他完全沒有想到，就在軍令部懷疑日軍能否動員足夠的人力和武力打通平漢路的時候，日軍就已在4月18日拂曉，也就是他預計黃河鐵橋修復前一個月便開始進攻，更沒想到第一戰場並不是國軍駐有重兵的邙山頭漢王城（日本人稱霸王城）堡壘[35]，而是鐵橋東邊離日軍占領的開封不遠的中牟，動用的軍力是一個師團，次日輕易完成登陸，並向西向南展開攻勢[36]。第二天，也就是4月19日拂曉，日軍更乘國

32　徐永昌日記，1944, 4, 16；4, 17。

33　王仲廉，《征塵回憶》（台北：自印，1978），頁399-412。王雖為第31集團軍總司令，但主管訓練，軍隊仍然由第一戰區副司令長官湯恩伯親自指揮。王仲廉把軍隊部署錯誤放在湯恩伯的參謀長身上，其實湯恩伯後來承認，他是因為情報工作沒有做好，所以誤以為日軍的作戰企圖是平漢路，也因此同意軍令部的分散軍事部署。見湯恩伯，〈勇敢負責、徹底覺悟——中原會戰的檢討〉，見《湯恩伯先生紀念集》，頁丙89。

34　徐永昌日記，1944, 4, 22；4, 24。

35　其實漢王城和霸王城是兩個地方，相隔僅咫尺之遠，泛指黃河南岸的國軍堡壘區。國軍偏愛漢王城一辭，可能是因為漢王指劉邦，日本人偏愛霸王城則是因為比較喜愛西楚霸王項羽。

36　蔣中正日記，1943, 4, 19。

軍不注意，以兩個師團攻擊黃河鐵橋南岸的國軍漢王城陣地。這一地帶內碉堡林立，各種障礙物偏布，而各種壕溝迂曲複雜，湯恩伯駐有嫡系部隊，但日本軍隊一天之內就將其完全攻占。日軍第二線兵力，包括一個坦克師團、一個騎兵旅團、一個步兵師團和機動礮兵，需要五天時間渡過黃河鐵橋，於是可以異常從容。一旦渡過黃河的所有日軍會合，便對平漢鐵路兩側平原地帶展開進攻，湯恩伯部隊重南輕北、分散駐防的部署就呈現嚴重問題，備多力分，不容易也來不及集中，大部分守軍若不是在其據點全軍覆沒，就是變成小股小股望風而逃，更糟糕的是彼此爭先恐後，毫無秩序，各部隊的高級長官無法掌握行動[37]。4月20日蔣中正認為日軍渡河的兵力尚不足以稱龐大，要求立即進行大力反擊，湯恩伯也在4月22日請求重慶大本營允許全面反攻。這時候徐永昌倒是充分理解，湯恩伯的部隊過於分散，需要至少四、五天的時間準備才能出動[38]。蔣中正為了配合所謂反攻，在4月23日商請陳納德將軍出動美國空軍助戰[39]。4月27日陳納德空軍轟炸黃河鐵橋，毫無效果。次日繼續未竟任務，飛機尚未達到目的就中途折回，在飛返昆明途中，為減輕載重，隨意拋棄炸彈，竟然對中國傷兵和民眾造成誤炸[40]。

　　蔣中正這時候同意徐永昌的想法，認為即便無法炸毀鐵橋，切斷日軍之運輸，也還可以在日軍大舉南下鄭州車站以後，在平漢鐵路西側集中主力，與日軍進行決戰。其實，湯恩伯意氣風發，自信滿滿，也不斷請求蔣中正下令反攻。4月23日，湯恩伯報告蔣中正說，日軍的目標並不只是打通平漢路，而是要以五個師團攻占洛陽，徐永昌接獲報告後，認為即便要攻打洛陽，日軍也不可能出動五個師團那麼龐大的兵力[41]。不料次日，日軍渡過黃河的人數便達十萬之眾，徐永昌還誤以為只有一萬二、三千日軍，故要求湯恩

37　曾清貴譯，《河南會戰》，頁306-307、328。日軍坦克師團的威力，對中國軍隊而言當然是前所未見，但是也不容誇張，中國派遣軍總司令畑俊六便說，其戰力僅是歐陸正規坦克師團的一半，比起蘇聯同樣的師團，戰力僅及其二至三成而已。關於國軍的防守黃河策略，參見王仲廉，《征塵回憶》，頁399-405、410-411。

38　徐永昌日記，1944, 4, 22。

39　蔣中正日記，1944, 4, 23。

40　蔣中正日記，1944, 4, 28。

41　徐永昌日記，1944, 4, 23。

伯集中其轄下19個師又三個旅中的七、八個師，以新鄭西方登封、臨汝和禹縣三地之間的三角地帶為基地，俟日軍南下遇到阻擋，再全面反攻。這個三角地帶是平原和山地接壤之處，為豫西門戶，徐永昌未雨綢繆，指示蔣鼎文和湯恩伯在這個三角地帶布置主力部隊，萬一日軍主力沿著隴海鐵路西進洛陽，則採守勢的蔣鼎文部隊可以在採攻勢的湯恩伯部隊支援之下，進行攔截，當然如果日軍真的像他所揣想，全力打通平漢路，則在許昌附近決戰。總之，他要湯恩伯部的主力視渡過黃河日軍之多寡及行止，決定如何因應[42]。徐永昌在4月28日仍然持有同樣的想法，蔣中正也同意湯軍伺機反攻，完全沒有考慮到湯恩伯部隊是否真具有對日軍反攻的力量[43]。

　　在這時候，蔣中正的基本判斷，是日軍的主要目就在打通平漢路，而沒有其他戰略企圖[44]，所以指示湯恩伯全力關注順平漢路南下的日軍，並沒有想到日軍司令部為了捕殲湯恩伯的主力部隊，已決定在攻占許昌或更南的鄢城以後調頭奔向西北，形成大迴旋，並首度大規模出動坦克師團和騎兵旅團，以閃擊戰術徹底摧毀湯恩伯部隊的主力，並沿南流的汝河北進，進入北流的伊河上游河谷，再配合渡過黃河沿隴海鐵路西進的日軍，攻占群山環繞、腹地狹小的洛陽古城，同時徹底消滅第一戰區司令官蔣鼎文的直轄部隊[45]。4月29日，日軍南下進攻平漢路的大站許昌，蔣中正下令死守，並要湯恩伯部主力準備從鐵路西側進行反攻，他似乎不知道守城的新編29師只有約2,000人的實力，應付進攻的日軍無異是以卵擊石，很難成功[46]。徐永昌在這個時候也對湯恩伯部隊有無反攻能力有所懷疑，要求他們繼續在登封等三角丘陵地區盤桓遊走，再伺機全力堵擊[47]。蔣中正同意其意見，但仍下令湯恩伯部準備在

42　徐永昌日記，1944, 4, 24。

43　徐永昌日記，1944, 4, 29。據何成濬，《何成濬將軍戰時日記》（台北傳記文學出社，1986），下，頁413、416，4月21日，軍令部部發現山西日軍有派兵渡過黃河攻占孟津的企圖，認為可能要打洛陽。但隨後鑑於從鄭州進攻洛陽的日軍只有二、三萬人，認為日軍要東西夾攻洛陽的原先研判是錯誤的，可能性極小。

44　蔣中正日記，1944, 4, 29；4, 30。

45　曾清貴譯，《河南會戰》，頁78-79、122、151。

46　蔣中正日記，1944, 4, 30；曾清貴譯，《河南會戰》，頁373、380-381。

47　徐永昌日記，1944, 4, 30。

許昌附近的平原決戰。就這樣到了5月1日早上，日軍大舉進攻許昌古城，不到24小時就將之完全占領，新編29師師長呂公良殉國[48]。重慶似乎並不能掌握前線的確實情況，5月2日，蔣中正終於了解湯恩伯並不具備與日軍決戰的能力，但認為湯恩伯必須在登封、臨汝和禹縣的三角地帶保持相當兵力，如此即便日軍打通平漢鐵路，也仍然可以在側翼形成威脅，使日軍運兵不至於全無顧忌[49]。蔣中正當時不知道，就在許昌城陷後兩天，也就是5月4日，日軍秘密開始大迴旋，原來計畫在鄢城展開行動，這時因為探知湯恩伯的主力已經集中在登封及其附近，於是決定就近在許昌附近調頭，而且首度大規模派出坦克師團和騎兵旅團作戰，兵鋒指向郟（縣）和洛（陽），一方面循汝河河谷向西北方向前進，另方面設法捕捉湯恩伯主力[50]。湯恩伯原來準備在許昌附近決戰，現在日軍大迂迴，部隊主力被日軍衝得七零八落，另一部分也因為日軍形成包圍，紛紛棄守三角地帶的據點，向豫西山區逃命。

　　5月4日，五四愛國運動爆發26週年紀念，當天下午蔣中正得到前線消息，大迴旋的日軍已經抵達洛陽南方的龍門高地附近，而東北方蔣鼎文部負責保衛汜水虎牢關的陝軍陣地也已被日軍突破。蔣中正認為蔣鼎文此際把他從甘肅調來保衛洛陽的預備部隊都調到湯恩伯的登封，「愚拙極矣」，不懂用兵，既不能有助於湯恩伯的防守，卻可能使洛陽在緊急時候，沒有軍隊可資運用。兩個主要將領都張皇失措，不知如何是好，也都要求准許棄守已經布置好的陣地。蔣中正聽到電話請示後，反命令兩人務必堅決抵抗，即令日軍穿心衝入後衛，也不可擅自退卻。他以為只要指揮堅定有力，湯蔣兩部終究能站穩腳跟。他尤其嚴令湯恩伯立即回到前線指揮，湯雖然不可能回到此時已經失守的臨汝，卻遵令前往臨汝西邊的伊陽，準備重新親自指揮第一線軍團。第二天，軍令部廳長劉斐得知蔣的最新部署以後，認為湯恩伯已與登封、汜水（虎牢關）兩處的國軍失去電訊聯絡，既不能掌握部隊，又不能與蔣鼎文精誠合作，「祇能避戰游擊，何能幹此（大事）」；蔣中正硬要湯恩伯

48　蔣中正日記，1944, 4, 29；4, 30。

49　蔣中正日記，1344, 5, 2。

50　徐永昌日記，1944, 5, 4；曾清貴譯，《河南會戰》，頁393、400-404。

守住原有陣地，過分一廂情願[51]。

　　5月4日那天，是河南戰役第一個叫蔣中正感覺慌亂的一天。當天他為了掌握前方敵情，午餐後便不斷打電話聯絡，一直忙到深夜3時才有時間休息，在日記中他痛斥蔣鼎文「怯餒無能……，平時漫不經意，臨戰手足無措」，同時指責湯恩伯「勇而無謀，又為走私貨財而害，不能專一於軍事」[52]。第二天熬過必要公務以後，已接近午時，他立即再與蔣鼎文直接電話聯絡。他當時最憂心的是汝、伊兩河之間龍門高地的日軍攻勢，因為從這裡可以向北俯瞰洛陽古城[53]，所以一方面特令空軍派飛機轟炸，力圖穩定戰局，另一方面則要蔣鼎文準備萬一，迅速布置洛陽防守。同時他也不斷電話聯絡剛回到伊陽前線的湯恩伯，意圖掌握瞬息萬變的前線形勢，以便給予及時指導。當時的有線電話品質不佳，隨時出現問題，很難維持暢通，好不容易接通，馬上又出現新的故障和斷線，需要不斷修理，蔣中正斷斷續續跟湯恩伯通了幾次電話。由於他發現湯恩伯跟其第一線將領的聯絡仍有問題，也為了激勵前線士氣，他遂親自擬定手令，以飛機空投方式分別指示保衛洛陽本城、南邊城外龍門高地，以及東側大門虎牢關前線的將領。蔣夫人在旁邊看到丈夫幾乎一夜未睡，第二天又忙到深夜，擔心他累倒生病，但是蔣認為不是這樣辛苦從事，又能有什麼其他選擇。

　　蔣中正盡心竭力，卻不能挽狂瀾於既倒，河南的戰事依舊一無起色。他在此之前對蔣鼎文藉口洛陽以外防區已有湯恩伯負責，對湯指揮的軍隊不加聞問和掌握，也不準備建立無線電通訊，非常不懌；胡宗南派來支援洛陽防守的第9軍，蔣鼎文輕易全部遣往登封協助湯恩伯固守，卻是連續三天不與之電話聯絡，也令他殊感不快。這一天徐永昌接到蔣鼎文連連告急的電話，共達四、五通之多，證實日軍坦克不僅沒有後撤跡象，反而開始猛攻，而蔣鼎文在洛陽附近負責增援的進攻部隊隨即向西方潰散。這時候蔣中正對蔣鼎

51　徐永昌日記，1944, 5, 5。劉斐甚至指責湯恩伯有負蔣中正的期待，向西奔逃只是吸引日軍進攻而已。

52　蔣中正日記，1944, 5, 4。華北方面軍認為擊潰華軍，已達成任務，其所屬第12軍則不苟同，認為湯恩伯的主力大部分逃出日本的包圍圈，未達到作戰目的。參見曾清貴譯，《河南會戰》，頁548-549。

53　曾清貴譯，《河南會戰》，頁464、474。

文的忍耐似乎到了極限，開始準備將他撤職，並考慮繼承人選[54]。5月7日清晨6時，蔣中正一大早起來便急急忙忙打電話到洛陽，詢問登封的最新情勢，不料蔣鼎文回話，仍然是一片茫然無知。蔣中正說「如此拙劣將領，誠令人欲哭無淚」。尤其嚴重的是他懷疑蔣鼎文謊報軍情，明明西龍門的國軍陣地還在手裡，蔣鼎文卻說對面東龍門的敵軍已經突破國軍陣地，有七、八千之眾，而且有不少坦克在前。可是派飛機前往偵察，卻不見日軍踪影，蔣中正認為他說謊[55]。

當天，蔣鼎文在跟蔣中正通話後，擅自把司令部從洛陽撤往城西的新安車站，甚至連自己留下來守城及其周圍的部隊也不通知。蔣中正氣得大罵蔣鼎文「此小子之膽怯卑劣無恥至此，實所不料也」，上行下效，影響所及，連負責守洛陽城的在地指揮官也藉口生病，離開職位了[56]。前一天，奉令戍守洛陽及其附近的第十四軍集團軍總司令劉茂恩，害怕日軍可能馬上從龍門高地突破國軍防線，緊急從南方前線趕回總司令部，要蔣鼎文準備保衛洛陽本城，蔣鼎文的回應是尚無立即威脅，切勿緊張。第二天，劉茂恩正準備向他進一步請示，卻不料他已倉皇出逃，而且留下指示，要當地出身的劉茂恩自己全權處理防務[57]。蔣中正這時也認為洛陽保衛戰迫在眉睫，日軍準備由西向東、由南向北分兩路夾攻洛陽，由於得到空軍報告，得知日軍突破登封陣地，正向西前進。蔣中正一時之間失去方寸，卻妄想在洛陽附近進行會戰。因此匆忙下令虎牢關陣地的前陝軍和西龍門的前豫軍全部後撤。他不知道此時日軍已經以一個旅團為基礎，增加從北平前來的增援部隊，在黃河南岸新成立了一個加強師團，正準備沿隴海路進攻洛陽[58]。此後撤命令一下，無異開門揖盜，為密謀沿隴海路西進的日軍打開方便大門，長驅直入，八天之後便

<hr>

54 蔣中正日記1944, 5, 6；上星期反省錄；徐永昌日記，1944, 5, 6。

55 蔣中正日記，1944, 5, 7。

56 蔣中正日記，1944, 5, 7。

57 程玉鳳著，劉茂恩口述，《劉茂恩回憶錄》（台北，台灣學生書記，1996），頁654-655。

58 蔣中正日記，1944, 5, 4。這個兵團叫菊兵團，正式番號是第65師團。這個師團在5月5日已經發現汜水方面的國軍有後撤跡象，新任師團司令官遂於5月8日下達全線攻擊令，先攻破虎牢關天險，再全力向西追擊。曾清貴譯，《河南會戰》，427-431。

不費吹灰力抵達洛陽城北[59]。其實從龍門高地撤退防軍，也有同樣不良效果，讓日軍沿伊河前進，順利抵達洛陽城西關附近。後來他反省到這兩個收縮防線的決定，一直悔恨無已[60]。

此時，徐永昌指責湯恩伯「一味飄忽，保存實力」，而蔣鼎文「張皇失措、誤事失機」，蔣中正這才領悟，他自己在這個過程中竟然已經淪落成為蔣鼎文的參謀長，但還沒有驚覺到自己越級指揮，越幫越忙。但要一個星期後反省檢討，才批評自己以「口頭命令，個人獨斷」方式指揮，「以致洛陽戰局日壞，（成）為生平所未有之怪事，因之內心慚惶，幾乎寢食難安」。他為自己這樣張皇失措尋找原因，認為是因為對戰區長官完全喪失信心，「因惡成憤」所致，故對前方戰事處處干涉。他提醒自己，以後「對前方戰事，應專責軍令部辦理，而勿再直接干涉，更勿用電話稿作口頭命令」[61]。

這時候從沿伊、洛兩河而來的日軍，已經抵達洛陽城關西邊和南邊。這支軍隊其實並非負責進攻洛陽的主力，真正負責主攻洛陽的日軍是虎牢關撤守後，順隴海路和黃河西來的一個加強師團，他們鎖定的目標是洛陽城西北的北邙山。這裡有早已修築好的強固砲兵陣地，若將其占領，則整個洛陽城便暴露在自己的礮火之下，難有繼續抵抗的餘地。蔣中正下令固守洛陽十至十五日，指定劉茂恩負責。洛陽是中國古都，不可以不戰而棄。但更重要的是蔣中正並未放棄在洛陽附近會戰的構想。不過他明顯低估保衛洛陽的困難。蔣鼎文的參謀長傳達固守洛陽的命令時，完全不知道洛陽城裡城外的國防工事共需要12個團的兵力防守，而受命保衛洛陽的第15軍，經過抗戰以來的長期消耗，兵力早已折損一半，僅剩下六個團，而其中的兩個團在此關鍵時刻尚遠在異地，全部一個軍的實際兵力恐怕只有一萬多人。同樣嚴重的問題是沒有固守城池所需要的後勤準備，第15軍在經過保衛洛陽外圍的幾場戰役後，早瀕臨彈盡糧絕，急需補充，但是蔣鼎文及其參謀長竟然要劉茂恩憑藉著地緣關係自求多福[62]。劉茂恩的惟一安慰是蔣中正留下一個礮兵營協

59　蔣中正日記，1944, 5, 4；5, 5；5, 6；5, 9；曾清貴譯，《河南會戰》，頁427-431、503、515。

60　蔣中正日記，1944, 5, 31本月反省錄。

61　蔣中正日記，1944, 5, 6上星期反省錄；5, 13上星期反省錄；徐永昌日記，1944, 5, 7。

62　程玉鳳著，劉茂恩口述，《劉茂恩回憶錄》，頁656-657、661。劉的姪兒，第64師長劉獻

助防衛北邙山，並下令胡宗南部的第94師張世光師[63]，負責保衛洛陽本城。就在劉茂恩匆匆布置洛陽保衛戰的時候，新的軍事威脅忽然出現，山西的日軍大批悄然渡過黃河，進占洛陽西邊的隴海路車站澠池，接著沿鐵道西進，占領新安車站，兵鋒直指洛陽古城。劉茂恩大約於此時以身體有病為藉口離開洛陽了。蔣中正卻仍在考慮以洛陽為餌，吸引已進占洛陽南門和西關附近的日軍，另外集中所有蔣鼎文和湯恩伯還可以動員的兵力，在洛陽西南的益陽一帶，力圖擊破從城關西南兩方向前來的日軍。

　　5月8日，蔣中正無法電訊聯絡守城的部隊，此時湯恩伯恐怕又已坐上吉普車，逃往遠在豫西山區的嵩縣，無法聯絡，三天後還是無法聯絡上他，好不容易才聯絡上蔣鼎文，卻發現這個老部下講話，口氣已沒有平日的「敬重」，讓他深感受傷[64]，終於徵詢第六戰區司令長官陳誠出任第一戰區司令職務的意願了[65]。但為了促成洛陽會戰計畫，他在兩天後仍然特別出動空軍轟炸洛陽城外日軍的集結之地，最初以為戰果輝煌，摧毀了大量戰車，也消滅了大量敵人，取得完全制空權。加上他手擬的命令已交給守城的黃埔學生張世光師長，要他死守城池，故猶自以為只要全力督促蔣鼎文和湯恩伯兩員大將，還可以誘敵深入、進行決戰[66]。第二天，蔣中正再次派遣空軍轟炸洛陽城南的日軍，卻因為找不到攻擊對象，原機攜彈回防。他也再次經由徐永昌下令洛陽外圍的蔣鼎文、湯恩伯和陝西軍隊在兩天之後合作反攻[67]。但是當天南路日軍已經以坦克為先導，從東西龍門的缺口，沿伊河北上洛陽進攻西關一

　　　捷因為炮火過於猛烈而喪失聽力。

63　武庭麟出身鎮嵩軍，是劉茂恩手下大將。見百度百科網站。

64　蔣中正日記，1944, 5, 11。

65　陳誠日記，1944, 5, 8；蔣中正日記，1944, 5, 1；5, 8；徐世昌日記，1944, 5, 10。5月8日徐永昌以蔣鼎文不可勝任，要求以陳誠取而代之。蔣中正派人傳達意願，陳誠最初以各種理由婉拒。

66　蔣中正日記，1944, 5, 11；5, 12。

67　徐永昌日記，1944, 5, 12。其實，這個命令正是徐永昌的意見，他認為日軍經過二十幾天的進攻，已成強弩之末，而國軍都是拒敵不力的戰敗部隊，現在軍心轉定，而日軍也已深入至對國軍作戰有利之地，倘若督責有道，「頗可轉敗為功」。他認為在勢如此，在理更應如此，必須不惜一切代價，與日軍決一死戰，以打擊日軍爾後企圖。劉斐當時批評日軍對洛陽的進攻，是國軍無能所誘致。這應該是憤極之語，蓋攻占洛陽本在日軍計算之中。

帶，蔣中正在這時候接到守城部隊的呼急信號，不旋踵他與洛陽的無線電聯絡就完全斷絕了。由於俘獲日軍文件中有潼關「兵團」字樣，而山西的日軍也開始在運城集結，蔣誤以為日軍不僅要占領洛陽，也要西進潼關，感覺事態異常緊急，立即下令西安的胡宗南全力備戰[68]。

此時，湯恩伯終於承認其所率各軍經機械化日軍一再衝擊後，「建制紊亂，官兵飢疲，若不收容整補，實難維持戰力」，只是為了滿足蔣中正的期望，強令第13軍軍長石覺，指揮比較完整的第四師（有七個營）、第百十師（有四個營），配合蔣鼎文部反攻洛陽，並即刻出發[69]。蔣鼎文則連應付蔣中正的姿態也不肯做了，他最初請求不要參加反攻，得不到同意以後，說等到湯恩伯部隊到來他會配合，但同時一再述說，湯恩伯的部隊不可能來。其實蔣鼎文早已承認掌握不住若干部隊，當天終於進一步承認，十之八、九的部隊都已經掌握不住，而原來以為有把握控制的部隊也早已自動撤往安全地帶[70]。接著幾天，他們兩人不但不能遵奉命令實行反攻，反而任由南路日軍沿洛河西進，蔣中正聽後氣得只能心中大喊「可痛之至」。當天，陳誠從湖北西部趕到洛陽附近，接管蔣鼎文第一戰區司令的位置，隨後立即向蔣中正電話報告，蔣先是委婉建議新任第一戰區司令官陳誠「速行反攻」，接著便直接指示，在七天內完成準備，並各自提出向洛陽敵軍反攻的具體目標，清楚列舉那一個部隊在那一個時候抵達那一個地點[71]。在當時的情況下陳誠不可能加以答應[72]，反而要求解除洛陽被包圍後的已然部署。徐永昌觀察蔣中正這段時間的行事情形，認為蔣近來「遇事頗多不決」，「猶移壞事」之處甚夥[73]。

5月18日，尾隨蔣鼎文所部進入洛陽北部的日軍，在飛機和大礮的助陣下對洛陽展開進攻。蔣強調洛陽一定要死守，否則日軍會自認為所向無敵，益加膽大妄為。由於情報顯示，「不見敵有後部，現部亦為雜湊，並無持久

68　蔣中正日記，1944, 5, 13，

69　徐永昌日記，1944, 5, 13。

70　徐永昌日記，1944, 5, 14。

71　徐永昌日記，1944, 5, 22。

72　陳誠日記，1944, 5, 18。

73　蔣中正日記，5, 17；5, 18。徐永昌日記，1944, 5, 17。

進攻力，特我太不整不動耳，仍應盡最後之努力以扼敵」。[74] 因此他一方面鼓勵守城部隊堅持，另一方面仍拚命督促蔣鼎文和湯恩伯集結餘部，準備在洛陽附近反攻。儘管有此一決心，但是他無法通過電話聯絡蔣鼎文，終於只能大嘆：「此小子之怯弱至此，前所不料也」[75]。倒是湯恩伯第二天後打電話報告，表示已掌握到四個師，請求給予四天時間準備[76]。沒想到進入洛陽西關附近的日軍繼續西進，湯恩伯連逃命都來不及了，那有時間準備反攻。蔣這時候想從湖北北部調兵前來增援，但是得不到當地戰區司令的回應，顯然只是一廂情願[77]。至此他終於承認他這一次反攻「戰略」，是他抗戰以來的第一嚴重錯誤，因為戰略失敗，連累戰術也一併無藥可救[78]。就在他追悔不已之際，日軍的坦克已追到盧氏，而湯所部在潰散時遭到當地民間武裝繳械[79]。

　　蔣中正命令空軍轟炸西進的日軍，當日軍出現後撤跡象之時，蔣心情為之一鬆，殊不知此時進攻洛陽北邙山的日軍受挫，要求西進的坦克師團主力回師，協助攻打洛陽城，因此日軍看似撤退，實則準備攻勢。在南路日軍坦克師團和一部分主力的配合之下，該支日軍終於從洛陽西北方再次撲向北邙山基地[80]。儘管蔣中正下令陳誠指揮各部在外圍反攻，也命令胡宗南率領三師精銳前來增援，但均無進展[81]。5月23日，洛陽的北邙山基地全部失陷，洛陽城全部暴露在日軍的猛烈炮火之下，終於在兩天之後淪陷。城陷前一天，蔣中正曾三次以通信袋聯絡，但都沒有得到回應[82]。他認為這是武庭麟的「舊式軍閥」性格所致，而負責保衛洛陽本城的第94師師長張世光，雖然是黃埔學生，卻與他「無直接關係，對他信仰不堅」，所以守城失敗。其實，國軍

74　徐永昌日記，1944, 5, 19。

75　蔣中正日記，1944, 5, 19。

76　徐永昌日記，1944, 5, 20。

77　蔣中正日記，1944, 1944, 5, 20。

78　蔣中正日記，1944, 5, 20。上星期反省錄。

79　徐永昌日記，1944, 5, 21；5, 24。湯恩伯在其報告中，坦承所部潰散後為當地叛民繳械。這種情形，不僅河南發生，湖南和其他省分也有，只是規模較小。參見丁治磐日記，1944, 7, 12。

80　曾清貴譯，《河南會戰》，頁691。

81　蔣中正日記，1944, 5, 23。

82　蔣中正日記，1944, 5, 25。

到守城戰時只有14,000人，張世光部約8,000人，武庭麟部約6,000人。從5月7日到25日，總共守了三個星期，日本最後一波攻擊，至少出動兩個師團，其中一個是戰車師團，國軍無法繼續固守，不令人感覺意外。據中國大陸方面的資料，在保衛洛陽及其周圍的整個戰鬥中，民眾被轟炸死亡近萬，武庭麟斃敵二萬餘，自身陣亡一萬餘人，受傷被俘3,000餘人，突圍而出的僅軍官316人和士兵1,795人。據說張世光也率領2,000人突圍，不過都是非戰鬥成員。日軍資料卻顯示，處理遺屍4,386具，並俘獲6,230人，本身傷亡卻不到400人，顯然中國方面的資料過分高估斃敵的人數，也誇大了自己的傷亡人數[83]。城陷後次日，蔣中正檢討洛陽戰役，承認自己的作戰部署「配置不當，思慮不詳」，似乎還不能完全掌握失敗的原因[84]。

　　日軍在洛陽西南方，因為湯恩伯部隊沒有集中，也因此並未達成徹底捕殲湯恩伯部隊主力的任務，但是從河南戰役開打到其終止，宣稱總共削弱了其三分之一的戰力。實情也應該如此，因為戰事結束之後，蔣中正立即下令將一個團併為一個營，一個師併為一個團，只是對外仍然宣稱這一個團是一個師，而這一個師是一個軍，用以混淆敵人視聽。但這一個命令的存在證明日軍並沒有誇大戰果[85]。5月28日，軍令部檢討河南戰役，也坦承國軍的指揮與戰鬥力均明顯降低，並對此深表擔憂，蔣中正聽了以後，也表達同樣憂慮[86]。不過，有一個事實也不可以忽略：三分之一畢竟不是三分之二，連二分之一都達不到，日軍承認沒有捕捉到湯恩伯的主力，並加以全部消滅。這裡

83　徐永昌日記，1944, 5, 25；曾清貴譯，《河南會戰》，頁714-715。據說云者，根據互動百科武庭麟條以及「血戰洛陽：陳智勝的東拉西扯」，天涯博客，blog.tianya.cn/blooger/post_read.asp?BlogID=804013&postID。我的感覺是，日軍有增加傷病人數以壓低陣亡人數的傾向，而國軍有增加陣亡人數以消化逃亡人數和減少空缺名額的傾向。關於國軍以陣亡人數掩蓋逃亡人數的現象，可見葛先才，《長沙‧常德‧衡陽血戰記：葛先才將軍抗戰回憶錄》（台北：王陽明基金會，2005），頁63-64。

84　蔣中正日記，1944, 5, 26。

85　曾清貴譯，《河南會戰》，頁530-539。7月10日，第五戰區發現，湯恩伯的第12軍「自由行動」，蓋傳言湯恩伯有意改變其人事，故部隊到河南南陽一帶時，軍長即不知去向，惟該軍紀律尚佳。這一部分軍隊是所謂雜牌軍，但不擾民，紀律比蔣中正的嫡系軍隊要好。見徐永昌日記，1944, 7, 10。

86　徐永昌日記，1944, 5, 28。

也要強調一點，避免日軍聚殲並不是蔣中正、蔣鼎文和湯恩伯的本意，而是他們控制不了部隊的結果。

湯恩伯的部隊在潰散後進入豫西伏牛山山地，當地人民到處加以包圍和繳械。關於此事，蔣鼎文有如下觸目驚心的記載：

> 此次會戰期間，所意想不到之特別現象，即豫西山地民眾到處截擊軍隊，無論槍枝彈藥，在所必取，雖高射炮、無線電台等，亦均予截留。甚至圍擊我部隊，槍殺我士兵，亦時有所聞。尤以軍隊到處，保、甲、鄉長逃避一空，同時並將倉庫存糧搶走，形成空室清野，使我官軍有數日不得一餐者。一方面固由於絕對少數不肖士兵不守紀律，擾及閭閻，而行政缺乏基礎，未能配合軍事，實為主因。其結果各部隊於轉進時，所受民眾截擊之損失，殆較重於作戰之損失。[87]

上面這段文字，引自河南會戰進入尾聲以後，蔣鼎文以第一戰區總司令身分就部隊潰敗原因提出的檢討報告。他在這裡指責少數部隊軍紀敗壞，招致民怨；同時也指出，基層工作沒做好，以致軍隊敗退之後，會發生這種事情。其實，早在軍閥時代河南已有仇兵和大規模包繳軍隊器械的記載，但是湯恩伯部隊抗日禦侮，卻在抗戰中面臨軍閥部隊的同一命運，著實特別令人矚目。當然，原因也不限於蔣鼎文所說的少數軍人不肖和基層政治不能配合的問題，湯恩伯的統治確實已激起農村有力人士的武力反抗了。

蔣鼎文在同一篇檢討報告中又指出，河南國軍在戰前犯了五大失誤，戰中又犯了五大失誤。戰前，一、調出軍隊太多，以致會戰時兵力不夠使用；二、河防部署未曾落實，以致日軍能夠輕易渡過黃河天險；三、預定戰地的部署，過於分散，且重南輕北；四、不曾料及日軍會出動戰車師團和騎兵旅團，以致遇事毫無抵抗之力；五、未防止日軍修復黃河鐵橋，以致日軍可以從容運輸軍隊。戰中，一、初戰未能予日軍致命打擊；二、日軍展開進攻後，未能捕捉戰機，使用主力；三、缺乏後備兵團，臨戰無法應變；四、部

87　蔣鼎文，〈關於中原會戰潰敗原因之檢討報告〉，中國第二歷史檔案館編，《中華民國史檔案資料匯編》，第5輯第2編，軍事（4）（南京：江蘇古籍出版社，1991），頁98。

隊不能貫徹命令，彼此協同作戰；五、未能確實報情況，以致上級不能有效部署[88]。蔣中正如果看完這一篇報告，很容易發現，蔣鼎文的檢討雖然不能說不對，但是他完全沒有檢討自己，反而是把潰敗的責任一古腦全推到湯恩伯身上，有些地方隱隱約約更是指責蔣中正和軍令部的作戰指導有誤。其實一個半月以後，湯恩伯也針對河南戰役召集主要將領檢討其失敗的原因，他不像蔣鼎文，除完全承擔戰敗所有責任外，更刻意為蔣中正和軍令部的作戰指導錯誤開脫，強調自己沒有提供正確而及時情報，才是上級作戰指導失誤的最根本的原因。他承認自己在戰情判斷、軍隊部署和指揮，或是軍隊紀律貫徹各方面，都犯了無可原諒的錯誤，主動承擔潰敗的全部責任後，他再從道德觀點，指責各級將領缺乏頑強的戰志和不怕死的犧牲精神，不服從上級命令，不盡忠職守，軍紀敗壞，軍民關係不佳等等。另外，關於軍隊在豫西被繳械一事，他承認軍民關係不佳，但特別指出，在河南戰事爆發時，他誤以為日軍不可能進入豫西山地，所以在當地全無布置，以致軍隊進入該區時完全沒有依靠，反而讓士紳、地主或土劣領導的農民武裝對潰敗國軍進行繳械[89]。

關於湯恩伯的失政，洛陽城陷之前，第一戰區參謀長熊斌已在軍令部長徐永昌座中談及，他顯然不願意批評激烈，強調湯恩伯思治心切，惟不得其法，尤其好大喜功，辦學校、辦工廠等等都求規模至大，忘其本來，與民爭利，引起民怨。湯對下級刻薄寡恩，用刑嚴苛，因此沒有人敢說真話，惡人虛意迎合，作惡有恃無恐，以致地方官民對其銜恨至深，民間怨聲載道。在河南戰役中，軍事計畫尚未拍板定案，日本的大軍卻已經出現在眼前，以是損失慘重[90]。5月29日，徐永昌在討論如何處理戰敗河南與陝西軍隊的軍事會議上，已深表不滿，明白指出，若「如此輕輕放過各該主官，不予痛責，抗

88　蔣鼎文，〈關於中原會戰潰敗原因之檢討報告〉，中國第二歷史檔案館編，《中華民國史檔案資料匯編》，第5輯第2編，軍事（4），頁91-98。

89　湯恩伯，〈勇敢負責、徹底覺悟──中原會戰的檢討〉、〈認請缺點、痛切改進──中原會戰的檢討〉、〈接受教訓、創造勝利──中原會戰的檢討〉，《湯恩伯先生紀念集》，頁丙88-105。

90　徐永昌日記，1944, 5, 24。

戰前途尚堪問乎[91]?」言者痛心,但好像沒有得到蔣中正與其他與會將領的任何回應。

隨著戰局的惡化和國內外輿論攻擊,國民政府內要求追究負責軍官的聲音愈來愈響。蔣鼎文已經去職,因此所有的注意力都集中在湯恩伯一人身上。6月中旬,雲南龍陵得而復失,史迪威得到消息後,要求懲治負責將領宋希濂,英軍也要求懲治在滇西軍紀太壞的游擊隊。軍政部長何應欽不問不聞,軍令部大員劉斐、熊斌對此均未表示意見,但對沒有人問責湯恩伯,卻表示失望;他們沒有直接批評蔣中正對湯恩伯案的處理不當,但私下批評蔣中正用人不公,軍隊愛用黃埔舊部,政治偏於親戚同鄉,以致政、軍兩失,殊有岌岌不可終日之慨[92]。他們擔心,蔣中正若不對湯恩伯懲治,繼續重用,定將導致離心離德,對統帥部喪失信心。

6月22日,對湯恩伯的批評達到高潮。河南省參議會逕電中央,指責湯恩伯平時霸占商業,如煤礦、捲菸廠、造紙廠、酒精廠、製革廠、製鐵廠多加侵奪,復大膽包運違禁物品,好貪而不練兵,干政而不愛民,以致民間有寧受敵寇殘殺,不願湯軍駐紮之語,及至戰事臨頭,聞風潰搶,毫不覺悟,倘再予優容,抗戰前途不堪設想云云。徐永昌接到這些指控後,強調軍風紀視察團、調統局等單位,都有類似報告可以佐證,且可提供更加具體之事實,並指名有關部隊之番號[93]。次日,軍令部檢討河南戰役,連好好先生的何應欽都承認蔣、湯兩部作戰無必死之心,風氣壞極。但是他評論說,軍隊平時吃空額,戰時就應努力犧牲的一番言論,卻引起徐永昌的強烈反感,認為本末倒置,本來就是因為平時風氣太壞,所以戰時才沒有必死之心!如果平時不吃空缺,怎可能戰時缺乏必死的犧牲精神。何應欽的發言,簡直莫名其妙[94]。不過徐永昌沒有把這些批評在公開場合說出來,只是寫在自己的日記

91　徐永昌日記,1944, 5, 29。

92　徐永昌日記,1944, 6, 21。宋希濂後來將功折罪,在蔣中正痛責以後血戰奪回龍陵。

93　徐永昌日記,1944, 6, 12。7月1日,何應欽認為蔣鼎文已經免職,可不追究其責任,但湯恩伯一無處分,無法向國人交代,要求軍令部討論辦法。軍令部中的劉斐素來覺得湯恩伯驕橫,主張應先褫職留任,再加以查辦,但此議為兩個沒提到名字的重要人物所堅決反對。見同日記,7月1日條。

94　徐永昌日記,1944, 6, 23。

裡。軍法總監何成濬則回憶說，監察院針對彈劾湯恩伯案擬出懲罰建議，到了軍政部長兼參謀總長何應欽手裡，被刪去了十之六七，蔣中正的最後批示也異常平淡。何成濬看了全部案由以後，寫下他的心情：「軍法之作用如此，令人太息」[95]。

　　在河南戰役中，蔣中正的知人之明，遭受極大的質疑。他在日記中，曾經批評自己對蔣鼎文和湯恩伯的認識，但從蔣鼎文身上特別看到自己用人政策的錯誤：任命地方大員時只注意資格與關係，不是為事擇人，而為人擇事。蔣鼎文「粗拙無能」，自以為是老資格，不給名位就鬧[96]。言談之下，他任命蔣鼎文為第一戰區指揮官是被心軟所綁架，作了違心之事。他對任用湯恩伯為第一戰區副司令官一事，就不認為是作錯誤選擇，對湯仍繼續信賴，僅將其革職留任，但是軍令部部長徐永昌，認為各界的批評聲浪太大，還是忠誠地建議褫除其第一戰區副司令官的職務，離開豫中地方，專任蘇魯豫皖邊區總司令，繼續負責與中共爭奪此一戰略重要地區的職責。徐永昌顯然認為蘇魯豫邊區總司令這個職位有左遷意味，可同時滿足愛護和究責湯恩伯兩方面的需要，可是蔣中正總是認為不妥，不肯接受。

　　幾天之後，劉斐根據同一思路，建議湯恩伯出任新職，轄區擴大到包括安徽西部的大別山，同時調走當地的廣西系軍人李品仙。徐永昌認為調動大別山區的李品仙應該不是那麼簡單，不如先發表湯恩伯前往平漢路以東，「一則平豫情，一則應需要，調李，可徐圖之」。劉斐堅持湯恩伯不調大別山就無處可以安插職務，徐永昌認為劉斐是在阿附蔣中正的意思，不願意公然加以反對，於是建議先把湯恩伯調到平漢路東側，等所有部署就緒，再派湯恩伯到大別山。蔣中正不同意，最後還是聽從劉斐的建議，任命湯恩伯為蘇魯豫皖邊區總司令，並準備把李品仙調到皖南[97]。其實，大別山是桂系地盤，

95　何成濬，《何成濬將軍戰時日記》，下，頁462。

96　蔣中正日記，1944, 5, 8。據陳誠日記，蔣中正在5月13日派林蔚文向陳誠傳達不要做生意的指示。又在5月16日，派後勤部到長官公署發放米代金和補給，當時蔣鼎文強調他部隊的人數比湯恩伯多，湯恩伯部完全潰散，已成光桿一個，而且把各部隊的位置交代得一清二楚。可是當蔣中正下令反攻日軍，要求蔣鼎文集中部隊時，陳誠發現蔣鼎文又強調，他已經與這些部隊全部失去聯絡了。見1945, 5, 13和5, 16條。

97　徐永昌日記，1944, 7, 16。湯恩伯後來因為另有任用，並未實際回任蘇魯豫皖邊區總司令

即便李品仙同意,桂系領袖李示仁也不可能同意。同樣令人懷疑的是,如此
調動湯恩伯,是否也是為人擇事?大別山是以前的中共鄂豫皖根據地,處於
日本敵後,湯恩伯能否在此地區適才適所,與共產黨一爭短長,也是很大的
疑問。無論如何,蔣中正調不動李品仙,衡陽會戰後,因為國民參政會嚴厲
抨擊湯恩伯,蔣中正才終於在9月9日宣布湯恩伯調離原職。及至桂柳戰爭
尾聲,蔣中正再度起用湯恩伯,把他和他麾下的軍隊調往黔桂戰場,阻擊沿
湘桂鐵路西進的日軍[98]。

　　蔣中正為何拒絕追究湯恩伯作戰失敗的責任?最重要的原因是他心裡很
清楚,後來也再三表示,要湯恩伯作為河南戰役失敗負責是可以的,但要湯
恩伯是負「戰略上」的責任是不對的,尤其不可以隨便指責湯恩伯畏戰避
戰,因為河南戰役開打之前,湯曾屢次建議主動出擊,即便日軍已經渡過黃
河,湯也不斷請戰,都是他和軍令部拒絕批准的[99]。湯恩伯並非尋常蓄意避
戰、貪生怕死之輩。他的失敗絕對和上級的錯誤作戰指導有關,蔣中正和軍
令部錯誤判斷敵情,以為日軍的目標只是打通平漢路,不知道戰場上的日軍
還有更重要的目的,那就是捕捉湯恩伯主力,以及攻占洛陽古城,而且完全
低估了日軍動員的兵力。正因為根據錯誤的判斷,指示湯恩伯軍部署,所以
日軍一旦完成大迂迴,並以前所未見戰車師團和騎兵旅團加入攻擊,湯恩伯
部隊不能發揮戰力,反而潰敗到底。一著錯,步步錯。儘管湯恩伯為軍令部
和蔣中正所作的作戰指導開脫責任,認為上級作戰指導的錯誤是因為他作為
第一線將領提供錯誤情報所致。他也承認河南戰役中,自己的部隊紀律廢
弛,所以未曾嚴格追究責任,就是因為自己在敵情判斷、作戰部署和作戰指
導等各方面,都負有難以推卸的最大責任。蔣中正似乎有同樣心理,自反而

　　之職。李品仙是湖南人,但為桂系大將,後來國共內戰期間是李宗仁競選副總統的金庫所
　　在,加以調動,談何容易。又徐永昌認為李品仙確有嚴重貪腐問題,早應調走。但是想到
　　的辦法,仍是政治處理,將其調到其他地方,架空其權力而已。其實,直到抗戰結束,蔣
　　中正都沒調成李品仙。

98　陳誠日記,1944, 9, 9;王世杰日記,1944, 9, 5。

99　劉培初,〈我所認識的湯恩伯先生〉,《湯恩伯先生紀念集》,頁丁30;孫元良,〈湯恩伯
　　將軍二三事〉,《湯恩伯先生紀念集》,頁丁20-21。湯恩伯,〈勇敢負責、徹底覺悟——中
　　原會戰的檢討〉,《湯恩伯先生紀念集》,頁丙89-90。

不縮，所以不論外界如何批評，始終對湯恩伯信任如故，拒絕加以究責。另外一方面，也必須強調，湯恩伯雖然有各種嚴重問題，但並非一般貪婪奢華無度之輩，尤其絕對忠誠，蔣中正可以完全信賴。

　　日軍攻占洛陽後原本無意全力西進，但是因為進攻順利，遂同意前線軍隊沿著隴海路南側繼續追奔逐北。西安的胡宗南是蔣中正的愛將，負責監視陝北共區的活動，同時也負責組訓新的軍隊，蔣中正認為他的軍隊在陝西有整整五年可以專注於這一項工作，應該有所成就。當時中外人士之中也公認其部隊的裝備特佳，是國軍精銳中的精銳，對其作戰能力深具信心。日軍在取得洛陽戰役的勝利以後，以防止胡宗南軍隊繼續向河南增援為理由，讓從山西渡河而來的日軍向靈寶及其附近攻擊，其攻勢之凌厲，一度使蔣中正以為日軍發動河南作戰的目的不限於河南，根本是想攻占陝西的潼關和西安，以便進入關中奧地[100]。其實早在5月16日，蔣中正未雨綢繆，已下令新任命的第一戰區司令官陳誠，在保衛洛陽之外，也負起保衛西安的任務[101]。五天以後，蔣中正偵知日軍向西安方向前進的主力已經大部分撤回，鬆了口氣[102]，更如前所說，他乘機下令胡宗南率三個師向洛陽方向反攻，但沒有產生任何效果[103]。日軍反而在洛陽戰事終結之後，於6月5日以坦克為先導，對胡宗南的前鋒部隊發動全面攻擊，逼胡宗南不得不下令所部及原歸蔣鼎文指揮的軍隊全部退往靈寶[104]。只是日軍並未收手，繼續以部分坦克為先導進行追擊。蔣中正認為這應該是胡宗南訓練五年精銳部隊大展身手的時機，親自四次電話胡宗南，商量對策和部署，其指示之詳盡，連他自己都覺得有點過分，可是總覺得不這樣仔細，對不起良心。只是第二天日軍又展開坦克、火礮和步兵的協同攻擊，而他的空軍無法發揮轟炸效果，於是又和前一天一樣，親自和胡宗南通話，指示「不厭其詳」，而胡宗南據以發蹤指使，然而隔天的情形跟他想像的完全不一樣，所謂精銳的精銳，竟然任意改變部署，

100 蔣中正日記，1944, 6, 10；曾清貴譯，《河南會戰》，頁773-774。
101 蔣中正日記，1944, 5, 16。
102 蔣中正日記，1944, 5, 21；5, 22。
103 蔣中正日記，1944, 5, 23。
104 蔣中正日記，6, 5；6, 6；6, 7；經盛鴻，《胡宗南大傳》（北京：團結出版社，2011），頁184。

甚至擅自撤退，蔣中正得知情況以後，感覺「軍紀敗壞，命令廢弛，寸衷慚
惶，實為從所未有，而痛心怒憤，亦為此來所未有，焉不力一至於此，余恃
何面目以見世人」。蔣中正似乎忘記，戰場瞬息萬變，日軍已派一有力部隊
在靈寶南側山地進行迂迴，所以造成前線軍隊的突然改變部署[105]。他只是想
到靈寶為潼關大門，一旦淪陷，則西安岌岌可危，而一旦日西安淪陷，則
「全國軍心民心皆難維持」。為此，他痛斥胡宗南學識和能力均極淺薄，難當
重任，也為此寢食難安長達半個月之久[106]。他認為非常幸運，因為空軍的轟
炸和胡宗南的反攻終於逼迫日軍放棄西進的企圖，其實真正的原因是日本在
靈寶戰役開始之前已決定在一定的時間內要收縮和反轉軍力，尤其強調在發
動攻擊後五天之內必須撤退所有戰車部隊，不容這次進攻轉移日軍對湖南戰
場的用心，所以胡宗南可以對外宣布光復靈寶縣城[107]。不過，蔣中正還是抑
制不了他內心的憤怒，由胡宗南以臨戰退縮的罪名秘密槍斃二、三位師團
長，但並未對外公布詳情[108]。對進攻長沙的日軍而言，對靈寶進攻，當然不
起牽制國軍兵力的作用，但是迫使蔣中正有八天時間完全無暇關注其在華中
的動向。

　　蔣中正在黃埔學生中最青睞的是胡宗南，視他與日本士官學校出身的湯
恩伯為華北軍事的兩大支柱。但在靈寶戰役期間，開始懷疑胡宗南的學術和

105　經盛鴻，《胡宗南大傳》，頁184-185。

106　蔣中正日記，1844, 6, 7；6, 9；6, 10；6, 10上星期反省錄；6, 13；6, 15。

107　曾清貴譯，《河南會戰》，頁778-785；823-828。

108　蔣中正日記，1944, 6, 10；6, 13；6, 14；6, 15；徐永昌日記，1944, 8, 27。蔣下令處決的是
　　57軍第97師師長傅維藩、第167師的團長賀一持、16軍109師師長劉明。三人均為黃埔畢
　　業生。或許蔣中正當時下令攻打陝州是錯誤的決定，高估了胡宗南軍隊的實力，但他在攻
　　打陝州失敗後確實曾一再下令所有部隊不得西撤。三人擅自放棄陣地，是導致胡宗南全軍
　　潰退的主要原因。隨後胡宗南和李延年也都因為要退守靈寶南側而下令部隊撤退，但都是
　　有鑒於潰退情勢而下的命令，不能為他們三人的擅自棄守陣地辯護。在槍斃三人的同時，
　　胡宗南還將第16軍第109師師長戴慕真撤職查辦。戴慕真之子雲江認為這是李延年推卸責
　　任，藉機整肅異己。見楊者聖，〈蔣介石槍斃胡宗南的師長〉，原載《情報英雄熊向
　　暉──在胡宗南身邊的十二年》；第八戰區靈寶戰役檢討會議錄，原件存於南京第二歷史
　　檔案館，為國防部史政局戰史編纂委員會全字號，787第三冊，案卷號10927：縮微對照
　　號16j-0470。均見於第109師戴慕真之子戴雲江之個人網站http://dyj037.blog163.com。

能力，想到未來軍事方面還要靠胡宗南支撐危局，就不寒而慄。只是考慮到胡宗南的忠誠和服從度，蔣感覺無人可以取代[109]。當戰事轉移到華中以後，他知道第六戰區司令薛岳在忠誠和服從度方面均遠不如胡宗南，可是也很清楚，這個有三次長沙大捷紀錄的英雄人物不容更換。

二、經驗主義對抗戰略革新：湖南會戰

　　湖南會戰是一號作戰計畫中湘桂作戰的一部分。日軍為湘桂作戰動員的坦克遠不如河南戰役為多，但動員的兵丁和馬匹數量都是河南的一倍，火礮更是河南的四倍有餘，作戰主力則是中國戰場上唯一的具有戰略攻擊能力的第11軍，兵丁大都久經戰陣[110]。指揮全部作戰的是第11軍司令官橫山勇，不久之前才指揮所部攻占湘西大城常德。1944年5月27日，他在華北日軍收縮攻勢之後，便開始在華中展開進攻。對此一龐大攻勢，徐永昌的軍令部早已預言，即便日軍渡過黃河以後，他仍相信日軍的主戰場在華中，而將注意力放在這裡，然而日軍行動遲遲未見，現在日軍終於展開攻勢了。

　　日本發動湖南戰役後兩天，也就是5月29日，軍令部討論湘鄂戰局，大部分出席者都認為，日軍動員如此龐大軍力，粵漢鐵路勢必不守，因此主張，與其把精力放在保衛粵漢鐵路，不如以湘桂線為重點準備廣西保衛戰。至於華北方面，既然反攻已不可能，與其飛蛾撲火，徒作犧牲，不如抽撤整理，等待未來。對此用兵意見，徐永昌深不以為然，他力言湘桂之間地形難守，有利來敵，還是在粵漢線經過的湖南部署兵力苦鬥為上策，千萬別亂步驟[111]。蔣中正徵詢其他有關將領的意見時，副參謀總長兼軍訓部部長白崇禧主張放棄長沙和衡陽，第九戰區司令薛岳曾先後取得長沙三次「大捷」，則堅決反對這個意見。蔣中正從政治觀點來看，知道不戰而棄守長沙的嚴重後果，授權薛岳堅守長沙，希望重演長沙三次大捷，否則至少能向全國人民宣

109　蔣中正日記，1944, 6, 13。

110　賴清修譯，《湖南作戰》，頁73-77、661。1944年5月，第11軍的全部兵力為36萬2千人，擁有戰馬6,700匹、火礮1,282門、戰車103輛、汽車9,450輛。

111　徐永昌日記，1944, 5, 29。

示抗日決心，於是同時下令附近幾個戰區發動攻擊，以為牽制[112]。

　　日軍在華中的這一次攻勢確實比以前大多了，在華北戰事告一段落之後，他們透過平漢鐵路把軍隊轉用到華中，加上從同年年初就已調往武漢的軍隊，集結的兵力遠比過去三次長沙戰役時更加雄厚，配合作戰的重武器和飛機也遠比以前為多。5月25日，日軍九個師團和二個旅團，共二十餘萬人，浩浩蕩蕩，放棄過去中央強力突破的戰略，分三個梯次南下，軍隊也分三路南下，中間的一路，像以往一樣，沿湘江東西兩岸南下，直指長沙，但這一次擴大攻擊正面，在其兩側又分兵東西兩路，一路沿湘贛邊境的山區南下，另一路渡洞庭湖前驅；東路為全軍主力，意圖占領中路國軍的退路，並設法加以包圍消滅；西路兵力較小，旨在隔絕附近戰區國軍的增援而已[113]。蔣中正當時正全心全意應付日軍對西安的可能攻勢，他仰賴軍令部長徐永昌和第九戰區司令薛岳指揮軍事，最初想法是，儘管日本人此次攻打華中，目標不僅是湖南省城長沙，同時也包括粵漢路上的衡陽和湘桂路上的桂林，但應付策略基本上還是薛岳的舊戰法，一面死守長沙及其附近重要縣城，一面分派大軍在湘江東岸，憑藉支流、水田沼澤及破壞地形，逐次抗擊，伺消耗日軍部分實力後，將其引至長沙城南的河岸地區，再集合大軍，進行決戰[114]。6月3日，他重申國軍的連坐法，嚴懲任何沒有奉到命令擅自從陣地撤退的軍人，並授權現地長官薛岳全權處理[115]。面對日軍的擴大攻勢，薛岳迅速理解，蔣中正在長沙城南分進合擊、進行決戰的計畫全不可行，因為缺乏強大的預備部隊，不足以對來攻的日軍形成包圍，反而有可能為日軍提供一

---

112 陳壽恆等編著，《薛岳將軍與國民革命》（台北：中央研究院近代史研究所，1988），頁422。動員第三戰區的丁治磐第26軍，第四戰區的黎行恕第46軍，第六戰區的彭位仁第73軍、施中誠第74軍、王甲本的第79軍、李天霞的第100軍，第七戰區的黃濤第62軍。

113 〈軍令部擬長衡會戰經過戰鬥要報〉，中國第二歷史檔案館編，《中華民國史檔案資料匯編》，第5輯第2編，軍事（4），頁14-43、149-150。

114 〈第九戰區關於長衡會戰國民黨軍敗退經過情形戰報〉，中國第二歷史檔案館編，《中華民國史檔案資料匯編》，第5輯第2編，軍事（4），頁174、178；賴修譯，日本防衛廳防衛研修戰史室編撰，《湖南作戰：一號作戰》。

115 〈第九戰區關於長衡會戰國民黨軍敗退經過情形戰報〉，中國第二歷史檔案館編，《中華民國史檔案資料匯編》，第5輯第2編，軍事（4），頁181。

個消滅自己主力的機會，他因此廢棄此一作戰構想，繼續堅持張德能的第4軍死守長沙，仍然期望日軍師老兵疲，像第三次長沙大捷一樣，不得不因為補給困難而自動撤退。他沒想到日軍此時的戰略，是把重兵放在東路，不僅力圖包圍和消滅薛岳布置在山區的主力部隊，而且攔截中路向東撤退的國軍，完全不容許國軍有把長沙再次化為「天爐」的可能。

　　薛岳的最大失算是，日本這次攻占長沙出動的兵力不是第三次戰役的十幾萬，而是二十幾萬，不僅動用了華中的攻擊兵團，也從華北轉用了龐大兵力及其重裝備，如果加上陸軍以外的人員，更高達四十幾萬人。所以軍隊雖然前進緩慢，占領長沙的決心卻比以前更加堅決，陸空兩路動員的火礮和飛機也都比以前為多。薛岳的軍隊在長沙北邊，湘江東西向支流的新牆河、汨羅江和瀏陽河布置堅強陣地，逐次抵抗，也在長沙城西的嶽麓山布置了前所未有的強大礮兵基地，準備火力支援守城的張德能[116]。日本軍隊因為重武器運動困難，確實前進緩慢，但主要原因並不是國軍阻擊生效，而是抵達長沙外圍的日軍比第三次長沙之役龐大，所需要的補給更多。薛岳更致命的失誤是死守長沙的策略。他並未因為日軍改變進攻策略而調整兵力配備，過去日本人進攻長沙都是從北向南直攻省城，所以總可以在隔江城西的嶽麓山布置礮兵猛烈礮擊來敵，他以為這一次日軍進攻嶽麓山，礮兵陣地更堅強，一個旅的礮兵，有四十幾門礮，而且都是美國援助的新式重礮[117]，一定可發揮更大的作用，所以在日本人兵臨長沙之際可以比過去高枕無憂。薛岳不知道日本這次改變戰略，不是從北向南直攻省城，而是集中更大兵力從兩側迂迴，再從南向北攻打嶽麓山礮兵陣地。

　　第四軍軍長張德能奉令死守長沙，他名義上有三個師，但都不滿額，實際只有一萬多人。他根據薛岳以往的作戰經驗，將兩個師布置在長沙省城，而以一個師防衛嶽麓山礮兵基地[118]。當時，第九戰區司令長官薛岳本人已退

116 蔣中正日記，1944, 6, 17。

117 〈第四軍參加長衡會戰作戰經過報告書〉，中國第二歷史檔案館編，《中華民國史檔案資料匯編》，第5輯第2編，軍事（4），頁156-159。

118 薛岳，〈湘北湘南阻擊戰〉，薛岳、余建勛等，《湖南會戰：原國民黨將領抗日戰爭親歷記》（北京：中國文史出版社，2010），頁208；〈第九戰區關於長衡會戰國民黨軍敗退經

到衡陽以南的耒陽，參謀長趙子立在前線研究日軍進攻的策略後，認為張德能的兵力配備是錯誤的，如果要固守長沙市區，做法不應該是在長沙多派部隊，而是派兩個師固守嶽麓山，因為嶽麓山基地一但失守，整個長沙省城立即暴露在日軍的礮火之下，張德能再有通天的本領也無法達成固守任務。張德能在薛岳的支持之下，認為日軍主攻長沙省城，並無必要把第4軍主力放在嶽麓山礮兵基地。對此戰略爭執，蔣中正要嘛不清楚，要嘛不注意，尤其不知道奉命守嶽麓山礮兵基地的師有嚴重缺員問題，只有一個師應有的三分之一兵力。所以6月17日，他相信只要保持嶽麓山礮兵基地通往其西邊和西南的寧鄉和湘潭道路暢通，就可以保持嶽麓山礮兵基地的安全，他沒想到日軍在前一天便已出動重礮和空軍，全力進攻嶽麓山礮兵基地，等到張德能醒悟到必須調整兵力部署時，已經來不及，結果日軍只花三天不到的時間，便將其大部分占領，使長沙省城完全暴露在嶽麓山的日軍礮火之下[119]，毫無反擊能力。

　　日軍攻占嶽麓山礮兵基地以後，立即乘勝進攻長沙省城，蔣中正6月18日還能以無線電與張德能聯絡，但此後兩天就得不到張德能的任何音訊了。其實長沙省城就在6月18日下午全部失陷，全軍潰散。蔣中正對此苦思不得其解，竟然以為日本空軍使用瓦斯彈轟炸，使得第4軍官兵頓時窒息，完全失去知覺。可是又認為日本空軍縱使如此不顧人道，要在片刻之間使第4軍

過情形戰報〉，中國第二歷史檔案館編，《中華民國史檔案資料匯編》，第5輯第2編，軍事（4），頁158-159。據後一資料，第四軍全軍傷亡三千餘人，渡江溺斃者約千餘，僅千餘人成建制突圍，戰役結束後更有五千餘人陸續歸隊。關於固守長沙的部署，參閱趙子立、王光倫，〈長衡戰役〉，薛岳、余建勛等，《湖南會戰：原國民黨將領抗日戰爭親歷記》，頁221。

119　蔣中正日記，1944, 6, 17；6, 20。蔣注意到長沙戰役中，日軍擁有絕對制空權，顯然對美空軍沒有配合作戰，甚為不懌。薛岳強調日軍於6月16日已向長沙及其附近的嶽麓山發動全面攻擊，參謀長趙子立下令張德能以部隊主力增援嶽麓山礮兵基地，打亂原有部署，以致嶽麓山失守，而張德能無法守住城池，只好率領殘部移轉。薛岳強調張德能增援受阻，但未說明嶽麓山如何可能以缺員三分之二的一個師來抵抗來敵。見陳壽恆等編著，《薛岳將軍與國民革命》，頁424。又參見王奇生，《革命與反革命》（北京：社會科學文獻出版社，2010），頁208。

喪失全部聯絡能力和知覺，也不容易做到，心中充滿疑惑[120]。就在當天晚上長沙失守的消息得到證實，當他得知嶽麓山上最新式的重礮和五萬發礮彈都來不及爆破摧毀，便完全奉送來敵，不禁仰天嘆息，張德能的第4軍「有名無實，十餘年來之虛譽，其弱點至此始暴露殆盡。」進而批評自己「不加檢察」，「一任部屬之所為，對於長沙重鎮，派其死守，烏乎，可為余之罪也」[121]。

　　這次錯誤布防，戰區司令長官薛岳要負很大責任，因為當戰區參謀長指揮第4軍軍長張德能改變軍力部署時，他並未給予支持。不過，軍令部和蔣中正負有更大責任，不但情報失誤，判斷也錯誤，根本沒有想到日軍此次大規模攻擊，與過去大不一樣，完全聽任薛岳指揮，尤其他沒有想到日軍竟然針對歷次進攻長沙失敗的慘痛經驗，動員過去所沒有的重礮和空軍，先以主要力量攻占嶽麓山基地。結果日軍攻占嶽麓山花了三天，攻占長沙城卻僅花一天。張德能不僅沒有固守住長沙，根本是倉皇棄城逃亡。

　　因此6月25日，徐永昌的軍令部研究如何保衛衡陽時，蔣中正特別就長沙失守的責任問題做出決定，既不能問責戰區司令薛岳，就只有立即逮捕張德能，解送重慶接受軍法審判了[122]。他說，一年之前余程萬（黃埔生）守常德棄城逃亡，若立即加以正法，張德能有前車之鑑，或許就不敢蹈其覆轍了。他也提到失守洛陽的第94師師長（張世光，蔣誤書為張之光），認為也應該追究。此時何應欽報告，雲南龍陵得而復失，史迪威已經兩次書面請求究責宋希濂，若繼續置之不理，將影響緬北戰局。對應否追究宋希濂一事，蔣中正顯然有不同看法，而同樣是黃埔大家長的何應欽則故意轉移話題，結

---

120 蔣中正日記，1944, 6, 19。
121 蔣中正日記，1944, 6, 20。在蔣記憶中，張德能並未受過正式軍校革命訓練，其實他是雲南講武學堂畢業。見6, 26上星期反省錄。據張發奎口述，夏蓮瑛訪談及紀錄，鄭義翻譯及校註，《蔣介石與我：張發奎上將回憶錄》（香港：文化藝術出版社，2008），頁360-361，張德能自命儒將，沉湎於吟詩和書畫，似乎也頗好女色。又據陳壽恆等編著，《薛岳將軍與國民革命》，頁424，薛岳強調張德能未能增援嶽麓山是因為日軍使用毒氣所致。此書編者為薛岳幕僚，當是為薛岳諉過之作。張德能搶渡湘江是臨時起意，缺乏渡江設備，在敵人攻擊之下張皇失措，以致千餘人溺斃。
122 徐永昌日記，1944, 6, 25。

果如此重要的問題就擱置一邊未談了[123]。其實，儘管宋希濂和張德能兩人都未能服從指示，宋僅直接違背外籍上司史迪威的命令，而張則間接違背蔣中正本人的死守指令，且指揮嚴重失當。無論如何，蔣中正當天告訴徐永昌說：「今日不努力拚命攻敵，敵人雖少，亦得深入（是極）（原文。為徐永昌案語）」[124]，關心的是張德能阻擊敵人不力，而不是宋希濂收復失土無方。雖然蔣中正對軍法處置手下將領並未提出明確的標準，但明顯體認到，若下級將領不服從命令，不拚命固守陣地和完成任務，而他對臨陣脫逃不予追究，則無異是鼓勵將領不戰而退。當時國內外輿論沸騰，洛陽失守之後未追究負責將領的責任，此次長沙三天失守，更加難堪，若仍不對將領做出任何懲處，民心士氣勢必沉淪，甚而崩盤。

其實，在下令逮捕張德能之外，他於6月26日已密令副參謀總長白崇禧指導湖南作戰，並要求第九戰區司令部撤往廣西。不過薛岳以將在外軍令有所不受，反而向東南方向撤退。此後薛岳雖仍是第九戰區司令官，實際卻已無法指揮戰區中的大部分部隊，這些部隊直接聽命於副總參謀長白崇禧，視薛岳的命令為「可理可不理」。奇怪的是，白崇禧在長沙戰役之初，即反對死守衡陽，主張把主要兵力撤退到湘桂邊境，增強保衛廣西的力量。接到蔣中正密令後，也依舊逗留桂林，處理軍務，所以衡陽保衛戰應該是蔣中正和軍令部直接指揮[125]。薛岳對被剝奪非嫡系部隊的指揮權，十分不滿，僅將戰

123　徐永昌日記，1944, 6, 21。何應欽回軍令部處置此事，只是下令宋希濂速行收復，徐永昌不同意，何則唯唯喏喏，加以應付。

124　徐永昌日記，6, 25。中央研究院近代史所近代史全文資料庫在這一則日記中歐震誤作廖震。蔣認為張德能在長沙戰前升任第四軍軍長是一個錯誤，如果軍令部讓原軍長歐震留任，則長沙不至於失守如是之快。徐永昌認為蔣的批評沒有道理，他說軍令部調走歐震，是根據慣例而下令，不應視為錯誤而加以批評。案歐震曾任國軍第四軍獨立團營長，曾隨團長葉挺參加中共的南昌暴動，暴動後未幾回歸國民黨陣營。

125　陳壽恆等編著，《薛岳將軍與國民革命》，頁427、432-434；王奇生，《革命與反革命》（北京：社會科學文獻出版社，2010），頁300-303。陳壽恆等是薛岳手下，撰寫薛岳傳記時，軍令部作戰廳長劉斐已因為1949年投共而被認定是長期潛伏的匪諜，他們都相信蔣中正所以褫除薛岳職權，是劉斐暗中破壞所致。案劉斐湖南醴陵人，是白崇禧一手培養的國軍軍事人才，日本陸軍大學畢業。白崇禧對此一說法有如下評論：「有人說他是共黨，說他洩露機密，我不加辯解。從他的生活行動看不出他是共產黨，他言論是左的，享受是

區司令部遷往湘南。一旦國軍桂柳會戰失利，而蔣中正與史迪威衝突到了攤牌階段，他就擅自派遣軍隊進駐江西贛州機場，意圖爭取美軍軍援。蔣中正當時正面臨重慶政府生死存亡之秋，逕視薛岳之舉為背叛黨國[126]。所幸蔣中正沒有魯莽將事，將事情公開，薛岳也沒有真正叛變，事情暫時隱匿於無形。

　　7月12日，當隨後而來的衡陽會戰正要達到一個高潮時，蔣中正可能再次想到張德能的負面榜樣，於是親下手令要各戰區整飭軍紀，並繼續強調連坐法，以期振刷士氣，挽回頹風。徐永昌認為蔣中正所下手令，行文過於複雜冗贅，其實蔣中正所謂連坐法，早在北伐時期已經頒布，問題是從未實行。徐永昌認為，即使沒有連坐法，只要有古人所頒的軍法，貫徹到底，也會立竿見影，產生同樣成效。蔣中正是有法不行，制定連坐法，其實是浪費時間[127]。

　　8月上旬當衡陽會戰終於失敗後，張德能的軍法審判終於告一段落，軍事審判法官判處張德能死刑，軍法執行總監何成濬核定時，「意存哀矜」，改判無期徒刑[128]。蔣中正不同意，認為不遵命令，擅自放棄陣地，下令以連坐法槍斃，並於8月25日執行。但時間拖得這麼久，殺雞儆猴的效果就減少許多。徐永昌得知蔣中正的最後判決時說，張德能「罪當情真，究屬應得」，唯就軍事教育、軍隊情況和一切環境看，也不盡是張之過錯，似乎期

右的，他不滿現狀，但自己生活不嚴整，吃、喝、嫖、賭、唱戲無一不來，油得不得了，總統（蔣中正）對他賞識極了，什麼事都找他……看不出是匪諜。」見中央研究院近代史研究所，《白崇禧先生訪問記錄》（台北：中央研究院近代史研究所，1974），頁666-667。關於白崇禧反對衡陽會戰，見蔣中正總統文物，002-080103-00050-026，轉引自張力，〈白崇禧將軍與一九四四年桂柳會戰〉（未刊稿）。

126　蔣中正日記，1944, 11, 21。蔣是這樣寫的：「最近桂柳失陷，敵寇西進不已，中外輿論對我譏刺誣蔑，美國且加以壓迫，而其袒護共匪之言行日益加急，各種形勢文告日益加急，各種形勢惡劣，尤以薛岳在贛自由行動等於叛變，對於我手令留置不理，最令人難堪。」

127　徐永昌日記，1944, 7, 13。蔣中正曾根據連坐法下令槍斃黃埔學生孫元良數次，但都因為何應欽包庇，並未成為真實。參見陳壽恆等編著，《薛岳將軍與國民革命》，頁84。

128　何成濬，《何成濬將軍戰時日記》，下，頁455-456、464。何成濬似乎認為第九戰區司令長官薛岳在未見敵蹤之前便離開長沙，而且並未就守城戰略作出指示。張德能則是沒有人事經理權的新任軍長，在反攻岳麓山陣地失敗後才退出長沙，主要的責任是處置戰事失宜

望在嚇阻以外，國軍應有其他改革。另外他提到一點，值得特別注意。他發現蔣中正公布這一次軍法判決，為前所未有之舉。過去也有將領因為作戰不力而受處分，但是當局總是諱莫如深，更不公布軍官名字，最近蔣中正因為潼關、靈寶一帶固守不力，下令槍決胡宗南部的師長團長二、三人，就不見名字公布[129]。不過，張德能法辦，但湯恩伯和蔣鼎文呢？當時最有名的《大公報》主編王芸生如此公然質問蔣中正[130]。

　　第26軍軍長丁治磐，在長沙會戰失敗後，檢討作戰過程，委婉指出，國軍誤在第九戰局區司令官薛岳根據軍令部指示制定戰略[131]。執行結果，像河南會戰一樣，國軍參戰的每一個軍，因相當分散，彼此之間缺乏聯繫，而本身又分成許多單位散布在各個地方，所以會戰初期，大部分被日軍衝散，更小的部隊要不是遠離統帥，規避戰鬥，就是沒有上級指揮機構，戰力十分微弱。尤其國軍以軍為經理和衛生單位，倘各師各團單獨作戰，則補給和衛生都成問題，影響作戰之機能甚大，結果投入戰場的所有軍隊都像被截成無數段的百足之蟲，雖然各段尚能蠕動，而全蟲已為死物。加之，每一個軍的位置都隔得很遠，無法彼此聯絡，有些軍的團級單位也是一樣。譬如某某軍之某團在金井，某團在安仁，又某團在某所。如此則經理指揮皆無法發揮作用。戰地紀律尤其非常之壞，民眾蠭起自衛，妨礙作戰。從士兵一方面著想，則發現彼等無食無鈔，不甘成為餓殍，故其騷擾民眾成為自然之事。其實，同樣情形發生在河南，只是湖南的軍民衝突不如河南嚴重。總之，軍隊散開以後，長官難以掌握，尤其想要在很短的時間集中，根本是不可能的事情。

　　長沙失守後，日軍乘勝直攻水陸交通要道的衡陽，三天後蔣中正以電話下令方先覺率領第十軍死守至少兩星期，方先覺加緊戰備，下令撤退衡陽全

129　徐永昌日記，1944, 8, 27。

130　徐永昌日記，1944, 8, 27。

131　丁治磐日記（台北：中央研究院近代史研究所，1992-94），1944, 7, 17。丁治磐認為軍法審判時，判決書除考慮是否違誤命令以外，也應該指出戰術原則之運用有無錯誤，否則戰鬥指揮不能進步，「雖殺百將，於軍事上仍屬無補」。他又說，「選將以善戰、好戰為先，則軍法可廢也」。丁治磐認為，蔣中正處死張德能，只強調是否違背軍令，而完全不注意戰術和戰略錯誤，對提高國軍戰力毫無用處。

部居民[132]。惟長沙淪陷已嚴重打擊湘桂路沿線官民的意志，食物無處購買，人心慌亂，而軍隊毫無鬥志。湘桂路的火車一票難求，長沙淪陷之前，從甘肅寶雞到四川成都，坐汽車一票3萬元，現在從廣西桂林到貴州獨山，坐火車竟然一票也要2萬元。美軍對國軍完全喪失信心，長沙未失陷以前，國軍當局已認為軍事吃緊，但美軍人員率不以為意，長沙失陷以後，美軍人員忽然變得慌恐至極，急忙向廣西撤退[133]。其實，臨危受命的白崇禧也不認為衡陽可守，主張撤退所有湖南國軍，集中保衛廣西，僅礙於蔣中正的嚴令，指揮衡陽及其附近國軍，不過他是在桂林遙制，實際還是蔣中正親自指揮。

　　無論如何，長沙會戰結束後四天，沿湘江和粵漢路南下的日軍已抵達衡陽近郊。6月25日夜晚，乘拂曉時間，攻打湘江東岸的飛機場。就在當天，蔣認為日軍有意打通「湘桂越南交通路及粵漢路與珠江南寧水路」，才更認真考慮未來的衡陽會戰部署[134]。就在輕易攻占飛機場後的第二天，一個半日本師團乘勝追擊，分兩路從南向北撲向衡陽城[135]。當時奉命固守衡陽城的是第十軍，軍長方先覺是蔣中正的黃埔三期學生，參謀長孫鳴玉（黃埔七期兼陸大），衡陽會戰前半年，才打過常德保衛戰，名義上率領一個軍，有三個師（師長周慶祥和葛先才均黃埔四期，師長容有略是黃埔一期兼陸大）實際上只有一個半師實力，約一萬八千人，其中一萬四千人是戰鬥兵，全部是國械配備。特別的是附有礮兵營，剛在昆明受美式山礮作戰訓練，不顧行軍困難，攜來六門山礮和約兩千發礮彈[136]。當時負責進攻衡陽的日軍也不是全部

132 葛先才，《長沙‧常德‧衡陽血戰記：葛先才將軍抗戰回憶錄》，頁146-49。

133 徐永昌日記，1944, 6, 28。

134 蔣中正日記，1944, 6, 24；6, 25。

135 白天霖編著，《抗日聖戰中的衡陽保衛戰》（台北：天工書局，1984），頁22-23；葛先才，《長沙‧常德‧衡陽血戰記：葛先才將軍抗戰回憶錄》，頁139；劉台平著，陸啟東校閱，《衡陽保衛戰：遙遠的槍聲，1944》（台北：時英出版社，2007），頁214-218。方先覺所轄部隊中原有桂軍新編第19師，但由於白崇禧以保衛廣西為第一考慮，在衡陽作戰前夕將之全部調往廣西全縣。奉命守機場的是第54師，則為薛岳部隊，實際只有師部和一個步兵團在衡陽，其他兩個步兵團遠在他處服勤。及至戰爭開打，該步兵團又奉薛岳密令擅自開往衡陽，結果方先覺只能留下其中一營在衡陽作戰。

136 葛先才，《長沙‧常德‧衡陽血戰記：葛先才將軍抗戰回憶錄》，頁137、139-140、191；白天霖編著，《抗日聖戰中的衡陽保衛戰》，頁15-17。第190師幹部多於士兵，只有1,200

日軍，只是九個師團中的兩個師團，兵力不全，其餘的七個師團則繼續其未竟的任務，在湘江東西兩側的廣大正面，力圖捕捉和圍殲第六、九兩戰區的其他部隊。其中沿湘贛邊界南下的日軍尤為精銳。所有日軍均如入無人之境，短短兩個星期不到，便前進了三百公里，但是到了衡陽卻遭到方先覺第十軍的堅決抵抗，以戰壕、碉堡、手榴彈、堅固工事和逆襲對付，以致12小時下來，才攻占國軍陣地一公里，連師團長都受到重傷[137]。由於攻打衡陽的日軍表現不佳，難怪蔣中正會低估日軍的作戰實力和決心：「以最近第九戰區敵軍之兵力及其所表現戰鬥察之，實不足為慮。如我作戰方針審慎不誤，現有兵力能積極反攻，則衡陽能保守」[138]。在此期間，中美空軍轟炸和掃射日軍輜重，使得各路日軍都深受後勤補給不足之苦，攻打衡陽的日軍沒有幾天也出現士兵缺糧和重礮缺乏彈藥的困擾，開始四處搜掠食物，不久礮兵也因為沒有礮彈而停止射擊[139]。

　　長沙淪陷後兩天，蔣中正已經調廣東最精良的第62軍前來救援，他們在日本第一次總攻擊的前夕抵達衡陽近郊，由第27集團軍副司令李玉堂統一指揮，防守大衡陽。另外，蔣中正也嚴令湘西的79軍向衡陽城推進。五天後，蔣中正深懷信心，下令第62軍與第10軍裡應外合，把日軍壓迫到衡陽城南的湘江西岸消滅[140]。7月1日，軍令部部長徐永昌建議蔣中正催促兩軍

多人。第54師長為饒少偉，為薛岳部，只有一個營。方部第10軍的士兵主要是湖南和浙江兩省人。白天霖是預10師追擊礮連連長，他關於第10軍的礮兵配備的情形應該比師長葛先才清楚。師長說有美式七五山礮12門，但他認為只有六門，全軍尚有比較落後的火礮八門，分兩種款式，以及礮彈三千發。

137　賴德修譯，《湖南會戰》，頁347、373-374。方先覺是在5月29日接到蔣中正的長途電話命令的，只要求他固守衡陽十天乃至兩週，再與外圍友軍合力消滅敵軍主力於衡陽南郊。當時在第十軍的美軍將領建議以衡陽城西北為防守重點，但是方先覺在考慮各種因素後，決定以西南為重點，正確預見了日軍進攻衡陽的戰略。見白天霖編著，《抗日聖戰中的衡陽保衛戰》，頁19-21。

138　蔣中正日記，1944, 6, 30本月反省錄。

139　〈軍令部擬長衡會戰經過戰鬥要報〉，中國第二歷史檔案館編，《中華民國史檔案資料匯編》，第5輯第2編，軍事（4），頁152；賴德修譯，《湖南會戰》，頁383。

140　侯梅，〈第157師參加衡陽戰役紀實〉、《湖南會戰；原國民黨將領抗日戰爭親歷紀》（北京：中國文史出版社，2010），頁310；〈第九戰區關於長衡會戰國民黨軍敗退經過情形戰

加速前進，準備決戰[141]。此時，蔣中正發現廣東的日軍已開始北犯，認為日軍作戰的主要目的是在打通粵漢路，由於出動的軍力雄厚，而且兵分數路，所以他改變想法，反對立即增援衡陽，以免日軍警覺其企圖而全軍後退，所以強調第10軍固守衡陽越久越好，等到來攻的日軍師老兵疲，再將第62軍全力投入，裡應外合，把所有的日軍引到衡陽城南決戰。蔣中正希望固守衡陽也為他爭取時間，保衛湘桂鐵路，也就是保衛桂林的空軍基地，最好能打消日軍進攻湘桂鐵路的野心[142]。蔣中正不了解，日軍衝到衡陽之前，後勤補給已經因為中美空軍的轟炸和掃射而前進遲緩，而重礮部隊也因為同樣原因而進展困難，所以進攻衡陽城一旦受挫，立即決定於7月2日停止進攻，計畫等到日本空軍取得空中優勢，而陸軍也解決其後勤補給問題，再進行第二次總攻擊[143]，他因此誤以為衡陽的危機已經完全解除，下令把距離衡陽5公里的62軍調到70公里外的湘桂邊境[144]。7月5日，日軍完全停止一切積極攻擊，白崇禧更誤以為是方先覺的最後勝利，在桂林竟然批准當地報紙連發三次號外，並放鞭炮慶祝，蔣中正不敢如此大事聲張，私下卻是很高興的，以為日軍在國軍阻擊之下，各路皆有「不支後退」跡象。再者，他誤以為日軍的行動都是牽制國軍攻勢，故相信不久以後就會因為兩翼對其後方的打擊以及交通接濟的困難，再加上太平洋局勢的逆轉，而陷於非撤退不可的窘境。不過，他提醒自己樂觀中仍須謹慎，第10軍在日軍的「凶猛之毒攻」之下，固然站穩腳跟，但應時刻注意「對衡陽的策應與督促後方及空軍之應援」[145]。第二天，他發現日軍仍然停留在衡陽附近，就變得比較謹慎了，認為

報〉，中國第二歷史檔案館編，《中華民國史檔案資料匯編》，第5輯第2編，軍事（4），頁197-98。

141 蔣中正日記，1944, 7, 1。
142 蔣中正日記，1944, 7, 2。
143 蔣中正日記，1944, 7, 2。
144 侯梅，〈第157師參加衡陽戰役紀實〉、《湖南會戰：原國民黨將領抗日戰爭親歷紀》，頁311。
145 蔣中正日記，1944. 7, 8。上星期反省錄。這種樂觀心理在國民政府高層相當普遍，無論王世杰或是熊式輝都是這麼想的，認為不久之後日軍會變更其打通粵漢路的計畫，甚至放棄其攻占衡陽與永久占領長沙的企圖。參見徐永昌日記，1944, 7, 5；王世杰日記（台北：中央研究院近代史研究所，2002），1944, 7, 10；熊式輝，《海桑集：熊式輝回憶錄》，頁445。

日軍即便決定撤軍，也只是撤到省城長沙，因此不能說國軍已取得完全勝
利，而是日軍心存觀望，伺機再攻[146]。

　　蔣中正沒有想到的是，7月初他否決了以第62軍立即決戰的建議後，就
再也沒有抵擋日軍攻勢的機會了。當時衡陽周邊的國軍只有第62、79兩個
軍比較完整，其他的幾個軍都努力躲避日軍追擊和包圍，根本不可能形成打
擊力量[147]。在衡陽休兵的八天中，日軍取得空中優勢，全力補給再次進攻衡
陽所需要的輜重、重礮、彈藥兵員，並繼續其對第九戰區和第六戰區的進
攻，同時也派一個師團南下，專門阻擊第62軍以及其他增援部隊[148]。7月11
日，便以空軍轟炸為先導，對衡陽國軍陣地展開新的一波攻擊，攻勢之猛
烈，遠勝於前次。此時美國空軍沒有支援，故日本空軍可以肆意呼應日軍地
面部隊之請求，進行空中支援[149]。四天以後，日軍又從湖北增援三萬人，專
門阻擊國軍增援衡陽部隊，方先覺因為日軍的進攻猛烈而不得不告急求援，
蔣中正無法直接通信聯絡，於是派飛機投通信袋，告訴方先覺援軍即將抵
達，要求死守待援[150]。其實，早在日軍發動第二次總攻擊的翌日，蔣中正已
經下令第79軍和62軍，不惜一切犧牲，分別從西北和西南全力前進，並不
斷督促[151]。7月18日，兩軍終於進入衡陽近郊。當天，蔣中正下令方先覺編
足幾個營出城響應，方先覺回報「正規軍隊傷亡殆盡」，連文職軍佐和雜役
也都已經編成守衛，無力出城響應救援。蔣自承並未想到方先覺部傷亡如此
慘重。20日，第62軍在蔣的嚴令下，更接近目標，其先頭部隊站著山頭
上，可以看到衡陽城內[152]。同一天，方先覺在蔣中正再三督促之下，終於勉

146　徐永昌日記，1944, 7, 5；7, 10。

147　參閱丁治磐日記，1944, 7, 26。

148　賴德修譯，《湖南會戰》，頁455-459、466。

149　賴德修譯，《湖南會戰》，頁408-440；徐永昌日記，1944, 7, 5；7, 9；7, 10；7, 11。方先
　　覺一直指責日軍使用毒氣，其實使用的可能只是催淚性瓦斯。日軍宣稱其空軍於7月上旬
　　即對中國空軍基地進行空襲，尤其是7月13日對桂林兩個機場的黎明轟炸，炸傷炸毀國軍
　　飛機89架，並使機場陷於一片混亂。見賴德修譯，頁455-456。

150　蔣中正日記，1944, 7, 15。

151　〈第九戰區關於長衡會戰國民黨軍敗退經過情形戰報〉，中國第二歷史檔案館編，《中華民
　　國史檔案資料匯編》，第5輯第2編，軍事（4），頁201；蔣中正日記，1944, 7, 16；7, 17。

152　蔣中正日記，1944, 7, 18；7, 19；徐永昌日記，1944, 7, 19；丁治磐日記，1944, 7, 17；7,

強籌到約150人，在營長率領下乘夜出城，通過重重日軍防線，到處尋找第62軍，卻不見其蹤影，反而在返回途中遭到伏擊，半數戰死，營長負傷返回[153]。蔣中正在這一天也下令桂林的一個戰車團全力增援，預計十天後才進入湖南，但在增援途中遭到日軍有力阻擊，始終是在距離衡陽遙遠的路途之上。

　　當方先覺第10軍遭受日軍第二波攻擊的同時，日軍的主力，約十分之七的部隊仍在進攻湘江兩側，沿湘贛山區南下的軍隊相當順利，一度想乘勝攻打廣東北部的韶關。但日軍的彈藥補給總是不能應付攻擊衡陽國軍的需要，方先覺部大量使用手榴彈，固守設計堅固的碉堡和戰壕，在遭受日軍陸空礮火驚天動地的轟炸和掃射後進行逆襲，非萬不得已絕不退縮[154]。日本軍計算，從6月下旬到7月下旬，約一個月中，負責攻打衡陽的兩個師團都損失四分之一左右的人員，相形之下，其他六個師團傷亡都不到他們的一半，只有一個師團傷亡較大，也要少5%[155]。由於後續的攻擊無力，而礮彈又消耗殆盡，日軍終於在7月21日停止對衡陽城的大規模攻擊。

19；白天霖，〈衡陽保衛戰戰鬥經過概要〉，《湖南會戰；原國民黨將領抗日戰爭親歷紀》，頁284。蔣中正誤以該營有300人，營長在來回尋找第62軍途中戰死。丁治磐是第26軍軍長，當時在湖南戰場。他認為中日兩方的兵力雖然大體相等，但中方各部隊因為「教育之不一致、機構之太複雜、上下之不信賴、指揮之不卓越」，注定必敗。又據賴德修譯，《湖南會戰》，頁603。坦克團於7月20日從桂林出發到全縣，在8月1日組成救援部隊，直到衡陽城陷也未趕到城郊。劉台平和陸啟東都強調第62軍和第79軍增援不力，根本是保存實力；陸啟東比較第10軍增援常德和第62軍增援衡陽，更指出前者是三個師兼程並進，後者則是一個軍派一個師，一個師派一個團，進行試探性攻擊，遇到強力攔截，即逕自退兵，並無第10軍傾全力拚命救援的犧牲精神。見劉台平著，陸啟東校閱，《衡陽保衛戰：遙遠的槍聲，1944》，頁172-174、211-212。

153 蔣中正日記，1944, 7, 20；7, 22；徐永昌日記，1944, 7, 20；白天霖編著，《抗日聖戰中的衡陽保衛戰》，頁61；〈軍令部擬長衡會戰經過戰鬥要報〉，中國第二歷史檔案館編，《中華民國史檔案資料匯編》，第5輯第2編，軍事（4），頁153。關於第62軍作戰情況，可參見該軍副師長侯梅的回憶，〈抗日戰爭時期六十二軍援湘概要〉，《廣州文史資料存稿》第二編。廣州市政協學習和文史資料委員會編。見www.gzzxws.gov.cn/gzws/cg/cgml/cg2/.../t20080826_3906.htm。

154 賴德修譯，《湖南會戰》，頁381-384、438-441。

155 賴德修譯，《湖南會戰》，頁478-479。這裡的數字均不包括非作戰受傷的嚴重病患。

　　根據丁治磐的現地觀察，當時大家都渴望勝利，從上到下都出現一種一廂情願的主觀主義，對於一切情報、一切措施，都主觀地從敵人退卻的角度來思考[156]。7月21日日軍停止第二波攻擊時向衡陽守軍喊話，若不投降，日軍將於兩星期後進行最後攻擊[157]，似乎沒有人想到日軍並不是強弩之末，仍有餘力逐次增兵，都樂觀地以為日軍在第二次進攻受挫後，可能退兵。蔣中正倒是深知情勢危險已極，拚命催促第79軍和62軍全力突破日軍阻擊，以便與方先覺部裡應外合，夾擊日軍。他只要聽到這兩支援軍有絲毫進展，都以為否極泰來，戰局出現轉機。沒想到日軍在進行第二波攻擊時，已經思考如何利用衡陽為誘餌來吸引國軍主力來攻，以便一舉加以捕殲，而在停止對衡陽城的第二波攻擊後，更是處心積慮要聚殲第79軍和62軍，為此特別增派一個師團從長沙南部南下，專門負起這個任務[158]。7月22日，第62軍因為受到日軍來自側翼的威脅，開始撤退。蔣中正堅持日軍是強弩之末之說，認為來自側翼的威脅只是以少數軍隊東西竄擾，故作疑兵，進行牽制，所以在日記中指斥第62軍「畏縮不前」，甚至說其軍官和部隊都「舊腐」不堪，「非徹底淘汰不能救國」，再次嚴令全力進擊，可是就是不見任何動作[159]。

　　8月1日，方先覺來電告急，蔣中正知道日軍一定會進行第三波攻擊，但他綜合前線的情況，還是堅持日軍已是強弩之末。第二天，日軍開始針對戰場附近的村落進行掃蕩，方先覺的軍隊逐屋抵抗，日軍需要花四個小時才全部占領[160]。蔣中正則更加努力督促第62軍和79軍前進，其中第62軍的先頭部隊已經離衡陽城5公里，日軍有一個團全力阻擊，雙方連續八天八夜苦戰，國軍就是無法突破敵陣。日軍這一個團傷亡慘重，不得不動員通信兵和馬伕參與作戰，卻成功達成阻擊任務[161]。第79軍同時遭受日軍阻擊，則是寸

156　丁治磐日記，1944, 7, 27。

157　徐永昌日記，1944, 7, 21。不知為何緣故，本書的鉛印本，不見有此相關段落。

158　賴德修譯，《湖南會戰》，頁409、439。

159　賴德修譯，《湖南會戰》，頁470-473、488-490；蔣中正日記，1944, 7, 22；7, 23；7, 24。

160　蔣中正日記，1944, 8, 1；賴德修譯，《湖南會戰》，頁486。

161　〈第九戰區關於長衡會戰國民黨軍敗退經過情形戰報〉，中國第二歷史檔案館編，《中華民國史檔案資料匯編》，第5輯第2編，軍事（4），頁207；賴德修譯，《湖南會戰》，頁491-492。

步難以前進。8月4日拂曉，日軍兩個師團以山野礮和空軍配合，對衡陽城南高地展開第三次總攻擊。經過十幾個小時的進攻後，方先覺連連電報告急，甚至說「不好了」。其實日軍還要經過五波猛烈攻擊後，才能完全占領衡陽西南的所有高地。不過，8月5日，當一個東來增援的師團加入攻擊，從西北向守軍的後方進攻，日軍方能衝進衡陽市區。前一天，蔣徹夜難眠，清晨1時半便起床禱告，終於承認自己強弩之末的敵情判斷是錯誤的。他雖然再次下令湘桂邊的戰車部隊與步兵立即展開合同攻擊，並認為自己能想到戰車以速度為重，指示發動之後應立即直搗衡陽，比其他軍事幕僚考慮周到，其實是安慰自己而已。因為戰車邊前進邊修路，根本無法在短時間趕到衡陽，而第62軍也早已為日軍堵擊，寸步難前；他的命令似乎只是表示不肯放棄希望，仍在努力奮鬥而已[162]。

在第三波攻勢中，衡陽已被日軍轟炸和礮擊得面目全非，原來倖免的衡陽市區也成為一片瓦礫[163]。方先覺第10軍共有18,000人，據國軍衛生部的統計，至少陣亡7,600餘人，占全軍三分之一以上。在戰事結束時，日軍宣稱俘虜13,000人，並掩埋4,000具屍體。這些屍體都是國軍尚未掩埋者。當時天氣炎熱，「屍臭難聞」，國軍早已盡可能掩埋或焚燒，或任由礮火將其掩埋在瓦礫堆中者，所以陣亡7,600人的數字應該可信。同一批國軍資料顯示，被生俘的國軍中約6,000到7,000人受重傷，其中百餘人因為得不到任何醫療幫助，創口殘肢，腐爛生蛆，蒼蠅群聚，疼痛難忍，選擇投江、投井自殺者皆有之。無論國軍還是日軍的資料都沒說明究竟有多人受輕傷，有一位國軍軍史研究者認為日軍為了誇示戰功，宣稱的俘虜人數中可能包括至少

162　蔣中正日記，1944, 8, 5；8, 5上星期反省錄；8, 6。據徐永昌日記，1944, 8, 7。又參見白天霖編著，《抗日聖戰中的衡陽保衛戰》，頁82-83。當時中國在衡陽周邊，除第62軍和79軍以外，其實還有好幾個軍，但是都在日軍的全力捕捉和打擊之中，所轄各師情況，佳者有一千多人，不佳者僅餘數百人，可說完全喪失了作戰能力。日軍第11軍高級參謀島貫大佐認為，日軍若遲一天攻占衡陽，國軍坦克營便可趕到圍城，日軍有可能會遭到像印普哈戰役一樣的慘敗。見賴德修譯，《湖南會戰》，頁571。

163　戰後整個衡陽只剩下五棟房子完好，幾他房子不是全毀就是半毀。見葛先才，《長沙・常德・衡陽血戰記：葛先才將軍抗戰回憶錄》，頁206。

2,000 位平民[164]。8 月 7 日，最後的一刻終於來臨。當天清晨日軍從北關突入衡陽城內，方先覺部在城內斷壁殘垣中頑抗後，官兵傷亡殆盡，方先覺及其師長（第 3 師師長周慶祥）；第 190 師師長容有略；預備第 10 師師長葛先才；暫編第 54 師師長饒少偉；第 10 軍參謀長孫鳴玉送出最後電報，誓言不辜負蔣中正「平生作育」的深意，決定一死以報黨國，「來生再見」。蔣中正深受這封電文的感動，要求將之編入 8 月 9 日的國軍戰報。徐永昌反對，認為方先覺的電報一向先送到軍令部，這次卻直接送到蔣中正手中，萬一電報是假造，又萬一方先覺諸人被俘投降，發表電報就淪為日軍宣傳的笑柄。徐永昌得到保證電報不假之後，表示縱令如是，也無必要立即將之編入戰報，多等二三天又有何不可？蔣中正則表示縱使方先覺被俘未死，也不必擔心[165]。他絕對相信方先覺說到做到，尤其方先覺已經守城 47 天了，這是沒有其他將領可以做得到的超人成就。

此時方先覺身邊能拿武器抗敵的只有兩千人，他決定遵守蔣中正不成功便成仁的教訓舉槍自殺。舉槍之際，槍支即為下級所奪，不久卻傳來訊息，有幾處陣地出現白色旗幟[166]。他在百無聊賴之餘，不得不同意親自會見日本

---

164 徐永昌日記，1944, 8, 2；劉台平著，陸啟東校閱，《衡陽保衛戰：遙遠的槍聲，1944》，頁 109。徐永昌建議的解決之道是把不能確實掩埋的屍首投入湘江漂走。據賴德修譯，《湖南會戰》，頁 617-621。衡陽戰役中負責堵擊國軍第 62 軍和 79 軍的第 40 師團，共損失 2,377 人，約占全部兵丁的 16%，需要補充 2,000 人，至於主攻的第 116 師團需要補充 4,000 人，第 68 師團損失可能稍少，但經過兵力補充後仍欠缺第一線衝鋒部隊，第 58 師團於戰爭末期參戰，共損失 3,000 人。

165 徐永昌日記，1944, 8, 8。日記原文是「縱不被俘亦無慮也」，費解，「不」當為衍字。又參見葛先才，《長沙‧常德‧衡陽血戰記：葛先才將軍抗戰回憶錄》，頁 138-139、233-234。暫 54 師師長饒少偉脫險後，說方先覺無意於自殺，彭厚文據方先覺來生再見的電文加以反駁。饒部只有師部和一個步兵團，守衡陽機場一天就崩潰了，方先覺放下武器以後，饒受委託照顧殘部，沒幾天就帶著幾個部下跑回大後方了。彭文〈人物追析：試析衡陽保衛戰中方先覺投降日軍事件〉，見 news.china.com/zh_cn/history/all/11025807/.../12426532_3. html，原刊於《世紀中國》，2006, 6, 23。

166 蔣中正日記，1944, 8, 7；徐永昌日記，1944, 8, 8；賴德修譯，《湖南會戰》，頁 505、543-546。據日方資料，最先樹立白旗的是第 68 師團的正面，時間是 8 月 7 日傍晚，當天稍早已有身分不清楚的國軍高級軍官前往日軍陣地，要求進行停火談判。樹白旗的地方是第 10 軍預備第 10 師防地，但預 10 師師長葛先才此時仍率部繼續抵抗，所以白旗應該只是想

戰地最高指揮官談判停火。他以日軍不殺害戰俘、治療戰俘、全軍維持建制、不強制離開衡陽為條件，表示願意下令停火。當天蔣中正曾再次嚴令國軍前往救援[167]，可是原來奉令增援衡陽的戰車團，雖然多準備了三天，接到

試探日軍是否受有條件放下武器，而非全軍接受無條件「投降」。葛先才在其回憶錄中，承認他接受第3師師長周慶祥的建議，嘗試說服軍長為了保全大量受傷和未受傷的士兵進行談判。見葛先才，《長沙・常德・衡陽血戰記：葛先才將軍抗戰回憶錄》，頁226-231。

167 蔣中正日記，1944, 8, 7；徐永昌日記1944, 8, 15。據徐永昌日記，第10軍梁子超團長逃出日軍俘虜營後報告，8月7日方先覺派其副官處長提出放下武器的六個條件：1、不能解除武裝，不能分割建制；2、指定地點集中訓練；3、不得殺害受傷官兵；4、全部送往南京；5、保障官兵生命安全；6、將軍官眷屬送往安全地點。這一資料基本證實第54師師長饒少偉的回憶，惟饒少偉記得共有七個條件，但只記得其中五個。見饒少偉，〈方先覺衡陽投敵經過〉，中國人民政治協商會議全國委員會文史資料研究委員會編，《文史資料選輯》（北京：文史資料出版社，1980），第40輯，頁162-180。饒是薛岳系統的師長，所部1,300人參加守城戰役，負責陣地所面對的日軍進攻遠不如第10軍主力嚴重，他強調本人並未在方先覺的來生再見電報上簽名。值得注意的是，他是第10軍將領中最早逃離日軍拘囚的一位，在國共內戰失敗後留在中國大陸。鄧野根據饒少偉回憶，強調方先覺透過老部下白天霖所作的證辭並不足以採信，實際上方先覺已經「投降」日軍。鄧野更根據徐永昌日記中一些有解釋空間的記載，進一步推論蔣中正授意林蔚文偽造方先覺「來生再見」的電報，用以宣揚黃埔軍人成仁取義的精神。這一封國民政府發表的「來生再見」之電，其上有方先覺及其手下四名師長的署名，但饒少偉的回憶顯示，乃方先覺代其署名。其他三位將領是否親自署名，缺乏相關資料澄清。儘管對來生再見的電報存在著某些疑義，但鄧野其為蔣中正唆使林蔚文偽造的說法，尚需更堅實的佐證，一來所引徐永昌日記的文字可以有其他解讀，二來低估學和宗教信仰對蔣中正的影響。本人相信，方先覺在發出來生再見的電報後，確實曾以手槍自戕，但在被攔阻以後，因為第四師師長周慶祥等人的強烈勸說，才放棄求死之念，同意出面與日軍談判，只是軍隊已經完全喪失戰力，而日方也無意超出其補給和醫療的能力來照顧和治療放下武器的國軍，所以談判破裂，方先覺及其殘部隨後不得不接受失去自由、成為俘虜的命運。本人也相信，到南京去見汪精衛是方先覺換取談判進展的籌碼，而非進行改變效忠對象的決定。鄧野以之證明方先覺已經跟明末洪承疇一樣，向汪精衛效忠，做出「政治變節行為」，是把複雜的問題過分簡單化，以超高道德標準要求一個已經盡軍人職守的戰場指揮官。至於方先覺所以選擇不死，本人認為其中原因有怨有愛，怨是守衡陽47天卻始終不見蔣中正許諾的任何援軍，愛是真誠想要為已經喪失抵抗的部下，尤其是受重傷的官兵，爭取醫療和人道待遇。關於鄧野的意見，見其所作〈蔣介石對方先覺投敵案的裁決〉，《歷史研究》，2006年第5期，頁137-148。當時有一些下層軍官，並不了解上級談判的結果，以為日軍接受了方先覺的條

命令後還是說，受阻於河川和地形，無法及時前進，被打退的第62軍也不能再向衡陽接近一步[168]。8月8日，方先覺山窮水盡，既然日軍接受其條件，就簽訂停火協定，下令所部放下武器[169]。47天的抗日，方先覺為國軍寫下了抗戰時期最光輝的一頁，雖然蔣中正認為由於第10軍的英勇，國內外輿論都對方先覺表示敬意，應該是國家轉敗為勝的開始，但他擔心國人沒有受到感召，仍不知幡然悔悟，自立自強[170]。

　　方先覺放下武器後，日軍對他相當禮遇，把他單獨囚禁在衡陽城外的天主堂裡，日軍則在其對外廣播中，違背協議，對一般士兵每天提供三碗穀子，一無磨子，二無炊具，對傷兵尤其虐待，只有一碗穀子。三碗穀子的代價是每天勞動，不能走動的傷兵則集體屠殺，更對外宣傳國軍舉起白旗，方先覺「投降」日軍，還透過外界廣播，揶揄和譏諷其來生再見的電文[171]。面對日軍強調方先覺已經投降的指控，蔣中正的立即反應是「現在中國人絕無此事」，要求下屬撰寫〈方先覺事略〉以為反駁，並一再與幕僚斟酌文告文字。徐永昌可能想到明末崇禎哭祭洪承疇的前車之鑑，認為蔣中正此舉是「意至善而良苦」，但仍然是倒置本末，希求「不耘求穫」，應該退而結網，建立軍紀，培養廉恥為務[172]。8月10日，蔣中正知道日本廣播說，方先覺是8

件，然後出爾反爾，將副師長以下所有幹部充為工頭，令其率隊清掃已成為瓦礫堆的衡陽城市，理出可以通行的街道。在強迫勞動期間，許多官兵因為國軍飛機轟炸而喪生，也有不少人乘機逃回大後方。

168 蔣中正日記，1944, 8, 10。蔣事後回憶，認為衡陽失陷，指導作戰失機也是原因，情報不實，導致錯誤判斷。最初以為日軍為強弩之末，會自動撤退，後來認為敵人受制於兵力不大，「過於持重，不肯輕易探頭探腦」，而置之不理。最後則是第62軍實力不足和戰車團無法前進，根本無法解圍。

169 日軍戰史並沒有用投降這個字眼，停火協定是日軍後來使用的名詞。見賴德修譯，《湖南會戰》，頁545。

170 蔣中正日記，1944, 8, 12上星期反省錄。

171 徐永昌日記，1944, 8, 10；8, 12；8, 15；羅立三，〈衡陽戰役中的見聞〉，《湖南會戰：原國民黨將領抗日戰爭親歷紀》，頁308-309。大約在一個月後，被俘國軍編入了汪精衛的和平軍，他們這才有固定的糧餉可得，但每天還是要做苦工。

172 蔣中正日記，1944, 8, 9；徐永昌日記，1944, 8, 12；8, 17。據徐，譏刺方先覺投降的廣播不是出自日軍，而是假手第三國的里斯本所為。又蔣中正這一篇文章可能就是8月20日發

月9日日軍在衡陽南門外防空洞找到的,他立刻說他的判斷是正確的:方先
覺不可能插白旗投降,之前的日軍廣播都是無恥讕言[173]。

同年年底,方先覺從衡陽逃回重慶,雖然蔣中正對他慰問備至,而各方
也準備開會歡迎,軍政部部長陳誠提議恢復他軍長職務,但是各界指責他投
降日軍無恥的聲音也異常響亮,說他一生光榮,唯欠一死[174]。反對最厲害的
是副總參謀長程潛。軍令部的鄭介民廳長也表示,美國高級軍官有方先覺與
日本軍官的合影,言下之意美國也認定方先覺「投降」,所以程潛的建議有
理[175]。軍令部無法解決爭議,四天以後,蔣中正下最後定奪,決定接受陳誠
的建議,恢復方先覺第10軍軍長的職務,並升任第39集團軍副司令[176]。

關於方先覺將軍如何逃出日軍囚禁,國民政府的高級情報人員在戰後回
憶錄中指出,他是在1944年9月5日被情報人員救出天主堂,經湘西乘機到
重慶[177]。抗戰勝利以後,蔣中正不懼清議,頒發四座青天白日勛章給方先覺
及其師長。但隨著國共內戰的失敗,他生怕表揚衡陽保衛戰,會造成鼓勵軍
隊放棄抵抗的結果,所以不願多談。迫於清議,他也不敢委方先覺以明顯的
重任,所以方先覺到其退休為止都是陸軍中將,並未升任軍長以上的指揮官
職務。據歷史學者齊錫生說,方先覺在台灣臨死之前,他曾前往其公館拜
訪,方先覺只是說,敗軍之將不可言勇,絕口不提當年死守衡陽48天可歌
可泣的戰績。倒是日本人對第10軍稱讚不已,在戰後編輯的戰史中不用
「投降」這種侮辱性字眼形容他的放下武器。蔣中正是日本武士道的崇拜

表的〈衡陽失守敬悼文〉,蔣提到來生再見的電文,但也明白表示,方先覺生死未卜。他
要求全國各部在當天上午6時集合,為衡陽殉國守軍默哀三分鐘。見葛先才,《長沙‧常
德‧衡陽血戰記:葛先才將軍抗戰回憶錄》,頁299-300。

173　蔣中正日記,1944, 8, 12。

174　徐永昌日記,1945, 1, 7。

175　徐永昌日記,1944, 12, 20。

176　徐永昌日記,1944, 12, 24。

177　喬家才,《戴笠先生與他的同志們》(台北:中外圖書出版社,1978),第2集,頁44-46。
日本軍隊雖然軟禁方先覺及其部將,但對其行動的監視十分鬆弛,所以很容易與外界取得
聯絡,並逃回重慶。外界傳言,他們是當地日本將領故意釋放,恐怕就是這個道理。大部
分脫險軍官回到重慶以後,都沒有得到應有的收容和照顧,後來離開軍隊。見葛先才,《長
沙‧常德‧衡陽血戰記:葛先才將軍抗戰回憶錄》,頁233-235。

者，當然知道中國歷史一向鼓吹不成功便成仁，他更以這句話勉勵自己，並
以之教導黃埔學生，他倒是沒有因此成為舊道德的俘虜，只是逼於清議不敢
多讚揚方先覺。

衡陽城失陷後，日軍的攻勢並沒有停頓。第11軍司令官橫山勇，為了
確定衡陽城安全無虞，又以六到七個師團展開肅清衡陽西南方的國軍。由於
國軍無意在此地區抵抗，所以日軍沿湘江和湘桂鐵路進軍甚為順利，甚至擴
大作戰規模。日軍預期在進入廣西境內以後將遭到強烈抵抗，所以沒有立即
大規模用兵的打算。其先鋒部隊冒溽暑連夜行軍，竟然不戰而順利抵達湘桂
之間的廣西的黃沙鋪渡口。國軍雖然在黃沙鋪築有防禦工事，卻完全沒有利
用，任令日軍輕易在此渡口渡過湘江，直窺國軍在廣西大門全縣設置的國防
陣地[178]。

三、局部力量對抗強弩之末：廣西會戰

長沙和衡陽相繼淪陷後，蔣中正指揮徐永昌的軍令部長擬定保衛廣西的
戰略，簡單地說，就是逐步保衛湘桂鐵路，也就是分別在全縣和桂林阻擊日
軍，另一方面則是從河南西部撤調五個軍，加強貴陽和廣西接壤地區的防
務[179]。廣西屬廣東軍人張發奎的第四戰區，但更是桂系軍人李宗仁和白崇禧
的老家和基地，李宗仁和白崇禧雖然在省外任職，卻對省內的軍事決策有一
言九鼎的地位。在他們的遙控之下，廣西基本談不上什麼中央化，廣西的省
城是左派和反蔣人士的集中地區，輿論幾乎可與重慶分庭抗禮。桂系領袖李
宗仁此時擔任第五戰區總司令，總綰鄂豫皖三省邊區的兵符，而白崇禧為蔣
中正的副參謀總長，參與中央政府的機要。蔣中正軍指揮廣西軍事，還是要
透過第四戰區的張發奎以及白崇禧來執行，他無法行所當行，乾綱獨斷。

當時日軍乘勝，沿湘桂鐵路及其兩側西進，其實早在衡陽戰役爆發前
後，日軍已動員了兩個師團和兩個旅團，從廣州沿西江向廣西邊境推進，而

178　賴德修譯，《湖南會戰》，頁571-574、612、659-662、666-667、734-735、737-738。
179　徐永昌日記，1944, 10, 31。

此時從湖南進入廣西的部隊也高達六個師團[180]。面對日軍對廣西省的威脅，蔣中正卻從一開始就認為這是強弩之末，廣西軍隊可以應付裕如。其實，早在衡陽戰事如火如荼之時，蔣為了預防日軍沿湘桂黔鐵路西進，已經從四川調來陳牧農的93軍。陳牧農是湘西桑植人，黃埔一期畢業，第93軍前身是胡宗南和陳誠的黃埔嫡系部隊，張發奎諷刺它是蔣中正的「御林軍」[181]，全部美式配備，擁有大量衝鋒槍和卡賓槍，原來是準備送到印緬戰場作戰的，因為衡陽保衛戰激烈，蔣中正不顧美軍史迪威的激烈反對，在其從四川行經貴州到雲南途中，轉調湖南，阻擊日軍[182]。命令於8月2日下達，第93軍開抵廣西全縣時，衡陽已經淪陷後20天，遂成為阻擊日軍進攻廣西的第一線國軍[183]。

其實為了準備廣西的保衛戰，6月底蔣中正已派白崇禧回到廣西，與第四戰區商量。當時白崇禧信心十足，認為可以保衛六個月，張發奎認為頂多只可以守一兩個月。儘管意見參差，兩人同意桂林從6月25日開始撤退平民和不必要的政府和軍事人員，9月中旬，又進一步撤退非戰鬥人員，美國空軍也開始機場破壞作業[184]。全縣距桂林120公里，地當湘桂兩江的接壤之地，秦始皇在此附近開鑿靈渠，是進入廣西的重要通道，也是湘桂鐵路進入廣西以後的第一個大站，所以衡陽戰役結束後，蔣中正要陳牧農部在此死守兩個月。陳牧農誇口說可以守三個月，蔣中正遂命令他死守三個月。他的部隊8月29日從湘南退抵全縣後，蔣中正越過第四戰區總司令張發奎的指揮，應他請求，直接提供他三個月戰事所需要的糧食和軍火，並加強早已在這裡

180　左秀靈譯，《廣西會戰》（台北：國防部史政編譯局，1987），頁79-83、276、335-336。

181　張發奎，《蔣介石與我——張發奎上將回憶錄》，頁363。軍長陳牧農曾參加1941年上半年的中條山戰役，據曹福謙回憶，第93軍的軍紀極壞，從四川開赴廣西途中，到處拉伕擾民，毆打百姓，有一些軍官還用軍車做生意。曹福謙為第97軍第166師參謀長，見其所著〈湘桂黔大潰退目擊記〉，中國人民政治協商會議全國委員會文史資料研究委員會編，《文史資料選輯》，第四十輯（北京：文史資料出版社，1963、1980），頁190。

182　徐永昌日記，1944, 8, 2。

183　徐永昌日記，1944, 8, 10；左秀靈譯，《廣西會戰》，頁380；賴德修譯，《湖南會戰》，頁674。

184　左秀靈譯，《廣西會戰》，頁388。

修建好的國防工事[185]。

　　張發奎回憶說，9月9日，到全縣巡視，才發現全縣的野戰工事「不合格」，而且沒有城牆，死守三個月絕不可能，恐怕連三天也不行。遂徵得陳牧農的同意，要求蔣中正取消原來命令，最好容許陳牧農先以兩個星期時間把囤積此處的補給撤往桂林，再由陳牧農視情況發展在全縣以西地方逐步抵抗日軍[186]。其實，張發奎並沒有直接請求撤軍，他只是強調軍隊的缺額太多，僅有一萬二、三千人，相當於日軍一個師團，不可能久守全縣。徐永昌則認為全縣已儲存了三個月的糧食和彈藥，加上工事和地形都比衡陽有利，即便不能守到三個月，至少也可以守上較短的時間，然後伺機突圍。白崇禧則始終以保衛桂林為其第一關懷，恐怕也發現進入廣西的軍隊不是一個師團，而可能是八個師團，絕非強弩之末，第93軍孤軍作戰，與其白白犧牲，不如協同桂林防守，因此強烈支持張發奎的意見，他甚至誇口，如果能以第93軍加強桂林的保衛，他可以守桂林四至五個月。最後蔣中正做了一個折中決策，准許陳牧農撤退，但要他留下兩個團死守全縣兩星期，尤其是千萬不得看輕黃沙鋪陣地，任意讓日軍搶渡[187]。

　　張發奎巡視全縣後兩天，日軍兵分五路對湖南西南的國軍展開追擊，完全沒想到國軍毫無阻擋。當天沿湘江而上的一支日軍，就跨過湖南省境，而進入廣西境內。陳牧農在日軍抵達前竟然輕易地放棄了全縣東邊的黃沙鋪渡口，當天晚上更率領主力向桂林方向撤退，僅遵照蔣中正的命令留下兩個團死守全縣[188]。蔣中正這個命令的目的，主要是及時撤退囤集在這裡的1萬發礮彈、100萬粒步槍子彈、16,000顆手榴彈，以及16,000包白米。不料第二天，守城的兩個團竟然下令放火燒毀裝滿軍火和糧食的倉庫，陳牧農誇口可

185 中國第二歷史檔案館編，《中華民國史檔案資料匯編》，第5輯第2編，軍事（4），頁224、226-230；張發奎，《蔣介石與我——張發奎上將回憶錄》，頁358；王世杰日記，9、7。9月7日，王世杰問桂林可守多久，蔣的智囊林蔚文和張治中都說可守二到三個月。

186 中國第二歷史檔案館，《中華民國史檔案資料匯編》，第5輯第2編，軍事（4），頁231；張發奎，《蔣介石與我——張發奎上將回憶錄》，頁364-365；賴德修譯，《湖南會戰》，頁709。

187 徐永昌日記，1944, 9, 11。

188 徐永昌日記，1944, 9, 12。

以守三個月，蔣中正減為兩個星期，可是他的部隊連一天也沒有守住，所以得知此一消息以後，認為「所部軍官之幼稚與無膽識，幾使無地自容矣」，乃「不測（沒有料到）」的莫大恥辱，震怒之下，就在9月14日下午命令張發奎逮捕陳牧農，準備槍決。命令下達後翌日，史迪威對全縣棄守大表不滿，蔣中正此時就是想要轉圜，也只有硬著頭皮，堅決加以執行了。由於陳牧農此時人在桂林，遂在一個禮拜後由張發奎命令桂林城防司令韋雲崧執行槍決[189]。

張發奎在其回憶中一再強調全縣的國防工事不及格。可是根據日軍資料，全縣附近的陣地是軍委會設計的，屬國防陣地。早在湖南會戰之前，張發奎即曾前往巡視，並指示整修加強。8月10日他再度前往視察，不知道當時他有沒有表示意見，或作過什麼指示。陳牧農8月底抵達全縣以後，又在全縣構築工事，完善陣地。日軍在全縣棄守之後，曾有一名大佐前往參觀。他說：

> （全縣外圍）的黃沙鋪以及大結南方高地的陣地，均有極其堅固的設施，其縱深計有四公里，且以坑洞式的火力點為主而編成的陣地。此外，在塞前嶺（全縣北方9.5公里），江家村（全縣北方2公里）、五里村（全縣北方2公里）南方高地一線，亦有縱深三公里的未完成陣地。中國軍何以放棄這些堅固陣地而撤退，其意圖實無法理解。

據知，國軍陣地都是混凝土築成的碉堡，設施完備，但陣地北方保衛黃沙鋪渡口的陳牧農部見到日軍，卻茫然不知所措地呆立著。日軍接近全縣時，發現該地陣地也都有數道鐵絲網，大量岩洞掩體，十分堅固；奇怪的就是沒有中國軍隊抵抗，空蕩蕩一片，以及仍在焚燒中的大量倉儲設備。全縣就是這樣失守的[190]。

張發奎並未像當時傳言，違背蔣中正的意志，口頭下達棄守全州的命令，使陳牧農無端捲入他和蔣中正的權力鬥爭中，成為不幸的犧牲品。他在

---

189 蔣中正日記，1944, 9, 14；9, 15；9, 16上星期反省錄；徐永昌日記，1944, 9, 20。

190 賴德修譯，《湖南會戰》，頁608、738、748-749、752-753。

回憶錄中，只是強調自己無法認同蔣中正不問日軍進攻的力量有多大，一味強調死守的做法，故電請蔣改變命令。但是他告訴蔣中正，說工事不及格，所以請求容許陳牧農棄守全縣，則顯然是一個不能令蔣中正信服的藉口。不過，因為白崇禧有同樣強烈的建議，所以蔣中正最後還是聽從了張發奎的建議，同意陳牧農撤退。蔣中正在9月12日得知日軍突破了全縣外圍的黃沙鋪渡口，但不清楚陳牧農是否曾進行抵抗，但他顯然期望陳牧農在全縣主陣地還能守上兩個星期，不料兩天不到便收到陳牧農棄守全縣的消息，因此不勝駭異，立即下令張發奎核實情況，若然則立即槍決陳牧農。張發奎回憶他曾為陳牧農求情，要求免除其死罪，但蔣中正堅持執行命令，他也找不到更好的理由替陳牧農力爭，所以就奉令執行了。有人強調，蔣中正在桂林槍決陳牧農，是想借陳牧農的頭，警告桂系將領不可效尤。這似乎是過分誇大蔣中正的機心[191]。陳牧農被槍斃後，第93軍退往桂林，但在隨後展開的廣西保衛戰中並無任何表現，反而不斷避戰潰敗，在進入貴州境內後，更因為各級部隊長相率擅自離去，士兵無人管理，淪為散兵游勇，沿途劫掠牲畜和食物，並勒令地方官員提供糧食，最後逼得戰區司令不得不下令加以全部繳械，重新改編[192]。

　　蔣中正一直有桂林必須死守的想法，桂林是中國西南重要性僅次於昆明的空軍基地，更重要的是在全縣失敗以後，輕意放棄，影響民心士氣極大，可能為其政權帶來動搖國本的衝擊。如前指出，1944年6月衡陽會戰開始後，白崇禧更加關心家鄉廣西的安危，曾對蔣中正說桂林可守四、五個月，但經過三個月的視察之後，他對廣西軍隊的信心開始迅速遞減。全縣失陷前

---

191 蔣中正日記，1944, 9, 12, 9, 14, 9, 15；陳誠日記，1944, 9, 7。在這一段時間，蔣想把遠征軍調回中國，因此與史迪威發生嚴重齟齬，認為受史迪威侮辱。其實在他下令處決陳牧農的次日，史迪威即對全縣失陷表示嚴重不滿。參見蔣廷松，〈蔣介石斬殺嫡系軍長陳牧農意欲何為〉，木公博浪客 http://blog.siniia.com.cn/jiangtingsong。

192 張朋園訪問，《張法乾先生訪問紀錄》（台北：中央研究院近代史研究所，1992），頁34-38；陳存恭、張力訪問，《石覺先生訪問紀錄》（台北：中央研究院近代史研究所，1986），頁188、200。奉令執行繳械的是第13軍。該軍軍長石覺的回憶有誤，他以為被繳械的是甘麗初第六軍。其實，第6軍在1942年的第一次緬甸戰役中全軍覆沒，甘遭到撤職處分，此時臨危受命，才以黃埔一期資歷接任同為一期的第93軍軍長陳牧農遺職。

兩天，也就是日軍展開對全縣攻勢的當天，白崇禧晉見蔣中正商量保衛桂林的計畫，他要求把川黔兩省的中央軍悉數空運桂林，蔣認為這個提議是「匪夷所思」，是置「四川抗戰根據地於不顧」[193]，考慮的似乎是，四川的殘餘軍閥已有不穩現象，後面可能還有中共滲透。蔣也相信，日軍進攻廣西，已是強弩之末，以廣西軍隊的裝備和訓練，加上當地堅固工事以及有利地形，當不難保衛幾個月，逼得日軍知難而退。他沒有想到，進入廣西的是八個日軍師團和兩個旅團，參戰的國軍雖然有九個軍，但其中七個軍是湖南會戰中的戰敗軍隊，都已因為長期作戰而疲憊不堪，而戰鬥力薄弱。惟一可以說是「素質裝備均較完善」的「精銳」之師是剛從全縣撤退下來的第93軍，但是已因為槍斃陳牧農而軍心不穩，奉命守城的桂系軍隊缺乏戰志，尤其是沒有與桂林共存亡的必死決心[194]。當時，左翼文化和反蔣人士群集桂林，他們總是認為廣西的民眾組織訓練工作取有成績，並用以批評重慶的中央政府，蔣中正雖然痛恨他們，但是顯然認同他們對廣西民團的讚譽，以為這些民團可以協助正規軍保衛家鄉，所以沒有考慮到，萬一桂軍的防禦很快崩潰，他將如何因應日軍對貴州和四川的威脅，也沒有考慮到，不論桂系將領應該對廣西的失敗負什麼責任，他的中央政府都要概括承受外界對廣西不守的所有批評和指責。

　　日軍對廣西的攻勢不止是順湘桂路西進，而且要其占領廣東沿海的軍隊配合豫湘桂攻勢，沿西江上溯廣西，從梧州攻打桂平和柳州。白崇禧和蔣中正商量桂林防禦計畫，蔣中正以全副精力致力於中美交涉，他下定決心，不論美國是否要斷絕同盟關係，都要美國總統羅斯福召回把他當非洲酋長看待的中國戰區參謀長史迪威，所以他無暇也無精力考慮桂林防禦的細節，惟就原則問題表示意見。9月14日，史迪威飛往桂林視察，負責廣西防務的第四戰區總司令張發奎和他兩個人都認為桂林不可能守上半年。雖然如此，張發奎還是認為桂林不能不戰而棄，至少守上幾個禮拜，甚至幾個月，所以他動用兩個廣西軍（31A、46A）來加以保衛。只是白崇禧認為這樣的軍力過於

193 蔣中正日記，1944, 9, 11。
194 中國第二歷史檔案館編，《中華民國史檔案資料匯編》，第5輯第2編，軍事（4），頁237-
　　251。

薄弱，一直要求請蔣中正從川黔增派軍隊支援，但也一直遭到蔣中正的拒絕[195]。

廣西的軍事發展顯然不是蔣中正可以完全主導。上有政策，下有對策，10月14日，軍委會後勤部副部長端木杰發現，運往桂林的作戰物資實際已經逾量，而廣西守軍總是說不足，恐怕真實的情形是守軍不準備死守，而是拿後勤問題來製造撤退藉口而已[196]。不知此一懷疑是否報告給蔣中正。但是兩個星期以後，也就是10月28日，日軍從全縣沿湘桂路不戰而占領桂林的東大門大溶江（興安）[197]。蔣中正此時剛度過因為史迪威而引起的中美嚴重衝突，感覺筋疲力盡，然而桂林暴露在日軍的直接攻擊威脅之下，不容許他不多問關於保衛桂林的問題了。

10月30日，白崇禧從廣西的桂林和柳州前線視察回到重慶。第二天清晨即拜見徐永昌，他明白指出，固守桂林毫無意義，更重要的是守住柳州及其機場，原來守桂林的有兩個軍五個師，他已把其中三個師調往柳州機場。隨後軍令部召開會議，國民政府所有的軍事首長都親自出席，蔣中正沒有在場，會上出現激辯。白崇禧以桂系領袖身分首先慷慨陳辭，嚴厲批評廣東第七戰區和湖南第九戰區，「不奉調遣，紀律蕩然」。除非中央能命令兩大戰區全力配合，主動擾亂和截斷日軍後路。否則死守桂林只是徒然犧牲而已。接著又再三強調，柳州的戰略地位重要，其機場更攸關空軍作戰，距離桂林很近，柳州一失，桂林根本不可能固守，要求立即派兵增援。言下之意，固守桂林是徒然犧牲兩個師，毫不值得。軍令部次長劉斐是湖南人，因為早年受到白崇禧的栽培，經常被歸類為桂系將領。他聽了以後大不以為然，竟然衝撞白崇禧，慷慨陳辭，重申抗戰的總戰略是以空間換取時間，如今已無空間可換，應該是以流血犧牲換取寶貴時間。若再不在桂林好好打一場保衛戰，擋住日軍，國民政府就沒有時間了。尤有甚者，何以不通知軍令部就把三個能戰之師調往柳州？白崇禧理屈辭窮，猶自強辯，抓住第七和第九戰區

195　桂系的第46軍是美式配備，但在日軍進入廣西以後，跟陳牧農的第93軍一樣，都是不戰而退，任令日軍輕易抵達桂林。見曹福謙，〈湘桂黔大潰退目覩記〉，頁192。

196　徐永昌日記，1944, 10, 14。

197　蔣中正日記，1944, 10, 28上星期反省錄；徐永昌日記，1944, 10, 31。

沒有紀律繼續大作文章。爭論到最後，何應欽出來打圓場，主張派人到第七和第九戰區疏通，督促他們努力作戰。這顯然是規避問題，轉移焦點，不能就是否和應否死守桂林做出最後決議，會議把問題推到最高軍事領導蔣中正身上，要他做最後裁決[198]。

　　徐永昌當天日記透露了蔣中正抽調軍隊增援廣西的窘境。在緬甸北部以及野人山區的駐印軍和遠征軍不能動，胡宗南才調了一個軍到新疆去保衛國土，他無兵可調，湯恩伯同意調派軍隊，軍令部費盡口舌才從河南西南部調來剛經過初步整訓的三個軍。這三個軍都是在河南會戰受到重創的部隊，軍長都是重新任命（第9軍陳金城，第29軍孫元良、第98軍劉希程），但他們靠兩腿行軍，抵達四川的全部人數不到兩萬，是正常三個軍人數的三分之一左右，而且疲憊不堪，缺乏戰志。徐永昌的評估是要再經過兩個月的整補，才能投入戰場。唯一能趕到桂黔邊境只有中央嫡系的第97軍（新任軍長陳素農），但總人數不到一萬。據此，即便得遂白崇禧之意，把所有這些軍隊派往桂林和柳州戰場，也應該不起任何作用。徐永昌認為，柳州及其機場已經無法可守，所以與其把這些援軍匆匆送上桂林前線，不如將其留在後方的桂黔邊界維持當地治安為宜。

　　其實劉斐也不全然反對白崇禧要求增援廣西的看法。他知道湯恩伯的主力第13軍有3萬2千人，已經趕到重慶附近，正在繼續南下途中，但是徒步行軍，很難在幾個星期之內抵達廣西，湘桂路也因為難民問題，喪失大部分運兵功能。軍令部另外命令湘鄂西的第六戰區派39軍（劉尚志）接替精銳的第18軍，要第18軍兼程南下貴州，歸湯恩伯指揮，他們預計要12月中才

198 徐永昌日記，1944, 10, 31；巢威、黃夢年，〈桂林「焦土抗戰」親歷記〉，中國人民政治協商會議全國委員會文史資料研究委員會編，《文史資料選輯》，第40輯（北京：文史資料出版社，1963、1980），頁181-183。巢威是奉命守桂林外圍的第31軍第170師副師長。據他的回憶，負責守城的韋雲崧吞掉城防工事費2,500萬法幣中的大部分，第31軍軍長賀維珍、第46軍第170師師長許高陽等將領把從後勤部門領到的三個月薪餉和主副食費中的90%都送回老家，據為己有。上級幹部如此貪婪，下級官兵當然紀律廢弛，守城期間，到處搜尋財物，搶奪家畜。他說，10月13日進城時發現，整個桂林城已經被燒掉十之七、八，家家戶戶有遭搶的跡象，許多死人未葬。據徐永昌說，白崇禧主張棄守桂林的另一個理由是，「桂城外部無把握與城市打通」，桂林內的守軍孤立無援。

能趕抵桂黔邊境。所以白崇禧要蔣中正及時增援,其真實意思是要蔣中正知難而退,放棄固守桂林。關於白崇禧有關戰區之間協調的發言,也是一樣沒有道理,這種要求本來就難以做到。何況廣東軍隊面對日軍同樣具有牽制性質的作戰,自顧不暇,而湖南新敗之後,後繼乏力,戰區司令薛岳已有做南斯拉夫狄托,在日本敵後自成局面的跡象。劉斐甚至建議加以撤換,以防後患[199]。白崇禧對上述情形不是不知道,只是裝做不知道,故意激昂慷慨,要求不可能,究其實,為自己不願意在桂林死守尋找理由和說辭而已。

11月1日,張發奎在西江上游對桂平發動反擊,雷聲大雨點小,有氣無力,柳州益加岌岌可危,陷落已是遲早幾天之內的事情,白崇禧認為一旦桂林的南大門打開,桂林處於日軍南北夾擊之中,桂林連多守幾天或幾個星期都沒有意義,因此再次晉見蔣中正,要求立即增援廣西,蔣中正仍以違背既定戰略本旨而加以峻拒,並認為白崇禧「喋喋不休」,浪費了他兩個半小時。還說,即便能派增援部隊,也「緩不濟急」,要白崇禧自己在廣西戰區內調整部署。四天後,他回顧白崇禧的晉見,說白崇禧「語多要挾,色亦傲慢」,出其天性,所幸自己推誠以待,說之以理,才使得白崇禧服從他的決定。他的決定是:柳州勢必失守,一切以固守桂林為主,不能逐次增援,要保留和集中兵力在黔桂邊境,以便在關鍵時刻為桂林解圍[200]。

四天後,蔣中正依然下令張發奎,同時固守桂林和柳州兩大城市及其機場。張發奎說柳州無險可守,要求改變命令,蔣中正沒有回應。就在當天,軍令部一位廳長視察前線回到重慶報告,強調桂林的地形和工事固若金湯,可是軍隊狀況極為不佳,幾無訓練,士氣低落,軍隊擾民,民眾恨兵。軍隊情緒不佳的最大原因是,白崇禧藉口保衛柳州機場調走的三個師中有一個歸他親外甥指揮。這位廳長觀看沿途情況,已敢確定柳州必將不保,調往柳州戰場只是保親外甥命的藉口而已。這位軍令部視察官員的最後結論是:「桂林能守兩個月已算是僥倖,再也沒有人敢說可以守三、四個月了」[201]。這位官

199 徐永昌日記,1944, 10, 31。

200 蔣中正日記,1944, 11, 1;11, 4上星期反省錄。

201 徐永昌日記,1944, 11, 2。據張發奎,《蔣介石與我——張發奎上將回憶錄》,頁367,白崇禧同時還將桂系大將夏威外甥率領的師調離桂林,另外一個師由顏僧武率領,他是廣西人,但沒有上層的親戚關係。白僅留一個戰力最差的師和新兵組成的另一個師守桂林。其

員沒有說的是，一天之前，桂林大規模的非軍事人員撤退已經開始，連蔣中正都知道黔桂邊境有難民數十萬，「凍餓病貧，死亡載道」，而各主管部門和兩省當局置之不理，他為此特別下令立即派員負責疏散和救濟[202]。桂林開始新一波撤退的第二天，張發奎不知道有無蔣中正命令，也開始破壞柳州的機場和軍事設施，準備全面撤退了。

　　蔣中正認為桂軍應以「犧牲」換取時間，即便已知柳州勢必立即放棄，還是認為桂林可以固守一段時間。故不論白崇禧如何苦苦哀求，就是以不能違反既定戰略為理由拒絕派兵增援。他相信國軍在桂林外圍已經抵抗了一個星期，桂林本身「工事堅強，糧彈充足，所有通信與武器皆盡用於此」，應可抵擋日軍幾個月或至少幾個星期[203]。11月9日，日軍三個師團分三路開始攻城，桂林城防司令韋雲崧不到一天便報告日軍攻入廣西省政府所在，僅重要陣地尚在手中，當晚戰區司令長官張發奎電告重慶，日軍尚未合圍，請求同意突圍。第二天早晨，蔣中正明白加以否絕。然而，蔣中正這一道命令尚未轉達，桂林城防司令韋雲崧已在11月9日深夜擅自下令棄城，以致翌口口軍沒有遭遇嚴重抵抗就占領全城了[204]。次日，張發奎在抵抗一日後也放棄了無險可守的柳州。

實，蔣中正要白崇禧屯集三個月的糧食、醫藥和軍火，他也只屯集了一個月。當時桂林的情形是軍心渙散，逃兵很多。廣西戰役結束後，很奇怪的只有顏僧武以作戰不力被捕。軍令部次長劉斐擔任軍法審判的審判長，他說作戰不力的總司令和軍長都不逮捕治罪，沒有理由只判顏僧武的罪，建議免其罪責。軍法總監何成濬同意其意見，簽請蔣中正免議。見何成濬，《何成濬將軍戰時日記》，下，頁640。
202 蔣中正日記，1944, 11, 4，上星期反省錄。
203 蔣中正日記，1944, 11, 11；11, 12。據王世杰日記，1944, 11, 8，王世杰從軍委會得到同樣印象：桂林建有堅強的防禦工事（鐵絲網七層），四周地形復有山洞可作據點，即令被日軍包圍，孤城之抵抗可支持兩月。
204 徐永昌日記，1944, 11, 10；張發奎，《蔣介石與我——張發奎上將回憶錄》，頁374-375。11月10日，軍令部從日軍廣播得知，桂軍第31軍及所屬第131師已先一日乘夜突圍。巢威則回憶說，當天下午4時韋雲崧召開緊急會議，藉口第131師師長闞維雍作戰不力，以致桂林城為日軍攻破，下令全軍突圍。闞維雍師長在會議後，認為指斥與事實不符，自殺殉國。同時，第170師師長許高揚和桂林城防司令韋雲崧則均行蹤不明。巢威、黃夢年，〈桂林「焦土抗戰」親歷記〉，頁188-189。

　　得知桂林不守的噩耗，蔣中正十分詫異。廣西「集中最新、最良之武器
與器材，（而他）盡其所有以供桂林之防備」，韋雲崧面對日軍「極小數部
隊」，連「一個師團」（其實是三個師團）都不到，竟然守城「戰鬥未至數
小時，連其圍城接戰亦不過兩百」就棄守逃亡，簡直是「抗戰以來所未有之
敗績」[205]。陳牧農棄守全縣，蔣中正下令槍決，韋雲崧如此任意率部棄守，該
當何罪？次日，11月11日，蔣中正召開軍事會報，白崇禧沒有出席，蔣中
正認為他是「知恥」[206]。但蔣陪同桂系領袖李宗仁出席，同時進入會場。當劉
斐報告桂林失守時，他回頭望了一下首席軍事幕僚林蔚文，問道桂林守軍於
不得已情況下可以撤退的電話命令是否已經傳達？蔣中正明知他沒有這一道
命令，顯然他是接受李宗仁的求情，為韋雲崧的不戰而逃製造下台階[207]。

　　徐永昌對蔣中正這種做法甚不以為然，他認為蔣中正迫於李宗仁和白崇
禧的求情，可以保存韋雲崧一命，將其隱匿於某處，但萬不可不昭示韋雲崧
的罪行，如此遮遮掩掩，不僅於國家威望損失太大，於李、白兩人也未必有
利。12月7日，《大公報》主筆王芸生就批評，桂林失守如此輕率處理，不
加究詰，則常德戰役因棄守城池被逮捕治罪的余程萬有何理由繫獄不放[208]？
余程萬率一個師，約8,000人守常德，面對三萬日軍進攻，死守二十餘日，
雖然未能為蔣中正在開羅會議爭面子多守幾天，但是已經竭盡力量，最後突
圍時只剩下五、六十人不到，所以軍法總監何成濬堅持不能處以死刑，最後
終於得到蔣中正同意，判刑五年。何成濬還說，蔣中正連棄守桂林的韋雲崧

205　蔣中正日記，1944, 11, 12。

206　張治中在桂林失陷前幾天還對王世杰說，桂林至少可以守兩個月，而桂林竟然守不到一
　　　天，他詢問到底是怎麼一回事，張的解釋是張發奎和薛岳均無鬥志。說張發奎還勉強說得
　　　通，薛岳就完全說不通了，因為薛岳遠在湘南，距離桂林甚遠，也可能沒有軍隊可以派
　　　遣。廣西軍事都要通過白崇禧點頭才算數，張治中的解釋有為白崇禧開脫的意思。見王世
　　　杰日記，1944, 11, 11。

207　徐永昌日記，1944, 11, 11。

208　徐永昌日記，1944, 9, 5；12, 7。據此，余程萬是在士兵尚未撤退之下，率先與其高級軍官
　　　逃離戰場的。然而葛先才是增援常德的國軍師長，據所著《長沙常德衡陽血戰記：葛先才
　　　將軍抗戰回憶錄》，頁118，余程萬及其團長等7人是增援部隊搶救出來的。又據徐永昌觀
　　　察，白崇禧「作事頗鋒利，但為人心頓，遇人懇求，就礙於情面而不免有所瞻徇」。

都不能追究，又怎麼能以擅自棄守常德處死已經盡了心力的余程萬呢？[209]

　　桂林淪陷後，如果日本人並未窮追猛打，日軍的攻勢就此中止，則蔣中正還能控制局勢[210]。但實際的狀況跟他的判斷大不相同。桂黔鐵路本來已擠滿敗兵和難民，日軍乘勝追擊，如入無人之境。桂軍避戰惟恐不速不遠，不聽命令；其他的軍隊也是一樣。11月下旬，蔣中正盼望他遠從四川調來的軍隊有所表現，下令號稱精銳的中央軍第97軍，至少約8,000人，死守南丹。第97軍的軍長陳素農是黃埔三期學生，指揮兩個黃埔一期的師長，剛從四川行軍一個月抵達桂黔邊界。據陳素農回憶，11月22日深夜日軍展開攻擊，他抵抗六晝夜，第二線被突破後，率軍逆襲，沒有多久所部即被日軍擊潰。他當時奉命再守三天，卻已無兵可守。所幸，第四戰區總司令張發奎在附近，下令撤退。其實，張發奎並未下令，只是代為遮掩，陳素農則飾辭強辯，極力為自己擅自離開戰場洗清罪狀。當時，蔣中正認為陳素農陣前逃亡，授意何成濬處以極刑，但何成濬得到張發奎諸人的不實證辭之後，認為陳素農應無罪開釋，最後因為蔣中正堅持，勉強判刑五年繫獄，直到國共內戰末期因為老上司黃埔教官的介入才得以恢復軍職。如果蔣中正想以陳素農的重刑貫徹連坐法和死守命令，則他顯然沒有達到目的。在陳素農被逮捕法辦後，日軍仍然因為國軍沒有任何抵擋，繼續長驅直入，進入貴州省境，威脅省城貴陽的安全[211]。

---

209 何成濬，《何成濬將軍戰時日記》，下，頁511、518、524。何對軍法總監副總監秦德純說，「政府對廣西事向不能過問，當然無（軍法制裁之）命令，此亦抗戰失敗之一原因也」。

210 蔣中正日記，1944, 11, 12。

211 蔣中正日記，1944, 11, 25；11, 29；11, 26上星期反省錄；左秀靈譯，《廣西會戰》，頁756-761：何成濬，《何成濬將軍戰時日記》，下，頁560、679。第97軍長陳素農，黃埔三期，徐永昌說，陸軍大學教育長萬耀煌告訴他：陳素農「頗有才能」既「驕且貪」，在其手下任職時「大賣其任軍長時所存之槍械，皆贓物也」。見徐永昌日記，1944, 12, 7。又據陳素農，《回憶錄》（台北：作者自印，1974），頁65-80，蔣中正令他死守南丹陣地，他未帶電台和密本，單身逃往附近的第四戰區司令部，因此被軍法審判。據張發奎口述，夏蓮瑛訪談及紀錄，鄭義翻譯及校註，《蔣介石與我——張發奎上將回憶錄》，頁376-377，張發奎發現孫元良擅自棄守，幸好代為遮掩，所以沒有被槍決，甚至也沒有坐一天牢。其實，就其回憶錄文字的上下脈絡來看，他所說的孫元良即為陳素農之誤。據左秀靈

　　日軍在抵達湘桂鐵路終點站貴州獨山後，又攻陷其北方的都勻，宣稱要進攻貴州省城貴陽，甚至威脅到重慶和昆明。當時的情境是：難民壅塞於黔桂邊境，忍飢挨餓，軍隊難以運輸，而軍紀敗壞到極點，四處擾民。11月18日，第四戰區司令張發奎就說桂軍「積習太深、軍紀太壞，無法指揮」，向蔣中正請辭，蔣中正回說，不聽命令便就地正法。可是他自己就無法執行軍事紀律，韋雲崧之事當為明證，所以徐永昌說他和張發奎是上下推諉，於事無補[212]。11月20日，在重慶舉行軍事會報時，蔣中正指出，報紙報導軍隊失敗過於明顯，應該注意。徐永昌和劉斐都認為外界的揣測固然超過事實甚遠，但是報紙的報導反而比事實保守，若再作嚴格的新聞檢查，不讓報紙報導失敗的消息，可能效果適得相反。所以兩人都反對就此有所積極行動，只是虛應故事，不過蔣中正也沒有追究，看來講講而已[213]。

　　當時危機到什麼程度？從蔣中正及美軍在華最高官員魏德邁一再催促黃埔老將何應欽前往貴陽指揮保衛他老家的戰爭，可以想像。魏德邁更建議遷都昆明，蔣中正雖然說他從未有此考慮，但他已經了解，保衛貴陽根本來不及調兵遣將，決定加以棄守，然後以大軍三面夾擊來犯日軍。當魏德邁再次勸他考慮遷都昆明時，他表示絕不離開重慶，要與重慶共存亡，魏德邁立即表示，與其共患難，也一定在他身邊[214]。在此困境，蔣中正無兵可用，於12月2日要求轉用緬甸戰場的國軍兩個師，美軍部原已答應，後來反悔[215]，蔣中正簡直是黔驢技窮，不知所措。當時的國民黨中央宣傳部部長王世杰，相信日軍若堅持繼續進攻，誰也沒有把握可將其擊退。國軍遂又從西安空運胡宗南部隊三萬到五萬人到黔南，士兵個個制服破舊，面有飢色[216]。若不是日軍缺乏戰略想像力，過分強調補給線已延展到極限，自動撤退，真成為強弩

譯，頁761，南丹戰役結束後，日軍宣稱俘虜735人，收集國軍屍首1,822具，則第97軍根本未遵奉蔣中正命令死守，基本上是一場普通潰散。
212　徐永昌日記，1944, 11, 18。
213　徐永昌日記，1944, 11, 20。
214　蔣中正日記，1944, 11, 25；11, 26上星期反省錄；11, 30；11, 31；12, 1；12, 3, 12, 4；10, 5上星期反省錄；王世杰日記，1944, 12, 4-6。
215　蔣中正日記，1944, 12, 2及上星期反省錄。
216　王世杰日記，1944, 11, 30。

之末,則國民政府伊于胡底?任誰也難以想像。

桂林兵敗,還暴露了國民政府及其軍隊的許多問題,不僅像河南,軍隊到處擾民,動輒毆打農民,而到處也都有暴民劫擾。四川和雲南兩省均有無數地方武力,動輒迫繳中央軍武器。不論背後,是否有軍閥煽動,這些行動都反映了一般人民對中央軍的仇恨心理[217]。丁治磐認為桂林會戰,我方擁有制空權,日軍的礮火不超過國軍,彈藥的補給也極缺乏。中國戰敗主要是「戰略之不善及軍隊整訓之不確實,有以致之」[218],這是單純軍事觀點的分析,其實也應該從國民政府統治下的政治、經濟以及社會各方面深入探究。

日軍在12月4日終於像強弩之末撤軍了。主攻部隊奉命在撤退之前,進行破壞,炸毀鐵道設備,炸毀軍隊倉庫,炸毀所有工廠和建築,不僅焚燒獨山縣城,也焚燒當地鄉鎮,防止國軍宿營。但在口軍撤走之後,國軍終於可以「收復」失上,並買到所需要的副食,恢復正常的軍民來往了[219]。

四、山窮水盡時:闢謠、整軍與天父保佑

1944年確實是蔣中正一生前所未有的困難時間,面對日軍戰史中並無前例的龐大進攻,蔣中正還要親自妥善處理對美和對蘇外交。對蘇外交主要是蘇聯對中共的暗助和對新疆分離主義者的支援。至於對美外交,除了爭取美國援助以外,最重要的目標是爭取美國充分配合,厚積國軍戰力。當時,美國要求中國重新開闢緬甸戰場,名義上擔任他參謀長的史迪威將軍以其指揮軍隊無能為理由,覬覦全部中國軍隊的指揮權。為了達到這個目的,史迪威批評蔣中正貪污腐敗,消極抗日,並散播中共只是土地改革者,積極抗日的言論,主張以美國武器裝備中共。蔣中正與美國總統之間的關係,箭拔弩張,甚至有可能完全破裂。在外交關係以外,中共從1937年以後在敵後擴展力量,此時已三分天下有其一,具有足夠的能力挑戰國民政府的政治力量,要求國民黨全面開放政權,進行軍事和政治的大改革,而國民黨的大後

---

217 蔣中正日記,1944, 12, 12。

218 王世杰日記,1944, 12, 7;丁治磐日記,1944, 9, 26。

219 左秀靈譯,《廣西會戰》,頁802-807:丁治磐日記,1944, 12, 7;12, 8;12, 9;12, 13。

方也不安穩，尤其西南殘餘軍閥伺機而動，激進派知識分子也對政府愈來愈不滿意。處身在這個局勢之中，面對紛至沓來的問題和壓力，尤其是豫湘桂一連串的軍事失敗，蔣中正是如何反應？蔣中正在煩悶無法時就摸後腦勺，徐永昌說像極他的老友孫二哥[220]。其實，他不是沒有其他反應。這裡要特別指出他的三種反應：闢謠、整軍以及祈禱，並試圖稍作討論。

（一）闢謠

　　1944年6月20日，日軍占領長沙後兩天，蔣中正就明告來訪的美國副總統華萊士說，目前中國「戰爭形勢甚危急，其原因之一」為美國沒有信守開羅會議的決定，以致始終無法重新開闢緬甸戰場，且美國軍部人員不肯把運抵昆明的武器交給中國軍事機關支配與運用[221]。美國軍部控制運抵中國武器的分配，其所持理由是中國的軍事機構根本無法有效運用這些武器，而史迪威更以這些武器裝備為槓桿，在英美拒絕滿足蔣中正先決條件的情況下逼迫中國收復緬甸北部，並交出中國軍隊的全部指揮權。河南失敗和長沙淪陷都為史迪威提供了他所需要的論據，似乎證明了蔣中正的軍隊不打仗，只會在日軍前面逃跑。7月7日，抗戰七週年紀念，蔣中正期待羅斯福的賀電，不料等到的電報卻類似最後通牒，建議他把中國軍隊的指揮權交給史迪威，而且這封帶有侮辱性的電報不是經由例行管道送來，而是由史迪威親自遞交。

　　此時，中共還不具備挑戰國民政府合法性的軍事能力，但他們從1943年蔣中正出版《中國之命運》以來，不斷猛烈抨擊蔣中正的統治和領導。豫湘桂作戰失敗及其過程中蔣中正暴露出來的各種缺失，提供他們更多的礮彈。他們早已批評蔣中正政權領導抗日無力、政府腐敗無能，官員橫徵暴斂，要求蔣中正立即結束一黨專政和個人獨裁，迅速開放政權，豫湘桂戰役的接連敗績和喪權失似乎進一步證明他們提出的抨擊有理。由於對蔣中正軍事表現的嚴重不滿，國民黨內外也出現各種各樣對蔣中正個人品德的攻擊。

---

220 徐永昌日記，1944, 7, 9。孫二哥為國民三軍長孫岳，為徐永昌老長官。見劉存善，《徐永昌與閻錫山》，見太原道。http://www.tydao.com/sxren/2008/80721xuyonchang1.htm。原刊《文史月刊》。

221 王世杰日記，1944, 6, 20。

這些來自不同方面和不同角度的抨擊，無論其原始動機為何，也無論是其是
否同情史迪威還是毛澤東，甚囂塵上的立即後果，都是嚴重腐蝕和動搖蔣中
正領導中國抗日的合法性基礎。

　　中外輿論對蔣中正的抨擊，到底有那些內容，這裡不多說，只是指出一
點：即無論是何種性質的抨擊，蔣中正總有統統視為「搗亂、造謠、中傷、
誣蔑」的傾向。許多對他的抨擊，他很難回擊和駁斥，但是關於私人道德的
批評，他就感覺比較容易出口反駁了。當時重慶有人批評他要求官員到機關
單位辦公，而他不能以身作則，定時到辦公室工作。這個批評顯然是小事。
因為他腰部受過傷，不可能在辦公室這種固定地方待上兩個小時，何況他每
天工作和行程都已排得滿滿，哪有餘暇在固定地點上班！其實，蔣中正最痛
心和煩惱的是對他個人和家人私德的指責。當時蔣夫人因為患有嚴重的皮膚
病，正準備到巴西養病，兩人將長期分離。但重慶因此盛傳兩人不和，他和
蔣夫人都各有婚外之情，他有一個女人，且已有小孩；甚至謠傳他的兒子蔣
經國在重慶拈花惹草，金屋藏嬌，並育有孿生兒子。這些攸關蔣氏一家「敗
德亂行」的傳言，繪聲繪影，不僅民間升斗小民言之鑿鑿，連政府高層、盟
邦官員、教會牧師中也都有人相信。蔣夫人還收到一些散布這種「污穢謠
諑」的「黑函」。其中一封是用英文寫的，筆調顯示，一定出自外國人士之
手[222]。

　　蔣中正嚴厲駁斥這些傳聞，認為都是「毒辣」「敵奸」用來摧毀他的道
德人格，並進一步摧毀大家對他的信心，最終目的則是顛覆「國家」。這裡
「敵奸」一辭當然指中共及其中外同情者。當時蔣中正在國事繁忙和軍務倥

---

[222] 蔣中正日記，1944, 5, 8；6, 16。據蕭軍，《延安日記，1940-1945》（香港：Oxford Univeresity Press（China），2013）下卷，頁172-174、212-213，中共1943年7月9日召開紀念抗戰六周年七七大會，動員六、七千幹部和農民參加，會場上懸掛的偉人肖像中包括毛澤東和蔣中正，呼籲蔣中正制止胡宗南對延安的可能進攻，好像承認蔣中正是中國唯一合法的中央政權，但是沒有多久便開始對中下級幹部傳達鄧穎超的報告，揭發國民黨高層中「政治、經濟、文化、外交等的腐敗情形」，其中一個重要內容是「宋美齡因吃醋，以特使名義去美國，坐軍用飛機，穿空軍中將制服（下身穿女袍）被美國人看為 Stir（原文）（當為電影明星之意），吹牛皮」。蕭軍聽後的感想是，「因為傳達的人參加主觀感情的成分過多，有時就顯得牽強淺薄」。

之餘，每天還是必念《聖經》、《荒漠甘泉》以及《明儒學案》等宗教和
理學書籍。他原來不想就此謠言採取行動，但想到自己所處的重要地位，要
是在這個內外相煎的關鍵時刻，朋友和幹部因此喪失對自己的信心，則國家
危殆矣。所以7月5日在黃山官邸召集三、四十位國民黨和青年團官員以及
中外基督徒若干人[223]，公開闢謠，強調他有關於自己最近五年行蹤的詳細記
載，可以說明每天起居生活，而他身邊的侍從人員更可以為他做出見證，他
是言行合一的基督教信徒。隨後蔣夫人、司法院院長居正和考試院院長戴季
陶都為他做出證言。

　　蔣中正是國家元首，竟然出面為其個人及家人的私德闢謠，現代人聽起
來，有點匪夷所思，但是知道他飽讀聖賢書，篤信領袖的地位是建立在他的
「道德」人格之上，就不會感覺訝異。他對《孟子》吾善養浩然正氣，以及
文天祥〈正氣歌〉十分熟悉，尤其欽佩和嫻熟儒家修身齊家治國平天下的大
道理。當時不論軍事的情況如何危急，仍每天閱讀《明儒學案》、《大學》
和《中庸》。傳統皇帝，君權神授，可以自稱聖人，隻手遮天，但他卻是民
國領袖，需要真正的道德人格感召人民，何況在洛陽和長沙接連失陷之後，
他很難再以領導抗日卓越為自己辯護。只是這次闢謠似乎不起效果，因為8
月下旬他還說美國朝野關於他婚外情的謠言和揣測層出不窮，相信其是非真
假終有還他清白之日。其實，直到今天這些謠言，仍然信者恆信，不信者恆
不信。至於闢謠對戰爭局勢有無助益，則更是令人深深懷疑[224]。

　　在闢謠茶會仍在進行之際竟然傳來怪事：桂林報紙發出三次號外，宣布
日軍撤圍，衡陽勝利，並讓當地人民放鞭炮慶祝。當時白崇禧正在桂林，不
問事情真假，批准此一離奇行動，難免魯莽滅裂之譏。蔣中正的重要軍事幕
僚張治中更竟然建議重慶黨報東施效顰，發行號外，也放鞭炮慶祝。所幸蔣
中正沒有昏頭脹腦，否則事後發展，會使他此舉成為一生的天大笑話[225]。不
過，有兩件事情值得附帶一提：第一、此時蔣中正的私人生活確實有招人疑
竇之處。蔣夫人經常遠離中國，而他的前妻陳潔如忽然從上海來到重慶，投

223　王世杰日記，1944, 7, 5。徐永昌日記，1944, 7, 5。

224　蔣中正日記，1944, 8, 19。

225　徐永昌日記，1944, 7, 5。

奔於他，而他施以援手，但這不表示兩人企圖重溫舊情[226]。第二、蔣經國在桂林的情人章亞若不久之後被暗殺，何人下令殺害，有待歷史資料澄清。重點是，蔣中正已徹底否認蔣經國的婚外情，若被證明其實不假，而且確有孿生兒子，則蔣中正的道德人格將完全破產。軍事領導失敗，已使他站不住腳，被人指責公然說謊，則將進一步動搖他領導的所有合法性。

相形之下，毛澤東面臨政權合法性的危機時，就有不同反應。1941年夏，一個炎熱下午，毛澤東出席陝甘寧邊區政府的縣長聯席會議，討論當年的徵糧，天空忽然大雨傾盆，雷電擊中會場禮堂上的一根柱子，延川代縣長當場觸電不治，另外七個人受傷。此時禮堂外拴著一頭瘦驢，也中雷擊死亡，飼主看到，呼天搶地，詛咒上天無眼，為何不打死毛澤東。保衛人員聽說以後，立即慌亂抓人，毛澤東則下令釋放，並調查原因，發現這一年邊區徵收公糧20石，稅率直逼40%，遠遠超過農民所能負擔，是農民詛咒的根本動機。翌年，毛澤東遂竭盡所能精兵減政，減少政府開支，並發展大生產運動，要求軍隊和政府人員進行生產。因此得以連續兩年減少農民的公糧負擔。其實，在日本軍隊加強對所謂敵後根據地的進攻，而國民黨又切斷外援以後，中共陝北入不敷出，為了解決軍隊和政府人員的溫飽，不僅大量加重農民公糧和力役負擔，而且大量增印鈔票，造成邊區嚴重的惡性通貨膨脹。所以第二年，毛澤東也決定所有黨政軍機構節衣縮食，減少公糧負擔，並在大生產運動以外，放任機關部隊和學校單位經營商業，解決吃飯問題[227]。其實從1941年開始，毛澤東為讓陝北根據地度過財政難關，已不顧國內外輿論，秘密指示軍隊大量種植和販售鴉片，以致連續數年來自鴉片的收入達到

---

226 楊天石，《找尋真實的蔣介石：蔣介石日記解讀（一）》（香港：三聯書店，2008），頁469-493。楊書中的〈宋美齡的巴西之行與蔣介石的「婚外情」——兼析其事與美國人要蔣交出軍權之間的關係〉，應為關於關謠問題的最重要論文，毫無疑問，美軍將領史迪威要他交出軍權是召開關謠茶會的間接重要原因，但是史迪威正是利用其軍事失敗挑戰蔣中正對國軍軍事指揮權的壟斷。

227 中共中央文獻研究室編，《毛澤東年譜，1893-1949》（北京：人民出版社和中央文獻出版社，1993），中，頁303。

全年支出的四、五成之多[228]。

　　由於鴉片種植和貿易收入的大量挹注，毛澤東不但可以養活在陝北群集的軍政幹部和投奔延安的大批青年知識分子，而且可以從日本敵後的根據調回大批的高級幹部進行整風教育和政治審查。1942年年底，他甚至下令肅清延安的「小廣播」現象。所謂「小廣播」就是有洩漏中共機密、散布與中共宣傳口徑不符、同情政治敵人和階級敵人或是攻擊中共的領導的言行，他要求每一個黨員和幹部反省自己有無小廣播的錯誤，除按時填交表格，向上級反省自己的小廣播言行外，也要求他們養成政治敏感性，立即報告其他人的小廣播行為；中共再針對這些表格提供的資料進一步追查，杜絕所有對中共政治不利的言論。此外，中共也以肅清黨員和幹部的「自由主義」為名，加強黨員和幹部的紀律性和服從性，要求黨員一切以服從中共所謂黨性為行事原則[229]。

（二）整軍

　　關謠能否達到效果，令人懷疑。蔣中正面對外界對國軍的質疑，尤其是

228　參見Chen Yung-fa, "The Blooming Poppy Under the Red Sun: the Yan'an Way and the Opium Trade", in Hans van de Ven and Anthony Saich eds., *New Perspectives on the Chinese Communist Revolution*（New York: M.E. Sharpe, 1995）, pp. 263-298，特別是頁274的表格。關於這個問題的資料愈來愈多，值得提出的有兩個。一個是作家蕭軍的延安日記。據之，1941年2月初，蕭軍曾以參議員身分，聆聽陝甘寧邊區財政廳長南漢宸報告經濟情況。南漢宸說：「為了錢，除開我個人沒有去搶人以外，幾乎什麼方法全做過了」，甚至是製作鴉片煙膏。蕭軍聆聽後的反應是：「革命的花是從最卑污的糞壤裡開出來的。」又同年5月，他在一個座談會上聽南泥灣開墾的旅長王震說，他的部隊「用煙土換老牛、吃肉」。見蕭軍，《蕭軍日記，1940-1945》上卷，頁399、457。另一個重要資料，是李南央編輯的父母信件，她從父母1946年冬到1947年春的信件中發現，有不少的中共幹部家屬在從熱河進入東北時，曾隨身攜有煙土，數量甚至有高達百兩者，以為個人生活費用。她的母親范元甄身上也有煙土，諱稱代金，她的父親李銳說，熱河的價格比東北高，她的母親回說，即使東北的價格低，她也寧願吃虧賣掉，因為拿在手上精神不痛快。范元甄後來為了孩子治病還是低價把手上的鴉片賣了。見李南央編輯，《父母昨日書》（美國：時代國際出公司，2004），頁38、72、80-81。

229　高華，《紅太陽是怎樣升起的：延安整風運動的來龍去脈》（香港：中文大學出出版社，2000），頁407-410。

國外盟邦領袖的批評，不得不承認國軍確實需要檢討改進，尤其美國同意提供軍事援助，是國軍脫胎換骨的千載良機，也逼他不得不針對美國的批評作必要改革。就在日軍針對衡陽展開第二波總攻擊期間，他為了挽救國軍聲譽，召開例行性的檢討會議，但針對當時要求改革的呼聲，特別要求參加軍事領袖提出具體改革方案。這個會議叫整軍會議，從7月21日蔣中正出席定調到9月9日結束，每月一次，其大體經過如下。

　　7月21日，軍委會正按計畫為整軍會議召開預備會議，不料蔣中正就在當天清晨8時已抵會場，並且即席發表訓話。徐永昌認為羅斯福對中國軍隊的批評以及他為史迪威索取中國隊的指揮權起了刺激作用，不過當天訓話蔣並未提及羅斯福或史迪威之名，他反而引用仍在重慶俄國顧問的話說：「河南戰敗與受人民截劫各情形……與帝俄時軍隊無異，當其敗逃時，搶劫姦淫，拋置公物，易載私贓，所有一切敗壞行為，非言語所能一一盡述」。他承認豫湘戰爭的失敗以及其間發生的各種光怪陸離行為，並厲聲鞭策出席將領說，這些行為已經使中國軍隊在國際上抬不起頭，外國人「看我們直不當人，非但不當軍人」，如果軍隊再不加整飭，則即便抗戰勝利亦不能免於亡國。他要求與會人員本諸良心，本諸良知，討論出解決方案，若拿不出辦法，就是沒有人格，也沒有羞恥心。他也要求各部門對所有發生的貪腐情形負起完全責任，指斥軍隊吃空缺，官員必須行賄才能領到軍需署發的補給衣料，而且不是原貨；兵役單位尤其惡劣，虐待壯丁，死亡載道。他越講越激動，拍得桌子屢屢作響，竟然大聲斥責主管兵役的師管區從上到下都是軍政部派定的「腐化分子」，他再三禁止宴會，可是軍需部門的負責軍官一頓飯竟然可以分幾個地方吃，都是免費招待，糧食應該實實在在發到軍隊士兵手上，卻從中剋扣，用來飼養「不可要」的人員，對不起活的士兵，也對不起死掉的士兵[230]。

　　其實，他所指斥的行為早就發生了，軍委會和軍政部的官員早應該就所轄業務懲治有關管員，卻一直坐視上述種種現象的普遍化和擴大化，其負責官員也早應該嚴加處置，可是蔣中正一直沒有採取行動，僅再三指斥，再次重申紀律，他忘了他在國軍北伐時期頒布的連坐法，早已因為他這個態度而

---

230 徐永昌日記，1944, 7, 21。

成為具文，有法不行，難怪這一次高唱改革的軍事會議，不論他如何斥責負責官員，也不論他是否強調以後絕不姑息養奸，一定嚴懲負責官員，結果他的訓話還是停止在道德喊話的階段，毫無作用。徐永昌就感覺，無論蔣中正如何聲色俱厲，如何一再拍桌子，聽話者都還是態度藐藐，軍政部部長何應欽就帶頭「全無覺悟」，好像全不關他事情的樣子。

其實提到整軍，1943年毛澤東在陝甘寧邊區也進行過整軍。不過當時除了整軍以外，還有整政、整財等其他六整。毛澤東要高崗召開西北局高幹會議進行七整，並不是要他們提出解決軍隊問題的方案，而是強調一元化黨的領導，採用批評和自我批評的方法，批評軍隊中所謂軍閥主義、宗派主義、山頭主義以及不服從上級與黨紀的各種表現和傾向。毛澤東認為幹部決定一切，他採用密集學習文件的方式訓練高幹，要他們自我檢討，並坦白自己的錯誤作風，並接受別人「治病救人」的嚴厲批評。為了貫徹黨一元化領導的原則，毛澤東還壓制與他有密切關係的軍事將領蕭勁光，承認有「鬧獨立」的傾向，接受高崗主導的黨內鬥爭。除徹底改造高幹以外，毛澤東在軍隊發起大生產和大練兵運動，一方面改善軍隊物資生活，另一方學習戰鬥技術。

蔣在整軍會議則主要是要與會者針對裁軍、軍紀、軍需和兵役等各種問題提出改進方案。蔣中正認為美國武器可以裝備100個師，國軍戰力勢必水漲船高，不必維持龐大軍隊。為了減輕國庫負擔，他於是要求精簡部隊，在三個月到六個月之內，把320個師裁汰成200個師。徐永昌更主張質勝於量，強調重視配備，尤要重視訓練。不過，這個方案立即引起軍政部部長何應欽的質疑，他在會場上大談湯恩伯整頓某某軍，結果某某軍自由行動，某某軍上下不和，而裁汰下來的師長無處安頓[231]。儘管在8月1日的會議上，蔣中正還是做了裁汰的決定，並表示願意承擔全部後果，何應欽仍然請求討論

231　徐永昌日記，1944, 7, 21；7, 27。徐永昌根據湖南戰場國軍表現，認為國軍在山地和水田地帶還可應付日軍，在平地根本不是對手。據同日記，1944, 8, 4，何應欽對維持240個師的建議「絮聒不止」，奇怪的是蔣中正表現無限耐心，像是默認了一切，可是聽完以後不僅表示不能同意，反而指示機關和學校人員應再減十分之一、二，後勤及勤務等部隊也要精減，非將總數壓到500萬以下不可。何應欽還爭取徐永昌的支持，徐永昌不同意，明白指出，以前中國沒有盟邦援助，當然軍隊以多為勝，現在應抓住機會，追求精減，以質為勝。

再增加到240個師的可能性；發言、發言再發言，浪費大家四個小時。徐永昌觀察道，何應欽無能，又想把持事情，難怪什麼事情都辦不成功[232]。到了會議末期，何應欽竟然形成習慣，每碰到他認為不合理的事情就嘆氣，說要亡國了，也批評蔣中正說，一聽到別人進言和建議就要整飭軍隊，簡直就是要亡國[233]。

何應欽成為精簡軍隊的最大阻力不說，執行決定時，因為出現不同的標準，也引起很大問題，其後遺症嚴重，在後來國共內戰期間表現得尤其明顯。蔣中正在第一戰區命令每一個軍有二、三個師，抽一個併入師管區，可是中央直轄部隊提出理由要求豁免，每次都得到批准。其他部隊，也就是所謂雜牌軍就絕不批准。所以第一戰區第四集團軍總司令孫蔚如在飯局中抱怨，而其他所謂雜牌軍將領如第9軍長韓錫侯也桴鼓相應。徐永昌對這一件事倒有比較深入的看法。他說除了執行的人，像蔣鼎文，不能及時反映問題以外，所謂雜牌軍將領的地盤思想，也異常嚴重。他說軍隊師長以上的軍官沒有不把位置當作地盤的，想保持一輩子，甚至子孫世襲，中央稍微多管了他們一點，蔣中正的嫡系軍隊就憤恨不平，追求物資補償，雜牌軍得不到物資補償，則更需要找機會洩憤不可。嫡系不敢指摘中央不公，雜牌軍不然，明明是自己落伍，理應淘汰，仍振振有辭，反而指摘嫡系多半貪污舞弊，自己不落伍、不貪污也備受歧視，對中央形成極深的成見：譬如孫蔚如和韓錫侯的軍隊就氣習已深，他們不反省，只憤憤不平。這個問題到國共內戰後期大量爆發出來，許多雜牌軍在軍情惡化後向中共輸誠起義[234]。

蔣中正重視的第二個問題是改善官兵生活。當然最簡單的方案是加薪，可是加薪增加政府的財政負擔。當時有一個加薪案，計算下來需要增加經費十九億二千餘萬元法幣，根本無法籌措。更大的問題是加完薪後，物價必定

---

232 徐永昌日記，1944, 8, 1。可笑的是在精簡軍隊過程中，鄭洞國被任命為遠征軍副總指揮後，他要求在總指揮部之外另外成立機構，而且編制比總指揮部還大，軍政部原來同意核減編制後照辦，但徐永昌堅持意見，完全不准。見徐永昌日記，1944, 8, 20。

233 徐永昌日記，1944, 8, 25。

234 徐永昌日記，1944, 8, 29；11, 12。豫西戰役時，韓錫侯兵敗，尚餘一萬三四千人，但蔣鼎文上報時說，只剩數百人，所以被免去軍長職務。又據韓的軍需說，韓任職軍長數月僅剩70萬法幣，比起其他國軍將領算是清廉的。

上漲，結果官兵加薪所得，立刻化為烏有，比不加薪還糟。徐永昌認為加薪是惰性處理，未見其利，先見其害。他說更重要的是改善士兵副食、醫藥，最好的辦法是增發實物或增加相關經費[235]。何應欽在8月4日就提出一個方案，內容不詳，蔣中正看了認為是敷衍了事，盛怒之下幾次大聲疾呼，謂如此籠統提案乃是亡國計算法，嚴屬批評以後繼之以指示：（一）「一篇胡塗帳，軍需獨立是假的」。（二）「因為浪費最小限，還可節省出十之二，而不能節省」（原文）。（三）「錢發下去不能算責任終了，要士兵切實用到，而且合用才是終了」。（四）軍政部應重新切實計算[236]。當時薪餉是由軍需署直接分發到軍師各單位，戰區司令搞不清楚下級單位到底拿到多少薪餉，所以6月陳誠建議總領分發，蔣中正也同意，但是軍需署一直強調這樣做是破壞軍需獨立[237]，是鼓勵各戰區或各省鬧獨立，全力杯葛和翻案。

　　8月18日，何應欽提出：加強部隊主管對於經理應負權責案，就是循軍需署這一個思路提出的。蔣中正看後大怒，屬聲問道：為何有的師沒按時發餉，又為何不按軍隊員額發餉。軍需署長陳良試圖解釋，蔣中正只是繼續指責道，就算有一百個理由，為何不問問各師師部沒有收到薪餉的理由，財政部沒缺你們的錢，所以要問你們為什麼有錢不發，又不按月發下，現在軍隊腐敗，你們軍需部門應該負責。當討論預計節省經費案時，蔣中正說應該節省，但是機關學校緊縮之餘，入新疆部隊之追加經費絕不能省，為省錢而省錢即是害國家[238]。蔣中正的問題，在徐永昌看來，是究責軍需署卻忽略中間階層的責任，但是蔣能把所有的事情都好好考慮清楚嗎[239]？發完脾氣回到官邸後，又開始後悔，認為自己對軍需署長的指斥太過分，「聲色俱厲，令人難堪，應切戒之」[240]。

　　9月6日蔣中正對軍需署的不滿到了極點，軍需署署長在提高官兵生活

235　徐永昌日記，1944, 7, 27。

236　徐永昌日記，1944, 8, 4。

237　徐永昌日記，1944, 6, 24；6, 27。美國方面對中國的軍需制度有嚴屬批評，由於他們提供租借物資，所以全面接管當時中國駐印軍的軍需業務。

238　徐永昌日記，1944, 8, 18。

239　徐永昌日記，1944, 8, 18。

240　蔣中正日記，1944, 8, 19，上星期反省錄。

待遇案時不慎漏列鞋襪費一項，唯其數字甚鉅，故蔣中正認為是有意矇混，陳良猶自辯護，蔣盛怒之下要將陳良署長交軍法總監何成濬法辦，何應欽想為陳良剖辯不成，馮玉祥代為求情，才決定准其留任，將功贖罪[241]。三天後，也是整軍會議結束的那一天，蔣中正特別召見軍需署署長陳良，責問他本年度預算何以遲至3月11日才開始下達？又何以使部隊遲至5月下旬接到？越說越生氣，於是指著陳良的額頭痛罵他該當死罪。接著又問軍政部在幹什麼，何應欽支支吾吾，搪塞過去，蔣在正式開會時餘怒猶未息。整軍會議結束後，他更把軍需署長陳良和會計長叫到官邸，痛罵他們「貽誤軍務，腐敗麻木，殊堪痛恨」，然後親手草擬命令將他們兩人撤職查辦，同時也指斥何應欽貽誤預算案[242]。

　　奇怪的是，差不多兩個月後，陳良仍然以軍需署長身分報告預算。原來他只是被撤職留任，觀察三個月。他在報告中指出，有某集團軍下轄兩軍，照編制兩軍四師約有五萬人，但缺額高至三、四萬人，要求補充兵丁。等到發餉時，他們卻以足額計算，要求發五萬人的薪餉，不僅拒絕承認曾報告過缺額的事情，而且挑戰軍需署官員說，你們自己去點驗官兵數目吧。同樣的問題層出不窮，到1944年年底，國軍可能仍必須按照帳面數字的570萬人來發餉[243]。蔣中正聽後，不知有何反應。

　　再其次，蔣中正對役政問題非常關心[244]。他在開會之初，已經指出徵兵成為天怒人怨，要求把壯丁直接送往規定之徵集所，不准中間停留，以免他們被囚禁挨餓，並嚴禁捆綁與押解。他再三強調接兵幹部要選擇有良心血性、能吃苦耐勞之人員。徐永昌認為這個問題背後有更大的問題，徒靠法律不能解決。接兵幹部當然應該選擇好人，但幹部很多不好已經是實際情況，所以主張改進軍官和軍隊的教育。當然也應當禁絕捆押和囚禁，但老百姓沒有國家觀念，逃避徵召更是普遍事實，所以役男的政治教育也應該加強。徐永昌沒有想到，何應欽聽到這些意見以後，身為兵役署的上級長官，沒有絲

---

241 蔣中正日記，1944, 9, 6；徐永昌日記，1944, 9, 6；9, 9。

242 蔣中正日記，1944, 9, 9；9, 12；9, 13；徐永昌日記，1944, 9, 9。

243 徐永昌日記，1944, 11, 5；陳誠日記，1944, 9, 14。

244 陳誠日記，1944, 7, 6。湘桂會戰時，西南聯大校務委員會的蔣孟鄰（夢麟）即曾前往黔桂兩省視察役政，曾有報告給蔣中正，說役政腐敗，足以亡國。

毫愧色，不覺得自己有任何責任，反而喜眉笑眼，試圖把注意力轉移到草擬相關公文的瑣屑事務之上[245]。

　　果然，法條的重申並無助於役政的改善。8月28日，第29輸送團接收新兵約200人，抵達重慶住在機房街，打罵新兵的聲音令人厭煩。由於二兒蔣緯國的報告，蔣中正憤怒異常。次日晚下令特務兵包圍並封鎖該處，不准任何人出入或移動東西。30日早晨9時，他電召軍政部長何應欽、次長錢大鈞、軍委會後勤部部長俞飛鵬、兵役署副署長朱維（為）鈴，以及該團團營長諸人，躬自率領他們前往機房街，果然發現新兵「其人似鬼，其地如獄，傷痕宛然」。他自報名諱，要他們別怕，告訴他誰虐待人，新兵指向三位連排長，他立即將其交付軍法部門處理。其中一位排長大聲喊冤，說因為有幾位新兵在途中起鬨，才動手責打。這時候擔任兵役署長的程潤澤終於趕到現場，蔣中正一看到便氣極敗壞，順手拿起手杖當頭亂打，把程署長的眼睛打傷，也把手杖打斷。隨後下令將傷兵送往醫院醫療，並下令程署長及其副署長與該團團營長留在機房街的房子，要他們仔細體驗住在那裡的滋味，直到當天傍晚都不准回家。

　　當時何應欽也遭到責罵，蔣中正連聲該死。何解釋道，輸送團團長鍾某乃中央訓練團的優秀隊長，為團主任王東原所保薦，營、連長均為軍校學生，排長也是軍校技術大隊學生，曾受兩年軍事教育。他們負責輸送壯丁，但上級給他們的糧餉和給養都確實不敷其用，又必須防備新兵逃走，所以休息時脫光他們衣服（這是日軍防止中國俘虜逃亡的辦法）。這種虐待新兵的事情發生在平時，團長也會加以處分，這一次團長不知道新兵已到，所以沒有發覺。徐永昌則認為發生這種事情，教育不良，餉給不足，都是真實問題，也是問題主要原因。各地徵兵，地方官都敷衍了事，保甲長常以僱買流氓和兵混子應付命令，這一次受傷的壯丁只有三數人，說他們中途起鬨恐怕也是事實：既然由輸送團輸送，則後勤和軍政兩部長亦有責任，蔣僅重責兵役署長似嫌過當。不過徐永昌又說，這種層層剝削的現象在徵兵過程中層出不窮，為官者如聾如聵，本來就不可原諒，難怪蔣中正萬分震怒，只是應該交付軍法審判，用棍杖痛擊，並打傷程澤潤的眼睛似乎過分！其實，蔣中正回

245　徐永昌日記，1944, 7, 23。美國當時同意提供90個師的武器。

到官邸，也深自後悔，由於手痛，更驚覺自己下手太重，實在不該打人[246]。

蔣中正的暴躁易怒是有名的，他經常警告自己不可如此，這一次他實在太生氣了。其實如果蔣中正知道程澤潤為何未立即趕到現場，或許會更加憤怒，而杖擊也會更加無度。因為程澤潤在前一天晚上壯丁挨打的時候，正忙於過五十歲生日和慶祝升任調驗委員會主任，他的下屬在兵役署衙門置酒高會、還安排〈三堂會審〉的堂會慶祝[247]。除過生日，飲酒唱戲外，程澤潤還喝雉呼盧，不知鬧到深夜何時，難怪早上上班後仍不見人影。其實，兵役署平時已有貪污惡名，一個師管區的職務索賄數十萬元，兵役中籤者想要替換，則索價亦三數萬不等，也許這些民間傳聞有過甚之處，但是關於役政的貪污腐敗，早已喧騰於中外輿論。蔣中正也移送了一些案子到軍法總監，僅查到有何應欽四大金剛之名的程澤潤而已。這一次事件發生之後，蔣中正下令軍法總監何成濬徹查該案[248]。何成濬的調查證明輸送團團長確實有剋扣糧餉、虐待新兵和任意棄置病死壯丁的罪行，主張他與其他涉案軍官和地方保甲長一律處死，但程澤潤的關係複雜，既是何應欽愛將，又是四川實力派軍人的朋友和袍哥名人，最初認為程澤潤部分，無文無證，頂多只能採取行政

---

246 蔣中正日記 1944, 8, 30：徐永昌日記，1944, 8, 30；何成濬，《何成濬將軍戰時日記》，下，頁 468-469、521、575、614、617-618、623、626、631；程功，〈程澤潤霧城遭誅〉，club china com, 2012-02-17.2, www.chengworld.org/a/gjmr/mingrenchuangqi/.../2909 html. Originally in 2009-12-12, Hualong wang, Chongqing shangbao：程功，〈兵役署長程澤潤作為「替罪羊」拋了出來〉，club china com, 2012-02-17。www.chengworld.org/a/gjmr/mingrenchuangqi/.../2913 html：程功，〈蔣介石侍從室段良宇中了解到程澤潤之死是一石三鳥所致〉，club china com. 2012-02-17. www.chengworld org/a/gjmr/mingrenchuangqi/.../2914 html：沈沉、嵐聲，〈蔣介石槍斃程澤潤〉，《文史月刊》，2003, 2。www.xzbu.com/1/view-283364.html。鹿鍾麟等，〈國民黨「徵兵」之禍民情狀種種〉，共識網。www21ccom.net/articles/lsjd/lccz/article_2011043034562.html。同樣的事情已發生過。1944 年 6 月 7 日，蔣中正在重慶看到巴縣自衛隊官長拉拴壯丁，他下車用手打了這位官長兩下。事後，他憂心役政之敗壞，但說自己動手打人，應記大過一次。見蔣中正日記，1944, 6, 7。

247 徐永昌日記，1944, 8, 31。

248 徐永昌日記，1944, 9, 1。據同書，1944, 10, 8，徐永昌總結一次朋友關於貪污的談天，他說貪污最厲害的是稅吏，以直接稅稅吏為尤，其次是糧吏，再其次是主管兵役的人。最嚴重的是下層保甲長，四川邛崍的一位保長僅數月就貪污上百萬，巴縣的田管處處長貪污 1,100 萬元，米 400 石。

處分。後來以他案詳查，發現有挪用公款的確實證據，才在全案拖了10個月後判處九年徒刑。蔣中正為了端正役政，不管何應欽還是其他將領關說，則堅決主張加以槍決，才在1945年7月槍斃程澤潤[249]。

　　為了整頓兵役，蔣中正把兵役署從軍政部獨立出來，單獨成為一個中央部會[250]。10月中旬，他任命西北軍出身的鹿鍾麟為兵役部長，並決定嗣後撥補壯丁一事，必須由軍令部指定人數，然後通知軍政、兵役兩部執行，並必須盡力貫徹本省所徵之兵不撥充本省駐軍為原則[251]。蔣中正增加了一個中央級部會後，據鹿鍾麟後來在毛澤東時代的回憶，兵役部門的貪腐並未因此而消失；在離開重慶稍遠的省縣，問題充斥如故，因為實際執行的還是原來的役政人員，包括師管區司令，團管區司令和各縣區鄉保甲人員。鹿最詬病的是，管理役政的軍官，若不是黃埔出身，就是與地方實力派軍人有關，所以雖然對貪污殘暴人員課以嚴刑峻法，但是他們總有辦法逃避追究和刑責。一到徵兵季節，仍然造成社會騷動，在地方上是賣放、頂替和抓路人充數，嚴重的時候，沒有人敢隨便出門上路。軍官則照樣剋扣食物、衣物和藥品，當挑夫運送私貨，累死、餓死、打死，隨便扔棄屍體。鹿鍾麟唯一可以告慰的是，他把原來一年兩次的徵兵，減為一年一次，而在其一年的部長任內，如額完成補充兵源的任務[252]。

　　在蔣中正交代的軍事會議議程中，尚有整飭軍風紀。徐永昌主張與其加強軍風紀視察團及另外成立考核機構，不如授憲兵、軍風紀視察團、各相關部會最高長官以及軍令部以全部權責。何應欽聽後，顧左右而言他[253]。蔣中正也沒有發言支持，或要求各主管單位提出具體辦法。即便蔣發言支持，從鹿鍾麟主持兵役部的經驗來看，效果恐怕也是不佳，因為在他以軍法嚴辦一些不法軍官的同時，還是有不法軍官利用人事和派系關係進行關說和包庇，

249 何成濬，《何成濬將軍戰時日記》，下，頁474、484-485、496、521、575、614、626、629、630；百度百科程澤潤條。

250 徐永昌日記，1944, 8, 31；9, 6。

251 徐永昌日記，1944, 12, 5。

252 鹿鍾麟等，〈國民黨「徵兵」之禍民情狀種種〉。共識網。

253 徐永昌日記，1944, 7, 24；7, 27。議程中會議還討論禁止軍官攜眷隨營行動，並與士卒同甘共苦，不知道會場上如何討論這一個議題。

所以各種弊端依舊充斥於各有關下級單位。

其實徐永昌認為軍政問題的根本癥結在「領導階級無能」，蔣中正總是警告批評，卻不認真行法，結果作奸犯科者更加肆無忌憚，由於公道不彰，以致愛國熱心亦泯滅不見[254]。他更總結認為蔣中正缺乏識人之明，用人之後，又不知道教育和刑法同樣重要，所以每一次苦口婆心講了一番大道理後，政府官員中愛跳舞的還是跳舞，愛打牌的還是打牌，完全沒有效果[255]。有一天早晨徐永昌朗讀《中庸》，到「予懷明德不大聲以色」一節，旁邊有人質問他：「蔣先生是否為大聲以色？」徐永昌無法答覆。想了又想，不知怎麼忽然想到「大聲以色」不正好說明蔣中正的行徑嗎？蔣中正確實「有善善惡惡意」，可「惜疏於識人，求功太急，苦口鮮效，治絲愈棼」[256]。

（三）天父保佑

蔣中正是虔敬理學家，更是虔誠的基督教徒。他從1930年正式皈依以後，一生都維持每天祈禱和閱讀聖經或《荒漠甘泉》的習慣。但是在1944年的豫湘桂戰役期間，有一些值得注意的特別表現。這裡不提他當時面對的中美關係困境，只就戰爭對其宗教信仰產生的效應和表現，稍加討論。基本上，洛陽之役時，他已經感受特別壓力，有不同於平時的表現，衡陽之役尤其厲害，桂林之役的精神壓力就小很多了，基本上他的宗教行為沒有衡陽之役時的誇張。

1944年5月7日，當日軍逼進洛陽之時，他原來每晨一次默禱，特別增加到五次，請求上帝保佑[257]。5月11日，日軍開始礮擊洛陽城，蔣中正與守城部隊失去電訊聯絡，他焦急異常，兩天沒有消息以後，夢到皎潔月光，他竟然釋夢說，這是黑暗中突顯光明，如果保衛洛陽成功，正好證明上帝保佑中華，製造神蹟，他也必定報答上帝，要兒子蔣經國「敬受洗禮，終身貢獻於上帝服役」[258]。儘管有此承諾，但洛陽依舊不守。6月14日，日軍西進潼關

---

254 徐永昌日記，1944, 7, 22。

255 徐永昌日記，1944, 7, 31；8, 9。

256 徐永昌日記，1944, 8, 13。

257 蔣中正日記，1944, 5, 8。

258 蔣中正日記，1944, 5, 14。

的危機解除，部隊退回洛陽附近，他還是異常感恩，認為天父到底保佑中華，日本人不繼續進攻了[259]。

6月20日長沙淪陷後那天早上，他凌晨3時起床，便開始默禱，得到上帝啟示，翻開舊約，一翻翻到〈以賽亞〉第六十章。這一章是說，上帝特別榮耀以色列，「你雖然被敝棄被厭惡，甚至無人經過，我使你變為永遠的榮華，成為累代的喜樂，你必喫萬國的奶，又喫君王的奶，你便知道耶和華是你的救主，是你的救贖者……你的日頭不再下落，你的月光也不退縮，因為耶和華必作你永遠的光，你悲哀的日子也完畢了。」從這一段經文中，蔣中正讀到無窮希望。

接下來衡陽會戰爆發，無論蔣如何努力增援衡陽守軍，但形勢愈來愈險峻。7月18日，在日軍對衡陽的第二波總攻擊達到一個高潮時，美國總統羅斯福來電，要求蔣中正把中國軍隊的指揮權交給史迪威。衡陽保衛戰成為他領導軍隊能力的試金石。但方先覺的電報卻是說，部隊傷亡殆盡，已必須使用文職和雜役人員，他感覺悶鬱。20日，他已覺得衡陽保衛戰能否轉危為安，全是上天的意旨[260]。第二天，他在日記上記道：「天父乎，余今已穿入陷阱之中，四面黑暗，遍體鱗傷，若不矜憫施救，恐不能實現上帝所賦予之使命，其將永受羞恥。」[261]在迫切盼望國軍援軍抵達衡陽，而又知道他們在日軍的強烈阻擊下一無進展後，蔣中正連續悶鬱了幾天，他遂向上帝默禱，要祂賞賜衡陽戰事的勝利，他願意在自己六十歲的生日，在南嶽衡山頂峰建立大鐵十字架[262]。7月31日，他引《荒漠甘泉》，「求主不要讓明天的憂慮來摸挨著我，而要看主今日所要施行的求恩」。在隨後的星期反省錄中，他又加重許諾，不僅豎立鐵十字架，還要效法基督將軍馮玉祥，率領第10軍全體受洗[263]。

蔣中正原來以為日軍的攻勢已成為強弩之末，沒想到接下來日軍又展開第三波攻擊，而且炮火之強大不減，投入兵力有增不損，而攻勢未見退潮。

259　蔣中正日記，1944, 6, 14。

260　蔣中正日記，1944, 7, 20。

261　蔣中正日記，1944, 7, 21。

262　蔣中正日記，1944, 7, 25。

263　蔣中正日記，1944, 7, 31；1944, 7, 31上星期反省錄；1944, 7, 31本月預定大事表。

他的心神開始徘徊於失望和希望之間,「危急、苦痛、恥辱、慚愧」的心情交錯,因特「勉強、奮鬥、自反、激悟」,不過「對上帝的信心益堅強也」[264]。次日接到電報知道衡陽尚未淪陷,他「感謝上帝之心更切」[265]。8月8日,方先覺終於放棄抵抗,他接到衡陽告急的電報,說即將不保,也終於承認,「一切都在意中。此種存亡大事必有天父主宰,其間如以天理與人事以及余對主基督之信心而論,當有轉敗為勝之可能。然而危殆極矣,天佑之」。當天晚上,他特別讀聖經,度過他最痛苦的一個晚上[266]。

　　衡陽失陷後,蔣中正精力轉移到中美外交上,直到桂林失陷,才看到戰爭對他信仰的衝擊。他說桂林失陷,加上對美外交不順,「今日軍事外交內政,社會之形勢皆極動盪之時,余惟有沉靜止息,恃此負責心,□保不測之禍患,提供於上帝聖靈之前,以待其理與救恩而已」[267]。他並沒有為桂林戰役特別祈禱過。但是日本人沿黔桂路西進、衝破宜山的國軍防地時,他感覺情勢險惡到極點。11月28日,中央派往廣西的一個軍(98軍劉希洛)崩潰,次日另一個軍(97軍陳素農)竟然發生軍長隻身逃離戰場的事情。他說前一天睡眠不佳,晚上做夢,夢到「親除糞淨盡」,他以為是上帝「示余以敵不入貴州境,更覺安心也」。第二天戰局卻更加惡劣,他喝了人參湯後,睡眠變得安穩,所以他強解釋說,「此乃心神轉佳,大局轉危為安、轉敗為勝之機乎?惟願上帝佑之」[268]。同天蔣中正在寫反省錄時說:「本月實為憂患愧侮、恥辱重重之一月,然而對天父之信心益堅,《荒漠甘泉》一書實予我以莫大之助力也。」[269]

　　在貴陽危機中,蔣中正的祈禱文並無特別之處,謹摘錄幾則以為參考:12月3日,他考慮放棄貴陽,再圖反攻的戰略,他禱告說「上帝默佑我中華

---

264 蔣中正日記,1944, 8, 5上星期反省錄。

265 蔣中正日記,1944, 8, 6。

266 蔣中正日記,1944, 8, 8;8, 9。連續兩天他也讀《孟子・養氣章》:「其為氣焉,至大至剛,則塞於天地之間。其為氣焉,配與義與道,無是餒也。」蔣說讀到這段話,精神為之一振。

267 蔣中正日記,1944, 11, 11上星期反省錄。

268 蔣中正日記,1944, 11, 29;11, 30;11, 31。

269 蔣中正日記,1944, 11, 31本星期反省錄。

民國，勿使之恥辱到底也」[270]。12月5日他確定日軍停在都勻門外後，說「敵寇⋯⋯不敢侵入都勻」，「料敵無深入黔省企圖。上帝之諾言又定了。」好像上帝許諾保護中華民國了。12月6日，他又夢到滌蕩污臭，他又說「此乃上帝預示我以轉敗為勝，澄清中華之象也，阿門」[271]。12月7日，國軍光復獨山，其實是日軍自動放棄獨山，蔣說：「惟有感謝上帝，實現其應許之恩典」[272]。在次日的反省錄上，他又說：「幸賴天父恩典，果能使敵寇進而復退⋯⋯各軍將領效命前進，不致重受恥辱。經此大難，今後或可如天之福，得以如期奮鬥，完成使命乎？」[273]

　　12月12日雙十二，是他西安蒙難八週年紀念日。他說「得天父恩佑，賜我重生，余將如何自強奮勉，以報此無上之恩賜與福祉」。當天中午他接見從衡陽逃回的方先覺將軍，「不禁如隔世重逢，悲喜交集」，不知道他有沒提到他在衡陽戰役中所作的祈禱和承諾。當天晚上他倒是破除常例，找蔣經國和外甥竺培風前來聽他講解《荒漠甘泉》兩章，再一起默禱[274]。12月16日，他把與方先覺的重逢以及前線戰事的順利放在祈禱詞內，「益感天父恩賜我之大，信心自覺益堅矣」[275]。

五、結論

　　1944年是同盟國開始大反攻的第二年，美國在太平洋戰取得海空優勢，並逐島或越島反攻，美國的空軍開始直接威脅到日本本土。歐洲戰場上，美蘇英三國也對德國反攻，蘇聯席捲東戰場，美英進入南歐，在這一年的6月初又要在西歐登陸開闢新的戰場。盱衡世局，蔣中正很難想像日軍此時仍有力量在中國發動大規模戰役，尤其是發動一場規模史無前例的大戰。主觀上

270　蔣中正日記，1944, 12, 3。
271　蔣中正日記，1944, 12, 7。
272　蔣中正日記，1944, 12, 8。
273　蔣中正日記，1944, 12, 8上星期反省錄。
274　蔣中正日記，1944, 12, 12。
275　蔣中正日記，1944, 12, 16上星期反省錄。

如此認定，他的情報機構也大有問題，完全無法適時提供正確軍事情報，警告他日軍不僅有決心大舉，更有能力大舉，並提醒他提出考慮周詳的對策。結果，蔣中正在河南戰役中無法正確判斷日軍將如何突破國軍河防，如何在攻陷許昌以後展開主力大迴旋，與如何以坦克師團和騎兵旅團閃電攻擊洛陽。其後，在湖南戰役和廣西戰役，蔣中正倒沒有面對太大的意外，但是在長沙、衡陽、全州、桂林四處重要戰略要點，仍然低估和錯估了日軍的戰力和決心，總以為日軍已經動員到達極限，不可能持久地連打幾場大規模戰役，對日軍戰略的判斷更連連失誤，所以提出來的對應戰略難稱適當。早在河南戰役期間，他就自覺到，中國軍隊的戰術本來落後，全靠正確的戰略補救[276]。從河南戰役到湖南戰役再到廣西戰役，卻看不出他有什麼正確的戰略，反而不斷妄想日軍是強弩之末，攻勢難以持久，似乎從未想到他的大部分軍隊和將領缺乏強烈戰志和必死決心來消耗日軍戰力，並打擊和摧毀日軍的進攻意識。

　　日軍一旦發動抗戰以來史無前例的超大規模作戰，蔣中正就面臨國內外輿論的考驗，倘使國軍不能保衛領土，尤其是重要城市，則必定招致輿論嚴厲抨擊。有許多人，特別是知識分子，在失望之餘，會想到推翻其統治的可能，甚至把對他以及國民黨的失望變成對毛澤東以及中共的期望，希望中共真正肩負抗日民族主義的大纛。蔣中正面對的挑戰是他在什麼地點以及什麼時候能阻擋住日軍，更理想的是，在阻擋住日軍攻勢並消耗其作戰力量後，能夠及時集中龐大而又充分的兵力對日軍進行反擊和圍殲。河南戰役初期，他期望許昌可以扮演這個角色，不料日軍攻擊強大，迅速加以占領，更把他依為外線攻擊的湯恩伯部隊打個落花流水，不成隊伍。他期望武庭麟和張世光守住洛陽，但武、張兩位的堅守，若沒有洛陽城外湯恩伯和蔣鼎文部隊配合，只是平白犧牲，不幸，湯蔣兩人在洛陽城外的部隊，在日軍坦克、馬隊、飛機和大炮的攻擊下，均早已無法掌握和指揮了。後來他期望張德能在長沙、方先覺在衡陽、陳牧農在全州、韋雲崧在桂林、陳素農在南丹扮演武庭麟和張世光的角色，其中張德能和韋雲崧兩人和武庭麟相同，出身軍閥部隊，方先覺、陳牧農和陳素農三人則與張世光一樣，均為不折不扣的黃埔子

276　蔣中正日記，1944, 5, 20上星期反省錄。

弟。蔣中正期望他們以陣地戰消耗日軍戰力，拖垮日軍的後勤補給系統，尤其是爭取足夠的時間，讓自己有足夠的時間和能力集中強有力的打擊和救援部隊，予日軍以致命一擊。對於組織有力打擊和救援部隊，他期望湯恩伯、蔣鼎文、薛岳、李玉堂、黃濤和白崇禧指揮的軍隊。可是所有這幾位守城的將領中，除方先覺符合期望、武庭麟和張世光差強人意以外，大部分都是臨陣畏怯，甚至臨陣逃亡。而在城市據點四圍的國軍也始終無法及時集中，成為有力拳頭，根本無法裡應外合，徹底打擊攻城日軍。僅衡陽戰役中的廣東部隊的黃濤所部比較像樣，但是遭到日軍不計犧牲的有效阻擊，也未能與方先覺部會合，以致方先覺在守城47天後，不得不放下武器，成為日軍俘虜。

　　顯然，蔣中正不僅對敵人不夠理解，對自己軍隊的理解也有很大問題，尤其在「將將」方面，嚴重缺乏識人之明。他不曉得他的軍隊缺乏戰志，缺乏犧牲心理，大部分早已成為不堪一擊。戰爭期間，軍隊大量膨脹，戰費呈倍數成長，造成惡性通貨膨脹，已經把軍隊驅使到飢餓境地，軍隊普遍出現吃空缺現象，軍隊編制和實際人數不符。許多軍隊更在戰區長官的榜樣和縱容之下，大做生意，其實也沒有什麼生意可做，最重要的生財之道就是所謂搶救物資的走私，從日本占領區走私、從中共地區走私，甚至有辦法的從國外走私。軍隊做生意，當然無暇訓練，而軍紀敗壞，何況戰區司令帶頭，遂上行下效。軍隊為了維持戰力，甚至維持存在，需要從民間動員大量人力、物力和財力，有時還在地方上直接介入徵糧、拉伕、抽丁，再加上公營事業與民爭利，引起地方紳民普遍反感和痛恨。尤其是為了達到徵糧、拉伕與抽丁任務，無所不用其極，不必說那些只想寄生在民間人力、物力和財力養育之上的惡劣軍隊了。蔣中正要以這樣的軍隊保家衛國，達到死守城池和全力出擊的目的，似乎是不可能的事情，況且日軍的陸空火力和機動力都超過從前甚多，面對強大的日軍，大部分國軍都只能望風而逃。即使抵抗，也無法持久。1944年7月9日，蔣中正在一次軍事會報中說，「多虧有洛陽、長沙之敗，否則種種腐壞現象俱不得知云云」[277]。假如這是他的真實看法，這只證明他完全弄不清楚他的軍隊腐壞狀況，一定要等到軍隊慘遭敗北，中外批評紛至沓來才有真正覺悟。

---

277 徐永昌日記，1944, 7, 9。

　　他對豫湘桂幾場戰役的失敗，最令人不解的是，對湯恩伯戰敗的責任和原因完全不予追究。下面有兩段話，發人深省，都引自徐永昌日記。第一段話是何應欽與張治中的對話，以及徐永昌的評論。第二段話是徐永昌本人與國民黨元老李石曾的交談。何應欽在私下場合中談到當前政局，說財政方面，若認為財政部長孔祥熙不恰當就可以請他去職，又若認為政府不善也可以改組，為何既不讓孔祥熙去職，也不讓孔祥熙回國？張治中接著說：

> 蔣先生個性甚強，明知某事某人之不善，若他人攻擊之，即欲更易者亦必暫緩，而中共深知竅要，即就此罅隙以攻擊之，便利用此短為其攻擊宣傳之目的，試問彼之罵孔真欲政府去之乎？果盡去此等之人，則其鵠的盡失矣。余（案指徐永昌本人）覺其言深可玩味。當時亦略有意見，以為如知某事不良即直請改進，某人無用即直請更換，但須以此進言於蔣先生即可矣。[278]

　　第二段話的場景是1945年抗戰勝利第一個雙十節前夕，徐永昌和李石曾聆聽蔣中正對全國廣播，內容依舊是經濟、政治、教育等建設問題，最後也依舊是老套：若國人不能改變過去敷衍泄沓與無廉恥之惡習，不知伊于胡底。聆聽廣播後，徐永昌偕李石曾同車返回住處，他說：

> 蔣先生政治無賞罰、無紀律，不知養人廉恥之心，愈告誡愈無恥，其性情殊似孫二哥，對不相識者有是非賞罰，愈熟者愈無，蓋失之於厚，為頗富感情之一流也。[279]

　　蔣中正個性倔強，聽得進逆耳忠言，但是好面子，如果幾個人聚在一起，共同向他建議，他就會認為是對他施壓，即便有理，也完全聽不進去。另一方面他十分重感情，對不認識的人他可以做到是非賞罰，對認識的人就完全做不到了，而且越是熟識越做不到。對熟識的人，他也不是不對其告

278　徐永昌日記，1944, 10, 17。
279　徐永昌日記，1945, 10, 10。

誠，但告誡畢竟不是實質懲罰，結果熟識者對他的告誡習以為常，久而久之，玩愒成習，越是告誡越是無恥。其實，他對軍政部和軍令部的負責官員採取同樣態度，這兩個機構證明都無法提供正確的情報，以及戰情判斷以及軍事策略，但卻沒有追究任何責任。軍政部的腐化尤其嚴重。他的幾位重要軍事助手也都有嚴重缺點：何應欽遇下極厚，婆婆媽媽，根本是包庇，處事推拖敷衍，關心人事而不關心做事[280]；熊式輝有點理學味，逆來順受，近乎懦弱：雖敢犯顏直諫，卻處處與人為善，不諳英文，卻堅持要出使美國，結果除了飽受美國種族主義的氣以外，被美國軍部扔進大冰箱中，完全不起作用，與其說是以其專業的「軍事後勤」為擅長，不如說被蔣中正視為政治官僚而使用；張治中點燃長沙大火時，日本軍隊尚不知道在何處，他卻已下令實行焦土政策，還對上司陳誠下跪求饒；何成濬一直以善於為蔣拉攏軍閥為最大本事，蔣卻要他掌握軍法大刀，難怪後來以「活人無數」揚名；徐永昌重視傳統倫理，然而以北方軍人追隨蔣中正，疏不間親，欲言又止，缺乏擔當，不敢據理力爭，且缺乏戰略想像力，注意細節，尤其體力不佳，難耐繁劇，守成而已[281]；林蔚文在徐永昌質疑方先覺「來生再見」的電文時，竟然以為問題可笑，不知道問題的嚴重性。這些人中的後兩者看起來尚有為有守，但是他們在軍事輔佐方面都不能說是已經善盡職責。他們對軍事機構官僚化和腐敗化的容忍，或許也反映了整個重慶政府的品質，大家都得過且過，所以軍隊的腐敗無能也愈來愈嚴重。

---

280 陳誠日記中有很多這樣敘述，美國方面就不斷提供這方面訊息。日記，1944, 5, 4，5, 7。又何的下屬也如此批評，王懋功說他是阻礙人才之大障礙。凡事，非請示他做不通，請示他，他又不負責。唐生智轉述他的參謀說，一次有事請示，何應欽竟然回說，凡作戰事宜，他不參加任何意見，但事關人事，則一定要參加意見。唐認為這個說法是古今中外幕僚的一大奇聞。見陳誠日記，1944, 2, 11；4, 25。對何應欽愛面子，講人情，關說司法，徐永昌也有證據。何應欽要何成濬開釋軍役署署長程潤澤，但程潤澤接受20萬元法幣購買團長一職查有實據，又考慮到，蔣中正當時正在擔心黔桂戰事，如果立即請求開釋，很可能招到蔣中正的大怒。徐永昌同時提到自己代理陸軍大學校長時，何應欽為開除學生求情。他認為這種事情太多，已經泄沓成風。見徐永昌日記，1944, 12, 2。其實，早在1930年代學生毆打校長楊杰，未受任何懲治，陸軍大學學生的軍紀早已不堪聞問。
281 參考邱沈鈞，「國民政府軍令部第二廳的一些主管」，www.hoolite.cn中國黃埔軍校綱。

　　除了上面的原因以外，我認為蔣中正雖然有其政治能力，但基本上是從軍事觀點看待湯恩伯問題，並沒有就其軍事失敗背後的政治與經濟問題深入研究，並提出究責。另一方面，純就軍事而言，湯恩伯喪失國土，固然有其責任，但是始終忠心耿耿，何況湯恩伯軍事失敗問題上蔣本身也負有一定責任，提供的敵情判斷和戰略指導都有問題。蔣中正是自反而縮，雖千萬人吾往矣；自反而不縮，雖一個人在前也會踟躕遲疑的人。在1944年前後，他對四書和傳統理學看得特別勤謹，也非常重視修養反省，給人的印象，他有時反省過頭，以致癱瘓自己的執行力。在湯恩伯問題上，他過分自責，因此不免對湯恩伯有所縱容了。

　　豫湘桂大潰敗中，蔣中正面對的不止是國內外輿論的批評，政權也直接受到衝擊，第六戰區司令官薛岳派他弟弟的一個師占領江西贛州機場，意圖從美國直接爭取軍事援助，置蔣中正的手令於不聞不問，有自立局面傾向[282]。孫中山的兒子孫科也加強他對蔣中正不民主、聯美反蘇、反對中共的政策，提出愈來愈尖銳的抨擊[283]。雲貴兩處的地方軍人伺機而動，成都更出現學潮，四川軍人和反蔣知識分子更大肆活動，大批教授和文人感覺離心離德。國內如此，美、蘇兩國和中共三方面對他的批評尤其無所顧忌，批評他的軍隊徹底腐敗，甚至冷嘲熱諷其喪失國土，美國要求中國軍隊的全部指揮權，並配合其軍事需要重開緬甸戰場，蘇聯也為新疆特權問題，半公開地支持當地的獨立運動。中共則是批評他的政府腐敗無能，軍隊望風而逃，要求軍政全面改革。

　　在洛陽和長沙相繼失陷之後，蔣中正發現對他的批評擴及到私德方面，他認為有關於他私德的傳言，都是有心人，尤其是中共和美國軍部散播的，目的就在摧毀其統治的道德合法性。其實，這是把問題簡單化了，即便中共真要為這些流言負責，也不表示他們對於國軍的批評完全是無的放矢。無論如何，蔣中正召集重要官員、美國朋友和基督教領袖進行闢謠，不過即便產生效果，也無助於戰志的恢復和軍隊戰力的提升：若欲恢復戰志與提升戰

282　蔣中正日記，1944, 11, 17；11, 18上星期反省錄。11月21日，蔣說薛岳在贛州的自由行動　　　等於叛變，對於他手令置之不理，最令人難堪，但他在蔣經國的勸阻下決定不予深究。
283　蔣中正日記，1944, 8, 31本月反省星期反省錄。

力，還是要靠大力改革，尤其徹底解決養兵太多軍費過於龐大等問題，並改善兵役和軍需制度，不過由於需要被改革的人負責改革，而蔣中正又不能令出必行，公允處理賞罰問題，尤其在進行處分的時候明白說出道理，反而一再包庇某些特定將領，形成賞罰多重標準的印象，所以效果十分有限。在戰爭失利遇到困難時，他像在外交問題進入窘境一樣，從基督教信仰中尋求安慰。他有強烈的歷史使命感，遇到嚴重挫折和失敗，他總認為他與國家同樣遭受了恥辱，同時也認為乃是上帝的嚴苛考驗，他從《聖經》和《荒漠甘泉》中尋找信心，堅信上帝還是會保佑和支持他的努力。在軍事瀕臨絕望時，他也會追求神蹟，然而一旦出現希望和轉機，他就把它們當成信仰堅定的見證。他的基督教信仰中摻雜了理學成分，也有類似民間信仰的部分；儘管如此，卻是支持他百折不撓信心的來源。

蔣中正很幸運，豫湘桂大潰敗中，他的政權雖然風雨飄搖，卻未全面崩潰。羅斯福在中美兩個盟邦可能決裂，正快要分道揚鑣的關鍵時刻，也開始補救中美外交的裂痕，不再把中國當成非洲酋長國那樣，縱容名義上為蔣中正參謀長的史迪威以各種手段攘奪中國軍隊的全部指揮權，更停止他與中共桴鼓相應的若干言論和做法，但是傷害已經鑄成。隨後，蔣中正在魏德邁將軍的悉心輔助之下，繼續其在豫湘桂戰役中的軍事改革，不過為時已晚。他在美國的大量軍事援助下，雖然提升了戰力和恢復了戰志，但基本上只是仰賴美國的大量軍事援助重新組建了一個比較現代化的軍隊。這一支軍隊大約只有四十個師，為數戔戔，占其所有的部隊三分之一不到。雖然靠著他們，蔣中正在抗戰最後一年利用日軍對戰線的收縮，在西南地區對日本進行大反攻，也靠著他們在日軍投降以後，加上美國海空軍的大力協助，光復絕大部分淪陷區，並對中共軍隊展開攻勢。但其補給制度學習和依賴美國，基本上是脫離了中國社會和經濟條件的軍隊，寄生在中國社會之上，所以戰局只勉強維持了一年的好光景，便面臨國共內戰迅速逆轉的形勢，龐大戰費更導致難以想像嚴重的通貨膨脹。蔣中正本來就沒有爭取到淪陷區民間的積極支持和認同，而其嚴重的通貨膨脹更造成人民離心離德。加之在這關鍵時刻，美國以停止對蔣中正軍隊的援助為武器，以便促成國共兩黨合作，結果脫離社會和經濟條件的國軍因為缺乏社會的大力支持，而到處失利。在這個時候，蔣中正開始閱讀有關中共的軍事和改革資料，但他並沒有從中吸取到任何有

用的教訓，更沒有針對軍政問題作出深刻的自我檢討，尤其是徹底自我改造。他對美國不了解，對中共也不了解，感受挫折和屈辱以後，總是咬緊牙關，希圖以忍字祕訣度過艱難，卻始終未能開創出真正新局，所以他領導的政權和軍隊依舊問題深重。國共內戰的歷史證明，兩黨競爭基本上是在軍事戰場上決其勝負。蔣中正既未能在1944年以後更迅速地厚積軍事實力，並打造出一個不脫離中國社會條件的新式軍隊，其未來內戰失敗，不卜可知。1944年蔣中正說，國民政府再不改革，抗日勝利之日就是國民政府失敗之日，一語成讖，他在隨後四年之中迅速失去整個中國大陸，速度之快，令人咋舌，而他自己在中國大陸的形象也由抗戰勝利、萬民歡呼的最高領袖迅速淪為好戰失利、被爭相唾棄和妖魔化的「蔣匪幫」幫主。

臺北帝大附屬熱帶醫學研究所
——從成立到接收

張秀蓉[*]

　　2012年筆者完成《日治臺灣醫療公衛五十年》，4月蒙臺大出版中心出版。此書包括三個部分：（一）堀內次雄、丸山芳登編著的〈於過去半世紀之臺灣醫事衛生年表〉（書中譯為〈臺灣醫事衛生年表1895-1945〉）；（二）丸山芳登《日本領時代に遺した臺湾の医事衛生業績》（書中譯為〈日治時期臺灣醫療公衛業績〉）；（三）法規與文獻，筆者慎選出一些日治時期醫療公衛法規及相關文獻印證日治時期的政策與政策之理念。筆者用許多篇幅作註解工作。編註完成這本書的感想，誠如臺灣大學公共衛生學院前院長江東亮教授所言：「與歐美公共衛生領域的發展過程不同，臺灣的環境衛生、傳染病防治、衛生教育和組織醫護事業等公共衛生工作，幾乎都在日本據臺之初隨即同時展開。」[1]而且日本推動熱帶醫學、熱帶衛生的研究不遺餘力。日本是世界唯一的帝國主義國家，未將傳染病帶進殖民地者；反而是來臺灣消滅傳染病、地方病的帝國主義國家。

　　2013年筆者又完成《臺大醫學院1945-1950》，4月也是由臺大出版中心出版。這本書是匯集臺灣大學校內各單位保存的檔案，從中慎選出在這混亂的五年與臺大醫學院相關的檔案。在檔案集之前，筆者寫了一篇〈從故紙堆

---

[*] 國立臺灣大學歷史學系退休教授。

[1]　江東亮，《醫療健保政策：臺灣經驗》（臺北：巨流，2007.11，3版），頁3。

中建構歷史〉，以檔案為主，輔之以有寫日記習慣的臺大醫學院醫界前輩們的傳記及一些校友對學生時代的回憶。從整理到寫作過程中印證了一些臺大醫學院前輩們的共識：即臺灣醫療公衛發展是在日本建立的基礎上，糅合了中國、美國的元素而呈現出現在的面貌。

　　2013年9月底，筆者又開始寫《戰後臺灣公衛搖籃推手──永遠的陳所長》（與江東亮教授合撰）並編了一本《陳拱北教授紀念文集》，此兩本均已完成，待版中。我在寫、編以上兩本書時特別看到了「臺北帝國大學附屬熱帶醫學研究所」（以下簡稱帝大熱研所）在臺灣公衛發展史上的重要性，礙於篇幅，本文只介紹：帝大熱研所前身、帝大熱研所、接收帝大熱研所等三個主題。

　　這三年來筆者所以能年年有作品出版，乃因1999年8月自臺灣大學歷史系教職退休後，在臺大醫學院做義工了十幾年，期間從校內外包括去日本，蒐集累積了許多資料，現已存放在臺大醫學人文博物館典藏室；又得地利之便，隨時可向多位醫學院前輩包括前醫學院院長楊照雄教授、黃伯超教授及生化學科林國煌教授等請益、解惑；並在臺大前校長陳維昭教授、前醫學院院長謝博生教授及前公共衛生學院院長江東亮教授鼓勵下，趁還能動筆時，陸續將蒐集的資料整理出來，包括本文在內都是在做拋磚引玉工作，尚請讀者不吝指教。謹以本文祝倬雲師福如東海、壽比南山。

一、帝大熱研所前身

（一）日治初期的調查研究

　　1860年後臺灣開港，北淡水南打狗，兩地海關醫療勤務自1871年開始奉令每半年定期要作《海關醫報》（*Customs Gazette: The Half-Yearly Medical Report of the Chinese Imperial Maritime Customs*），《海關醫報》的內容包括當地的地理位置及自然環境、天候狀況及醫事方面的統計與敘述；因此，為臺灣留下1871至1893年淡水、打狗及其附近基隆、臺灣府最早以科學方法作的醫學研究與資料。《海關醫報》中另有四篇專文醫學報告，其中兩篇是對臺灣南部血絲蟲症的觀察[2]。

2　戴文鋒，〈《海關醫報》與清末臺灣開港地區的疾病〉，《思與言》第33卷，第2期，1995年

　　日本治臺後，陸續有專家或行政單位調查研究臺灣的風土病、傳染病以及公共衛生相關的問題。1899年2月《臺灣醫事雜誌》創刊前，這些調查研究報告都上報日本內閣，日本政府將其刊登於內閣官報局出版的《官報》上。《官報》上刊登的調查報告，依序如下：

　　疾病方面：

　　(1)1896年9月9日，雲林支廳醫員日高幸平對74名患者研究作的〈甲狀腺腫調查報告〉。[3]

　　(2)1898年10月21日，陸軍軍醫學校教官陸軍三等軍醫正岡國田太郎的報告，〈ペスト病毒傳染經路研究復命書〉這是針對1896年鼠疫在臺發生情況報告書。[4]

　　(3)1896年底醫學博士緒方正規等出發來臺作鼠疫調查，1897年4月19日完成〈「ペスト」病研究復命書〉。[5]

　　(4)1899年1月19日，臺南醫員寫的〈甲狀腺腫調查報告〉，是一篇臺南縣的管轄地蕃薯藔（今旗山）地方性甲狀腺腫流行之研究報告。[6]

　　公共衛生方面：

　　(1)1897年由臺灣總督府（以下簡稱總督府）製藥所作的臺灣人日常用蚊香的報告，〈蚊仔煙試驗成績〉。[7]

　　(2)臺南縣〈牛乳業調查〉，總督府作。[8]

　　(3)〈臺北飲料水調查站試驗成績〉，民政局作。[9]

　　(4)〈淡水道水源地質調查〉，總督府作。[10]

6月，頁157-214；請參見翁佳音、林滿紅、黃富三，《清末台灣海關歷年資料（*Maritime Customs annual returns and reports Taiwan, 1867-1895*）》（臺北：中央研究院臺灣史研究所籌備處，1997）。

3　《官報》，日本內閣官報局，第3961號。

4　《官報》，第4594號。

5　《官報》，第4135號。

6　《官報》，第4663號。

7　《官報》，第4290號。

8　《官報》，第4326號。

9　《官報》，第4159號。

10　《官報》，第4579號。

(5)〈臺灣戶口數〉，1897年12月末，總督府作。[11]

公共衛生方面，1898年春天曾派東京帝大的坪井次郎博士來臺出差兩個月，從北到南觀察後，12月3日在東京「臺灣協會」講談會上作〈臺灣的衛生〉演講[12]。

事實上，日本在征討平定臺灣前，對臺灣當地疾病所知非常有限。如牡丹社事件時，日軍雖經歷可怕的臺灣熱，「但詳情並未記載」[13]，臺灣熱大概是瘧疾，但也有可能是其他的熱病；1879年6月 Dr. B.S. Ringer（1835-1910）解剖葡萄牙籍病人，發現肺吸蟲成蟲[14]；傷寒雖被視為是一種疾病，「當時的醫學知識欠缺細菌學的原因診斷及免疫反應應用等診斷方法」，1896年才有魏達氏（Widal）反應的知識，「用糞便培養檢驗傷寒也非常困難，從血液檢驗傷寒病菌的方法事後來才被考慮的」；赤痢，只知道是因阿米巴原蟲引起，直到1898年志賀赤痢發現才知道有細菌性赤痢存在；腳氣病是許多官兵罹患的疾病，致病原因不明，「海軍為了預防腳氣病而供應麥飯，獲得了相當好的成績」；平定臺灣時官兵罹病及病死者最多的是瘧疾。當時根本不知道瘧疾是因病媒蚊子引起的，直到1898年由在印度工作的英國殖民醫官羅斯（Ronald Ross, 1857-1932）確認「瘧疾是由瘧蚊（Anopheles）傳播」，1900年由萬巴德（Patrick Manson, 1844-1922）用人體做實驗進一步證實的[15]。

---

11 同上。

12 演講譯文收錄於張秀蓉編註，《日治臺灣醫療公衛五十年》（臺北：臺大出版中心，2012.4），頁546-552。

13 小田俊郎，洪有錫譯，《台灣醫學五十年》（臺北：前衛，2000），頁5；據連日清說臺灣熱即瘧疾，派出近6000名特遣軍，200多天內日本入侵部隊，登記染病有2800多人，臺灣熱（瘧疾）病例高達500多人死亡，相當於十分之一軍人死於臺灣熱。連秀美，《蚊子博士連日清──抗瘧大師的傳奇一生》（臺北：遠流，2007.12），頁95。

14 小田俊郎，同前書，頁5；朱真一，《從醫界看早期台灣與歐美的交流》（臺北：望春風，2007.11），頁31。朱真一在書中對肺吸蟲症，後續由日治中川幸庵、橫川定等接續研究肺吸蟲生命史，橫川定因此發現以他命名的橫川吸蟲，甚至日籍學者對薑片蟲的研究都作了許多詳細介紹，頁17-131。小田俊郎亦於書中簡介日籍在臺學者對肺吸蟲、橫川吸蟲等寄生蟲的研究，頁38-39。

15 小田俊郎，同前書，頁5-6、30；李尚仁，《帝國的醫師──萬巴德與英國熱帶醫學的創

換言之，日本領臺之初，許多重要的熱帶常見疾病都是在1895年之後才發現病因的。

（二）臺灣地方病及傳染病調查委員會

1899年11月25日總督府設置「臺灣地方病及傳染病調查委員會」是政府有計畫地以有組織的方式進行研究之始。

臺灣地方病及傳染病調查委員會的設置目的是「為研究調查臺灣地方病、傳染病及鴉片癮者治療法」，置委員長一名，由民政長官擔任；「委員若干名由臺灣總督府任命臺灣總督府及所屬官署之高等官擔任」；「必要時，於常任委員外增設臨時委員或輔助委員。」[16]

臨時委員也可以請日本國內專家擔任，如宮島幹之助是瘧疾研究專家，1903年趁宮島幹之助來臺機會，還召開瘧疾研究會[17]。

顯然此委員會屬功能性組織。但其研究成果也頗可觀。根據統計，1899至1909年委員會的調查報告共有104篇，調查研究的專題，「包括瘧疾、痢疾、毒蛇、鼠疫、登革熱、傷寒、流性腦脊髓（原文為「隨」）膜炎、鴉片癮、肺蛭寄生蟲、下腿潰瘍、皮膚病等。」其中瘧疾占四分之一比例。而這些調查報告均被刊登在《臺灣醫學會雜誌》上[18]。

（三）臺灣總督府研究所

帝大熱研所第一個前身是1909年成立的總督府研究所。總督府民政局長後藤新平「希望以科學的調查研究，作為統治臺灣的基礎。」「就臺灣的氣候、風土、社會、文化的程度及衛生狀態，尤其是廣布全台的風土病與各種疾病等，宜先改善這些方面，進而開發產業。」亦即將疾病消滅才談得上

建》（臺北：允晨，2012.10），第五、六章，對瘧疾的研究，萬巴德與羅斯之間的合作有充分的介紹與討論。
16　張秀蓉編註，同前書，頁53、386、387。
17　小田俊郎，同前書，頁30-31。
18　范燕秋，〈日治前期臺灣公共衛生之形成1895-1920〉，《思與言》第33卷，第2期，1995年6月，頁241-248。

經濟建設。所以 1907 年起，籌建成立總督府研究所[19]。

　　當時有研究設備的機關包括「專賣局有檢查課，殖產局有試驗所，醫學校也有各種試驗、檢查設備，但規模都太小」，也「是個缺乏瓦斯、自來水的時代，試管用酒精燈加熱，加壓的水無法使用。」這些問題不僅後藤新平看到，總督府醫學校長也看在眼裡，所以研究所之成立「歸功於後藤新平的創意和首任所長高木友枝的建議一致。」[20]

　　據 1909 年 4 月 6 日〈臺灣總督府研究所官制〉，及 4 月 28 日〈臺灣總督府研究所分課規程〉，總督府研究所掌理殖民產業及衛生方面的研究，設所長一人，技師專任四人，書記專任四人及技手專任十五人。研究所設「所長專屬」、「化學部」及「衛生學部」。其中衛生學部掌管下列事務：

（1）細菌學與原生動物學相關研究。
（2）傳染病病原、病理、預防法、治療法相關研究。
（3）熱帶地區衛生相關研究。
（4）藥學、毒物學相關研究。
（5）家畜傳染病及殖產相關之細菌研究。
（6）水質之細菌學相關研究。
（7）其他衛生相關之所有研究。

　　1916 年 12 月 28 日又公布〈臺灣總督府研究所分課規程改正〉，在衛生學部掌管事務中增加血清及細菌學預防治療用品製造一項[21]。

　　第一任所長由總督府醫學校長高木友枝兼任，堀內次雄兼任研究所技師；1915 年 3 月高木友枝專任於研究所，直到 1919 年高木友枝轉任首位臺灣電力株式會社長，總督府研究所所長由堀內次雄接任[22]。高木友枝在日本原任職傳染病研究所，以製造霍亂血清用以治療病患出名，所以 1916 年總督府研究所衛生學部掌管事務中增加血清及細菌學預防治療用品製造項，正是高木之專長，也開血清及細菌預防治療用品在臺灣製造之先河。「山口謹爾技

19　小田俊郎，同前書，頁 101。

20　同上。

21　張秀蓉編註，同前書，頁 294、334、335。

22　小田俊郎，同前書，頁 82、102。

師製造狂犬病預防劑，交給臺北醫院，開始使用在被害者的治療，這是草創
時期研究所事業中最值得注目的。」[23]

　　杜聰明是第一個獲日本博士學位的臺籍學者。在臺灣時他只是臺灣總督
府醫學校第13屆畢業生；1909年4月入學，1914年4月以第1名畢業；當時
公學校相當於現在小學，畢業者有資格投考總督府醫學校，醫學校念預科1
年，本科4年，共5年才得畢業，所以杜聰明其實沒有大學畢業的資格。他
之所以能夠到京都帝國大學攻讀博士學位，與總督府研究所有關。杜聰明在
學生時代就立志走基礎醫學之路，希望成為細菌學者。本科第二學年學完細
菌學後，暑假期間「就往總督府研究所衛生部受丸山芳登、洪蘭指導學習做
培養器，練習細菌培養。」畢業後獲堀內校長允許入研究所研究細菌學。半
年後1914年總督府研究所新聘技師小泉丹來臺，杜聰明又跟小泉丹作研究
助手工作，「研究寄生蟲學，採集臺灣產蚊類及十二指腸蟲培養」，後經堀
內推薦往日本學習，1922年12月獲京都帝國大學博士學位[24]。杜聰明的優異
表現，在未正式獲得學位前，1921年10月先獲任臺灣總督府醫學專門學校
（以下簡稱醫專）助教授兼總督府中央研究所技師職位。所以臺灣總督府研
究所業績包括55篇業績報告[25]，山口謹爾研究的狂犬病預防劑以及協助培育
出臺灣第一位醫學博士杜聰明。

（四）中央研究所

　　日治熱研所的第二個前身是中央研究所衛生部。1921年總督府將轄下農
林相關研究機關整合在總督府研究所下，改名為「中央研究所」。1922年整
頓完成後，分為農業、林業、衛生、工業四部門。其中衛生部掌管之事務
為：

23　小田俊郎，同前書，頁102。根據堀內次雄與丸山芳登所著〈臺灣醫事衛生年表1895-
　　1945〉，1916年9月臺灣總督府研究所調整部分官制，將狂犬病及其他種類的預防劑分為
　　「疫苗」、「診斷用血清」兩類開始販售，張秀蓉編註，同前書，頁67。1916年2月28日公
　　布的規程是追認，或是年表記錄錯誤，待考。

24　杜聰明，《回憶錄》（台北：杜聰明博士獎學金基金會管理委員會，1973.8），頁35、44、
　　45、53、54、57。

25　范燕秋，同前書，頁249-251。

（1）細菌學及原生動物學相關試驗研究。

（2）傳染病及寄生蟲疾病之病原、病理，以及治療法相關試驗研究。

（3）熱帶衛生相關試驗研究。

（4）實驗病理學及治療學相關試驗研究。

（5）衛生化學相關試驗研究。

（6）血清、痘苗及細菌學預防治療等用品製造。

（7）醫療藥品檢查。

（8）其他衛生相關之試驗研究。[26]

中央研究所衛生部掌管的事務，對照總督府研究所衛生學部有所增減。衛生部的業務將原衛生學部業務中（4）（5）（6）取消，將原總督府研究所化學部業務中第（5）項醫療藥品檢查，納入衛生部，將原第（7）項業務，增加痘苗的製造，增加第（4）（5）兩項。

中央研究所衛生部由堀內次雄任部長。1929年設立瘧疾治療實驗室為瘧疾臨床研究機構[27]。1934年衛生部重組其編制，衛生部下設：細菌學第一研究室、細菌學第二研究室、細菌學第三研究室、醫動物學及瘧疾研究室與瘧疾治療實驗所、藥學與衛生化學研究室、熱帶衛生研究室、實驗治療學研究室及血清疫苗與狂犬病作業室、食品及衛生化學試驗室、藥品試驗室，並設臺中藥品試驗支所及臺南藥品試驗支所[28]。各室均設主任1至2名。其中實驗治療學研究室主任為杜聰明，為唯一的臺籍主任。

從總督府研究所衛生學部到中央研究所衛生部，掌管的業務是作各項規定的研究，但自1916年增加血清及細菌學預防治療用品的製造，1921年增加藥品檢查，1934年各項研究分工更細，也有臺中、臺南藥品試驗支所之設置。從中央研究所的組織來看已經是帝大熱研所的雛形了。不過，中央研究所衛生部只是「掌理全省衛生技術之研究試驗設計檢查鑑定等項工作並協助指導分設各州市之衛生實驗室[29]」。易言之，它的業務還限於本島，而中央研究所

26　張秀蓉編註，同前書，頁294、338。

27　小田俊郎，同前書，頁103；張秀蓉編註，同前書，頁74。

28　小田俊郎，同前書，頁103、104。

29　臺灣大學醫學院秘書室檔案，發文醫字第13010號，1947年3月6日。

衛生部的研究業績到 1936 年止，已到 390 號[30]。

　　中央研究所衛生部技師、主任多人來自醫專，他們在教學之餘，多在研究室研究，因為醫專無經費，如杜聰明「全靠研究所之實驗經費及動物費及小小設備」，「開始研究苦蔘有效成分マトリン，八角蓮、木瓜葉有效成分カルパイン之藥理研究。」杜聰明以中央研究所技師身分派往歐美留學，1928 年歐美留學回來後，開始收醫專學生進入藥理學研究室，作學位論文的研究生。陸續進入研究室的學生愈來愈多，研究業績逐漸發表。1930 年杜聰明又任臺北更生院醫局長，院長為總督府衛生課技師下條久馬一，「對鴉片癮者之統計及實驗的研究，以臺北醫專藥理學教室、臺北更生院及中央研究所三所聯繫，對研究工作獲得很多的方便矣。」[31]

　　許多研究生跟杜聰明研究，不但研究業績量多，這是繼《臺灣醫事雜誌》後，1902 年發行《臺灣醫學會雜誌》（至今仍由「臺灣醫學會」發行）「原著」篇幅愈來愈多的原因之一，而且也培養了日治後的臺灣公共衛生領導者，如邱添賢、黃文、工耀東等當年他們都在杜聰明研究團隊中[32]。另一位大森南三郎（1905-1988），畢業於京都帝大農學部農林生物學科，1932 年受聘中央研究所衛生部為囑託顧問之一，帝大熱研所成立後聘為所員，臺籍傭工連日清被他調教成為日後國際知名抗瘧專家[33]。

　　1938 年 3 月 17 日《臺灣日日新報》有一則報導，〈中研衛生部獨立將成為熱帶醫學研究所〉，其報導如下：

　　　　長久以來在熱帶醫學及相關領域中留下輝煌成果，對本島衛生界貢獻
　　　　良多的衛生部也決定獨立，考量到同部之性質，總督府經長期檢討
　　　　後，最終決定使其獨立為臺北帝大熱帶醫學研究所。建築物將暫時沿
　　　　用目前的衛生部，但為了提高同部質量，將會針對現有的技師十二名

30　《臺灣總督府中央研究所衛生部業績》（臺灣總督府中央研究所，1936）。1937-1939 資料待考。

31　杜聰明，《回憶錄》，同前書，頁 57。

32　同上，頁 57、81。

33　連秀美，同前書，頁 29-37。

（含兼任七名）技手十二名（含兼任三名）進行改善精簡。而留任人員中，具實力者將可獲得相當於教授或助教授等大學職員的待遇。如此一來，長年被中研的舊官制限制而無法升等的同部博士們、技師們，未來應有機會嶄露頭角。[34]

以上報導看出輿論對衛生部的貢獻是肯定的，似乎對組織中現有技師、技手有進行改善精簡的需要，未來對有實力者，將會跳脫舊有的官制，比照臺北帝國大學（以下簡稱臺北帝大）教授、助教授待遇，也可有升等機會，未來應有機會嶄露頭角，不知是否指將來的熱研所還要肩負更重要使命的意思。

二、帝大熱研所

（一）成立

「隨著社會文化風氣的提升，研究所組織本身進行強化擴充的必要性愈來愈強，為業務需要，中央研究所解體」，其中「農業試驗場、林業試驗場、園藝試驗場、糖業試驗場等單位恢復獨立運作」；化學部獨立成工業研究所，衛生部改組為熱帶醫學研究所附屬於臺北帝大[35]。

帝大熱研所正式成立前一年，成立消息已見諸報端。1939年4月28日正式成立後由臺北帝大總長三田定則兼所長。1940年9月16日總督府公布新所長由下條久馬一博士接任。19日，「在同所職員約百人見證下，於熱研所會議室舉行新舊所長交接致詞典禮。」典禮中三田定則總長致詞內容如下：

> 本研究所創設之際，原預定命名為「臺灣熱帶研究所」，但在本人的強力主張下，去掉了「臺灣」兩字。儘管本研究所屬於臺灣總督府之設施，然而本所的研究對象及研究成果的回饋範圍並不限於臺灣。現今歐美醫學已有相當水準，蘇伊士地峽以西地區的疾病多可仰賴歐美

34　《臺灣日日新報》，1938年3月17日，第7版。

35　張秀蓉編註，同前書，頁294。

醫學治療,然而蘇伊士地峽以東之熱帶地區、亞熱帶地區的衛生保健問題,則有待本研究所負起重責大任,並施以學術指導。是故本人除去研究所名稱中的「臺灣」兩字,也期盼各位職員能盡力實現此一目標。[36]

而新所長下條久馬一的回應是:

我國專家在進出南支那、南洋時,面臨了以往學界從未見過的諸多問題。目前專家們正傾全力解決這些問題,同時也逐漸改變了過去「熱帶醫學研究對象僅限於臺灣人」此一觀念。我們需更加努力,以維持本研究所在熱帶醫學研究領域的領導地位。[37]

　　1937年7月7日盧溝橋事件發生,日本已積極準備南進計畫,帝大熱研所成立消息於1938年3月17日見報,1939年4月28日正式成立,由上引新舊所長交接典禮之致詞內容,看出此所之成立主要在配合南進戰爭的需要,而且也將研究所的研究對象與成果回饋範圍不再限於臺灣,並雄心萬丈地要與歐美醫學並駕齊驅;以蘇伊士地峽為分界點,「以西地區的疾病多可仰賴歐美醫學治療」,「以東之熱帶地區、亞熱帶地區的衛生保健問題,則有待本研究所負起重大責任,並施以學術指導」;易言之,帝大熱研所與其兩個前身比較,兩個前身成立的宗旨在解決臺灣的醫療、公共衛生問題,帝大熱研所則是要解決地球東半部熱帶、亞熱帶地區的醫療與公共衛生問題。
　　次日《臺灣日日新報》[社說]的標題為〈府熱帶醫學研究所再出發在此時局下其使命重大〉,將研究所成立目標作更進一步說明:

(1)……身為監督者的臺大總長的抱負,恰好與身為被監督者的新熱研所長的感觸相互呼應。若能因此使本熱研更加活躍,那麼這不僅是臺灣學界的榮耀,也將可從醫學衛生方面確立並促進東亞共榮圈的發

36　《臺灣日日新報》,1940年9月19日,第2版。

37　同上。

展。對此我感到無比期待。

（2）如眾所知，本熱帶醫學研究所是由前中研衛生部重新組織而成，故有關瘧疾的熱帶醫學研究已有相當歷史。但目前本島內仍有許多瘧疾患者，這不但影響到每個島民的生活，也對全體社會造成一定的威脅。特別是在中日戰爭及世界大戰開戰後，為了前往南支那、南洋的國人，本研究所更應盡快研發出完備的瘧疾預防法。希望本研究所不僅在治療法上能領先他國，在特效藥的開發製造等等其他方面也能取得領導地位。自從士林支所成立後，不僅成功製造了各種疫苗及水牛痘苗，也對本島流行的新生兒破傷風之預防治療有極大貢獻。除了瘧疾之外，開發阿米巴赤痢疾及其他熱帶疾病的特效藥，以及尋找臺灣產的藥用植物等等，將會是化學科今後的優先研究事項。

（3）目前在內地，附屬於大學的機關有東京的傳染病研究所、大阪的微生物研究所；此外厚生省中設有公眾衛生院、營養研究所、衛生試驗所及人口問題研究所；文部省則有體育研究所。而臺灣僅有熱帶醫學研究所，由熱帶醫學、熱帶衛生學、細菌血清學、化學等四科集結而成，背負著重大使命及責任。因此，為了提高效率並獲得最佳成果，熱研除了進行學術研究外，更應該著眼於研究成果之應用。換言之，熱研應從社會的實際需求中尋找研究問題，除了本著學術興趣進行研究外，更應重視該研究的實用性。為了向南支那、南洋方面宣示我們在南方醫學的領導地位，並且在蘇伊士以東的熱帶地區、亞熱帶地區進行學術指導，我認為應以研究之實用化為目標，並進快實現此一目標。本熱帶研究所肩負眾望，而新所長的就任可說是順應當前局勢的措施之一，希望此一措施能使熱研再度朝目標邁進。[38]

　　從以上幾則引文，可以看出帝大熱研所成立要達成的目標就是配合日本的南進政策，而且在熱帶醫學研究方面的企圖心很強，要與歐美國家並駕齊

---

[38] 《臺灣日日新報》，1940年9月20日，第2版。連日清第一天上工，工作地點就是在帝大熱研所「瘧疾治療實驗室」，清掃金絲雀糞便，是研發抗瘧藥物的一環。連秀美，同前書，頁28、29。

驅，目標是達到蘇伊士地峽以東的熱帶醫學研究領導地位。

（二）人員

　　依1939年4月27日（《臺灣總督府臺北帝國大學一覽》〔以下簡稱《帝大一覽》〕日期是4月28日）公布的〈臺北帝國大學附屬熱帶醫學研究所官制〉，帝大熱研所設所長一人，由總督自帝大教授中選任；所員由總督自帝大教授及助教授中選任；總督得於必要場所設立帝大熱研所支所[39]。帝大熱研所成立後由總長三田定則兼所長，所員包括所長在內12名，技師1名，技手20名，書記3名，技手分屬士林、臺中、臺南三支所[40]。

　　若比對1934年中央研究所衛生部之各研究室主任名單，只有四名轉任帝大熱研所所員，的確如前引新聞報導所言，人員方面進行了改善精簡[41]。從所員的頭銜不是教授就是助教授，換言之，帝大熱研所是對中央研究所衛生部人員大幅換血，所員的資歷也提高到齊一的水準。

　　因為帝大熱研所是日本南進熱帶醫學研究的中樞，在朝日本東亞共榮圈目標邁進時，強化研究所陣容刻不容緩，1940年10月11日公布〈熱研所官制改正〉（修訂），將書記從3名增加到4名，技手從20名增加到25名，下條所長對這次陣容的擴大，做了以下之回應：

> 本所成員陣容終於漸趨完備。本次新進人員未來將活躍於熱帶醫學科、化學科、細菌血清醫學科、本部及支部等等。熱研已成立一年半左右，但如果想在現今情勢下完成備受期待的各種工作，則必須整頓研究機關、確保人手充足。此事本應在成立時立即擬定完善計畫，但當時因財政問題而無法一次完成，近期內將會逐步重點實施，擴展研究所的規模。今後熱研將不再是臺灣的機關，更會成為負責南支那、南洋的機關，這也意味著本所肩負的使命更為重大。希望近期內能獲

39　張秀蓉編註，同前書，頁339。
40　《帝大一覽》，1940年10月，頁198-201。
41　此四名是富士貞吉、森下薫、下條久馬一與宮原初男，他們都是博士、教授，參見《帝大一覽》，1940年10月30日，頁198-199；小田俊郎，同前書，頁103-104。

得軍、官、民等三方協助，使熱研成為世界頂尖的研究所。[42]

以下是1939年至1943年帝大熱研所所員人數與資歷表：

年	所員人數（包括所長）	所員資歷		全所人員			統計
		教授	助教授	技師	技手	書記	
1939	12（7名兼）	8	4	1	20	3	36
1940	15（9名兼）	11	4	1	23	3	42
1941	17（9名兼）	12	5	1	27	4	56
1942	20（9名兼）	15	5	1	35	5	61
1943	22（10名兼）	17	5	1	37	5	65

資料來源：《臺灣總督府臺北帝國大學一覽》昭和14-18年（1939-1943）。

上表所示，帝大熱研所正式人員編制一直在增加，1943年《臺北帝大一覽》編印時間是1944年3月，亦即1944年3月編制的重要職員有65名。編制員額增加是隨戰事緊迫在持續中。其中東京帝國大學細菌學教授細谷省吾一直掛名所員[43]，應與血清疫苗製造是帝大熱研所發展主項有關；其中唯一的臺籍杜聰明教授自1940年起一直被聘為所員。

（三）業務

1939年4月27日〈臺北帝國大學附屬熱帶醫學研究所官制〉第二條所列熱研所掌管熱帶醫學、藥事衛生等相關事務，包括：

（1）研究、調查、試驗、分析、鑑定及檢定。

（2）講習、講解及實地指導。

42　《臺灣日日新報》，1940年10月12日，第2版。

43　小田俊郎在《台灣醫學五十年》頁132寫道：「細谷省吾於昭和十五年九月擔任東大傳染病研究所教授離開臺北，日後發現Tricomycim。其後中島壽繼細谷省吾出任細菌血清科長，他去世後由岸田秋彥續任」；臺北《帝大一覽》，從1939到1943細谷省吾一直掛名在熱研所，不知是編印錯誤，或是細谷只是掛名，人在東京算是通訊兼所員，待考。

(3)研究、調查細菌學等預防治療用品、試驗所得產物之製造及分配[44]。

1942年8月12日又公布訓令第93號〈臺北帝國大學附屬熱帶醫學研究所事務分掌規程〉如下：

第一條：熱帶醫學研究所設熱帶病學科、熱帶衛生學科、細菌血清學科、化學科、厚生醫學科及庶務課。

第二條：熱帶病學科掌管下列事務

　1. 熱帶病之病原、病理、預防及治療相關研究、調查、試驗。

　2. 熱帶病相關臨床研究、調查、試驗。

第三條：熱帶衛生學科掌管下列事務

　1. 熱帶地區保健衛生相關研究、調查、試驗。

第四條：細菌血清學科掌管下列事務

　1. 細菌性疾病之病原、病理、預防及治療相關之研究、調查、試驗。

　2. 細菌學預防治療品相關研究、調查、試驗。

　3. 細菌血清及細菌學預防治療用品相關鑑定及效力檢測。

第五條：化學科掌管下列事務

　1. 藥學相關研究、調查、試驗。

　2. 衛生化學相關研究、調查、試驗。

　3. 醫療、衛生用藥及飲料食品分析、鑑定、檢測、封裝。

第五條之二：厚生醫學科掌管下列事務

　1. 熱帶地區人口問題之衛生統計學調查及研究。

　2. 熱帶地區居民體能調查及研究。

第六條：講習、講解及實地指導相關事項由各科分別實施。

第七條：（略）

44　張秀蓉編註，同前書，頁338-339。

第八條：（略）

第九條：熱帶醫學研究所士林支所負責細菌學預防治療用品及其他研究
　　　　與調查。根據試驗成果之原物料製造及分配。

第十條：熱帶醫學研究所臺中支所及臺南支所負責醫療及衛生用藥試驗、
　　　　檢測及封裝。

第十一條：（略）[45]

　　從上面兩段引文看出帝大熱研所的業務包括熱帶醫學與公共衛生學相關
的研究、調查、預防、治療，也包括藥品的製造、檢測及短期人員訓練。

　　丸山芳登對熱研所的業務有下列敘述：

> 熱帶醫學研究所由……組成；熱帶疾病學科附設瘧疾治療實驗所作為
> 其研究的主體；熱帶衛生學科方面除了本身的研究之外，同時負責臺
> 北附近的自來水管線的定期檢查；化學科也在本身研究之外，監管臺
> 北、臺中、臺南有關藥品適當與否的試驗事務；細菌血清學科方面則
> 包括了狂犬病預防劑、種痘疫苗、白喉菌、破傷風、氣性壞疽，治療
> 蛇毒的血清以及其他疫苗的製造等，對防疫方面貢獻良多。為了上述
> 治療及擴大製造預防劑，於臺北市郊士林增設支所。[46]

　　引文最後提到士林支所「對防疫方面貢獻良多」，其實製造血清疫苗對
防疫相當重要，所以臺灣總督府特別為士林支所大興土木。《臺灣日日新報》
1939年8月12日有一篇特別報導〈熱帶醫學研究所士林支所竣工今秋十一月
舉行落成典禮〉，報導首先解釋士林支所已經竣工，開幕典禮原訂8月10日
左右等三田總長返回臺北後舉行，但考量天氣太熱，「且目前全體員工正在
加班製造島內及南支那所需的大量疫苗，故典禮將延至十一月舉行。」「全

45　張秀蓉編註，同前書，頁340-341。

46　丸山芳登，《日本領時代に遺した臺灣の医事衛生業績》，本書收入張秀蓉編註，同前
　　書，第二部，譯為《日治時期臺灣醫療公共衛生業績》，頁91-318，上引文為頁294-295。

體員工正加班製造」可見士林支所尚未舉行開幕典禮，員工已加班製造疫苗，其戰鬥之士氣不輸前線官兵。至於士林支所的建築以及到1939年8月12日這篇報導時的工作情況及成果引述如下：

> 同支所位於士林劍潭山下，占地約一甲，建坪五百坪，為兩層樓的鋼筋水泥建築，耗資約十一萬圓，於四月竣工。除了主建築之外，尚有廄舍四棟、小動物舍及培養基製造所各一棟等等。目前廄舍內有水牛與馬匹各四十頭，小動物舍內有上萬隻兔子、天竺鼠、小鼠，以及謹慎飼養在箱子內的百步蛇、雨傘節等等。以上皆為實驗用動物，或用以製造血清疫苗。同支所的成員有：支所長的醫學博士細谷省吾，其下有岸田所員、長野技師、技手六名，此外尚有囑託等約五十名，終日辛勤工作。成員們從四月起已製造了約一百萬人份的霍亂疫苗，以及數十萬人份的傷寒疫苗、腦脊髓膜炎疫苗、性病治療用之新疫苗。這些疫苗主要提供給博愛會等機構，對於東亞建設計畫中的軍營衛生方面有莫大助益。除了上述疫苗之外，有關細谷博士提倡之「以水牛製造氣性壞疽的治療預防血清」一事，如今已證實水牛產生免疫的期間較馬來得短，再加上以水牛製作免疫血清時，水牛的耗損量少，且產生的抗毒素也較多。兩相比較後，可發現水牛血清在各方面皆勝過馬血清，這對臺灣而言是非常有利的情況。如預算許可，將使用水牛製造其他數種免疫血清，包括：臺灣常見的急性肺炎、猖獗於南支的志賀菌所引起的赤痢、棲息於南支與臺灣的毒蛇等免疫血清。此一事業可謂前途光明。[47]

帝大熱研所以牛代馬製造水牛血清確為熱帶醫學開創新紀元[48]。士林支所另一項成果是：

> 關屋博士依據其多年的研究成果，首先利用本支所的荒川哲製造之荒

47　《臺灣日日新報》，1939年8月12日，第2版。

48　《臺灣日日新報》，1938年4月9日，第7版。

川培養基[49]，從某公學校的學生一千餘名內篩選出約五十名的白喉帶原者；其次以細谷法精製的白喉類毒素，每隔二、三日為帶原者注射。注射十次後，便成功消滅帶原者體內的白喉菌。……此一發現解決了世界醫學界長久以來的難題，可說是臺灣醫學的驕傲。[50]

1939年正在作的尚有瘧疾治療藥及有關性病的新研究。細谷部長說：「我們熱研為帝國內獨一無二的機構，身為東亞建設大業的一環，我們必會盡最大的努力發展南方醫學。」[51]

士林支所在戰爭末期未遭轟炸波及，是帝大熱研所「設備完全甚少損失」的一部分[52]，所以很快就可恢復疫苗之製造，不過也因此惹了一些爭權的麻煩，困擾接收後的臺大，此部分將另文介紹。

帝大熱研所另一具體業務是短期人員的講習。一位曾服務於帝大熱研所陳姓雇員，臺大公共衛生研究所成立後留任的技佐，因有人來文要確認某人是否參加過臺大熱研所短期講習事，當時臺大公共衛生研究所陳拱北所長詢問陳技佐後，陳所長根據口述，回文，留下了臺大熱研所短期人員講習資料，茲記述如下：

（1）熱研所當時主辦者歷年一至二次，係對（原文為「由」）各州廳之細菌檢查所及瘧疾防治所職員（包括技手、雇員）施於短期講習（包括實習），其課程分為細菌及瘧疾二科。

（2）大東亞戰爭（日本名稱）發生後有南方協會委託熱研所舉辦衛生技術員之訓練，定名南方協會衛生技術員養成所，其招考資格為中學畢業或同等學力，養成期間一年，以應軍方需要。

49　荒川培養基：選擇性培養基（selection medium）的一種，白喉菌會於該培養基上形成黑色菌落。

50　同上。

51　《臺灣日日新報》，1939年8月12日，第2版。

52　〈熱帶醫學研究所兩年來工作概況〉，《國立臺灣大學校刊》，1947年11月15日，第4期，第12版。

（3）嗣改稱博愛會衛生技術員成所，既又改為臺灣總督府南方要員鍊成所第二部，下設四科制（第一科：甲種醫師訓練，第二科：乙種醫師訓練，第三科：技術人員訓練，第四科：保健婦〔公共衛生護士〕訓練。）衛生技術員養成所屬於第三科，其課程修業其間後來縮短為半年。及至二次大戰日軍勢力漸敗，南方急需衛生技術員，故特辦臨時三科制以應付軍方需要（臨時三科制係軍方募集而來，資歷較差）。[53]

從資料中看到帝大熱研所執行另一特殊研究計畫。此計畫之緣起是，有鑑於過去曾發生過內地的農業移民受熱帶疾病所苦的情形，並且考量到今後內地人來到臺灣及南支那、南洋地區時，當地的氣候風土對內地人造成的影響，總督府決定針對此點展開調查[54]；於是由帝大熱研所增田長宗技師負責與日本厚生省厚生科學研究所合作，在「臺中州北斗郡秋津村成立了拓士訓練所」。先由東京的青年協會甄選這100名青年進入東京方面的訓練所後，接下來的研究隨即展開，研究情形如下：

> 立即由該研究所職員為他們進行全面的身體健康檢查，並逐一記錄於檢查表和健康日誌中，送交熱研。熱研則是在拓士來臺後再度實施同樣的身體健康檢查，並於日後每隔一段時期重複實施同樣的檢查，對照他們在內地時的健康狀況，以確認內地人來到熱帶地區後的身體狀況變化。日後針對國人的海外活動擬定對策時，將可利用本次的調查結果做為科學依據。也就是說，可依據本次調查發展出克服熱帶氣候風土的方法，或防止體力衰竭的方法，或發展適合當地的衣食住，或調整工作分配以提高工作效率等等。[55]

很顯然此計畫也是在配合南進政策。為了戰爭，帝大熱研所研發理想的防空壕建築方法，也開發「適合作為緊急糧食的竹筒飯」以應戰爭需要等

53　臺大醫學院秘書室檔案發文日期為民國47年8月7日。
54　《臺灣日日新報》，1941年1月24日，第2版。
55　同上。

等[56]。

最後，帝大熱研所的研究成果，是具體可呈現之研究業績。根據丸山芳登統計，研究所開設以來，1945年「公開發表的研究成果多達500多篇」，所內「職員及研究人員藉由這些研究論文而獲得學位者達44名之多。」[57]

為了將臺灣熱帶醫學研究介紹到國際學界，帝大熱研所挑選優良研究業績持續刊行 *Acta Nipponica Medicinal Tropicalis* 及《熱帶醫學研究》雜誌，均為同仁發表研究成果之刊物。根據〈臺北帝國大學接收報告書〉，前者共出版3冊，後者出版5期[58]。

（四）疏散與結束

日軍從中國往南進軍，熱帶疾病必定困擾軍隊，此時帝大熱研所及臺北帝大醫學部專家學者成為軍隊後盾，甚至1940年10月醫學部職員與學生還成立「南方醫學研究會」[59]，激勵對南方醫學研究之士氣。除醫學部畢業生，「連教官、醫師也逐漸被徵召。」「各教室仍持續研究，或接受軍方委託，或自發的著手研究與戰爭相關課題。」[60]戰爭末期，「前往泰國、海南島、法屬印度支那、馬來西亞、新幾內亞、爪哇、蘇門答臘等地的人有：下條久馬一、森下薰、富士貞吉、宮原初男、羽鳥重郎等人。」[61]其中帝大熱研所囑託羽鳥重郎（1871-1958），在臺專研毒蛇、蚊類、恙蟲病、瘧疾、散發性發疹熱等[62]。「以七十歲高齡，不時赴泰、法屬印度支那、海南島等地挺身調查瘧蚊而引人矚目。」羽鳥重郎還為此吟詩：「年已逾七十，仍非收工休息之時。」[63]

56　《臺灣日日新報》，1940年11月2日，第6版；1941年10月25日，第3版。

57　張秀蓉編註，同前書，頁295。

58　張秀蓉編著，《臺大醫學院1945-1950》（臺北：臺大出版中心，2013.4），頁40、84、295；《熱帶醫學研究》是挑選優良研究業績刊登，最後一本1944年3月的第2卷第1-2號的業績報告編號是552號。

59　小田俊郎，同前書，頁132。

60　小田俊郎，同前書，頁136。

61　小田俊郎，同前書，頁138。

62　張秀蓉等編《百年臺灣醫學史（1899-1999）篇名索引資料庫》（臺北：漢珍，2005）。

63　小田俊郎，同前書，頁137；《臺灣日日新報》，1941年8月16日，第3版。

戰爭繼續向南洋推進，當日本海軍占領Rabaul時[64]，海軍決定在此「建設半永久性的設施」，但因駐紮的居民為瘧疾所苦，帝大熱研所的宮原初男前往施援，「但停留在駐地期間受到激烈空襲，曾經歷了手提顯微鏡、退避到防空壕的危險狀況。」[65]

下條久馬一所長還兼任海南島民政部衛生局；森下薰於1943年1月至8月，在新幾內亞，1944年2月中旬至5月底在今Ujung Pandang（印度尼西亞蘇拉威的省會，地勢低窪，周圍是沼澤，應是瘧蚊很多之地）服務[66]。

富士貞吉則於1944年4月，戰況激烈時前往爪哇，擔任軍方設立的醫大（校長是板垣正參）衛生教授[67]。

前文提到的連日清，他工作的直屬長官大森南三郎，1944年被日本軍方徵召，「南洋出差，擔任防疫顧問，因為當時在南洋作戰的日本兵常常罹患瘧疾，死亡人數遠比遭槍彈打死的多出好幾倍。」[68]

以上所舉為帝大熱研所相關專家親至戰地支援情形。

日軍節節敗退，1944年10月盟軍為切斷菲律賓北方的日本海，空軍勢力開始發動全面攻擊，臺灣是攻擊目標，「10月12日起，美軍連續三天轟炸台灣各地」，1945年1月美軍登陸菲律賓，臺灣仍被持續轟炸，「1945年1月至8月15日，日本無條件投降前，臺灣全島都籠罩在被空襲的陰影之下。」[69]

帝大醫學部、帝大附屬醫專、醫學部附屬醫院及帝大熱研所被迫疏散，熱研所疏散至臺北州內湖庄，熱帶病學科則疏散到臺北縣文山區石碇[70]。據羽鳥重郎回憶，1945年4月他們搬到內湖庄，「生活極為原始[71]」。對帝大熱研

64　巴布亞紐幾內亞東新不列顛省省會和新不列顛島主要城鎮。1942-1945為日軍侵占，毀於盟軍轟炸。《大不列顛百科全書》（臺北：丹青），第9冊，頁4。

65　小田俊郎，同前書，頁137。

66　小田俊郎，同前書，頁138；《大不列顛百科全書》，同前書，第15冊，頁329。

67　小田俊郎，同前書，頁138。

68　連秀美，同前書，頁36。

69　張秀蓉，〈從故紙堆中建構歷史〉，收錄於張秀蓉編著《臺大醫學院1945-1950》，頁3-67，本引文為頁5-6。

70　張秀蓉編著，同前書，頁223。

71　羽鳥重郎，《眠鱷自敘回想錄：台灣醫事衛生小誌》（東京：眠鱷自敘回想錄刊行會，1964），頁106，轉引自張秀蓉編著，同前書，頁6-7；小田俊郎，同前書，頁139。

所的重創是5月16日熱研所被燒夷彈燒毀。曾在帝大熱研所做「雇員的連日清，戰爭時於軍中服役，主要工作在公館和圓山一帶，捕捉瘧蚊的幼蟲帶回實驗室，利用天然殺蟲劑『魚藤粉』，測試不同濃度的魚藤粉對於孑孓的殺蟲效果。」由於缺乏研究設備，連日清還代表部隊回到熱研所借器材。沒想到借器材的隔天晚上熱研所被燒夷彈燒毀了。「所長不禁頓足，覺得非常懊惱，早知道前一天多借一些器材給連日清就好了！」[72]

1945年8月14日，日本宣告無條件投降，次日裕仁天皇透過「玉音放送」詔示台灣居民：「⋯⋯如夫情之所激，妄滋事端，或者同胞互相排擠，擾亂時局，因而耽誤大局，失信義於世界，諸如此等為朕所深戒。」[73]

16日，日本治臺最後一任總督安藤利吉也對全臺特別廣播，「諭勿輕舉妄動，靜待善後措施。」[74]

善後措施主要就是「原日治時期自總督府到各州、廳等各機構準備移交清冊」，及日方「要提出為數驚人的調查報告」、「有關日本人的公私財產禁止移動」以及等待遣返。[75]

帝大熱研所隨戰爭結束與其他日治時期各機關一樣，等待國民政府來接收。

三、接收帝大熱研所

1945年8月29日，國民政府任命陳儀為臺灣行政長官。9月1日，公布〈臺灣省行政長官公署組織大綱〉[76]配合行政長官公署接管臺灣的「臺灣警備總司令部」，亦於9月1日組織臨時辦事處，正式辦公，由柯遠芬擔任參謀

72　連秀美，同前書，頁55、56。

73　〈大東亞戰爭終結／詔書〉（1945年8月14日）轉引自張秀蓉編著，頁19。

74　林熊祥主修，〈大事記〉，《臺灣省通志稿》（臺北：臺灣省文獻委員會，1951.12），卷首下，第三冊，頁1。

75　〈臺灣統治終末報告書〉，轉引自張秀蓉編著，同前書，頁75。

76　陳三井，〈臺灣光復的序曲：復臺準備與接收〉，魏永竹主編，《抗戰與臺灣光復史料輯要》（南投：臺灣省文獻委員會，1995），頁84。

長[77]。兩接管單位於9月28日成立前進指揮所，行政長官公署秘書長兼前進指揮所主任葛敬恩率領行政長官公署的專門委員、參謀人員、憲兵一排等71人，於10月5日先行來臺，展開國府所稱的臺灣接收工作[78]。與葛敬恩等同來者，尚有負責接收臺北帝大的羅宗洛等4人[79]。

羅宗洛來臺前，教育部長朱家驊對他做了三項接收指示：「要完整接收，避免損失」、「接收後即籌備復課。暫可留日籍教授擔任功課，以後再找到合適（原文為「式」）的人再替換」、「暫時一仍舊慣，求得穩定，以後逐步按我國大學規章改正。」[80]此即羅宗洛接收臺北帝大時的原則及接收後的治校方向。但是「1945年9月1日公布的〈長官公署組織條例〉第三條規定：『受中央之委任得辦理中央行政。臺灣省行政長官，對於臺灣之中央機關有指揮監督之權。』[81]」此為羅宗洛負責接收臺北帝大受陳儀掣肘之來源。

臺北帝大有文政、理、農、醫、工等五個學部，隨羅宗洛來接收的人員中缺負責接收文、醫學部人員，來臺後，10月29日請行政長官公署增聘林茂生與杜聰明，「終於確定了帝大五個學部的接收負責人員，並決定各自『分頭去各處參觀，了解實際情況』、『命令日人編造人員、圖書儀器及藥品等清冊』、『清點』及『正式接收』。」[82]

杜聰明負責接收的單位包括：醫學部、醫學部附屬醫院、帝大附屬醫專、日赤醫院（醫專實習醫院）、帝大熱研所及臺灣醫學會。杜聰明因對這六個機構的教職員工熟識，事半功倍的行事效率下，11月5日杜聰明就向羅

77　同前註，頁85。

78　同前註，頁86；之前國民政府於1945年3月14日公布的是〈臺灣省接管計畫綱要〉，內容請參見林熊祥主編，〈光復志〉，《臺灣省通志稿》，同前書，頁16-25。此綱要亦收錄於魏永竹主編，《抗戰與臺灣光復史料輯要》，同前書，頁315-324。兩者均錄自中國國民黨中央黨史庫藏史料，文號為：民國34年3月14日侍秦字15493號總裁（34）寅元侍代電修正核定。「接管」與「接收」在意義上是不同的。

79　李東華、楊宗霖編校，《羅宗洛校長與臺大相關史料集》（臺北：臺大出版中心，2007），頁5、15。羅宗洛原為中央研究院植物所研究員兼所長，於9月中旬被時任教育部長的朱家驊借調，為臺灣教育復員輔導委員會主任委員。

80　羅宗洛，〈臺灣之行〉，收錄於李東華、楊宗霖，同前書，頁118。

81　轉引自張秀蓉編著，同前書，頁20。

82　張秀蓉編著，同前書，頁21-22。

宗洛報告「已接收醫學部及其附屬機構。」等於在11月15日臺灣大學正式接收前10天，杜聰明負責部分已接收完畢[83]。

　　羅宗洛接收臺北帝大經過，留下〈接收臺灣大學日記〉[84]帝大熱研所部分，陳儀於10月29日請公署趙迺傳處長來告訴羅宗洛兩件事，「即民政處以熱帶病研究所（應為熱帶醫學研究所）之血清部分為行政機關，及大學附屬醫院原為省立為辭，欲由民政處接收，以增其收入。」[85]此舉造成羅宗洛「困難」，當日杜聰明來羅宗洛寓所，擬好說帖，「對於附屬醫院、醫專、紅十字會醫院（日赤醫院）、熱研所、博愛會診療所等有所主張」，次日下午杜聰明與馬廷英至行政長官公署訪見陳儀，陳儀聽從杜聰明之主張，前引文中之機構仍由臺大接收。晚上羅宗洛、杜聰明等又去向長官公署衛生局長經利彬告以陳儀之決定。31日晚，杜聰明、經利彬又去羅宗洛寓所，「關於熱帶所血清部分有所商談」[86]。羅宗洛〈接收臺灣大學日記〉中有關醫學校區及杜聰明部分，只記到1946年5月15日，1945年10月31日之後，只有11月28日記中又見：「陳儀未得吾人同意，自食前言，遽將熱帶醫學研究所自大學劃歸行政公署，舉動如此橫暴，實無法繼續工作。」[87]此後，日記終了均未見再有臺大熱研所訊息。然1946年1月26日，羅宗洛定稿之〈接收臺北帝國大學報告書〉中仍見熱研所接收情形。有關熱研所部分接收時：

（一）人員方面，如下表：

所長及所員	技師助手，囑託等	僱員	僱役等	共計
14（兼10）	80（兼4）	114	146	354（兼14）

資料來源：李東華、楊宗霖著，同前書，頁155。

83　張秀蓉編著，同前書，頁22-23。

84　收錄於李東華、楊宗霖編校，《羅宗洛校長與臺大相關史料集》中。張秀蓉編著，《臺大醫學院1945-1950》又將〈接收臺灣大學日記〉中有關杜聰明與醫學校區相關之記載，收錄於書中，頁104-119。

85　轉引自張秀蓉編著，同前書，頁106。

86　羅宗洛，〈接收臺灣大學日記〉，轉引自張秀蓉編著，同前書，頁106、107。

87　張秀蓉編著，同前書，頁112。

（二）

　　出版物有《熱帶醫學研究》自1943年5月至1944年3月，曾出四期。
《熱帶醫學》自1942年7月至1944年2月，曾出5期（此刊物為1942年6月
17日由醫學部與熱研所有志之士組織之熱帶病學集談會，因發展需要而成立
之熱帶醫學會之刊物）[88]。*Acta Nipponica Medicinal Tropicalis*（原文
「Tropical」）自1938年至1942年曾出版3冊[89]。

（三）

　　留任者為：柳金太郎、宮原初男、岸田秋彥、登倉登、小林謙司、塚本
赳夫及一名職員鶴丸太八[90]。

（四）

　　除留用日籍學者，「還銳意進行本省人才之調查，按其學力、資歷予以
拔擢」熱研所新教職員有副教授李鎮源與助教劉聰慧[91]。

（五）

　　熱帶醫學研究所「之名稱及組織，一仍其舊，所製血清向僅供臺灣一地
之用，此後當擴大製造，輸入內地。」[92]
　　此外，臺大檔案館仍保有〈熱帶醫學研究所移交清冊〉，包括職員名
錄、財產目錄、會計帳據清冊、公文書目錄及工作報告等共五號，移交人：
臺北帝國大學總長安藤一雄及熱帶醫學研究所長下條久馬一，接收人為教育
部特派員羅宗洛。移交清冊中工作報告中的組織部分，帝大熱研所移交的組
織為：庶務課、熱帶病學科、熱帶衛生學科、細菌血清學科、化學科、厚生
醫學科、士林支所、臺中支所及臺南支所。職員數：所長1人、所員14人、
技師1人、書記5人、助手6人、技手42人、囑託25人、雇119人及備146

88　張秀蓉編著，同前書，頁82。

89　李東華、楊宗霖，同前書，頁165。

90　李東華、楊宗霖，同前書，頁171、173。

91　李東華、楊宗霖，同前書，頁176、178。

92　李東華、楊宗霖，同前書，頁189。

人，全所共359人。經筆者對移交清冊之職員名錄數算，1945年10月31日
職員名簿造冊時，所長1人，所員13人，技師1人，書記5人，助手6人，
技手42人，囑託25人，雇員114人，以及其他人員包括補手、傭人、小
使、守衛、雜役夫、牧夫、傭員、常備夫、職工、給仕、臨時傭人等146
人；其實全部名單所長所員14人外，尚有兼所員10人，書記兼技手一人，
總共應為364人。

　　其中在移交清冊中擔任「研究補助」的「傭員」連日清，日後成為國際
知名的蚊子博士、抗瘧專家[93]。

　　之所以有三種354、359、364不同數字，可能當時很亂，有些日人先後
離開的原因。不過熱研所的所員及職工總數僅次於臺大醫院的443人（兼1
人），可見戰爭結束時熱研所的工作之重要。不論以那個數字為準，接收
後，「臺灣治安漸亂，米價暴漲，日人希望返國者漸次增加。[94]」熱研所原留
任之宮原初男、登倉登決定提前歸國，於是杜聰明補上再徵詢後同意留用的
名單，熱研所部分，如下表：

熱帶醫學研究所留任日籍人員名單					
姓名	專長	職稱	姓名	專長	職稱
柳金太郎	營養學	教授	上妻秀雄	熱帶衛生學	副教授
岸田秋彥	細菌學及血清學	教授	上田英之助	有機化學	副教授
丸山芳登	細菌血清學	技士	羽鳥重郎	瘧疾學	技士
月足正成	診斷用血清學	技佐	大村寬俊	百日咳疫苗	技佐
後藤壽作	破傷風血清學	技佐	森真章	疫苗製造	技佐
塚本起夫	生藥學及調劑學	教授	岩村兼明	氣性壞疽	技佐
小林謙司	藥化學	教授			

資料來源：張秀蓉編著，同前書，頁35。

93　日本熱帶醫學研究所移交清冊，連秀美，同前書，頁9-24。

94　歐素瑛，〈戰後初期在台日人之遣返〉，《國史館學術集刊》第61卷，第3期，2010年，頁
　　201。

接收後熱研所就是靠這些留用日籍學者專家，度過進入臺灣大學熱帶醫學研究所轉型期。

四、結語

熱帶醫學研究，對殖民於熱帶與亞熱帶地區的帝國主義者而言，是非常重要的功課。殖民地的傳染病、風土病、公共衛生等對初來乍到的統治者是致命之傷害，為了自保能統治殖民地，也是為了先有健康的民眾才能有經濟的發展；殖民者對這些傳染病及衛生不良的環境，只有研究它才能消滅它。

日本開始統治臺灣時，距其1867年明治維新已近三十年，明治維新的全盤西化自然是經過新舊勢力的磨合，日本就將其磨合的經驗包括各種政策的推行及培養的人才移植到臺灣；在臺灣很快就發展以科學的精神來研究這些在征討平定臺灣戰役中，死傷最慘重的傳染病及不能忍受的環境髒亂。

日本人對臺灣醫療公共衛生的研究，從散狀零星開始，到組織功能性的「臺灣地方病及傳染病調查委員會」，再到正式的研究機構臺灣總督府研究所衛生學部、中央研究所衛生部，最後到1939年4月成立的帝大熱研所。研究成果回饋對象也從臺灣，擴展到蘇伊士地峽以東的熱帶、亞熱帶地區，帝大熱研所真正成為日本南進的後盾與南方知識智庫之一。此外，熱研所所員還親往南方戰場支援。

1945年8月15日，日本戰敗無條件投降，帝大熱研所與醫學校區其他單位同被臺灣大學接收，被留任的日籍學者專家，協助熱研所轉型。帝大熱研所的殖民性與配合日本南進政策的鮮明角色退去，但為戰後臺灣血清疫苗的製造與公共衛生學的發展奠定了基礎。此部分將另文介紹。

最後，感謝本文寫作期間陳力航協助查詢日文資料，徐廷瑋協助將日文資料譯為中文以及黃育祺協助打字並校對。

臺灣與福建城市環境問題的
比較研究[*]

劉翠溶[**]

　　臺灣與福建都位於中國大陸東南沿海，兩地之間隔著臺灣海峽；臺灣在海峽的東岸而福建在海峽的西岸。在地形上，兩地都是以山地居多，只有在山間河谷與沿海散布著盆地和平原。就歷史而言，自16世紀以來臺灣是福建移民遷入的主要目的地之一；在1683-1885年間，臺灣是清代福建省轄下的一個府；自1885年臺灣建省至1895年甲午戰爭後割讓給日本，臺灣做為清代中國的一省才短短十年。1945年第二次世界大戰結束後，臺灣歸還中國，但1949年國民政府遷臺後，臺灣與中國大陸在治權上已分開。這些地理和歷史背景影響兩地城市化的發展。在此背景下，本文將討論19世紀中葉以來臺灣與福建的城市發展及其環境問題。

一、地理與歷史背景

　　就地理而言，臺灣與福建分處於臺灣海峽東西兩岸，其間隔最長之處為200公里，最短之處為130公里。在地形上，臺灣與福建都是以山地為多，並有許多河川。

---

　* 本文英文稿於第二屆世界環境史會議中發表（葡萄牙，Guimarães，2014年7月8-12日）。
** 中央研究院院士；中央研究院台灣史研究所兼任研究員。

　　臺灣位在海峽的東岸，除本島外有21個離島及澎湖群島（含64個小島）；地理位置在北緯21°53'~25°18'之間與東經119°18'~121°59'之間，總面積約36,000平方公里。臺灣島的形狀像一個紡錘（或說像一個番薯），南北之間最長394公里，東西之間最寬144公里。在臺灣島上，從北到南有六條主要山脈包含了100座高度在3,000公尺以上的高山。據相關的統計，在臺灣總面積中，海拔低於100公尺的土地面積只占28.4%，在100-1,000公尺的占38.8%，在1,000-1,500公尺的占11.8%，在1,500公尺以上的占21%[1]。在臺灣島上，中央管河川有24條，縣（市）管河川有92條，跨省市河川有2條；這118條河川的總長度為3,432.61公里，但長度在100公里以上的只有6條，最長的濁水溪有186.6公里[2]。臺灣早期的聚落大多數建立在臺灣西海岸的平原和盆地上，在面臨太平洋的東海岸，則受高山地形的限制而聚落較少。

　　福建位於臺灣海峽的西岸，地處中國大陸的東南沿海，在北緯23°32'~28°19'之間和東經115°50'~120°43'之間，總面積121,100平方公里，形狀像個矩形。福建的東部面海，而中部和西部則有兩條山脈從北到南貫穿，平均高度約1,000公尺；山地約占福建總面積的90%。從福建山區發源的河川有24個水系，總共包含663條河川，總長度12,850公里，其河川網絡的密度在中國各省中是相當獨特的。這些河川大多數從福建流入海洋，只有汀江由廣東出海。在福建境內的河川與山脈之間有一系列的小平原；在沿海則有四個較大的平原，是福州、興化、泉州與漳州的所在地。在中部和西部，城鎮大多數坐落在海拔100-200公尺的盆地上[3]。

　　據歷史記載，在12世紀末就有漢人在澎湖定居，但漢人到臺灣則大多是在16世紀中葉以後。除了原住民族的聚落以外，臺灣的聚落大多數由16世紀末以後來自福建及18世紀以後來自廣東的漢人建立。在1683-1884年間，臺灣是清代福建省轄下的一府；在1885年臺灣建省，至1895年甲午戰爭後，清廷把臺灣割讓給日本，臺灣做為清代中國的一省才短短十年。儘管

1　臺灣省政府農林廳山地農牧局（編），《臺灣省山坡地農牧發展初步規劃》，山坡區域調查規劃報告3（南投：臺灣省政府農林廳山地農牧局，1979），頁3。

2　見經濟部水利署網頁，http://www.wra.gov.tw，水利統計2012年，表16、17、18。

3　林星，《城市發展與社會變遷：福建城市現代化研究——以福州廈門為中心》（天津：天津古籍出版社，2009），頁16-18。

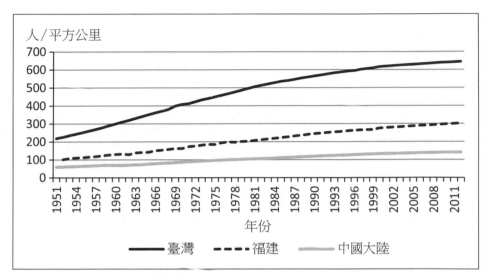

圖1：臺灣、福建和中國大陸的人口密度，1951-2012年

資料來源：（人口數，密度是以人口數／面積加以計算）

臺灣：1951-1962年，見《中華民國五十二年統計提要》（1963），表7；1963-1979年，見《中華民國六十八年統計提要》（1970），表14；其他年份，見內政部，《內政統計年報》，可於內政部網頁 http://www.moi.gov.tw/stat/year/list.htm 查詢。

福建：福建省統計局（編），《福建統計年鑑—1994》，（北京：1994），表2-1；《福建統計年鑑—2013》，表3-1，可於：www.stats-fj.gov.cn/tongjinianjian/dz2013/index-cn.htm 查詢。

中國大陸：國家統計局，《中國統計年鑑2013年》，表3-1。

註：此圖臺灣的數字不包括中華民國所轄的福建地區金門和馬祖。在1996年，金門的人口密度是每平方公里313人，馬祖是210人；在2013年，金門796人，馬祖是422人。可於內政部網頁，《內政統計年報》查詢。

有這些行政上的變化，在18至19世紀，漢人移民不斷進入臺灣。據1811年的保甲紀錄，臺灣人口是1,944,737人，這個數字可做為當時居住在臺灣的漢人數目。在1895-1945年間，臺灣在日本殖民統治之下，有一些人返回大陸定居[4]。在第二次世界大戰之後，臺灣歸還中國，自1945年以後，移居臺灣

4　詳情見劉翠溶，〈漢人拓墾與聚落之形成：臺灣環境變遷之起始〉，收入劉翠溶、伊懋可（主編），《積漸所至：中國環境史論文集》（臺北：中央研究院經濟研究所，1995），上冊，頁295-347。

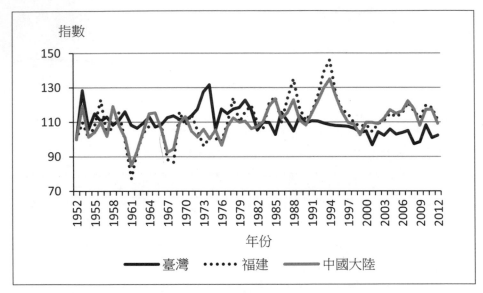

圖2：臺灣、福建與中國大陸的人均GDP指數，1952-2012年

資料來源：（國內生產總值的數字，指數是以前一年數字=100加以計算）

臺灣：可於中華民國統計資訊網查詢：http://ebas1.ebas.gov.tw/pxweb/Dialog/varval.asp?ma=...。

福建：國家統計局國民經濟綜合統計司（編），《新中國五十五年統計資料匯編》（北京：中國
　　　統計出版社，2005），表14-5；《福建統計年鑑—2013》，網址見圖1。

中國大陸：《新中國五十五年統計資料匯編》，表1-6；《中國統計年鑑》2006年，表3-9；2007
　　　年，表3-13；2008-2011年，表2-15；2013年，表2-1。

　　的華人不再限於福建和廣東；但自1949年以後，臺灣和中國大陸的治權分
開，也中止了移民從大陸來臺灣。

　　人口是城市化的主要因素之一。為了解人口的狀況，在圖1中呈現的是
1951-2012年間，臺灣、福建與中國大陸的人口密度，以資比較。以每平方
公里人口數計算，臺灣的人口密度由1951年的219人增加到2012年的644
人，福建的人口密度由1952年的102人增加到2012年的302人，中國大陸的
人口密度由1951年的59人增加到2012年的141人。在這期間，臺灣和福建
的人口密度都增加2.9倍，中國大陸則增加2.4倍。就長期趨勢來看，臺灣的
人口密度大約是福建的2倍，大約是中國大陸的4倍。

　　至於經濟情況，在此以國內生產總值（Gross Domestic Product, GDP）

做為指標來加以概括的觀察。圖2呈現的是1952-2012年間，臺灣、福建和中國大陸的GDP指數（以前一年數值為100加以計算）。由此可見，在1952-2012年間，福建和中國大陸的GDP指數曲線幾乎都是以同一方向變動。但是，臺灣的GDP指數曲線在1955-1970年間顯示穩定的升高，在1974年達到一個高峰。另外，也可以看出，福建和中國大陸都在1994年達到一個高峰。在2000年以後，福建與中國大陸的曲線非常接近，而臺灣的曲線則稍為低一些。

　　以上述地理、歷史和經濟情況為背景，第二節追溯自19世紀末以來臺灣和福建城市發展的變動情形，第三節討論臺灣與福建的城市環境問題。

二、19世紀末以來臺灣與福建的城市發展

（一）臺灣的城市發展

　　臺灣在1895年割讓給日本時，尚無一個人口50,000以上的城市。在1899年，臺灣有8個人口在10,000以上的市街地（日文shigaichi），其中最大的是臺南，有42,455人；但是若把後來成為臺北市一部分的艋舺和大稻埕合計，則有52,825人[5]。在1897-1899年，臺灣有44個人口2,000以上的地點，其人口合計326,036人，占總人口的12.37%；這個比率略高於施堅雅（G. William Skinner）估計的1893年長江下游地區城市人口比率（10.6%）[6]。到了1913年，臺灣有24個地點的人口在5,000人以上，其人口合計397,212人，占總人口的11.62%[7]。

　　由於學者們傾向於採取不同的標準來衡量臺灣都市化的程度，為觀察長期的變化，一個可行的做法是採取現有的統計資料中每一個城和鎮的人口為基準[8]。就行政區劃而言，臺灣有院轄市（或稱直轄市）、省轄市和縣；在院

5　劉翠溶，〈八十年來臺灣的都市發展〉，收入《中華民國建國八十年學術討論集》（臺北：近代中國出版社，1991），第4冊，頁528。

6　章英華，〈台灣的都市體系──從清到日治〉，收入蔡勇美、章英華（主編），《台灣的都市社會》（臺北：巨流圖書公司，1997），頁37-39。

7　臺灣總督府（編），《臺灣統計要覽，大正二年》（東京：1915），頁102-103。

8　見劉翠溶，〈八十年來臺灣的都市發展〉，頁528-529。

轄市與省轄市內又有分區,在縣內又有鎮與鄉之分。本文將以各級城市和鎮的人口做為城市人口來加以分析[9]。值得注意的是,在2010年底,除臺北市以外,另成立四個直轄市:新北市由原臺北縣改制,臺中市、臺南市與高雄市則都由原來的縣與市合併而成。為連貫觀察長期的變化,對於2011年的人口,臺中市、臺南市與高雄市僅以原市區的人口計算,而含蓋在直轄市內的其他區,則只考慮原為縣轄市和鎮的人口,而不計入原為鄉的人口。

在此選取1956、1961、1971、1981、1991、2001、2011等年的資料來觀察,以了解長期的變化。先分別統計各年的市和鎮人口,再按其人口大小分為九個等級(A至I),然後計算每一等級的市和鎮人口占總人口的比例。在此把各年各等級的市和鎮人口比例繪於圖3。由此可見,自從1950年代中期以來,臺灣居住在市的人口多於居住在鎮的人口。

在市的層次上,D級(人口200,000-499,999)一直占最大的比例,除了1971年第一個B級(人口1,000,000-1,999,999,臺北市)出現。D級的比例由1956年的9.68%(3市)提高至1961年的12.50%(4市),在1971年略降至10.11%(5市),到1981年再升高到13.98%(9市),然後逐漸升至2011年的22.73%(17市)。C級(人口500,000-999,999)的比例在1956年為7.97%(1市),1961年為8.40%(1市),都是次高,但此後頗有起伏,在2001年比例達10.10%(3市),但在2011年降至5.75%(2市)。值得注意的是,在1971年出現的B級(臺北市),其比例12.16%是該年最高,在1981年臺北市已成為A級(人口2,000,000以上),然其比例一直到2011年都是次高。此外,在2011年,三個大都市——臺北市(A級)、高雄市與臺中市(B級)——人口合計占22.79%,與上述D級市的比例(22.73%)相近。

在鎮的層次,以F級(人口50,000-99,999)和G級(20,000-49,999)的比例較高;G級在1956年的比例是23.20%(61鎮),在1961年是17.17%(51鎮),但此後降低至2011年的4.42%(27鎮);而F級從1956年的6.03%(10鎮)提高至1971年的14.78%(34鎮)後,漸下降至2011年的7.32%(22鎮)。

9　有三個市,臺北、高雄和新竹,分別在1967年、1979年和1982年擴大其市區面積,詳情見劉翠溶,〈八十年來臺灣的都市發展〉,註3。

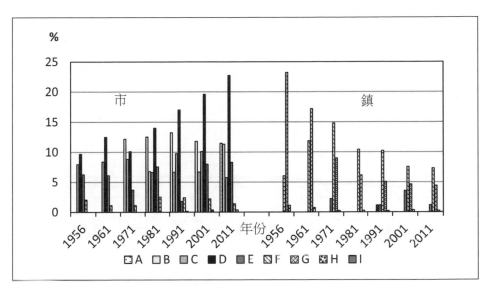

圖3：臺灣各級市鎮人口占總人口的比例，1956-2011年

市鎮人口等級分類：

A：2,000,000人以上；B：1,000,000-1,999,999人；C：500,000-999,999人；D：200,000-499,999人；E：100,000-199,999人；F：50,000-99,999人；G：20,000-49,999人；H：10,000-19,999人；I：低於10,000人。

資料來源：（市鎮人口原始資料）

1956年：臺灣省政府民政廳（編），《臺灣省戶籍統計要覽：民國三十五年至四十七年戶籍統計年報》（1959），頁278-283。

1961年：臺灣省政府民政廳（編），《臺灣省戶籍統計要覽：民國四十八年至五十年年報》（1962），頁314-323。

1971年：內政部（編），《中華民國臺灣人口統計：民國六十年》（1962），頁254-298。

1981年：內政部（編），《中華民國臺閩地區人口統計：民國七十年》（1982），頁54-400；220-278；542-545。

1991年：內政部（編），《中華民國臺閩地區人口統計：民國八十年》（1992），頁54-102；230-290；570-573。

2001和2011年：見內政部網頁，http://www.moi.gov.tw/stat/year/list.htm，內政統計年報表1.7：鄉鎮市區戶口數。

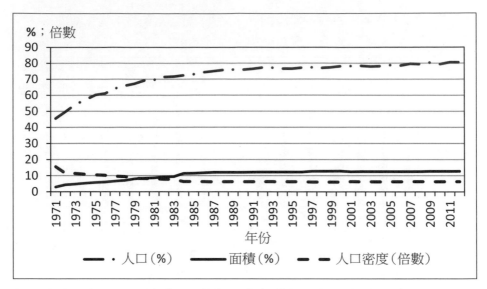

圖4：都市計畫區人口、面積、人口密度與全臺灣的比較，1971-2012年

資料來源：

《中華民國內政統計提要，1981年》，頁34，表12；頁283，表140。

《中華民國內政統計提要，1985年》，頁297，表140。

《中華民國內政統計提要，1990年》，頁275，表111。

《中華民國內政統計提要，1991年》，頁48-49，表14。

《中華民國內政統計提要，1995年》，頁52-53，表14；頁339，表117；頁341，表118。

《中華民國內政統計年報，2000年》，頁52-53，表14；頁395，表142；頁397，表143。

2001-2012年的內政統計年報見，內政部網頁，http://sowf.moi.gov.tw/stat/year/list.htm。

　　另一個探討臺灣城市化發展的方式是追溯都市計畫區的變化。在1936
年，臺灣總督府頒布〈都市計畫令〉，而到了日本殖民統治末期（1940年代
初），臺灣已有74個都市計畫區。在1964年，中華民國政府頒布的〈都市計
畫法〉首次修正後，都市計畫區在臺灣各地設立，至2012年已有438個[10]。

　　依據都市計畫區的統計資料，在此將都市計畫區的人口、土地面積、人
口密度與全臺灣做一個比較，繪於圖4。由此可見，在1971-2012年間，在都

10　關於〈都市計畫令〉見《台灣大百科全書》，http://taiwanpedia.culture.tw/web/content?ID=
　　4878；關於〈都市計畫法〉見法務部，全國法規資料庫，http://law.moj.gov.tw/LawClass/
　　LawHistory.aspx?PCode=D0070001。

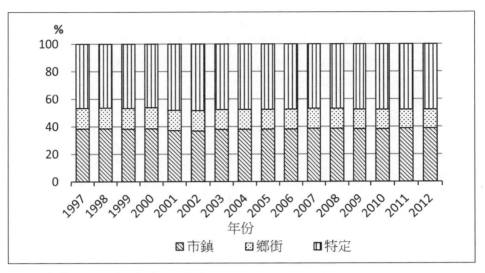

圖5：臺灣三類都市計畫區土地面積的比例，1997-2012 年

資料來源：（都市計畫區土地面積）

《中華民國內政統計年報》，歷年，見內政部網頁：http://sowf.moi.gov.tw/stat/year/list.htm。

市計畫區內的人口占臺灣總人口的比例由45.6%增加到80.5%，都市計畫區的土地面積占全臺灣總面積的比例由2.9%增加到12.7%，而以都市計畫區的人口密度與全臺灣的人口密度比較，由15.6倍減少至6.3倍。換言之，目前的情況是，臺灣大約有80%的人口居住在占總面積13%的都市計畫區內，都市計畫區的人口密度大約是以全臺灣計算的6倍。

必須指出的是，臺灣的都市計畫區分為三類：市鎮計畫、鄉街計畫、特定區計畫。第一類指市鎮內的都市計畫區，第二類指鄉街內的都市計畫區，第二類指工業區、風景區及其他特定區，如高速公路交流道附近地區[11]。依據相關統計資料，在此將三類都市計畫區土地面積的比例繪於圖5。由此可見，三類都市計畫區所占的面積變動不大，若以平均值來看，在1997-2012年間，市鎮計畫的面積占38.2%，鄉街計畫的面積占14.5%，而特定區的面積占47.3%。換言之，人居聚落大約占都市計畫區土地面積的50%，而工業

11　關於這三類都市計畫區的定義，見〈都市計畫法〉第10、11、12條。

區、風景區，以及交通等特定目標分享其他的50%。

　　要之，自1950年代以來，臺灣的城市人口分布於市的比例高於鎮。近年來，大約有80%的臺灣人口居住在占總面積13%的都市計畫區土地上，而其密度是以全臺灣計算的6倍。

（二）福建的城市發展

　　近代福建的城市發展可先就1842年鴉片戰爭後的兩個最大城市——福州和廈門——來加以觀察。

　　福州在1844年開放為通商口岸，此後福州的城市和社會經濟發展顯示出四個特徵：（1）海防建設是福州城市現代化和工業化的起點；（2）基本上，福州是一個有出超的港口；（3）福州的商人資本大多用於地方資源的買賣、交通、製造及外銷，但有一部分用於城市的建設和公用事業；（4）基督教會在文化、教育、醫藥與公共衛生等方面的發展扮演重要的角色，因而促進了西方文化與知識在福州的傳播[12]。

　　廈門成為一個海洋貿易中心，在鴉片戰爭以前已有兩百餘年的歷史。然而，廈門島上的大多數地方仍是村落散布，而城區只限於島上的西南一角。在1843年，廈門開放通商口岸，於是，商業貿易和移民成為城市現代發展的兩股驅策的力量。此外，來自海外的僑資和外資在廈門的工商業發展與城市建設扮演了重要的角色[13]。

　　在19世紀，雖有福建人移民海外，然也有他省移民進入福建，這些移入福建的人多數來自鄰近的省份，如廣東、浙江、安徽和江西。至於人口在福建內部的移動，大多數是由海岸地區移向閩西北的山區，從事貿易和手工業活動，或生產經濟作物。於是，19世紀閩西北地區的城市得到相當的發展[14]。

　　據1937年統計資料，福建有69個縣城，3,026個鄉鎮，30,626個村。福建的城市系統分為五類：（1）省級中心城市，如福州和廈門；（2）地區中

12　張仲禮（編），《東南沿海城市與中國近代化》（上海：上海人民出版社，1996），頁129-170。

13　張仲禮（編），《東南沿海城市與中國近代化》，頁172-224。

14　戴一峰，〈近代福建的人口遷移與城市化〉，《中國經濟史研究》，1989年第2期，頁95-105。

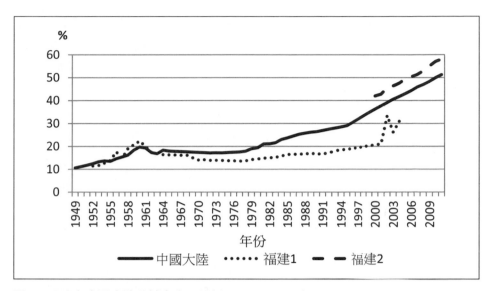

圖6：福建與中國大陸的城市人口比例，1949-2012年

資料來源：國家統計局國民經濟綜合統計司（編），《新中國五十五年統計資料匯編》，表
　　　　1-3；表14-2。國家統計局（編），《中國統計年鑑—2012》（北京：中國統計出版
　　　　社，2013），表3-1。福建省統計局（編），《福建統計年鑑—2013》，見http://www.
　　　　stats-fj.gov.cn/tongjinianjian/dz2013/index-cn.htm 。

心城市，如北部的三都澳、建甌、南平和涵江；南部的泉州、漳州、長汀和
龍岩；（3）另有一些地區的二級中心城市做為中心城市與鎮之間的連結；
（4）大多數縣城是該縣的政治、經濟和文化中心；（5）為數眾多的小鄉鎮是
城市系統的基礎[15]。

　　至於1950年代以來，福建城市人口的比例，在此以福建和中國大陸的
數據繪於圖6，以資比較。

　　必須先指出的是，1949-2004年的中國大陸和福建1曲線都是根據同一個
資料來源，因此可以認為是採用相同的標準來計算城市人口的比例[16]。從而可

15　林星，《城市發展與社會變遷：福建城市現代化研究——以福州廈門為中心》，頁246-247。
16　關於中國城市化率的估計問題，見Aimin Chen, "Urbanization in China and the Case of
　　Fujian Province," *Modern China*, Vol. 32, No.1（January 2006）, pp. 99-130；見URL：http://
　　www.jstor.org/stable/20062630，於2014/04/24查詢。

見，在大多數年份，除1956年與1958-1960年外，福建1的曲線都低於中國大陸的曲線。中國大陸的城市人口比例由1949年的10.64%增至1960年的19.75%後下降，直到1981年恢復為20.16%，接著持續增加至2004年的41.78%。福建1的曲線由1952年的11.48%增加到1960年的22.38%後下降，再緩慢增加到2001年的21.10%，接著突然升高至2003年的33.46%，再略為下降。然而，福建2的曲線顯示，自2000年以來，福建城市人口比例都高於中國大陸的比例。福建2曲線是根據2013年的《福建統計年鑑》，在此做為參考。至於福建城市人口比例，自從1978年以來落後於全國平均水平的事實，已有許多學者指出並討論及其相關的因素[17]。

就行政區劃來說，福建省分為9個地級單位（等同於府），各有一個地級市（市下分區），幾個縣級市和縣；每一個市和縣都有鎮和鄉[18]。在2000年，在福建省的23個市之中，有9個地級市、14個縣級市，但其中5個縣級市沒有區，因此沒有市本身的人口而只有鎮的人口。在此情況下，在計算福建的城市數目和人口時，只以9個有區的地級市和9個有區的縣級市來計算市的人口，而以所有的鎮來計算鎮的人口。

由於《福建統計年鑑》中並無鎮的人口統計數字，在此，以根據2000年人口普查資料所編成的統計，來分析當時18個市和643個鎮的人口資料[19]。這18個市的人口合計占總人口的15.05%，而643個鎮的人口合計占76.18%。也就是說，在2000年11月1日進行人口普查時，福建的市和鎮的人口共占城鎮常住人口總數的91.23%[20]。顯然，這個比例高於圖6中所示

17　例如，唐興夏，〈加快福建城鎮化進程的設想與對策〉，《福建論壇（社科教育版）》，1993年第2期，頁47-48；黃建清，〈福建省城市化發展滯後原因分析及對策措施〉，《福建師範大學學報（哲學社會科學版）》，2003年第4期，頁37-41；邱容機、王松良、朱朝枝，〈福建城市化現狀、問題與統籌城鄉發展對策〉，《西南農業大學學報（社會科學版）》，第3卷第4期（2005年12月），頁68；林鋒峰、魏遠竹、謝志忠，〈福建省城市化與提高農民收入的實證研究〉，《福建論壇（人文社會科學版）》，2006年第1期，頁116-117。

18　關於福建政區劃，見歷年《福建統計年鑑》的表1-1。

19　在643個鎮之中，有18個是虛擬鎮。

20　常住人口的定義，見國家統計局人口和社會科技統計司（編），《中國鄉鎮街道人口資料》（北京：中國統計出版社，2002），編者說明。

2000年的福建城市人口比例，但較接近《福建統計年鑑》2002年版所列，1993-2001年間的比例為81.3%-85.9%[21]。

　　依據人口普查的標準，常住人口包括居住在某地半年以上但其戶籍並不在該地的人口。這些人大多數是農民工，他們從鄉村進入市鎮工作，並等待著戶籍正式登記在工作的市鎮[22]。這個因素是理解不同的文獻所載不同的城市人口比例的關鍵。

　　依據2000年普查資料整理出來的福建市鎮人口，按其大小分為8個等級（A級從缺）繪於圖7。由圖7顯然可見，在2000年，福建大部分的城市人口分布在鎮，而且當時也尚未有一個人口兩百萬以上的市（A級）。在市的層次，只有四個地級市的人口占總人口的比例達1%以上，依次是：福州（3.51%，B級）、廈門（2.83%，C級）、泉州（1.92%，D級）、龍岩（1.02%，D級）。在鎮的層次，比例居前三名的地區是：泉州（18.13%，114鎮）、漳州（15.61%，98鎮）、福州（12.99%，109鎮）。在泉州，前三名是依次是：F級（8.95%，45鎮）、G級（4.10%，37鎮）、E級（3.53%，8鎮）。在漳州，依次是G級（5.06%，26鎮）、H級（5.06%，49鎮）、F級（4.70%，2鎮）。在福州，只有兩個等級比例較高：F級（5.54%，27鎮）與G級（5.32%，54鎮）。在其他六地區，以F級比例最高的有廈門（1.65%，8鎮）和莆田（3.63%，17鎮）；另外四地區則以G級的比例最高：寧德（4.30%，46鎮）、南平（3.17%，37鎮）、龍岩（3.08%，34鎮）、三明（2.00%，23鎮）。換言之，福建大多數的鎮是人口低於50,000人的小鎮。

　　至於福建城市發展的地區差異，以城市人口占總人口的比例來看，在市的層次，依次是：福州3.78%、廈門2.83%、泉州2.40%、南平1.30%、龍岩

21　見《福建統計年鑑——2002》，表3-2。

22　有關福建農民工問題的研究，見劉萍、許金櫃，〈淺論改革開放三十年福建農村勞動力轉移〉，《福建財會管理幹部學院學報》，2008年第4期，頁1-4；宋國愷，〈外來流動人口與城市化發展道路——以福建晉江為例〉，《甘肅社會科學》，2008年第6期，頁2-25；沈文鋒，〈農民工報道與城市文化觀念的互動軌跡——以福建泉州地區為例分析〉，《東南傳播》，2008年第12期，頁17-19；宋春明，〈福建省農業剩餘勞動力轉移問題探討〉，《南方論刊》，2009年第3期，頁38-41；周小剛、陳東有，〈中國人口城市化的理論闡釋與政策選擇：農民工市民化〉，《江西社會科學》，2009年第12期，頁142-148。

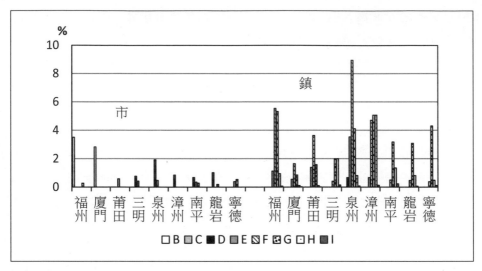

圖7：福建市鎮人口占總人口的比例，2000年

市鎮人口等級：

B：1,000,000-1,999,999人；C：500,000-999,999人；

D：200,000-499,999人；E：100,000-199,999人；

F：50,000-99,999人；G：20,000-49,999人；H：10,000-19,999人；

I：低於10,000人。

資料來源：國家統計局人口和社會科技統計司（編），《中國鄉鎮街道人口資料》（北京：中國
統計出版社，2002），頁330-350，福建省。

1.21%、三明1.18%、寧德0.93%、漳州0.85%、莆田0.58%；在鎮的層次，
依次是：泉州18.13%、漳州15.61%、福州12.99%、莆田6.70%、寧德
5.28%、南平5.26%、三明4.56%、龍岩4.44%、廈門3.19%。由此可見，除
閩東北的福州外，城市人口比例較高的地區是閩東南的廈門、泉州和漳州。
有些研究指出，應該在閩東南地區建構城市帶或城市群[23]。

　　由於城市發展的進程緩慢，有學者指出福建城市化的問題有六方面：
（1）城市化的水平在空間上分布不平衡；（2）中心城市的數目太少，而且這

23　嚴正，〈加快閩東南城鎮帶的建設〉，《福建師範大學報（哲學社會科學版）》，1996年第1
期，頁9-13；林惠玲，〈廈漳泉地區構建閩南城市群的優勢分析〉，《湖北第二師範學院學
報》第27卷第1期（2010年1月），頁90-93。

些城市的規模不足以發揮輻射效用；（3）工業化的發展受制於城市化的發展；（4）小規模的縣級市和鎮數目太多；（5）人口在城鄉之間移動的制度運行不完善；（6）城市基礎建設相對的落後，而且城市環境問題嚴重[24]。

　　進入21世紀，學者提出了一些促進福建城市化的方案。在2001年發表的一篇論文強調，福建急需縮小山區和沿海地區的差距，可採取的策略是在山區建設「山水城市」[25]。同樣的，在2002年發表的一篇論文指出，小城鎮的發展不應採取同一個模式，而是應該採取最適合地方條件的模式[26]。

　　在2003年，經濟學家黃家驊主張，福建應採取「簇群式」的城市發展途徑。每一簇群以最大的中心城市為核心，中小城市為環繞集群，廣大的城鎮為外延圈層的簇群式城市化發展路徑。他指出，福建可以福州、泉州、廈門做為中心城市形成三個簇群[27]。類似的，有一位經濟學博士研究生建議，福建應優先發展大型和中型城市[28]。在2003年福建省城市化發展戰略論壇上，黃家驊批評，政府長期以來施行的策略：「嚴格控制大城市規模，合理發展中等城市，積極發展小城市，大力發展小城鎮」，已經導致福建的「產業矮化和城市散小化」。他再度強調簇群式城市化發展的優勢。但是，另外一位經濟學者劉向暉則主張發展人口一百萬以下的城市，尤其是人口十萬以下的小城鎮[29]。值得注意的是，也有學者批評「小城市策略」，認為它阻礙了人口的流動[30]。

24　邱容機、王松良、朱朝枝，〈福建城市化現狀、問題與統籌城鄉發展對策〉，《西南農業大學學報（社會科學版）》，第3卷第4期（2005年12月），頁68-70。關於城市化與工業化之間的互動，見李霽，〈論福建城市化和工業化的互動發展〉，《時代金融》，第418期（2010年6月），頁115-117。

25　王玉瓊、黃駿，〈在個性化發展中實現騰飛——論福建山區的城市化問題〉，《鄉建設》，2001年第9期，頁24-25。

26　林爾凱，〈福建小城鎮建設的發展模式與對策〉，《城鄉建設》，2002年第6期，頁20。

27　黃家驊，〈論簇群式城市化發展路徑〉，《東南學術》，2003年第4期，頁334-340。

28　黃建清，〈福建省城市化發展滯後原因分析及對策措施〉，《福建師範大學學報（哲學社會科學版）》，2003年第4期，頁37-39。

29　關於論壇的報告見，陳榕生，〈福建省城市化發展道路的選擇——「葡萄串」還是「蘿蔔坑」〉，《城市規劃通訊》，2003年第12期，頁10。

30　Aimin Chen, "Urbanization in China and the Case of Fujian Province," pp. 119-120.

在2004年初，福建省提出建設海峽西岸經濟區的戰略目標，擬定聯結廈門、泉州與漳州轄區內的市鎮，以加強區內的經濟實力[31]。在2005年的「十一五」計畫中，中央政府把海峽西岸納入有條件發展城市群的地區。於是，在2006年，福建提出建設海峽西岸城市群的計畫。在此一城市群中，福州和廈門將作為中心城市來帶動城市系統內的分工，以達到城鄉一體化的目標。也有學者指出，海峽西岸城市群的建設有四個亟待解決的問題：（1）海峽西岸有6個中心城市，要形成兩大核心，首先要處理好中心城市之間的關係；（2）要加強中心城市戰略資源的管理；（3）要協調城市群、港口群和產業群的關係，使港城聯動並有堅實產業支撐；（4）必須加快城鄉一體化建設，發揮城市群對新農村建設動作用[32]。在2009年中國國務院宣布支持海峽西岸經濟區的建設，並在2011年3月正式批准。從全球化的角度來看，海峽西岸經濟區將追隨其他三個經濟區——長江三角洲、珠江三角洲與渤海灣——之後，成為中國的另一個「增長極」。此外，海峽西岸經濟區在重啟臺灣海峽兩岸之間的交流具有重要的戰略地位[33]。

除了關注幾個較發達地區的城市發展外，近年來也有一些研究聚焦於較不發達的地區。例如，有的研究運用迴歸分析模型於探討南平和寧德的城市化；有的研究運用遙感的空間資訊和田野調查來探討莆田的城市化[34]。

---

31 石正方，〈廈泉漳城市聯盟發展的意義及取向探析〉，《臺灣研究集刊》，2005年第3期，頁9-24。關於這個區內城市的競爭力見，王芳、劉偉宏，〈城市經濟競爭力研究——來自福建省的證據〉，《科技和產業》第11卷第9期（2011年9月），頁106-110；李美茹，〈城市一體化戰略提升區域競爭力探索——以「廈漳泉一體化」為例〉，《思茅師範高等專科學校學報》第28卷第2期（2012年4月），頁26-28。

32 王慶華，〈建設海峽西岸城市群若干重大問題研究〉，《中共福建省委黨校學報》，2008年第1期，頁65-69。

33 袁懷宇，〈福建海峽西岸經濟區城市群發展對策〉，《經濟地理》第32卷第2期（2012年2月），頁66-70；林惠玲，〈廈漳泉地區構建閩南城市群的優勢分析〉，頁92。

34 姬桂珍、吳承禎、洪偉，〈南平市城市化驅動力研究〉，《國土與自然資源研究》，2012年第2期，頁38-39；劉峰，〈加快中小城市城鎮化發展的思考——以福建寧德為例〉，《湖北經濟學院學報（人文社會科學版）》第9卷第12期（2012年12月），頁15-17；張敏、甄峰、張曉明，〈中國沿海欠發達地區半城市化特徵與機制——以福建莆田為例〉，《地理研究》第27卷第4期（2008年7月），頁927-936。

三、臺灣與福建的城市環境問題

本節討論的城市環境問題將包括淨水的供給、污水的排放、固體廢棄物（垃圾）的處理、空氣污染、環境噪音，以及綠地面積等方面。

（一）臺灣的城市環境問題

在淨水的供給方面，臺灣的第一個自來水廠於1899年建成；至1974年，有128個自來水廠在臺灣自來水公司管理之下，供應臺灣地區的用水，而臺北自來水事業處於1977年成立，專責臺北市的供水[35]。

在圖8繪出是1930-2012年臺灣自來水的供水普及率。由此可見，臺灣自來水供水普及率由1930年的9.2%增加到1940年的14.6%後，因戰爭而中止統計。在戰後，自來水供水普及率持續提高，由1950年的16.26%增加到1960年的28.04%、1970年的38.97%、1980年的66.77%、1990年的83.62%、2000年的90.48%、2012年的92.72%。

必須指出的是，臺灣自來水供水普及率自1950年代以來雖不斷提高，然在城鄉之間的分配並不均勻。在此以2012年各市鎮鄉的資料按地區加以整理，其結果繪於圖9。很顯然，鄉的分配最不均。以供水普及率低於90%的地點來看，在市的層次，只有北部的楊梅（89.83%）和南部的屏東（79.23%）。在鎮的層次，北部10鎮之中有4鎮，而以關西（46.27%）最低；中部27鎮之中有11鎮，而以苑裡（50.22%）最低；在南部15鎮之中有3鎮，而以潮州（3.25%）最低；在東部4鎮中有3鎮，而以玉里（56.24%）最低。在鄉的層次，自來水供水普及率高於90%的，北中南東四區分別有38%（15/39）、37%（24/64）、41%（38/93）與13%（3/23）。一般而言，供水普及率在山區的鄉較低，例如，北部的尖石鄉（9.09%）、中部的泰安鄉（2.22%）、南部的九如鄉（0%）、東部的卓溪鄉（14.23%）。值得注意的

35　詳見，劉翠溶、劉士永，〈淨水之供給與污水之排放——臺灣聚落環境史研究之一〉，《經濟論文》第20卷第2期（1992年9月），頁459-504。臺灣自來水公司包含12個區，詳見 http://www.water.gov.tw。關於臺北自來水事業處的沿革，見 http://www.twd.gov.tw/np.asp?ctNode=48103&mp=11400。

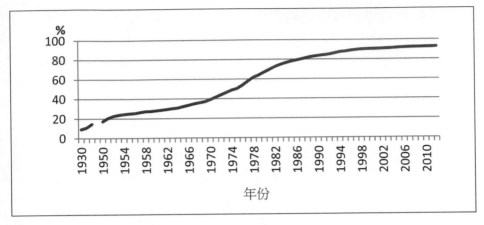

圖8：臺灣自來水供水普及率，1930-2012年

資料來源：劉翠溶、劉士永，〈淨水之供給與污水之排放——臺灣聚落環境史研究之一〉，《經濟論文》，第20卷第2期（1992年9月），表1和表3。1990-2012年的資料是由臺北市與臺灣自來水公司轄區資料合併，原始統計資見《臺灣自來水公司101年統計年報》，http://www.water.gov.tw/02results/res_d_main.asp?bull_id=7376；《臺北自來水事業九十年統計年報》，見http://www.twd.gov.tw/public/Attachment/032912305130.pdf，表6-1；《臺北自來水事業統計年報：中華民國101年》，見http://www.twd.gov.tw/public/Attachment/36316401792.pdf，表27。

是，在南部除了九如鄉，還有五個鄉的供水普及率特別低：鹽埔（1.74%）、萬巒（1.43%）、里港（1.38%）、麟洛（1.27%）及竹田（1.15%），都是在屏東縣內。

在廢水的排放方面，據歷史文獻記載，在19世紀末的臺南曾疏濬溝渠。在日本殖民統治時期，臺北市的第一個雨水下水道計畫於1896年提出而於1901年完成。此外，都市計畫令於1910年推行到其他城市。據相關的統計，在1915年已有11個城市共完成總長度357,154公尺的雨水下水道。在第二次世界大戰後，政府修正了都市計畫，其中下水道列為主要公共事業之一；並且在雨水下水道之外，逐漸推動污水（衛生）下水道的建設，以控制水污染[36]。

36　見劉翠溶、劉士永，〈淨水之供給與污水之排放——臺灣聚落環境史研究之一〉，頁482-485。

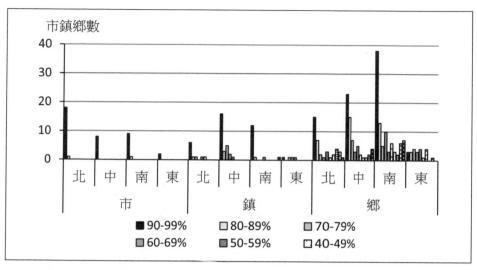

圖9：臺灣四地區市鎮鄉的自來水普及率，2012年

資料來源：《臺灣自來水公司101年統計年報》、《臺北自來水事業統計年報：中華民國101
　　　年》。網址見圖8。

　　就1998-2012年間都市計畫區內完成的雨水下水道統計資料加以分區整
理，在此將各地區完成的下水道長度占總長度的比例繪於圖10。由此可見，
在1998-2012年間，臺灣完成的雨水下水道總長度由3,158公里增加到4,611
公里，而北中南東四區所占的比例分別為36%、22%、36%和6%。東部地區
顯然相對的落後。

　　在地區差異相當顯著的背景下，進一步計算1998-2012年間不同地區的
雨水下水道完成率，包括五都（臺北市、新北市、臺中市、臺南市和高雄
市），三個省轄市（基隆市、新竹市和嘉義市），四個地區的縣，以及臺灣
地區的總平均，按最高至最低的比例呈現於圖11。

　　以2012年的情況來看，雨水下水道完成率的高低依次是：臺北市
96.7%、新北市79.4%、嘉義市74.2%、南部3縣70.9%、中部4縣69.9%、高
雄市69.5%、臺灣地區總平均67.3%、基隆市67.2%、東部2縣63.0%、新竹
市61.1%、臺中市60.7%、臺南市59.1%、南部3縣57.1%。各地變動的幅度
不同，但是可以看出整體的上升趨勢。值得注意的是，在五都之中，臺中市
與臺南市相對的落後。此外，在北部，臺北市與新北市的比例雖名列前茅，

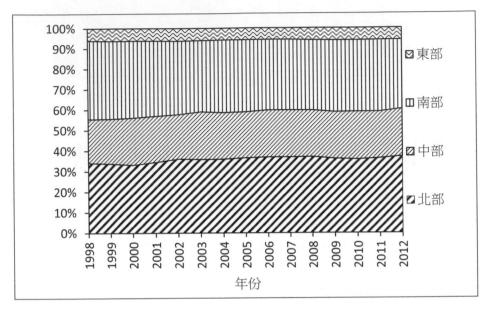

圖10：臺灣雨水下水道完成率的區域分布，1998-2012年

資料來源：《中華民國內政統計年報》，歷年，表09-13，見http://sowf.moi.gov.tw/stat/year/list.htm。

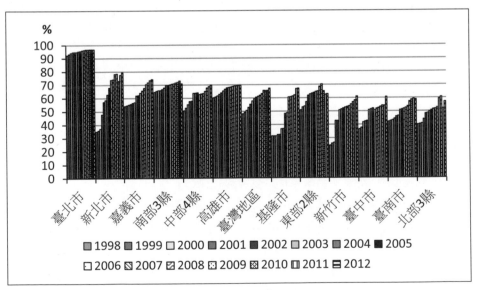

圖11：臺灣各市及四地區轄縣雨水下水道完成率，1998-2012年

資料來源：同圖10。

註：新北市的資料是原臺北縣的資料，臺中市、臺南市和高雄市的資料是原縣市合計的資料。

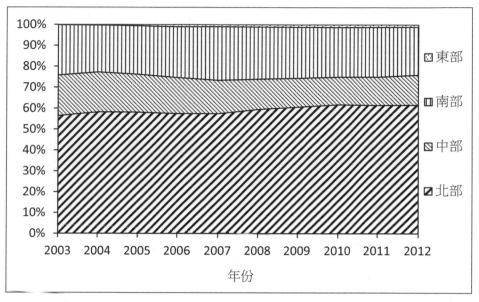

圖12：臺灣四地區完成的衛生下水道長度所占的比例，2003-2012年

資料來源：《中華民國內政統計年報》，歷年，表09-12，見http://sowf.moi.gov.tw/stat/year/list.htm。

然北部3縣的平均則相對落後。

　　臺灣地區的廢水依其來源分為三大類：市鎮（生活）廢水、工業廢水及農業（主要是畜牧）廢水。在1987年，三類廢水的比重分別是25%、54%和21%。但是，1999-2005年的平均值分別是72.90%、7.45%和19.65%。工業廢水比重的降低主要由於執行嚴格管制措施[37]。在此，把焦點放在市鎮廢水的處理。在2003-2012年間，完成的污水下水道累計長度，由2,593.3公里增加到6,702.5公里，圖12呈現的是北中南東四地區的比例。

　　至於污水處理率，比照圖11的方式，在圖13呈現的是2000-2012年間，各市和各區所屬縣內的污水處理率，最高（臺北市）至最低（東部2縣）的排列。

---

[37]　劉翠溶，〈近二十年來（1986-2006）臺灣河川污染防治〉，收入黃富三（主編），《海、河與臺灣聚落變遷：比較觀點》（臺北：中央研究院臺灣史研究所，2009），頁236-237、250-271。

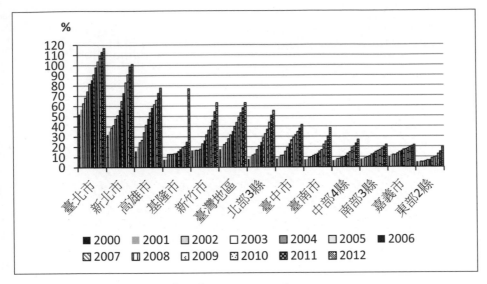

圖13：臺灣都市計畫區污水處理率，2000-2012年

資料來源：同圖12。

註：污水下水道普及率的計算方式是，使用戶數／總戶數×4，所以，有些情形會超過100%。

　　必須指出的是，由於計算的方式，臺北市在2009年和新北市在2012年的比例都超過100%。以2012年的比例做為一個指標，可以看出有五個市的比例高於臺灣地區的平均，它們是臺北市、新北市、高雄市、基隆市和新竹市。但在2003年，則只有臺北市和新北市（原臺北縣）高於平均值。這個情形透露的訊息是，衛生下水道的建設在近年快速增加，而最令人矚目的是2012年基隆市比例的猛然提升。

　　至於固體廢棄物（垃圾）的清運與處理，據相關的統計將1996-2012年間各種處理方式的比重繪於圖14。值得注意的是，自1996年以來，在五種處理方式中，焚化的比重提高而衛生掩埋、一般掩埋、堆置和其他方式的比重減少；自2007以後，堆置已不再使用，而其他方式也幾乎消失。此外，自1998年以來，資源回收的比例穩定增加，至2012年，三項資源回收的方式合計占54.76%，而垃圾清運只占45.24%。

　　至於水肥的清理情形，在圖15呈現的是2003-2012年間，水肥清運到不同目的地之比重。由此可見，臺灣地區水肥清運之目的地主要是水肥處理廠

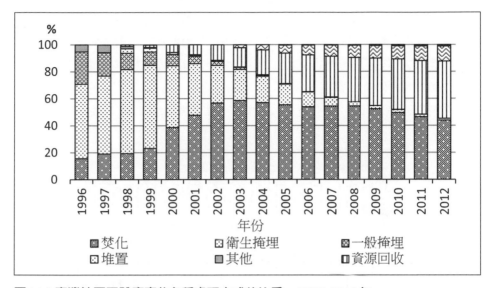

圖14：臺灣地區固體廢棄物各種處理方式的比重，1996-2012年

資料來源：行政院環境保護署，《環境保護統計年報102年版》，表4-1。

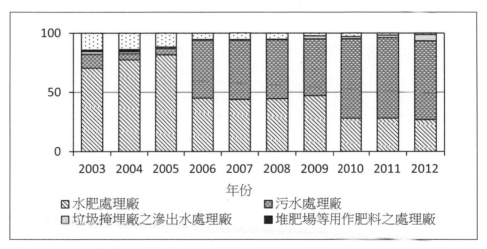

圖15：臺灣地區水肥清理各種清運目的地所占的比例，2003-2012年

資料來源：行政院環境保護署，《環境保護統計年報102年版》，表4-7。

和污水處理廠，自2006年以後，清運到污水處理廠的比重大量增加，而清運至水肥處理廠的比重減少。另外，自2005年以後，不再清運到堆肥場等用作肥料的處理廠；而清運到垃圾掩埋場之滲出水處理廠的比重也漸減少，直到2008年才又稍為增加。

　　在空氣污染方面，以空氣污染等級（Pollutant Standard Index, PSI）為指

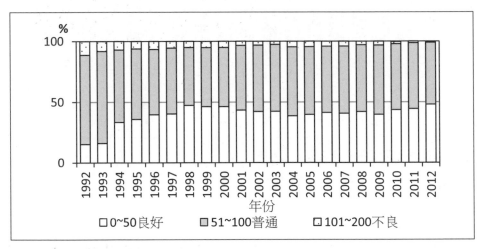

圖16a：臺灣地區空氣污染等級的比例，1992-2012年

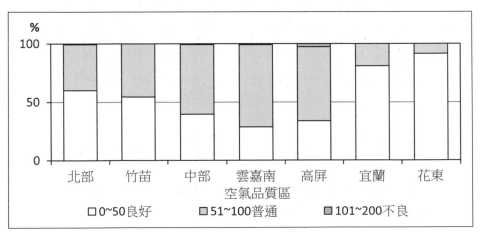

圖16b：臺灣七個空氣品質區空氣污染等級的比例，2012年

資料來源：圖16a和16b皆見，行政院環境保護署，《環境保護統計年報102年版》，表1-1。

標。圖16a呈現的是1992-2012年間，臺灣地區空氣污染五個等級所占的比例。圖16b是在2012年七個空氣品質區各等級的比例。

　　由圖16a可見，在1992-2012年間，臺灣地區空氣品質大多數是良好（PSI=0~50）和普通（PSI=51~100），前者由15%增加到48%，後者由73%減少至51%；而不良（PSI=101~200）的比例從11%減至1%，非常不良（PSI=201~300）與有害（PSI≧301）的比例都低於1%。由圖16b可見，在2012年，空氣品質監測資料顯示，在七個空氣品質區之中，有四個出現不良的紀錄：高屏2.68%、雲嘉南0.85%、中部0.70%、北部0.59%，但只有高屏出現非常不良的紀錄（0.03%）。

　　至於酸雨情形，圖17呈現的是2002-2012年間在臺灣地區15個監測站的資料，在圖中將各監測站依其位置由北到南到東排列。依降雨酸鹼值（pH

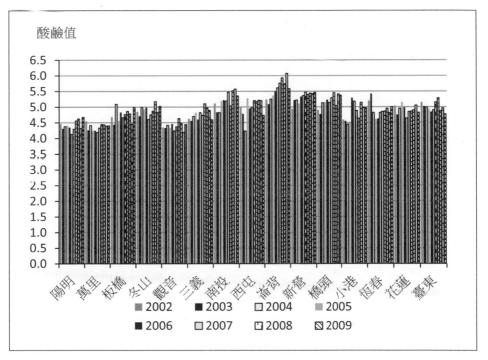

圖17：臺灣地區降雨酸鹼值，2002-2012年

資料來源：行政院環境保護署，《環境保護統計年報102年版》，表1-10。

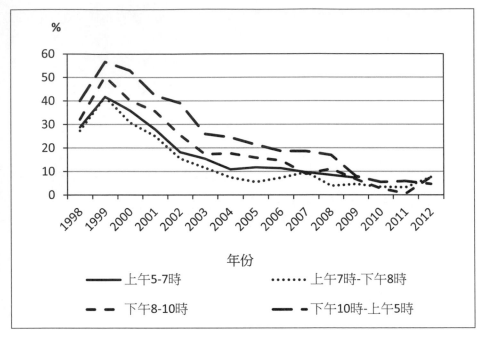

圖 18：臺灣環境音量監測不合格時段的比例，1998-2012 年

資料來源：行政院環境保護署，《環境保護統計年報 102 年版》，表 2-1。

values）的定義，值越低則雨越酸。由圖 17 可見，在臺灣大多數的監測站，
降雨酸鹼值大約是 4.5 至 5.5，低於 4.5 的情形僅出現在臺北市附近的兩個測
站：陽明和萬里，以及桃園工業區附近的觀音；最高值 6.07 是在 2011 年出
現於崙背，而這個測站與位於中部的南投，在觀察期間的降雨酸鹼值都較
高[38]。整體看來，近年來臺灣的降雨酸鹼值有所改善，但有相當明顯的區域差
異。

　　至於臺灣地區環境音量監測的結果，圖 18 呈現的是 1998-2012 年間不合
格時段的比例。由此可見，在四個音量監測的時段，上午 5-7 時、上午 7 時 -
下午 8 時、下午 8-10 時、下午 10 時 - 次日上午 5 時，音量不合格的比例都由
1999 年 40-50% 的高峰逐漸下降至 2009 年以後的 10% 以下。

38　關於 1990 年以來臺灣酸雨降落的更多詳情，參見 http://acidrain.epa.gov.tw/now/04.htm。

　　此外，在圖19a繪出的是1992-2012年間臺灣都市計畫區內公園與綠地的總面積，在圖19b繪出的是2012年臺灣四個直轄市、三個省轄市、北中南東四區域內縣份的人均公園與綠地面積，以及臺灣地區的總平均。

　　從圖19a可見，在1992-2012年間，臺灣都市計畫區內的公園面積略有

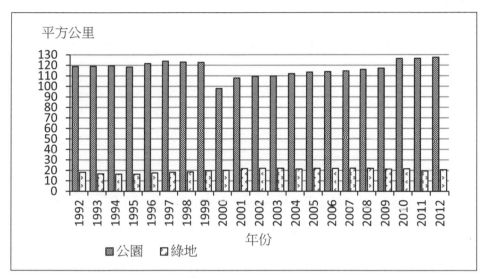

圖19a：臺灣都市計畫區內的公園與綠地總面積，1992-2012**年**

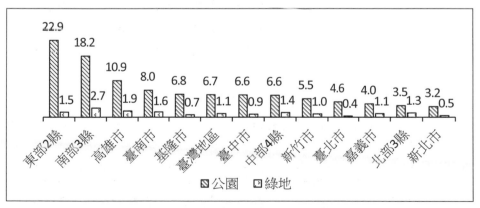

圖19b：臺灣都市計畫區內人均公園與綠地面積（平方公尺），2012**年**

資料來源：《內政統計年報1995》，頁344，表120。《中華民國內政統計年報》，歷年，表09-04 見 http://sowf.moi.gov.tw/stat/year/list.htm。

增減，從 1992 年的 118.94 平方公里略有增長，但 2000 年一度減少至 97.88 平方公里後再逐漸增加，至 2012 年已達 127.52 平方公里。至於綠地面積則大致維持在 20 平方公里左右，最低是 1995 年的 16.34 平方公里，最高是 2007 年的 22.05 平方公里。從圖 19b 可見，在 2012 年臺灣都市計畫區內的人均公園面積以東部 2 縣最大，達 22.9 平方公尺；以新北市最小，僅 3.2 平方公尺。高於臺灣地區總平均（6.7 平方公尺）的有東部 2 縣（22.9 平方公尺）、南部 3 縣（18.2 平方公尺）、高雄市（10.9 平方公尺）、臺南市（8.0 平方公尺）和基隆市（6.8 平方公尺），接近平均值的有臺中市和中部 4 縣（皆為 6.6 平方公尺），其他地方則與平均值相差較大。至於人均綠地面積，則在 2.7 平方公尺（南部 3 縣）與 0.4 平方公尺（臺北市）之間，總平均是 1.1 平方公尺。

　　值得注意的是，為了城市的永續發展，臺灣在 1999 年 9 月制定「生態、節能、減廢、健康」（Ecology, Energy saving, Waste reduction, and Health，EEWH）的綠建築評估系統及標章制度，在時間上僅晚於英國、美國與加拿大，而臺灣建立的辦法是第一個適合亞熱帶地區的標準。在 2001 年，行政院通過為期七年的「綠建築推動方案」，至 2008 年，已有 1,953 件建築案取得綠建築標章。在 2008 年，行政院進一步通過「生態城市綠建築推動方案」，目標是在 2011 年之前減少二氧化碳排放量 270 百萬公斤[39]。在此風潮之下，臺北市在 2004 年、臺南市在 2008 年、臺中市在 2011 年分別提出生態城市的計畫，以達到社會進步、經濟發展與環境保護三者之間整體均衡的發展，達到永續發展的目標[40]。另外，值得注意的是，高雄市在 2009 年開始執行 C-Bike 制度，因而被選為 2009 年「永續交通的城市」（Sustainable Transport City）範例[41]。

39　何明錦、陳伯勳，〈生態城市：綠建築推動方案與行動機制〉，《土木水利》第 36 卷第 2 期（2009 年 4 月），頁 27-37。

40　何友鋒、王小璘、吳怡彥、吳靜宜，〈從綠建築邁入生態城市的全方位永續營建政策〉，《土木水利》，第 36 卷第 2 期（2009 年 4 月），頁 58-70；王小璘、何友鋒、黃晏淨、吳靜宜，〈生態城市評估指標體系之研究——以台中市為 〉，《建築學報》第 75 期（2011 年 3 月），頁 115-134。

41　Peter Newman and Anne Matan, *Green Urbanism in Asia: The Emerging Green Tigers*（Singapore: World Scientific Publishing Co., 2013），pp. 40-45, 203-204.

（二）福建的城市環境問題

在1997年，福建省環保局副局長楊錦生指出，福建城市的環境問題包括六個方面。（1）水污染問題：各城市廢水未經集中處理，就近排入江河或經內河再注入省內幾大水系，造成地面水污染沿江河擴散。（2）大氣污染問題：城市布局不當，造成城市污染。緊鄰市區的一些工廠位於上風向，造成市區的空氣污染；閩西北一些城市，四周高山環抱，風場複雜，不利於大氣污染物的擴散；廢氣與汽車尾氣的排放更加重了城市污染。（3）噪音污染問題：據22個城市的調查統計，社會、生活噪音源占50%以上。（4）城市固體廢棄物污染問題：工業固體廢棄物綜合利用率低，無組織地排放；生活垃圾無害處理率低，部分城市未經處理的垃圾就近亂堆、亂放、亂倒，成為蚊蠅孳生地。（5）城市生態問題：城市「熱島效應」加劇，導致城市生態惡化。（6）城市環境管理問題：包括環保法規執行的力度不夠；環境規劃實施的成效不彰；從事環境執法監督、科研及管理人員的數量顯得不足；環保產業發展有限；全省環保投入占國民生產總值約0.5%，低於全國平均0.7%水平。自1995年以來，福建就開始控制環境污染問題並調整產業結構，以改善主要城市，諸如福州、廈門、泉州、漳州和三明的環境質量；目標是在2000年之前，各城市的環境質量有較大的改善，至2010年全省城市的環境質量良好[42]。

以上述概況為背景，以下將就已蒐集到的資料來討論福建城市環境問題。首先要說明的是，由於很難從《福建統計年鑑》的資料中整理出關於城市環境的連續性時間序列，以下只能以一些年份為例來討論。

就1993年而言，圖20繪出的是福建20個城市的自來水普及率與建成區綠地面積。就自來水普率來看，按高低排列，依次是福州市93.42%、莆田市77.57%、廈門市74.89%、石獅市73.99%、三明市67.73%、漳州市56.63%、泉州市49.07%、永安市39.67%、南平市32.27%、龍岩市28.06%、邵武市27.26%、福安市19.93%、寧德市18.43%、武夷山市14.56%、建甌市14.25%、漳平市7.49%、福清市7.27%、龍海市7.10%、晉江市4.20%、南安

42　楊錦生，〈福建城市環境的主要問題與對策〉，《發展研究》，1997年第2期，頁17-19。

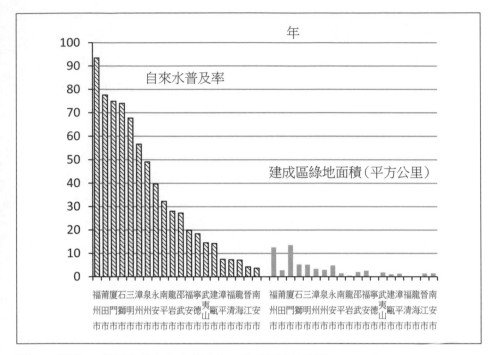

圖20：福建20個城市的自來水普及率、建成區綠地面積，1993**年**

資料來源：《福建統計年鑑1994》，頁373-388，表17-1。

註：自來水普及率的計算方式：自來水使用人數/總人口x100。

市3.65%，高低的差距相當大。

　　就建成區綠地面積來看，最大的是廈門市的13.56平方公里，其次是福州市的12.55平方公里，第三是石獅市的5.22平方公里，第四是三明市的5.15平方公里，其他城市都在5平方公里以下，最小的是寧德市0.18平方公里。大小差距也是很大。

　　在2000年，只有9個地級市的統計資料。圖21呈現的是9個地級市的自來水普及率與建成區綠地面積。就自來水普及率來看，最高的福州市已達99.29%，次高的莆田市有92.84%，最低的寧德市只有26.68%；就建成區綠地面積來看，廈門市有31.87平方公里，福州市有30.42平方公里，但寧德市只有2.42平方公里。差距依然懸殊。

　　在2010和2012年，有23個城市的資料，在此分別把自來水普及率、廢水

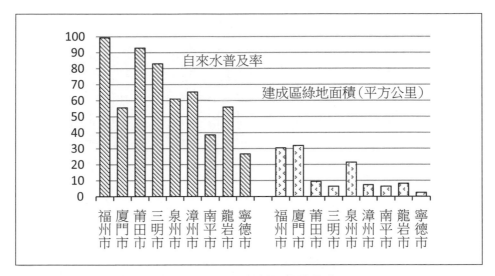

圖21：福建九個地級市的自來水普及率、建城區綠地面積，2000年

資料來源：《福建統計年鑑2001》，表16-1。

處理率、生活垃圾無害化率及人均公園綠地面積繪於圖22a、22b、22c及22d。

　　圖22a顯示，廈門市和邵武市的自來水普及率在2010年已達100%，南平市在2012年也達100%；大多數城市在2010年已達99%，但南安市從99.6%降至91.5%，則是頗為特殊。

　　圖22b顯示，在廈門市和龍岩市廢水處理率已達90%，永安市和福安市約70%，其他城市的比例則在70%至90%之間。

　　圖22c顯示，在2010年，邵武市、武夷山市、建甌市、建陽市與寧德市等五個城市缺垃圾無害化率的資料。但在2012年，大多數城市的比率都高於90%，低於此比率的是寧德市（84.0%）、建陽市（41.7%）、武夷山市（38.0%）、建甌市（27.3%）。

　　圖22d顯示，在2010年，人均公園綠地面積最大的是邵武市的18.5平方公尺，最小的是南安市的10.0平方公尺；在2012年，最大的是長樂市的16.64平方公尺，而最小的南安市降至9.77平方公尺。

　　由圖23可見，除了固體廢棄物利用之外，其他四項工業污染的排放達標率大多已超過90%。值得注意是，廈門市的廢水、二氧化硫、煙塵和廢氣

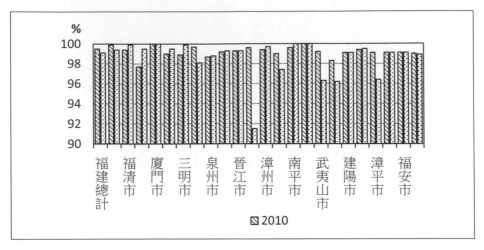

圖22a：福建23個城市自來水普及率，2010和2012年

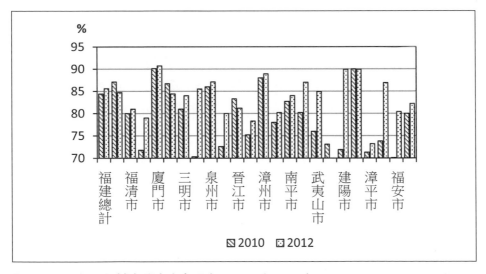

圖22b：福建23個城市的廢水處理率，2010和2012年

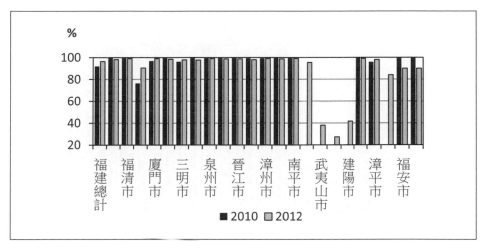

圖22c：福建23個城市的生活垃圾無害化處理率，2010和2012年

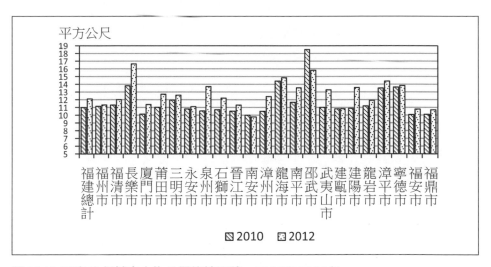

圖22d：福建23個城市人均公園綠地面積，2010和2012年

資料來源：以上4圖皆見《福建統計年鑑2011》，表9-2~9-7；《福建統計年鑑2013》；表9-2~9-7。此外，圖23繪出的是2010年福建9個地級市工業污染排放達標率，包括廢水、二氧化硫、煙塵、廢氣及固體廢棄物利用等五項。

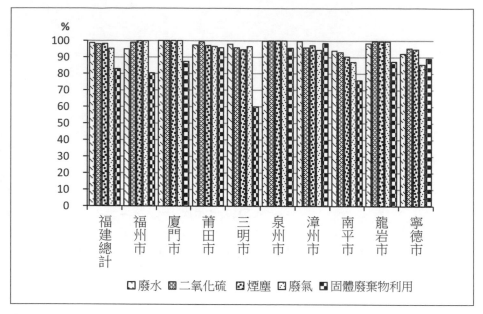

圖23：福建九個地級市工業污染排放達標率，2010年

資料來源：《福建統計年鑑2011》，表19-8。

排放達標率都已達100%，但固體廢棄物利用只有87.3%；泉州的二氧化硫、煙塵和廢氣排放達標率都已達100%，但廢水只有99.8%、固體廢棄物利用只有95.6%。至於其他城市，大多數的比率已高於90%，但南平市和寧德市的廢氣排放達標率相對較低（南平87.1%，寧德85.5%）。另外，三明市的固體廢棄物利用達標率只有60%。儘管有這些較低的比率，這些資料反映了近年來福建在工業污染的處理上有相當明顯的改善[43]。

儘管近年來在工業污染防治上已有明顯的進展，福建的酸雨問題仍然相當嚴重。在此把1992-2005年間福建城市的空氣品質資料列於表1。由此可見在1992-2005年間，福建降雨的酸鹼值（pH values）大多數低於5，而最低值在4以下或接近3。要之，除了位於山區的武夷山市外，福建的大多數城市都出現酸雨。

43　見黃一綏、黃玲芬，〈福建省城市化與工業污染的關係研究〉，《生態環境學報》第18卷第4期（2009），頁1342-1345。

表1：福建城市的空氣品質，1992-2005年

年份	城市數	懸浮微粒日平均（毫克/立方公尺）	降塵月平均（噸/平方公里）	二氧化硫日平均（毫克/立方公尺）	一氧化氮日平均（毫克/立方公尺）	降雨酸鹼值（平均值）	降雨酸鹼值（最低值）
1992	9	0.245		0.031		3.51	
1993	9	0.223		0.025		3.28	
1994	9	0.207		0.023		3.59	
1995	9	0.204		0.019		4.50-5.96	
1996	9	0.192		0.020		4.16-6.53	
1997	9	0.179	7.98	0.020	0.027	5.20	
1998	14	0.164	7.08	0.020	0.023	5.59	3.55（寧德）
1999	14	0.155	7.30	0.019	0.025	5.28	3.88（福州）
2000	15					5.08	3.40（莆田）
2001	15	三明：3級；其他城市：2級				5.24	3.60（寧德）
2002	23	三明和龍岩：3級；其他城市：2級				5.00*	3.04（廈門）
2003	23	三明：劣3級；龍岩、南平和漳州：3級；其他城市：2級或較佳				4.89*	3.62（三明）
2004	23	武夷山市與福鼎市：1級；龍岩和三明：3級；其他城市：2級				4.83*	3.06（長樂）
2005	23	同2004年。				4.91*	3.062（漳州）

9個城市：福州、廈門、莆田、三明、泉州、漳州、南平、龍岩、寧德。

14個城市：9個加福清、永安、晉江、邵武、漳平。

23個城市：14個加石獅、南安、福安、龍海、建陽、建甌、長樂、福鼎、武夷山。

*在2002年，除武夷山市以外，其他22個城市皆有酸雨。在2003-2005年間，21個城市有酸雨。

資料來源：據《福建省志·環境保護志》，1992-2000年版與2001-2005年版的相關資料編製。

　　至於福建的環境噪音，在此把1992-2005年的資料列於表2。由此可見，福建9個地級市的環境噪音大多在55分貝以上，而交通噪音甚至在70分貝以上。

　　值得注意的是，近年來福建在建設生態城市與低碳經濟方面也有一些進

展。在2002年7月，福建省政府發布的環境保護計畫中，強調建設生態城市、社區、鎮和村，將有助於人們的健康以及人與自然的和諧[44]。在實際上，有一篇研究指出，福建應發展節能技術和提倡低碳消費的生活方式[45]。另一篇研究指出，在泉州市豐澤區自1997年開始的生態城市建設，已取得一些成效，但約制因素包括：生態經濟結構和產業布局不盡合理；環保投資偏低，環境基礎設施建設滯後；居民環境意識不強[46]。此外，在2011年提出在海西經濟區的平潭島上建設一座生態城市的規劃[47]。在2012年，也提出在漳州建立一個田園生態城市的構想，形成山、水、城相依互滲的景觀格局和文化生態特徵[48]。

表2：福建城市的環境噪音，1992-2005年

年份	城市數	區域環境噪音（分貝）	城市交通噪音（分貝）
1992	9	52.0-62.1	皆高於70
1993	9	55.0-61.4	皆高於70
1994	9	54.2-63.6	皆高於70
1995	9	54.6-61.2	平均73.1
1996	8	54.9-60.5	平均71.9
1997	9	平均57.1	平均71.2
1998	9	平均56.3	平均70.9
1999	9	55.1-60.0（平均56.7）	67.9-73.2（平均70.5）
2000	9	55.1-57.0	福州、廈門、莆田、龍岩低於70；其他城市：70.1-73.0
2001	9	廈門、漳州、寧德：中度污染；福州、泉州、三明：輕度污染；莆田、龍岩、南平：較為安靜。	漳州、泉州、三明：輕度污染；其他城市：較為安靜。
2002	9	平均56.1	平均70.1
2003	9	平均56.2	平均69.4
2005	9	平均55.5	平均68.9

資料來源：同表1。

四、結語

　　位於臺灣海峽的東西兩側，臺灣與福建類似的多山地形無疑是城市發展的一個先決條件。在1895-1945年間以及在1949年以後，兩地在政治上的分隔也是影響社會經濟發展乃至城市發展的重要因素。

　　直到近幾年，臺灣與福建在城市化過程中最顯著的不同是，臺灣的城市居民大多數分布於市，而福建則大多數分布於鎮。同樣的，工業化的發展在臺灣與福建都造成嚴重的污染，不過在過去20年情況已有一些改善，雖然各城市之間的差異仍然相當顯著。此外，對應近年來全球對永續發展的訴求，臺灣與福建也都已提出建設生態城市與綠建築的一些計畫；尤其值得注意的是，臺灣設計了第一個適用於亞熱帶地區的綠建築標章認證標準，可做為構建生態城市的準則。

44　見《人民日報‧華東新聞》，2002年7月11日，於2014/02/09查詢，http://www.people.com.cn/BIG5/paper40/6689/653652.h。

45　馮碧梅，〈福建省構建低碳城市戰略〉，《發展研究》，2011年第1期，頁92-94。

46　楊京鍾，〈生態城區的可持續發展取向研究——以福建泉州豐澤區為例〉，《晉中學院學報》第27卷第1期（2010），頁68-70。

47　黃百富，〈平潭綜合實驗區概念性總體規劃：一座生態城市的發想與體現〉，《中興工程》，第113期（2011年10月），頁105-115，見http://www.sinotech.org.tw/journal/。

48　陳鋼鐵，〈漳州田園生態城市規劃建設要點〉，《城鄉規劃》，2012年第8期，頁21-22。

中國歷史的再思考

2015年7月初版　　　　　　　　　　　　　　　　　定價：新臺幣850元
2016年11月初版第二刷
有著作權・翻印必究
Printed in Taiwan.

著　　　者	杜　正　勝
	劉　翠　溶　等
主　　　編	劉　翠　溶
總　編　輯	胡　金　倫
副總經理	陳　芝　宇
總　經　理	羅　國　俊
發　行　人	林　載　爵

出　版　者	聯經出版事業股份有限公司
地　　　址	台北市基隆路一段180號4樓
編輯部地址	台北市基隆路一段180號4樓
叢書主編電話	(02)87876242轉212
台北聯經書房	台北市新生南路三段94號
電話	(02)23620308
台中分公司	台中市北區崇德路一段198號
暨門市電話	(04)22312023
郵政劃撥帳戶第0100559-3號	
郵撥電話	(02)23620308
印　刷　者	世和印製企業有限公司
總　經　銷	聯合發行股份有限公司
發　行　所	新北市新店區寶橋路235巷6弄6號2F
電話	(02)29178022

叢書主編	劉　錚　雲
	沙　淑　芬
校　　　對	吳　美　滿
封面設計	蔡　婕　岑

行政院新聞局出版事業登記證局版臺業字第0130號

本書如有缺頁，破損，倒裝請寄回台北聯經書房更換。　　ISBN　978-957-08-4559-4 (精裝)
聯經網址 http://www.linkingbooks.com.tw
電子信箱 e-mail:linking@udngroup.com

國家圖書館出版品預行編目資料

中國歷史的再思考 / 杜正勝、劉翠溶等著 .
劉翠溶主編 . 初版 . 臺北市 . 聯經 . 2015年7月
504面；17×23公分 .
ISBN　978-957-08-4559-4（精裝）
[2016年11月初版第二刷]

1.中國史　2文集

617　　　　　　　　　　　　　　104006058